Joachim Radkau

MALWIDA VON MEYSENBUG

Revolutionärin, Dichterin, Freundin:
eine Frau im 19. Jahrhundert

Hanser

1. Auflage 2022

ISBN 978-3-446-27282-8

Umschlag: Anzinger und Rasp, München
Motiv: Malwida von Meysenbug (ca. 1865) © Bestand AddF – Archiv der deutschen Frauenbewegung, Kassel
Satz: Nadine Clemens, München
Druck und Bindung: CPI books GmbH, Leck
Printed in Germany

FSC
www.fsc.org
MIX
Papier aus verantwortungsvollen Quellen
FSC® C083411

INHALT

EINFÜHRUNG ZWISCHEN KAMPFESLUST UND NIRWANA-SEHNSUCHT – EIN FRAUENLEBEN VOLLER SPANNUNG 9

Reiz und Relevanz einer Neuentdeckung: erste Schlaglichter 9 Magnetismus oder Mimikry? 13 Warnsignale für den Biografen 15 Herausforderungen an einen Malwida-Biografen 18 Spannungen, Lösungen, lebenslange Lernprozesse 19 »Idealismus«: vom Wirrwarr zur Lebensphilosophie 22 »Altes Deutschland« – anderes Deutschland 25

1 KONFIRMATION, REVOLUTION, LIEBE – UND FRÜHE ENTTÄUSCHUNGEN: SPIRITUELL, POLITISCH, EROTISCH 27

Die hugenottische Herkunft: bloßer »Atavismus«? 27 Liebe und »Tyrannei« 29 1830 – 1834 – 1845 33 Theodor Althaus, »Apostel« und »jugendlicher Bergstrom« 43 Im Auf und Ab von 1848 – in Deutschland wie in Detmold 53

2 DIE NATUR DER FRAU ALS NEUE CHANCE NACH DEM SCHEITERN DER REVOLUTION – FÜR MALWIDA UND FÜR DIE MENSCHHEIT 63

Am Anfang »heiliger Hass« 63 Durch Kindergärten zum Zukunftsmenschen 70 Menschliche Natur – weibliche Natur 76 Streitbare Mütterlichkeit – doch Frieden als Berufung der Frau 81 Mai 1852: Musste oder wollte Malwida emigrieren? 84

3 EXIL-JAHRE UND EXIL-NETZWERKE: VON JOHANNA KINKEL BIS ZU ALEXANDER HERZEN – UND ZU ZWEI ATTENTÄTERN 92

Land des self-government – Land der Gouvernanten 92 Der Held und die Mutter des Exils, und die Marx'sche Attacke auf Mitemigranten 96 Die Emigration als »Heuschreckenschwarm« und als Beziehungsnetz 109 Ein heftiges Hin und Her mit Alexander Herzen und die Erfahrung der Mutterliebe als Leidenschaft 117 Erster Akt November 1853 bis Mai 1856 – höchstes Glück und tiefster Sturz 124 Zweiter Akt vom Sommer 1859 bis zum Sommer 1865 132 Dritter Akt ab 1865:

erneuter Konflikt mit Herzen und am Ende Versöhnung 135 Eine »Feuerseele in ewiger Erregung« (Malwida über Herzen) 142 Zärtlichkeit zwischen Antipoden 146 »Blitzendes Auge« und »blitzartige Gedanken« 153 Herzen – Michelet – Monod – Rolland 158 Lothar Bucher 162 Abkehr vom Ideal »Volk« – zugleich Idealisierung exekutierter Attentäter 169

EXKURS: REIZE UND RÄTSEL DER ALTEN BRIEFKULTUR AM BEISPIEL MALWIDAS 179

4 VON TODESSEHNSUCHT ZU DREIFACHER LEBENSERFÜLLUNG: MUSIKALISCH, PHILOSOPHISCH, SPIRITUELL 184
»Wie schmachte ich nach Wagner!« 184 Ein Geheimnis der Ausstrahlung Malwidas 191 »Unglaublich, wie Wagner oft komisch ist« 194 Drei Reizthemen: Religiöses Ritual, Rassismus, Emanzipation der Frau 200 In unerwarteter Mutterrolle: Malwida und Cosima 207 »Es fiel wie in Fesseln von mir ab« 212 »Im vollen Sinn des Worts Buddha werden« 219 Von alt- zu neuindischer Weisheit: Begegnung mit drei indischen Gelehrten 232

5 ÜBER DAS ATOM ZUR ALL-EINHEIT: IDEALISMUS UND MATERIALISMUS, NATURWISSENSCHAFT UND NATURLIEBE 240
Absage an den »Don Juanismus des Ideals« – der Idealismus in der Defensive 240 »Die einzige Todsünde, die es gibt, ist die gegen die Individualität« 252 »Oh Causalität, wie unerbittlich rächst Du den Zweifel an Dir.« Glaube an Kausalität und Streben nach dem Ideal 257 Zur All-Einheit über das Atom und über elektrische Wellen 263 Die Natur: »intimste Freundin« und »allmächtige Trösterin« 270 Nach »brennender Sehnsucht« »Quietismus der Seele« 275

6 VON BAYREUTH NACH ROM: ITALIEN ALS REALES IDEAL 283
»Das Land meiner Träume« wird Wirklichkeit, anfangs in Florenz, am Ende in Rom – trotz eindringlicher Warnung des Rom-Historikers Gregorovius 283 Statt der Villa Wahnfried in ein römisches Mietshaus: nur wegen des Klimas? 293 Ein Auf und Ab an der Via Polveriera: »Götteraussicht«, doch später »wahre Hölle mit dem entsetzlichen

Lärm« 301 Von der Zukunft zurück zur Vergangenheit 307 Unter die »Antiquitäten« geraten 316 »Götteraufenthalt« bei Laura Minghetti und ihrer Tochter Marie von Bülow 321

7 **IM ZENTRUM EINER LESERGEMEINDE: DIE UNERWARTETE RESONANZ AUF DIE »MEMOIREN EINER IDEALISTIN« – EINE NEUE LEBENSPHASE BEGINNT** 329
Unter lauter literarischen Enttäuschungen und nach »Höllenangst« eine wunderbare Überraschung; dazu drei Fragen 329 Von jungen Mädchen bis zu Friedrich Nietzsche 338 »Hass« auf selbsternannte Idealisten, doch »wilde Lust« bei der Lektüre der »Memoiren einer Idealistin« 345 Malwida-»Manie« im Neuidealismus der Jahrhundertwende 349

8 **VON DER »BESTEN FREUNDIN DER WELT« ZUR MITLEIDLOS LACHENDEN »KUNDRY«: DAS NIETZSCHE-DRAMA** 358
Eine Verbundenheit durch Geist und Musik, durch Liebe und durch Leiden 358 Sorrent als »Zaubergarten«: zumindest für Malwida 367 Nietzsche – Rée – Lou: eine brisante Dreiecksbeziehung 379 Vom »Zarathustra« bis zum »Fall Wagner« 388 Der neue Nietzsche-Kult, Meta von Salis und die Frage nach dem wahren Nietzsche 401

9 **EIN TEMPERAMENTVOLLES INTERMEZZO ALS »SCHÖNE ÜBERRASCHUNG«: ÜBER »PHÄDRA« ZUR FREUNDSCHAFT MIT ALEXANDER VON WARSBERG** 410
»Phädra«: Glückliches Ende unter südlicher Sonne für ein grausiges Drama. 410 »Warsberg – Venusberg«: Die »schöne Überraschung«. 414 Krisenzeichen – und am Ende tiefe Trauer. 418

10 **HÖCHSTE ERFÜLLUNG IM ALTER: MALWIDA UND DER JUNGE ROMAIN ROLLAND – EINE ZÄRTLICHE, DOCH STREITBARE LIEBE** 424
Von zögerndem Anfang zur Zärtlichkeit 424 Goethe und »Göthe« 435
Eine zerbrechliche Dreieinigkeit: Malwida, Rolland und Suarès. 440
Rolland, von Malwida ermutigt, doch mit Geheimnistuerei 443
Zwischen Nationalgefühl und Kosmopolitismus; Wilhelm II. 451
Zwischen Heldenkult und Hass auf Krieg und Kolonialismus 459

Dreyfus: Verräter oder »erhabener als Christus«? 467 Kein Streitthema: »Das idealistische Gift« (Rolland) – Gefahren des Neuidealismus 477 »Amore – pace«: Todesekstase und Fortleben Malwidas 481

SCHLUSS ZUR AKTUALITÄT DES MALWIDA-IDEALISMUS, UND: MEIN WEG ZU MALWIDA 487

DANK 495
ANMERKUNGEN 499
ABKÜRZUNGEN 567
LEBENSDATEN UND SCHLAGLICHTER 568
BILDNACHWEIS 583
REGISTER 584

EINFÜHRUNG

ZWISCHEN KAMPFESLUST UND NIRWANA-SEHNSUCHT – EIN FRAUENLEBEN VOLLER SPANNUNG

REIZ UND RELEVANZ EINER NEUENTDECKUNG: ERSTE SCHLAGLICHTER. UND FORTAN EINFACH »MALWIDA«. Warum ist es an der Zeit, das von 1816 bis 1903 reichende Leben dieser einst europaweit bekannten Frau neu zu entdecken? Neugier sollte schon dadurch geweckt werden, dass die Erinnerung an sie ab 1933 systematisch verdrängt wurde;[1] so wurde die Umbenennung der erst 1930 so benannten Kasseler Malwida-von-Meysenbug-Oberschule zum Jahresbeginn 1940 damit begründet, dass »Weltanschauung und Leben Malwida von Meysenbugs das genaue Gegenteil« seien »von der Haltung, zu der unsere weibliche Jugend erzogen werden soll«.[2] Wir werden bei Malwida auf so manche innere Spannung bis hin zu Selbstwidersprüchen stoßen, und doch gibt es bei ihr scharfe Konturen, eine markante Klarheit zu entdecken, nicht nur in ihren Überzeugungen, sondern mindestens so sehr in ihrem Leben: Davon zeugt das NS-Verdikt.

Die Neugier wächst, wenn man darauf stößt, dass diese Frau über viele Jahre Friedrich Nietzsche in enger Freundschaft verbunden war: Jenem Philosophen, den der Nationalsozialismus als (angeblichen) Wegbereiter feierte und der vielfach als Frauenfeind gilt. Nietzsche verherrlicht sie am 26. Mai 1876 sogar als »die beste Freundin der Welt« – so in einem Brief an seinen Freund Carl von Gersdorff, der auf sie erbost war, da sie ihm in bester Absicht eine unheilvolle Liebesbeziehung zu einer italienischen Gräfin eingebrockt hatte.[3] Und immer wieder schwärmt Nietzsche von der »herrlichen Frau«, der »reinsten Seele unter den deutschen Frauen«,[4] mit der er am liebsten zusammen sei[5] und von der er seine Gesundung erhoffe[6] – bis er Anfang 1889, schon dem Wahnsinn nahe, ihren Idealismus als genaues Gegenteil seiner eigenen Weltanschauung schmäht und sie als »Kundry« tituliert: Jene Gestalt aus Wagners »Parsifal«, die im Anblick des gekreuzigten

Jesus gelacht hatte. Nietzsche unterschreibt diesen Brief: »Der Gekreuzigte«. Und doch: Ihr sei »viel verziehn, weil sie mich viel geliebt hat«.

Malwida von Meysenbug war eben mitnichten bloßer Resonanzboden Nietzsches, sie erlangt ihre historische Bedeutung längst nicht nur als Nebengestalt des großen Nietzsche-Dramas. Sie hat lebenslang ihren eigenen Kopf, macht immer neue Entwicklungen durch und begegnet in sehr unterschiedlichen, ja zueinander konträren Beziehungen. Auf ihre Freundschaft zu Nietzsche folgt ihre sich über mehr als zwölf Jahre bis zu ihrem Tod erstreckende geistige Liebesbeziehung zu dem fünfzig Jahre jüngeren Romain Rolland, die durch einen riesigen, bislang erst in Ansätzen ausgewerteten Briefwechsel dokumentiert ist. Das Kapitel »Die Freundinnen« in Rollands »Reise nach innen« (1924) handelt im Grunde nur von Malwida von Meysenbug, die er am Schluss »die einzige Freundin« nennt[7] und die er einst in einer schweren Lebenskrise kennenlernte. Schon 1893, nach vierjähriger Bekanntschaft, schreibt er an sie: »Ich verdanke es Euch, klarer zu mir selbst erwacht zu sein.«[8] Und, wie er bekennt, verdankt er ihr eine Offenbarung, die für seinen Riesenroman »Jean Christophe«, der ihn nach lauter Misserfolgen berühmt machen sollte, konstitutiv wird: »das Geheimnis des alten Deutschlands«, mehr noch: »die enge Verwandtschaft des verborgenen wahren Frankreichs und des wahren Deutschlands«.[9]

Obwohl Rolland sich mit Malwida von Meysenbug nie geduzt hat, spricht er von ihr schlichtweg als »Malwida«, auch wenn ihm »dieser romantische Name« für eine »Tochter Goethes« eigentlich nicht passt[10]; auch hier soll von ihr fortan nur mit Vornamen die Rede sein, zumal sie ohnehin nicht als eine von Meysenbug, sondern als Rivalier, hugenottischer Abkunft, geboren wurde. Als sie 1852 in London ihre Mitemigranten Gottfried und Johanna Kinkel aufsucht, mit denen sie sich noch siezt, und das Dienstmädchen, das ihr öffnet, sie darum bittet, ihren Namen auf einen Zettel zu schreiben, schreibt sie einfach nur »Malwida« und hört gleich darauf »ein freudiges Aufschreien mehrerer Stimmen« (I 265). Auch solche Biografen, die umständlich-korrekt von »Malwida von Meysenbug« oder der Kürze halber von »der Meysenbug« reden, verfallen irgendwann in »Malwida«. Wenn Gareth Stedman Jones in seiner großen Marx-Biografie immerzu von »Karl« redet, wirkt das kurios, denn Karle gibt es viele, von Karl dem Großen bis zu Karl May. Doch der Vorname »Malwida« – manchmal auch »Malvida« geschrieben[11] – ist singulär. Angeblich setzt er sich aus den Vornamen ihrer drei Patinnen zusammen: Amalie, Wilhelmine und Tamina.[12] Also ein für sie neu geschaffener Name.

»Das Geheimnis des alten Deutschlands« als Offenbarung Malwidas: Das erinnert an ihre Würdigung durch ihren einstigen Mitemigranten Carl Schurz, der in der Folge in die USA ging, Bürgerkriegsgeneral der Nordstaaten und später amerikanischer Innenminister wurde. Der schreibt nach Malwidas Tod an den französischen Historiker Gabriel Monod, der durch die Ehe mit Olga Herzen, für die Malwida mit leidenschaftlicher Liebe die Mutterrolle übernommen hatte, eine Art Schwiegersohn dieser Frau geworden war: »Malwidas Tod ist mir sehr zu Herzen gegangen. … Ihr Tod hat eine wirkliche Leere hinterlassen, die durch nichts anderes gefüllt werden kann. Sie war der reinste und wahrste und zugleich der anziehendste Ausdruck des Idealismus des vorigen Jahrhunderts. … Jener Idealismus ist keineswegs ganz verschwunden, und davon ist die neue Popularität der Schriften Malwidas ein unverkennbares Symptom. Es gibt in Deutschland, wie anderswo, viele Gemüter, die sich in der Öde des heutigen materiellen Strebens und Interessenwesens nach dem alten oder wenigstens einem ihm verwandten Idealismus zurücksehnen. Und für diese haben Malwidas Schriften mit ihrer rührenden Aufrichtigkeit, ihrer wahrhaftigen Gefühlswärme und ihrer poetischen Eingebung an das Edle, Große und Schöne einen unwiderstehlichen Zauber.«[13] Das von Malwida verkörperte alte Deutschland könnte auch ein neues werden!

Sucht man nach ebenso prominenten wie aparten Würdigungen Malwidas, ist man ohne Kenntnis ihrer späteren Lebensgeschichte erst einmal verblüfft über ihre wiederholte Wertschätzung ausgerechnet in den »Denkwürdigkeiten« des Reichskanzlers Bülow, die durch ihre Bosheiten berüchtigt wurden.[14] Da nennt er sie »unsere liebe alte Freundin«, an die er – bereits Reichskanzler – kurz vor ihrem Tod geschrieben habe, mit Anspielung auf ihren Buddhismus: »Ich denke oft an Sie. Was uns zu trennen scheint, gehört der Erscheinungswelt an, was uns verbindet, ist unvergänglich.« Und fast eine Seite lang zitiert er ihre Antwort, die »den hohen Geist dieser Frau so wundervoll« spiegele. Da berichtet die schon todkranke Frau von einer Nacht, wo sie sich »allem Zeitlichen entrückt« fühlte, »im Urgrund des Seins höchster Seligkeit genießend«. »Und ich schwamm wie getragen auf Wellen unsäglicher Wonne …«[15]

Doch gegen Ende seiner Memoiren lässt Bülow seinen Hang zur Pikanterie auch an Malwida aus und verweist auf ihre Begeisterung für Felice Orsini, der 1858 ein Bombenattentat auf Napoleon III. verübt hatte und – zu Malwidas Empörung – dafür hingerichtet wurde: »Sie erklärte den Attentäter Felice Orsini, den sie im Exil gut gekannt hatte, für einen edlen Jüngling, Harmodios und Aristogeiton, den Tyrannen-Mördern, vergleichbar, die in Athen gefeiert und besungen wurden.«[16] Zur Hochschätzung dieses Attentäters, dessen Bombenanschlag mehrere Menschen zum Opfer gefallen waren, hatte sie sich sogar mit erstaunlicher Offenheit in ihren Memoiren bekannt und auch ihre abgrundtiefe Trauer geschildert, als sein Haupt auf der Guillotine gefallen war (II 98). Und auch aus ihrer Wertschätzung für einen anderen Attentäter, Emmanuel Barthélemy, macht sie keinen Hehl und dass sie bei dessen bevorstehender Hinrichtung »Unsagbares« litt: »Ein grenzenloses Mitleid füllte mein Herz bis zum Zerspringen.« (I 433)

Noch 1884, als sie sich längst von den revolutionären Idealen der 1848er Zeit abgewandt hat, spricht sie in einem Brief an Daniela von Bülow, Cosima Wagners Tochter aus erster Ehe, von der »großartigen Furchtbarkeit der Nihilisten« in Russland, die etwas gezeigt habe, »was noch nicht da gewesen ist in der Weltgeschichte«.[17] Ein Nihilist hatte 1881 den Zaren Alexander II. ermordet! Und doch kündigt ihr Silvester 1889 der mit ihr gut befreundete Maler Lenbach an, um Mitternacht werde er »mit meinem Freunde Otto« auf ihr Wohl trinken[18]: Otto ist niemand anderes als der Fürst von Bismarck, den Lenbach so oft porträtierte, dass solche Serienproduktion zum Objekt der Karikatur wurde.

Sprung in die Gegenwart: Beim Googeln im Internet stößt man auf den damaligen Kanzleramtschef Peter Altmaier, der am 8. März 2017 in seinem Glückwunsch zum Weltfrauentag daran erinnert, »die großartige Malwida von Meysenbug« habe bereits vor 150 Jahren die Zeit reif für die Emanzipation der Frau befunden. Und in einer Podiumsdiskussion mit Vertretern des »Spiegel« zitiert er gleich zu Anfang Malwida. Googelt man Malwida dagegen zusammen mit »Emma« und ihrer langjährigen Redakteurin Alice Schwarzer, kommt rein gar nichts. Auch für den modernen Feminismus ist diese Frau neu zu entdecken. Im gängigen Geschichtsbild begegnet sie, wenn überhaupt, am ehesten in prominenten Männerbeziehungen – vor allem zu Richard Wagner und Nietzsche –, die nicht gerade als »fortschrittlich« gelten, schon gar nicht unter Feministinnen. Malwidas eigenes Potential ist eben nicht ohne Weiteres evident.

MAGNETISMUS ODER MIMIKRY? Schon die Wirkkraft ihrer »Memoiren einer Idealistin« ist für viele heutige Leser zunächst erklärungsbedürftig. Doch ihre Bedeutung erschöpft sich bei weitem nicht darin. Mehr noch ergibt sie sich daraus, dass sie sich im Laufe ihres langen Lebens zu einer Künstlerin der Kommunikation entwickelte. Doch wodurch? Das erscheint bei dieser äußerlich unscheinbaren, eher schweigsamen Frau erst einmal als großes Rätsel. Nichts von der sprudelnden Lebendigkeit großer Frauen der Romantik wie Rahel Varnhagen und Bettina von Arnim (die allerdings ebendadurch einem Goethe auf die Nerven fiel[19])! Stefan Zweig, von seinem Freund Romain Rolland inspiriert, schreibt über sie: »Nationen und Sprachen sind diesem freien Geiste keine Grenze …, der ›ein Menschenmagnet‹, unwiderstehlich große Naturen vertrauend an sich zog.«[20] All dies durch »ihre wundervolle Fähigkeit zur Freundschaft«.[21]

Doch worauf beruhte, auf welche Weise äußerte sich diese Fähigkeit? Dies bleibt bei Zweig ein Geheimnis – oder doch nicht? »Denn ein geheimnisvoller Genius des Verstehens hatte immer und immer wieder Menschen der verschiedensten Art in gleich tiefer seelischer Verbundenheit dieser merkwürdig magnetischen Frau nahegebracht, und was sonst … unverbindbarer Gegensatz schien, war durch ihre einzigartige Fähigkeit geistiger Hingabe, dank ihrer unnachahmlichen Wissenschaft, das Beste in den Besten mit Liebe zu begreifen, eine Einheit, ein Lebenskreis, eine Gemeinde geworden.«[22]

Um Rolland selbst das Wort zu geben, der von Malwida bei seiner ersten Begegnung überhaupt nicht beeindruckt war und die über Siebzigjährige dann in lebhafter römischer Gesellschaft erlebte: »Sie war eine kleine, schmächtige Frau, ruhig, schweigsam …, schlicht in ihrer Sprache, ihrer Kleidung, ihrem ganzen Wesen. … Sie sprach nicht, oder mit so sanfter Stimme, die allein ihr Nachbar vernahm; sie hörte zu, schaute zu, mit ihrem ruhigen Lächeln. Aber eine Ehrfurcht umgab sie. Eine natürliche Würde ging von ihr aus, flößte den Leichtfertigsten, den höchsten Standesgenossen Achtung ein. Ohne sie näher zu kennen, beugten sie sich vor dieser betagten, armen Frau …«[23]

Der Historiker, der sich auf ihre vielen und oft recht wortreichen Briefe stützen muss, sollte derartige Erlebnisse der Begegnung in Erinnerung halten. Zugleich mag man ahnen, dass diese gewaltige Briefschreiberei eine Zurückhaltung in der Geselligkeit kompensierte. Doch beides ergänzte einander. Der Maler und Wagnerianer Paul Joukowsky, fast dreißig Jahre jünger als sie, schreibt ihr aus Bayreuth unmittelbar nach Wagners Tod über das vorhergegangene Wiedersehen mit ihr: »Ich konnte nicht schreiben vor Glück. Unser Wiedersehen war so über alle Maßen schön, so schattenlos lieblich gewesen … Sie hatten eine wunderbare Zärtlichkeit … für mich gefasst, dass ich im Wahne der Sicherheit und Freude mir oft sagte: es gibt ein Glück!«[24] Oder man höre die Gräfin Armgard von Eperjesy, Enkelin Bettina von Arnims, die Malwida am liebsten noch kurz vor deren Tod wiedergesehen hätte, um »mich wie ein Vogel im Abendstrahl im klaren Licht Ihres Wesen's (zu) baden, dessen friedbringender Schein auf lange Zeiten hinaus leuchten wird«.[25]

Jacques Le Rider, Autor der bislang umfangreichsten Malwida-Biografie[26], glaubt mittlerweile, das Geheimnis dieser Frau gelüftet zu haben; es lautet: »Mimikry«. Und zwar deshalb, weil sie »von den Begegnungen mit bedeutenden Männern die Anregung zur Entfaltung ihres eigenen Profils erlebte. Diese intellektuelle Mimikry macht sie zu einer grande dame mit einem Dutzend verschiedenen Gesichtern. Im Umgang mit Herzen und Mazzini ist sie eine andere als im römischen Salon von Bernhard von Bülow. … Dieses Verlangen, geliebt, geschätzt, anerkannt zu werden, machte sie abhängig und erstickte manchmal ihre eigene Persönlichkeit.«[27] Das passt jedoch nicht zu der Feststellung, dass sie in solchen Begegnungen ihr »eigenes Profil« entfaltete.

Gewiss muss man bei vielen Passagen ihrer Briefe erwägen, wieweit sich ihr Ton nach dem Empfänger richtet. Doch das bedeutet nicht unbedingt »Mimikry«, gehört es doch zur Kunst gelungener Kommunikation, dass man das Gegenüber erst einmal auf seine Art gelten lässt, Verständnis bekundet und auf den anderen eingeht. In dieser Kunst brachte es Malwida im Laufe ihres Lebens zur Meisterschaft. Aber darin ging sie nicht auf. Selbstbewusst und nicht ohne Grund versichert sie ihrer Mutter aus dem britischen Exil, die Zeiten seien vorbei, wo sie der Enthusiasmus, den sie bei einem »ehemaligen Feind« hervorgerufen habe, »hätte eitel machen können«. Und dann: »Einfluss hat die Beistimmung oder der Tadel der Menschen nicht den geringsten auf mein Gefühl und Handeln, denn ich kenne nur noch einen Richter über mein Leben: das sittliche Bewusstsein in meiner eignen Brust, das Gesetz was einst die Menschen außer sich suchten und Gott nannten.«[28]

Gott in uns, zumindest in ihr selbst: Dieses Selbstgefühl ist nicht so übertrieben, wie man denken könnte. Wie wir sehen werden, hat es an Kontroversen selbst mit solchen Menschen, die sie schätzte, nicht gefehlt. Davon zeugen schon allein ihre heftigen Auseinandersetzungen mit Alexander Herzen über ihre freiheitliche Erziehung seiner Töchter – und dies, obgleich ihr das Zusammenleben mit der Herzen-Familie unendlich viel bedeutete und der Bruch sie in tiefe Verzweiflung stürzte. Und dann das dramatische Ende ihrer Beziehung zu Nietzsche!

Kein Zweifel, Malwida hatte und behielt ihren eigenen Kopf, lebenslang. Kurz nach ihrer Ankunft im britischen Exil schrieb Johanna Kinkel über sie an ihren Gatten: »Ihr Geist ist von kristallner Klarheit, und dabei besitzt sie eine Anmut der Ausdrucksweise, welche verrät, dass sie nur in den allerfeinsten Kreisen geselliger Bildung muss erwachsen sein.«[29] Und lange nach ihrem Tod rühmt sie Rolland wieder kristallinisch: »alle hatten sich ihr anvertraut; fast alle hatten sie geliebt; und nichts hatte den Kristall ihres Denkens getrübt.«[30]

WARNSIGNALE FÜR DEN BIOGRAFEN. Umso mehr muss sich der Biograf davor hüten, in eine Hagiografie zu rutschen. Heute stolpert man über nicht wenige Malwida-Passagen, die schwülstig und allzu edel klingen. Wiederholt beobachtet man, wie Malwida-ForscherInnen, die sich über weite Strecken von ihr haben anstecken lassen, unversehens in Überdruss verfallen. Ruth Stummann-Bowert, die bis dahin für das Jahrbuch der Malwida-von-Meysenbug-Gesellschaft die mit Abstand meisten Beiträge geliefert hat, erkennt bei dieser Frau am Ende »Selbstbetrug und Illusion«.[31] In einem insgesamt würdigenden Sammelband, der im Titel Malwida als »Ideal einer Frauengestalt des 19. Jahrhunderts« vorführt, schießt die Schriftstellerin Christine Brückner quer mit einem Beitrag »Eine Oktave tiefer, Fräulein von Meysenbug!«, wo sie beginnt: »Sie hielten sich für eine Idealistin, aber Sie waren eine Phantastin!«[32]

Die Lektüre ihrer lebensvollen, immer wieder ergreifenden Memoiren könnte dazu führen, der von Pierre Bourdieu angeprangerten »biographischen Illusion« zu verfallen, nämlich der Einbildung, ein Leben lasse sich ganz aus dem geschilderten Ich heraus als ebenso folgerichtige wie einzigartige Abfolge von Ereignissen begreifen.[33] Doch Malwidas ungemein vielfältige Beziehungen und Korrespondenzen wirken dieser Illusion so gründlich entgegen, dass Le Rider mit seiner »Mimikry«-These in das genaue Gegenteil verfallen kann.

Da kommt es für den Biografen erst einmal darauf an, nicht wie so manche Malwidologen zwischen Identifikation und Aversion, zwischen Begeisterung und Kopfschütteln zu schwanken; vielmehr kann man bei der Beschäftigung mit dieser Frau den Wert eines werturteilsfreien historischen Verstehens neu schätzen lernen und auch eines Verstehens aus einem historischen Breitenwissen über jene Zeit heraus. Wer Texte der Goethezeit kennt – und Malwida lebte mehr und mehr aus dem Geiste jener Zeit heraus –, findet viele Briefpassagen – all diese Bekenntnisse zum Guten, Wahren, Schönen – nicht mehr so phrasenhaft, wie sie auf moderne Menschen wirken mögen.[34] Was einen nicht davon abhalten sollte, über manche Malwida-Ergüsse erst einmal zu lächeln, so wenn sie – um nur ein Beispiel von vielen zu zitieren – etwa Ende 1849 an Johanna Kinkel über deren Sohn, den sie in ihr Herz schließen möchte, ins Schwärmen verfällt: »O solche Geschöpfe, die dem Geist von früh auf untertan sind wie reizend!«[35]

Doch wenn Malwida 1877 gegenüber der schweizerischen Frauenrechtlerin Meta von Salis von den »Ideen« – so der Idee der Frauenbefreiung – spricht, für die sie ihren »Kampf gekämpft« habe, und sich als »einsame, alte Kämpferin« bezeichnet,[36] wenn sie noch im Alter schreibt, das Leben sei »nichts anderes als ein großes Schlachtfeld« und die »einzige Tugend« bestehe darin, »trotz aller Wunden bis zuletzt zu kämpfen« (II 452), stellt sich die Frage: Wo und wie hat sie denn gekämpft? Führerinnen der Frauenbewegung wie Helene Lange und Clara Zetkin werfen ihr später vor, nicht selbst für ihre Ideale gekämpft zu haben.[37] Doch diese Frauen gehören der späteren Generation einer organisierten Frauenbewegung an. Ihre Kritik verweist gleichwohl auf eine Schwäche, die sie sich selbst eingesteht: Sie empfand zeitlebens eine tiefe Scheu vor öffentlichem Auftreten; nicht einmal zu einer Grabrede für ihre Freundin Johanna Kinkel fühlte sie sich imstande, »wie ich denn von je eine unüberwindliche Schüchternheit gehabt hatte, in irgendeiner Weise öffentlich zu sprechen, und eigentlich nur im Zwiegespräch mich frei fühlte« (II 126 f.). Ein Schlüsselzitat zum Verständnis ihres Lebens, ihrer Art der Kommunikation von Mensch zu Mensch!

Für Malwida bedeutet »Kampf« erst einmal Kampf um eine selbstständige Existenz, in der sie ihrer eigenen Überzeugung nach leben und ihre Ideen frei verbreiten kann; auch tapfere Überwindung immer neuer Phasen der

Vereinsamung und Verzweiflung bis hin zur Todessehnsucht: Nicht zuletzt darin liegt das Bewegende dieses Lebens. Andere »große Frauen« jener Zeit, die als Wegbereiterinnen weiblicher Emanzipation gelten – Bettina von Arnim, Rahel Varnhagen, Fanny Lewald – waren alle verheiratet und durch Herkunft und gesellschaftliches Milieu mehr oder weniger vor Vereinsamung geschützt; für Malwida galt das nicht. Anders als die genannten Frauen ging sie ins Exil, um von dort nicht wieder heimzukehren. Jules Michelet, der größte französische Historiker seiner Zeit, zwischen dem und Malwida sich eine freundschaftliche Beziehung entwickelte, schreibt in seinem Buch »Die Frau«: »Das schlimmste Schicksal, das eine Frau treffen kann, ist: allein zu leben.«[38] Malwida hat sich für dieses Schicksal ganz bewusst entschieden; das war damals ungleich außergewöhnlicher als heute.

Und sie suchte und fand eine Fülle an menschlichen Beziehungen im Exil und weit abseits jener Gesellschaftskreise, in die sie in jungen Jahren hineingewachsen war; auch dies setzte zu jener Zeit besondere Fähigkeiten voraus, zumal gerade im Ausland in besonderem Maße die Vereinsamung drohte. Die Exilsituation als solche, wo sich ein jeder erst einmal auf eigene Faust durchschlagen muss, erzeugt oftmals mehr Spannung als Solidarität. Das scheint in besonderem Maße für deutsche Emigranten zu gelten, nicht nur nach 1848.[39] Dass Malwida gerade in jener Situation zur großen Netzwerkerin wird, will etwas heißen. Mit der Zeit entwickelte sich in ihren Beziehungen eine wahre Kettenreaktion. Aus dem einen Kontakt gingen weitere hervor, die sie immer sorgsamer zu kultivieren wusste, bis zu ihrem Tod.

Das große Werk von Marie-Claire Hoock-Demarle *»L'Europe des lettres«* (2008) über transnationale Korrespondenzen vom späten 18. bis zum frühen 20. Jahrhundert, aus denen ein europäisches Beziehungsnetz hervorgegangen sei, das den Weltkriegen hätte entgegenwirken können, kulminiert in dem Briefwechsel zwischen Romain Rolland und Malwida, der alle anderen dort dargestellten Korrespondenzen in den Schatten stellt; das Kapitel trägt die Überschrift: »Le réseau européen de Donna Malwida cosmopolita«. Sie wirkte durch ihre Vielfalt persönlicher Beziehungen – und durch ihre Lebensgeschichte, so wie sie diese in ihren »Memoiren einer Idealistin« und ihrem »Lebensabend« schildert und deren ergreifende Wirkung auf viele Zeitgenossen ein Kapitel eigener Art ist.

HERAUSFORDERUNGEN AN EINEN MALWIDA-BIOGRAFEN. Wer sich eine Biografie dieser Frau vornimmt, sieht sich zwei einander konträren Gefahren gegenüber: bis in die frühen 1870er Jahre in eine bloße Nacherzählung ihrer lebenssprühenden, mitunter verblüffend offenherzigen Memoiren zu verfallen, die in ihrer Art unübertrefflich sind, und in deren Geiste in ihr Leben frühzeitig eine höhere Prädestination hineinzulegen; und für die Zeit danach bei Ausschöpfung ihrer gewaltigen Korrespondenzen die Darstellung je nach Briefpartner zu zersplittern.

Ebendiese Gefahr erhöht sich noch durch die äußeren Lebensdaten: durch Malwidas exorbitante, für eine alleinstehende Frau damals höchst ungewöhnliche Reiserei, wegen derer Alexander Herzen sie als weiblichen Magellan neckte. Eine von der Weimarer Malwida-Forscherin Sabine Arndt erstellte Liste ihrer Reisen ist zwölf Seiten lang, wobei jede Seite im Schnitt zwanzig verschiedene Aufenthaltsorte umfasst und sich auch die oft nicht leicht zu beantwortende Frage stellt, wie diese im Exil zunächst verarmte Frau viele Reisen – zumal in teure Badeorte – finanzierte. Malwidas Memoiren sollen den Eindruck hinterlassen, dass sie die früh in ihr angelegte Prädestination und damit ihr Lebensglück erreicht habe: mit der leidenschaftlich-mütterlichen Beziehung zu Olga Herzen, den berauschenden Wonnen der Wagner-Musik und der »Seligkeit« über den neu offenbarten Schopenhauer. Doch das ist nicht das Ende ihres Lebens. Die Frage, wieweit sie letztlich ihrem »Ideal« nahegekommen ist, muss erst einmal offenbleiben.

Aus dem einen wie dem anderen Problem geht hervor, dass für diese Frau ein neuer Typ von Biografie gefragt ist: eine Lebensgeschichte, die nicht durchweg dem zeitlichen Nacheinander dieses Lebens folgt, so wie es in der Liste der Lebensdaten präsentiert wird, sondern Schneisen schlägt, Längsschnitte vornimmt, Leitmotive und Leitgedanken verfolgt. Dabei gilt es, vorweg die historische, womöglich auch aktuelle Bedeutung dieser Frau und ihres Lebens genauer zu bestimmen.

Einen Reiz aus dieser Lebensgeschichte ergibt sich zumal für den Historiker bereits bei flüchtiger Bekanntschaft: Dieses Leben ist geradezu ein Kaleidoskop des 19. Jahrhunderts, gerade auch seiner reizvollen Seiten – seiner geistigen, künstlerischen, nicht zuletzt auch musikalischen Welten. Zu Anfang ertönt noch in der Ferne die Marseillaise, später mischt sich deren revolutionärer Marschtakt mit »Tannhäuser«-Klängen, martialische Fanfaren wechseln mit Gongschlägen fernöstlicher Tempel.

Um mit anderen Frauenleben zu vergleichen: Bei einer Biografie von Maria Theresia oder von Rosa Luxemburg – oder auch von Cosima Wagner und Elisabeth Förster-Nietzsche – ergeben sich Bedeutung und Leitlinien mehr oder weniger von selbst. Ein ergreifender Grundzug von Malwidas Leben besteht demgegenüber darin, dass sie sich immer wieder auf die *Suche* nach Lebenssinn begibt, begeben muss. Von einem konventionellen Geschichtsverständnis her mag man erst einmal enttäuscht sein, dass diese Frau, die das öffentliche Auftreten scheute, in einer Geschichte der Aktionen, der Institutionen und Organisationen nicht von Bedeutung ist. Umso größer ist dagegen ihre potentielle Bedeutung in einer Geschichte der *Kommunikation*, der immer tieferen Verständigung von Mensch zu Mensch, der Schaffung menschlicher Beziehungsnetze über die Grenzen bestimmter Gesellschaftskreise, ja über nationale Grenzen hinweg.

Es ist immer wieder verblüffend, wie rasch diese Frau Kontakt zu bedeutsamen Persönlichkeiten erlangt. Noch nicht lange im Londoner Exil, wird ihr eine gemeinsame Bahnfahrt mit dem damaligen britischen Innen-, künftigen Premierminister Lord Palmerston arrangiert, mit dem sie ein langes Gespräch führt, bei dem sie – wenn man ihr glauben darf – aus ihren damaligen revolutionären Überzeugungen keinen Hehl machte und ihn – der ihr offenbar nicht widersprach – mit Ironie als einen jener Staatsmänner in Erinnerung behielt, »deren Gewissen den Figuren aus Kautschuk gleicht, die nach dem jeweiligen Druck irgend eine beliebige Form annehmen, und, nachdem der Druck aufhört, in ihre frühere Form zurückspringen« (I 296 f.). Eine Tragik mag man darin erkennen, dass ihr »ein beständiger Wirbel von Gesellschaften, Mittagessen, Besuchen usw.« oftmals »viel zu viel« wird und sie sich dann »nach Stille und Konzentration« sehnt. Darin besteht eine der Spannungen, doch zugleich ein Reichtum ihres Lebens.

SPANNUNGEN, LÖSUNGEN, LEBENSLANGE LERNPROZESSE. Überhaupt all diese Spannungen, die diesem Leben seine innere Dramatik geben: zwischen dem Drang zur Freiheit von der Familie und doch liebevoller Anhänglichkeit an sie; zwischen ihrer noch später mitunter durchbrechenden revolutionären Leidenschaft und ihrem aristokratischen Grundgefühl, ihrer Hochschätzung einer Aristokratie der Kultur und des Geistes; zwischen ihrer Abscheu vor der Kirche und ihrem lebenslangen tiefen spirituellen Bedürfnis; zwischen ihrem Drang ins romanische Ausland noch zu einer Zeit, als sie längst gefahrlos nach Deutschland hätte heimkehren können, und ihrer lebenslangen Verbundenheit mit deutscher Kultur – fühlte sie sich wirklich als »Kosmopolitin« zwischen Idealismus und Naturalismus – das lohnt gerade heute eine intensive Betrachtung; zwischen ewiger Unruhe und tiefer Gelassenheit, ja Seligkeit; und, ganz besonders bewegend: zwischen dem »brennenden Durst nach dem Freitod« (Rolland)[40] und einem zähen Lebenswillen.

In der Nacht vom 4. auf den 5. Juni 1892, schreibt die 75-Jährige an Romain Rolland, »hatte ich eine seltsame Empfindung (sensation). Ich erwachte um Mitternacht mit einem derart übernatürlichen Glücksgefühl, wie ich etwas Ähnliches in meinem ganzen Leben nicht gehabt hatte … Und sofort dachte ich an den Tod und fragte mich: Ist das so? Und da erschaute ich eine große Klarheit und fühlte mich über alle Beschreibung glücklich.«[41] Es ist das Nirwana des Buddhismus, so wie Malwida es von Schopenhauer gelernt hat: nicht etwa das »Nichts«, wie viele noch heute glauben, sondern die Erlösung vom Leiden, das höchste Glück.[42] Und solches Glück strahlt sie auch auf andere aus. Fürst Rudolf von Liechtenstein, der nicht nur eine hohe Stellung am Wiener Hof einnahm, sondern auch Texte von Heinrich Heine und Walther von der Vogelweide vertonte und Richard Wagner verehrte, begeistert sich 1876 in einem Brief an Cosima Wagner über Malwida: »Sie gehört zu jenen starken und vollen Menschennaturen, die alles in sich aufnehmen können, um es versöhnlich weiterzugeben. Ihr Umgang würde mich beständig in einer weichen, sanften, edlen Stimmung erhalten, sie würde die Todessehnsucht, die ich in mir trage, zu träumerischer Wonne ausbilden …«[43]

In der »Fröhlichen Wissenschaft« beklagt Nietzsche: »Bislang hat alles das, was dem Dasein Farbe gegeben hat, noch keine Geschichte. Oder wo gäbe es eine Geschichte der Liebe, der Habsucht, des Neides, des Gewissens, der Pietät, der Grausamkeit?«[44] Heute ist die Geschichte der Emotionen zu einem neuen Trend der Geschichtswissenschaft geworden. Kein Zweifel: Für eine derartige Geschichte ist die gefühlsstarke Malwida mit ihrer oftmaligen Offenherzigkeit, doch auch ihrer Selbstreflexion ein ungemein dankbares Thema. Sie mag auch bei manchem Leser Reflexionen anstoßen, die zur Klärung eigener, mitunter verwirrender emotionaler Untergründe beitragen.

Von Malwida kann man lernen, was lebenslanges Lernen heißt.[45] Mag sie auch in früheren Jahren mitunter rigide doktrinär wirken – darüber kommt sie hinaus –, erst dadurch wird die phänomenale Vielfalt ihrer Freundschaften möglich. Als Autodidaktin, die nie eine Schule besucht hat und immer wieder den Mangel an früher Bildung beklagt, ist sie dahin gelangt, vier Fremdsprachen zu beherrschen: Französisch, Englisch, Russisch und Italienisch. Und als sie sich in Rom für einen jungen Bischof der syrischen Maroniten begeistert, hätte sie am liebsten noch Arabisch gelernt![46] All das begleitet von ihrer lebenslangen Sorge um ihre Augen, die sie doch nicht davon abhält, unendlich viel zu lesen und zu schreiben. Auch im Leben mit der Angst kann man von ihr lernen, und im Leben mit inneren Spannungen und in der Lebenskunst, Widersprüchliches in Einklang zu bringen oder einfach nebeneinander bestehen zu lassen.

Noch mit 34 Jahren, vor ihrem Exil, verübelt sie es ihrer bis dahin besten Freundin Elisabeth Althaus (der »Kleinen« ihrer Memoiren), dass sie einen von ihr selbst nicht geschätzten – obwohl »bedeutenden« – Mann heiratet; »seitdem sind wir geschieden«.[47] Ein unglaublich achtloser Umgang mit einer Freundschaft, vergleicht man ihr späteres Verhalten! Ihre Mutterliebe zu Olga Herzen hat in früherer Zeit oftmals etwas Vereinnahmendes. Hätte sie darin nicht dazugelernt, hätte die liebevolle Beziehung zwischen beiden schwerlich Olgas Heirat mit Gabriel Monod (1873) – für Malwida erst einmal ein tiefer Schmerz! – überdauert und bis zu ihrem Tod fortbestanden. Schon gar ihre tiefe Liebe zu Romain Rolland über alle Konflikte hinweg setzt einen langen Lernprozess der Liebe voraus. Liebe unter Wahrung voller Freiheit beiderseits wird die Grundlage ihres Experimentes mit einer neuen Form des Zusammenlebens mit Nietzsche und seinen Freunden Albert Brenner und Paul Rée im Winter 1876 in Sorrent. Zu ihrem Kummer ist diese Gemeinschaft nicht von Dauer.

In diesem Zusammenhang sollte man, wie schon erwähnt, einen Lernprozess nicht vergessen: Die in ihrer früheren Zeit recht humorlos wirkende Malwida lernt sogar *Humor*! Ohne diesen hätte ihre Freundschaft mit dem in Hochstimmung oft zu Späßen aufgelegten Richard Wagner schwerlich lange bestehen können. Den brauchte sie auch für ihre enge Beziehung zu Wagners Sohn Siegfried. An Cosima Wagner schreibt sie 1897 in einer Zeit der Krankheit, ihrem letzten Brief an Siegfried werde sie, Cosima, wohl entnommen haben, »dass mein Humor noch nicht unter den allerlei mir auferlegten Entbehrungen gelitten hat«.[48] Und noch später über ihre Beziehung zu Siegfried: »Mit niemand spreche ich so viel Unsinn wie mit ihm«, und das sei ein gutes Zeichen, »denn es ist die heitere Blüte des Humors, die auf dem dunklen Grund des Lebens schließlich siegend über das Vergängliche emporsteigt«.[49] Auf eine scharfe Grenze stößt ihr Humor allerdings zeitlebens, wo sie ihre Idealwelt frivol verhöhnt sah, so bei Jacques Offenbach, dem größten Wagner-Gegner, der in seinen Operetten antike Mythen verulkte. Der Leser zuckt zusammen, wenn er auf die Passage in einem Brief Malwidas an Olga Monod-Herzen stößt, wo sie schnaubt: Damit das Theater »die edelste Erziehungsanstalt der Menschheit« würde – damals ihr höchstes Ideal –, müsste man »freilich erst Offenbach und Konsorten an den Galgen hängen«.[50]

»IDEALISMUS«: VOM WIRRWARR ZUR LEBENSPHILOSOPHIE. Um mit den Lernprozessen fortzufahren: Besondere Beachtung verdienen Lernprozesse bei ihrem *Idealismus*. Dieser soll eingehender betrachtet werden, schon um Malwida beim Wort zu nehmen; doch nicht nur deshalb. Malwida hat es bis zur Verzweiflung erlebt, wie das Streben nach einem realitätsfernen Ideal zu ewiger Unruhe und immer neuen Enttäuschungen führt. Ihr Weg zu einem Idealismus tiefer Gelassenheit, ja der Seligkeit ist wohl derjenige Prozess, der die meiste Anteilnahme verdient und auch heute neue Aktualität erlangen könnte.

Zum Thema »Idealismus« fehlt es nicht an Literatur; und doch: Je länger man darin herumliest, desto mehr überkommt einen das Unbehagen, in einem Wirrwarr zu landen – und dies ausgerechnet bei philosophischer Literatur! Die große Zeit der deutschen Philosophie von Kant bis Hegel gilt vielfach als Epoche des Idealismus, doch diese Philosophen bezeichneten sich selbst gar nicht als Idealisten; sie handelten von Ideen, nicht von Idealen. Friedrich Albert Lange schreibt in seiner »Geschichte des Materialismus«, die zuerst drei Jahre vor den »Memoiren einer Idealistin« erschien und noch den jungen Max Weber beeindruckte, der »gewöhnliche Idealismus« stehe zu dem »transzendentalen« Idealismus Kants – aber was heißt hier »transzendental«?[51] – »in schärfstem Gegensatz«. Sobald der »gewöhnliche Idealist« »über die Welt der reinen Dinge etwas lehren oder gar diese Erkenntnis an die Stelle der Erfahrungswissenschaften setzen will, kann er keinen unversöhnlicheren Gegner haben als Kant«.[52] Überdies begegnet »Idealismus« bei Kant in diversen Bedeutungen. »Idealismus« war bei den philosophischen Klassikern weder ein großes Thema noch ein durchweg klarer Begriff. Frederick C. Beiser, der britische Historiker des deutschen Idealismus, weist darauf hin, dass Kant einen jahrzehntelangen Kampf gegen den Idealismus führte und es schon seit den 1760er Jahren für einen angehenden Professor »Ehrensache« gewesen sei, »den Idealismus zurückzuweisen«.[53]

Immer wieder heißt es, der Idealismus gehe letztlich auf Platon zurück, von dem der Begriff der »Idee« stammt. In seinem berühmten Höhlengleichnis findet man die Vorstellung, das von den Sinnen Wahrgenommene sei lediglich ein Abglanz höherer Ideen, die man erkenne, wenn man aus der Höhle zum Licht erhoben werde. Bei solchen Ideen mag man untergründig die Bedeutung »Ideal« erkennen, doch insgesamt bleiben die platonischen Ideen diffus und münden in keine Philosophie des Idealismus. Und wenn man kantianisch davon ausgeht, dass unsere Wahrnehmung von unseren Ideen bestimmt wird und die Wirklichkeit demgegenüber ein »Ding an sich« bleibt[54], so ist das – wenn überhaupt – ein erkenntnistheoretischer, kein ethischer Idealismus. Und Hegel: In seiner »Phänomenologie des Geistes« kommt »Idealismus« nur ganz sporadisch vor, ebenfalls eher erkenntnistheoretisch; den »theoretischen und praktischen Idealismus« ordnet er der *»reinen Einsicht«* unter.[55]

Populärer wird der Idealismusbegriff seit den 1840er Jahren, und zwar im sogenannten »Materialismusstreit« als abschätzige Fremdbezeichnung ihrer konservativen Gegner durch die Materialisten. Ebendies ist die Situation, mit der Malwida konfrontiert ist, als ihre politischen und weltanschaulichen Überzeugungen Gestalt annehmen. Das muss man zu ihrem Verständnis stets im Auge behalten. »Ideen« und »Ideale« hatten um 1848 bereits etwas Abgenutztes. Selbst der Historiker Veit Valentin, Emigrant von 1933, schreibt in seiner großen Geschichte der Revolution von 1848, für die er voller Sympathie ist, ironisch über damalige »Ideen«: »Ohne Ideen ging es in dem ideell so überfütterten Vaterlande nicht ab«; selbst die Witzblätter mokierten sich über damalige hochtönende Ideale.[56]

Von daher wird verständlich, dass Malwida mit der Selbstbezeichnung als Idealistin zunächst zögert und vorerst statt von »Ideal« von »Prinzip« spricht. Ende 1849 bezeichnet sie Johanna Kinkel gegenüber die »Verbreitung unseres Princips« als »höchsten einzigen Lebenszweck«.[57] Im März 1851, noch in Hamburg, spricht sie zu der bereits im Londoner Exil lebenden Johanna Kinkel von »uns Prinzipmenschen« und bezeichnet sich zugleich als »freiheitathmenden Vogel«.[58] Und im September jenes Jahres, wieder an Johanna Kinkel: »Ach überhaupt liebe Freundin, täglich mehr seh ich es ein, wie ich noch immer zu sehr Idealistin bin, wie ich noch immer nicht genug den Pful (sic) des Elends und der Verworfenheit begreife in dem das faule Leben der Gesellschaft steckt und dass mein Hass noch lange nicht genug sich genährt hat an der Ungerechtigkeit.«[59]

Idealismus begegnet hier noch als Illusionismus, als Projektion eigener Ideale auf die Realität. Umso stärker erkennt man das Ungewöhnliche, ja Überraschende, wenn sich Malwida in der Folge selbst der Öffentlichkeit als »Idealistin« präsentiert: »Idealist« nicht als abfällige Bezeichnung von »Materialisten« für meist konservative Widersacher, sondern als Selbstbezeichnung einer Frau, die aus ihrer Verbundenheit mit Revolutionären keinen Hehl macht! Ihren Idealismus von Illusionen zu befreien, mit Materialismus, Realismus zu unterfüttern, darin kann man ein lebenslanges Streben dieser Frau erkennen.

Und vor dem Hintergrund des dargestellten philosophischen Wirrwarrs wird zugleich deutlich, so merkwürdig es zunächst erscheinen mag, dass bei Malwida der Idealismus eine Klarheit gewinnt, die er bis dahin nicht besaß, und dass sie eine bis dahin nur unterschwellige Tendenz der philosophischen Ideenlehre offenlegt. Nicht zuletzt daraus erklärt sich der starke Eindruck der »Memoiren einer Idealistin«. Gewiss führt die Suche nach einem konsistenten theoretischen System bei Malwida in eine Sackgasse. Ihr Idealismus ist vielmehr Lebensphilosophie, Lebenshilfe, Ansporn zur Aktivität und zur Überwindung seelischer Tiefpunkte, des Gefühls der Sinnlosigkeit des Daseins.

Weil dieser Idealismus dem Leben und Erleben entspringt, trägt er in wechselnden Stimmungen unterschiedliche Akzente und entwickelt eine eigene Dynamik. Worin ihr Ideal besteht, scheint aus ihrer Sicht oftmals keine Definition zu benötigen, wohl in der Annahme, dass es von allen Idealisten verstanden werde: das Gute, Schöne, Edle, Gerechte, Freiheitliche – nicht unbedingt das Selbstlose. Auch »Individualität« wird neben dem Ideal für sie zum Zauberwort, doch auch das Aufgehen des eigenen Ichs im All-Einen eine Form der Erlösung. Für Malwidas Leben ist dies von ganz besonderer Bedeutung: Da der Idealismus in vielen Menschen angelegt ist, stiftet er Gemeinschaft, Freundschaft, tiefes Verstehen.

»ALTES DEUTSCHLAND« – ANDERES DEUTSCHLAND. Zu den wohl bedeutendsten deutschen Historikern, die sich mit dem populären – nicht philosophischen – Idealismus befasst haben, gehören der 1933 kaum 31-jährig verstorbene und von Hans-Ulrich Wehler neu entdeckte Eckart Kehr und der nach 1933 in die USA emigrierte Hajo Holborn. Kehr behauptet, der Idealismus sei »die Weltanschauung der preußischen Ministerialbürokratie, die im Kampf lag mit dem Adel um die Beherrschung der staatlichen Maschine«.[60] Holborn setzt andere Akzente: Der Idealismus habe »das gesamte Naturrecht verworfen« und auf solche Weise wesentlich zum deutschen Sonderweg, zur geistigen Abspaltung vom Westen beigetragen: »Der deutsche Idealismus verwarf in der nachkantischen Zeit nicht nur das demokratische Naturrecht der Französischen Revolution, sondern auch etwaige gemäßigtere Verfassungsvorschläge englischer Prägung.«[61] »Die Staatslehre des deutschen Idealismus, die der Macht so große Bedeutung im Staats- und Völkerleben zuwies, hat die inneren Klassenspaltungen des deutschen Volkes nicht überwunden, sondern im Gegenteil ihnen eine scharfe ideologische Starrheit gegeben.«[62]

Wer sich mit dem Idealismus Malwidas befasst, auf den wirken beide Bestimmungen der historischen Rolle von Idealismus ganz und gar absurd: Weder vertrat diese lebenslange Emigrantin Sichtweisen der preußischen Ministerialbürokratie, Interessen der Staatsmacht, noch war sie Gegnerin des Naturrechts, der Demokratie, der Revolution. Alles ganz im Gegenteil! Gewiss, den von Kehr und Holborn dargestellten Idealismus hat es gegeben, doch Malwida ist der beste Beweis für die Existenz auch eines sehr anderen Idealismus, und die Resonanz auf ihre Memoiren ebenso wie die Vielfalt ihrer Beziehungen dokumentieren, dass dieser Idealismus nicht lediglich ihre individuelle Eigenart war.

Für Carl Schurz wie für Romain Rolland verkörperte sie nicht nur ein altes, sondern auch ein anderes Deutschland. Das bislang womöglich größte Desiderat der Geschichtsforschung ist die »kontrafaktische« Historie, die sich potentiellen Alternativen zum realhistorischen Gang der Dinge zuwendet. Darin mag man den größten Gewinn einer Geschichte dieser Frau erkennen. Sie ist der beste Beweis dafür, dass nicht jeglicher deutsche Idealismus zum »Geist von 1914« führte, nicht jegliche Faszination durch »Helden« zur Kriegsbegeisterung, nicht jede Begeisterung für Richard Wagner und seine Musik zu deutschem Chauvinismus und Rassismus.

Zu den letzten Bekanntschaften Malwidas gehört 1901 die Begegnung mit der 33 Jahre jüngeren visionären[63] schwedischen Reformpädagogin Ellen Key, deren zur Jahrhundertwende erschienenes »Jahrhundert des Kindes« weltweit zu einem Jahrhundertbuch werden sollte und die von Malwida tief beeindruckt ist und über sie prompt einen Artikel publiziert.[64] In einem Brief an Gabriel Monod bezeichnet sie Malwida als »una sacerdotissa«, »die Priesterin eines Kultes, der von den Menschen noch nicht gut verstanden ist«, also als eine Frau, deren volle Bedeutung erst in Zukunft erkannt werden wird.[65] Und 1916, mitten im Krieg, schreibt sie an Romain Rolland: »Ich habe das Glück gehabt, 1901 in Rom Malwida von Meysenbug kennen zu lernen. … Oh! Welch eine Gabe Gottes – unseres Gottes, Malwidas Gottes –, eine Seele zu haben, die anders beschaffen ist als die der Chauvinisten.«[66]

1

KONFIRMATION, REVOLUTION, LIEBE – UND FRÜHE ENTTÄUSCHUNGEN: SPIRITUELL, POLITISCH, EROTISCH

DIE HUGENOTTISCHE HERKUNFT: BLOSSER »ATAVISMUS«? Malwida wurde am 28. Oktober 1816 in Kassel bürgerlich als Rivalier geboren, als neuntes von zwölf Kindern; zur von Meysenbug wurde sie erst 1825, als ihr Vater als kurhessischer Minister in den Adelsstand erhoben wurde. Wie schon ihr französischer Geburtsname anzeigt, stammte sie väterlicherseits von Hugenotten ab: jenen französischen Protestanten, die seit ihrer Verfolgung unter Ludwig XIV. ins protestantische Ausland geflohen waren. Diese Tradition wirkte in Malwidas Familie nach, wie sie sich noch als 83-Jährige in einem Brief an Monod erinnert: Ihr Vater erfuhr seine erste Erziehung auf einer französischen Schule, sprach und schrieb perfekt Französisch.[1]

Und da stoßen wir auf ein erstes Rätsel im Leben dieser Frau: Während deutsche Hugenottenabkömmlinge – von Fontane bis hin zu Max Weber[2] – diese ihre Abkunft mit Stolz hervorzuheben pflegten, da den Hugenotten – mitunter sogar in übertriebenem Maße[3] – große Verdienste um den geistigen und wirtschaftlich-technischen Fortschritt im protestantischen Deutschland zugeschrieben wurden, ist Malwida ihre Herkunft fast nie der Erwähnung wert; ein umso auffälligeres Schweigen, als auch sie selbst in gewissem Sinne zum Glaubensflüchtling wurde. Zudem könnte man meinen, dass sie gerade in älteren Lebensjahren diese ihre Abstammung als Ursprung einer Prädestination als bedeutungsvoll hätte begreifen können – bereits in ihrer Freundschaft mit Gabriel Monod, dem Gatten ihrer heiß geliebten Olga, schon gar jedoch in ihrer geistigen Liebesbeziehung zu Romain Rolland, in gewissem Sinne die höchste Vollendung ihrer vielen Freundschaften.

Rolland selbst hielt diese Herkunft denn auch – so in seinem »Dankgesang« auf Malwida – für hoch bedeutsam: »den französischen Ursprung, der unauslöschlich bleibt! Harmonische Verschmelzung der lateinischen Klarheit, die durch das Geäst des germanischen Waldes sickert.«[4] Doch seltsam: Im Sachregister zu dem riesigen Briefwechsel zwischen Rolland und Malwida findet sich bei »Rivalier« kein einziger und bei »huguenot« nur ein vereinzelter nicht auf Malwida bezogener Treffer. Monod gibt in seinem Vorwort zur französischen Ausgabe ihrer französisch-hugenottischen Herkunft höchste Bedeutung für ihr gesamtes Wesen und glaubt diese überall zu erkennen, von der »klaren (limpiden) Einfachheit ihres Stils« bis hin zu ihrem »demokratischen Instinkt«.[5] Doch die Art, wie Malwida ihm zustimmt – ohne dies weiter zu erläutern –, ist geradezu komisch: »Auch ich spüre manchmal ein wenig hugenottischen Atavismus in mir.«[6] Atavismus, also Wiederkehr von Merkmalen weit zurückliegender Ahnen, gewöhnlich eher abschätzig als ein Rückfall in primitive Urzeiten!

Wie mag man das erklären? Sie muss wohl bei diesen Glaubensflüchtlingen jene religiöse Orthodoxie – nur eben protestantisch – gespürt haben, die sie verabscheute. Später scheint der Katholizismus – nicht als Dogmatik, sondern als religiöse Volkskultur des Südens – auf sie einen weitaus höheren Reiz ausgeübt zu haben als der Protestantismus, der sie offenbar emotional kaltließ. Ihrer großen Liebe Theodor Althaus, immerhin angehender protestantischer Geistlicher, ging es ganz ähnlich; sein Bruder Friedrich erläutert dies aus dessen »Zukunft des Christentums«, und das mag auch Malwidas Einstellung verständlicher machen: »Das von Christus gepredigte Gottesreich nahm im Protestantismus eine noch jenseitigere Gestalt an als in der katholischen Kirche, und während diese ihre rebellische Tochter an werktätiger Liebe weit übertraf, schmiedeten die protestantischen Theologen zugleich der Freiheit neue Fesseln.«[7]

Es gab neben jenem orthodoxen Protestantismus, den man als langweilig und gefühlskalt empfinden konnte, noch eine ganz andere, wärmere Richtung: den Pietismus. Doch die Pietisten, einst religiöse Nonkonformisten und als solche oftmals diskriminiert, hatten sich im frühen 19. Jahrhundert, nunmehr von oben gefördert, vielfach zu Scharfmachern der Reaktion gewandelt,[8] gerade auch in Lippe. Ihnen galt daher Malwidas besonderer Hass – sie konnten am allerwenigsten ihr spirituelles Bedürfnis befriedigen. Vermutlich machte es sie erst recht wütend, dass ausgerechnet die Pietisten, wie der mit Malwida befreundete Carl Volckhausen klagte,[9] mit ihren Konventikeln in Lippe am meisten von der neuen Vereinsfreiheit profitierten!

Sie waren dort der populäre Flügel der Konterrevolutionäre, die eine »tobende Menge« dazu brachten, einen Freiheitsbaum umzuhauen und die neue schwarz-rot-goldene Fahne mit Füßen zu treten.[10]

LIEBE UND »TYRANNEI«: ZWIESPÄLTIGE FAMILIENERINNERUNGEN. Für Malwidas erste dreißig Lebensjahre muss sich der heutige Biograf ganz überwiegend auf ihre Memoiren und auf Jugenderinnerungen in späteren Briefen stützen. Das ändert sich erst ab 1846 mit langen Briefen Theodors an sie, mehr noch ab 1849 mit ihren Briefen an Johanna Kinkel und ab 1850 mit ihren Briefen – zunächst aus Hamburg, dann aus London – an ihre Mutter, wie überhaupt seit jener Zeit ihre erhaltene Korrespondenz immer uferloser wird. Für ihre jungen Jahre jedoch wird es erst einmal zu einem großen Rätsel: Aus welchen Erfahrungen heraus wurde sie zur Rebellin, zur Revolutionärin, ja zeitweise zur erklärten »Fanatikerin«, die nicht zuletzt gegen Familienbindungen aufbegehrte?

Lag es an Theodor? In ihren Memoiren behauptet sie, durch ihre Liebe zu Theodor und seinen revolutionären Überzeugungen sei ihre Stellung im Elternhause »täglich unerträglicher« geworden: »Die Meinigen, trotzdem sie gut und edel waren, waren fast grausam gegen mich … Es war die Tyrannei der Familie, die sich in diesem Fall noch auf den bedauernswerten Grundsatz stützte, dass die Frau nicht für sich selbst denken, sondern auf dem Platz, den ihr das Schicksal angewiesen hat, bleiben soll, einerlei ob ihre Individualität dabei untergeht oder nicht.« (I 165) Dass die Familie zur »Tyrannei« wird, »sobald sie zum Tod der Individualität führt«, diese Klage kehrt bei ihr immer wieder. Und doch erfuhr sie »in ihrem Streben nach Unabhängigkeit von der Mutter Unterstützung« (Ann Taylor Allen).[11] Gleichwohl geht sie in der Folge ins Ausland, um nie wieder zu ihrer Familie heimzukehren!

Später versichert sie Gabriel Monod, sie habe ihre Memoiren nicht etwa veröffentlicht, um junge Mädchen zu veranlassen, ihrem »Beispiel zu folgen«, also ebenfalls ins Exil zu gehen. »Wenn sie diesen Eindruck hervorriefen, wäre ich sehr traurig. Sondern mein Ziel war: Toleranz, Achtung vor selbständigen Überzeugungen zu predigen und die Familien abzuhalten, jene Tyrannei auszuüben, die zu solchen außergewöhnlichen Schritten zwingt.«[12] Doch wo hatte sie eine derartige Tyrannei erlebt, besser gefragt: Was hatte sie als Tyrannei empfunden?

Man kann an dieser Stelle von 1848 nach 1968 springen und an Jürgen Habermas erinnern, der – obwohl der philosophische Star vieler Achtundsechziger – doch die unter diesen verbreitete Klage über das vermeintliche Leiden an familiären »autoritären Strukturen« zurückweist: »Die aktiven Studenten haben eher Eltern, die ihre kritischen Einstellungen teilen, sie sind relativ oft mit mehr psychologischem Verständnis und nach liberaleren Erziehungsgrundsätzen aufgewachsen als die nicht aktiven Vergleichsgruppen.«[13] Etwas Ähnliches gilt mehr oder weniger auch für Malwida: Nicht nur Auflehnung gegen das Elternhaus, sondern auch Prägung durch ihre Familie haben ihr Leben mitbestimmt. Sie ist in einer reizvollen, geistig anregenden aristokratischen Welt aufgewachsen, frei von steifer Förmlichkeit; und nicht zuletzt daraus wird sich ihre stete Sehnsucht nach »edlen« Welten erklären. Alexander Herzen stolpert sogar bei der Lektüre der französischen Erstfassung ihrer Memoiren über ihre »Vergötterung der Familie«, die doch eine historisch überholte Einrichtung sei![14]

Ein Gedicht, das die 84-jährige Malwida im November 1900 auf dem Monte Pincio in Rom verfasst, beginnt: »Heiter stieg mein Lebensmorgen herauf / In theurer Eltern Liebe heil'ger Hut …«[15] Da ist es »des Wissens Trieb«, die Sehnsucht nach starken geistigen Erlebnissen, was sie aus dem Elternhaus in die Ferne zog. »Mich aber zog's im Grund der Geschichte / Der Verhängnisse Rätsel erforschen, / Die geliebten Heroengestalten / Vor mir auferstehen sehn wie in Wahrheit.« Nicht so sehr ein Leiden unter einer »Tyrannei der Familie«, sondern mehr noch ein Streben nach Lust, eine Neugier, eine Sehnsucht nach vollem Leben und einer Vielfalt geistig-menschlicher Kontakte müssen ihr weiteres Leben geleitet haben. Die 26-Jährige schreibt an einen Bruder, ihre Familie idealisierend und zugleich bedauernd: »O warum kann denn gerade unsere Familie, in der so viele Elemente des Guten und Schönen vorhanden sind, nicht das Glück genießen, das aus der Vereinigung edler Menschen entspringt.«[16]

Noch als sich Malwida politisch und intellektuell von ihrem Vater, der das alte Regime verkörperte, »für immer« getrennt hat, liebt sie ihn, wie sie noch in ihren Memoiren überschwänglich bekennt (I 128), »immer gleich, mit unbeschreiblicher Zärtlichkeit«. Er stirbt 1847; man kann sich vorstellen, wie Malwidas revolutionäre Begeisterung fortan freie Bahn bekommt. Dieser Vater Carl Philipp war bis zum Verbot der Freimaurerei in Kurhessen 1824 hochrangiges Mitglied der Kasseler Freimaurerloge »Wilhelm zur Standhaf-

Malwida als junges Mädchen

tigkeit« gewesen. »Er war ja Freimaurer u. auch darüber habe ich ihn oft befragt«, schreibt sie 1900 an einen Neffen.[17] Von einem Zwang zum Kirchgang ist in Malwidas Jugend keine Rede. Als sie den Vater fragt, »was er über die Gottheit Christi und die Bibel als Offenbarung dächte«, erwiderte er, »dass Christus ihm mehr als Ideal menschlicher Vollkommenheit denn als Gottessohn nahe sei« (I 132). Ebendies bestimmte in der Folge auch Malwidas Stellung zu Christus. Ihre Abkehr von der Kirche bedeutete keine Auflehnung gegen ihr Elternhaus.

Um 1855 schreibt sie aus Richmond an ihre Mutter: »Du erinnerst Dich vielleicht noch, dass Ihr mich in alten Zeiten scherzhaft die Versöhnung nanntet weil ich so ein friedliebendes Herz hatte.«[18] Später in Rom berichtet sie von ihrer »Freude«, dass »alle Mitglieder meiner Familie sich mit mir wieder versöhnt und sich mir liebend zugewendet hatten, nachdem ihnen die Überzeugung geworden war, dass ich nie bloß phantastischen Impulsen gefolgt wäre, sondern einer Idee gedient hätte, die, wenn sie auch nicht die ihre war, vor keinem Richterstuhl der Erde verurteilt werden konnte.« (II 211 f.)[19]

Während andere junge Deutsche die Freiheitskämpfer gegen Napoleon verehrten, ist in Malwidas Elternhaus Napoleons Bruder Jérôme, der als König von Westfalen in Kassel residierte und den Spitznamen »König Lustik« bekam – »Heute wieder lustik!«, soll er jeden Tag eröffnet haben –, in schönster Erinnerung, wogegen viele Bürger unter der französischen Herrschaft litten.[20] Um Malwida selbst zu zitieren: »Der junge König schuf ein kleines Paris auf deutscher Erde. ... Wie begierig lauschte ich den Beschreibungen der glänzenden Feste und der schönen, reizenden Frauen, die mit ihren Familien aus Frankreich gekommen waren, um durch ihre Grazie den Hof des galanten Königs zu schmücken! ... Wie ein Traum war all das Prächtige verflogen.« (I 3 f.) Auch die dort erkennbare Sehnsucht nach großer Welt wird bei Malwidas Weg in die Ferne mit im Spiel gewesen sein.

Für ihre Mutter Ernestine war Malwida schon früh ein Sorgenkind, geistig wie gesundheitlich[21]. Über die Zwölfjährige schrieb sie an deren neun Jahre älteren Bruder Carl: »Du glaubst nicht wie sich dieses Kind geistig auf eine merkwürdige Art entwickelt hat, oft ist mir dabei ängstlich zu Muth.«[22] Sie erläutert die »merkwürdige Art« nicht, geht nicht mit Strenge dagegen an. Schon früher hatte sie an Carl geschrieben, dass sie mit dem Hauslehrer Lobe – der Malwida immerhin in die deutsche Literatur und in Fremdsprachen einführte – »in einem großen Krieg« lebe, da er sich »seit einiger Zeit herausgenommen« habe, »die Kinder tüchtig zu prügeln«.[23]

Der Kunsthistoriker Werner Broer schreibt über diese »sehr belesene Mutter«, sie habe um sich »einen Kreis von modern denkenden, aufgeschlossenen Menschen« gesammelt, bei ihren Einladungen »freizügig die Grenzen der Konventionen« überschritten und einen Geist gepflegt, »der durch Namen wie die Humboldts, Rahel Varnhagen, Schleiermacher, die Schlegels bestimmt war«[24] – sie verkörperte also bestens jenes gute alte Deutschland der Klassik und Romantik, als dessen Verkörperung später Malwida gerühmt wurde. An ihrer Mutter erlebte sie, wie auch in der höfischen Gesellschaft Eigenständigkeit möglich wurde. Noch in ihrer revolutionären Phase um 1848 und später, als sie nach Hamburg und dann nach London geht, bewahrt sie ihr liebevolles Verhältnis zu ihrer Mutter, die während der revolutionären Unruhen Ängste aussteht.[25] Aus Hamburg schreibt sie ihr, sie sei ihr »zum *tiefsten* Dank verpflichtet«, dass sie aus »weiser Liebe« der »Notwendigkeit« nachgegeben habe, dass sie, die Tochter, zur Entfaltung ihrer »Natur« aus dem kleinen Detmold fortgehen müsse.[26]

Auch Malwidas Emigration nach England muss die Mutter ertragen. Aus der engen Mutterbeziehung heraus versteht es sich jedoch, dass Malwida – ihrer eigenen Aussage zufolge – sich durch die Verzweiflung der Mutter von der Auswanderung in die USA abhalten lässt. Gewiss herrschte im Verhältnis zur Mutter keine reine Harmonie. Wieder aus Hamburg erinnert sie die Mutter daran: »Ich hatte es zu oft erfahren, dass Ihr meinen Plänen misstrautet und das war natürlich, denn unsere Naturen sind verschieden.«[27] Immer wieder die »Natur«, die menschliche Natur! Die Mutter versichert ihrerseits der bereits in London befindlichen Tochter, sie teile ihre Gesinnungen und Wünsche in vielem und rate ihr nur vom »öffentlichen Auftreten oder Einmischen« ab, da es »sich später oder früher immer an Frauen räche, ohne irgend einen Einsatz oder Erfolg jemals herbeizuführen«.[28]

1830 – 1834 – 1845: »TAUFE« DURCH DIE REVOLUTION, KONFIRMATION OHNE ERLÖSUNG, DOCH ERLEUCHTUNG IM ANBLICK DER GLETSCHER. Den ersten Anstoß zum politischen Denken – da kann man ihr glauben – gab Malwida die Revolution von 1830. Hier ist der Punkt, um auf ein kurhessisches Drama zu kommen, über das sich Malwida trotz der Betroffenheit ihrer Familie in ihren Memoiren eisern ausschweigt, da es ihren Vater ins Zwielicht rückte und ihrem Idealbild von ihrer Familie so krass wie nur möglich widersprach, das jedoch zum Verständnis der Kasseler Unruhen von 1830/31 unmöglich übergangen werden kann: die Affäre um die kurfürstliche Mätresse Emilie Ortlepp, die ihr fürstlicher Liebhaber nach seinem Regierungsantritt 1821 zur Gräfin von Reichenbach erhoben hatte.

Nun waren fürstliche Mätressen in der alten höfischen Gesellschaft gang und gäbe gewesen, ja wurden von manchen Untertanen gar erwartet; August der Starke von Sachsen hatte von diversen Mätressen angeblich über dreihundert uneheliche Kinder.[29] Doch im 19. Jahrhundert begann die bürgerliche Moral zu dominieren. Überdies handelte es sich bei Emilie Ortlepp/Reichenbach um mehr als eine Mätresse alter Art. Sie war offenbar über Jahrzehnte die große Liebe des Kurfürsten Wilhelm II., die schon frühzeitig zur Trennung von seiner Gemahlin führte; nach deren Tod 1841 heiratete der Fürst die Geliebte. Im Laufe der 1840er Jahre, als in weiten Teilen der kurhessischen Bevölkerung Not herrschte, wurde die reich ausgestattete Mätresse zunehmend verhasst. An allem Üblen wurde diesem »dämonischen Weib« und ihrem »beispiellosen Dirnenregiment« (Treitschke)[30] die Schuld gegeben, das Verdienst an allem Guten der rechtmäßigen Gemahlin oder auch dem Fürsten selbst, der sich einiger Beliebtheit erfreute. Wieweit dies berechtigt oder vorwiegend ein Ausfluss bürgerlicher Moral war, bleibt undurchsichtig.

Malwidas Familie geriet ins Zentrum jener Affäre, weil ihr Vater – nicht zur Freude der Mutter[31] – ein enger Vertrauter der Mätresse war und als solcher auch zur Zielscheibe des Unmuts wurde. Er suchte dem entgegenzuwirken, indem er – worauf Malwida mit Recht hinweist (I 19, 22 f.) – bei der Ausarbeitung der kurhessischen Verfassung von 1831 mitwirkte, die selbst nach dem Urteil von Karl Marx die liberalste Verfassung vom damaligen Deutschland war[32]. Doch als dann die Gräfin Reichenbach, die sich von dort entfernt hatte, nach Kassel zurückkehrte, brach erneut die Volkswut aus, und auch Malwidas Elternhaus wurde zu ihrem Entsetzen mit Steinen beworfen. Da gab der frustrierte Fürst die Regentschaft an seinen Sohn ab und begab sich zusammen mit der Mätresse auf sein Schloss Philippsruhe bei Hanau. Malwidas Vater, der ihm von Kind auf freundschaftlich verbunden war,[33] folgte ihm ins Exil, aus dem er nicht mehr zurückkehrte, wogegen die Mutter mit den Kindern nach einigem Hin und Her, das der Tochter in fataler Erinnerung blieb,[34] nach Detmold übersiedelte. Dem Vater war sein Fürst (auch die Gräfin Reichenbach?) offenbar wichtiger als seine Ehefrau, die sich fortan mit dem Alleinleben einrichten musste – wie Malwida dann lebenslang.

Trotz ihres spontanen Entsetzens konnte ihr unmöglich verborgen bleiben, dass diese Volkswut, die sich auch auf ihren Vater richtete, ihre Gründe hatte. In ihren Memoiren (I 22) resümiert Malwida diese »erste Revolution«: »Ich hatte eine zweite Taufe empfangen durch die Hand der Revolution.« Das Gleiche bekräftigt sie noch 1895 gegenüber einem Neffen.[35] Taufe wieso? In ihrem Herzen verstand es sich noch immer, »dass die, die ich liebte, recht haben mussten. Aber mein Blick fing an, einen weiteren Horizont zu umfassen. Ich begann Zeitungen zu lesen und den politischen Ereignissen mit großem Interesse zu folgen.« Da fühlte sie sich »auf der Schwelle eines neuen Lebens«. Zugespitzt könnte man mit Blick auf ihre dann folgende Entwicklung sagen: Sie überwand die traumatische Erfahrung, indem sie sich mit den Urhebern, den Aufrührern, identifizierte. Noch Ende 1849 beklagt sie gegenüber Johanna Kinkel: Ihr Vater, »der gute Engel des Kurfürsten«, sei 1830 »unschuldig angegriffen« worden; »er, der Reine, musste die

Sünden der Regierung büßen«.[36] Doch sie musste sich längst darüber im Klaren sein, dass diese von ihr geglaubte Unschuld für das Volk nicht ersichtlich war.

Als sie viel später mit Treitschkes »hässlichen« Beschuldigungen gegen ihren Vater konfrontiert wird, reagiert sie empört[37]: Offenbar ging sie davon aus, dass ein solcher Historiker die Wahrheit über ihren Vater, so wie sie selbst diese zu wissen meinte, erkannt haben müsste. Noch gegen Ende ihres Lebens zieht sie der Erinnerung an ihren Vater zuliebe sogar eine Rehabilitation der Gräfin Reichenbach in Erwägung[38], offenbar aus der Überzeugung heraus, dass deren Beziehung zum Fürsten, der acht Kinder entsprossen, eine echte Liebe war, die Respekt verdiente, mehr noch: dass diese Gräfin in Wahrheit einen guten Einfluss auf den Fürsten ausgeübt habe. Und wieder bekennt sie: »Ich liebte meinen Vater grenzenlos, ich habe nie einen gütigeren, herzlicheren Menschen gekannt, wie ihn.«[39]

Doch offenbar genügte es ihr, ihn aus der Ferne zu lieben – konnte sie ihn so am ehesten idealisieren? Nur den Winter 1842/43 verbrachte sie bei ihm in Frankfurt. Aber das blieb Episode. Vom Oktober 1831 bis zum Frühjahr 1852 lebte sie bei ihrer Mutter in Detmold: über zwanzig Jahre, von ihrem fünfzehnten bis zu ihrem 35. Lebensjahr, also in einer Phase, in der sich gewöhnlich der weitere Lebensweg entscheidet. Doch im Leben Malwidas wird es gerade gegen Ende dieses Zeitraums dramatisch.

Die Kleinstadt Detmold war ein Kontrast zur Kulturmetropole Kassel; immerhin finanzierte auch dort der Fürst ein Theater. Die Art, wie Malwida ihr dortiges Dasein und ihre Umwelt erlebte, war zwiespältig, soweit man das den spärlichen aus jener Zeit erhaltenen Briefen entnehmen kann. »Lieblich und schön ist es jetzt in unserem lieben theuren Detmold«, schreibt sie im Sommer 1834[40] und sieht sogar bei der Reise zu ihrem Vater im September 1840, wie sie ihrem Bruder Carl schreibt, mit Freude der Zeit entgegen, »da wir dem stillen Detmold wieder zueilen«, obwohl das die Trennung von ihrem Vater bedeutet.[41] Aber als sie im März 1841 wieder in Detmold ist, klagt sie ihrem Bruder Friedrich Ulrich über das dortige abgeschiedene Leben; und doch besitzt auch dies für sie einen Reiz: »Sonst leben wir hier unbewegt von dem Wechsel der Weltangelegenheiten, die wir nur wie fernes Wellen-Schlagen an den Ufern unserer Berge vernehmen, doch schreitet die Kultur im Innern etwas fort, in der Gesellschaft hört man jetzt in allen Zungen reden.«[42]

Der Meysenbug'sche Salon in Detmold von Laura von Meysenbug, 1850, Bleistift, aquarelliert, Format: 19,8 × 17,8 cm

Detmold ist eben nicht nur Kleinstadt, sondern auch Residenzstadt. Je nach Stimmung empfindet sie das dortige Leben als unerträglich eng[43] und weiß dann auch wieder die dortige Ruhe zu schätzen. Zwischendurch schwärmt sie gegenüber ihrem ältesten Bruder Friedrich von einer Eisenbahnfahrt nach Brüssel in einer weltanschaulich angehauchten Begeisterung wie später kaum je auf ihren vielen Reisen – die Eisenbahn war ja zu jener Zeit noch etwas aufregend Neues! »Mit der Eisenbahn, so wie sie in Belgien gefahren wird, zu fliegen, ist ein wahrhaft königliches Gefühl der Würde des Menschen, dass er auch die Elemente sich zu unterwerfen versteht, freilich zuweilen muss er auch noch ihre wilde Macht empfinden, die sein Werk zerstört.«[44] In die Lust mischt sich leichte Angst. In ähnlich doppeldeutiger Art spricht sie im gleichen Brief nach der Rückkehr nach Detmold von ihrer dortigen »Einsamkeit«, »die wieder in altem ungestörtem Gange mich umgiebt, es ist, als ob das Leben hier, durch einen Zauber, versteinert sei«.[45] Für ihre Mutter allerdings ist Detmold, nachdem sie 25 Jahre dort verbracht hat, zu einem »grässlichen Städtchen« geworden.[46]

Die politischen Zustände im Ländchen Lippe waren nicht unbedingt dazu angetan, bei einer jungen Frau revolutionäre Empörung hervorzurufen. Malwida erinnert selbst in ihren Memoiren daran, dass Lippe unlängst mit der Fürstin Pauline, die Napoleon mutig entgegengetreten war und den Erhalt ihres Landes verteidigt hatte, das beste Vorbild einer Herrscherin besessen hatte. Das sei »eine Frau von überlegenem Geist und männlicher (sic!) Bildung« gewesen, dazu »eine Freundin der Wissenschaften und der Literatur« (I 30). Dagegen die Queen Victoria, nach der ihr Zeitalter benannt werden wird, nennt sie im britischen Exil »eine bloße Puppe, die ihrer Zeit beseitigt werden wird«![47] Selbst Theodor Althaus, der kommende Revolutionär, rühmt 1845 in einem anonymen Zeitungsartikel geradezu begeistert Paulines »Wirken für des Landes Wohlstand, für das Armenwesen, für den Volksunterricht – vor allem auch ihre wahrhaft fürstliche *persönliche* Stellung zu allen ihren Dienern und Beamten«, womit sie ihrem derzeit regierenden Sohne »das reichste und seltenste Erbteil gegeben« habe.[48] Noch heute ist sie in der lippischen Erinnerung lebendiger als alle männlichen Fürsten des Ländchens.[49]

Paulines Sohn Leopold II., der vom Format hinter diese Mutter zurückfällt, zeigt sich gleichwohl 1848 gegenüber den vom Detmolder Gewerbeverein an ihn gestellten Forderungen wie der nach Pressefreiheit sogleich aufgeschlossen.[50] Er ist kein Fürst, den man verehren, doch auch keiner, den man hassen kann. Theodor Heuss schreibt in seiner zuerst 1948 erschienenen Geschichte von 1848, die Nationalversammlung in der Frankfurter Paulskirche habe erfahren müssen, »dass etwa die Bürger von Lippe mitteilten, dass sie sich in ihrem jetzigen Stand seit je recht glücklich fühlten«.[51] Kein Wunder, dass die revolutionären Ansätze in Lippe in Malwidas späterer Erinnerung »etwas Kleinliches und Lächerliches« besaßen (I 152). Als sie 1848 aus Frankfurt, wo sie das Grab ihres im Vorjahr verstorbenen Vaters besucht hat, »in das grüne enge Tal« zurückkehrt, »in dem unsere nunmehrige Heimat lag, war es mir, als schlösse sich über mir das Grab und als gäbe es für mich hinfort weder Leben noch Zukunft mehr« (I 150). Aus Detmolder Perspektive gibt es damals wenig Grund zu großartiger revolutionärer Begeisterung, doch Malwida hat bei aller Liebe zum Detmolder Grün längst einen weiteren Horizont. Wie sie in ihren Memoiren (I 46) aus ihrer Detmolder Zeit bekennt – und das gilt für ihr gesamtes weiteres Leben –, hatte sie »die Natur nötig …, um das Gleichgewicht in mir herzustellen«, da sie »tausenderlei

Trost schöpfte aus Sonnenstrahlen, grünen Wäldern, blühenden Wiesen, weiter Fernsicht von schwellenden Höhen«. Ihre Naturliebe sucht den weiten Horizont. Lebenslang hat sie Stimmungen, in denen sie sich nach nichts anderem als einem Naturidyll sehnt – in den Jahren des Vormärz dagegen wird die neue *Zukunft* bei ihr zu einer großen Sehnsucht.

Doch bei alldem sind wir zeitlich vorausgeeilt. Vorerst müssen wir nun zu jenem Ereignis kommen, das bei Malwida, wenn man ihren Memoiren glauben kann – und dazu gibt es guten Grund[52] – die erste schwere Erschütterung auslöste: ihre Konfirmation am 29. Juni 1834 durch den Detmolder Pfarrer Georg Friedrich Althaus, den Vater ihrer späteren großen Liebe. Sie wurde erst konfirmiert, als sie schon bald 18 war; ihre Eltern hatten es damit offenbar nicht eilig und nahmen dieses Geschehen nicht sehr wichtig. Sehr anders Malwida. Man kann sich unschwer vorstellen, wie dieser Pfarrer in jener Zeit, als ihr Vater fern war, für sie zur neuen Autorität wurde. Noch in ihren Memoiren spürt man ihre einstige Begeisterung: Dieser Mann, »schön wie Christus«, habe »eine große Güte und eine sanfte sentimentale Religiosität« besessen und eine »sanfte, mystische Harmonie« ausgestrahlt, so dass sie seinem Unterricht »mit wahrer Inbrunst« entgegengesehen habe (I 34 f.).

Doch umso mehr habe sie »mit Grauen jeden Tag neue Abgründe des Skeptizismus« in sich entdeckt (I 37). Irgendwo ist sie gläubig – woher sonst das »Grauen«? –, doch zugleich immer stärker von Zweifeln am Glauben erfüllt und gequält. Und als der Pfarrer beim Abendmahl nach vollzogener Konfirmation die Formel verkündet: »Wer unwürdig isset von diesem Brot und trinket von diesem Wein, der isst und trinkt sich selbst zum Gericht«, da überfiel sie auf einmal (I 42) »ein tödlicher Schreck«. »Ich zitterte und litt Höllenpein. Wir verließen die Kirche, mir schwamm alles vor den Augen wie ein Traum.« Sie hatte aus dem Abendmahlskelch getrunken – »Aber in meinem Innern ging keine Wandlung vor, kein Mysterium wurde mir offenbart, kein Gott war da, mich in die Herrlichkeit des Himmels … einzuladen. Ich war verworfen, verurteilt für ewig!« (I 45). Eine fatale Mischung von Glauben und Unglauben.

Dass sie diesen Zwiespalt nicht erst nachträglich in ihren Memoiren zu einem großen Drama hochstilisiert hat, beweist ihr Brief an eine Freundin aus den Tagen der Konfirmation, in dem sie ihre Verzweiflung schildert: »Ich wurde von einer grenzenlosen Sehnsucht nach dem Tod ergriffen und nach dem Aufbruch in eine bessere Welt, wo der Frieden durch keinen

Kampf und keinen Schmerz gestört wird.« Doch sie müsse kämpfen, um dieser besseren Welt würdig zu werden.[53] Die wiederkehrende Todessehnsucht, doch auch deren immer neue Überwindung wird zu einem Leitmotiv ihres Lebens und zu einem emotionalen Untergrund ihres Idealismus, der im Kern Lebenshilfe und Lebenssinn verheißt.

Aus nachträglicher Wut auf die bei ihr ausgelöste Angst versteht man ihre spätere Empörung über ein dogmatisches Christentum, wohl umso mehr, als sie lebenslang ein starkes spirituelles Bedürfnis spürt, das sie aus der Rückschau bei der Konfirmation als missbraucht empfunden haben muss. Ende 1849 schreibt sie an Johanna Kinkel: »Ich kämpfte die religiöse Entwicklung durch die in meiner Natur den Grundton bildete, ich rang mit heißer Sehnsucht nach der Fülle des Glaubens zufolge dem Dogma das man mir überlieferte, aber meine Natur sträubte sich dagegen.«[54] So bietet sie das beste Beispiel für eine sich bis in die Gegenwart fortsetzende Entwicklung, dass mit der Säkularisation, der Abkehr von der Kirche, ein wachsendes spirituelles Bedürfnis neuer Art einhergeht. Noch in ihrem »Lebensabend einer Idealistin« schreibt Malwida: »Dass die Welt einer neuen Religion bedarf, ist kein Zweifel. … Die neue Religion sollte die Religion der menschlichen Würde sein. Der Mensch müsste *Freude* daran haben, sich zu einem sittlichen Wesen auszubilden, aus sich selbst ein schönes, harmonisch entwickeltes Gesamtkunstwerk zu machen.« Und sie steigert sich immer mehr über eine bloße Ethik und Ästhetik hinaus: »Es ist der Gottmensch, der geboren wird in der Stunde, wo das irdische Geschöpf sich durch seine Wahl zum sittlichen Adel seines Daseins erlöst hat.« (II 403 f.)

In ihrem Brief an Johanna Kinkel erinnert sie sich, in ihren durch die Konfirmation ausgelösten Seelenkämpfen sei sie »bis zu einer gewissen Ruhe« gelangt, »indem ich mich aus dem innerlichen Streit zur Versöhnung durch die Kunst wendete. Hier glaubte ich den Eingang zum Verständnis der ewigen Wahrheit, nach dem ich glühend strebte, gefunden« zu haben. Als sie im Winter 1842/43 bei ihrem Vater in Frankfurt weilt, nutzt sie die Gelegenheit zu Studien bei dem Landschaftsmaler Carl Morgenstern, der bei ihr zugleich die lebenslange Sehnsucht nach dem Süden begründet, da er »lange Jahre in Italien gelebt hatte und die südliche Natur mit der Seele eines Dichters malte«. »Als ich diese Bilder sah, ging eine große Revolution in mir vor. Ich begriff zum ersten Mal, dass das Licht, die Farbe, die Form, durch sich selbst, durch ihre Vereinigung, durch ihre Harmonie uns die Idee der Schönheit geben und uns das unendliche Glück fühlen machen können, das von ihnen ausgeht.« (I 70)[55] Ihr Idealismus gewinnt eine ästhetische Seite, die sie beglückt.

Zuerst zeichnet sie, dann malt sie Aquarelle, meist von Landschaften, auch diese mit klaren Linien.[56] »Ich malte den ganzen Tag. … Durch die Vervollkommnung der Technik bis zur Darstellung des Geheimnisses der Schönheit durchzudringen, war das Ziel meines Lebens geworden.« (I 72) Doch dann erfolgt – so wie sie es in ihren Memoiren schildert (I 103) – eine jähe Kehrtwende, die man auf den ersten Blick rätselhaft finden kann: und zwar durch den »ehernen Schicksalsspruch« eines Arztes. »Der Arzt erklärte mir, dass ich das Malen aufgeben müsse, um meine Augen zu retten. Ich fühlte, dass dies schwere Urteil richtig sei, aber es erfüllte mich mit Verzweiflung.«

Wer ihr späteres Leben überblickt, mag sich wundern: Da hat sie unendlich viel gelesen und geschrieben – noch 1894 liest sie voller Interesse die sechsbändige Biografie Richard Wagners von Glasenapp[57] –; musste das ihre Augen nicht ungleich mehr strapazieren? Und ist ein einzelner Arzt für sie lebenslang eine unanfechtbare Autorität? Aber ohne Frage hat sie die Angst um die Augen ihr gesamtes Leben hindurch begleitet.[58] »Die Augen sind meine Tyrannen«, sind bei ihr eine stehende Wendung; mitunter dient sie freilich auch als Entschuldigung dafür, Freundinnen über längere Zeit nicht geschrieben zu haben.[59] Doch in ihrer riesigen Korrespondenz mit dem geliebten Romain Rolland begegnet diese Entschuldigung nur selten.

Da das Lesen und Schreiben ihr noch weit mehr als die Malerei ein Lebenselement ist, unterwirft sie sich hier der »Tyrannei« nur begrenzt, zumal sie sich ja auch weiterhin an Gemälden erfreuen kann. In älteren Jahren verzichtet sie zunehmend auf Lesen und Schreiben am Abend, als es damals nur Petroleumbeleuchtung gab. Gegenüber Alexander von Warsberg beklagt sie 1887 aus Rom, »welche Qualen ich gelitten habe, noch leide, wenn an den langen einsamen Abenden des Winters z. B. ich weder lesen noch schreiben kann«.[60] Vera Leuschners eingehende Untersuchung gelangt zu dem Ergebnis, dass Malwida erst ab 1849 »den Wunsch, Malerin zu werden zugunsten einer möglichen Schriftstellerinnenkarriere endgültig aufgegeben« habe. In jener revolutionären Zeit hat sich für sie ein ganz anderer Lebenssinn aufgetan. Das mag dazu beigetragen haben, dass sie den Abschied von der Malerei in ihren Memoiren längst nicht in dem Maße dramatisiert

Französische Landschaft an der Côte d'Azur, 1845. Gemälde von Malwida von Meysenbug, Öl auf Pappe, Format: 15 × 21 cm, Familienbesitz

wie die Enttäuschung durch die Konfirmation. Dagegen das ausweglose Augenleiden war keine Krise mit schöpferischem Potential.

Eine neue zukunftsweisende Wende dagegen wurde im Winter 1844/45 ihre Reise mit ihrer Schwägerin Caroline in die Provence: ihre erste große Reise in den Süden – noch nicht wie zuerst geplant weiter nach Italien – mitsamt der Rückreise durch die Alpen. Bei der Heimkehr nach Detmold fühlte sie, so ihre Memoiren, dass sich ein »Bruch im Grunde meines Wesens vorbereitete« (I 102). Ein Bruch inwiefern? Ihre Sehnsucht nach einem Ideal, einer Idealwelt in der Sonne des Südens, nach dem sie sich ihren Memoiren zufolge schon seit ihrer Kindheit gesehnt hatte (I 79), scheint ihr in der Enge des Nordens noch nie so deutlich zu Bewusstsein gekommen zu sein, obwohl sie anfangs »ein tiefes Heimweh, eine verzehrende Sehnsucht nach unserem friedlichen, häuslichen Leben« empfindet (I 85). Doch dann die Seligkeit beim Wandern durch die südliche Natur, durch »wahre Paradiese, in denen der Friede und eine Stille herrschen, als ob der Mensch mit seinen wilden Leidenschaften nie die Harmonie der Schöpfung gestört hätte«.

Dies Glück wird zu einer spirituellen Offenbarung: »Ich fühlte mich überzeugt, dass der Geist nicht dem Stoff widerstreitet, sondern dass er ihn beseelt und verklärt.« (I 86) Italien und Ideal werden ihr geradezu synonym; es ist ihr, »als ob das Ideal, nach dem mein Leben eine beständige Wallfahrt war, mich dort erwarte« (I 80). Die Vorstellung, dass der Süden nicht nur Sonne, sondern auch lichtvolleres Dasein beschert, steht ganz in der Tradition von Goethes Italienreise. Noch 1890 erinnert sie sich gegenüber Romain Rolland: In der »schönen Provence«, wo sich ihr zum ersten Mal »der Süden enthüllt« habe, habe sie einen Sinn bekommen für »Ruhe in der Schönheit ohne Begierden, ohne Leidenschaften«.[61]

Für dieses Erleben gibt es auch ein zeitnäheres Zeugnis: Ende 1849 schreibt sie an Johanna Kinkel, bei der sie ganz andere Sehnsüchte annehmen konnte: In dem »lang ersehnten Süden und dort in den Zaubern dieser Natur gingen mir die Augen völlig auf für die Harmonie der Idee mit der Form, für das Ergreifen des Geistes in der Welt. Ich genoss 9 Monate eines wahrhaft seligen Lebens.«[62] Dieses Glück wird gleichwohl, wie sie fortfährt, durch schockierende Erfahrungen unterbrochen: durch Begegnungen mit menschlichem Elend, wie sie es offenbar in Detmold nicht erlebt hätte, insbesondere mit den Gefangenen im schauerlichen Bagno von Toulon. Da ging ihr, »zuerst in der Form der erbarmenden Liebe, das Gefühl für die Menschheit auf«.

Doch dieses neue Bewusstsein verlangt nicht nur nach Mitleid, sondern auch nach Kampf. Und die volle Erleuchtung kommt erst bei der Rückreise durch die Alpen im Anblick der Gletscher. »Ich sah hinauf zu den weißen Spitzen, die in den Strahlen einer kalten Sonne erglänzten, und es schien mir, als sähe ich mit diamantner Schrift mein Schicksal auf dem Eis verzeichnet. ›Die Stunden der Jugend, der Schönheit und der Poesie sind denen, die für das Ideal leben, nur gegeben, um ihren Mut aufrecht zu erhalten und ihr Herz zu erfrischen. Aber zum größten Teil ist ihr Leben ein Kampf ohne Aufhören … Wirst du die Aufgabe annehmen und nicht zurückschrecken vor den Opfern, die sie dir auferlegt?‹« In diesem Augenblick bringen ihr Knaben einen Strauß Veilchen, den sie neben dem Eis gepflückt haben. »Der Anblick dieser Blumen, die meine Gedanken so gut symbolisierten, rührte mich tief«. Da gelobt sie dem »Weltgeist«, den Kampf für das Ideal aufzunehmen, mit dem Trost, dass sie in der eisigen Welt auch Blumen findet. (I 97 f., 101)

Dieses in ihren Memoiren geschilderte Seelendrama erscheint im Kern umso glaubwürdiger, wenn man sieht, in welchem Maße später der kalte Norden, schon gar die Hochalpen für sie der pure Horror sind, so dass Rolland sie mitunter damit neckt, dass Süden und Norden für sie identisch mit gut und böse seien. Als sie 1877 zwischen Gletschern über den Splügen fährt, leidet sie – wie sie ihrem Freund Rée schreibt – unsäglich, nicht nur körperlich, sondern auch »geistig: von dem Anblick der Vernichtung, die mich umgab, die in mir, mit einem wahren Schauder, die alte Frage aufwühlte: ist *das* der Anfang und das Ende?« »Nein, die Natur darf uns nicht auch noch an die fürchterliche Beschränktheit unseres Daseins mahnen.«[63]

In älteren Jahren sucht sie nicht mehr so sehr den Kampf, mehr den inneren Frieden, die selige Gelassenheit. Doch damals beteiligt sie sich nach der Heimkehr in Detmold an der Gründung eines Vereins der Arbeit für Arme, in dem Kleidungsstücke für eine Weihnachtsbescherung angefertigt werden. Keine bloße Fürsorge: Das entspricht ihrer Überzeugung, dass in der idealen Zukunft »Pflichterfüllung und Arbeit die einzige Ehre des Menschen sein würden« (I 113). Da ist auch Elisabeth Althaus dabei[64], Theodors jüngere Schwester. Zwischen Malwida und ihr entwickelt sich eine enge Freundschaft; über Elisabeth kommt es zu persönlichen Begegnungen zwischen ihr und Theodor. In ihren Memoiren kommt die damals noch lebende Elisabeth stets ohne Namensnennung als »die Kleine« vor.

THEODOR ALTHAUS, »APOSTEL« UND »JUGENDLICHER BERGSTROM«: »ZUKUNFT DES CHRISTENTUMS« UND TEUTOBURGER BERGPREDIGT – HIMMLISCHE ODER IRDISCHE LIEBE? Auf die Erleuchtung im Anblick der Gletscher folgt das Drama der großen Liebe: der Liebe Malwidas zu dem sechs Jahre jüngeren angehenden Theologen Theodor Althaus, dem Sohn ebenjenes Pfarrers, dessen Verheißung zur Konfirmation sie so tief enttäuschte. Sie hatte ihn schon als Kind gekannt, erlebt ihn jedoch als faszinierenden Redner zuerst im April 1843 bei seiner Examenspredigt[65] in der Detmolder Kirche nach ihrer Rückkehr aus Frankfurt, als ihre »ewig suchende Natur« (I 74) nach neuer spiritueller Sinnerfüllung strebte, zumal sie nach dem Erlebnis des Südens von der lippischen Landschaft zunächst angeödet ist und sie, die künftige Exilantin, nunmehr »unsere kleine Residenz, die ich sonst so geliebt hatte«, »wie ein Exil« empfindet (I 73 f.). Ihre Schilderung dieses jungen Predigers in ihren Memoiren (I 75) ist derart ergreifend, dass sie sogar von Theodors jüngerem Bruder Friedrich in dessen Biografie – in der er Malwidas Namen verschweigt![66] – ausführlich zitiert wird.[67] Ihre enthusiastisch idealisierende Schilderung verdient ausführlich wiedergegeben zu werden, zumal sie im Blick auf ihre spätere tiefe Enttäuschung umso glaubwürdiger erscheint (I 75):

> »Sein Gesicht war bleich mit scharfgeschnittenen, edlen Zügen, wie man sie bei südlichen Rassen findet. Lange und dichte schwarze Haare fielen ihm bis auf die Schultern; seine Stirn war die der Denker, der Märtyrer. Als er zu sprechen begann, wurde ich sympathisch berührt durch den Klang seiner tiefen, sonoren und doch angenehmen Stimme. Bald aber vergaß ich alles über dem Inhalt seiner Predigt. Das war nicht mehr die sentimentale Moral, noch die steife, kalte Unbestimmtheit der protestantischen Orthodoxie wie beim Vater. Das war ein jugendlicher Bergstrom, der daherbrauste voller Poesie und neuer belebender Gedanken. Das war die reine Flamme einer ganz idealen Seele, gepaart mit der Stärke einer mächtigen Intelligenz, die der schärfsten Kritik fähig war.« Daheim prophezeit sie ihrer Mutter: »Wenn dieser junge Mann hier bleibt, so wird dies kleine Land eine große Zukunft haben.«

Ein paar Tage darauf lernt ihn ihre Mutter kennen und kehrt »ebenso enthusiasmiert zurück, wie ich aus der Kirche gekommen war«. Sie sagt: »Er ist das Ideal eines jungen Mannes.« (I 75 f.) Mutter und Tochter sind im Blick auf Theodor ein Herz und eine Seele – zunächst zumindest. Als Malwidas Beziehung zu ihm enger wird und sich mit einer Gemeinsamkeit in revolutionären Ideen verbindet, gerät sie ihren Memoiren zufolge in »offenen Krieg mit der Welt, in der ich erzogen worden war« (I 125). Doch kurz darauf bietet ihr die Mutter an, »bei meinem Vater die Vermittlerin einer Liebe, von der mein Lebensglück abzuhängen schien, zu werden«, mehr noch: »durch des Vaters Einfluss Theodor eine Stellung zu verschaffen, die unsere Vereinigung möglich machen könnte« – ein Angebot, das die Tochter ablehnt. (I 127) Für jene Zeit ist bemerkenswert, dass Theodors bürgerliche Herkunft offenbar keine Rolle spielt. Er und Malwida singen im Detmolder Schloss – und zwar gemeinsam mit der französischen Erzieherin der Prinzessinnen – lautstark die Marseillaise.[68] Offenbar kann das als Teil des Französischunterrichts durchgehen. Wieder: Das Milieu, in dem Malwida aufwächst, ist nicht durchweg rigide konservativ-aristokratisch; es birgt in sich mehrere Potentiale.

Nach Malwidas Rückkehr aus der Provence kommt es zu persönlichen Begegnungen mit Theodor, von dem sie jetzt als »meinem Apostel« spricht. Schon beim ersten Gegenüber: »Wir sahen uns an; es war ein Blick gegensei-

Theodor Althaus. Zeichnung von Malwida von Meysenbug

tigen Erkennens, der Gruß einer Seele an die andere, ein tiefes Verstehen, als ob wir uns seit Ewigkeiten gekannt hätten. … Ich fühlte mich unsäglich glücklich. Die Sonne jener Liebe, die dem ganzen Leben ihren Stempel aufdrückt, stieg an meinem Horizont empor. Dennoch wollte ich das Gefühl, das mächtig aufwuchs, um keinen Preis anders nennen als Freundschaft.« (I 105 f.) Ihr Enthusiasmus wird zur Liebe und doch mit einer Unsicherheit, ob sie dieses Gefühl zulassen darf, ist dieser Mann doch sechs Jahre jünger, und seine Briefe an sie zeugen von häufigem Stimmungswechsel.

Zugleich beginnt in ihr eine revolutionäre Begeisterung zu keimen. Die Glaubwürdigkeit ihrer Memoiren wird in dieser Hinsicht eindrucksvoll durch Theodors Bruder Friedrich bestärkt, der wie sie nach England emigriert: »durch den Verkehr mit Theodor wurde sie in das Kampfgebiet der Gegenwart, in die elektrische Atmosphäre der Übergangsepoche eingeführt, in welcher die Mächte einer neuen Weltanschauung mit denen der alten um die Herrschaft rangen. Und aus diesem Labyrinth hinaus wanderte sie an der Hand des Freundes zugleich den Weg ins Freie, auf dem die Aussicht in eine bessere Zukunft der Menschheit sich öffnete.«[69]

Renate Hupfeld schreibt über die Gesinnung des Freundes zu jener Zeit, als ihn Malwida kennenlernt: »Die Zukunftsvision von Freiheit, Liebe und Gerechtigkeit beherrschte Theodors gesamtes Denken, Fühlen und Handeln. Für die Verwirklichung dieses Ideals würde er alles geben.«[70] Zugleich ist er ein brillanter Stilist und besitzt eine poetische Ader, wie man an seinen noch heute hinreißenden Naturschilderungen erkennt; wie auch lebenslang für Malwida bilden Ideal und Natur, auch Religion und Natur für ihn eine Einheit, zumal er in der Natur Freiheit erkennt, wogegen Malwida sich in der Folge stärker mit den Naturgesetzen konfrontiert. Später in seinem Tagebuch »Aus dem Gefängnis« erinnert er sich an jene Zeit: »Träumend lebte ich mich innig in das Herz der Natur und alle Regungen dessen, was mich so warmlebendig umgab, hinein.«[71] 1847 bekennt er in seinem Tagebuch: »Ich fühle dann nur Freude und Freiheit, wenn ich das reine, vom Menschen ungezwungene organische Leben der Natur ansehe.«[72]

Alles in allem: Nie wieder in ihrem Leben bis zu ihrer Freundschaft mit dem jungen Romain Rolland wird Malwida einen Freund gewinnen, der so vollständig all ihren Idealen entspricht – ihren geistigen, spirituellen sowie rebellischen Bedürfnissen wie ihrer Sehnsucht nach Natur und Poesie. Auch dem nach Liebe, und nach welcher Liebe? Das ist die große Frage, und zugleich fragt sich, ob es Sinn hat, nach einer eindeutigen Antwort zu suchen: Diese Liebe behält etwas Schillerndes.

Die glücklichste Phase in der Beziehung zwischen Malwida und Theodor fällt in die Zeit der langen Gespräche, die die beiden über sein Buch »Die Zukunft des Christentums« (1847) geführt haben müssen; da scheint auch ihre Liebe, ob spirituell oder sinnlich, eine Zukunft zu besitzen. Zwei Briefzitate Theodors darüber sind überliefert; das eine Mal siezt, das andere Mal duzt er sie, wie überhaupt ihre Briefe – für jene Zeit nicht ganz ungewöhnlich[73] – wiederholt vom Sie zum Du wechseln: Nur ihr könne er den Inhalt des Buches vertrauen, »weil es Ihnen so ganz gehört, dass ich kaum mehr weiß, ob etwas mein davon ist … wie Sie als Stern über meinem Dunkel wandelten«[74]; anderswo: »Es gehört dir alles so sehr, dass ich nicht mehr weiß, ob etwas von dem allen mein ist.«[75]

Man spürt eine tiefe Empfindung geistiger Einheit mit Malwida. In das Christentum der Zukunft projizieren sie beide ihre Ideale, wobei in der Schwebe bleibt, was schöner Traum und was im Ansatz bereits Realität ist. Schon der Untertitel der »Zukunft des Christentums« verweist auf seine Essenz: »Seine Wahrheit, seine Verkehrung und seine Wiedergeburt durch Freiheit und Liebe.« Da ist es »dem deutschen Volke« gewidmet;[76] doch der Inhalt lässt nicht daran zweifeln, dass es letztlich dem Dienst an der Mensch-

Malwida zur Zeit ihrer Freundschaft mit Theodor Althaus. Bleistiftzeichnung ihrer Schwester Laura

heit gilt,[77] wie überhaupt zu jener Zeit der deutschen Kleinstaaterei, als »deutsch« eine große Weite zu öffnen scheint, das deutsche Volk oft noch bruchlos mit der Menschheit einhergeht[78] – und doch erkennt Theodor im Idealismus der Deutschen eine besondere Berufung[79].

Später schildert Malwida, wie sie dem Freunde »in die scharfe gesunde Luft der Kritik« gefolgt sei: »Es kostete mich nichts, der Idee von Christus als Vermittler zwischen Gott und den Menschen zu entsagen … Ebenso wurde es mir leicht, Gott aus der engen Grenze der Individualität, in die ihn das christliche Dogma einfasst, zu befreien: in der Tat war dies längst in meinen Gedanken geschehen. Schwer wurde es mir nur, dem Glauben an die persönliche Unsterblichkeit zu entsagen. Ich hatte diese herrliche Phase des persönlichen Egoismus, diese poetische Anmaßung des Ichs, das sich ewig bejahen möchte …, sehr geliebt.«

»Herrliche Phase des persönlichen Egoismus«! Theodor entgegnet freundlich-kritisch: »Es sind nicht die kleinen und schlechten Geister, sondern die guten und großen, die an ihre eigene Unsterblichkeit geglaubt haben. Aber ich habe diesen Glauben nicht. … Unsterblichkeit ist nur in der Poesie. Der Geist ist nur Geist, weil er frei ist … von jeder Individualität. Mein Geist ist nicht mein Geist, sein eigentliches Wesen ist der universelle Geist.« (I 109) Doch ist sein eigener Geist nicht sehr individuell, und läuft dieses sein Räsonnement nicht im Grunde darauf hinaus, den eigenen Geist zum unsterblichen Weltgeist zu erhöhen? »Individualität« bleibt für die selbstbewusste Malwida ein Zauberwort, ein Weg zur Vereinigung mit dem unsterblichen All-Einen.

»Freiheit und Liebe«: Diesem Dualismus entspringt eine Spannung in ihrer Beziehung. Doch zu jener Zeit verbindet sie der Geist; und »Geist« ist in der »Zukunft des Christentums« neben Freiheit und Liebe das dritte Zauberwort. Das steht in bester Tradition der klassischen deutschen Philosophie, in der der Geist kein bloßer Intellekt und nicht nur individuell, sondern eine allumfassende Macht ist. Der Geist im Sinne Theodors und auch Malwidas wird nicht nur durch Denken, sondern auch durch unmittelbares Erleben erfasst[80], zumal er selbst in unablässig fortschreitender Entwicklung zu Höherem begriffen ist.[81] Gott ist Geist; besser: Der Geist tritt an die Stelle Gottes.[82] Er waltet auch in der Natur: für Theodor, wie er Malwida gegenüber betont, das große Wunder des Daseins.[83] Es ist in gewissem Sinne eine Religiosität in der Tradition der Mystik: durch innere Versenkung den Geist Gottes in sich selbst zu entdecken.

»Die Erlösung der Menschen im Geist und in der Wahrheit d.h. zum wirklichen geist- und freudedurchbebten Dasein, das war der Traum der sein jugendliches Herz schlagen machte«, erinnert Malwida sich später.[84] Der Geist ist bei aller Freiheit gebieterisch: da erklingt ein schroffer Ton: Theodor verwirft eine Toleranz, »welche allen Unsinn ruhig neben sich bestehen lässt, weil ja doch ein Mitmensch ihn zu seiner Religion gemacht hat«; diese Verirrung sei durch die Macht der Liebe zu überwinden.[85] Noch lehnt er die Revolution ab: »Die revolutionäre Freiheit tritt ewig despotisch auf … das Reich Gottes wächst langsam.«[86] Seine praktische Folgerung hier und jetzt ist die Gründung freier Gemeinden,[87] so wie sie sich zu jener Zeit real vollzieht; in Hamburg wird Malwida zu ihnen Kontakt finden.

Die spirituelle Gemeinschaft Malwidas mit ihrem »Apostel« gipfelt in einer Episode, die nicht nur in der Erinnerung Malwidas etwas Verzaubertes besitzt, sondern ähnlich auch in der von Friedrich Althaus – und von Theodor selbst in seinen »Mährchen aus der Gegenwart« (1848), wo er von sich selbst in der dritten Person spricht; sie erinnert an die Bergpredigt Jesu! Am Pfingstsonntag 1846 wandert Theodor mit seinen Geschwistern und mit Malwida durch den Wald hinauf zur Grotenburg zum Sockel des künftigen

Hermannsdenkmals, den man tempelartig empfinden kann[88] und wo schon eine Schar von Wanderern beisammensteht. In diesem Augenblick beginnen im Tal die Glocken zu läuten; und da fordert Malwida spontan Theodor auf, zu den Versammelten einige Worte zu reden. Nach kurzem Zögern willigt er ein und hält in schlichten Worten eine Ansprache, bei der die Anwesenden andächtig lauschen. Friedrich erinnert sich: »Es war wie eine Rede gehalten im Sinne der ›Zukunft des Christentums‹ vor einer sich bildenden freien Gemeinde, und die äußeren Umstände, wie die Begeisterung, mit der er sprach, das prophetische Feuer, das aus seinen Augen leuchtete, machten diese Pflingstmorgenstunde unvergesslich.«[89]

Theodor hat soeben das mehrere hundert Seiten umfassende erste Manuskript der »Zukunft des Christentums« abgeschlossen[90] und kann daraus schöpfen. Er verbindet Gott mit der weiten Natur: Er wohne »nicht in Tempeln, von Menschenhänden erbaut«, so dass »es uns lieb sein müsse, uns einmal da in Andacht zu versammeln, wo nur der reine unbegrenzte Himmel uns ein Sinnbild des Heiligen und Unendlichen sei«. Dann spricht er »von den Zeiten der ersten Liebe«, »da alles in der apostolischen Kirche ein Herz und eine Seele war«. Darauf redet er von den darauf folgenden dunklen Zeiten, doch dann glaubt er zu erkennen, dass »der ewige Geist jenes Morgens auch in deutscher Sprache erwacht sei«. Da spricht er von der besonderen Mission der Deutschen zum Bekenntnis zur Menschheit: »Auch dies Denkmal, auf dem wir stehen, ist in Verbindung mit unserem Fest. Denn er ist dem Helden gesetzt, der zuerst die Freiheit des deutschen Volkes erkämpfte, und so ward es stark gemacht für seinen göttlichen Beruf: der Welt zu verkünden, dass jener Geist der Pfingsten ein Geist der Freiheit sei! Da begann sein Auge zu leuchten und mir schien der Geist über ihn zu kommen, als er weiter redete: dass es ein Geist der Lieb (sic!) und Brüderlichkeit und Gleichheit sei, der ungehemmt und machtvoll ausströme, bis die ganze Menschheit sich zur Liebe befreit habe in Einem Gottesreich.«[91] Malwida erinnert sich (I 113): »Er sprach von dem, was den gewöhnlichen Gegenstand unserer Unterhaltungen bildete, von dem Reich der Liebe, das sich auf der Erde verwirklichen müsse und nicht erst jenseits des Grabes.«

Doch was ist mit der Liebe Theodors zu Malwida? Offenbar sind nur seine Briefe erhalten.[92] Berta Schleicher zitiert ohne Kommentar in ihrem Malwida-Klassiker einen über zehn Seiten langen, vom Sie zum Du wechselnden Liebesbrief Theodors, bei dem es sich um eine Kollage aus mehreren meist undatierten Briefen wohl vom Herbst 1846 bis zum Frühjahr 1847 handelt.[93] Der Grundton dieser Kollage ist durchweg liebevoll, manchmal verliebt, auch wenn er sich zwischendurch für seine schlechte Laune entschuldigt[94] und seine Liebe ganz der Menschheit gilt, die durch keine andere Liebe durchkreuzt werden dürfe.[95]

Doch von der Grundstimmung her passen die Briefauszüge ganz zu dem Glück auf der Grotenburg. So schwärmt er: »Der edle Flügelschlag Ihrer Seele, der so oft zu mir gerauscht ist und meiner Stirn wie Frühlingsluft gewesen ist … und die Liebe, die Sie mir frei und verleugnend (sic!) aus Ihrem heiligen Quell geschenkt haben mein ewiges Kleinod – das alles ist mein eigen geworden und ich hab es glückselig strömen lassen in den Quell, aus dem alles nun sprudelt, was Kraft zum Licht hat in meiner Brust.« Und wenn er einst ein großer Prediger werde – an solchem Selbstbewusstsein mangelt es ihm damals nicht –, »dann werde ich an Sie denken, wie Sie als Stern über meinem Dunkel wandelten und Ihr Licht wieder ausströmte eine kurze Weile von mir«.[96]

Handelt es sich bei ihm nur um eine spirituelle Seelenliebe und lediglich um eine Episode, an die er später zurückdenkt? Doch in einem folgenden Brief, wo er ins Du verfällt und sie mit »Geliebtes Herz!« anredet, berichtet er, er habe sich »erheitert an Deiner Grazie, die unerschöpflich ist, wie mein Bedürfnis«.[97] Dann ein Bekenntnis, das etwas Doppeldeutiges hat: »Ich bin verwöhnt, zu lieb verwöhnt und bin diese Tage ganz verliebt in Dich gewesen – Du weißt, das ist ein unglücklicher Zustand bei mir, lieben ist viel schöner und froher.«[98] Liebt er sie, und dies nicht nur in vergänglichen Stimmungen? Malwida zitiert in ihren Memoiren (I 111) aus einem Brief Theodors: »Die sanften Worte, mit denen Du mich so oft wie in einen ewigen Frühling hinausgetragen hast …, die große, freie Liebe, die Du mir geschenkt hast – alles das ist mein eigen geworden.« Dass die Liebe frei ist und frei bleibt, ist für ihn eine Grundbedingung der Liebe, »wie alle Form, wenn sie nicht durch eine ganz besondere freie Liebe belebt wird, für mich Tod und Öde ist.«[99]

Doch wenn man sich die vollständigen Texte der Briefe vornimmt, die aus jener Zeit erhalten sind, ist man über längere Strecken weitab von der Seligkeit auf der Grotenburg und auch fern von poetischer Beschwingtheit. Da erlebt man wieder und wieder einen Mann, der gereizt und unwirsch um sich selbst und seine trüben Stimmungen kreist, ohne auf Briefe Malwidas einzugehen. Schon in seinem ersten erhaltenen Brief – oder war es nicht der erste? – kommt er gleich darauf zu sprechen, dass er »unliebenswürdig« sei, und entschuldigt sich nicht einmal dafür: »In mir ist ein gewisser Trieb, dem Unmuthe nachzugeben.« Es folgt ein Hin und Her: »Meine Natur ist Ruhe«, doch sein Brief strahlt mitnichten Ruhe aus. Er spricht von seiner »lieblosen Art«, und dann: »Sie haben mich zu lieb.«[100] Man versteht, dass Malwida ihre Liebe zu ihm wiederholt – vorerst vergeblich – zu bremsen versucht![101]

Doch dann schwärmt Theodor, ins Du verfallend, für jene »selige Zukunft«, die der »Sieg der Liebe« bringe, und da spricht er von »unsrer Zukunft«.[102] In einem späteren Brief findet er ihrer beider Zusammensein zuerst »bedenklich«, »denn Sie verderben mich mehr und mehr«. Und in dem Zusammenhang: Sie sträube sich zu sehr »gegen die Vergänglichkeit des Vergänglichen« – auch ihrer beider Liebe?[103] Aber im gleichen Brief nennt er sie »liebste Freundin«, deren »Reinheit und Klarheit des Edlen« von ihrem Leben in seines »übergeströmt« sei.[104] Doch an anderer Stelle sehr selbstbewusst: »Es gibt gar nichts auf der Welt als den Glauben, den Glauben! Verlier ihn nur nicht, glaube an mich!«[105] Da will er Malwidas Gott, ihr göttlicher Geist sein!

Und dann immer neue, oft arg gequält und verworren wirkende Räsonnements über die Liebe. So schreibt er Anfang 1848, »die Charakterbildung« werde »durchgängig verkrüppelt und gehemmt indem das Gemüth die Einheit, und zwar aber die permanent gemüthliche Einheit der Liebenden zum Ideal macht«.[106] Will er sich von ihr lösen? Der endlos lange Brief geht weiter, wobei er streckenweise in einen scharfen Ton verfällt, offenbar in Abwehr von Malwidas derzeitiger Welt- und Menschensicht, und zugleich wiederholt auf das Thema Sexualität zu sprechen kommt:

> »Zu verlangen Jemand solle entweder der Befriedigung des natürlichen und gesunden Geschlechtstriebes entsagen, oder sie sich nur da, wo die innigste Verbindung der Geister und Herzen mit diesem Triebe zusammengefunden wird, vergönnen: das ist beinah so abgeschmackt, wie wenn ein Romantiker fordert, man solle sich der Natur gegenüber entweder als seelenloser Philister verhalten, oder gleich als Dichter, indem die unbefangne … Freude an Sonne, Wellen und Blumen … für den überhaupt schon geistig und gemüthlich entwickelten Menschen unschön sei.« Und weiter: Es sei »Thatsache, dass in der Regel, und zwar beim weiblichen Geschlecht fast durchgängig, eine gesunde körperliche gemüthlich und geistige Entwicklung durch die Nichtbefriedigung jenes Bedürfnisses in vielfacher Weise gestört, gehemmt oder ganz verhindert wird. … Darum ist die Vereinigung der Geschlechter immer die schönste, welche bei

einer ebenso innigen Vereinigung der Herzen und Gedanken besteht; und andrerseits immer *die* Geistes- und Herzensliebe zwischen Mann und Weib die menschlich schönste, welche die geschlechtliche Vereinigung zu ihrer Naturgrundlage hat.«[107]

Kein Zweifel: Auch Malwida sehnt sich nicht nur nach geistiger, sondern auch nach körperlicher Nähe. Noch in ihren Memoiren erinnert sie an das Glück, als Theodor sie umschlang und an sein Herz drückte: »Wir blieben lange so, stumm, versunken in jenes Wonnemeer, das schon so viele besungen haben, und das doch einem jeden, der selig darauf sich wiegt, eine unsagbare, *so* noch nie von anderen empfundene Offenbarung ist.« Doch dann die Fortsetzung, als Theodor am Ende sagt: »Und dennoch frei!« »Wie stolz!«, habe sie lächelnd erwidert, »aber ich bin es nicht minder; ja, nie möge ein Glück uns teuer und heilig sein, das nicht verträglich ist mit der Freiheit.« (I 121 f.) Also bei beiden kein Gedanke an eine eheliche Bindung – und dennoch bei Theodor im Grunde auch ohne Ehe eine Sehnsucht nach Sexualität, deren Natürlichkeit er wiederholt betont? Doch 1848 ist nicht 1968 – ein derartiges Bedürfnis wird in »besseren« Ständen nicht im Klartext angesprochen.

In ihren letzten Lebensjahren schreibt Malwida den Roman »Himmlische und irdische Liebe«: Es ist eine Geschichte mit erotischer Hochspannung. Da tadelt Rosa, die Verkörperung der himmlischen Liebe, ihren Gegenpart Vittoria, dass diese davon gesprochen habe, dass ihr »Bruder Beppo amore macht mit der Marietta, der Kammerjungfer der Herzogin«. »Ach, liebe Vittoria, sag' doch nicht dieses hässliche far amore«, sagt Rosa. »Far amore – es ist gerade, als ob man mit dem heiligsten der Gefühle Handel triebe …, während sie doch – so denk ich es mir – die schönste, unmittelbarste Gabe des Himmels ist.«[108] Der heutige Leser könnte da – so wie es auch mitunter geschehen ist – eine Aversion gegen die Sexualität erkennen, und vermutlich hat da Malwida auch eine Hemmung wie so viele junge Frauen ihrer Zeit. Doch schaut man genauer hin, erkennt man, dass sie nicht das, was mit »Liebe machen« gemeint ist, verwirft, sondern nur diesen trivialen Ausdruck dafür: Was man »macht«, damit kann man handeln. Später in der Anti-Vietnamkriegsparole *Make love not war!* sollte das »Liebe-Machen« einen sehr anderen Ton erhalten, der vermutlich auch Malwida, der Pazifistin, gefallen hätte. 1851 schreibt sie an Johanna Kinkel: »Die naive schuldlose Sinnlichkeit soll heilig gesprochen und frei gemacht vom Bann der Welt (werden), sie, obwohl nicht die vollendete Schönheit der Liebe, hat ihr unantastbares Recht.«[109]

IM AUF UND AB VON 1848 – IN DEUTSCHLAND WIE IN DETMOLD. Nun bricht das Jahr der deutschen Revolution an; es sollte für Malwida vom Jubel- zum Unglücksjahr werden, politisch wie erotisch. Noch in ihren Memoiren schildert sie fasziniert, wie sich nach der Pariser Februarrevolution auch in deutschen Landen »der elektrische Strom verbreitete«. »Deutschland, das so fest eingeschlafen schien, erbebte wie von einem unterirdischen Feuer.« (I 140) Die Nachricht, dass »ein deutsches Vorparlament sich in Frankfurt versammeln werde«, erfüllt sie »mit namenloser Freude«. Eine Freude, die sich mit kämpferischer Todesbereitschaft verbindet: »Mir war todesfreudig zu Mute. Ich hätte gewünscht, dass der Feind draußen vor dem Tore der kleinen Kirche gestanden hätte, und dass wir alle hinausgezogen wären, Luthers Choral singend, um für die Freiheit zu kämpfen oder zu sterben.« (I 141)

Als dann Anfang April das Vorparlament in der Frankfurter Paulskirche den Beschluss fasst, dass ein gesamtdeutsches Parlament aus freien Wahlen hervorgehen solle, erinnert sich Malwida noch in ihren Memoiren (I 148): »Ein Freudenschrei inner- und außerhalb der Paulskirche begrüßte diesen Beschluss, der augenblicklich draußen den die Kirche umgebenden Volksmassen bekannt gemacht wurde. Ich war wie von einem Schwindel des Glücks erfasst; ich sah meine Träume Wahrheit werden, eine reiche, freie, lebensvolle Zukunft sich für Deutschland öffnen. … Ach, ich überlegte in meiner Freude nicht, dass jeder Verzug, in einem Augenblick der Entscheidung, verderblich ist, und dass um zu siegen, man dem Feind nie die Zeit lassen muss, sich zu sammeln.«

In der Tat kann man ebendarin den Grundfehler der Paulskirche erkennen.[110] Zuerst jedoch will Malwida unbedingt die dortigen Verhandlungen miterleben und reist mit Mutter und Schwestern nach Frankfurt. Dort zunächst die »bittere Enttäuschung«, dass die Paulskirche »nur dem männlichen Publikum geöffnet« ist, angeblich »weil zu wenig Raum war« (I 145). Dabei hat die Begeisterung für die sich auftuende neue Zukunft gerade viele Frauen erfasst![111] Über die Beziehungen einer Frau kann Malwida dann doch in die Paulskirche schlüpfen, sogar auf die Kanzel, die »mit schwarzrot-gelben Tüchern verhängt« ist, die sich jedoch »ein wenig auseinander schieben« lassen, so dass sie durch diesen Schlitz den besten Blick auf die

Rednertribüne hat, die »gerade unterhalb der Kanzel« ist (I 148). Als sie nach einiger Zeit dann doch mit ihrer Mutter zurück nach Detmold muss, ist ihr, wenn man ihren Memoiren glauben darf, die »Notwendigkeit, Frankfurt zu verlassen«, »wie ein Todesurteil«, und sie empfindet einen »grenzenlosen, vernichtenden Schmerz« (I 149). Doch in der Folge ist sie – und damit steht sie nicht allein – tief enttäuscht von der »unverantwortlichen Lauheit der Frankf. Versammlung«.[112]

Bis heute ist es nicht leicht, im Revolutionsjahr 1848/49 Triumphe und Niederlagen zu bestimmen und eine große Linie zu erkennen. 1848 zuerst die Märzrevolution von Wien bis Berlin, dann scheint es zu einer gütlichen Einigung mit den Fürsten und zu einer friedlichen Reform der deutschen Lande in der Paulskirche zu kommen – dann, in der allgemeinen Empörung über den preußisch-dänischen Waffenstillstand von Malmö im August, den nach anfänglicher Ablehnung schließlich auch die Paulskirche billigt, im September der Frankfurter Aufstand gegen die Paulskirche, dann im Oktober der Aufstand in Wien, der von Windischgrätz blutig niedergeschlagen wird. Im Frühjahr 1849 dann nach neuen Volkserhebungen der definitive Sieg der Gegenrevolution – oder doch nicht ganz? Friedrich Althaus stellt in seiner 1888 erschienenen Biografie Theodors fest, mittlerweile sei »hinreichend offenbar geworden«, dass »die durch die revolutionäre Bewegung verkündeten und ausgesäeten Gedanken«, auch wenn zunächst die Gegner gesiegt hätten, »im Stillen einer neuen Gestaltung entgegenreiften«.[113] Ausgerechnet Bismarck, 1848 ein Vorkämpfer der Gegenrevolution, wird 1871 ein Deutsches Reich auf der Grundlage des allgemeinen Wahlrechts gründen. Theodor Heuss erkennt da ein Fortwirken der Tradition der Paulskirche.[114] Von daher muss Malwidas spätere Faszination durch Bismarck, die sie mit vielen Alt-Achtundvierzigern teilte, nicht notwendig bedeuten, dass sie ihren Idealen von 1848 gänzlich untreu geworden wäre.

Ein Sammelband über das Jahr 1848 in Lippe[115] trägt den Untertitel: »Von der demokratischen Manier eine Bittschrift zu überreichen«. Zwischen Rebellion und Petition, so könnte man die Grundspannung des Jahres 1848 auf den Begriff bringen. Die überkommenen Verhältnisse besaßen in sich mehrere Potentiale; das gilt auch für das Umfeld Malwidas und Theodors. Man konnte von Erbitterung über das alte System erfüllt werden, doch auch Chancen einer friedlichen Verständigung über wünschenswerte Reformen erkennen. Rufe nach konstitutioneller Monarchie und demokratischer Republik erklangen zugleich. Wenn man bei Malwida und Theodor beides findet, deutet das nicht notwendig auf einen Mangel an Klarsicht in ihrer Wahrnehmung des Bestehenden.

Theodor wandelt sich 1848 vom Theologen zum Journalisten. Nachdem er bereits für die liberale »Weserzeitung« geschrieben hatte,[116] berichtet er jetzt für die demokratische »Bremer Zeitung« über die Verhandlungen der Nationalversammlung in der Paulskirche. Doch schon früh ist er skeptischer als Malwida. Wie sein Bruder Friedrich schreibt, schwankt seine Stimmung in Frankfurt »zwischen Begeisterung und Resignation«.[117] »Überall Konfusion und Gegeneinanderzücken von Parteiungen und provinziellen Sonderinteressen« erkennt er in seinen »Genrebildern aus Frankfurt«, die am 7. Juni 1848 auf der Titelseite der »Bremer Zeitung« erscheinen. Er findet als Publizist weite Beachtung: Schon im April schreibt Robert Blum an einen Mitarbeiter: »Wenn Althaus etwas schreibt, dann ist das gewiss gut, und ich bin im voraus damit einverstanden.«[118]

In den Tagen der Berliner Märzrevolution, als Friedrich Wilhelm IV. im Anblick der Erschossenen einlenkt (»Preußen geht fortan in Deutschland auf«), besucht Theodor seinen Großvater in Potsdam und erlebt das Berliner Drama aus der Nähe mit.[119] Da packt ihn, wie er an Malwida schreibt, ein »Kanonenfieber«.[120] Nur vorläufig findet dieses Drama mit der versöhnlichen Geste des Königs, die damals viele beeindruckt, ein »happy end«. Im Juli geht Theodor nach Bremen, um leitender Redakteur bei der »Bremer Zeitung« zu werden. Als er den Waffenstillstand von Malmö ablehnt, wird die Zeitung von vielen Abonnenten gekündigt[121]. Die Seehandelsstadt braucht den Frieden auf dem Meer und nicht nur dort. Als Theodor seine Empörung über die Niederschlagung des Frankfurter Septemberaufstands bekundet, wird er in Bremen offen angefeindet und selbst mit Flugschriften attackiert.[122] Zu Jahresbeginn 1849 wandelt sich die »Bremer Zeitung« zur »Zeitung für Norddeutschland« und wird von Theodor nunmehr von Hannover aus redigiert. Doch die verletzenden Angriffe auf ihn machen ihn krank: »Konnte nicht schreiben, fühlte mich mit kurzen Unterbrechungen wie todt, wie vernichtet, sah mit Grauen dem Winter und mit Ekel dem Leben entgegen.«[123]

Die Erschießung von Robert Blum erschüttert ihn tief[124]; damit steht er nicht allein. Sein Ekel paart sich mit Empörung, sein Ton wird militanter, auch wenn er sich zugleich über den preußischen Sieg über Dänemark in

Eckernförde Anfang April begeistert.[125] Im Frühjahr 1849 erkennt er in der Paulskirche, wie er seiner Schwester schreibt, nur noch »Todeskrampf« – »Krampf«, nicht »Kampf«! »Für Frankfurt habe ich keinen Funken Enthusiasmus mehr.«[126] Als er am 13. Mai dazu aufruft, die in Frankfurt beschlossene Nationalverfassung notfalls mit Gewalt durchzusetzen,[127] wird er am darauf folgenden Tag als »Staatsverräter« verhaftet.[128] Im Juli wird er wegen Aufforderung zum Hochverrat zunächst zu drei Jahren,[129] dann zu einem Jahr Gefängnis verurteilt, am 15. Mai 1850 wieder entlassen.

Seine Haftbedingungen sind gleichwohl derart komfortabel, dass er seine Haft gegenüber der vorausgegangenen Redaktionstätigkeit, die immer strapaziöser geworden war, geradezu als Erholung empfindet. So wie er selbst aus dem Gefängnis schreibt: »Ich lebe den ganzen Tag bei offenem Fenster. Es kommt mir Alles etwas studentisch vor, blos dass man nicht so viel Bier trinkt und nicht so viel Langeweile hat.«[130] Er gedenke diese Zeit »bestens zu einer homöopathischen Cur anzuwenden«.[131] Er kann lesen und schreiben, gelegentlich sogar Presseartikel,[132] seine Zelle mit duftenden Blumen schmücken,[133] bei offenem Fenster Zigarren rauchen[134] und unter Begleitung eines Stadtsoldaten stundenlang in Stadt und Umgebung spazieren gehen.[135] Anders als heute durfte man damals die Haftbedingungen je nach Person modifizieren.[136] Vor solchem Hintergrund wird verständlich, was man zunächst verwunderlich finden mag: dass Malwida diesen Freund nicht durchweg als Märtyrer in Erinnerung behält.

Vor 1849 findet man in seinen Briefen an die Freundin nur spärlich Politisches. Seltsam erscheint aus heutiger Sicht ein Ausbruch in einem Brief von 1846, in dem er über einen Artikel für die »Weserzeitung« berichtet, der ganz aus seinem »Freiheitsprinzip« geflossen sei, jedoch der liberal-gemäßigten Tendenz dieses Blattes zuwiderlief:

> »Mit einem wahren furore tedesco bin ich … gegen die Constitutionen, vor Allem gegen die Einführung neuer losgezogen, weil sie Zwitterwesen sind und durchaus zur Lüge führen; es ist nämlich gar keine Grenze zwischen Volk und König als eine willkürlich festgesetzt, um die man sich dann ewig zankt; und außerdem beruht das ganze Wahlsystem – Geld Geburt und Grundbesitz – auf Einer Sünde gegen den heiligen Geist. Entweder also die absolute Demokratie. Oder den Regierungen ihre absolute Macht gelassen und Nichts positives, Steuerbewilligung etc. gefordert, sondern nur unbedingt freie Presse und Assoziation = nur Lebenslust für den Geist. Man wird schreien, ich weiß wohl, kehr mich aber nicht daran.«[137]

Da schüttelt man erst einmal den Kopf: Wie kann ausgerechnet er grundsätzlich gegen Verfassungen schnauben; wieso »Furor«, wieso »deutsch«, und wieso auch noch in stolzem Ton? Und noch grotesker erscheint dieser Ausbruch im Blick darauf, dass die Ausarbeitung einer Reichsverfassung die erste Aufgabe der Paulskirche wird und er in der Folge aus dem Grund verhaftet wird, weil er zur bewaffneten Durchsetzung dieser Verfassung aufgerufen hat! Zum historischen Verständnis seines Ausbruchs muss man wissen, dass sich in der politischen Szenerie jener Zeit der »Konstitutionalismus« als Alternative zur revolutionären Tat darstellte.[138] Theodors Freund Carl Volckhausen, eine exponierte Gestalt der 1848er-Bewegung in Lippe[139], der für Malwida nach ihrer Trennung von Theodor »die Rolle eines geistigen Mentors übernimmt« (Alfred Bergmann)[140] und in ihren Memoiren ohne Namensnennung als »der Demokrat« vorkommt, schnaubt 1849 in einem Brief an sie voll Erbitterung über die Gegenrevolution: »Das Schicksal scheint den Constitutionalismus sich selbst vernichten lassen zu wollen, indem es ihn darstellt in seiner ganzen Blöße; der constitutionelle König, dieß Spielzeug und Fantom in der Hand derer, die sich seiner zufällig bemächtigt haben, ist von der Nemesis jetzt in die Hand von Scharfrichtern gegeben.«[141] »Konstitutionalismus« also reduziert auf konstitutionelle Monarchie.

Bei alldem ist zu bedenken, dass es im damaligen Deutschland noch keine Erfahrungen mit einer Autonomie des Volkes gab und man glauben konnte, es gebe »den Volkswillen« – »das Volk« als entscheidungsfähiges Organ. Dann versteht man, dass auch Malwida 1851 aus Hamburg an Johanna Kinkel schreibt, was heute zunächst rätselhaft anmutet: Wenn in einem »neuen Geistesfrühling« die Fürsten »glücklich beseitigt« seien, so würden »wir« den »Constitutionalismus« »gleich mit vernichtet haben«.[142]

Selbstkritisch schreibt dann die 81-jährige Malwida an Romain Rolland: »Die Demokratie von 48 … hat den großen Fehler begangen, und ich mit ihr, sich ein neues Idol anstelle der alten … zu schaffen, das war das Volk, dem man eine Idealität verlieh, die es als ein erhabenes Opfer erscheinen ließ, vor dem man sich tief verneigen müsse.«[143] Theodor, zeitweise radikaler Demokrat, gerät schon Ende 1848 ins Schwanken, als er sich in einem Brief an einen Kollegen seiner tiefen Verachtung über die »demokratischen Schreier« Luft macht, die »an dem elenden Leben kleben und nicht … schweigend zu sterben wissen«.[144] Wie bei Malwida verbindet sich auch bei ihm mitunter der revolutionäre Rausch mit Todesfreude!

Bei ihr wie bei Theodor erkennt man um 1848 innere Spannungen und Widersprüche, die manches Zeittypische besitzen. In seinem langen Gedicht von 1846 »Eine Rheinfahrt im August«, das gleich nach dem Erscheinen verboten wird,[145] schmäht er in begeistertem Antikapitalismus das Gold als »fluchbeladenes Metall«, das man wie einst den Nibelungenhort im Rhein versenken möge:

»So sollten wir die Schätze all, an denen klebt so vieles Blut
Versenken ewig in den Rhein, wo strömt am tiefsten seine Flut;
Und Liebe, Freude, Lebenslust, und was für sie ist jetzt noch feil,
Das würde *allen* Herzen dann in Freiheit menschlich schön
zu Theil!«[146]

Doch im Oktober 1848 empört er sich in seinem Tagebuch »über die ganze Perfidie mich indirect als Rothen zu schildern«.[147] Später im Gefängnis spricht er von seiner »echt conservativen Natur«[148] und bekennt in seltsamem Gesinnungswandel: »Ja, ich war Phantast und Communist und träumte von Abschaffung des Geldes – aber ich war es mit voller glühender Liebe, und die hab ich hinübergerettet auch in die sehr bald folgende Zeit, wo ich lächelte über den Phantasten und mir die ächt demokratische Theorie des Geldes, als eines technischen Freiheitsmittels, besser und schneller als den Gegenstand der Theorie anzueignen wusste.«[149] Freiheit strikt individuell und das Geld als »technisches Freiheitsmittel«. Für Geld bekommt man ja alles, ohne Rücksicht auf Stand und Stellung!

Vollends verblüfft wird man durch seine Quintessenz aus den 1848er Erfahrungen: »Welche Macht gibt es noch …? Nicht die Barrikaden, nicht der offene Krieg … Ich finde nur Eins noch übrig: den politischen *Mord*, gegen den keine Bajonette schützen und dessen heimliches Drohen die auf den Thronen demütigen oder zum Äußersten treiben würde.«[150] Wie wir noch sehen werden, behält auch Malwida trotz ihrer Abkehr von revolutionärer Begeisterung lebenslang eine Schwäche für politische Attentäter! Zu alledem noch Abscheu darüber, dass die »Constitutionellen« kriegerische Gewalt bei der Durchsetzung des Neuen ablehnen: »Stimmt einen Triumph an, ihr Constitutionellen, euer miserables Dogma vom Kriege hat gesiegt; es gibt keine Kämpfe auf Leben und Tod mehr.«[151] Wie man sieht, ist es von dieser Art der Kampfeslust zu Malwidas späterem Pazifismus ein weiter Weg!

Denn die Stimmung von 1848 hat auch ihre kriegsfreudige Seite. Davon zeugt die allgemeine Wut über den preußisch-dänischen Waffenstillstand von Malmö am 28. August 1848, mit dem Preußen unter dem Druck der Großmächte Schleswig-Holstein bei dessen Aufstand gegen die damalige dänische Herrschaft den Rückhalt entzieht. Heute erscheint es einigermaßen absurd, dass für viele Achtundvierziger ausgerechnet Dänemark zum Feindbild wird wie überhaupt der dabei allenthalben aufschäumende deutsche Nationalismus. Doch Veit Valentin schließt sein großes Werk über die »Deutsche Revolution« mit dem Resümee: »Die Volksbewegung von 1848, deren stärkster Antrieb das Nationale war, endete mit der Überzeugung, dass Nationalismus und Internationalismus konträre Gegensätze wären.«[152]

Malwida und Theodor gelangten nicht zu dieser Überzeugung. Aber auch Malwida begeisterte sich im Frühling 1848 für die »Freischaren junger entflammter Männer, die nach Schleswig-Holstein zogen«, um gegen die Dänen zu kämpfen.[153] Doch beifällig zitiert sie einen »jungen Kondukteur« in der Bahn, dass »diese demokratische Institut der Eisenbahnen« »den Weg anbahnen« werde »zum Aufhören der Nationalitäten und zum Einswerden der Menschen zur Menschheit«.[154]

1848 verbindet sich die Erbitterung über Malmö mit einer allgemeinen Begeisterung für den Bau einer deutschen Flotte, die für viele jetzt zum obersten Ziel wird[155] – die spätere wilhelminische Flottenmanie, die militärisch so irrational war und von der sich gerade viele Liberale mitreißen ließen,[156] steht insofern in einer Tradition von 1848. Veit Valentin weist auf das heutzutage überraschende Faktum hin, das er zugleich zu erklären sucht: »Bei der Flottenbewegung traten die Frauen ganz besonders hervor – das lag ihnen gut; man hatte da das Freiheitliche und das Nationale, die Begeisterung für das Neue und das Abenteuerlich-Romantische, die Schwärmerei für Revolution und für militärische Uniform beieinander.«[157] Das gilt auch für Malwida: Sie organisiert im September 1848 zusammen mit Elisabeth Althaus in Detmold ein »Flottenkonzert«, um für den Bau einer deutschen Flotte Spenden zu sammeln, die an die Nationalversammlung in Frankfurt geschickt werden.[158] Freilich hält sich ihr Nationalgefühl schon zu jener Zeit in Grenzen. Ihr französischer Biograf Jacques Le Rider findet es geradezu »frappant«, dass sie in ihren Briefen der 1840er Jahre »fast nie die nationale Frage aufwirft«.[159] Angewidert zitiert sie in ihren Memoiren (I 150) den Ausspruch eines ungenannten »Demokraten« von 1848: »Wenn der Haß zwischen Slaven und Deutschen noch nicht existierte, so müßte man ihn schaffen.« Sie, die eine enge Freundin des russischen Emigranten Alexander Herzen werden wird, kommentiert: »Traurige Worte, deren Resultate nur den Tyrannen zugute kamen!«

Mit leichter Ironie, doch zugleich mit Respekt schildert Veit Valentin den Idealismus von 1848: »Ohne Ideen ging es in dem ideell so überfütterten Vaterlande nicht ab; aber wer näher zusah, musste doch auch merken: viele sagten Reaktion und meinten Hunger, viele sagten Parlament und meinten Aufstieg der Unterdrückten, viele sagten Konstitution und meinten anständige Arbeit, anständiges Brot.«[160] Und doch erklärt er am Ende den Sieg der Gegenrevolution: »Die Aktion war von der Idee erfüllt gewesen. Die Reaktion bekannte sich zum Gegenteil. Jetzt entstand der so überaus bezeichnende, naiv paradoxe Pleonasmus Realpolitik.«[161] Unter den Frauen, die in der Revolution hervortraten, nennt er Malwida – »prachtvoll als lebendige Persönlichkeit« – an erster Stelle, zugleich als Beispiel für die Erfahrung, dass die Ideen nach Realität verlangen, denn als Malwida einer armen Frau ein Flugblatt mit den Grundrechten des deutschen Volkes brachte, erwiderte diese unter Tränen: »Ja, wenn es so ist – wenn meine Kinder ein besseres Leben erwartet, dann will ich gerne gelitten haben.«[162]

Diese Lehre von 1848 hat Malwidas Idealismus lebenslang geprägt: in ihrem Bestreben, ihn mit realer Substanz auszustatten. Dem Idealisten Theodor ergeht es ähnlich; so notiert er im Gefängnis: »Die klarsten Köpfe sind jetzt befreit von jenem Idealismus, welcher aus Geschichte und Gegenwart allgemeine Begriffe (wie Staat, Kirche, Gesellschaft etc.) abstrahirte und nach ihnen das Leben modeln, die individuellen Triebe mit ihnen unterdrücken wollte.«[163] Als Redakteur der »Bremer Zeitung« notiert er im Juli 1848 sogar, es sei ihm »ein Genuß, in allen Nerven die Realität zu spüren, mit jeder (sic!) Muskel ihrer gewiß zu sein.«[164]

In dieser Lust, und nicht nur darin, hätten Malwida und Theodor zusammenfinden können – und doch wird gerade das Jahr der Revolution zum Jahr ihrer Trennung. Zu einer Zeit, als seine Briefe an sie kürzer und kühler geworden sind, liest seine Mutter ihr aus einem Brief vor, worin er berichtet, dass er abends »in den kleinen Garten in die Laube« eile und »die Wolle wickeln« helfe – für Malwida ein Zeichen, dass er sich in eine andere Frau verliebt hat. »Wenn ein vergifteter Pfeil urplötzlich inmitten eines friedlichen Festes das Herz trifft, kann die Wirkung nicht schrecklicher sein, als die war, welche das Lesen dieser wenigen Zeilen bei mir hervorbrachte.« (I 153) »Mein Herz schlug, als wollte es seine Bande sprengen, und der Tod wäre mir eine willkommene Erlösung gewesen.« (I 156) Elisabeth sucht sie zu beruhigen, es handele sich lediglich um eine vorübergehende Liebelei, und auch Malwida selbst hat am Ende erkannt (vgl. I 223, 233), dass es eine andere große Liebe bei Theodor gar nicht gab,[165] sie ihm mit ihrem Verdacht also Unrecht getan hat. Doch es muss ihr deutlich geworden sein, dass er für sie bei aller Freundschaft keine Liebe mehr empfindet. Was mag der Grund gewesen sein?

In ihren Memoiren berichtet sie, ein einziges Mal habe Theodor ihr offen gesagt – in »sanftem« Ton, doch per Sie –, weshalb er zu ihr auf Distanz gegangen war: »Wir lebten zu ausschließlich einer im anderen; es war natürlich, dass ein Bruch kam. Wenn Sie koketter gewesen wären, so hätten Sie die Position anders benutzt, und Sie hätten gesiegt.« (I 164) Das rückt nun diesen Mann in ihren Augen in ein schlechtes Licht, ohne dass sie eine eigene Schuld empfindet: »Zum ersten Mal sah ich es hier, welche Macht die Koketterie selbst über bedeutende Männer hat. Ich hatte von jeher diesen weiblichen Fehler tief verabscheut und hatte geglaubt, dass die Offenheit und Wahrheit eines Gefühls seine edelste Zierde sei.« Später wird sie von weiblicher Koketterie stets angewidert sein.

Doch von dem Gesamtbild her, das sich aus den überlieferten Zeugnissen von dem Charakter Theodors ergibt,[166] erscheint es zweifelhaft, ob Malwidas Mangel an Koketterie für ihn wirklich so entscheidend war. Sein Bruder Friedrich, der es vermeidet, Malwida beim Namen zu nennen, erklärt die Trennung, die Theodor wohl nicht leichtgefallen sei: »Bei Theodor trug das Bedürfniß der Freiheit über alle anderen Wünsche den Sieg davon. So schwer die Entsagung auf ein im Lichte des Ideals verklärtes persönliches Glück sein mochte – die tief empfundene Nothwendigkeit des Besitzes der Freiheit … überwog die Sehnsucht nach jedem anderen Glücke.«[167]

Am 10. August 1848 schreibt er an seine Schwester, er danke Gott, dass er nicht verheiratet sei.[168] In einem endlos langen Brief an Malwida kommt er Anfang 1848 zu dem bedeutsam betonten Schluss, in Liebesbeziehungen gebe es »mit Notwendigkeit« nur ein einziges Recht: »nämlich das unbedingte Recht der Trennung dessen der sich trennen will«. »Die Charakterbildung wird also durchgängig verkrüppelt und gehemmt indem das Gemüth die Einheit, und zwar aber die permanente gemüthliche Einheit der

Liebenden zum Ideal macht.«[169] Das musste Malwida eigentlich nur zu gut verstehen, denn ihr gesamtes Leben wird von dem Drang nach individueller Freiheit bestimmt. Bei späteren Freundschaften wird sie – wohl nicht zuletzt aus dieser Erfahrung heraus – besser darauf bedacht sein, dem Gegenüber nicht das Gefühl zu geben, von ihr vereinnahmt zu werden.

Später schreibt sie aus London an ihre Mutter: »So sehr ich ihn aber auch geliebt habe so ist doch das eben ein Beweis dass ich nicht so fanatisch war um nicht auch in ihm zu unterscheiden was eben verschieden in uns war und was ich bei ihm Schwäche nannte während er es bei mir Fanatismus nannte. Er war eine passive, ich eine aktive Natur das war der Unterschied und darum gehörten wir gerade so sehr zusammen weil wir uns ergänzten.«[170] Mit »Fanatismus« meinte er vermutlich Malwidas damals vorbehaltlosere Begeisterung für den revolutionären Kampf; sie selbst ist zu jener Zeit, wie wir sehen werden, sogar stolz auf ihren Fanatismus. Doch war Theodor passiver als sie: er, der sich 1848/49 als Publizist so mutig exponierte, dass er ins Gefängnis kam?

In ihrer 1849 verfassten »Reise nach Ostende« schreibt sie, dass sie »kein größeres Glück kenne, als ein neues Menschenwesen mit seiner Entwicklung und seinem Reichtum in mich aufzunehmen«[171]; das könnte man als Motto über ihr weiteres Leben setzen. Der Lippe-Historiker Jürgen Scheffler weist darauf hin: »Die Revolution von 1848/49 war, wie die neuere Forschung hervorgehoben hat, nicht zuletzt eine ›Kommunikationsrevolution‹.«[172] Für Malwida gilt das gewiss in besonderem Maße. Man erkennt, wie sich ihr Horizont schlagartig weitet und wie die Kettenreaktion ihrer Freundschaften einzusetzen beginnt. Auch wenn es zwischen Theodor und ihr zum Bruch kommt, so hat sie über ihn doch Carl Volckhausen, den »Demokraten« kennengelernt, auch Gottfried Kinkel, mit dem Theodor vom Studium her befreundet war und der Malwidas erster Halt im Exil sein wird, und Julius Fröbel, ebenfalls ein Freund Theodors, der Malwida zeitweise in die USA zu locken versucht (wovor Volckhausen sie warnt). Doch da sind wir ihrer Lebensgeschichte vorausgeeilt.

2

DIE NATUR DER FRAU ALS NEUE CHANCE NACH DEM SCHEITERN DER REVOLUTION – FÜR MALWIDA UND FÜR DIE MENSCHHEIT

AM ANFANG »HEILIGER HASS«: »FRAUENSCHWUR« UND »AUFERSTEHUNG« IN OSTENDE. Die Revolution von 1848 war eine Revolution der Männer gewesen, obwohl die revolutionäre Begeisterung auch viele Frauen erfasste. Doch diese Begeisterung richtete sich auf männliche Helden. Zwar gab es bereits erste Anfänge der Frauenbewegung, doch diese blieben disparat. Die hier engagierten Frauen organisierten sich nicht, sofern sie überhaupt voneinander wussten. Und doch erließ die preußische Regierung 1850 ein Vereins- und Versammlungsverbot für Frauen. Offenbar rechnete man mit der Möglichkeit, dass nach der Niederschlagung der Revolution der Männer neue Unruhe von enttäuschten Frauen ausgehen würde.

Im September 1848 initiierte Mathilde Franziska Anneke in Nachfolge der von Karl Marx redigierten »Neuen Rheinischen Zeitung« die »Frauen-Zeitung«, die erste Zeitung dieser Art. Doch sie scheint obskur und kurzlebig geblieben zu sein;[1] auch Malwida hat sie nicht beachtet. Im April 1849, im Anblick des Scheiterns der Revolution, gründete Louise Otto in Sachsen unter dem Motto »Dem Reich der Freiheit werb' ich Bürgerinnen!« die »Frauen-Zeitung« – bereits im Dezember 1850 wurde sie wieder verboten[2], und nicht einmal in Malwidas späteren Memoiren kommt diese Frau vor, und auch sonst scheint sie sie ignoriert zu haben, ebenso wie Mathilde Franziska Anneke in Louise Ottos »Frauen-Zeitung« nur sporadisch vorkommt. Veit Valentin, der beide Zeitungen offenbar nicht kennt, hält eine am 12. Dezember 1849 in Berlin gegründete Frauenzeitung für das erste Presseorgan dieser Art, doch scheint diese über die Probenummer nicht hinausgekommen zu sein.[3] Solche Erfahrungen mögen dazu beigetragen haben, dass Malwida wohl zu der Überzeugung gelangte, dass separate Fraueninitiativen eine Sackgasse seien und in die Selbstisolation führten.

Doch nach 1848 ist das erst einmal anders. Gerade der Sieg der Gegenrevolution erfüllt Malwida mit der stolzen Überzeugung, dass nach dem Scheitern der Männer nun die Stunde der Frauen gekommen sei. Im Februar 1851 schreibt sie an Gottfried Kinkel: »Ich glaube nicht, dass mit so viel Energie, andauernder Begeisterung und wachsender prinzipieller Einsicht irgendwo in Deutschland jetzt gehandelt wird und zwar fast nur von den Frauen.«[4] Und im Juli des gleichen Jahres an die bereits in London befindliche Johanna Kinkel: Wäre sie, Malwida, mit Frauen wie ihr zusammen, »wir eroberten die ungläubige Welt im Sturm und bewiesen es, dass die Emanzipation des Weibes nicht blos die verfallende Zeit der Völker bezeichnet, wie so Viele behaupten, sondern dass sie dazu wesentlich beitragen wird, den neuen Völkermorgen zu schaffen«.[5]

Und welche Rolle will sie selbst dabei spielen? »Ich habe mich oft schon schriftstellernd versucht«, schreibt sie Ende 1849 an Johanna Kinkel. »Ist es nicht das Rechte, dann bleibt mir ein anderer Beruf, in dem die Gesinnung zur Tat werden kann, die Erziehung.«[6] Vorerst jedoch glaubt sie ihre Mission in der Publizistik zu erkennen, und wie! Im April 1849 verfasst sie das Manifest »Ein Frauenschwur«; im Mai sieht sie sich durch den Dresdner Aufstand, an dem sich auch Richard Wagner beteiligt, und durch dessen blutige Niederschlagung in ihrem revolutionären Hass bestärkt.[7] Ihr neuer Freund Carl Volckhausen lässt das Manifest im Beiblatt zum »Mainzer Tageblatt« am 22. September 1850 veröffentlichen.[8]

Malwida beginnt mit einem scheinbaren Frühlings-Frauenidyll, als ob sie selbst junge Mutter sei: »Jubelnd feiert der Vögel Lied des Frühlings Wiederkunft … Ich aber stehe an der Wiege eines schlafenden Kindes und schaue abwechselnd hinaus und dann wieder auf den lieblichen Menschenfrühling drinnen, der vor mir liegt.« Doch dann, als sie »weltbewegende Gedanken« überkommen, jäher Stimmungsumschlag: »In meinen Händen zuckt es, als müssten auch sie ein Schwerdt ergreifen und fort eilen in den Kampf der zwischen dem Licht und der Finsterniß entbrannt. Ja in den Kampf, den heiligen Kampf … gegen den Erbfeind, den Fürsten der Finsterniß, der sich verkörpert hat in den Gewaltigen dieser Welt. Es gilt die Freiheit, die Ehre und die Liebe.« Also ein Kampf gegen alle Mächte, im Grunde ein aussichtsloser Kampf! Mut macht ihr jedoch schon damals – man staune![9] – der Gedanke an den Geist vom alten Indien: »Wie in den sinnreichen indischen Religionen kämpft der Geist der Finsterniß mit dem Geist des

Lichts und es darf nicht zweifelhaft sein, auf wessen Seite der Sieg endlich sein wird.«

Zugleich eine Todessehnsucht, wobei sie gleichwohl davon ausgeht, dass die Frauen am militanten Kampf nicht teilnehmen: »Aber Opfer werden ihm fallen, diesem Siege, ach vielleicht die Edelsten und Besten und die schwersten werden von unserer, der Frauen Seite, gebracht werden, von uns, die wir nicht mit *sterben* dürfen.« Sache der Frauen ist es, diesen Helden »Söhne« – nicht Töchter! – zu erziehen, die deren Taten vollenden werden. »Sie werden ihnen den unversöhnlichen Haß, den heiligen Haß in das Herz pflanzen gegen Euer hassenswertes Prinzip.«[10] Im gleichen Jahr versichert sie Johanna Kinkel, deren Gatte sich noch im Zuchthaus befindet, sie »*wolle* nichts mehr von Ruhe, von Versöhnung wissen«, sie »*wolle* eine Fanatikerin sein«, da »einem Herzen, das sich selbst noch achten will, keine andere Wahl hier bleibt«.[11]

Im Juli / August 1849 unternimmt Malwida zusammen mit Elisabeth Althaus und mit Anna Koppe, der späteren Gattin von Friedrich Althaus, eine Reise nach Ostende, dem belgischen Badeort, wohin sich bereits Theodor zur Kur begeben hatte (I 218). Diese Reise gewinnt für sie, wenn man ihr glauben darf, in mehrfacher Hinsicht – therapeutisch, politisch und weltanschaulich – den Charakter einer Erleuchtung: durch die Erfahrung der Heilkraft des Wassers, durch die Begegnung mit Emigranten und durch das Erlebnis des Meeres.

Auf der Grundlage ihres Tagebuchs schreibt sie im Jahr darauf »Eine Reise nach Ostende«; diese – obwohl mit ihrem ebenso belehrenden wie provokativen Stil vermutlich auf eine Publikation hin geschrieben – wird damals nur von Freundinnen per Hand kopiert[12] und erst nach ihrem Tod von Gabriel Monod veröffentlicht.[13] In ihren Memoiren erinnert sie sich (I 218): »Ich war seit jenem Aufenthalt in Ostende vollständig der Hydrotherapie zugetan und hatte alle Medizin verbannt.« Doch auch ihr Arzt hat sie in der Hydrotherapie bestärkt. Zu einer Zeit, als der Medikamentenmedizin noch ein Geruch von Quacksalberei anhaftete,[14] ging das Wasser auch in medizinische Lehrmeinungen ein. Auch für Richard Wagner wird in früheren Jahren der Glaube an das Wasser »eine neue Religion«, zur Rettung von seiner ewigen »Überreizung der Nerven«, bis ihm »der Wasserkuraufenthalt immer quälender« und die Wasserkur geradezu zum »Wahnsinn«, zum gefährlichen Irrglauben wird.[15]

Malwidas Denken stand zur Zeit ihrer Reise nach Ostende im Zeichen des Philosophen Ludwig Feuerbach und seines damals provokativen Werkes »Das Wesen des Christentums« (1841).[16] Im Vorwort zur ersten Auflage hatte er verkündet, der »Zweck« seiner Schrift sei die »Beförderung der *pneumatischen Wasserheilkunde* – Belehrung über den Gebrauch und Nutzen des *kalten Wassers der natürlichen Vernunft* – Wiederherstellung der alten einfachen ionischen Hydrologie«. Das Wasser im physischen wie im metaphysischen Sinne: »Das Wasser ist der Ursprung aller Dinge und Wesen, folglich auch der Götter … Und welche Wonne ist es, auch nur zu blicken in klares Wasser! wie seelenerquickend, wie geisterleuchtend so ein optisches Wasserbad! … Im Wasser entledigt sich ungescheut der Mensch aller mystischen Umhüllungen; dem Wasser vertraut er sich in seiner wahren, seiner nackten Gestalt an; im Wasser verschwinden alle supranaturalistischen Illusionen.«[17] Und der volltönende Schluss des großen Werkes: »*Heilig* sei uns darum das Brot, *heilig* der Wein, aber auch *heilig* das Wasser! Amen.« Malwida hatte kurz vor ihrer Fahrt nach Ostende auf Volckhausens Rat hin Feuerbach gelesen und gleich von den ersten Seiten an – so ihre Memoiren (I 171) – »sehr erstaunt« entdeckt: »Aber das sind ja Gedanken, die ich längst kenne: meine eignen Folgerungen, die ich nur nicht zu gestehen wagte.«

In der Kathedrale von Antwerpen empfindet Malwida, »dass der Katholizismus manche Punkte enthält, an welche die Neue Kirche, die Kirche der Zukunft, anknüpfen wird«. Doch »darin wird der Kultus der Zukunft bestehen: dass das Heilige keine abgesonderte Stätte habe …, sondern dass das ganze Leben heilig werde; d. h. dass es überall im Dienste des Geistes und der Schönheit stehe«, und da zitiert sie Feuerbachs Finale, die Heiligsprechung des Wassers.[18] Heute mag verblüffen, dass sie sich ausgerechnet von einer katholischen Kathedrale zu ihrer »Kirche der Zukunft« inspirieren lässt. Doch da ist daran zu erinnern, dass der belgische Katholizismus zu jener Zeit einen Hauch von Revolution besitzt: 1830 hatten sich die überwiegend katholischen Südprovinzen des damaligen Vereinigten Königsreichs der Niederlande gegen den dominanten Protestantismus des Nordens erhoben, und diese Revolution von 1830, die – welch ein Anreiz zu romantischen Fantasien! – während einer Opernaufführung ausgebrochen war, hatte im Gegensatz zu damaligen deutschen Rebellionen zum Erfolg geführt. Auch Malwida verehrt die in jenem »Befreiungskampfe« gefallenen »Söhne des Volks«.[19] Brüssel wird zu dem »nach Paris wichtigsten Zentrum der deutschen Emigration des Vormärz«,[20] und auch Ostende gilt – wie Malwidas konservativer Bruder Wilhelm (William) 1852 seinen Bruder Carl warnt – als Treffpunkt der »Roten«.[21]

Vor dem katholisch-revolutionären belgischen Hintergrund wird es verständlich, dass Malwida das längste und eindrucksvollste Gespräch, von dem sie in der »Reise nach Ostende« berichtet, mit einem Jesuiten führt, dessen Gesicht sie schon auf den ersten Blick »mit magischer Gewalt« anzieht und das in ihren Augen dem Napoleons ähnelte, »nur dass es noch idealischer war«: »Augen, in deren dunklem Feuer Leidenschaft und fanatische Begeisterung mit tiefer Milde, forschendem Ernst, strafender Strenge wechselten«.[22] Mit Freude erfährt sie, dass er ein »Repräsentationssystem, durch welches das Volk wirklich souverän herrsche«, befürwortet.[23] Auch darin, dass es nur eine einzige Wahrheit geben könne, stimmt sie mit ihm überein.[24] Selbst dann, als sich über der Frage, welches die Wahrheit sei, zwischen ihr und dem Jesuiten ein Dissens abzeichnet, verabschiedet er sich »mit einem Gruss voll feiner Sitte und Grazie«. Durch dieses Gespräch mit einem Jesuiten, schreibt sie, sei »ein alter Wunsch von mir erfüllt« worden, auch wenn ihr das Jesuitentum »unheimlich« ist.[25]

Doch damit ist das Gespräch nicht zu Ende. Am Meer begegnet sie diesem Mann erneut, der ihr nun versichert, »welche falschen Begriffe man uns vom Katholizismus beigebracht habe«. Für ihn sind jene Gläubigen, die mit Maria und den Heiligen einen »Kultus« trieben, nichts als »Götzendiener«.[26] Da stimmt sie mit ihm ganz überein. Als sie jedoch den Glauben an die Dreieinigkeit entschieden ablehnt und sich stattdessen zum Glauben an die »Einheit des Geistes« bekennt, kommt es zwischen ihnen zum Bruch, und er eilt »mit halb zornigem, halb traurigem Ausdruck davon«. »Ich war sehr ergriffen. … Ich war zum erstenmal ein Kämpfer gewesen für die heilige Sache der Freiheit auf religiösem Gebiet und ich hatte mit ganzer Begeisterung gekämpft.«[27] Ein epochaler Tag in ihrer Lebensgeschichte, an den sie noch in ihren Memoiren (I 183) stolz erinnert, wo sie sich so gerne als Kämpferin darstellt!

Davor schreibt sie (I 183): »Der Aufenthalt in Ostende war für mich eine wirkliche physische und moralische Auferstehung.« Gewiss auch dadurch, dass es für sie das bislang stärkste Erlebnis des Meeres ist. Wie im Anblick des Meeres bei ihr Wirklichkeit und Traum, Natur und Übernatur, das eigene Selbst und das große Ganze miteinander verschmelzen, wird zu einem immer wiederkehrenden Leitmotiv ihres Lebens. »Es gibt Dinge in der Natur, deren Anblick beinahe auf uns wirkt, wie ein großes Ereignis – die uns befreien von der Last der persönlichen Existenz, indem sie uns dem Unendlichen, dem universellen Dasein vereinen. So ist das Meer. Ich kann nicht sagen, wie oft es mir in meinen Träumen erschienen war, ehe ich es zum erstenmal sah.« (I 180)

In der Bahn wird ihr von Mitreisenden geschildert, »wie grausam« man in der großen Brüsseler Spitzenfabrik mit den Arbeitern verfahre. Betroffen hört sie, dass »diese armen Menschen in ganz verdunkelten Räumen sitzen müssen«, wodurch auf die Dauer – was die augenleidende Malwida besonders entsetzt – »natürlich die Augen zugrunde gehen müssen«.[28] Wiederholt bekennt sie sich in der »Reise nach Ostende« zum Sozialismus, doch was versteht sie darunter? Gewiss einen radikalen Wandel der herrschenden Verhältnisse, doch auf keinen Fall Gleichmacherei: »Nur ein bornierter Kommunismus kann die Forderung der materiellen Gleichstellung machen, ewig werden Talent und Fleiß größere Resultate erreichen, als mindere Befähigung, mindere Anstrengung.«[29] Ihr Schlüsselbegriff ist wie so oft »Natur«; in diesem Fall: die menschliche Natur, und zwar die ideale und zugleich individuelle Natur, die es zu befreien gilt. »Was ist die Konsequenz der Forderung des Sozialismus? Die Verallgemeinerung des Ideals der menschlichen Natur, mithin des Bewusstseins der Menschheit durch die überall verbürgte Möglichkeit der individuellen Entwicklung.«[30]

Worin besteht dabei die besondere Mission der Frauen? Merkwürdig: Besonders ausführlich und innerlich bewegt, kommt sie darauf zu sprechen, als sie davon berichtet, wie sie in der Kathedrale von Antwerpen »Die Grablegung Christi« von Anton van Dyck betrachtet, und zwar vor allem die weinenden Frauen. Diese – am meisten Maria Magdalena, die vormalige Sünderin – verkörpern die Liebe: »Und dieser Instinkt des Herzens, der an das Ideale in der Menschennatur glaubt und sich der ungeteilten Begeisterung dafür hingibt, ist das Vorrecht der Frauen. Darum finden auch gewöhnlich die neuen Weltepochen des Geistes und deren Apostel und Märtyrer den ersten festen Glauben, die reinste Konsequenz der Liebe und Treue bei Frauen.«[31] Als sie 1850 in Hamburg vor Schülerinnen eine Passage aus der »Reise nach Ostende« über die Frauen vorliest – so schreibt sie mit Stolz ihrer Mutter –, erregte dies »solch einen Beifallssturm, dass ich ganz verwundert war«.[32]

Unter den Frauen, die sie auf jener Reise persönlich kennenlernt, scheint ganz besonders die Ehefrau eines Leuchtturmwärters ihrem damaligen Frauenideal zu entsprechen: Schon auf den ersten Blick ist sie »frappiert« von der »kräftigen, robusten Gestalt im einfachsten Volkskostüm, die uns mit einer Anmut empfing, wie wir sie in unserer Heimat nur selten bei den durch Geist und Gemüt ausgezeichneten Menschen finden«. Und ihre Begeisterung steigert sich noch, als sie sich, kaum einander begegnet, mit ihr schon »im tiefsten Gespräch« befindet. Im Blick darauf, dass für Malwida zu jener Zeit »Bildung« geradezu zum Zauberwort für die Berufung der Frau geworden ist, kann man nur staunen, dass es sie gar nicht stört, als sich herausstellt, dass diese Frau »weder lesen noch schreiben« kann, obwohl sie sich darum bemüht hat. Da versichert ihr Malwida, »dass ihre Natur dieser Ergänzung nicht bedürfe«, »diese Tochter der Natur und des Meeres«[33] – immer wieder »Natur«! Bei alldem »sah sie so adlig aus, wie eine hochgeborene Natur nur aussehen kann«; da kommt heraus, dass sie Tochter einer adligen französischen Emigrantin ist, die unter Robespierre vor der Guillotine geflohen war.[34]

Die andere Frau, die Malwida auf dieser Reise begeistert, ist die ungarische Emigrantin Therese Pulszky, unterwegs zu ihrem bereits im britischen Exil lebenden Ehemann, der nach der Niederschlagung des ungarischen Aufstandes durch die Habsburger-Regierung in absentia zum Tode verurteilt worden ist.[35] Durch sie scheint Malwida einen ersten Einblick in Beziehungsnetze des Exils gewonnen zu haben – eine für ihr späteres Leben fundamentale Erfahrung. Später im Exil nimmt sie diesen Kontakt wieder auf und wird von den Pulszkys geschätzt. Daraus entwickelt sich eine dauerhafte Beziehung.[36] Denkt Malwida schon auf der Reise nach Ostende, dem Emigrantentreff, auch für sich selbst an Emigration? Offenbar ist sie noch hin- und hergerissen. Gegen Schluss schreibt sie: »Mir graute vor der Rückkehr nach Deutschland«; aber kurz darauf: »Und dennoch war Deutschland meine große Liebe, doch zog es mich zurück zu ihm.«[37] »Deutschlands Weltaufgabe« liege wohl auf geistigem Gebiet,[38] und ebendort erblickt sie auch ihre eigene Berufung. Doch ganz am Schluss, als sie noch einmal auf das Meer blickt, denkt sie daran, dass sie dieses mit »den freien Völkern Amerikas« verbindet, »und in mir rief es sehnend: Nach Westen!«.[39]

DURCH KINDERGÄRTEN ZUM ZUKUNFTSMENSCHEN: AN DER HAMBURGER »HOCHSCHULE FÜR DAS WEIBLICHE GESCHLECHT« (1850–52). Doch vorerst bleibt sie in Deutschland, wenn auch nicht in Detmold. In der »Reise nach Ostende« hat sie verkündet, dass die ideale Gesellschaft der Zukunft »für den Faulen keine Freistatt hat«.[40] Zu ihren Forderungen gehört frühzeitig nicht zuletzt die »Abschaffung des Erbrechts« (I 298); bei einer Frau wie sie, die etwas zu erben hat – wenn auch das väterliche Erbe unerwartet gering war –, der beste Beweis von Idealismus. Der hessische Kurfürst hatte 1822 der kaum sechsjährigen Malwida die Anwartschaft auf eine Stiftsstelle im protestantischen Damenstift Obernkirchen verliehen, ihrer eigenen Aussage nach »eine sogenannte sehr gute Versorgung«, dazu ohne große Verpflichtungen; und im Frühjahr 1851 überlegt sie allen Ernstes, wie sie an Johanna Kinkel schreibt, »ob es möglich ist, dass ich, ohne mich selbst zu verleugnen, in das Verhältnis trete«, zumal ihre Familie darauf drängt. Doch dann ist sie offenbar zu der Einsicht gelangt, dass dies »mir freiathmendem Vogel die Flügel lähmen würde«.[41] In jenen Tagen allerdings sondiert Malwida – nichts davon in ihren Memoiren! – beim kurhessischen Innenministerium, ob ihre Anwartschaft noch gilt, erhält jedoch eine abschlägige Antwort mit der Begründung, dass sie von keinem Geburtsadel sei.[42] Sie muss also arbeiten, sehnt sich nach »selbstverdientem Geld« (I 298). Verständlicherweise strebt sie danach, einen gelernten Beruf auszuüben. Doch wo und was soll sie lernen?

Da hört sie »von mutigen und begeisterten Frauen, die, denselben Ideen huldigend wie ich, in Hamburg eine Hochschule für das weibliche Geschlecht eröffnet hätten, an der den Mädchen dieselben vollständigen Mittel zu geistiger Entwicklung geboten werden sollten, wie dies auf den Universitäten für die jungen Männer der Fall ist«. Noch in ihren Memoiren erkennt sie in diesem Hinweis geradezu überschwänglich eine höhere Prädestination: »In dieser Logik der Dinge selbst erkannte ich die wirkliche Gottheit, die unser Leben regiert.« (I 187) Der Plan zu der Hochschule war aus der freireligiösen Bewegung hervorgegangen, die sich mit der frühen Frauenbewegung verband: eine Verbindung ganz im Geiste Malwidas, die darauf verweist, dass in Hamburg wie in anderen deutschen Städten »der Gedanke der Emanzipation der Frau sich infolge der freien Bewegung in der Kirche entwickelt« habe (I 192). Auch Malwida tritt der Hamburger freien Gemeinde bei und findet zuerst, wenn man ihrem Brief an die Mutter glauben darf, die

Gemeindeversammlung »unendlich interessant«: »Es war eine wahre Lust, so sollte alle Geselligkeit vernünftiger Menschen sein.«[43]

Führender Kopf der Hamburger Freireligiösen ist Johannes Ronge, vormals katholischer Kaplan, der sich aus Protest gegen die 1844 mit gezielter katholischer Propaganda ausgelöste Massenwallfahrt zum angeblich heilkräftigen Heiligen Rock von Trier von der Kirche getrennt hatte[44] – noch 1975 wird Hannes Wader diese Wiederbelebung des Wunderglaubens mit seinem Song verulken: »Freifrau von Droste-Vischering / Vi-, Va-, Vischering / zum Heil'gen Rock nach Trier ging.« Ronges Protest »läutete eine stürmische Debatte ein, die in den folgenden Monaten wie kein anderes Thema die öffentliche Diskussion beherrschte«.[45] Malwida erlebt Ronge in Hamburg als Prediger; er, der sich für die Gleichberechtigung der Frau einsetzte, übte »eine große Ausstrahlung auf Frauen« aus.[46] Später geht er wie Malwida ins Exil nach England, doch sie kümmert sich dort nicht um ihn. Schon aus Hamburg schreibt sie an Johanna Kinkel, Ronge habe sie »nie interessiert«.[47] Vermutlich hat der nüchtern-rationale Grundzug dieser Freireligiösen Malwidas spirituelles Bedürfnis auf die Dauer nicht befriedigt. Doch in Hamburg ist die Verbindung mit ihnen vorerst von entscheidender Bedeutung.

Die zu Jahresbeginn 1850 gegründete Hochschule soll Frauen im Geiste des Pädagogen Friedrich Fröbel, dessen Neffe Karl zusammen mit seiner Ehefrau Johanna die Leitung übernimmt, zu Kindergärtnerinnen ausbilden und ihnen zugleich Allgemeinbildung vermitteln; diese sollte jedoch trotz der Bezeichnung »Hochschule« nicht im akademischen Sinne verstanden werden.[48] Wenn man Malwidas Bericht an ihre Mutter glauben darf, wird sie dort mit offenen Armen empfangen. Man stellte es sogar »mit der grossmüthigsten Weise ganz in meine Wahl unter welchen Bedingungen ich bleiben wolle, wenn ich ihnen nur als Freundin und Mitarbeiterin an ihren wahrhaft humanen Bestrebungen blieb«.[49] Mehr noch: Sie bieten ihr an, sie in den Vorstand der Hochschule zumindest als Gehilfin aufzunehmen (I 201). Mit Freuden geht sie darauf ein, zumal ihr da ein Teil der hohen Studiengebühren – die in Louise Ottos »Frauen-Zeitung« auf scharfe Kritik stoßen[50] – erlassen wird,[51] auch wenn sie an der Hochschule zugleich Studentin bleibt.

Ihre dortige Lehrtätigkeit scheint sich vor allem – und sogar dies mit Überzeugung[52] – auf praktische, hausfrauliche Tätigkeiten, nicht auf Theorie gerichtet zu haben (vgl. I 202); da muss sie noch selbst lernen. Und zwar begeistert sie am allermeisten der »herrliche Professor« Bernhard Wiebel[53], »mein Naturalist« (I 230), der Vorlesungen über Geologie und Chemie hält und »uns von dem Kohlenstoffatom erzählt, das durch die Ewigkeit der Materie wandert, um sich bald zu dem Gehirn des Genius …, bald zu dem Blütenkelch, der Duft ausströmt, mit anderen Stoffen zu verbinden« (I 217). Die »Natur« öffnet sich für sie gerade auch durch die Naturwissenschaften, und sie beginnt zu begreifen, wie sie ihrem Idealismus materielle Substanz verleiht.

»Die Erlernung des Kindergartens ist mein Hauptzweck«, versichert sie Anfang 1852 ihrer Mutter.[54] Gewiss bestand für sie ein Hauptreiz der Hamburger Hochschule auch in der dort vermittelten Wissenschaft, doch ein Engagement für freiheitliche Kindererziehung bricht bei ihr lebenslang immer wieder durch, auch wenn sie im Exil dort nicht selbst aktiv zu werden vermag. Doch findet sie dort engen Kontakt zu Julie Salis-Schwabe (1819–1886), die – aus einer Hamburger Kaufmannsfamilie stammend – einen Großindustriellen in Manchester heiratete, sich für die Verbreitung der Fröbel-Pädagogik in England und Italien einsetzt und 1871 in Neapel das auch Malwida wohlbekannte *Istituto Froebeliano* gründet. 1872 hat Malwida brieflich Kontakt zu Marie Loeper-Housselle (1837–1916), der späteren Mitbegründerin des *Allgemeinen Deutschen Lehrerinnen-Vereins* (1890), die den ersten Fröbel-Kindergarten im Elsass gründet. Malwidas viele Briefe an diese Frau zeugen von herzlicher Gesinnungsgemeinschaft; so schwärmt sie zu ihr 1873: »Herrlicheres gibt's auf Erden nicht als eine wahre Freundschaft zwischen Frauen, sie ist fast schöner als die Liebe.«[55] In einem Brief Anfang 1883 aus Rom, wo sie ihr »wärmste Freundschaft für immer« gelobt, möchte sie sie am liebsten »an die Spitze einer großen Erziehungsanstalt« stellen, »beim Kindergarten anfangend«.[56] Schon 1872 ist sie bestrebt, unter deren Leitung in Florenz eine Schule für Kindergärtnerinnen zu gründen.[57] Und dann gegen Ende ihres Lebens die enge Freundschaft mit der 58 Jahre jüngeren Alice Hallgarten-Franchetti (1874–1911)[58], die Grundideen der Fröbel-Pädagogik an Maria Montessori vermittelt, wo diese weltweite Wirkung erlangen. Malwidas Beziehung zu berühmten Männern, ob zu Richard Wagner oder zu Nietzsche, sollte nicht den Eindruck erwecken, ausgerechnet diese Frauenrechtlerin hätte nur Sinn für Männerfreundschaften gehabt!

Anfang 1851 wollen die Fröbels, die Malwida noch im Juni 1850 ihrer Mutter gegenüber »die zärtlichsten Freunde« genannt hat,[59] sie doch nicht mehr als ihre Gehilfin gelten lassen, laut Johanna Fröbel »weil wir über verschiedene, für die Anstalt wichtige, Prinzipienfragen mit ihr nicht mehr einig sind«.[60] Malwidas Ansichten erschienen »für eine friedliche Anstalt zu revolutionär«, schreibt Karl Fröbel an den Verwaltungsausschuss der Hochschule: »In diesem revolutionären Streben nach weiblicher Selbständigkeit durch Umsturz der bestehenden Formen … sehe ich den Untergang jedes reformatorischen Versuchs wie unsere Anstalt eine der schönsten werden kann.«[61] Doch der Verwaltungsausschuss der Hochschule verweist auf den »bedeutenden geistigen Einfluss, den sie vom ersten Augenblick ihres Eintritts in die Hochschule gehabt hat«.[62]

Im April 1851 ziehen sich die Fröbels aus der Leitung zurück. Die kurze Geschichte dieser Frauenhochschule ist voll innerer Spannung, weit mehr, als die Memoiren Malwidas ahnen lassen. Schon Ende Februar schreibt sie an Gottfried Kinkel, die Fröbels hätten sich »den rein demokratischen Persönlichkeiten gegenüber die sich hier zusammenfanden, als ganz conservativ herausgestellt, sie wollen nicht ein freies … Zusammenleben, sondern die Autorität in Staat, Kirche und Familie und das innerlich Unvereinbare hat sich denn endlich gelößt und Fröbels gehen«. In jener Situation schreibt sie an Kathinka Zitz, die Gründerin des Mainzer Frauenvereins: »Das Zusammenleben in der Anstalt gestaltet sich immer bedeutender, und ich denke, wir legen hier einen Grund zur socialen Erneuerung und Veredlung, der wahrhaft groß ist.«[63] »Bedeutend« – eines ihrer Lieblingsworte!

Im Juni 1850, einen Monat nach ihrer Ankunft, hatte Malwida ihrer Mutter voller Stolz über ihre Stellung an der Frauenhochschule berichtet: »Alle meine Mitschülerinnen sind mir zugethan, ich bin eigentlich der Mittelpunkt geworden.« »Dass ich wirklich geeignet bin im grössren Kreis erfolgreich zu wirken, erfahre ich jetzt.«[64] Und erstmals erlebt sie, in welchem Maße sie fähig ist, neue Kontakte zu knüpfen; eine für ihr späteres Leben überaus folgenreiche Erfahrung. Noch in ihren Memoiren erinnert sie sich (I 206 f.): »Ich lebte ein Leben in Übereinstimmung mit meinen Grundsätzen, und meine praktischen Fähigkeiten wuchsen mit deren freier Ausübung. Ein tiefer Friede war in meinem Herzen«, mehr noch: sie ist »wieder glücklich«.

In der Tat war das dortige Dasein ideal dazu geeignet, alle Sehnsüchte Malwidas zu befriedigen und ebenso ihre Vorstellungen von der besonderen

Berufung der Frau: ihr Bedürfnis nach einer mütterlichen Rolle auch ohne Ehe und eigene Kinder, ihren Bildungshunger und ihr Streben nach Herausbildung eines neuen Menschentums. Vorübergehend scheint die Hamburger Hochschule sogar Malwidas Beziehung zu Theodor Althaus ein glückliches Ende zu bescheren. Es gelingt ihr, den Leitungsausschuss dazu zu bewegen, Theodor auf eine Dozentenstelle zu berufen. Doch dann wird ihm wegen seiner Gefängnisstrafe das Aufenthaltsrecht in der Hansestadt entzogen. Ohnehin ist er bereits leidend und stirbt zu Malwidas tiefem Schmerz – steht doch jetzt keine andere Frau mehr zwischen ihnen – am 2. April 1852 an Leukämie (I 214 ff., 234 f.).

Statt seiner gelingt es ihr, Carl Volckhausen, der mit seinem bisherigen Dasein unglücklich ist,[65] an die Hochschule zu holen. Doch zu einer tieferen Freundschaft kommt es nicht mehr. Wie es scheint, wird er durch Malwidas neue Entwicklung abgestoßen. So schreibt er Anfang 1853, als Malwida bereits in London ist, einer Freundin: »Gräßlich sind die Worte Malvida's (sic!) über sich … Wenn ich jetzt eine Lebensphilosophie höre wie die Malvida's, so graut mir.« Anscheinend ist sie ihm zu überdreht, zu schwärmerisch, zu sehr zu Illusionen geneigt, auch zu sehr Stimmungsschwankungen unterworfen. »Wo sie ein Atom der Freiheit sieht, da ist sie nur zu geneigt, dieß Atom für die ganze Freiheit, oder wenn das nicht, doch für das Mittel der Erlösung zu halten«, »den augenblicklichen, vereinzelten Zweck ins Auge fassend, für ihn schwärmend, das Andre momentan übersehend – das ist das Merkzeichen des Menschen der Propaganda«.[66] Und zu diesen Menschen rechnet er mittlerweile Malwida.

Worin bestand die Essenz der »Kindergarten«-Pädagogik von Friedrich Fröbel, der als Biologe und Förster begann und gegen Ende seines Lebens die Gründung, doch auch das Ende der Hamburger Hochschule erlebte? Im Grundprinzip ganz einfach, wenn auch laut Malwida von ihm teilweise »schwülstig«[67] formuliert: Die Kinder sollten *im* Garten und *wie ein* Garten erzogen werden – »Garten« sowohl real[68] wie metaphorisch. Sie sollten zum Wachstum, zur Entfaltung ihrer Natur, ihrer Blüte angehalten werden. Wodurch? Durch die sogenannten »Gaben«. Statt der bis dahin gängigen Puppen, Hampelmänner und Hottepferdchen, an denen es nichts mehr zu tun gab, sollten sie Klötzchen, Kugeln, Bälle, Walzen, Würfel, Stäbchen bekommen und daraus mit eigener schöpferischer Fantasie Gebilde kombinieren – ob mit mehr oder weniger Anleitung, darüber ließ sich streiten. Auf jeden

Fall sollte es spielerisch geschehen: »Spielen, Spiel ist die höchste Stufe der Kindesentwicklung, der Menschenentwicklung dieser Zeit«, es sei »das reinste, geistigste Erzeugniß des Menschen auf dieser Stufe, und ist zugleich das Vorbild und Nachbild des gesammten Menschenlebens«, verkündete Friedrich Fröbel mit utopischer Emphase.[69]

Aus heutiger Sicht erscheint bei alldem zunächst dreierlei verwunderlich: zum einen, dass sich diese Pädagogik mit einer Hochschule verbinden ließ – die Hamburger Hochschule war denn auch in den Augen des alten Fröbel zu wissenschaftlich[70]; zum anderen, dass sie zur Grundlage einer lange fortwirkenden Bewegung wurde, die ihren ersten Durchbruch um 1848 erlebte[71] und vielfach als so revolutionär galt, dass Preußen 1851 die Kindergärten verbot;[72] und zum dritten, dass sich die wortgewandte Malwida für diese in der Praxis eher wortkarge Pädagogik begeisterte. Da gilt es zu beachten, dass die Kindererziehung bis dahin in der herrschenden Lehre der Autorität des Vaters und der Kirche unterworfen war, auch wenn sie sich teilweise außerhalb der Familie vollzog.[73] Erst vor diesem Hintergrund wird verständlich, wieso der Fröbel'sche Kindergarten damals als revolutionär gelten konnte. Er sollte ein Reich der Frauen werden, die dort mit mütterlicher Liebe auch solche Kinder, die nicht ihre eigenen sind, zum Spiel anleiten, letztendlich mit dem hohen Ziel, eine neue Gesellschaftsordnung vorzubereiten, die sich nicht auf Zwang und Autorität, sondern auf die freiwillige, ja spielerische Bindung des Individuums an die Gemeinschaft gründet[74].

Die Mutterliebe gewinnt im frühen 19. Jahrhundert ein programmatisches Potential![75] Aber diese über die Familie hinaus in die Kindererziehung und in die Öffentlichkeit drängende Mütterlichkeit ist der Obrigkeit vorerst suspekt. Louise Otto schreibt später: »Die Kindergärtnerinnen jener Reactionsperiode haben in der That ein Märtyrerthum durchgemacht, das dem vieler um ihrer Gesinnung verfolgter Männer jener Zeit vollkommen ebenbürtig ist.« Ann Taylor Allen gelangt sogar zu der Feststellung: »Die Repression des Kindergartens war eine der auffälligsten Manifestationen einer amtlich durchgesetzten Rückkehr zu traditionellen Ansichten über die Grenzen zwischen privat und öffentlich, mit der Absicht, die Vorherrschaft des Vaters in der Familie und die Beschränkung von Frauen und Kleinkindern auf das Heim wiederherzustellen.«[76]

Wie verstand Malwida die Fröbel-Pädagogik? Zuerst und vor allem findet sie es »beglückend«, »dass den Kindergärten nur Mädchen und Frauen vorstehen sollten« und »Fröbel überhaupt die erste Erziehung nur weiblichen Händen anvertraut wissen wollte«. Die Essenz seiner Pädagogik erkennt sie in dem Streben, »die Selbsttätigkeit und den Schöpfertrieb im Kinde zu wecken, indem man ihm nur Material in die Hände gibt, um selbst zu gestalten und zu schaffen, nicht aber Fertiges, das den Zerstörungstrieb reizt, der ja in den meisten Kindern im Keim vorhanden und oft nur allzu mächtig ist.« (I 195) Besser hat es auch Fröbel selbst nicht auf eine kurze Formel bringen können. Doch schon im Frühjahr 1852 entschließt sich die Leitung der Hochschule dazu, die Anstalt zu schließen, »in der höchsten Blüte unserer moralischen Erfolge«, so Malwida (I 236 f.). Offenbar kamen bei diesem schweren Entschluss innere Differenzen und der Rückzug der Förderer zusammen. Noch in ihren Memoiren erinnert sich Malwida (I 238), »der Abschied von Hamburg« sei ihr »unaussprechlich traurig« gewesen.

MENSCHLICHE NATUR – WEIBLICHE NATUR: URTÜMLICH UND ZUKUNFTSTRÄCHTIG. Malwidas Erfahrungen an der Frauenhochschule geben Gelegenheit, ein Thema aufzugreifen, das uns in ihrem Leben immer wieder begegnen wird: das Thema *Natur*. Bis ins 20. Jahrhundert wurde darunter nicht nur die grüne, die wilde Natur verstanden, sondern auch die Natur des Menschen – ein Naturbegriff, der uns heute weithin verloren gegangen ist, auch wenn man bei genauem Hinschauen bemerkt, dass es der Umweltbewegung durchaus nicht nur um die äußere, sondern auch um die menschliche Natur geht, um Gesundheit und Lebensgefühl.[77]

Für Malwida wird »Natur« zu einem Leitmotiv ihres Lebens, genauer gesagt zu einem Motivbündel, das wechselnden Stimmungen unterworfen ist, zumal es sich ja um einen mehrdeutigen Begriff handelt: In der Tradition von Spinoza gibt es zu Malwidas Zeit und noch danach *Natura sive Deus*, die Gleichsetzung der Natur mit Gott, oft auch Ersetzung Gottes durch die Natur. Wolfgang Riedel zufolge wurde diese Vorstellung zum »verbreitetsten naturphilosophischen Axiom des 19. Jahrhunderts«.[78] Und es gibt die paradiesische und die wilde Natur, wo der Kampf herrscht. Man konnte in der freien Entfaltung der menschlichen Natur im Geiste Friedrich Fröbels den Ursprung eines guten und schönen Menschentums erblicken, doch auch Wildheit und Grausamkeit als Ausdruck enthemmter Natur betrachten.

Auch bei Malwida begegnet »Natur« nicht durchweg in klarer und einheitlicher Bedeutung, es ist und bleibt bei ihr ein Begriff voller Spannungen. Nicht weniges ist dabei zeittypisch, und doch ist das längst nicht alles. Wolfgang Riedel hat Malwida in seinem Opus »Homo Natura« sogar ein eigenes Kapitel gewidmet, wo er ihre »Memoiren einer Idealistin« als »Urtext der Lebensmystik« epochal begreift. Diese seien »eines der ersten literarischen Zeugnisse für All-Einheits-Erfahrungen aus dem Geiste Schopenhauers«.[79] Im Kern ihres Naturbegriffs erkennt er also Klarheit; und mit Blick auf die Folgezeit erscheint er zukunftsträchtig. Dabei hat sie um 1850 noch nicht Schopenhauer gelesen; ihr Naturbegriff entspringt auch ihrem eigenen Lebensgefühl.

Wieweit gibt es für Malwida eine spezifisch *weibliche* Natur, und was macht diese aus? Natürlich ist die Frau für sie zuerst und vor allem ein *Mensch*; von daher wäre es ganz widernatürlich – obwohl es bis heute nicht selten geschieht[80] –, die Naturen beider Geschlechter als polare Gegensätze zu behaupten, als seien die Organe von Mann und Frau nicht größtenteils gleich, sondern Gehirn und Muskeln eine Besonderheit des Mannes. Wenn die Rolle beider Geschlechter gleichwohl über weite Strecken der Geschichte, im Großen und Ganzen zumindest, markante Unterschiede aufweist, liegt die Vermutung nahe, dass diese weithin historisch-kulturell bedingt sind.

Was bleibt dennoch als urtümlich-naturgegebene Natur der Frau übrig? Zuerst natürlich die Fähigkeit der Frau, Kinder zu gebären; die Mütterlichkeit ließ sich am ehesten als Eigenwesen der Frau schon rein physiologisch begründen. Doch da muss man sich vor Augen führen, dass diese Einsicht für Malwida um 1850 erst einmal etwas Schmerzliches besessen haben muss, denn von Jahr zu Jahr schwindet die Aussicht auf eigene Mutterschaft. Lily Braun, deren »Memoiren einer Sozialistin« (1909) im Titel auf die »Memoiren einer Idealistin« anspielen, bemerkt offenbar beifällig, »in der kurzen Weisung: werde Mutter!« habe Rousseau – obwohl sonst nicht gerade frauenfreundlich[81] – »das erlösende Wort für die eingeschnürte Frauenseele« gefunden.[82]

Umso beglückender muss für Malwida die durch die Hamburger Hochschule zeitweise eröffnete Aussicht gewesen sein, bei anderen Kindern die Mutterrolle zu übernehmen, und zwar nicht mit bloßer Bemutterung und Erziehung, sondern durch Vermittlung von Bildung. Bildung, nicht bloße

Erziehung ist seit der Goethezeit im deutschen »Bildungsbürgertum« zum Zauberwort geworden und wird es auch für Malwida. Bildung verheißt den Frauen die Befreiung von ihrer angeblich beschränkten Natur.[83] Während Bildung sonst zu jener Zeit zunehmend zu einem Traditionsbegriff herabsinkt, öffnet sie für Malwida eine neue Zukunft; darin ist sie typisch für Frauenrechtlerinnen ihrer Zeit und noch danach, nicht nur in Deutschland.[84] Es war eine Zeit, in der für die meisten Mädchen die Schule bereits mit vierzehn Jahren endete.[85] Ungeachtet der auch von ihr wiederholt betonten Besonderheiten der weiblichen Natur plädiert sie – zu jener Zeit ungewöhnlich – für Koedukation beider Geschlechter[86]; unter damaligen Bedingungen ein sprunghafter Fortschritt in der Mädchenbildung. Erst 1893 wird in Karlsruhe das erste deutsche Mädchengymnasium gegründet.[87] Das Engagement Malwidas, die selbst nie eine Schule besucht hat, erscheint in dieser Richtung dadurch gehemmt, dass sie das Schulwesen nicht sonderlich schätzt und sich Bildung am liebsten durch Vorbilder und durch eigenständige Entfaltung der eigenen Fähigkeiten vorstellt.

Den Feminismus durchziehen bis in die Gegenwart zwei zueinander konträre Sichtweisen: die eine, die ein weibliches Selbstbewusstsein wesentlich auf Eigenarten ihres Geschlechts gründet, und die andere, die diese Sicht scharf bekämpft und gerade in der Betonung des Unterschiedes der Geschlechter eine Tendenz zur Frauendiskriminierung erkennt. Zu Malwidas Zeit dominierte die erstere, in neuester Zeit eher die letztgenannte Position. Zwischen beiden Positionen entbrannte seit den 1970er Jahren in der Bundesrepublik der gereizte »Mütterkonflikt«. Nach der Reaktorkatastrophe von Tschernobyl 1986, als die radioaktive Wolke am allermeisten Kleinkinder und ungeborene Kinder bedrohte, kam es dann zu einem regelrechten »Aufstand der Mütter«, die in vorderster Front im Kampf gegen die Kernenergie in Erscheinung traten.[88] Insofern hat diese feministische Richtung, zu der sich auch Malwida bekannte, eine neuartige Aktualität erlangt. Ellen Key, weltberühmt durch ihr »Jahrhundert des Kindes«, kontrastiert 1902 in einem Artikel in der Wiener »Zeit« die von ihr hochgeschätzte Malwida positiv zu jenen »kalten oder trockenen, jedes inneren und äußeren Reizes entbehrenden, physisch und psychisch entarteten Typen des ›dritten Geschlechts‹«, »die in athemlosem Wettbewerb mit dem Manne um Brot und Ehre … die Mutterschaft als eine niedrige thierische Funktion« abtäten.[89]

Zurück zum Jahr 1849: Ein Artikel der »Frauen-Zeitung«, der »die Emanzipation des Weibes« fordert, erläutert zugleich: »nicht jene zigarrenrauchende Emanzipation, die das edle Geschlecht entstellt und zur Lächerlichkeit herabwürdigt«.[90] Man findet die Abscheu vor diesem »Emanzen«-Typ durchaus nicht nur bei Gegnern der Emanzipation der Frau! Zur gleichen Zeit legt Malwida in ihrem ersten Brief an Johanna Kinkel Wert darauf, dass weder sie selbst noch die Adressatin »in die Reihe jener unglücklichen Wesen gestellt werden, die den Weltdrang der Befreiung, auch des weiblichen Geschlechts, durch welche es erst zu seiner eigentlichen Entwicklung kommen muß, zum Deckmantel gerade unfreier Wünsche und Neigungen missbrauchen und in äußerer Befreiung, nicht blos von der Unnatur sondern auch von der Schönheit der Sitte, die heilige Natur und den Weltberuf des Weibes so ganz verkennen«.[91]

Noch im Alter rühmt sie, die »Verehrung, ja der Kultus der Mutter« bilde »einen schönen, entschieden ausgeprägten Zug im italienischen Charakter«. »Das Ideal, welches die Kunst der Renaissance erfüllt, was ist es anders als die Apotheose der Mutter, welche durch Raphael ihren höchsten Ausdruck erhielt?« Und darauf, mit leichter Selbstironie über diese ihre ewige Selbstwiederholung: »Was bleibt denn auch hier wieder der eine, ewige Refrain? Immer dasselbe: die Erziehung der Frauen zu edelster Weiblichkeit, zu Müttern, welchen ihre Söhne mit Recht dem Kultus der Liebe und Ehrfurcht weihen, indem sie die von ihnen geerbten Tugenden … zum Besten ihres Landes und der Menschheit üben.«[92]

In der »Reise nach Ostende«, wo sie mitunter einen kämpferischen Ton anschlägt, versichert sie gleichwohl: Die revolutionären Frauen »wollen nicht Amazonen sein, die am Tage der Schlacht das Schwert mit ergreifen und in Männerkleidung gegen den Feind marschieren«. Doch dann fügt sie hinzu, es könne »auch Momente geben«, »wo selbst das Schwert in einer Frauenhand kein unweibliches, verabscheuungswürdiges Werkzeug ist«. Wiederholt stoßen wir bei ihr auf einen Zwiespalt in Sachen »Natur der Frau«. Kurz darauf bemerkt sie, aus der von ihr geforderten »geistigen Gleichberechtigung der Frauen« folge »durchaus nicht, dass die Frauen nun etwa Professoren, Advokaten, Staatsmänner oder dergleichen sein müssten«.[93] Doch wenn sie das auch nicht sein müssen, können sie es bei entsprechender Begabung nicht dennoch sein?

In den »Stimmungsbildern« begegnen die »Amazonen« mit positivem Klang: In den kämpferischen Frauenrechtlerinnen sei »eine neue Art von

Amazonen« entstanden, »welche nicht mit den Männern auf dem Schlachtfeld um den traurigen Preis des blutbefleckten Lorbeers ringen, sondern, jenen ebenbürtig, Mitarbeiterinnen am Kulturbau der Menschheit sein wollen« (IV 40). Und gerade wegen dieser großen Aufgabe sei »einer ihrer sozialistischen Freunde« bis zu der Forderung gegangen, »die Mütter müssten geradezu als Funktionärinnen des Staates angesehen werden« (IV 39).

Bedeutet die Berufung der Frauen zur Bildung auch eine Berufung zur Wissenschaft? Und hätte Malwida nicht lebenslang allen Grund zur Empörung darüber gehabt, dass Deutschland den Frauen das Studium noch immer verweigert,[94] als nicht nur die USA, sondern auch mehr und mehr europäische Staaten ihnen die Universitäten öffneten?[95] Auch in dieser Hinsicht erscheint sie lebenslang innerlich tief gespalten. In ihrer späten Abhandlung »Die Frau in der Gesellschaft«, die zu einer Zeit entstand, als sich deutsche Universitäten den Frauen endlich zu öffnen begannen, bestimmt sie die »Aufgabe der Frauen« einleitend darin, »aus sich selbst so viel zu machen, als es in der Möglichkeit ihrer Natur liegt« (IV 34), was nach Einschränkung ihres gesellschaftlichen Betätigungsfeldes klingt. Doch in der Folge polemisiert sie heftig gegen Gegner des Frauenstudiums: »Welche Kämpfe hat es gekostet, den Frauen den Zutritt zu den Universitäten zu eröffnen, und wie vereinzelt ist dies nur erst geschehen! Die jungen Kulturländer, wie Amerika und Australien, mussten mit gutem Beispiel vorangehen, bis der alte Kontinent sich entschloss, sich zögernd an das ›bedenkliche‹ Problem zu wagen. Aber welchen Widerstand erfuhren die mutigen Vorkämpferinnen!« (IV 41 f.) Und dann mit schneidender Ironie: »Gelehrte Männer« hätten »besorgte Zweifel« gegen das Frauenstudium ins Feld geführt, »ob das Gehirn der Frau dazu von der Natur befähigt sei, ob ihre Gesundheit nicht darunter leiden werde etc.« (IV 42).

Tatsächlich hegt sie solche Zweifel auch selbst. Anfang 1883 schreibt sie an die 27-jährige Meta von Salis, die schweizerische Frauenrechtlerin und zeitweilige Freundin Nietzsches, die zu jener Zeit als erste Schweizer Frau in Zürich ein Studium beginnt – 1887 wird sie sogar promovieren[96] – und Malwida über »nervöse Verstimmungen« geklagt hat: Sie könne sie nur »warnen, Ihre Kräfte nicht über das Maß anzustrengen«, denn »leider ist der Einwand, den alle Feinde des Frauenstudiums vorbringen, dass die Gesundheit der Frauen nicht ausreicht, ein allerdings begründeter«.[97] Anscheinend hat sie selbst es nie bedauert, nicht studiert zu haben. Dabei ist sie wissenshungrig und hat in ihrem Leben unendlich viel gelesen und geschrieben; bei der zitierten Warnung an die Studentin mag man ahnen, dass auch sie selbst ihr oftmaliges Gefühl nervösen Leidens auf Überstrapazierung ihres Gehirns zurückgeführt hat – und dabei hielt sie sich gewiss für eine Frau mit besonderer Begabung!

STREITBARE MÜTTERLICHKEIT – DOCH FRIEDEN ALS BERUFUNG DER FRAU. Eindeutig und vorrangig ist und bleibt für sie die naturgegebene Berufung der Frau zur Mutterschaft und zur Mütterlichkeit, schon gar aus dem Grund, weil es zu jener Zeit um das Recht der Frau auf ihr Kind etwas zu kämpfen gibt. Das hebt noch die ebenfalls kinderlose Marianne Weber in ihrem großen Werk »Ehefrau und Mutter in der Rechtsentwicklung« (1907) hervor: Im Preußischen »Allgemeinen Landrecht« von 1794 gehen die Rechte des Vaters »gegenüber der Mutter so weit, dass er z. B. das vierjährige Kind ihrer Aufsicht und Pflege entziehen, es gegen ihren Willen in eine Erziehungsgestalt unterbringen und später allein über seine Berufswahl entscheiden kann. Ja, er kann selbst ein Kind zur Adoption ohne Zustimmung seiner Mutter fortgeben!« Mehr noch: Er kann »ihre Mutterrechte auch noch über seinen Tod hinaus dadurch einschränken, dass er seinerseits testamentarisch einen andren zum Vormund ernennt«.[98] Nicht besser stand es im britischen *Common Law*: Dort besaß »der Vater die ausschließliche Personengewalt (*custody*) über die ehelichen Kinder. Dadurch vermochte er, die Mutter völlig vom Umgang mit den Kindern auszuschließen.« Im *Custody of Infants Act* von 1839 wurde die patriarchalische Härte zumindest potentiell abgemildert, als ein Richter im Streitfall entscheiden konnte, der Mutter die *custody* für die Kinder bis zum Alter von sieben Jahren zu übertragen.[99]

Doch dafür muss gekämpft werden, und im britischen Exil findet Malwida etwas zu kämpfen: für das Recht der Eugenie Bell auf ihre Tochter. Um 1857 spricht sie von ihr der Mutter gegenüber als ihrer »neuen Freundin«: »Sie ist unter allen meinen weiblichen Bekannten hier diejenige deren Natur mir am meisten zusagt.«[100] Sie ist die illegitime Tochter einer Italienerin, und schon von der südländischen Aura, die Malwida bei ihr spürt, ist sie entzückt – von ihren »großen dunklen Augen« und dem Wohlklang ihrer Stimme, in der »die englische Sprache mit ihren sonst so hässlichen Gurgellauten … geradezu musikalisch wohllautend wurde« (II 34). Und diese Frau ist zu jener Zeit verzweifelt. Die Schilderung ihres Unglücks gehört zu den ergreifendsten Passagen der Memoiren Malwidas, und deren gleichzeitige Briefe an Johanna Kinkel bezeugen, dass es sich um keine nachträgliche Dramatisierung handelt. Denn diese Frau ist in der Ehe mit einem Künstler tief unglücklich geworden. Sie hält es bei ihm nicht mehr aus, will sich von ihm trennen und die gemeinsame Tochter bei sich behalten, er aber will sie in eine Irrenanstalt und die Tochter in ein Internat stecken. »In dieser Hölle allein fortzuleben«, ohne ihr Kind, wäre für sie »physisch und moralisch der Tod« gewesen, erinnert Malwida sich später (II 74).

Damals klagt sie Johanna, sie sei »geistig sehr gedrückt«, »da das Schicksal von Mrs. Bell eine schreckliche Wendung genommen hat. Sie ist wörtlich eine Gefangne im Hause, das Kind ist fortgebracht in eine Schule, sie darf Niemand sehen, *ich* vor allem bin streng verpönt und zwei Doktoren von Irrenhäusern besuchen sie als einziger Besuch.«[101] Denn Malwida wird eine Mitschuld am Verhalten der Eugenie Bell angelastet: »Ich bin verrufen in der ganzen Geschichte ... die Geschichte ist doch grässlich.«[102] Immerhin erlebt sie den Triumph, dass die Psychiater, die sich diese Frau im Auftrage des Mannes vornehmen, sie nach mehrstündiger »Examinierung« »glänzend freigesprochen« haben.[103] Am Ende geht Eugenie Bell vor Gericht; dieses billigt ihr zwar zu, ihr Kind zu sehen, »aber nur ein einziges Mal in der Woche, und dann nur zu der Stunde und für die Zeitdauer, die Herr Bell bestimmen würde« (II 80). Nirgends erlebt Malwida derart krass, wie wenig damals England, das vermeintliche Land der Freiheit, eine Gleichberechtigung der Frau kennt.

Zu jener Zeit hat sie, wie noch zu schildern sein wird, Jahre des Mutterglücks hinter sich, als sie die Mutterrolle bei den Töchtern des russischen Emigranten Alexander Herzen übernimmt und aus der Beziehung zu der kleinen Olga eine leidenschaftliche Liebe wird. Doch damit ist es seit Mai 1856 zunächst vorbei. Zur gleichen Zeit, als sie Eugenie Bell im Kampf für ihre Tochter zu stärken sucht, muss sie auch selbst für das Zusammensein mit dem Mädchen kämpfen, das sie als ihre Tochter empfindet. Am Ende hat sie Erfolg. In ihrem – erst posthum publizierten – Roman »Florence«, der wohl manches aus solchen Erlebnissen schöpft, stöhnt das Mädchen Florence, das von seiner Mutter kühl und verständnislos behandelt wird, allein im Schlafzimmer, sie wolle sich der Mutter zu Füßen werfen und rufen: »Gieß aus über mich die Fluth der Mutterliebe, laß mich warm und selig in ihr ruhen und träumen, wie die Lotosblume träumt unter dem Liebesstrahl der indischen Sonne, und ich werde Dir Blüthen erschließen aus meinem Herzen, eine ganze Welt von Glück … ich habe etwas Besseres in mir, als die kalte Welt, die Du so hoch hältst.«[104] Der Roman lässt erkennen, dass die Mutterliebe nicht unbedingt in der natürlichen Mutter wohnt – auch ein Grund für das mütterliche Selbstbewusstsein der kinderlosen Malwida!

Die natürliche Berufung der Frau zu Mutterschaft und Mütterlichkeit war evident, doch wie stand es mit der weiblichen Berufung für die *Politik*? Da zeigt sich Malwida tief gespalten. Anders als man heute erwarten würde, ist das *Frauenwahlrecht* bei ihr nie ein großes Thema. 1848 stand es ohnehin noch nicht zur Diskussion, und »die Tatsache, dass nicht einmal die Abgeordneten der linken Fraktion in der Paulskirche ernsthaft ein aktives oder passives Wahlrecht der Frauen in Erwägung zogen, hat offensichtlich nie ihren (Malwidas) Protest herausgefordert«.[105] Diese Zurückhaltung hatte ihren Grund, und damit stand Malwida unter den Frauenrechtlerinnen nicht allein. Noch 1876 hält es Louise Otto-Peters für »Thatsache«, »dass ein großer Theil der Frauen zu den Ultramontanen, zu den treuesten Anhängerinnen Roms und seiner Priester gehört«.[106] Und noch 1899 klagt Malwida gegenüber Romain Rolland, die Frauen seien »oft die Komplizen und noch öfter die Betrogenen (dupes) und Opfer« des Jesuitentums.[107] Von daher ist es nur konsequent, wenn für Malwida wie für andere Frauenrechtlerinnen jener Zeit die politische Bildung der Frauen Vorrang besitzt. Meta von Salis dagegen kämpft in der Schweiz für das Frauenwahlrecht. Sie – die Verehrerin des späten Nietzsche – steht im Übrigen politisch weit rechts, und daher ist ihr wohl der Konservatismus vieler Frauen ganz willkommen.

In der Vorrede zur dritten Auflage ihrer Memoiren (1881) bemerkt Malwida, eine aktive »Teilnahme am öffentlichen Leben« werde unter den Frauen »immer nur Ausnahmen vorbehalten bleiben, aber die Freiheit muss da sein, sie auszubilden, wenn die Befähigung dahin treibt« (I, XIII). 1896 ist sie Olga gegenüber voller Wut auf die Frauendiskriminierung im damaligen Entwurf des BGB, gegen die nicht nur viele Frauen, sondern auch Männer protestierten: In diesem Entwurf würden »die Frauen ganz abscheulich, mittelalterlich behandelt« und »ihnen alle zivilen Rechte vorenthalten«.[108]

Ihre zuerst 1879 veröffentlichten »Stimmungsbilder« enthalten eine Abhandlung *Von dem möglichen Einfluss der Frauen auf die Politik*. Sie muss 1877 entstanden sein, da sie auf den damaligen Russisch-Türkischen Krieg Bezug nimmt. Da gibt sie zu erkennen, dass historische Erfahrungen nicht gerade ermutigend sind: »Es hat wohl öfter schon eine Beteiligung der Frauen an der Politik stattgefunden, aber, wie alle Beteiligung von Sklaven, durch unedle Mittel, durch Intrige und List.« (IV 62) Die Hofgesellschaft des Ancien Régime galt als geheime Frauenherrschaft. Doch aus der Gleichberechtigung werde eine andere Art von politischem Einfluss der Frauen hervorgehen und die rechtliche Gleichstellung der Frau sei »nur noch eine Frage der Zeit«. Und dann? »Aber die politischen Rechte?« Da werde ihr immer wieder von Männern gesagt: »Gott, wünschen Sie es doch den Frauen nicht; es ist ja alles so brutal in der Politik.« Dazu Malwida: »Ach, das ist es ja gerade!« Ebendeshalb müssten Frauen die Politik gestalten, um sie friedlicher zu machen.

Der *Frieden* als die politische Berufung der Frau. Das wird zu einem Leitmotiv im politischen Denken Malwidas, voll entfaltet später in ihrer Korrespondenz mit dem jungen Romain Rolland und aktuell bis heute. Sie empört sich, »wie die Erhaltung der stehenden Heere Summen verschlingt, welche die Wohlfahrt von Millionen machen könnten, und wie diese Heere, die im Kriege sich schlachten lassen müssen für Zwecke, die nichts weniger als Kulturzwecke sind, im Frieden Hunderttausende von rüstigen Menschen der segenspendenden Arbeit des bürgerlichen Lebens entziehen« (IV 61). Dabei hält sie es jedoch für gegeben, dass nur die »wahrhaft gebildete Frau« zur Mitwirkung in der Politik berufen sei, in die sie ein »mildes, versöhnendes Element« einzuführen vermag (IV 62). »Vor allem wäre zu hoffen, dass der Weltfriede dabei gewinnen würde. Schon aus Egoismus der Liebe würden die Frauen gegen den Krieg eifern, der ihnen die Gatten, die Brüder, die Söhne hinrafft.« Mehr noch: Die »wahrhaft gebildete, edle Frau« werde »etwas Höheres anerkennen als das Prinzip der Nationalitäten, das doch eigentlich nur eine Phrase ist, hinter der sich der Völker- oder der Regierungsegoismus verbirgt« (IV 65).

MAI 1852: MUSSTE ODER WOLLTE MALWIDA EMIGRIEREN? UND: WARUM NICHT GLEICH NACH AMERIKA? Folgen wir bei der Schilderung ihres Entschlusses zur Emigration zunächst ihren Memoiren, wo sie dies als plötzliche Entscheidung darstellt, veranlasst durch die Warnung ihrer Freundin Anna Koppe, der künftigen Gattin von Friedrich Althaus, die ebenfalls ins Exil gehen wird. Nach der Schließung der Hamburger Hochschule, wo Malwida Lebensglück und Lebenssinn gefunden zu haben glaubte, sieht sie sich vor dem Nichts. Zu alledem stirbt gleichzeitig Theodor Althaus, mit dem sie sich wieder versöhnt hatte. »Ich war allein, geschieden von den Meinen, meine höchsten Neigungen galten Toten, meine Arbeit war vernichtet.« (I 244) Vorerst begibt sie sich nach Berlin zu Anna (I 238) und sucht dort durch neue Eindrücke ihrer »tödlichen Traurigkeit« zu entrinnen; und doch: »Das Leben war mir zur Last, ich wünschte aufrichtig, zu sterben, auch wurde meine Gesundheit von Tag zu Tag schwächer.« (I 247)

Und ausgerechnet in dieser Situation, als sie sich auf ärztlichen Rat in eine »stärkende Kur« begeben will, wird sie zur Polizei zitiert und zugleich ihre Wohnung nach verdächtigen Papieren durchsucht! Der Polizeichef verhört sie in höflicher, mitunter vertraulicher Form (I 251 ff.). Sie wird wie eine Frau aus gutem Hause behandelt. Er zeigt sich darüber informiert, dass »ich einen Weg verfolgte, der mich auf ewig von der Gesellschaft, in der ich geboren und erzogen worden wäre, trennte«. Das bringt sie noch nicht aus der Fassung, doch dann gibt es ihr einen Stich ins Herz, als er andeutet, sie sei von vermeintlichen Freunden verraten worden, und dass ihr die Ausweisung aus Berlin bevorstehe. Zugleich gibt er zu erkennen, dass ihre Briefe »erbrochen und gelesen würden« (I 253).

Auch nach diesem Verhör denkt sie zunächst nicht an Emigration – Deutschland besteht ja nicht nur aus Berlin! –, doch Anna beschwört sie, ihre »Freiheit nicht auf das Spiel zu setzen«. »Sie bewies mir mit Recht, dass man aus meinen Papieren hundert Vorwände nehmen könnte, um mich wenigstens einer Untersuchungshaft zu unterwerfen, die nicht nur für meine schwache Gesundheit vernichtend, sondern auch für meine Familie tausendmal schmerzlicher sein würde als eine völlige Entfernung.« (I 254) Da entschließt sie sich unverzüglich zur Emigration nach England. Noch auf der Fahrt nach Hamburg empfindet sie »das abscheuliche Gefühl der Furcht, das despotische, unreine, argwöhnische Regierungen einflößen, denen gegenüber die Unschuld kein Schutz ist« (I 257). In Hamburg trifft sie frühere Weggefährten, die sie in ihrem Entschluss bestärken. Schon am Morgen darauf besteigt sie das Schiff nach England, wo sich seit dem Dezember 1850 bereits Johanna und Gottfried Kinkel befinden, dem mit Hilfe von Carl Schurz die Flucht aus dem Spandauer Zuchthaus gelang – ein Coup, der weites Aufsehen erregte und beide berühmt machte. Zu Johanna Kinkel steht sie schon seit Oktober 1849 in brieflichem Kontakt; bei den Kinkels kann sie auf eine erste Zuflucht in der Einsamkeit des Exils hoffen.

Musste sie emigrieren, oder wollte sie das schon vorher und konstruiert in ihren Memoiren lediglich um der Logik ihres Lebens willen und auch zur Rechtfertigung ihrer Familie gegenüber einen Zwang? Allein in Berlin hatte es 1852 an die zehntausend ähnliche Polizeiaktionen – Verhöre, Hausdurchsuchungen, Brieföffnungen – gegeben.[109] Als die Frauenrechtlerin Louise Aston (1814–1871), die sich schon vor 1848 weitaus militanter exponierte als Malwida und entsprechend mehr Scherereien mit der Polizei erlebte, aus Berlin ausgewiesen wurde, zog sie einfach ins benachbarte Köpenick, das damals noch nicht zu Berlin gehörte, und schrieb dort ihre fast fünfzig Seiten umfassende Antwort auf die polizeilichen Repressalien »Meine Emancipation – Verweisung und Rechtfertigung«. »Trotz der Ausweisung aus Berlin war Louise Astons Mut ungebrochen«; sie blieb in Deutschland.[110]

Allem Anschein nach ist Malwidas Entschluss zur Emigration nicht zuletzt darauf zurückzuführen, dass sie sich – was sie nicht in ihren Memoiren,[111] jedoch in Briefen zu erkennen gibt – von ihrem eigenen Bruder William (auch Wilhelm, 1813–1866) verraten glaubt. Zeitlebens hegte sie den Verdacht, William habe ihr in Berlin die Polizei auf den Hals gehetzt. Man kann sich vorstellen, dass sie dadurch die Empfindung bekam, selbst bei ihrer Familie keine Freiheit und Geborgenheit mehr zu finden. Dieser vermeintliche Verrat muss sie umso tiefer getroffen haben, als sie zu diesem Bruder lange Zeit ein geradezu zärtliches Verhältnis gehabt hatte. »Liebste Malwida«, schrieb er 1833 an sie, und ganz in der Sprache des Idealismus: »Das sittlichste, reinste aller Gefühle bleibt die Liebe. Und wir sind so reich an den edelsten, schönsten Seelen in dem Verwandtenkreise.« »›*Glaube, Liebe, Hoffnung*‹, so heißen die Engel, die beglückend uns umschweben in der schönen Blüthenzeit.«[112] Doch William ist ein entschieden christlich-konservativer Idealist. Er war in den diplomatischen Dienst Badens getreten, wurde 1849 badischer Gesandter in Berlin und hat wohl wesentlichen Anteil daran, dass preußisches Militär die badische Revolution niederschlug;[113] ein blutiges Ereignis, das die besondere Empörung vieler Achtundvierziger hervorrief.

Am 27. Mai 1852, als sich Malwida auf dem Weg nach England befindet, schreibt William an seinen Bruder Carl, er habe erfahren, dass Malwidas Verbindung »mit allerlei demokratischem Gesindel schon längst die Aufmerksamkeit der Polizei auf sich gezogen habe«. »Ich schrieb daher an M., um ihr die Nothwendigkeit baldiger Entfernung von hier darzulegen, indem es ganz unmöglich sei, dass ich sie schütze.« (Kann er das nicht, oder will er das nicht?) Demnach hätte sie, aus Berlin ausgewiesen, nicht einmal in Detmold eine sichere Zuflucht gefunden! Und dann geradezu angeekelt über sie – nichts mehr von der einstigen Zärtlichkeit! –: »Ich halte sie für ein körperlich überreiztes, histerisches (sic!) Frauenzimmer. Der größte Ernst und eiserne Strenge ist unerlässlich.«

Doch bei alldem scheint in dem sensiblen Mann noch die einstige Liebe zu seiner Schwester nachzuwirken, denn er bekennt, ihm habe »die einzige Unterredung mit M. so zugesetzt, dass ich zwei Tage darauf einen Zufall (sic!) bekam, von dem mein Arzt angibt, dass wenn er sich wiederhole, er sich zum Nervenschlage steigern werde«.[114] Auch Malwida ist von der Unterredung, wie sie ihrer Mutter klagt, »zu sehr angegriffen«, dass »besonders meine Augen ganz entzündet davon waren«.[115] Man kann sich vorstellen, dass Malwida nach einer solchen Unterredung befürchtete, eine Heimkehr in die Familie würde für sie zur Quälerei werden.

Ein Brief aus dem Jahr 1866, eine Woche nach Williams Tod, lässt gleichwohl erkennen, dass es für sie nicht sicher war, ob dieser Bruder wirklich ihre Verhaftung betrieben hätte. Er sei »beinahe zu sehr Idealist gewesen« – für die »Idealistin« das höchste Lob! »Er war einer der geistvollsten und edelsten Menschen, die ich je gekannt. … Uns trennten freilich unsere politischen und religiösen Ansichten, aber nie verkannte ich seinen hohen geistigen und sittlichen Wert.«[116] Aber am 20. Juni 1852, kurz nach ihrer Ankunft in London, schreibt sie ihrer Mutter, dass William ihr Polizeiverhör mit veranlasst habe, wäre ihr »nie im Träume eingefallen … wenn nicht beide Polizeibeamte es gesagt hätten: mein Bruder wisse und billige die Sache«.[117] Und doch: »So sehr sich auch mein Herz sträubte dies zu glauben so begreif ich es doch und vergebe es ihm von Herzen denn er hat wol wirklich die Absicht gehabt mich dadurch vor Unheil zu schirmen.«[118]

Auch wenn William sie nicht ins Gefängnis bringen wollte, suchte er sie einzuschüchtern. Dies gab Malwida gegenüber ihrer Mutter den Grund, warum sie zu ihrer Rettung emigrieren musste. Später, nach Jahren des Exils, wo sie viele Verbindungen zu Mitemigranten knüpfte – was durch Spitzel der Polizei in deutschen Staaten bekannt wurde –, wäre eine Rückkehr bis zur Amnestie von 1861 für sie vollends riskant gewesen, da sie in Polizeiakten als »höchst gefährliche Dame« bezeichnet wird, deren Londoner Wohnung ein Treffpunkt für »Demokraten« sei.[119] Ein österreichischer Polizeikommissar stellte sie noch 1860 in eine Reihe mit Marx und Engels![120]

Doch schon ihre 1849 verfasste »Reise nach Ostende« schließt mit dem Ruf der Sehnsucht: »Nach Westen!« Ähnlich wie bei vielen Migranten in neuerer Zeit verbinden sich offensichtlich auch bei Malwidas Motiven zur Emigration Zwänge des Herkunfts- mit der Anziehungskraft des Aufnahmelandes. Schon für die Zeit vor dem Polizeiverhör, nach dem Ende der Hamburger Hochschule, bekennt sie in ihren Memoiren (I 237): »Wenn noch ein Wunsch in mir war, so war es der, nach England zu gehen, wo eine große Anzahl politischer Flüchtlinge lebte, unter denen ich Freunde hatte, die mich dorthin riefen.« Bereits im Februar 1851, als sie sogar Aussicht hatte, die Leitung der Hochschule zu übernehmen, schreibt sie an Johanna Kinkel: »Ich bin schon mehremal ganz ernstlich mit dem Gedanken umgegangen, seit Sie in London sind, auch hinzuflüchten und irgendeine Tätigkeit dort für mich zu suchen, denn es ist mir schon manchmal zweifelhaft geworden, ob ich hier werde bleiben können … und ob nicht die völlige Entfernung das einzige Rettungsmittel der Freiheit ist.«[121]

Freiheit! Doch der am Schluss der »Reise nach Ostende« ersehnte Westen ist nicht England, sondern sind »die freien Völker Amerikas«. Noch in ihren Memoiren behauptet sie, nur die Rücksicht auf ihre Mutter habe sie damals davon abgehalten, »nach Amerika zu gehen« (I 259). Doch auch seit ihrer Emigration nach England hat sie die Mutter nie wieder gesehen. Carl Volckhausen allerdings warnt sie schon Anfang 1850, als sie noch in Detmold weilt, ihre Sehnsucht nach der neuen Welt beruhe auf einer Selbsttäuschung: »Ich glaube Sie irren sich selbst, wenn Sie von Europa sich hinwegwünschen; Sie wünschen sich im Grunde des Herzens nur von Detmold hinweg.«[122] Carl Schurz, der es wissen musste – er ist bereits einige Monate in den USA – warnt Malwida, die ihn in London kennengelernt hat, die »Freiheit« Amerikas entspreche in ihren praktischen Auswirkungen vielfach überhaupt nicht ihrem eigenen hohen Freiheitsideal:

> »Hier sehen Sie das Prinzip der individuellen Freiheit bis zu den letzten ihrer Konsequenzen: der Verachtung des freigemachten Gesetzes getrieben; dort sehen Sie den krassesten religiösen Fanatismus sich in brutalen Akten austoben … und daneben den Spekulationsgeist des Kapitals sich in unerhörten Unternehmungen herumtummeln … Der von Europa herübergekommene Demokrat, der bisher in der Welt der Ideen gelebt und noch keine Gelegenheit gefunden hat, diese Ideen in *Menschennatur* umgesetzt, verkörpert zu sehen, fragt sich stutzend: … ist das mein Ideal?« (I 310 f.)

Auch Schurz ist auf seine Art Idealist, doch er besitzt zugleich einen robusten Sinn für Realität und wird in den USA Karriere machen. Doch zu jener Zeit verbindet sich Malwidas Sehnsucht nach der »freien Welt« mit einer ganz anderen Verlockung: die durch Julius Fröbel (1805–1893), der bereits dort ist und die Nachricht vom Tode seiner ersten Frau erhielt, eröffnete Aussicht, zu ihm zu kommen und bei gegenseitiger Liebe seine Frau zu werden! Er ist der Bruder von Karl Fröbel. Beide sind in der auf die Dauer anstrengenden Pädagogik ihres Onkels aufgezogen worden. Julius Fröbel erinnert sich später in seinen Memoiren, diese »freiheitliche« Erziehung sei mit einer eigenen Art von Hochmut und Anpassungsdruck verbunden gewesen; »ausdrücklich lernten wir ›die gewöhnlichen Menschen‹ verachten oder bemitleiden.« Eine bestimmte Diät sei vorgeschrieben gewesen, ohne Kaffee und Alkohol, die »sich der Eichelkost germanischer Urzeit« genähert habe. Jeder neue Mitschüler, der darüber »die Nase rümpfte«, sei »so lange verfolgt« worden, bis er sich angepasst habe.[123] Wie man sieht, ist er ein unabhängiger Kopf mit Geist und Witz. Er wurde ein enger Freund von Theodor Althaus. Der wird ihm viel von Malwida und umgekehrt ihr viel von ihm erzählt haben – daraus und mehr noch aus beider Korrespondenz erklärt sich, dass beide zeitweise zueinanderstrebten, ohne einander je persönlich kennengelernt zu haben.[124] Zu jener Zeit entsteht Liebe nicht selten durch Briefe![125]

Und in der Tat, in mehr als einer Hinsicht erscheint Julius Fröbel als geradezu idealer Partner für Malwida. Er wird ein namhafter Achtundvierziger und begibt sich zusammen mit Robert Blum im Auftrag der Paulskirche nach Wien, um den dortigen Aufstand zu unterstützen. Mit Blum zusammen wird er verhaftet und – um ihn selbst zu zitieren – »vier Tage absichtlich in der Meinung gelassen, dass ich den Tod durch den Strick zu erwarten habe«; dann wird er freigesprochen.[126] Malwida, die schon seit einiger Zeit mit ihm korrespondiert, nimmt an ihm »den innigsten Anteil« und zittert für sein Leben: »Der Gedanke, dass er Blums Schicksal wahrscheinlich werde teilen müssen, war mir entsetzlich.« (I 169 f.) Und dann diese Erlösung!

In seinen Aufzeichnungen »Aus dem Gefängnis« hebt Theodor an Julius Fröbel hervor, im Gegensatz zu dem »schroffen« und »diktatorischen Republikanismus« anderer führender Achtundvierziger sei »in Fröbels Persönlichkeit die ganze Milde des socialen humanen Elements und die vergeistigende Klarheit der großen theoretischen Arbeiten« hervorgetreten.[127] Kein

Wunder, dass sich Malwida im Gedanken an ihn begeistert! Am 22. Juni 1850 schreibt sie aus Hamburg ihrer Mutter, »schon lange« sei in ihr »ein tiefer Wunsch die neue Welt kennen zu lernen«. »Über diesen Wunsch hatte ich ein Paarmal mit Julius Fröbel hin und her geschrieben und wir kamen dabei zu dem Resultat dass sich gegenseitig für uns auch ein persönlicher Wunsch daran knüpfte.« Und dazu gibt sie Fröbel selbst das Wort, der ihr geschrieben habe:

> »Wir achten uns nach den Zeichen des Geistes die wir einander gegeben haben, wir fühlen die Freundschaft für einander die aus der Übereinstimmung unserer höchsten Bestrebungen entspringt, wir *wünschen* uns zu lieben, weil das Zusammentreffen der Liebe mit Achtung und Freundschaft ein seltenes Zusammentreffen, uns auch ein seltenes Glück bereiten würde. … Sie müssen herüber kommen. Es ist die größte Wahrscheinlichkeit dass dies uns zu der innigen Verbindung führen wird für welche die Ehe die entsprechende Form ist. Wäre dies aber nicht, so finden Sie an mir einen Freund und Bruder der Ihnen eine ebenso zuverlässige Stütze sein wird als der Mann es könnte.«

Dazu Malwida: »Schon lange« habe sie gefühlt, »dass Fröbel der einzige Mann auf Erden sei den ich nach Theodor Althaus noch lieben könnte (und ich finde dies auch ständig bestätigt hier wo ich doch so viel interessante Männer kennen lerne)«.[128] Am 10. Oktober berichtet sie der Mutter über neue Briefe des Freundes, der vom Studium her Geologe ist: »Er ist von der amerikanischen Regierung einer wissenschaftlichen Expedition nach Central-Amerika beigesellt und wird wahrscheinlich beim Canalbau von Panama der die beiden Weltmeere verbindet, angestellt werden … er ist ja eigentlich Naturforscher und wird sicher sein Name einst noch neben Humboldt, der ihn persönlich auch sehr liebt, gereiht werden.«[129] Es sind nicht nur gemeinsame Erinnerungen an 1848, sondern mehr noch neuartige Aussichten, die das Zusammenleben mit diesem Mann verlockend erscheinen lassen. Und immer wieder, noch 1851, schreibt er ihr, sie möge kommen, und sie berichtet davon ihrer Mutter, obwohl diese auf die Aussicht, Malwida könne nach Amerika gehen, bereits mit ungewöhnlicher Heftigkeit reagiert hat und sie zunächst nachzugeben schien.[130]

Noch am 23. Mai 1852, wenige Tage vor ihrer Emigration nach London, versichert sie der Mutter, »dass seine Frau zu sein ein schönes Glück wäre«, doch da hat sie »schon lange nichts von ihm gehört und weiss nicht was aus ihm geworden«.[131] Man könnte meinen: Jetzt, wo sie ohnehin im englischen Exil lebt und die Emigration ihrer Mutter gegenüber als unvermeidlich hingestellt hat, könnte sie ebenso auch weiter in die USA gehen. Doch ihre letzte Bemerkung lässt vermuten, dass sie seiner Liebe nicht mehr sicher ist. Er war ein Mann von wechselnder Stimmung und führte mittlerweile in der Neuen Welt ein ungemein bewegtes Leben; es hat ihm dort nicht an anderen Kontakten gefehlt. Im Unterschied zu Carl Schurz verschwindet er fortan aus Malwidas Gesichtskreis, obwohl er schon 1857 nach Deutschland zurückkehrt. Ob sie bei seiner späteren politischen Entwicklung innerlich mitgegangen wäre, mag man bezweifeln, denn er wurde Anhänger der Südstaaten und Rassist, der die Aufhebung der Sklaverei für »Wahnwitz« erklärte und die amerikanischen Ureinwohner als »die gefährlichsten Raubtiere der Wildnis« betrachtete.[132]

In ihren Memoiren, deren erster Teil in den 1860er Jahren entstand, zeigt Malwida streckenweise noch ein Bedauern, nicht nach Amerika gegangen zu sein. Später jedoch ist davon kaum mehr die Rede. Ob in den Wonnen der Wagner-Musik oder unter der Sonne des Südens: Beides ließ den Reiz des Westens verblassen. Eher kann man es sich vorstellen, dass dieser Verzicht ihr später als höhere Prädestination erschien, denn mit ihrer Hochschätzung klassischer Bildung und feiner Kultur und ihrem immer reicheren Netz an menschlichen Beziehungen gehörte sie in die Alte Welt. Doch Heimweh nach Deutschland scheint sie nur am Anfang, später kaum mehr verspürt zu haben. Das ist an ihr ein auffälliger Zug im Vergleich zu anderen Emigranten, die sich ihrer inneren Verbundenheit mit ihrem Heimatland gerade im Ausland bewusst wurden. An eine dauerhafte Rückkehr nach Deutschland denkt sie nur vorübergehend, als Richard Wagner sie in seine Villa Wahnfried holen will. Doch mehr und mehr gelangt sie zu der Überzeugung, dass die Wärme des Südens für sie überlebenswichtig sei und das deutsche Klima ihre Gesundheit ruiniere – welcher Horror wäre für sie erst der Winter in nördlicheren Regionen der USA gewesen!

3

EXIL-JAHRE UND EXIL-NETZWERKE: VON JOHANNA KINKEL BIS ZU ALEXANDER HERZEN – UND ZU ZWEI ATTENTÄTERN

LAND DES SELF-GOVERNMENT – LAND DER GOUVERNANTEN: MALWIDAS STIMMUNGSUMSCHLAG IM BRITISCHEN EXIL. Johanna Kinkel (1810–1858), Komponistin, Schriftstellerin und Gattin des durch seine spektakuläre Flucht aus Spandau berühmt gewordenen Gottfried Kinkel, die von Hilfe suchenden Flüchtlingen bis zur Erschöpfung überlaufen wurde[1] – auch für Malwida wird sie die erste Anlaufstelle im Exil –, nannte sich 1851, »halb ironisch, halb selbst-dramatisierend«, »Mutter der Emigranten«.[2] Sie nimmt England gegen die Vorwürfe enttäuschter Mitemigranten in Schutz, idealisiert es geradezu und sucht auch Malwida, für die das Exil erst einmal den sozialen Absturz bedeutet – jetzt gehört sie nicht mehr automatisch zur »guten Gesellschaft«, hat nicht mehr von selbst viele kultivierte Kontakte –, für England zu begeistern. Sie will sie davon abbringen, gleich weiter in die USA zu gehen: »Aber dass Du aus Verdruss über die Londoner Umgebungen nach Amerika flüchten willst, ist unpraktisch und gleicht Deiner verständigen Weise nicht. Eine Atmosphäre des Klatsches und der Intrigue« – offenbar hat Malwida darüber in London geklagt – »wird es in Amerika so gut geben wie an jedem Ort der Welt.« Und dabei war sie selbst »sehr in Gefahr, … aus Mangel einer anderen – einer herabziehenden Gesellschaft zur Beute zu werden«. Selbst sie, eine der Privilegiertesten unter den deutschen Emigranten! »Aber es hat sich mir belohnt, dass ich eine oft bittre und freudlose Einsamkeit einem Schwanken im Prinzip vorzog.« (Auch Malwida spricht damals noch von »Prinzip«, wo sie später von »Ideal« redet.) Und dann geradezu euphorisch: »Bald sind die letzten Fäden durchgerissen, die noch aus vermoderten Verhältnissen in unsere neue, schöne reine Welt hineinreichen, und dann entfalten wir wieder die alten breiten Schwingen und sind wieder ganz wir selber.« (I 294) England als »schöne reine Welt«!

Johanna Kinkel. Jugendbildnis. Rathaus Wuppertal-Barmen

Malwida muss es anfangs ähnlich empfunden oder erhofft haben, sonst wäre sie ja nicht nach England gegangen und zehn Jahre dort geblieben und sonst würde sie den Brief der Freundin in ihren Memoiren wohl nicht so ausführlich und ohne Einwand zitieren. Und doch folgt rasch ein Stimmungssturz, »denn ich sah, dass ich, die ich durch so viele schmerzensvolle Kämpfe gegangen war, um mich von Vorurteilen unabhängig zu machen, in diesem Lande noch dümmeren Vorurteilen zu begegnen haben würde« (I 271) – und dabei kann sie sich dort zunächst, doch das wird sich ändern!, die Gesellschaft nicht aussuchen. Sie erkennt, dass in England, wo es keine absolutistische Monarchie gibt, der Konformitätsdruck der Gesellschaft, obendrein die Schärfe der sozialen Rangunterschiede umso stärker ist. Das bekommt sie jetzt schmerzlich zu spüren, wo sie vorerst nicht mehr zur »guten Gesellschaft« gehört. »Was hatte es denn für eine Bewandtnis mit diesem freien Lande, wo ich auf Schritt und Tritt dem ungeheuren Ansehen der Geburt, dem strengsten Formalismus in allen Lebensverhältnissen und dem tief eingewurzelten Kastengeist begegnete!« (I 290)

Und immer neue Ausbrüche tiefer Enttäuschung und Aversion gegenüber dem Land ihres Exils, auch wenn sie zwischendurch von den »herrlichen, wahrhaft vollendeten Frauen« schwärmt, »deren England mehr als jedes andere Land sich zu rühmen hat« (I 332). Doch sie erlebt dort auch sehr andere Frauen, und sie schüttelt sich vor Abscheu, wie durch den dortigen Konformitätsdruck »manche Blüte der Menschheit zur steifen Gliederpuppe des ›gentleman‹ und ›ladylike‹ ausgetrocknet« wird (I 333). Sie, der die Bildung in ihrem Sinne so viel bedeutet, erkennt in England einen wahren »Höllenpfuhl guter Erziehung« (I 334). Am allerschlimmsten schildert sie die britischen Gouvernanten: »Die Stellung der Gouvernante ist eine trostlose. Sie ist eine Art Polyp, ein Übergangsgeschöpf zwischen Tier und Pflanze, d. h. zwischen Herrschaft und Dienerschaft.« (I 341)

Dabei droht doch auch ihr selbst zunächst ein Gouvernantendasein! Daher kein Wunder: »In meinem Innern war tiefe Grabesstille; kein Wunsch, kein Hoffen, keine Begeisterung mehr.« (I 343) Obendrein keine Aussicht auf Befriedigung ihres spirituellen Bedürfnisses. Die Öde des dortigen religiösen Sinns werde durch nichts besser bewiesen als durch »die wahrhaft empörende Art der Heilighaltung des Sonntags, die gerade eine Nichtheilighaltung ist, indem man der gröbsten Langeweile, der nüchternsten Stimmung Tür und Tore öffnet« (I 344 f.). Auch die »englische Heuchelei« ist ihr ein stehender Begriff (II 24). Und doch erkennt sie kurz darauf – derartige Stimmungswechsel sind für sie typisch! – in ihrer neuen englischen Freundin Emily Reeve »jene geschlossene Kraft des englischen Geistes, der, wenn er sich einmal über das Niveau des Gewöhnlichen erhebt, mit unerbittlicher Logik zu den kühnsten Konsequenzen fortschreitet und mit einem universellen Blick weit über sein in Formen gefangenes Inselland hinaus schaut« (II 25). Es muss ja Gründe gehabt haben, weshalb sie so lange dort blieb und sich so wenig nach Deutschland zurücksehnte, obwohl man in ihren Memoiren vergeblich nach einer derartigen Kaskade abfälliger Urteile über ihr Heimatland sucht.

Ihre ausführlichsten Zeugnisse über England aus ihrer dortigen Zeit findet man in den Briefen an ihre Mutter. Da muss man teilweise mit Beschönigung rechnen, um deren Sorgen über das Exildasein der Tochter zu besänftigen. So wie sie es der Mutter am 30. Oktober 1852 voller Stolz kein halbes Jahr nach ihrer Ankunft in London schildert, ist sie dort als Privatlehrerin rasch erfolgreich: »Alle behaupten, dass ich meine Carriére ungewöhnlich schnell mache, da Andere oft Jahrelang sich bemühn müssen.«[3] Am 2. Juli

1853 schreibt sie ihr aus London: »Was nun die Rückkehr nach Deutschland betrifft, so gesteh ich Dir offen liebe Mutter dass mich nicht nur keine Sehnsucht zurück zieht, sondern dass mir England so zur Heimath geworden ist, dass ich nicht zurück möchte, ja ich fühle mich hier eingewurzelt mit Gewohnheiten Neigungen, Ansichten, ich liebe die Menschen, Viele lieben mich, das grosse freie Leben ist das Element in dem ich mich wohl fühle und Deutschland in seinen gegenwärtigen Zuständen würde mir ein Exil sein.«[4] Nichts von Emigranten-Einsamkeit; ganz im Gegenteil!

Am 7. Dezember 1853, als sie gerade zu dem reichen Alexander Herzen gezogen ist, der sie mit der Erziehung seiner Töchter betraut, versichert sie der Mutter, »dass bis jetzt meine gegenwärtige Lage sich mit jedem Tage verschönert«; und dies nicht zuletzt deshalb, weil sie jetzt Macht ausübt: »Herzen sagte vor ein paar Tagen zu einem Bekannten: vous ne vous pas vous imaginer comme Mlle Meysenbug tyrannise déjà toute notre maison! und es ist wirklich komisch dass ich fast alles durchsetze was ich will.«[5] Offenbar ist sie auch noch stolz darauf, dass sich Herzen von ihr »tyrannisiert« fühlt – ein erster Vorgeschmack des kommenden Beziehungsdramas! Und voller Selbstbewusstsein gegenüber der Mutter im kleinen Detmold, warum sie sich in London, der Weltstadt, ganz zu Hause fühlt: »weil ich so sehr leicht mich bei allem Grossen heimisch fühle«.[6] Als die Eisenbahn zum Begräbnis des Duke of Wellington »zu den 2 Millionen Londons … noch über eine Million neuer Menschen« bringt: »Da fühlt ich es einmal recht in welchem Koloss von Stadt ich lebe und ich fühlte mich so recht in meinem Element in dieser grossen Bewegung die das Herz von aller kleinen Furcht befreit.«[7]

Doch dann über die »ganz alten scheuslichen Furiengesichter« englischer Frauen, die in neuer Mode »die lächerlichsten Geschöpfe der Welt sind, im Theater sieht man oft wahrhafte Hexen mit ausgeschnittnen Kleidern die beinahe erlauben den Prozess der Verdauung mit anzusehen.«[8] Und im Kontrast zu ihrem oben zitierten Frauenlob spricht sie von dem »inhaltlosen, geisttödtenden Leben der meisten englischen Frauen«.[9] Es kommt noch ärger: Am 23. März 1856 nennt sie die Engländer »das geschmackloseste Volk …, welches ich kenne«. Auch das bleibt nicht ihr letztes Wort über die Briten: Am 2. Dezember 1857 spricht sie über die »gigantische aber faule Civilisation solcher Riesenstädte wie London«[10], doch kurz darauf, am Weihnachtstag, eine Liebeserklärung an diese Weltstadt: »Ja ich liebe dieses Ungeheuer das London heisst, trotzdem so vieles Arge darin hausst, aber es ist auch Poesie dabei und wenn … diese Parks, Thürme, Kuppeln, Säulen in der eigenthümlichen immer etwas neblichen Atmosphäre vom Abendroth beleuchtet sind, … so muss ich gestehen ich fühle eine Art Zärtlichkeit für diese Stadt.«[11]

Doch ihr Roman »Florence«, den sie von 1858 bis 1860 in England schrieb – er wurde erst 2007 veröffentlicht – und der in der damaligen viktorianischen Gesellschaft spielt, entwirft das auch aus ihren Memoiren bekannte Horrorbild. Da gerät die junge Florence in »diese ganze etwas perückenhafte, steife Gesellschaft der Aristokraten … was sollte ihre blühende Jugend zwischen diesen wandelnden Gräbern?«[12] Am Anfang die Illusion: »Euer England ist frei.«[13] Doch schließlich wird Florence von ihrem Vater belehrt, es sei für die Mädchen »sehr gut, jung zu heirathen, damit sich der Charakter gar nicht erst entwickeln und der Eigenwille sich festsetzen kann, sondern damit die Frau ganz so schmiegsam sein und hingebend, so unterwürfig an des Mannes Willen werde, wie es den Mann allein glücklich machen kann.«[14] Zwischen den Zeilen spürt man Malwidas Abscheu und Empörung!

DER HELD UND DIE MUTTER DES EXILS, UND DIE MARX'SCHE ATTACKE AUF MITEMIGRANTEN: DIE KINKELS IN SPANNUNGSFELDERN DER EMIGRATION. Was Malwida in Deutschland nicht vergönnt war, gelingt ihr im Londoner Exil dank ihrer schon vorher gepflegten Brieffreundschaft zu Johanna: der enge Kontakt zu einem Helden der Revolution, zu Gottfried Kinkel (1815–1882). Er hatte als Dreißigjähriger, 1845, an der Universität Bonn eine Professur für Theologie erlangt; dort hatte schon Theodor Althaus bei ihm studiert und ihn so sehr schätzen gelernt, dass er beim Abschied in Tränen ausbrach.[15] Wie sich Malwida in ihrem »Lebensabend einer Idealistin« erinnert (II 383 f.), hat ihr Theodor viel von seinem geliebten Lehrer berichtet, insbesondere, wie er auf seine Art Individualismus, Sozialismus und Konservatismus miteinander verbunden habe. Malwida muss damals und noch später ähnlich gedacht haben; ein wenig projiziert sie wohl auch eigene Anschauungen in Theodors Bericht über Kinkel hinein. Dessen Sozialismus hatte noch nicht die Proletarier, sondern die Handwerker im Blick: für Marx einer der Gründe, ihn zu verhöhnen.[16] Malwida zufolge erkennt Theodor in Kinkels politischem Denken eine tiefe Spannung: »Sein Sozialismus ist im edlen Sinne konservativ. Seine ganze Natur protestiert gegen die öden Systeme des uniformierten, bureaukratischen Kommunismus und der destruktiven Gleichmacherei, unter der das ewige Naturrecht der Individualität verschwindet. Den einzelnen und die durch freie Neigungen verbundenen Genossenschaften ruft er zu eigener Tätigkeit auf: ›Handwerk, errette dich selbst!‹… Der Handwerker soll auf eigenen Füßen stehen, statt von den fabrikmäßigen Spekulationen des Kapitals ausgebeutet und erdrückt zu werden.«

Kinkel ließ sich von der revolutionären Begeisterung mitreißen und wird, von Johanna angespornt[17], voller Wut auf die drohende Gegenrevolution zum militanten Radikalen; zum Deputierten nach Berlin gewählt – um wieder Malwida zu zitieren (II 383) –, »donnerte er von der Tribüne herab die stolzen Worte, welche nachher als Waffe gegen ihn gebraucht wurden: ›Siegen wir, dann wehe Euch! Keine Gnade!‹« Er beteiligte sich am badischen Aufstand, wurde gefangen genommen, und eine Zeit lang drohte ihm die Todesstrafe. In der Festungshaft verfasste er sein Gedicht »Vor den achtzehn Gewehrmäulern«, das berühmt wurde und mit der Strophe beginnt, die in ihrer Todesbegeisterung Malwida tief bewegte:

»Trommler, schlagt an und führt mich zum Platz,
Der rasch vom Leben mich scheidet –
Ich fürchte die pfeifende Kugel nicht,
Die mein Gebein mir zerschneidet!
Nein, wie mir durch Augen und Hirn und Herz
Die tödliche Salve knattert,
So spür' ich wie mir die Seele befreit
In Wolkenflöckchen zerflattert.«[18]

Er, dessen Verteidigungsrede selbst den Staatsanwalt zu Tränen rührte,[19] wird jedoch begnadigt – zu lebenslänglichem Zuchthaus. Malwida hat sich vorgestellt, die Begnadigung sei tatsächlich erst in dem Moment erfolgt, als er bereits auf dem Richtplatz vor dem Erschießungskommando stand (II 384 f.). Doch diese Begnadigung »zu lebenslänglichem Zellengefängnis und Wollespulen« (II 385) war keine Gnade. Mehrere Bilder zeigen den Gefangenen düster am Spulrad sitzen;[20] noch in seinen Memoiren schreibt Carl Schurz: »Ich sah Kinkel in seiner Züchtlingsjacke am Spulrade beständig vor mir, und ich konnte den Anblick kaum ertragen.«[21] Ihn umgibt der Nimbus des edlen Märtyrers. Carl Volckhausen schreibt im September 1850, zwei Monate vor Kinkels Befreiung, an Malwida: »Jedes Wort, das man über Kinkel liest, erneuert freilich den tiefen Schmerz um das entsetzliche Schicksal des Besten vielleicht von unsrer Parthei, aber es steigert auch die Hochachtung vor diesem kräftigen Geiste, und vor diesem in Liebe aufgegangenen Herzen.«[22] Malwida sucht Johanna Kinkel im November 1849 damit zu trösten, dass ihr Mann mit seinem Martyrium einem höchsten Lebenssinn diene: »Er war der Schöpfer seines Geschicks ... Und das ist unser einziger Trost dass er, auch mit seinem Marthyrium, dem höchsten Zweck seines Lebens, dient. Denn sein Schicksal wird nicht wenig dazu beitragen das nothwendige Werk der Freiheit zu fördern, indem es den heiligen den unversöhnlichen Hass predigt und in alle Herzen senkt, den Hass gegen das böse Prinzip das vernichtet werden *soll* und *muss*.«[23]

In Veit Valentins großer Darstellung der Revolution von 1848 begegnet Kinkel nur sporadisch. Er sei »weder ein starker Dichter noch ein politischer Führer von Bedeutung gewesen«. Erst durch seine Verurteilung sei er »neben Robert Blum zum volkstümlichsten Revolutionsmärtyrer« aufgestiegen.[24] Und dann seine spektakuläre Befreiung mit Hilfe von Carl Schurz! Theodor Heuss, in dessen Geschichte von 1848 Kinkel bis dahin nie vorkommt, schildert seine Befreiung als fast den einzigen Lichtblick am Ende der Revolution.[25] Gustav Mayer, der Biograf von Friedrich Engels, gewann aus dessen und Marx' Perspektive den Eindruck, dass Kinkel sich zu jener Zeit als kommender deutscher Führer fühlte: Grund zur Eifersucht von Mitemigranten mit ähnlicher Ambition,[26] zumal er dank des Vermögens seiner Frau und seiner bald erlangten Dozentenstelle auch im Exil ein privilegiertes Dasein führte und einen Salon zu unterhalten vermochte.[27] Im Londoner University College hält er Vorlesungen zur Kunstgeschichte, anfangs auf Deutsch, ab April 1853 mit großem Erfolg auf Englisch.[28] Am 21. April 1853 schwärmt Malwida, die seine Vorlesung besucht, ihrer Mutter gegenüber:

> »Als K. in der Mitte der Professoren erschien empfing ihn ein so endloser Jubel dass er gar nicht anfangen konnte zu sprechen. Nach der Vorlesung waren die oberen Räume der Universität geöffnet ... Dahin wogten die Menschen, man fand sich mit unzähligen Bekannten, ich wunderte mich selbst wie Viele ich hier habe, das how do you do, guten Abend, bon soir nahm gar kein Ende. Alle die Professoren ließen sich der Frau K(inkel) vorstellen. Die zweite Vorlesung war fast noch voller, es mussten Menschen weggehen. K. sprach wunderschön, die deutschen Gedanken in der fremden Sprache machte mir viel Vergnügen zu hören.«[29]

Man erkennt, wie Malwida über die Kinkels eine ungeahnte Fülle von Kontakten gewinnt – schon dadurch bringt diese Beziehung eine Wende in ihr weiteres Leben. Wieweit begeistert sich diese so begeisterungsfähige Frau auch für Gottfried Kinkel, bei dem sie anders als in ihren Briefen an Johanna beim Sie bleibt? Es gibt Äußerungen von ihm, die Malwida gewiss aus dem Herzen sprachen, so bereits in einem Vortrag aus seiner Bonner Zeit, von dem er in seinen Erinnerungen berichtet:

> »Und doch kann die Idee nur siegen, wenn sie der Frauenherzen sich bemächtigt, denn in ihnen liegt alle Weltherrschaft … Wer die Welt reformieren will und dabei die Weiber außer Augen setzt, der kommt nicht weit. … Unsere Töchtererziehung … geht von dem falschen Grundsatze aus, der weibliche Geist sei gleichsam ein blasses Abbild des männlichen, statt in ihm den gleichen, oft noch viel glühender leuchtenden Gottesfunken anzuerkennen.«[30]

Doch 1848 dichtete Kinkel sein »Bruderlied«, das mit dem Vers schloss: »Wir wollen alle, frei und gleich / nur Brüder sein im deutschen Reich.« Wozu sein Biograf Klaus Schmidt kommentiert: »›Nur Brüder‹ – die Schwestern hat er, Kind seiner Zeit, vergessen.«[31] Ein klares und kontinuierlich verfolgtes politisches Konzept sucht man bei ihm vergeblich. In Malwidas Memoiren, die noch zu Kinkels Lebzeiten erscheinen, spürt man einen Vorbehalt gegenüber diesem Freund. Auch wenn er ihr schon bei der ersten Begegnung in London »mit der freundlichen Offenheit« entgegenkam – so Malwida –, »fühlte ich bestimmt vom ersten Eindruck an, dass er, trotz so vieler glänzender Vorzüge, mir nie so viel werden würde wie Johanna«; und sie verweist auf die »mannigfach schillernden Äußerlichkeiten« in seiner Art und seinem »Anflug von selbstgefälligem Wesen« (I 266). Wie man sieht, idealisierte die »Idealistin« keineswegs alle Menschen, die ihr freundlich und nützlich waren und dazu Geist und Witz besaßen!

Noch aus Hamburg verfällt Malwida am 24. Februar 1851 in einem langen Brief an Gottfried Kinkel, wenige Monate nach dessen Flucht aus Spandau, einem geradezu blutrünstigen revolutionären Fanatismus, den man ihr später nicht zutrauen würde, wobei man freilich auch eine geheime Angst vor der Revolution spüren mag: »Ach ja, blutig wird es werden, der Terrorismus wird herrschen und herrschen müssen und wir werden manche Thräne weinen – aber ich sage es Ihnen: das Vernünftige siegt doch.«[32] (Offenbar kommt sie damals nicht auf die Idee, solch ein Brief könne der Polizei in die

Gottfried Kinkel auf der Flucht

Hände geraten!) Gewiss setzt sie bei Kinkel, dem die Erschießung gedroht hatte, gleichfalls einen glühenden Hass auf die Herrschenden voraus. Der reist im gleichen Jahr in die USA, um dort Geld zu beschaffen für ein Invasionsheer, das die Monarchen endgültig von ihren Thronen vertreiben soll, im Einvernehmen mit Carl Schurz, der prominente Fürsprecher wie Richard Wagner für dieses abenteuerliche Projekt gewinnt; statt der erhofften zwei Millionen kommen allerdings nur etwa 10 000 Dollar zusammen.[33]

Im Zuchthaus hatte er das Gedicht »Der letzte deutsche Glaubensartikel« verfasst, dessen Refrain in allen fünf Strophen lautete: »Ich glaube, ich glaube / Ich glaub' an's Bajonett!«[34] Und doch bestätigt seine weitere Entwicklung das Urteil seines Schülers Theodor Althaus, dass er im tiefsten Herzen konservativ sei. Schon am 11. Mai 1849, mitten im revolutionären Kampf, jedoch tief enttäuscht vom geringen Zustrom von Kampfgenossen, hatte er Johanna geschrieben: »Mein Fehler war, dass ich meinem Volke einen Funken von Ehrgefühl zutraute.«[35] In der Folge wendet er sich wieder ganz der Kunstgeschichte zu und folgt 1866 dem Ruf auf eine Professur am Polytechnikum in Zürich.

1860 wird er Mitglied der Londoner Sektion des Deutschen Nationalvereins, der die Schaffung eines vereinten Deutschlands als Vorrang vor republikanisch-revolutionären Zielen propagiert. Schon 1859 hat er in seiner Zeitschrift »Hermann«, dem auflagenstärksten deutschsprachigen Blatt Londons,[36] zur deutschen Einigung unter Führung Preußens aufgerufen.[37] Malwida, die im gleichen Jahr »den nationalen Standpunkt für einen beschränkten« erklärt,[38] stellt ihre Mitarbeit am »Hermann« nach kurzer Zeit wieder ein. 1866 triumphiert Kinkel über den preußischen Sieg über Österreich in der Schlacht von Königgrätz und prophezeit, wenn Bismarck die Einigung unter preußischer Vorherrschaft gelinge, werde das im Endeffekt die Einführung der Republik nur beschleunigen.[39] Noch verblüffender: Er, der sich Anfang 1849 im preußischen Landtag ein Rededuell mit dem gleichaltrigen Otto von Bismarck, damals ein Wortführer der militanten Rechten, geliefert hat,[40] nimmt 1869 Kontakt zu ebendiesem Bismarck auf und bekommt von diesem eine ausführliche freundlich-diplomatische Antwort, wobei ihn der Schreiber am Schluss seiner »ausgezeichneten Hochachtung versichert«![41]

»Lieber Kinkel, Sie sind der selbstloseste *Mann*, den ich kenne« (»Mann« unterstrichen), versichert ihm Malwida im September 1857, als sie eine Entfremdung zwischen ihm und ihr zu spüren glaubt.[42] Und im Juni 1858: »Dass Sie und Johanna etwas gegen mich auf dem Herzen hatten seit einiger Zeit, habe ich wohl gefühlt.«[43] Offenbar ist sie beiden noch zu radikal. Diese sind irritiert über ihre neue Freundschaft mit Mazzini[44], dem unermüdlichen Aktivisten revolutionärer Konspiration. Sie bekennt, am wichtigsten sei ihr »die direkte, revolutionaire Propaganda«, versichert jedoch zugleich, sie wolle »diesen Marxianern entgegen arbeiten und sehn, wer stärker ist, ob die uneigennützigen Verfechter der Idee, oder die selbstsüchtigen Theoretiker«.[45] Über Marx' Attacken auf die Kinkels – auch auf Johanna! – wird noch zu reden sein. Bis 1869, zehn Jahre nach dem Tod Johannas, schreibt Malwida an Gottfried Kinkel lange Briefe, in denen sie sich wiederholt darüber bekümmert zeigt, dass sie ihm nicht mehr näherkommt. Worin besteht der Dissens? 1864 schreibt sie aus Rom, ihre »Lebensanschauung« sei »mit der Zeit eine weniger freudige geworden« als die seinige.[46] Vermutlich teilt sie nicht Kinkels nunmehr auf den Deutschen Nationalverein gerichteten Optimismus und auch nicht seine Betriebsamkeit: 1869, kurz bevor sie den Kontakt zu ihm abbricht, bekennt sie aus Florenz, sie sei »eine *Fanatikerin* der Ruhe geworden«.[47] 1882, im Jahr seines Todes, schreibt Kinkel etwas mysteriös an Lou Andreas-Salomé, die Malwida gerade in Rom kennengelernt hat: »Fräulein Malwida von Meysenbug war meiner seligen Frau und mir die treueste Freundin. Politisches und Persönliches hat ein paar Brocken dazwischen gewälzt.«[48]

Vermutlich hat Malwida ihm verübelt, dass er die von ihr noch höher geschätzte Johanna, die für seine Befreiung voller Leidenschaft »einen Sturm in Bewegung« (Veit Valentin) gesetzt hatte, zu deren Unglück so viel allein lässt. Valentin lässt in dem Zusammenhang erkennen, dass Johanna in dieser Ehe der stärkere Charakter war: »Kinkel ist weder ein starker Dichter noch ein politischer Führer von Bedeutung gewesen; mitgerissen und emporgesteigert durch seine immer treibende Frau, wird er aber einer der merkwürdigsten Mitkämpfer der Revolutionszeit.«[49] Mit diesem Urteil steht er nicht allein. Jacob Burckhardt, der sie als Student in Bonn kennenlernte, nannte sie »die hohe, grandiose Frau«, mehr noch: ein »geniales Weib«. Auch für Bettina von Arnim war sie »genial und voll tiefer Geistesanlagen, aber gehemmt bei jedem Lebensschritt« – eine hochbegabte, jedoch tragische Gestalt.[50] Selbst Marx, der sie unter ihrem jüdisch klingenden Mädchennamen »Mockel« verhöhnt, schickt die Anerkennung voraus, sie sei

»härter, klüger, weniger verschwommen« gewesen als ihr Gatte »und durch gereiftes Alter über die ersten Illusionen hinaus.«[51]

Wieso »genial«? Sie besaß ein poetisches Talent, und vor allem war sie eine begabte Komponistin, mit Mendelssohn als Mentor. Schon mit neunzehn Jahren komponierte sie für ein von ihr geleitetes »Musikalisches Kränzchen« die »Vogelkantate«, wo »Fräulein Nachtigall« und »Fräulein Elster« Sopran, »Herr Kuckuck« und »Herr Papagei« Alt und »Herr Rabe« Bass singen. Das sucht sie im Exil fortzusetzen, obwohl sie für vier Kinder zu sorgen hat und zugleich von Flüchtlingen bedrängt wird. Am 28. April 1854 schreibt sie an die befreundete Fanny Lewald: »Ich komponire jetzt ein komisches Oratorium für Kinder, worin Katzen und Mäuse singend eingeführt werden. Die Mäuse vertreten mehr die sozialistischen Tendenzen, und die Katzen die militärischen.«[52]

Umso mehr mag man sich wundern, dass ihre Kompositionen in den Briefen Malwidas – Johannas Gegenbriefe sind nicht erhalten – kein Thema sind, trotz Malwidas lebenslanger Liebe zur Musik; doch offenbar vorwiegend zur erhabenen, schon gar nicht zur komischen Musik. Carl Schurz, der in London viel mit Johanna zusammen ist, nennt sie in seinen Memoiren »eine der höchstgebildeten und vollendetsten Musikkennerinnen«, die er gekannt habe. Doch mit gewisser Irritation stellte er fest, als er mit ihr die »Tannhäuser«-Ouvertüre hörte: »Sie verabscheute Wagner, da sie glaubte, dass er in verwegener, fast verbrecherischer Weise das musikalische Gewissen demoralisierte.«[53] Ein größerer Kontrast zu Malwida lässt sich im musikalischen Geschmack nicht vorstellen!

Nach ihrem Tod fand sich in ihrem Nachlass ein Brief an ihren in Spandauer Haft befindlichen Gatten, der eine der schmeichelhaften Charakteristiken Malwidas – gerade auch ihrer aristokratischen Züge – enthält und von ihr in ihrem »Lebensabend« zitiert wird: »Ihr Geist ist von kristallner Klarheit, und dabei besitzt sie eine Anmut der Ausdrucksweise, die verrät, dass sie nur in den allerfeinsten Kreisen geselliger Bildung muss erwachsen sein. Sie muss noch jung sein oder doch den ewigen Jugendzauber eines poetischen Geistes besitzen, über den das dreißigste Jahr keine Macht hat.« (II 381)

Malwida schweigt jedoch über Johannas Roman »Hans Ibeles in London – Ein Familienbild aus dem Flüchtlingsleben«. Er ist offensichtlich autobiografisch, und zwar in einer Art, dass selbst Johannas gute Freundin

Fanny Lewald empört ist, zumal Johanna »nebenbei Hans Ibeles, der ganz unverkennbar Kinkel ist, als einen Waschlappen darstellt, der an jedem Frauenzimmer hängen bleibt«[54] – und doch lässt ihr Witwer das Manuskript 1860, zwei Jahre nach ihrem Tod, veröffentlichen. Da wird es auch für Malwida delikat, denn bei der »deutschen Governess« Meta Braun diente offenbar sie selbst als Vorbild,[55] obwohl sie Kinkel gegenüber behauptet, in diesem Roman, der sie »grenzenlos interessiert«, habe sie sich selbst noch nicht gefunden.[56] Will sie sich dort nicht wiedererkennen? Diese Gouvernante wird nicht durchweg abfällig geschildert, doch gegen Schluss heißt es über sie: »Unschön und arm wie Meta war, fehlte ihr just da der Mut, das Gefühl hervorzukehren, wo sie am meisten bewegt war, und sie hätte um alles in der Welt durch keine Äußerung von Zärtlichkeit lächerlich werden mögen. Aus scheuer Vermeidung alles Sentimentalen hatte sie leider einen scharfen, sogar bittern Ton angenommen, und damit streifte sie den letzten Zauber des Jugendscheines vor der Zeit ab.«[57]

Der Roman spiegelt eine Entfremdung zwischen Johanna und ihrem Gatten und auch Malwida. Die kommt in ihren Memoiren im Kapitel »Neue Verluste« darauf zu sprechen, wenn auch die Ursache etwas mysteriös bleibt. Demnach hatte sich »jenes misstrauische Element«, das als einziges »zuweilen die große, schöne Natur Johannas verdunkelte«, unversehens gegen sie selbst gewandt. Und zwar habe Johanna ihr vorgeworfen, sie, Malwida, habe eine »Person« besucht; und wenn dieser Besuch mit einer gewissen »Absicht« geschehen sei, müsse dies »den vollständigen Verlust ihrer Freundschaft und den absoluten Bruch mit ihr … nach sich ziehen«. Als »einzige Antwort« sei Malwida darauf in Tränen ausgebrochen. (II 119) Wie es scheint, hat Malwida die Spannungen zwischen der reizbaren Johanna und anderen Emigranten nicht durchschaut.[58]

Und kurz darauf, noch mysteriöser, Johannas Tod am 15. November 1858 durch Sturz aus dem Fenster! Hatte die herzleidende Frau, wie Malwida glauben möchte (II 124), beim mühsamen Hochschieben des schweren Fensters die Balance verloren? Sie, die nach der Missstimmung zwischen ihr und Johanna auf deren versöhnenden Brief nicht geantwortet hat (II 120), verweist darauf, dass sie von Johanna danach – kurz vor deren Tod – einen weiteren Brief bekam, den sie als »Bekenntnis des reinsten Glücks« (II 123) bezeichnet, obwohl der von ihr zitierte Text mehrdeutig ist. (Vgl. II 120 f.) Johanna hatte in den Jahren davor unter schweren Depressionen gelitten; am meisten litt sie »unter der Vorstellung, Gottfried habe sich ihr und der Familie entfremdet und sei ihr untreu geworden«.[59] Wenn man Gottfried und Johanna miteinander vergleicht, entsteht leicht der Eindruck, diese Ehe konnte nicht gut gehen. Carl Schurz, der Kinkel aus dem Zuchthaus verhalf, schreibt über den Freund: »Kinkel war ein auffallend schöner Mann, von regelmäßigen Gesichtszügen und von herkulischem Körperbau …, strotzend vor Kraft.«[60] Johanna dagegen war nicht nur fünf Jahre älter, sondern galt obendrein als hässlich und sah sich auch selbst so; wie sie Fanny Lewald klagte, hatte sie der Gram darüber »in Monaten um Jahrzehnte gealtert«.[61] Kein Wunder, dass sie gegenüber ihrem umschwärmten Mann unter Eifersucht litt. Wie Rosemary Ashton resümiert, bestand bei ihren Freunden, ihren Gegnern und ihrem Arzt ein starker Verdacht auf Selbstmord.[62] Die zu ihrem Todestag erschienene Biografie weist darauf hin, dass Gottfried Kinkel »noch in seinen letzten Lebensjahren von dem Tode seiner Johanna als von einer Strafe redete, die ihm härter erschien als jedes dem schwersten Sünder zugeteilte Strafmaß«.[63]

Ein Sprung zu Karl Marx, der Ende 1851 in einem Brief an Friedrich Engels über die »gemeinen Emigrationsschweine« gewettert hatte, bei denen er wohl die Solidarität mit den Kommunisten vermisste.[64] Im Mai / Juni 1852 verfasst er zusammen mit Friedrich Engels die nicht weniger als hundert Druckseiten umfassende Schmähschrift »Die großen Männer des Exils«, in der ungeachtet des Männertitels auch Johanna Kinkel, genannt »Mockel«, vorkommt. Im gesamten literarischen Schaffen dieser streitbaren Männer ist diese »monumentale Schimpfiade« (Arnold Künzli) die wohl mit Abstand schärfste und zugleich peinlichste Polemik.[65] Sie schmäht die 1848er Emigration insgesamt als »Menschenkehricht«,[66] der »durch eigene Impotenz wie durch die bestehenden Verhältnisse außerstand gesetzt war, irgendetwas Wirkliches zu tun« und »desto eifriger« »jene resultatlose Scheintätigkeit« betrieb, »deren eingebildete Handlungen, eingebildete Parteien, eingebildete Kämpfe … von den Beteiligten so pomphaft ausposaunt worden sind«.[67]

An erster Stelle und mit besonderer Ausführlichkeit handelt die Schrift von Gottfried Kinkel. Ihm gilt die besondere Wut der Verfasser, gerade weil er unter den Emigranten zunächst während seiner Haft im »Kinkelkatzenjammer«[68] als Märtyrer, ja »demokratischer Christus«[69] und dann nach seiner triumphalen Befreiung als »größter Mann Deutschlands« und kommender deutscher Führer verehrt wird,[70] obwohl er in Wahrheit nur die

»deutsche Spießbürgerschaft« hinter sich habe,[71] wohl weil er einen gleichmacherischen Kommunismus ablehnt und die Basis der Zukunftsgesellschaft nicht in den Proletariern, sondern den Handwerkern und ihren Genossenschaften erblickt. Auch »Mockel« bleibt von Seitenhieben nicht verschont: Sie habe die »Weichmütigkeit des Publikums« genutzt, so etwa dadurch, dass sie »ihre eignen Lebenserfahrungen aus der Insektenwelt, z. B. die ›Geschichte eines Johanniswürmchens‹, bei dieser Gelegenheit an den Mann« gebracht habe[72] – die beiden großen Schimpfer haben nicht den leisesten Sinn für die Freude an der Natur und für Johannas Art, diese bedeutsam zu machen! Wahrscheinlich war es für Marx und Engels ein Glück, dass diese Schrift nicht zu ihren Lebzeiten erschien, sondern erstmals 1930 in russischer Sprache vom Moskauer Marx-Engels-Institut veröffentlicht wurde.[73] Sie hätte ihren ohnehin stark angeschlagenen Ruf[74] unter den deutschen Emigranten vollends ramponiert, schlimmer noch: Sie wären in den Verdacht gekommen, mit ihrer pauschalen Verunglimpfung der Emigranten Helfershelfer der politischen Reaktion zu sein; und wer weiß, ob mit einem derartigen Debüt der Marxismus zur Weltmacht geworden wäre.

Nun hatten weder die Kinkels noch Malwida von dieser Sudelei eine Ahnung; doch Marx attackierte Kinkel auch öffentlich, sogar schon zu einer Zeit, als dieser noch im Zuchthaus saß. Höhnisch kommentierte Marx ausgerechnet die Verteidigungsrede, die Kinkel vor dem Militärgericht in Rastatt hielt.[75] Wenn man boshaft ist, könnte man dem Marx'schen Hohn entnehmen, dass dieser es am liebsten gesehen hätte, wenn Kinkel in Haft geblieben oder gar hingerichtet worden wäre, obwohl er sich zugleich über den mit Kinkel getriebenen Märtyrerkult ärgert. Auch ohne Kenntnis der »Großen Männer des Exils« hat Malwida daher allen Grund zu einer wutschäumenden Aversion gegen Karl Marx und die »Marxianer«. Bereits aus Hamburg unterstellt sie in einem Brief an Johanna Kinkel zu einer Zeit, als ihr Mann sich noch in Haft befindet, »den Kommunisten« eine Todfeindschaft ihm gegenüber: »Lassen Sie die Communisten ihn köpfen in England nach Belieben, wir halten für sein Haupt in Deutschland einen Kranz bereit, der ihn noch schöner zieren soll, als jene Kränze bei den Sängerfesten am Rhein.«[76] 1858, in ihrer neuen Kampfeslust nach dem Attentat Orsinis auf Napoleon III., kündigt sie gar Gottfried Kinkel gegenüber an, sie wolle »gern die ordentlichen Arbeiter und Jeden, der es ehrlich meint, zu einer Partei der That organisiren, die eine … unermüdliche revolutionirende Thätigkeit un-

Gottfried Kinkel und Carl Schurz

ternimmt« und durch derartige revolutionäre Konkurrenz »diesen Marxianern entgegen arbeiten«.[77]

1859 hat sie gehört, »die beßren Arbeiter« seien »empört« über die »clique« der »Marxianer«, die sich mit ihrem »schmutzigen Gezänk« ruinierten.[78] Mittlerweile verabscheut sie Marx nicht nur wegen dessen Hass auf Kinkel, sondern auch auf Alexander Herzen. Dieser »unsinnige Hass« sei »*völlig* ungerecht«,[79] das betont sie gegenüber Gottfried Kinkel, dessen Beziehung zu Herzen damals durch die Spannung zwischen den Nationalitäten getrübt wird. In ihrem gesamten restlichen Leben zog es Malwida offenbar vor, Marx einfach totzuschweigen; nicht einmal in ihrer gewaltigen Korrespondenz mit Romain Rolland kommt sein Name auch nur ein einziges Mal vor.

Marx/Engels' Hass auf Kinkel erstreckt sich sogar auf dessen Befreier Carl Schurz. Es zeugt nicht gerade von Menschenkenntnis, wenn sie ihn in den »Großen Männern des Exils« nebenbei als »intrigantes Männlein von großer Ambition und geringen Leistungen« abtun.[80] Die Aversion war gegenseitig. Schurz erinnert sich an eine Begegnung mit Marx: »Niemals habe ich einen Menschen gesehen von so verletzender, unerträglicher Arroganz des Auftretens.«[81] Da war er selbst zu Marx der größte Kontrast! Theodor

Heuss schreibt über Schurz: »Die Romantik, die den kühnen Befreier des Gottfried Kinkel umwehte, gab dem jungen Menschen einen wunderbaren Glanz.«[82]

Aber gerade dieser Nimbus muss Marx geärgert haben, ebenso wie er Malwida begeisterte. Über die Kinkels kommt sie in London mit Schurz in Kontakt, und daraus wird eine herzliche Freundschaft, die auch dessen Auswanderung in die USA überdauert. Aus London schreibt sie ihrer Mutter: »Schurz ist mir einer der liebsten Menschen die ich kenne, ich liebe ihn wie einen Bruder«; er habe »ein so edel freies, jugendlich heiteres und doch dabei männlich ernstes Wesen«.[83] Noch in ihren Memoiren (I 305) schwärmt sie über den bei Kinkels Befreiung zwanzigjährigen Schurz, dessen »ideale Jünglingsgestalt« habe alle anderen so weit überragt, dass man ihm »auch ohne Prophet zu sein« »eine große fruchtbringende Zukunft« habe voraussagen können. Und dieser Mann habe ihr, als er aus den USA noch einmal nach England zurückkehrte, »lebhaft« zugeredet, ihn nach Amerika zu begleiten und dort mit ihm und den Seinigen »eine neue Heimat zu gründen«! (II 8) Doch ihr Herz sei damals zu »starken Banden an die alte Welt geknüpft« gewesen. 1873 bekennt sie Gabriel Monod, sie habe Schurz in die neue Welt folgen wollen, doch gefühlt, dass ihr dazu »die Kräfte fehlten«, und das habe sie »sehr traurig« gemacht, »denn das bedeutete die Trennung für immer«.[84] 1890 schreibt sie wehmütig an Schurz, es gehe ihr wie ihm, »dass jene Zeit, die wir zusammen erlebten, beinahe wie eine ferne Sage erscheint«.[85]

In seinen Lebenserinnerungen berichtet Schurz, dass Malwida ihn, als er Anfang 1856 wieder einmal in London war, mit Alexander Herzen zusammenbrachte; »wir wurden bald gute Freunde«. Da spricht er von Herzen in einer Art wie Malwida in Zeiten der Begeisterung von diesem russischen Emigranten: »Ich konnte ihm stundenlang zuhören, wenn er in seiner rhapsodischen Weise von Russland und vom russischen Volke sprach, von diesem ungeschlachten, erst halbbewussten Riesen, der allmählich seine oberflächliche, vom Westen erborgte Zivilisation mit einer Zivilisation nationalen Charakters vertauschen würde.«[86] Man erkennt Herzens Annäherung an den Panslawismus, die ihn mit dem deutschnational gewordenen Kinkel in Konflikt bringt![87] Doch da hat Schurz aus seiner amerikanischen Sicht keine Probleme, ebenso wenig wie Malwida mit ihrem transnationalen Idealismus. Diese idealisiert damals ihrer Mutter gegenüber diese neue Freundschaft: Schurz habe sich »Herzen aufs innigste angeschlossen, denn er ist ein selten herrlicher Mensch«.[88]

Beim Wiedersehen mit Schurz 1873 schwärmt sie Herzens Tochter Olga lange vor von diesem Freund; »die unendlich interessante Unterhaltung mit Schurz« tue ihr gut. Sie stellt ihn sogar »ebenso hoch« wie Richard Wagner! Ihre Charakteristik kann sich sehen lassen und zeugt auch von Malwidas neuem Sinn für Humor: »Er ist eine so wunderbar gemischte Natur von Geist, Poesie, mit praktischem Talent wie ich selten eine sah; er hat den ›*struggle for life*‹ durchgemacht wie Wenige, durch Armut, Gefahren, Entbehrung, schwere Arbeit, großartige Verhältnisse hindurch, als Soldat, Staatsmann, Literat gleich bedeutend … dabei oft kindlich heiter und von einem so glänzenden Humor, wenn er amerikanische Geschichten erzählt, dass ich herzlich lachen muss.«[89]

DIE EMIGRATION ALS »HEUSCHRECKENSCHWARM« UND ALS BEZIEHUNGS-NETZ: BEGINN EINER KOMMUNIKATIVEN KETTENREAKTION. Das Emigrantendasein als solches erzeugt oftmals weniger Solidarität, als man von der Schicksalsgemeinschaft her erwarten könnte; das gilt für die deutsche Emigration nach 1848 ähnlich wie für die nach 1933.[90] So gesehen ist Marx mit seinen pauschalen Attacken auf das Exil kein Einzelfall. Die allermeisten müssen sich im Exil auf eigene Faust durchschlagen; ebenfalls Hilfe suchende Mitemigranten können einem da auf die Nerven fallen. Das beste Beispiel dafür bietet die zeitweise von Flüchtlingen überlaufene Johanna Kinkel.

Nach 1848 entwickelt sich die damalige Londoner Vorstadt St. John's Wood zum »Little Germany«, zur deutschen Emigrantenkolonie. Viele Emigranten sind einander also wohl täglich begegnet. Doch Rosemary Ashton zitiert in ihrem Buch »Little Germany« schon im Vorwort den Hohn von Alexander Herzen, die deutschen Flüchtlinge in England seien in vierzig mal vierzig Schismen unterteilt.[91] In seinen Lebenserinnerungen sprüht dieser streitbare russische Emigrant, zwischen dem und Malwida über Jahre eine enge Freundschaft besteht, vor Spott und Verachtung über die deutschen Mitemigranten, zugleich mit hohem Respekt vor Gottfried Kinkel – einem Mann von »untadeligem Verhalten« und »majestätischen Zeuskopf« –, obwohl er dessen Gegner werden sollte und in der sich bei den Kinkels sammelnden Gesellschaft eine »tödliche Langeweile« empfindet.

Herzen, der so gerne über die Zerstrittenheit des Exils spottet, trägt doch

Gottfried Kinkel als Abgeordneter der Paulskirche, März 1849

selber kräftig dazu bei, wenn auch mehr aus Frust und Gereiztheit als aus Witz. Gerade dieser reiche Russe wird – kein Wunder! – besonders mit Bitten bestürmt, die ihm auf die Nerven fallen. Gewiss darf man nicht alles in diesem seinem Ausbruch für bare Münze nehmen. Die Mehrzahl der Emigranten kommt aus den gebildeten Schichten. Daher ist es für sie in der Regel schwer, im Exil eine zu ihnen passende berufliche Stellung zu finden, und so muss die Mehrzahl »von der Hand in den Mund« leben.[92] Und ein Misstrauen der Emigranten gegenüber vermeintlichen Schicksalsgenossen war nicht ohne Grund. Edgar Bauer berichtet spöttisch, es sei »eine Sitte unter den Flüchtlingen, dass mindestens der dritte Mann in einer Gesellschaft für einen Spion gehalten wird – doch der einst mit Karl Marx befreundete Bauer bespitzelt selbst die Emigranten und wird für seine langen Berichte bezahlt![93]

Selbst Malwida redet über die Emigranten insgesamt oftmals nicht sehr anders als Herzen. Die spätere »Idealistin« ist weit davon entfernt, die Emigration insgesamt zu idealisieren, zumal für sie eine »wesentliche Erfahrung« im Exil »die geradezu hermetische Abgeschlossenheit jeder Gruppierung« wird.[94] Offenbar unterstellt sie nicht allen Flüchtlingen edle Motive. Und was sie in ihren Memoiren über ihre Erfahrungen im Hause Herzen schreibt, erweckt Verständnis für diesen seinen Ausbruch, auch wenn sie hier nicht von deutschen, sondern von osteuropäischen Flüchtlingen spricht:

> »In seinem Hause hatte sich ein wahrer Heuschreckenschwarm von russischen und polnischen Flüchtlingen eingefunden. Sie hatten förmlich davon Besitz ergriffen, fühlten sich darin als Herren, und schalteten und walteten, wie es ihnen beliebte; kein Tag, kein Abend war sicher vor diesen Eindringlingen, jedes Familienleben, jedes Zusammensein mit den Kindern, jede gemeinschaftliche Lektüre wurde beliebig von ihnen gestört. Herzen selbst litt am meisten darunter … Ich riet ihm, einfach zwei Abende in der Woche zu bestimmen, wo er die Bekannten sehen wollte, am Tag aber und an den übrigen Abenden mit einem strengen Verbot im Hause ein für allemal Ruhe zu schaffen. … Natürlich zog mir das alsbald einen Haufen von Feinden zu.« (I 385)

Und schon vorher, wieder ähnlich wie Herzen, wobei sie die revolutionäre Attitüde von Emigranten ins Lächerliche zieht: Viele Flüchtlinge »hielten es für unnütze Mühe, sich um dauernde Arbeit umzusehen, da sie glaubten, stets auf der Wacht stehen und bereit sein zu müssen, mit wehenden Fahnen und klingendem Spiel der diesmal siegenden Revolution zu Hilfe zu eilen« (I 308). Da ist ihr Kinkel ebenso wie Schurz Kontrast und Vorbild, der laut eigener Aussage »das Flüchtlingsleben … als öde und entnervend« erkannte[95] und Malwida zufolge zu der Überzeugung gelangte, es gelte, »den bisher immer wiederholten Irrtum aller politischen Emigrationen zu vermeiden …, dass sie, anstatt die Zeit des Exils … mit fruchtbringender Arbeit auszufüllen, sie in steriler Erwartung … verschwenden« (I 302). Wobei diese revolutionären Erwartungen nicht etwa Solidarität schaffen; vielmehr spricht Malwida von dem »Netz kleiner Intriguen und hässlicher Klatschereien« unter den Emigranten (I 301). Nur ironisch bezeichnet sie die Emigration als »wandernde Demokratie« (I 303). Solche Erfahrungen müssen sie zu der Überzeugung geführt haben, dass ein im engeren Sinne politisches Engagement im Exil zu unfruchtbarer Pseudoaktivität führt. Nicht parteiliche Organisation und Proklamation, sondern Kommunikation wird ihre Kunst. 1857 schreibt sie an Johanna Kinkel, ihr »eigentliches Element« sei »die Propaganda von Mund zu Mund«.[96]

Im Blick auf die Zersplitterung des Exils und die Selbstabkapselung vieler

Alexander Herzen, 1867. Porträt von Nikolai Nikolajewitsch Ge. Staatliche Tretjakow-Galerie, Moskau

Emigrantengruppen kann man es umso bemerkenswerter, ja geradezu singulär finden, in welchem Maße Malwida nicht zuletzt dank ihrer Distanz zum aufsteigenden Nationalismus, der auch viele Emigranten erfasst, die Fähigkeit entwickelt, gerade im Exil immer neue grenzüberschreitende Beziehungen herzustellen und Kontakte zu gewinnen, die manchmal zu Freundschaften werden. Schon über ihren Plan vor 1848 schreibt sie in ihren Memoiren (I 172): »Deutschland wie mit einem Netz einer großen Frauenverbindung (zu) überziehen, in der auch die Schwächeren, Zaghaften durch die Gemeinsamkeit Mut fassen sollten«, und dies »mittels brieflichen Verkehrs«. »Netz«: Insofern ist es kein bloßer Modernismus, sie als »Netzwerkerin« zu bezeichnen. Dabei geht es ihr längst nicht nur um die Frauen.

Umso merkwürdiger kann man es finden – und da tut sich eine Grundspannung ihres gesamten weiteren Lebens auf –, dass sie gleichwohl immer wieder die Einsamkeit liebt. Über eine Aus-Zeit in einem englischen Seebad bekennt sie sogar, noch immer »fanatisch«: »Ich genoss die Einsamkeit mit wahrem Fanatismus und floh selbst vor jedem zufälligen Begegnen, das mich etwa hätte in Beziehungen zu Menschen bringen können.« (I 368) Je mehr ihre Kunst der Kommunikation weitere Kreise zieht, desto weniger muss sie sich noch um neue Kontakte besonders bemühen; stolz schreibt sie nach Hause: »Ich habe so zurückgezogen gelebt aber die Menschen kommen und suchen mich auf und zwar wirklich immer nur von den Besten.«[97] Doch nie wird aus diesen Kontakten ein dauerhaftes Zusammenleben. 1857 schreibt sie an Gottfried Kinkel, für sie sei es eine »Qual« und »tiefe Unmöglichkeit noch mit anderen Menschen, als mit Gleichgesinnten ganz zu leben«.[98] Und kurz darauf an Johanna nach einer Erfahrung, die sie »furchtbar quälte«: »O! wie unmöglich ist es doch noch mit Andersdenkenden intim zu leben.«[99] Dabei gibt es Stoff zur Kommunikation doch am ehesten dann, wenn man unterschiedlich denkt!

Malwida muss gespürt haben, dass sie die leidende und ohnehin durch Flüchtlinge überstrapazierte Johanna nicht zu sehr in Anspruch nehmen darf. Vor allem zwei Frauen gewinnen für sie im Londoner Exil zur Gewinnung immer neuer Kontakte besondere Bedeutung: anfangs die baltischstämmige Baronin Marie von Brüning (auch Bruiningh, 1818–1853) mit ihrem Kreis, dann über acht Jahre Julie Salis-Schwabe (1819–1896), die uns bereits als engagierte Anhängerin der Fröbel-Pädagogik begegnete. Doch liegt in Malwidas Beziehung zu diesen Frauen etwas Merkwürdiges, ja Rätselhaftes. Beide sind ihr nicht wirklich sympathisch. Eigentlich hätte sie, die Idealistin, allen Grund gehabt, diese Frauen, die zu ihr so freundlich und die ihr nützlich sind, volltönend zu idealisieren, doch bei allem Idealismus gibt sie acht, Ideale nicht mit Illusionen zu verwechseln.

Um diese Frauen kurz zu skizzieren: Beide sind politischen Emigrantinnen.[100] Marie von Brüning[101] ist seit 1847 mit Kinkel befreundet, an dessen Befreiung sie durch eine Geldspende Anteil hat. Die Freundschaft geht so weit, dass Johanna offenbar eifersüchtig wird. Rosemary Ashton zufolge hat sie in »Hans Ibeles in London« die Baronin, die Kontakt zu Marx hat, als eine polnische Gräfin porträtiert, die nicht nur Ibeles' / Kinkels kostbare Zeit vergeudet, sondern ihn obendrein zum Kommunismus zu verführen sucht.[102] Wie dem auch sei, ihr Londoner Haus wird zu einem Treffpunkt politischer Flüchtlinge. Auch zu Carl Schurz und zu Alexander Herzen steht sie in Kontakt, selbst zu dem künftigen Attentäter Emmanuel Barthélemy[103]; offensichtlich ist diese Baronin eine Idealistin in Reinkultur.

Das Gleiche gilt für Julie Salis-Schwabe, die ihrem Ehemann, einem Großindustriellen, nach Manchester folgte. In ihrem Haus und dann auch ihrem Landsitz Glynn Garth auf der Insel Anglesey vor der Küste von Wales sammelte sie um sich Musiker wie Frédéric Chopin, den künftigen Rom-Historiker Ferdinand Gregorovius, Friedrich Fröbel und viele andere. Da findet Malwida eine Vielfalt reizvoller Kontakte, die für sie von Bedeutung werden. Obendrein ist Julie Salis-Schwabe eine große Philanthropin, die sich in der Hilfe für Arme, Kranke und Kinder engagiert. Und sie tut etwas für die Verbreitung der Fröbel-Pädagogik; 1871 gründet sie in Neapel das *Istituto Froebeliano*. Sie inspiriert das *Ladies Garibaldi Committee* und besucht 1862 den nach der Niederlage von Aspromonte gefangenen und verwundeten Garibaldi, um ihm Nahrung und Lektüre zu bringen.[104] Von der Sache her hätte Malwida – sollte man meinen – bei kaum einer anderen Frau solchen Grund zur Begeisterung gehabt wie bei dieser unermüdlich tätigen Idealistin, der sie so viel verdankt wie kaum einer anderen Frau – und doch spricht sie immer wieder mit herablassendem, wenn nicht gar abschätzigem Ton von »der Schwabe«!

»Als Kinkels ihre Tür verschlossen hatten und in die strenge Tageseinteilung keine Zeiträuber mehr eindringen ließen«, schreibt Malwida in ihren Memoiren (I 303), zog »die ganze Schar der Flüchtlinge in das Haus der … Frau von Brüning, die es gastfreundlich öffnete und eigentlich nichts mehr verlangte, als Königin und Gottheit dieser wandernden Demokratie zu sein«. Da spürt man eine Ironie, der man bei Malwida nicht sehr oft begegnet, und dies ausgerechnet bei einer Schilderung, wo sie – sollte man meinen – allen Grund zur Freundlichkeit gehabt hätte. Doch Marie von Brüning nimmt sie »nicht mit der Zuvorkommenheit auf, die sie anderen Gästen angedeihen ließ« (I 304). Liegt das daran, dass sie Malwida »mit Recht für eine Freundin von Kinkels hielt, mit denen sie eben damals auf ganz gespanntem Fuße lebte«?

Doch Malwida glaubt, es gebe noch einen tieferen Grund: »Es war ein geheimer, von vornherein gefühlter Antagonismus zwischen uns … Das heimlich Trennende zwischen uns war … wohl dies: ihr Enthusiasmus galt mehr den Persönlichkeiten, der meine mehr den Prinzipien: sie wollte im Bereich unserer Ideen mit ihren reichen Mitteln herrschen, ich wollte ihnen dienen mit dem wenigen, was ich war und hatte.« Kurz darauf allerdings (I 309 f.), noch schärfer, eine dazu im Grunde konträre Kritik: »Die flüchtige Demokratie«, konkret: die politischen Flüchtlinge, habe Schuld auf sich geladen, »dass sie an ihren theoretischen Idealen hängen blieb und dafür den offenen Blick für die Zustände, die sie umgaben und aus denen sie so viel hätte lernen können, verlor. Häuser, wie das der Frau von Brüning, nährten diese verderbliche Richtung. Dort wurde dem theoretisierenden Müßiggang und jenen eitlen Hoffnungen Vorschub geleistet durch törichtes Geschwätz, bei dem man sich gegenseitig exaltierte und zur phantastischen Gewissheit geträumter Vorgänge hinaufschraubte.«

Da lässt Malwida zwei ganz unterschiedliche Gefahren des Idealismus erkennen: dass er sich nicht auf die Ideen, sondern auf die für ideal gehaltenen Persönlichkeiten bezieht, und andererseits, dass er an den reinen Ideen hängen bleibt. Beides sind auch Gefahren ihres eigenen Idealismus. Doch unerwartet nimmt das Leben der Marie von Brüning eine tragische Wende: Schon im folgenden Jahr stirbt sie an einem Herzleiden. »Die Frau, die mich in der Zeit ihres Glanzes durch Frivolität und Eitelkeit oft abgestoßen hatte, wurde mir im Leiden lieb.« (I 355) Am Abend vor deren Tod hätten beide sich zum ersten und letzten Mal innig geküsst (I 356 f.) – ein Körperkontakt, von dem Malwida sonst sehr selten berichtet.

Eine noch weit größere Bedeutung für Malwida als diese früh verstorbene Frau gewinnt Julie Salis-Schwabe. Wie nur wenige andere Bekannte jener Zeit bietet sie Malwida nicht nur finanzielle Unterstützung und frohe Ferienaufenthalte, sondern überdies reichliche Gelegenheit, ihre später von Nietzsche so gerühmte Kunst der Freundschaft immer weiter zu entfalten. Sie hat »die Schwabe« bereits in Hamburg über die Fröbel-Pädagogik kennengelernt; und schon kurz nach ihrer Ankunft in London, als ihr die Armut und Einsamkeit des Exils drohen, lädt diese Frau sie auf ihr »herrliches Gut«[105] ein, wo sie 1852 nach ihrem anfänglichen Tief umso glücklichere Sommertage mit Blick aufs Meer verbringt.[106]

Über eine vom Ehegatten »der Schwabe« arrangierte komfortable Eisenbahnreise lernt sie kurz darauf keinen Geringeren als den damaligen Außen- und künftigen Premierminister Lord Palmerston kennen und gerät mit ihm gleich in ein angeregtes Gespräch, wobei er beginnt, »etwas Deutsch zu radebrechen«, sie jedoch die Unterhaltung auf Englisch weiterführt. Schon ihrer Mutter gegenüber und später in ihren Memoiren gibt sie gleichwohl zu erkennen, dass sie auf diesen Kontakt nicht wirklich stolz ist: Er habe »auf die Geschicke von Europa viel Einfluss gehabt, freilich keinen guten«[107] – sie denkt vor allem daran, dass es Palmerston mit Russland hielt, als dieses 1849 die Habsburger-Regierung bei der Niederschlagung des ungarischen Aufstands militärisch unterstützte – und sie widmet ihm in ihren Memoiren eine ungewöhnlich sarkastische Charakteristik: »Freilich war er gerade einer jener Staatsmänner, deren Gewissen den Figuren aus Kautschuk gleicht, die nach dem jeweiligen Druck eine beliebige Form annehmen und, nachdem der Druck aufhört, wieder in ihre frühere Form zurückspringen.« (I 296)

Höher schätzt sie den Kontakt zu Richard Cobden (1804–1865), einen Vorkämpfer des Freihandels, den die mit ihm befreundete Julie Salis-Schwabe Malwida schon am Ende ihres ersten Englandjahres vermittelt und für den Palmerston der schlechteste Minister ist, der je England regiert hat.[108] Am 21. Dezember 1852 schreibt sie ihrer Mutter: »Die Schwabe, die es sich wirklich zur Angelegenheit gemacht hat die Menschen auf mich aufmerksam zu machen, zog mich in ein Privatgespräch mit Cobden und ließ mich dann mit ihm allein, ich musste ihm von den deutschen Zuständen erzählen und es schien ihn sehr zu interessieren.« Am folgenden Tage führt er sie sogar durch die Parlamentsgebäude. »Ich verlange nach nichts mehr als die bedeutenden Menschen Englands kennen zu lernen, ihre Ansichten zu hören und mein eignes Urtheil daran zu bilden.«[109] Kein kritisches Wort über Cobden, im Gegenteil, sie bekundet Sympathie für ihn. Daraus lässt sich schließen, dass Freiheit und Freihandel für Malwida innerlich zusammengehören. Als sie sich vom Oktober 1859 bis zum Mai 1860 mit »der Schwabe« und Cobden in Paris aufhält, wo Cobden wirtschaftspolitische Verhandlungen führt, lebt sie mit ihm sogar unter einem Dach und gibt seinen Kindern Deutschunterricht[110] (II 164 ff.). Dieser Pariser Aufenthalt ist für Malwida von ganz besonderer Bedeutung, denn da beginnt ihre persönliche Beziehung zu Richard Wagner, dem sie in seiner damaligen Geldnot den Kontakt zu der reichen Julie Salis-Schwabe vermittelt, die ihn finanziell unterstützt.[111]

»Die Schwabe liebt mich fanatisch und ich kann jeden Augenblick zu ihr, wenn ich will«, trumpft Malwida gegenüber ihrer Mutter auf; »fanatisch« ist für sie zu jener Zeit ja eine positive Charaktereigenschaft.[112] Und dann wieder am 23. November 1859 aus Paris: »Die Schwabe liebt mich ausserordentlich, aber Du musst auch nicht denken, dass *sie* blos gütig gegen *mich* ist; ich leiste ihr auch viele und wichtige Dienste und sie sagt immer dass sie noch nie jemand gefunden hat dem sie so ihre geheimsten Angelegenheiten mittheilen kann.«[113] Schon am 28. September 1857 schreibt sie aus Julie Salis-

Schwabes Landhaus an Johanna Kinkel, die diese Frau offenbar ablehnt, wobei Malwida auch von sich selbst ein ungerechtes Vorurteil bekennt: »Ihr habt sie gar zu ungünstig gesehen. Sie hat mir ihr Herz entladen, und ich finde nicht, was ich vermutete, sondern viel schwere und gerechte Sorgen. Sie fleht mich an, ich soll bei ihr bleiben, ganz frei meinen literarischen Arbeiten leben, sie will mir zu Verlegern helfen, da sie nicht nur mit solchen, sondern auch mit allen literarischen Größen Englands, Carlyle, Thackeray, Dickens u. s. w. intim befreundet ist.«[114]

Unter solchen Umständen erscheint es rätselhaft, dass Malwida nicht mit Begeisterung auf dieses Angebot eingeht. Warum verzichtet sie auf eine solche Chance? Ausgerechnet während des gemeinsamen Aufenthalts in Paris, am 15. November 1859, bricht sie gegenüber Gottfried Kinkel damit heraus: »Die *Schwabe* ist herzensgut und so egoistisch, wie nur ein Mensch sein kann, ohne *selbst eine Ahnung* davon zu haben. Sie ist ein merkwürdiges Studium für den Psychologen; ich bin ihr gut aber ich übersehe sie zu viel, um Genuss von ihrem Umgang zu haben. Auch ist die Unruhe mir, der Ruhe und Concentration Bedürftigen, zuweilen furchtbar.«[115] Demnach liegt des Rätsels Lösung nicht zuletzt bei den Nerven. Malwida schweigt in ihren Memoiren über diese Aversion, gewiss mit Rücksicht darauf, dass Julie Salis-Schwabe anders als Marie von Brüning damals noch lebt. Als sie sich im Sommer 1873 auf der Isola d'Ischia erholt, verbringt sie zwei Wochen im benachbarten Neapel bei dem von »der Schwabe« gegründeten *Istituto Froebeliano*. Ihr Urteil ist extrem ambivalent: Diese Schule sei »vortrefflich«; nur sei sie »im höchsten Grade … gegen ihre dummen Programme«.[116] Dabei war sie 1873 dorthin gereist, um der Frau, die um ihre Schule zeitweise kämpfen muss, gegen den »unerhörten Widerstand von seiten der Priester« zu helfen, für Malwida »Feinde der Menschheit«. Wieder hätte Julie Salis-Schwabe Malwida am liebsten dort behalten,[117] doch daran ist bei ihr kein Gedanke – unter der Sonne des Südens sucht sie innere Ruhe.

EIN HEFTIGES HIN UND HER MIT ALEXANDER HERZEN UND DIE ERFAHRUNG DER MUTTERLIEBE ALS LEIDENSCHAFT: EIN DRAMATISCHER DREIAKTER MIT FURIOS-VERSÖHNLICHEM FINALE. Malwidas Beziehung zu Alexander Herzen (1812–1870) mitsamt ihrer Mutterrolle bei seinen Töchtern Natalie, genannt »Tata« (1844–1936), und ganz besonders Olga (1850–1953) wird zum größten Drama ihres Lebens, mit immer neuem Auf und Ab, heftigen Emotionen und auch geistiger Spannung. In ihren Publikationen bleibt sie darüber vergleichsweise diskret: nicht nur in ihren streckenweise erstaunlich offenen Memoiren, deren erster Band noch zu Herzens Lebzeiten entstand und in seiner französischen Fassung von ihm gelesen wurde, sondern mehr noch in ihren erst 1901 verfassten[118] »Erinnerungen an Herzen« (III 383–454), die weitaus umfangreicher sind als selbst ihre Erinnerungen an Mazzini und Nietzsche; an Romain Rolland schreibt sie damals, sie habe dies »stets als eine rückständige Schuld« empfunden, die sie der Erinnerung an ihn entrichten müsse.[119]

Wie sie in ihren »Erinnerungen an Herzen« berichtet, erhielt sie sein Buch »Vom anderen Ufer«, noch bevor sie ihn persönlich kennenlernte, bereits in Hamburg, und zwar von einem Arbeiter, der es ihr mit den Worten gebracht habe: »das ist auch einer von den unsern« (III 425). Herzen, der gern gegen die »verhassten Deutschen« stichelt,[120] ist unehelicher Sohn einer deutschen Mutter und eines russischen Adligen, der diesem Kind der Liebe den dazu passenden deutschen Hausnamen gab (III 384 f.).[121] Er brachte dieses Buch, das ihn zuerst in Deutschland bekannt machte, in deutscher Sprache heraus, und wie man sieht, wirkte er in seiner Art zu schreiben nicht nur auf Intellektuelle ergreifend. Malwida schildert das »merkwürdige Buch« treffend als einen »mit dem eigenen Herzblut geschriebenen« Geistes- und Gefühlsausbruch (III 424) aus tiefer Trauer über den Ausgang der Revolution von 1848, als ein Opus, »in das seine glühende Seele den ganzen Strom von Schmerz, Enttäuschung und Zorn über die zerstörten Ideale ergoss«. Damals glaubt er, das Buch sei »das Beste, was ich geschrieben habe und vermutlich je schreiben werde«.[122]

Dabei zeugt das gesamte Buch von einer tiefen inneren Zerrissenheit. Streckenweise zeigt sich Herzen dort von wilder Wut erfüllt nicht nur auf den russischen Zarismus, sondern auch auf die Herrschenden im westlichen Europa: »Ich sehe den unvermeidlichen Untergang des alten Europa, und um nichts von dem, was besteht, tut es mir leid.«[123] Doch kurz darauf: »Selbst in den schlimmsten Zeiten der Geschichte Europas begegnen wir einer gewissen Achtung vor der Persönlichkeit«[124] – für ihn (wie für Malwida) einer der höchsten Werte. Und bei aller rebellischen Wut hernach eine tieftraurige Absage an den Illusionismus revolutionärer Ideale: Die 1848 erstrebte Republik sei »eine poetische Halluzination der alten Welt«.[125] Doch am Ende auf einmal »das Volk«, immer wieder »das Volk« als der Held, der 1848 und

Alexander Herzen mit seinen Kindern Alexander, Natalie und Olga, 1857, London

danach betrogen worden sei.[126] Und im Volk brodelt es weiterhin. Sein eigenes inneres Brodeln, seine Wutausbrüche projiziert er in »das Volk«. Ohne eine Ahnung davon, dass jetzt erst einmal eine lange Periode der Restauration folgt, meint er zu erkennen: »In Europa sinkt alles mit einer fieberhaften Geschwindigkeit.«[127] »Ja, das Volk ist Tiger ... das ist die Nemesis, das ist die Züchtigung ... das ist die Sühne!«[128]

Zurück zu Malwida: Noch in ihren Erinnerungen spürt man, wie dieses Buch sie einst aufwühlte und faszinierte, mehr noch: zur Selbsterkenntnis verhalf. »Ein Feuerstrom lebendiger Empfindungen ... das alles brauste mir aus diesem Buch entgegen, rief ein tausendstimmiges Echo in meiner Seele wach ... Wie erstaunte ich über diese Spiegelung unserer eigenen zerstörten Ideale und Wünsche ... in der Seele eines Russen, der, wie er selbst sagte, mit leuchtenden Hoffnungen und seligen Erwartungen nach Europa gekommen war und nun daselbst nichts anderes gefunden hatte, als was er zu Haus geflohen.« (I 318 f.) Dabei spottet er an einer Stelle: »Kaum eine Nervenkrankheit ist so hartnäckig wie der Idealismus.«[129]

Wenn dieses Buch Malwida derart beeindruckt, dass sie es lebenslang wie eine Offenbarung in Erinnerung behält und trotz aller Auseinandersetzungen eine tiefe Seelengemeinschaft mit Herzen spürt, gibt es Grund zu der Annahme, dass sie seine Warnung ernst genommen hat, sich durch ihren Idealismus nicht zur Blindheit gegenüber der Realität verführen zu lassen: Das wird fortan zu einem Leitmotiv ihres Lebens.[130] Und noch eine weitere Mahnung Herzens mag sie in Erinnerung behalten haben: dass der Idealismus nicht zur »Nervenkrankheit«, nicht zu einer ewigen inneren Unruhe im Streben nach unerreichbaren Idealen ausarten darf. Auch darin lässt sich ein untergründiges Leitmotiv ihres Lebens erkennen, zumal sie ihre Nerven immer wieder als Schwachstelle erlebt. Zumindest zeitweise ist es ihr im Unterschied zu Herzen offenbar gelungen, zu innerer Ruhe und Gelassenheit zu finden.

Herzen war Emigrant, doch nicht Flüchtling im engeren Sinne; aus Enttäuschung hatte er sein Land verlassen. Als Kritiker des Zarenregimes hatte er – anfangs zum Tode verurteilt und dann begnadigt[131] – Gefängnis und vier Jahre Verbannung nach Sibirien hinter sich. Doch die neun Monate Haft waren, wie er schrieb, »die beste Zeit meines bisherigen Lebens gewesen«, »eine herrliche Zeit für die Seele!« (III 391) Das erinnert an Theodor Althaus. Danach stand er unter Polizeiaufsicht, doch konnte er wieder ein Leben als reicher Mann führen. Aber seine Sehnsucht nach dem Westen wurde übermächtig, und 1847 verschaffte er sich »in aller Eile«, wenn auch »nicht ohne manche Schwierigkeiten« einen Reisepass[132] und ging nach Paris, nach der tiefen Enttäuschung über die dortige Niederschlagung der Revolution weiter nach London. Dabei lebt er im Exil weitaus komfortabler als die allermeisten Mitemigranten. Mit Hilfe des Bankiers James de Rothschild, der die Moskauer Regierung unter Druck zu setzen vermochte, rettete er den größten Teil seines Vermögens ins Ausland,[133] wie er sogar mit erstaunlicher Offenheit in seinen Erinnerungen beschreibt,[134] was ihn gleichwohl nicht davon abhält, in »Vom anderen Ufer« die Brüder Rothschild zu den »Menschen, die vor Hunger sterben«, zu kontrastieren.[135]

Malwida, die sich in ihrer ersten Londoner Zeit mit Stundengeben an diverse Kinder durchschlägt – eine Tätigkeit, die ihr auf die Dauer »geistig und körperlich nicht zusagt«[136] –, ist umso freudiger überrascht, als Herzen bei ihr anfragt, ob sie sich seiner »Kinder annehmen könne«. Da beginnen für sie glückliche, obendrein komfortable Jahre. In ihrer Zusage bringt sie eine »warme Teilnahme für seine persönlichen Schicksale« zum Ausdruck, worauf Herzen sogleich von einer »Freundschaft« zwischen ihnen beiden spricht – man kann sein Antwortschreiben fast als Liebeserklärung empfinden und sich vorstellen, dass auch Malwida es so empfunden hat:

»Sie erinnern mich durch Ihre Freundschaft an meine entschwundene Jugendzeit. Ihre Freundschaft ist eine tätige, das ist die einzige, die ich verstehe, die ich selbst habe. Passive Freundschaft hat man von allen Seiten … aber alles das ist unbestimmt und abstrakt. Ich danke Ihnen auf das wärmste, mich daran erinnert zu haben, dass es eine andere, menschlichere, persönlichere Sympathie gibt in diesem *vacuum horrendum*, mit dem uns die Welt umgibt. Glauben Sie mir, dass trotz meines Äußern à la Falstaff es kein noch so zartes, kaum fassbares echtes Gefühl gibt, das nicht ein Echo in meinem Herzen fände.« (III 427)

Und er bekennt ihr, sie sei »die einzige Person«, mit der er »auch über intimere Angelegenheiten« reden könne. (III 428) Mit dem Verweis auf den shakespeareschen Fettwanst spielt er darauf an, dass er mittlerweile korpulent geworden ist: Er ist kein attraktiver Mann mehr, auf den die Frauen fliegen. Malwida begegnet ihm auf dem Tiefpunkt seines Lebens, politisch wie persönlich. Wenn sie schreibt, mit dem Scheitern der Revolution von 1848 zusammen mit menschlichen Enttäuschungen seien ihr »die Illusionen des Daseins« zerflossen (II 109), gilt ganz das Gleiche auch für ihn. In seinen Erinnerungen schildert er seinen Seelenzustand, als ihm klar geworden sei, dass die Revolution auch an sich selbst, an ihren Illusionen gescheitert sei: »Der Kopf drehte sich mir bei dieser Entdeckung, ein Abgrund tat sich vor mir auf, es schien mir, dass der Boden unter meinen Füßen zu schwanken begann.«[137] Sein Buch »Vom anderen Ufer« enthält ein Kapitel »Epilog auf 1849«, das mit dem Ausbruch beginnt: »Fluch dir, Blut- und Wahnsinnsjahr, Jahr des Triumphs von Gemeinheit, tierischer Wildheit, Stupidität! Fluch dir!« Und zugleich eine Selbstkritik: »Wir haben unsere Seelen in den abstrakten und allgemeinen Sphären so betäubt, wie die Mönche die ihre in der Welt des Gebets und der Kontemplation schwächten.«[138]

Noch weitaus schmerzlicher muss für ihn jedoch damals ein persönliches Fiasko gewesen sein: Seine heiß geliebte Ehefrau Natalia, genannt Natascha – Malwida zitiert in ihren »Erinnerungen an Herzen« über dreißig

Seiten lang Liebesbriefe zwischen den beiden, die ihr Herzen ausgehändigt haben muss! –, geht eine Liebesbeziehung mit dem Freiheitsdichter Georg Herwegh ein, bis dahin Herzens bester Freund, der gerade dessen »Epilog auf 1849« ins Deutsche übertragen hat[139], während Herzen einen über dreißig Druckseiten langen Freundesbrief an Herwegh vom 25. August 1849 in der Erstfassung von »Vom anderen Ufer« publiziert.[140] Doch jetzt, in den Worten des Herwegh-Biografen Michail Krausnick: Eine »seltene Freundschaft« wird zu »tödlicher Feindschaft«![141] Der Herzen-Kenner Isaiah Berlin zeigt Verständnis für Nataschas Untreue: »Natalies Briefe und ihre verzweifelte Flucht zu Herwegh bezeugen die zerstörerische Wirkung von Herzens selbstgefälliger Blindheit gegenüber ihrem sensiblen, leicht verletzlichen Naturell.«[142] Das gibt eine Vorahnung davon, dass auch Malwidas Beziehung zu Herzen alles andere als einfach sein wird!

Dieser Mann ist so felsenfest von seinem eigenen Recht überzeugt, dass noch seine Erinnerungen von Schmähungen auf Herwegh nur so wimmeln.[143] Am 27. August 1853 schreibt er an Malwida – oft korrespondieren die beiden auf seinen Wunsch selbst dann miteinander, wenn sie sich im gleichen Haus befinden![144] –, »das einzige Verbrechen, das auf mir lastet«, sei, Herwegh »nicht getötet zu haben. Diese Wunde wird offen bleiben.«[145] Dabei kehrte Natalia nach kurzer Zeit wieder zu ihm zurück – »aber nur, um in seinen Armen zu sterben«. [146] Offenbar stand sie unter Schock: Kurz davor waren Herzens Mutter und eines der gemeinsamen Kinder bei einem Schiffsunglück umgekommen. »Die Poesie seines Lebens war dahin«, schreibt Malwida in ihren Erinnerungen (III 426).

Das gilt zu jener Zeit, als sie ihm zuerst begegnet, auch für sie selbst. Doch nicht nur eine Gemeinschaft in der Trauer, sondern auch eine politische und ideelle Gemeinsamkeit findet sie bei ihm, da er ungeachtet der Enttäuschung über die erotische Freiheit, die sich seine eigene Gattin herausnahm, mitunter vehement für die Emanzipation der Frau plädiert, sogar in weitaus radikaleren Worten als sie selbst. So gleich in seinem ersten überlieferten Brief an sie, am 3. Mai 1853: »in dieser abgeschmackten, tyrannischen Gesellschaft ist die Stellung der Frau furchtbar. Alle Arten der Tyrannei zusammengenommen sind gegen die Frau gewandt: Für sie gibt es weder Muße, noch Schonung, keine Möglichkeit einer Rechtfertigung, keine Freiheit.«[147] Später allerdings redet er über die deutschen Frauen auch sehr anders:

»Die Deutschen, und noch mehr die deutschen Frauen, haben eine Unmenge von zerebralen Leidenschaften, das heißt ausgedachten Leidenschaften, scheinbaren, unnatürlichen, literarischen; es handelt sich um eine gewisse Überspanntheit, eine weltfremde Begeisterung, eine eingebildete, kalte Exaltation, die ständig bereit ist, ohne genügenden Grund maßlose Bewunderung oder maßlose Rührung zu empfinden … Alles läuft letzten Endes auf verschiedene Variationen … eines wollüstigen Pantheismus hinaus, das heißt auf eine religiös-sexuelle und theoretisch-verliebte Beziehung zur Natur und den Menschen, was eine romantische Keuschheit und theoretische Sinnlichkeit durchaus nicht ausschließt.«[148]

Da bezieht er sich zwar unmittelbar auf die Gattin Herweghs, hat jedoch vermutlich nicht zuletzt auch an Malwida gedacht,[149] jene deutsche Frau, die er – von seiner deutschen Mutter abgesehen – am allerbesten kennt. Doch diese Bosheiten kommen später. Damals, am 16. August 1853, schwärmt er sie an: »Mein Gott, wie sind Sie noch jung in der Seele und im Gefühl. Alles, was Sie sagen, weiß ich auch – aus der Erinnerung – auch ich war in Arkadien geboren! Aber ich habe diese Frische, diese Klangfülle (sonorité) nicht mehr. Sie gehen noch vorwärts, ich gehe zurück.«[150] Solche Komplimente müssen ihr ganz besonders wohlgetan haben: ihr, die auf andere frühzeitig gealtert wirkt!

Ganz klar: Im Hause Herzen will und soll sie nicht Gouvernante sein, irgendwo zwischen Herrschaft und Dienstpersonal, sondern Freundin und Herrin. Hofft sie insgeheim auf eine Liebesbeziehung zu Herzen?[151] Liegt eine solche Hoffnung im Blick auf die damalige Vereinsamung dieses Mannes und seine Intimität mit ihr nicht denkbar nahe? Am 21. April 1853, noch bevor sie zu ihm zieht, schreibt sie ihrer Mutter, dass sie Herzen »mit jedem Mal mehr schätzen lerne«.[152] Am 7. Dezember 1853, als sie bei ihm ihre neue Heimat findet und ihr Leben »sich mit jedem Tage verschönert«, versichert sie zwar ihrer Mutter: »Ich bin nicht verliebt in Herzen, noch er in mich«, doch kurz davor schwärmt sie von ihm: »Herzen selbst ist einer der edelsten und geistvollsten Männer die ich je gesehn habe. Jetzt, wo ich sein Privatleben theile und die Vertraute seiner geheimsten Gedanken bin, kann ich mit Wahrheit sagen dass ich glaube: es giebt wenig Männer wie er.«[153] Und er habe sie beschworen, »dass ich nicht daran denken dürfe sie so bald wieder zu verlassen, dass ich die erste Person sei, die einen wirklichen Trost in sein Leben bringe nach allem Unglück das ihn betroffen«.[154] Ist es bedeutsam, dass sie Herzen in der ersten Zeit ihres Zusammenlebens erzählt, »dass meine erste Liebe ein Russe gewesen sei«?[155] Deutet es auf geheime Liebeshoffnung, dass sie Herzen verlässt, als er eine Liebesbeziehung zu Natalie Ogareff eingeht; lässt sich diese Trennung – so wie sie selbst es darstellt (I 467 ff.) – wirklich allein aus pädagogischen Unstimmigkeiten mit dieser Geliebten erklären?

Diese Frage muss offenbleiben. Gewiss war für Malwida die Art des Umgangs mit den Kindern von entscheidender Bedeutung. Anfangs meint sie, noch nie habe sie »so mit einem Menschen über Erziehung übereingestimmt wie mit Herzen«.[156] So oder so ist ihre Freundschaft mit Herzen eine Beziehung auf gleicher Ebene.[157] Bereits kurz nach ihrer ersten Begegnung schreibt er einer Freundin: »Mademoiselle Meysenbug ... ziemlich hässlich, aber ein vollkommen freies und entwickeltes Wesen. Sie ist ungewöhnlich klug und gebildet.«[158] Doch das ist nicht alles. Als Malwida sich entschieden hat, in sein Haus zu ziehen und die gesamte Erziehung seiner Kinder zu übernehmen – Olga ist damals drei und Tata neun Jahre alt –, antwortet er mit einem für seine innere Gespaltenheit charakteristischen Brief. »Ich fürchte Sie einzuladen, fürchte Sie nicht einzuladen. In meiner Seele ist ein solches Misstrauen, dass ich alles fürchte ... Ich fürchte auch Sie und bin Ihnen zugeneigt – noch mehr fürchte ich Ihre Ferne.«[159] Das muss man nicht tierisch ernst nehmen: Er neckt sie gerne[160]; für diese Beziehung braucht sie Humor. Vermutlich sorgt er sich, sie werde in ihrem Haus allzu dominant. Freilich berichtet sie von ihm auch, dass »Herzen sich gar nicht genug wundern kann: wie gut ich verstände mit Kindern umzugehn, da er mich früher nur als Politikerin oder Philosophin gesehen hatte.«[161]

Die wechselhafte Beziehung zwischen den beiden, die auf den ersten Blick ungemein verwirrend wirkt, lässt sich in ihrer Dramatik in drei Akte gliedern, ein jeder mit heftigem Auf und Ab.

ERSTER AKT: NOVEMBER 1853 BIS MAI 1856 – HÖCHSTES GLÜCK UND TIEFSTER STURZ. Diese Jahre, in denen sie sich erstmals als Mutter fühlt, gehören zu den glücklichsten Zeiten ihres Lebens. Zwar bemängelt Herzen schon früh, dass sie den Töchtern zu wenig Schulbildung vermittele, doch zugleich betont er, er stimme »*vollkommen* überein mit Ihrer Theorie und Ihrer Praxis, was die *moralische Erziehung und den Unterricht* der Kinder betrifft«. Mehr noch: »Das unermesslich Gute, welches Sie in diese Ruinen einer Familie gebracht haben, besteht nicht allein in der Reinigung der Atmosphäre um uns her, sondern auch in der Einführung eines Elementes der Gesundheit und Unabhängigkeit.«(I 411)[162] Eines der schönsten Komplimente, die Malwida je gemacht wurden! Und in den Schwächen, die Herzen bei ihr moniert, erkennt er zugleich eine Wesensverwandtschaft, »weil weder Sie noch ich *praktische Wesen* sind« (I 411). Ein anderes Mal schreibt er ihr in seiner ewig schwankenden Stimmung das genaue Gegenteil, dass sie und er »Antipoden« seien. (I 413)

Beide Kritiken referiert sie noch in ihren Memoiren. Sie hat sie offenbar weder ungerecht noch verletzend gefunden. Auf die letzte schlägt sie zurück, im Unterschied zu ihr wolle Herzen lieber krank bleiben, das liege an seiner russischen Herkunft und mache sie allerdings zu Antipoden (I 417). All das und noch vieles andere macht sie mit erstaunlicher Offenheit in ihren Memoiren publik. Offenbar nimmt sie es damals nicht so tragisch, zumal Herzen sich selbst manchmal »unausstehlich« findet (I 412), weil er ein Kranker sei. »Sie haben es mir oft gesagt, Sie wollten mich auch heilen«. Dafür sei er ihr »tief dankbar«, auch wenn ihr das »nicht gelingen« könne (I 412 f.) – für sie gewiss ein Zeichen, wie sehr er zu jener Zeit bei aller Kritik an ihr hängt.

In dieser Zeit genießt sie so sehr das Gefühl erfüllten Daseins, dass sie vorerst gar kein Bedürfnis nach neuen Bekanntschaften verspürt. Am 10. April 1854 teilt sie ihrer Mutter mit, dass sie »alle geselligen Verbindungen aufgegeben habe«.[163] Und am 23. Dezember des Jahres schildert sie der Mutter entzückt das große Landhaus mit drei Salons und zehn Schlafzimmern, in das sie jetzt mit Herzen und den Kindern einzieht: Es liege »mitten in einem *großen* prächtigen Garten der bis zur Themse geht und uns im Frühjahr ein wahres Götterleben verspricht«. Auch Musik werde im Hause Herzen gemacht, wobei »ich jetzt Hauptsängerin bin und mich Alle sehr gern singen hören«. Und immer wieder ein fröhliches Fest, zumal es bei Herzen »nicht so darauf ankommt wenn mal ein paar Pfund mehr in der Woche darauf gehn«.[164] Das Glück wird auch dadurch nicht gestört, dass der unruhige Herzen immer wieder umzieht. Am 24. September 1855, als er in eine Villa auf der Insel Wight umgesiedelt ist, schwärmt sie über »unser kleines Inselparadies«: »Ja es ist wirklich ein zauberischer Aufenthalt und jeden Tag entdeckt man neue Schönheiten. Unser Haus ist das non plus ultra von Poesie. Zu unseren Füßen rauscht mit seinen Wellen das weite Meer, malerische Felsufer ziehen sich weithin zu beiden Seiten.«[165] Und Herzen sei »ein selten

Die etwa fünfjährige Olga Herzen schlafend, um 1856. Zeichnung von Malwida von Meysenbug

herrlicher Mensch«; auch Carl Schurz habe sich ihm »aufs innigste angeschlossen«.[166]

Schon 1855 schwärmt sie über die inzwischen fünfjährige Olga: »Meine größte Lebensfreude ist meine kleine Olga, sie füllt täglich mehr in meinem Herzen die Lücke aus, die das Leben an unerfüllter Liebe darin gelassen hat.« »Tata wird eine frappant schöne Erscheinung werden, aber das kleine Geschöpf hat etwas in seiner Natur was mir tief sympathisch ist und sie wird ja auch wirklich *mein* Kind insofern sie noch sehr jung war dass ich auf ihre Entwicklung großen Einfluss üben und ein Theil meines Wesens auf sie übergehn kann.«[167] Über Olgas sechs Jahre ältere Schwester Tata, mit der Malwida ebenfalls lebenslang in Verbindung bleibt, schreibt sie oft weniger freundlich. Dabei kann sie zunächst nur mit ihr richtige Gespräche führen[168] – doch sie hat dieses Mädchen nicht bereits als Kleinkind betreut. Zu ihr kann sie nicht in gleichem Maße Muttergefühle empfinden. Aber Herzen ist schon bald auch von Malwidas Umgang mit Tata begeistert; er schreibt einer Freundin: »Ich erkenne Tata nicht wieder – so hat sie sich zum Besseren gewandelt und mir ist sie sehr viel näher gekommen.«

Nur bemängelt er schon damals an Malwidas Art der Erziehung: »Disziplin wahren kann sie nicht.«[169] Dabei ist ihre Erziehung, so wie sie sie noch in ihren Memoiren beschreibt (I 420 ff. u. a.), gewiss nicht im modernen Sinne antiautoritär. Man erkennt, dass sie selbst für die Kinder sehr wohl eine

Autorität sein will und auch wird; und wenn sie wenig von der üblichen Schulbildung hält – »säßen doch die Schulen, wo der Pfeffer wächst«, flucht sie noch 1893 gegenüber Olga![170] –, so ist für sie Bildung dennoch eines der höchsten Ideale. Sie unterrichtet Herzens Kinder offenbar auf Deutsch, auch wenn sie später erstaunlich rasch Russisch lernt.[171] Erst kurz vor seinem Tod beklagt Herzen, dass Olga die russische Sprache vollkommen vergessen habe: Das sei der härteste Schlag, den Malwida ihm wenn auch unwillentlich versetzt habe. Doch im gleichen Brief bezeichnet er die Vorstellung, er wolle Olga von Malwida trennen, als »*ein Hirngespinst*« Malwidas.[172] Dabei bemerkt Malwida während des Deutsch-Französischen Kriegs von 1870, Olga sei eine »fanatische Deutsche« geworden, die im Unterschied zu ihr selbst sogar die deutsche Annexion von Elsass-Lothringen befürworte![173]

Religiöse Erziehung in einem dogmatischen Sinne ist weder die Sache Malwidas noch Herzens. (IV 18) Als frühen Erfolg ihrer Erziehung Olgas – und das ist eine der schönsten Passagen ihrer Erinnerung an jene Zeit – hebt Malwida später das *Mitleid* bereits des Kleinkindes hervor, das Mitleid mit Menschen wie mit Tieren: »Von früher Kindheit auf hatte sie Mitleid und Erbarmen mit den Leidenden und Hilfsbedürftigen und warf sich zur Schützerin der Unterdrückten auf, ohne jemals durch eine religiöse Vorschrift darauf hingewiesen worden zu sein. So konnte sie Tiere nicht peinigen sehen, ohne den heftigsten Zorn gegen die Peiniger zu fühlen und die Angegriffenen zu beschützen, soweit es ihr möglich war.« (IV 19) Bei all ihrer Naturliebe sind Tiere für Malwida sonst nur selten ein Thema; so ist sie gerührt, als sie hört, wie Garibaldi ein verirrtes Lämmchen, das »vor Kälte zitterte, zu sich ins Bett genommen habe« (II 332).

Nicht nur für die Bildung der Kinder, sondern auch für ihre eigene Bildung bedeutet das Zusammensein mit Herzen eine neue Ära, umso mehr, als er in ebenjener Zeit, als Malwida zu ihm zieht, mit einer »frenetischen Begierde«[174] an seinen Memoiren zu schreiben beginnt, an denen er fünfzehn Jahre arbeitet, und Malwida übersetzt die Teile, die er in den ersten Jahren fertig bekommt, aus dem Russischen ins Deutsche.[175] Am 29. Oktober 1855, als der erste Teil ihrer Übersetzung erschienen ist, der die Memoiren auch deutschkundigen Engländern zugänglich macht, triumphiert sie gegenüber ihrer Mutter: »Die Übersetzung der H.schen mémoiren hat hier ein Aufsehn gemacht wie seit lange (sic) kein Buch; *alle* Journale haben lange und rühmende Artikel darüber … Ich hoffe nur dass mein Verleger mir bald eine zweite Zahlung machen wird.«[176] Sie verdient also auch daran. 1872 äußert sich Nietzsche – wenige Monate nach seiner ersten Begegnung mit Malwida – begeistert über diese ihre Übersetzung: »Ich war erstaunt über die Geschicklichkeit und Kraft des Ausdrucks und, geneigt bei Herzen jedes auszeichnende Talent vorauszusetzen hatte ich stillschweigend angenommen, er habe seine Memoiren selbst ins Deutsche übertragen.«[177]

Vieles spricht dafür, dass sie auch zu ihren eigenen Memoiren, an denen sie in der Folge zu arbeiten beginnt, durch die Erinnerungen Herzens inspiriert worden ist, womöglich durch ihn überhaupt erkannt hat, wie ergreifend Lebenserinnerungen gerade eines über weite Strecken zerrissenen Lebens sein können. Beide haben miteinander gemein, dass sie nicht so sehr durch ihre Romane und Novellen, sondern vor allem durch ihre Memoiren berühmt geworden sind.[178] Herzen ist später dank seiner Lebenserinnerungen sogar in eine Reihe mit Dostojewski und Tolstoi gestellt worden.[179]

Doch im Lauf der Jahre beschränken sich Malwidas russische Lektüre und ihre Tätigkeit als Übersetzerin bei Weitem nicht nur auf die Schriften Herzens; sie liest voller Interesse auch Puschkin, Lermontoff, Gogol, Tolstoi und vor allem Turgenjew, den sie sogar persönlich kennenlernt (II 187), im russischen Original und erkennt dabei »das speziell für das deutsche Geistesleben später so wichtige Moment: das starke sozialistisch-religiöse Ethos der östlichen Nachbarn« (Anni Piorreck).[180] Berta Schleicher zufolge hat sie nicht weniger als zwölf Bände aus dem Russischen teils ins Deutsche, teils ins Englische übersetzt, darunter Tolstois »Kindheit und Jugend«.[181] Anni Piorreck hebt hervor: »Sie war eine der ersten, die die künstlerisch wichtige Literatur Russlands der deutschen Leserwelt zugänglich machten.« Und auch dadurch gewinnt sie noch in späterer Zeit Kontakte: Piorreck hält es für bedeutsam, dass »Marie von Ebner-Eschenbach und Emil Gött, beide in ihren Werken deutlich russische, speziell Tolstois Einflüsse aufzeigend, Malwida so sehr verehrten«.[182] Die Vorstellung einer Einheit von russischer Landschaft und russischer Seele inspiriert noch viel später Malwidas Fantasie, so in besonders reizvoller Weise ihre Novelle »Das Nachtigallenlied«, die in Wald und Steppe der Ukraine spielt und den Leser zu Anfang einstimmt:

> »Am Rand des Waldes lag auf einer kleinen Anhöhe ein Dorf, dessen Hütten hell im Mondlicht glänzten. In den Hütten schliefen die Menschen schon und setzten das Traumleben fort, das am Tage den Bewohner der Steppe so oft überfällt, wenn er in

Gras und Blumen auf den Rücken hingestreckt, in den leuchtenden Äther hinaufblickt, in dem ganz besonders phantastische Wolkengebilde seltsame Vorstellungen in der Seele wecken und das Innenleben der Einbildungskraft nähren.« (V 388)

Ihre Russland-Fantasien konnten wohl umso ungehemmter schweifen, als sie trotz ihrer vielen Reiserei nie in Russland gewesen ist. Doch idealisierende Vorstellungen über die russische Seele finden im Hause Herzen für lange Zeit eine jähe Ernüchterung: als Alexander Herzen im Frühjahr 1856 eine Liebesbeziehung zu Natalie Ogareff eingeht, der Gattin seines von Jugend an besten Freundes, und diese in sein Haus einzieht, dessen Mittelpunkt wird – so zumindest in der Schilderung Malwidas – und im Lauf der Jahre mit Herzen sogar drei Kinder hat.[183] Während Herzen ja einst seinen bisherigen Freund Herwegh in glühendem Hass am liebsten getötet hätte, bleibt – ein russisches Rätsel! – seine enge Freundschaft mit dem mittlerweile schwer leidenden Nikolai Ogareff – der Herzen gleichwohl um sieben Jahre überlebt – ungetrübt bestehen.[184] Gemeinsam geben sie von 1857 bis 1867 »Kolokol« (»Die Glocke«) heraus, die bedeutendste russische Exilzeitschrift jener Zeit.

Nicht jedoch die Freundschaft mit Malwida. Wenn man ihren Memoiren folgt, hat bereits der erste Eindruck dieser »russischen Dame« – sie nennt sie nicht beim Namen – bei ihr die böse Ahnung ausgelöst, »dass unsere zwei Naturen ganz und gar nicht zueinander passten« (I 467). Hier ist die russische »Natur« alles andere als romantisch! Doch weshalb wird es ihr ganz unmöglich, mit dieser Frau in einem Haus zu leben? Die Herrin scheint sie nicht zu spielen. Malwida erwähnt im Gegenteil deren »sonderbar scheues Wesen«, das auch sie selbst »befangen« gemacht habe. Sie, die eine große Kunst der Freundschaft entwickelt, fühlt sich hier unfähig, diese Hemmung zu überwinden. Dann schildert sie den pädagogischen Konflikt, einen russisch-deutschen Aufeinanderprall, da »ihr das deutsche Wesen verhasst war und viele Einrichtungen, die ich im Interesse der Kinder gemacht hatte, ihren russischen Gewohnheiten gänzlich zuwider waren«. Als Beispiel: »Ich hatte mit vieler Mühe Herzen davon abgebracht, fast täglich, bei jedem Ausgang, den er machte, den Kindern unnütze Spielereien … mitzubringen … Nun hatte aber die russische Dame eine wahre Leidenschaft, die Kinder mit Geschenken zu überhäufen. Sie sagte mir einmal, sie könne an keinem der vielen schönen Läden mit Spielwaren in London vorübergehen, ohne den

Wunsch zu empfinden, alles darin Befindliche kaufen und den Kindern mitbringen zu können. Es ist dies ein entschieden russischer Zug.«

Zuvor nennt Malwida diese Gewohnheit eine »Kleinigkeit«. Warum nimmt sie diese dennoch so ungeheuer wichtig? Ist es bei Natalie Ogareff nicht einfach ein Ausdruck von Mütterlichkeit, von Kinderliebe, den Malwida als ganz natürlich empfinden müsste? Doch diese Natur ist eben eine russische Natur, und in dieser Situation fühlt sich die sonst oft so transnationale Malwida geradezu heftig als Deutsche! Obendrein beherrschen nunmehr »die russische Sprache und russische Interessen« die Unterhaltung im Hause Herzen (I 468) – doch ist das so schmerzlich für Malwida, die sich zu jener Zeit mit solcher Begeisterung in das Russische einarbeitet? Denkt man an ihre liebevolle Freundschaft mit Herzen zurück, liegt der Schluss nahe, dass das Ende dieser – geistigen, nicht sexuellen – Liebesbeziehung entscheidend dafür wird, dass ihr das Zusammensein mit Herzen jetzt nur noch Schmerzen bereitet.

Und doch, klagt sie, »zerriss es mir das Herzen, an Trennung zu denken« (I 471). Und dann ein merkwürdiges Bekenntnis: »Ich fühlte, dass ich es nur mit einem gewaltsamen Entschluss, und zwar gleich, in einer Art Ekstase, tun musste oder gar nicht.« Und sie sieht sich in der Rolle von Christus im Anblick der Kreuzigung: »Mein Golgatha war da«! (I 472) Später allerdings möchte sie lieber Buddha als Christus sein: »Buddha durchlebte die ganze Qual des Daseins, indem er … seine beseligenden Wahngebilde in ihrem wahren Wesen erkannt hatte.« (I 473) Doch so weit ist Malwida noch nicht. Damals durchlebt sie die Qual des Daseins. In jenem Jahr verfasst sie ein Testament, das sogar den Gedanken an Selbstmord erkennen lässt in dem Aufstöhnen: »Ich hatte gehofft, im Kreise von Kindern, die ich durch Liebe und Treue zu den Meinigen gemacht hatte, zu sterben. Das Schicksal hat es anders gefügt. Ich sterbe in dem Bewusstsein menschlich gelebt, gefühlt, geirrt, aber jederzeit das Gute gewollt zu haben.«[185] Ein »Gedichtfragment aus dem Jahre 1856« enthält die Strophe (V 414):

»Ein wilder Schmerz verwirrt mir schwer die Seele;
Die Löwin darf um ihre Jungen streiten,
Und ich, ich soll mit kaltem Blute meiden,
Was nicht mein eigen, ob ich's frei mir wähle.«

In ihrem Abschiedsbrief an Herzen vom 27. Mai 1856 klagt sie, Natalie Ogareff habe in ihr »eine Rivalin gesehen«, und schließt mit der Bitte: »Erlassen Sie mir die Unterhaltung mit Og. Ich weiß wirklich nicht, was wir zusammen sprechen sollten.«[186] In der Tat, worüber hätten sie reden sollen?

Auch Herzen ist über die Trennung, die er nicht versteht oder nicht verstehen will, tief betrübt und hofft in dem in ihren Memoiren zitierten Abschiedsbrief an die »Liebe Freundin«, unterzeichnet mit »Ihr Bruder und Freund«, auf das Fortbestehen ihrer Freundschaft: »Mit Tränen in den Augen« habe er ihren Abschiedsbrief – der nicht weniger als 22 Seiten umfasst![187] – gelesen. »Nein, nicht so mussten wir uns trennen, nein und abermals nein. Aber wenn es Ihnen einen schweren Schritt erleichtert hat, so sei es. Aber keine Entzweiung.« Und am Schluss verlangt er geradezu ihre Freundschaft. (I 474) Im Original fügt er hinzu, was Malwida unterschlägt: Auch Natalie habe bittere Tränen geweint, als sie Malwidas Brief gelesen habe.[188]

Nun folgt etwas Erstaunliches: Natalie Ogareff schreibt 1864 an Malwida einen Brief, in dem sie sie als »Chère, chère amie« anredet und in der Erschütterung über den Tod ihrer mit Herzen gezeugten Zwillinge bittere Reue bekundet. Wenn Malwida den Sohn genommen hätte, würde er noch leben. Sie selbst wisse wohl, dass sie für Tata und Olga eine Rabenmutter gewesen sei. Sie sei nicht mehr die egoistische Frau, die Malwida gekannt habe. Sie habe wahren Schmerz erlebt, sei im Fegefeuer, habe dabei ihr Schicksal verdient und sehne sich nach einem Wiedersehen mit Malwida.[189] Bereits 1859 hat sie ihr, wie Malwida mit sichtlichem Triumph Gottfried Kinkel verkündet, »das vollständigste Bekenntnis ihrer Verschuldung und der gänzlichen failure ihrer Erziehung gemacht«.[190]

Eigentlich lauter Zeichen, dass diese Malwida so verhasste Frau auch eine sensible und gewissenhafte Seite hat! Doch Malwida bleibt unversöhnlich. In ihrem ganzen Leben scheint sie kaum eine andere Frau so gehasst zu haben wie die Geliebte Herzens. Am 12. Januar 1876 berichtet Malwida in einem Brief an Nietzsche unter Anspielung auf Schopenhauers Lehre vom Unheil stiftenden Willen, dass sich Elizaveta, die Tochter von Herzen und Natalie, »schön und intelligent«, »durch Chloroform« das Leben genommen habe, »und zwar aus Hass gegen ihre Mutter, eine jener dämonischen Gestalten in denen der Wille in seiner Furchtbarkeit und gänzlichen Unerlöstheit, hervortritt. Diese Frau hatte die letzten Jahre Herzens, die Jugend seiner Kinder, besonders die Olgas, und mein Leben schwer getrübt und nun hat ihr, wirklich unheimlich schrecklicher Einfluss, die letzte Höhe erreicht in dem Tod ihres eigenen Kindes.«[191]

Die Erfahrung mit dieser »dämonischen« Frau lässt sie lebenslang nicht los, obwohl sie von ihr ein Reuebekenntnis erhalten hat wie sonst kaum je in ihrem Leben; immer wieder steigt ihr die Wut hoch. Noch am 8. Juli 1901 schreibt die 85-Jährige an Romain Rolland: Als sie das Haus Herzen, Vater und Kinder, so schön eingerichtet habe, da kam »diese russische Frau, eine dämonische Natur wie ich sie noch nie in Menschengestalt gesehen habe«, und hat das alles zerstört, »und ich musste von neuem in der traurigen Einsamkeit meines Londoner Lebens Zuflucht suchen – ich hatte auch Augenblicke, wo ich mich fragte: wozu, für welches Ziel?« Doch dann triumphierend: »Es sind genau diese Augenblicke tiefer Traurigkeit, in denen sich mein Leben wieder aufgerichtet hat, um eine viel größere Bedeutung als die des häuslichen Glücks, und wodurch ich, zunächst unbewusst, leidenden Seelen viel Gutes tun konnte, wofür ich jeden Tag (sehr spät, es ist wahr) die Beweise bekomme.«[192]

ZWEITER AKT VOM SOMMER 1859 BIS ZUM SOMMER 1865: PARIS, FLORENZ, ROM – MIT DEN HERZEN-TÖCHTERN AUF REISEN. Im gleichen Brief an Gottfried Kinkel, wo Malwida davon berichtet, dass Natalie Ogareff ihr »das vollständige Bekenntniß ihrer Verschuldung« abgelegt habe, schickt sie den Freudenschrei voraus, dass sich in ihrem Leben eine »ungeheure Gerechtigkeit« vollzogen habe, »indem Herzen ganz spontaneously mich gebeten mich der Kinder wieder anzunehmen«.[193] Jetzt hätte sie eigentlich mit der Liebschaft Herzens mitsamt den daraus hervorgegangenen Kindern ganz zufrieden sein können, denn kaum noch gestört durch väterliche Autorität übernimmt sie jetzt die Mutterschaft für Tata und vor allem Olga – und die Beziehung zu ihr, der mittlerweile Neunjährigen, die sie 1861 förmlich adoptiert, wird zu der wohl größten Liebe ihres Lebens.

Wie Herzen mit Natalie, so kann sie jetzt mit den beiden Töchtern ohne den Vater herumreisen. Schon den Winter 1859/60 verbringt sie mit ihnen, Julie Salis-Schwabe und dem Nationalökonomen Richard Cobden in Paris: ein Aufenthalt, mit dem für sie durch die Begegnung mit Richard Wagner eine neue Ära beginnt. Auch die Erziehung der Töchter bekommt eine besondere Note durch die Musik; am 14. März 1861 ist Malwida zusammen mit

Olga als Kind

Olga sogar bei jener berühmt-berüchtigten Pariser Tannhäuser-Aufführung zugegen, die – zur wütenden Empörung auch der zehnjährigen Olga – durch gezielte Aktionen des aristokratisch-snobistischen Jockey-Clubs gestört wird, was die Wagnerianer erst recht zur Kampfgemeinschaft vereint. So hoch schätzt Malwida mittlerweile den Bildungswert von Wagners Musik selbst für ein Kind! Und wie sich mit der Zeit aus Malwidas Sicht herausstellt, ist Olga »die wirklich musikalische der beiden Schwestern«.[194] »Da mein Herz doch am meisten an Olga hängt«, hofft Malwida noch 1866, »eine gute Musikerin aus ihr zu machen«.[195] Diese Hoffnung erfüllt sich nicht. Am 23. Dezember 1869, einen Monat vor seinem Tod, spottet Herzen gegenüber Ogareff: »Meysenbug wird aus Olga keine Sängerin machen, sie verdirbt sie nur durch ihre ständigen Sorgen um ihre Kehle, die bis ins Lächerliche gehen.«[196] Klavierunterricht dagegen, damals zunehmend das musikalische Element gutbürgerlicher Bildung, verabscheut sie von ganzem Herzen und erlebt das »geist- und sinnlose Geklimper« »beinahe aus jedem Haus« später als »furchtbare Qual« (II 517).

Im Mai 1860, als Malwida mit Olga in Paris lebt, mahnt Herzen sie: »Stärken Sie den Verstand Olgas, damit sie lebensbejahend wird – sie braucht keinen Skeptizismus, nötig sind … ordentliche Aufgaben, Einhaltung von Benimmregeln … Ich bekräftige, dass nichts erreicht (wird), wenn es Ihnen nicht gelingt, sie fließend lesen und menschlich schreiben zu lehren … und (erst danach) jede Philosophie und Ästhetik.« Sein Brief wirft zugleich ein Licht auf Malwidas damaliges Erziehungsideal bei Olga: »Von der Theorie der ›schönen Möglichkeiten‹ ausgehend, schlagen Sie vor, dass man Olga eine außergewöhnliche Erziehung geben muss. So dachte ich über alle Kinder – es gab diese Zeit. Seien Sie fest überzeugt, dass es auf der Welt nichts Schlimmeres als das ›zu früh bedachte Ungewöhnliche‹ gibt.«[197] Doch für Malwida ist Olga eben mittlerweile ein ganz besonderes Mädchen!

Im Zentrum der Erziehung Malwidas steht offenbar das Bestreben, bei den Kindern die Liebe zur Natur zu wecken und zu pflegen. Gaby Vinant, die Malwida-Biografin von 1932, zu Olga noch in persönlichem Kontakt, berichtet davon, wie diese ihr erzählt habe, dass ihr in der Zeit mit Malwida »alles zum Gegenstand der Liebe und der Sympathie« geworden sei, »nicht nur die Menschen, sondern auch die Blumen und die Tiere«, so dass Ferdinand Gregorovius auf einem Spaziergang mit dem Mädchen in Rom ihr scherzhaft gedroht habe, sie würde auf dem Kapitell einer Säule platziert werden, wenn sie immer weiter fortfahre, die zahlreichen Hunde zu streicheln.[198]

Herzen allerdings zeigt sich ihr gegenüber immer wieder gereizt und möchte, wenn er sich einsam fühlt, dass sie mit den Kindern aus Italien, wo sie mit ihnen gerade weilt, zu ihm nach England zurückkehrt: »Sie werden unmenschlich und menschenfeindlich. Das ist die Atmosphäre (air) von Capri.«[199] Und ein andermal halb scherzhaft, halb gereizt: »Denken Sie nicht, dass ich Sie wie Satan in Versuchung führe.« Malwida lässt sich dazu bewegen, in der Sommerzeit mit den Kindern nach England zurückzukehren, versichert jedoch, im Winter halte sie es in den Nebeln von London nicht aus.[200] Mehr und mehr wird es ihr zur Überzeugung, dass der Süden für sie nicht nur wohltuend, sondern auch lebenswichtig sei. Herzen gibt nie die Hoffnung auf, die Familie doch noch wieder zusammenzuführen, ob in der Schweiz, in Turin, in Nizza oder in Paris, doch er setzt sich gegen Malwida nie auf längere Zeit durch.[201] Er revanchiert sich mit immer neuen Sticheleien, so nach der Lektüre eines Essays von ihr: Sie sei eine schlechte Psychologin.[202] 1863 bezweifelt er einen Bericht Malwidas über ihre Fortschritte bei der Erziehung Olgas: Lese oder schreibe sie irgendeine Sprache korrekt, beherrsche sie die Grundrechenarten? Solange das nicht der Fall sei, solle

Malwida Geschichte, Kunst, Geografie etc. beiseitelassen.[203] Und noch 1866: Zwar habe er einen Brief von Olga sehr unterhaltsam gefunden, doch ihre Rechtschreibung werde eher schlechter als besser; Malwida möge Ästhetik und Philosophie beiseitelassen.[204]

Immer wieder kritisiert er bei ihr den Mangel an formaler Bildung. Doch er hat ihr gegenüber auch Witz und kündigt am 14. Juni 1864 an, er werde, wenn sie mit den Töchtern zu ihm nach London zurückkehre, »die Damen« empfangen, wie der preußische König in Potsdam den Zaren empfangen habe, nämlich in russischer Uniform: So werde er beim Empfang einen Rock von Olga anziehen.[205] Die Beziehung zwischen Malwida und Herzen ist und bleibt ein ewiges Hin und Her; zeitweise ist sie mitsamt den Töchtern mit ihm und seiner Geliebten Natalie wieder zusammen, doch das gibt neuen Stoff zum Ärger. Zwischendurch hält Herzen sowohl Malwida wie auch Natalie für pädagogisch unfähig: »Weder Nat(alie) noch Meysenb(ug) können jemals lernen, wie man Kinder erzieht. Alles, was sie tun, macht sie kaputt«, klagt er Ogareff.[206] Der bestärkt ihn mehr oder weniger darin, wenn er über Malwida schreibt: »Sie ist überzeugt davon, dass sie erziehen kann, sie ist wütend über den Misserfolg und beschuldigt Dich einer unschlüssigen Haltung. Das letzte enthält einen wahren Kern …, aber sie kann nicht bemerken, dass der große Teil in den Misserfolgen von dem Fehlen ihres praktischen Takts und erzieherischen Talents herrührt – und das erklärst Du ihr nie.«[207]

DRITTER AKT AB 1865: ERNEUTER KONFLIKT MIT HERZEN UND AM ENDE VERSÖHNUNG. 1865 eskaliert die Spannung zwischen Herzen und Malwida in dramatischer Weise, als Herzen sich anschickt, bei der Erziehung Olgas wieder selber die Regie zu übernehmen, und als er die mittlerweile Fünfzehnjährige, deren formale Bildung er durch Malwida sträflich vernachlässigt glaubt, in einem Internat in Bern anmeldet. Er selbst wohnt zu jener Zeit in Genf; da wäre ihm die Tochter viel näher als in Italien gewesen. Auch Malwida, der die Trennung von Olga mittlerweile unerträglich wäre und die ihr Leben plötzlich wieder sinnlos geworden sieht, begibt sich mit tiefem Groll nach Bern, klagt jedoch schon bald, dass sie es dort in ihrem Horror sowohl vor dem Internat wie auch vor dem kühlen Klima nicht lange aushält.

Was jetzt folgt, ist der wohl heftigste Konflikt ihres ganzen Lebens. Im Ringen um Olga, die bis dahin wohl größte Liebe ihres Lebens, muss sie sich als große Kämpferin für das Gute gefühlt haben wie noch nie und auch später nicht mehr. Obwohl sie darauf eigentlich stolz sein müsste – denn es ist ein siegreicher Kampf! –, schweigt sie darüber in ihren Memoiren, gewiss mit Rücksicht auf den 1870 verstorbenen Herzen, den sie nicht in ungute Erinnerung bringen will. Ihr Schreiben an ihn vom 24. Juli 1865, wo sie voller Empörung auf die bekannten Beschuldigungen Herzens[208] erwidert, ist der wohl im tiefsten ergreifende, ja verzweifelte Brief von ihr in der Biografie Berta Schleichers.[209]

Da beginnt sie mit der Klage: »Ich sehnte mich so nach Ruhe, war des Nomadenlebens so müde, fühlte so tief, dass den Kindern eine Heimat, ein bleibendes Asyl nottat, dass ich fest entschlossen war, meinerseits noch einmal das nur irgend Mögliche dazu zu tun.« Dabei hat sie auch selber immer wieder einen Zug zum »Nomadenleben«, ähnlich wie Herzen, doch jetzt wollte sie sich mit Olga und Tata dauerhaft in Florenz niederlassen, wo bereits deren älterer Bruder Alexander lebt. Aber dann: »Als der übereilte Berner Entschluss kam, war ich nicht in *kleinlicher* Empfindlichkeit gegen alle« – das muss ihr Herzen unterstellt haben –, »sondern in *gerechtem* Zorn«. Dabei hält sie es für möglich, dass Olga »die Schule zur Heimat wird«. Und tatsächlich muss sie in der Folge einsehen und gibt das auch Herzen gegenüber zu, dass das Mädchen, wenn auch weiterhin mit ihr verbunden, an der Schule »glücklich« ist![210] »Dieses Gehen zur Schule hat in Olga das Verhältnis zu mir gänzlich zerrüttet, sie sagte mir neulich …: ›Ja, aber du bist nicht meine Mutter.‹«[211] Welch ein Stich in ihre Seele!

Ganz besonders schmerzt sie der Gedanke, »dass die Entbehrung jener Poesie des Zusammenlebens zwischen Mutter und Kind, jenes Mitleiden bei des Kindes Fehlern, jenes stille Entzücken an jedem Fortschritt, an jeder edlen Regung, an jedem Strahl der Poesie, den nur das beobachtende Auge der wahren Liebe sieht – eine Lücke in meinem Leben lassen wird, die *nichts* ausfüllen kann; dass ich weiß, dass auch Olga ein Element, eine bildende Kraft in ihrem Leben verliert, die ihr nicht so leicht ersetzt wird – nennen Sie das *amour propre*, wenn Sie wollen, ich *weiß*, dass es was Besseres ist«.

Im Gedanken daran hält sie es trotz ihres Horrors vor der Kälte sogar für möglich, den Winter in Bern zu bleiben, um Olga nahe zu sein. Und doch versichert sie Herzen anklagend: »Der Vorschlag in Bern zu leben war gleich der Einladung sich in ein offenes Grab zu legen, eine Stadt so antipathisch dass es die letzte auf Erden wäre an die ich gedacht hätte, mit einem Clima das mir Leiden verspricht, von denen Sie keine Ahnung habe.« Die Bereitschaft, gleichwohl in Bern zu bleiben, verbindet sich bei ihr mit Todessehnsucht, wenn sie daran denkt, »bei der Pyramide des Cestius« begraben zu werden – ein Wunsch, der ihr einst erfüllt werden wird. Im Originaltext des Briefes spricht sie von dem »ersehnten letzten Akt des Trauerspiels, das man Leben nennt«.[212] Damals hat sie noch 38 Jahre zu leben!

Der versöhnliche Schluss des Briefes zeugt von der inneren Spannung ihrer Gefühle zu Herzen, der ihr über Jahre ein großes Vorbild gewesen sei: »Ich habe Sie jahrelang um der aufopfernden Freundschaft willen, die mir von wahrhaft antiker Größe schien, bewundert, und um nicht hinter Ihnen zurückzustehen, habe ich mehr geopfert, als Sie ahnen und je wissen werden; diese Bewunderung hat aufgehört, aber dennoch bleibe ich Ihre Freundin und Ihren Kindern eine treue Mutter, an deren Herzen sie ruhen können, wenn *sie es wollen*, so lange es schlägt.« Im Originaltext des Briefes[213], von Berta Schleicher nicht zitiert, schreibt sie, der »qualvolle Kampf der letzten Tage« sei »zu einem Abschluss gekommen«.

Schleicher hat ebenfalls die am meisten irritierende Passage des Briefes ausgelassen: »Mit Tata habe ich auch nichts mehr zu tun.« Die habe für Malwida »nicht die leiseste Aufmerksamkeit«, gebe ihr durch nichts zu erkennen, »dass ich ihr mehr bin als ein nothwendiges Möbel, das man zu beliebigem Gebrauch im Zimmer stehn hat«. Und sie mache sich Sorge, dass Olga »ebenso indifferent und kalt werden wird wie Tata«. Dabei schreibt sie fast vierzig Jahre später, kurz vor ihrem Tod, an »Liebste Tata«, Tata wisse, dass sie immer mit Liebe an sie denke![214]

Herzen – längst nicht mehr voller Selbstbewusstsein, sondern seiner selbst höchst unsicher – schreibt ihr am 7. August 1866 aus Genf auf Französisch einen versöhnlichen, ja reumütigen Brief, wo er sie mit »Chère philosophe et amie« anredet und »philosophe« erläutert: Ihre Philosophie sei gut, weil sanft und menschlich; seine eigene sei auch menschlich, aber bitter. Er sei schuld an vielem und werde dafür schrecklich bestraft und erniedrigt. Das Familienleben habe bei ihm an zweiter Stelle gestanden, das habe sich an ihm und seinen Kindern gerächt. Er mache sich deshalb Vorwürfe und habe Gewissensbisse bekommen. Immer noch möchte er Olga zumindest im Winter auf ein Internat schicken.[215] Doch gegen die selbstbewusste Malwida kommt er offenbar nicht an; diese geht mit Olga und Tata erneut nach Florenz.

Das Hin und Her setzt sich noch eine Zeit lang fort. Am 15. November 1866 schreibt er einen Brief, wo er sie halb ironisch mit »Très chère florentine« anredet und sie beruhigt. Er habe nie an einen »Raub der Proserpina« gedacht, im Klartext: Er wolle ihr Olga nicht wegnehmen. Doch in Olgas Briefen sei kein Wort ohne Fehler, Malwida solle sich endlich mehr um Rechtschreibung kümmern.[216] An anderer Stelle: »Wozu dieser unnötige Ballast der hinduistischen Gedichte, den man unmöglich aushalten kann?«[217] Kurz darauf: Im Grunde sei er traurig und zerrissen: Alles, was er sich vorgenommen habe, sei misslungen, die Jugend nennt ihn mürrisch und intolerant.[218] Nichts von einem Vertrauen darauf, er selbst könne seine Kinder besser erziehen als Malwida! Nebenbei erkennt man, dass sie von ihm für die Kindererziehung, wie nicht anders zu erwarten, Geld bekommt. Herzen schreibt sogar an anderer Stelle, sie habe ein »wahres Finanztalent« und stellt sie – natürlich ironisch – neben Cobden, den großen Nationalökonomen.[219]

Am 8. Dezember 1866 dann ein erstaunliches Kompliment auf Deutsch: Malwidas Brief habe ihm »wie immer« Vergnügen bereitet.[220] Aus seinen verärgerten, mitunter abschätzig wirkenden Briefen ist also doch keine grundsätzliche Geringschätzung Malwidas zu folgern. Einen Monat darauf wirft er ihr vor, sie sei ihm gegenüber sehr ungerecht; doch er habe nicht die Kraft, ihr böse zu sein. Noch immer ist für ihn Ogareff, der Ehemann seiner Geliebten, der Freund, der ihm am nächsten steht; und zugleich erkennt er, dass Natalie, fern davon, in der Liebe zu ihm ihr Glück zu finden, ein tief unglückliches Wesen sei. Immer wieder möchte er Olga doch auf eine Schule schicken, doch aus dem ganzen Brief erkennt man, dass er nicht mehr die Kraft hat, sich gegen Malwida durchzusetzen. Von sich selbst sagt er, es gebe für ihn kein höheres Ideal als die Ruhe, doch dieses Ideal sei ihm unerreichbar.[221] Zu seinem Sohn redet er über Malwida in einer abfälligen Weise, wie er dies ihr selbst gegenüber nicht gewagt hätte: Er spricht von ihrer »idealistischen stumpfsinnigen Klugheit« und ihrer »moralischen Blindheit«. »Du weißt, dass Malw(ida) mit offenen Augen nichts sieht.«[222]

In einem Brief aus Bern am 2. Juli 1867 redet er sie gleichwohl mit »Chérissimé des Malvides« (sic!) an – natürlich ein humorvoller Plural, denn es gibt ja nur *eine* Malwida! –; und er, der selbst so viel gereist ist, pflaumt sie mit ihrer Reiserei an: »Sie haben etwas vom Blut des Vasco da Gama und Magellan, furchtlose Reisende, festlandflüchtig und lagunenliebend.«[223] Man erkennt bei beiden einen ähnlichen Zwiespalt zwischen Sehnsucht nach Ruhe und oftmals unruhigem Leben! Am 7. Dezember 1867 berichtet Malwida ihrer Schwester Laura, Herzen sei liebenswürdig und umgänglich wie seit Jahren nicht. »Ich erquicke mich förmlich an der unversiegbaren Frische seines Geistes und der Versöhnung und Harmonie, die, wie bei allen wirklich großen Naturen, das Alter über ihn bringt.«[224] Gewiss möchte auch sie selbst zu diesen »großen Naturen« gehören! Am 20. Dezember redet sie Herzen nach einem versöhnlichen Schreiben von ihm in einem Brief aus Italien mit »Carissimo« an, spricht von dem »Lichtstrahl«, der von seinem Brief ausgehe, und fährt fort: »Seit langem habe ich mich nicht mehr so vollständig mit Ihnen in Harmonie gefühlt wie dieses Mal.« Und wie er erkennt sie eine Gemeinsamkeit zwischen ihnen in der Ähnlichkeit mit dem in Illusionen aus der Vergangenheit lebenden irrenden Ritter des Cervantes: »Ja, Sie haben Recht, wir sind schon ein wenig die Don Quichottes aus einer anderen Welt, und die gegenwärtige Generation begreift uns überhaupt nicht mehr.«[225] 1868, als Herzens Zeitschrift »Die Glocke« – die zeitweise sogar Zar Alexander II. mit Interesse gelesen haben soll – nach Rückgang der Abonnenten ihr Erscheinen eingestellt hat und ihn das Gefühl der Sinnlosigkeit seiner politischen Aktivität überkommt, schreibt ihm Malwida, die solche Stimmungen nur allzu gut kennt, sichtlich von Wagner inspiriert: »Ich begrüße Sie auf der Schwelle der Walhalla, wo sich die Helden nach dem Kampf versammeln, und bei unserem nächsten Wiedersehen (in Walhalla? J. R.) wollen wir gemeinsam auf die Gesundheit aller wahren Idealisten anstoßen – denn Sie, sagen Sie was Sie wollen, sind doch auch einer – und die zuletzt auch die wahren Realisten sind, denn sie haben den Takt des richtigen Augenblicks.« (III 447) Sie veröffentlicht dieses Bekenntnis einer tiefen Seelengemeinschaft mit Herzen über alle Streitereien hinweg in ihren »Erinnerungen an Alexander Herzen«, die sie im Jahr 1900 der Neuausgabe ihrer »Stimmungsbilder« hinzufügt.[226]

Kurz vor seinem Tod liest er noch die 1869 erschienene französische Erstausgabe ihrer Memoiren und pflaumt sie wieder einmal an, kurz nachdem er über ihre neue Faszination durch Bismarck gelästert hat: »Welcher Dämon hat Sie angestoßen, sie auf Französisch zu schreiben? Alles Französische ist in Deutschland verhasst.«[227] Ende 1868 wirft er ihr vor: Vor einem Jahr habe sie ihm geschrieben, sie wolle Olga noch ein Jahr behalten und sie ihm dann »vollendet« zurückgeben; jetzt verlange sie zwei, drei weitere Jahre«[228] – er hat nur noch wenig mehr als ein Jahr zu leben! Man kann sich vorstellen, dass er nach dem Tod der mit Natalie gezeugten Zwillinge Olga umso mehr vermisst. Ogareff gegenüber spricht er von einer »systematischen Intrige von Malwida, die das Ziel hat, Olga von allem und vor allem von mir zu trennen«.[229] Und am 27. Dezember 1868 gehässig und abfällig wie noch nie: »Sie hat sich für den Auszug aus dem Haus 1856 gerächt … Still, mit heruntergeschlagenen aufgedunsenen Augen hasst Meys(enbug) leise alle unsere teuren Ansichten und Rettet Olga vor ihnen – in die alte Fahrrinne und war selbst ohne Verstand.«[230]

In diesem Ton wagt er nicht mit Malwida umzugehen. Anfang 1869 bittet er sie: Könne Olga nicht wenigstens einen Monat zu ihm kommen?[231] Man sieht: Nicht er, sondern nur noch Malwida hat über Olga zu entscheiden. Sehr selbstbewusst erwidert sie am 17. Februar 1869, sie bereue nicht, Olga von ihm ferngehalten zu haben, da sein umherziehendes Leben sie nicht zu dem gemacht hätte, was sie sei. Sein Brief habe sie »schrecklich traurig« gemacht, als ob sie ihm nicht nur die Person, sondern auch das Herz seiner Tochter geraubt habe.[232] Am 3. März 1869 beschwichtigt er sie, die Idee, sie von Olga zu trennen, sei ihm nicht in den Sinn gekommen, das sei »ein Hirngespinst« Malwidas. Der Brief beginnt: »Pax vobiscum – et con spiritu tuo!« Doch dass Olga die russische Sprache fast vergessen habe, sei einer der härtesten Schläge, die sie ihm ohne Absicht versetzt habe.[233]

Man bekommt Mitleid mit Herzen, wenn man liest, dass Malwida am 1. September 1868 ihrer Schwester Laura voller Selbstbewusstsein versichert: »Ich habe doch wirklich mehr Rechte auf dies Kind als selbst ihr Vater, denn ich habe sie geistig neu geboren und sie behüthet vor vielem Übel das ihr aus der zerstreuten Kindheit her anklebte.« Daher möchte sie Olga »so lange als möglich hüthen vor dem Übergewicht der russischen Einflüsse, die unfehlbar im elterlichen Hause wieder die Oberhand gewinnen würden«.[234] Am 30. September 1869 wirft Herzen ihr – wie man sieht, nur allzu begründet – erneut vor, sie habe ihm Olga entfremdet; ob sie keine Reue verspüre? Mit Entsetzen stelle er sich vor, dass – wenn er stürbe – Olga ihn nicht kenne.[235] Er stirbt am 18. Januar 1870 im Beisein seiner Tochter und Malwidas mit nicht einmal 58 Jahren.[236] In seinem Testament überträgt er Malwida die Verwaltung seines Nachlasses.[237] Nicht zuletzt mit Blick darauf gibt es Grund zu der Vermutung, dass die Beziehung zu Herzen für Malwida auch finanziell von Nutzen gewesen ist.

Malwidas Trauer über Herzens Tod wird sich in Grenzen gehalten haben, da sie nun glauben konnte, ihre geliebte »Olli« – die Malwida »Mali« nennt – nun endlich ganz für sich allein zu haben. Aber – am 7. März 1873 heiratet die mittlerweile 23-jährige Olga den sechs Jahre älteren Historiker Gabriel Monod und zieht zu ihm nach Versailles. Diesen Hochzeitstag empfindet Malwida damals als größten Unglückstag ihres Lebens. Nur langsam erholt sie sich innerlich davon. Dabei ist eine Heirat in diesem Alter zumal bei einer Frau ganz natürlich, und zudem hat Malwida zu Monod, den sie seit 1866 kennt, längst eine freundschaftliche Beziehung gewonnen und schätzt ihn hoch, ebenso wie er sie lebenslang liebevoll zu schätzen weiß. 1870 schreibt sie sogar ihrer Schwester Laura über Olga und Monod, der sie »beinahe täglich« besuche: »Ich hoffe gewiss, dass sich die Lebenswege dieser beiden jungen Wesen dereinst vereinen.«[238] Daher sollte sie doch glücklich sein, als dies geschieht! Und doch teilt sie diese ihre Trauer mit erstaunlicher Offenheit diversen Bekannten mit, obwohl dies sie selbst nicht gerade in ein günstiges Licht rückt, vielmehr den Verdacht auf einen besitzergreifenden Zug der Liebe zu ihrer Adoptivtochter weckt.

Noch in ihren »Stimmungsbildern« bekennt sie, dass sie an dieser »Tochter der freien Wahl« »alle Stufen der tiefsten Mutterliebe erfuhr« und »die Überzeugung gewann: dass man nicht leibliche Mutter zu sein braucht, um wie eine Mutter zu lieben« (IV 18). Doch eine gute Mutter muss akzeptieren oder gar begrüßen, dass ihre Tochter mit dem Erwachsensein selbstständig wird und einen passenden Ehepartner findet. Aber in Wahrheit ist Malwidas Liebe zu Olga mit den Jahren eben mehr als bloße Mutterliebe geworden. Sie wurde eine große, eine leidenschaftliche Liebe offenbar mit der Hoffnung, aus dieser Beziehung werde eine dauernde Partnerschaft werden. Das muss Malwida mit der Zeit auch selbst eingesehen haben. In ihrer Novelle »Zu spät«, die erst posthum (1907) veröffentlicht wird, geht ein junger Russe, Iwan, an falscher Erziehung früh zugrunde, worauf seine Mutter klagt: »O Iwan, Iwan, meine blinde Mutterliebe ist es, die Dich ins frühe Grab stürzt!«[239]

Malwidas Liebe zu Olga setzt sich bis zu ihrem Tod in einer überaus intensiven und liebevollen Brieffreundschaft fort, die von Zeit zu Zeit durch Besuche unterbrochen wird, das eine Mal von Malwida in Versailles, das andere Mal von Olga in Rom, wo sie zusammen mit Gabriel Monod noch an Malwidas Sterbebett steht. Berta Schleicher, die 1925 eine Auswahl von Malwidas Briefen unter dem Titel »Im Anfang war die Liebe« herausbringt, schätzt die Gesamtzahl der Briefe in den dreißig Jahren von 1873 bis 1903 auf etwa dreitausend.[240] Olgas Gegenbriefe sind bislang anscheinend nicht bekannt; ihre Anzahl dürfte sich in einer vergleichbaren Größenordnung gehalten haben, denn Malwida jubelt am 19. Oktober 1873: »Geliebtes! Deine Briefe fliegen mir buchstäblich zum Fenster herein.«[241] Zumindest in Berta Schleichers Auswahl finden sich keine Klagen über mangelnde Gegenbriefe der Geliebten, auch wenn Malwida nur selten auf Briefe Olgas eingeht.

Die Briefe Malwidas handeln ganz überwiegend von ihr selbst. Am 26. März 1874 mahnt sie Olga: »Du aber bewahre diese Briefe, denn sie sind wie Tagebücher meiner Seele, und wenn Du sie später im Leben einmal wiederliesest, wirst Du sie auch noch mehr verstehen.« Und sie schließt mit der Verkündigung aus den altindischen Upanishaden, mit dem sie am 4. Oktober 1869 die Neunzehnjährige am Gardasee taufte: »Tat twam asi, mein Lulu«[242] – »Das bist du«, in der Sicht Schopenhauers: Das Absolute ist mit dir wesensgleich; Meister Eckart würde sagen: Gott ist in dir, in deinem Herzen. Diese Erhöhung Olgas verbindet Malwida, so am 6. März 1875, mit einem hohen Anspruch: »Sei meine Unsterblichkeit in der Menschheit, indem Du jenen Samen idealer Weltanschauung fortpflanzest in Deinen Kindern und durch sie in ferne Generationen.«[243] Und selbstbewusst-superlativisch im Stil eines Liebesbriefes am 7. Oktober 1876: »Eine ungeteiltere Liebe als die meine für Dich existiert wohl schwerlich auf der Welt.«[244]

Wie Olga derartige Beteuerungen, die zugleich in hohem Maße verpflichtend sind, aufgenommen hat, darüber lässt sich nur spekulieren, doch auch von ihrer Seite muss das Verhältnis liebevoll geblieben sein.[245] Immer wieder macht sich Malwida Sorge um Olgas Gesundheit, besonders während der Schwangerschaften, doch Olga erreicht ein Alter von 103 Jahren! Im Übrigen führt Malwida von jetzt ab bis zu ihrem Tod einen überaus lebhaften Briefwechsel mit der von ihr bis dahin vernachlässigten, wenn nicht gar missachteten »Tata« = Natalie, die unverheiratet bleibt.

EINE »FEUERSEELE IN EWIGER ERREGUNG« (MALWIDA ÜBER HERZEN)[246]: VERBUNDENHEIT DURCH SPANNUNG. In seinen Erinnerungen spricht Herzen voller Selbstironie von der »echt russischen Unordnung in meinen Anschauungen«.[247] Diese Unordnung kann der heutige Herzen-Leser nur bestätigen; wieweit sie »echt russisch« ist, sei dahingestellt. Schon bei Theodor Althaus begegnete Malwida, wie wir sahen, eine tiefe innere Gespaltenheit; diese ist bei Herzen noch weitaus heftiger, doch ganz fremd ist ein derartiger Zwiespalt auch ihr selbst nicht. Bei beiden verbinden sich wechselnde geistige Positionen mit oftmals rapiden Stimmungswechseln. Am 13. August 1853, in der ersten Zeit ihrer Bekanntschaft, bezeichnet Herzen in einem französischen Brief an Malwida sein Leben zuerst als zerrissen und wüst. Dann: »Eines, was ich in meinem Leben rasend (frénétiquement) liebe, ist die Unabhängigkeit« – Ähnliches, wenn auch nicht »frenetisch«, könnte Malwida auch von sich selbst sagen. Und mit Blick darauf fährt Herzen fort, er habe ein glückliches Leben gehabt. »Der Kampf ist meine Poesie. … Alles Übrige ist mir nahezu gleichgültig.«[248] Malwida gibt sich ebenfalls gerne als Kämpferin, wenn man auch bei ihr wie bei Herzen fragen muss, was hier »Kampf« konkret bedeutet.

In ihren Memoiren (II 17) berichtet Malwida, wie Herzen darüber wild empört ist, dass der von ihm bis dahin hochgeschätzte und mit ihm eng befreundete (III 443) Frühsozialist Proudhon auf einmal »den Menschen der Familie zum Holokauste bringen« wolle[249] – und dabei hat er, der fanatische Individualist, zeitweise doch große Sehnsucht nach seinen Töchtern! Diese innere Gespaltenheit kennt auch Malwida nur zu gut; so kann sie, wie wir sahen, die »Tyrannei der Familie« anprangern und dennoch ein neues Glück finden in der »Familie der freien Wahl« – so ihre Kapitelüberschrift (I 381) – im Hause Herzen. Und in dem Zusammenhang bekennt sie (I 390 f.): »Meine natürliche Neigung zum Familienleben trat wieder vollständig hervor. Ich dachte viel über die damals überhandnehmende Tendenz nach, die Familie zu zerstören und sie gleichsam als den Tod der Individualität hinzustellen.« Dass in dieser Weise manchmal auch Herzen redet, verschweigt sie.

Einen Zwiespalt erkennt man bei beiden nicht nur in persönlichen, sondern auch politischen Anschauungen. Beide sind emigriert, um in voller Freiheit eine politische Mission erfüllen zu können, und doch werden beide mehr und mehr von der Einsicht in die Sinnlosigkeit der Exilpolitik überkommen. Immer wieder sprüht Herzen geradezu vor Verachtung über die Emigranten. In seinen Erinnerungen schreibt er: »Alle Emigranten, die von der lebendigen Umgebung abgeschnitten sind, in die sie hineingehören, schließen ihre Augen, um die bittere Wahrheit nicht sehen zu müssen, träumen sich immer mehr in eine phantastische Welt hinein.«[250] Ungeachtet seiner Freundschaft mit Malwida zieht er ganz besonders über die deutschen Emigranten her: »Die deutsche Emigration unterschied sich von den anderen durch ihren schwerfälligen, langweiligen und zänkischen Charakter.«[251]

Verbunden mit der politischen Frustration ist der Verlust des Glaubens an den Fortschritt. Wie so viele revolutionäre russische Intellektuelle jener Zeit kommt Herzen geistig von Hegel her[252] und hätte in der Geschichte und Zukunft gerne eine fortschreitende Entfaltung des Weltgeistes erkannt. Noch am 22. September 1851 schreibt er an den französischen Historiker Jules Michelet in einer Mischung aus Hegelianismus und naturphilosophischem Biologismus: »Die Völker sind Produkte der Natur; die Geschichte ist die progressive Fortsetzung der tierischen Entwicklung.«[253] Doch dann verfällt er vom Glauben an den Fortschritt in das entgegengesetzte Extrem: »Die Geschichte ist die Autobiographie eines Wahnsinnigen.«[254] »Wir haben uns genug über die abstrakte Weisheit der Natur und der historischen Entwicklung gewundert; es ist endlich Zeit, einzusehen, dass es in Natur und Geschichte viel Zufälliges, Törichtes, Misslungenes, Verworrenes gibt.« Das möchte man am liebsten nicht wahrhaben: »Das Bewusstsein der Ohnmacht der Idee, der Mangel einer zwingenden Macht des Gedankens über die reale Welt kränkt uns und macht uns traurig.«[255]

Diese Trauer kennt gewiss auch Malwida nur zu gut, doch lebenslang sucht sie immer wieder an die Macht der Idee zu glauben. In ihren »Erinnerungen an Herzen« berichtet sie, wie sie ihm, als er wieder einmal vom Gefühl der Sinnlosigkeit des Daseins übermannt wird, sehr hegelianisch entgegenhält, »dass das Leben kein bloßes Auf- und Untergehen ohne anderen Zweck als den der Neuheit sei, nicht das bloße Spiel einer kalten Notwendigkeit oder eines Zufalls«, vielmehr »die Gesamtentwicklung des Bewusstseins … zu neuen Idealen fortschreite, zu dem vollkommeneren Kunstwerk des Daseins, zu dem die vorhergehenden Epochen den Weg gebahnt« (III 429 f.).

Der *Idealismus*: auch dies ein Spannungsfeld, zugleich jedoch Element eines Seelenbundes zwischen Malwida und Herzen! Der 1873 in St. Petersburg geborene Otto Buek, der 1907 eine deutsche Übersetzung von Herzens Erinnerungen herausbringt, schildert ihn einleitend mit spürbarer Faszination geradezu als Prototyp des Idealisten, lässt jedoch zugleich einen inneren Zwiespalt erkennen: »Die Sehnsucht nach dem Letzten und Höchsten trieb ihn immer wieder hinaus über das Erreichte und Gegenwärtige, sein unruhiger Geist zerbrach alle Götzen, welche die Menschheit und er selbst in ungestümem Wahrheitsdrange erschufen.«[256] »Und er selbst«! Doch schon in seinem Buch »Vom anderen Ufer«, über das ihn Malwida zuerst kennenlernte, habe er eine Bilanz von 1848 gezogen: »Das Ergebnis war ein schreckliches, niederschmetterndes. Das Jahrhundert war seinem Ideal nicht reif; er zog sich grollend, aber nichts bereuend, in eine große, einsame Resignation zurück.«[257] Wie seine Biografin Vera Piroschkow den Idealismus Herzens schildert, enthält dieser nicht nur politische und soziale Wunschbilder, sondern auch viel Sehnsucht nach dem Schönen und Edlen.[258] Darin ist er dem Idealismus Malwidas verwandt. In ihren späteren »Erinnerungen« an ihn hebt sie hervor (III 384): »Dieses Element eines angeborenen Aristokratismus neben der kühnsten Freiheit des Denkens gab seiner Persönlichkeit den eigentümlichen Reiz, der keinem der übrigen politischen Flüchtlinge eigen war.« Einen »angeborenen Aristokratismus«, der mit den Jahren zunimmt, erkennt man auch bei ihr selbst!

Vera Piroschkow schreibt, Herzen sei zugleich Idealist und Materialist gewesen, und nicht zuletzt darin bestehe seine innere Gespaltenheit: »Wir sehen aber Herzen auch hier in der Klemme zwischen seinem aus der Strömung des Jahrhunderts angenommenen Materialismus und seinem eigenen tieferen Denken, das ihn immer wieder unbarmherzig an die Grenzen und Widersprüche seiner angenommenen Weltanschauung stößt.«[259] Auch Malwida, schon früh von den stürmisch fortschreitenden Naturwissenschaften fasziniert, wird sich – wie wir sehen werden – nicht weniges vom Materialismus jener Zeit aneignen, doch ohne derart tiefe Störung ihrer inneren Harmonie.

Herzen stellt seinen »Briefen über das Studium der Natur« ein Zitat aus einer »Philosophie der Hindus« voran: »Natur ist eine Bayadere, die in Sicht des Geistes tanzt, der sie zurechtweist wegen der Schamlosigkeit, mit der sie ihre Nacktheit allen, die sie sehen, offen legt.«[260] Da attackiert er stellenweise den Idealismus, den ja in »Vom anderen Ufer« ein Sprecher sogar als »Nervenkrankheit« verspottet hat: Er sei »die Scholastik der protestantischen Welt« und habe »nichts für das Studium der Natur getan«. »Der Idealismus hat stets etwas unerträglich Unverschämtes verkörpert.«[261] Doch dann: Die Naturalisten bildeten sich nur ein, in den Naturwissenschaften strikt empirisch zu sein, auch sie haben ihre Arroganz und ihre Illusionen. »Sie überschreiten die Grenzen des empirischen Wissens, ohne dies zu bemerken.«[262]

Im Kontrast dazu findet man bei Malwida zwischen Ideal und Natur eine tiefe Harmonie. Doch wenn Herzens Ausführungen in Begeisterung für Goethe münden,[263] erkennt man erneut eine tiefe Gemeinsamkeit zwischen ihm und Malwida. Letztlich sucht auch er nach einer Synthese von Idealismus und Naturalismus, so wie man sie in klassischer Form bei Goethe findet – in dessen Leben, nicht unbedingt in seinem Denken –, wenn er als Ideal einen Sozialismus hinstellt, der auf die organische Zelle gegründet ist.[264] Über den Idealismus Malwidas äußert er sich wiederholt kritisch, wenn auch nicht abfällig. Am 2. Juni 1859, kurz bevor er ihr anbietet, doch wieder die Erziehung seiner Töchter zu übernehmen,[265] bezieht er sich auf Französisch auf einen »sehr traurigen« Brief Malwidas ein, in dem sie noch immer verteidige, »eine Idealistin zu sein«. Da möge sie überlegen, wieso sie immer wieder habe feststellen müssen, sich im Urteil über Menschen getäuscht zu haben. Er betrachte dies nicht als Fehler, aber als Romantik. Sie sei ein ganz und gar guter Mensch, neige jedoch dazu, alle anderen auch für gut zu halten.[266] Und am 28. Oktober des Jahres, diesmal auf Deutsch: »Mit Ihrem ewigen Idealismus sehen Sie die Realitäten gar nicht.«[267] Und doch überlässt er ihr jetzt wieder die Erziehung seiner Töchter; vermutlich hat er für derartige Probleme Malwidas aus eigener Erfahrung Verständnis.

ZÄRTLICHKEIT ZWISCHEN ANTIPODEN: MALWIDA UND MAZZINI, DER GOTTGLÄUBIGE VERSCHWÖRER, »FEUERGEIST« UND »FANATIKER«. Liest man Herzens Klagen über Vereinsamung, kann man fast vergessen, dass bei ihm im Exil gleichwohl viele Fäden zusammenliefen. So publizierten in seiner Zeitschrift »Kolokol«, »Die Glocke«, Prominente wie Proudhon, Victor Hugo, Michelet, Garibaldi und Mazzini. Offenbar hegt er für die beiden Letztgenannten besondere Sympathie; er unterstützt Mazzini mit einer hohen Summe[268], und am 27. April 1864 veranstaltet er in London ein Festmahl zu Ehren Garibaldis, bei dem auch Mazzini zugegen ist und Garibaldi ihm ungeachtet der Konflikte zwischen beiden einen Trinkspruch ausbringt mit dem höchsten Kompliment: »Er allein hat das heilige Feuer bewahrt, während alle Welt schlief.«[269]

Zwischen Giuseppe (auch Joseph) Mazzini (1805–1872) und Malwida, die ihn zuerst 1853 bei Herzen kennengelernt hat (III 480), entwickelt sich ab 1857 eine geradezu zärtliche Freundschaft: in jener Zeit, als sie durch die Trennung von Herzen in tiefe Trauer gestürzt ist, nicht mehr in der Mutterrolle für Olga aufgeht und daher neue Freundschaften braucht, die die Leere ihres Lebens füllen. Gerade in ihrer Beziehung zu Mazzini, der sich ihr »Freund und Bruder« nennt, kann man verfolgen, wie Malwida ihre Kunst der Freundschaft weiter ausbildet, selbst über zunächst konträre Überzeugungen hinweg; von daher verdient diese ihre Beziehung besondere Beachtung.[270] In ihren Memoiren berichtet sie eine Szene, die erkennen lässt, dass diese Freundschaft auch mit Humor gewürzt ist: Am Meeresufer ist sie ganz in ihre Arbeit vertieft, »als plötzlich ein Regen von kleinen Steinchen um mich niederfiel«. Sie blickt auf und erkennt über sich Mazzini (II 82): da wird ihre Beziehung offenbar zu einer liebevollen Freundschaft – mit diesem Mann, »dessen Namen die Tyrannen zittern machte und den alle, die ihn näher kannten, schwärmerisch liebten und verehrten« (II 83).

Dabei sind ihrer beider Überzeugungen eigentlich in Kernpunkten konträr: Im Gegensatz zu Malwida ist Mazzini tief gottgläubig; das geht bis zu einem Hass auf den Antiklerikalismus Garibaldis[271]. »Dio e Popolo«, »Gott und Volk«, ist die Parole der von ihm inspirierten Bewegung des »jungen Italien«, »Giovine Italia«.[272] Wie Malwida berichtet, neckt er sie eines Abends »mit Hinneigung zu Kommunismus, Atheismus usw.«, doch am Morgen darauf erhält sie von ihm ein Briefchen, sie möge diese Scherze doch nicht ernst nehmen. »Sie haben zu viel Poesie in der Seele, um Atheistin, Kommunistin, Feuerbachianerin zu sein.« (II 95 f., wieder III 485 f.) Wirklich? Malwida bemerkt: »Ich stimmte ihm durchaus nicht in allem bei, aber der Zauber einer so erhabenen Persönlichkeit weckte auch in mir das Gefühl tiefster, bewundernder Anhänglichkeit.« (III 483)

Mazzini, der 1831 die Organisation »La Giovine Italia«, »Junges Italien«, ins Leben gerufen hat, gründet nach deren Vorbild 1834 im Schweizer Exil auch eine Vereinigung »Junges Europa«.[273] Doch das vereinte Europa seiner Träume soll offenbar von Rom aus beherrscht werden. Sein Rom-Kult enthält einen romantischen italienischen Nationalismus und verbindet sich bei diesem tiefreligiösen Mann mit der Hoffnung auf einen gleichgesinnten Papst. Malwida berichtet von seinem »fast mystischen Glauben an die Bedeutung Roms«, »indem der Name Roma, umgekehrt Amor, gleichsam vorzeichne, dass Rom zum dritten Male die Welt beherrschen werde, aber diesmal durch die Macht der Liebe« (I 364). 1860 schreibt er: »Das Prinzip der Nationalität ist mir heilig. Ich glaube, dass es das herrschende Prinzip der Zukunft wird.«[274] Das war schwerlich die Überzeugung Malwidas, doch sichtlich ist sie fasziniert; und Rom wird ihr in den letzten dreißig Jahren ihres Lebens zur Heimat werden.

Im Unterschied zu Garibaldi, dem kühnen Krieger, ist Mazzini, obwohl als Mensch ein offener und sanfter Typ, lebenslang ein großer Verschwörer, der weite konspirative Netzwerke knüpft, mit dieser von außen unsichtbaren, daher unheimlichen Macht als »eine unsichtbare Regierung mit eigener Polizei« bei seinen Gegnern gefürchtet ist[275] und als Drahtzieher der immer neuen Aufstände in Italien gilt.[276] Carl Schurz, der ihn in seinem Londoner Exil gut kannte, erinnert sich später: »Mazzini galt in revolutionären Kreisen, besonders bei uns jungen Leuten, als das Haupt von zahllosen Geheimbünden, als eine mysteriöse Macht … Man erzählte sich wunderbare Geschichten … von seinem plötzlichen, fast zauberhaften Erscheinen unter seinen Getreuen hier und dort, von seinem ebenso zauberhaften Verschwinden … und von der unübertrefflichen Geschicklichkeit, mit der er sich in den Besitz der Geheimnisse der Regierungen zu setzen wisse … Die dunklen Augen glühten in rastlosem Feuer.«[277]

Immer wieder hämmert Mazzini ein: Auf die *Organisation* kommt es an. 1858 fordert er Malwida auf: »Suchen Sie den deutschen Arbeitern zu beweisen, dass die beste Methode, um zu verhindern, dass die Revolution in einem engen politischen Gebiet stecken bleibt, darin besteht, das Volk zu organisieren.«[278] Und: »An dem Tag, wo wir alle organisiert sind wie die Armee, werden wir triumphieren. Und es ist eine Schande, wenn wir das nicht tun, obwohl wir dazu fähig sind.«[279] Später im »Lebensabend« schreibt Malwida (II 230): »Für Mazzini existierten die Menschen nicht, für ihn gab es nur *eine* Sache.« Da ist sie selbst ein sehr anderer Menschentyp, doch »aus Zartgefühl« schweigt sie damals über »die Verschiedenheit unserer Ansichten«. Ihre gesamte Lebensgeschichte zeugt nicht eben von einem ausgeprägten Sinn für Organisation. Zu alledem hätte sie eigentlich entsetzt sein müssen, als ihr Mazzini im September 1859 verkündet, er sei von einem europäischen Krieg überzeugt und finde das gut![280] Offensichtlich ist ihm alles recht, wenn es zum Zusammenbruch des Habsburger-Reichs führt und das neue Italien Venezien und das Trentino erlangt. »Nach Venedig! Nach Venedig!«, ruft er.[281]

Durch und durch ist er italienischer Patriot, mindestens so sehr wie Revolutionär; wiederholt kündigt er an, er werde selbst Viktor Emanuel, den König von Savoyen-Piemont und künftigen Herrscher über ein geeintes Italien, in einem wahrhaft patriotischen Krieg unterstützen.[282] Nicht nur Malwida, sondern auch Cavour, der kommende italienische Bismarck, muss erkannt haben, dass Mazzini höchst unterschiedliche Seiten hat: Einerseits bezeichnet er ihn als einen Verbrecher, der gnadenlos exekutiert werden müsse; andererseits verhindert er seine Verhaftung, als Mazzini in Savoyen-Piemont ertappt wird, und lässt ihn insgeheim wissen, dass er ihn bei einem Aufstand gegen den Herzog von Modena unterstützen werde. 1859 fördert er »mazzinische« Aufstände in der Lombardei und Mittelitalien, damals erfolglos.[283] »Lächelnd« erzählt Mazzini gleichwohl später Malwida, wie einst »die neapolitanischen Volkshaufen sein Haus umgeben, und, von den Agenten Cavours aufgewiegelt, geschrien hätten: ›Tod dem Mazzini!‹« (II 231). Die Vorgeschichte der italienischen Einigung enthält ein weit bizarreres Hin und Her als die der deutschen durch die drei siegreichen Bismarck-Kriege.

Mit heller Begeisterung schildert Malwida ihre erste Begegnung mit Mazzini im Hause Herzen. »Lange schon hatte ich gewünscht …, den Feuergeist kennen zu lernen, an dessen Flammen ein ganzes Volk seit zwanzig Jahren seinen patriotischen Enthusiasmus unter Priester- und Despotendruck aufrechterhalten hatte.« Überrascht ist sie »von der gänzlichen Einfachheit und Bescheidenheit in Haltung und Auftreten« dieses Mannes, »vor dessen politischer Bedeutung mächtige Fürsten zitterten«. Beim Blick in seine »dunklen Augen, aus denen zugleich das Feuer des Fanatikers und die Milde des Gemütsmenschen sprachen«,[284] fühlt sie sich »gleich wie gebannt in den Zauberkreis dieses Menschen«. (I 363) Mit derartiger Faszination schildert sie keinen anderen Exilpolitiker!

Er ist der einzige Mensch, dem sie in ihren Memoiren ein eigenes Kapitel widmet (II 91–108). Obwohl sich seine Ideale nicht durchweg mit den ihrigen decken, idealisiert sie ihn wie kaum einen anderen Menschen, auch wenn sie wiederholt darauf hinweist, dass sein »Idealismus« ihn mitunter in die Irre geführt habe (II 93, 141), insbesondere durch dessen Fanatismus. So habe er »den Irrtum aller fanatisch Gläubigen« begangen, »eine Form für sein Ideal erzwingen zu wollen, die der lebendigen Strömung der geschichtlichen Entwicklung entgegen war« (II 137). Vermutlich denkt sie an seine Verbindung von »Volk und Gott« in einer Zeit der Säkularisierung. Aber gleich darauf: Dennoch verdiene er es von seinem Charakter her, »als einer der edelsten in der Reihe der Sterne seines Vaterlandes zu leuchten«. »Kein Heiliger der Kirche, kein Glaubensheld hat mehr sein Leben zum Ausdruck seiner Überzeugung gemacht wie Mazzini.« (II 137) Ihr Leben zum Ausdruck ihrer Überzeugungen zu machen: Ebendies ist auch ihr eigenes Ziel, das sie in ihren Memoiren bekundet!

Obwohl Malwida bei Mazzini gewisse Gefahren des Idealismus wahrnimmt[285], bekennt sie in ihren Memoiren (II 84 f.), durch ihn sei sie auch auf theoretischer Ebene zum Idealismus zurückgeführt worden. Das Zitat wirft ein aufschlussreiches Schlaglicht auf ihre gesamte innere Entwicklung:

> »Ich war damals theoretisch noch in der positivistischen Richtung befangen, die sich bei mir, vielleicht als Reaktion gegen den unbestimmten suchenden Idealismus meiner Jugend, besonders seit der Hochschule in Hamburg und der dort gemachten näheren Bekanntschaft mit den Naturwissenschaften Bahn gemacht hatte. Mein Empfinden zwar widersprach dieser Richtung eigentlich auf Schritt und Tritt, und ich ertappte mich hundertmal, aus der Welt der positiven Tatsachen heraus, auf dem Fluge ins Gebiet der metaphysischen Hypothese.«

Durch Mazzini gelangt sie also zumindest zeitweise zu einer Wiedervereinigung von Geist und Gefühl: Kein Wunder, dass es sie nunmehr beglückt, sich mit ihm »oft wiederzusehen«! (II 85) Mit seiner unerschütterlichen Beständigkeit ist er zudem der größte Kontrast zu Herzen – für Malwida gewiss eine Erquickung und Erholung von jenem spannungsgeladenen Hin und Her! Und noch anderes kommt hinzu. Mazzinis Biograf Denis Mack Smith schreibt von ihm: »Mazzini leuchtete am besten in weiblicher Gesellschaft.« Er ist Anhänger der Emanzipation der Frau, beklagt die armselige Mädchenbildung und weist der Frau eine führende Rolle im Bildungswesen der Zukunft zu;[286] in solcher für Malwida entscheidenden Hinsicht ist er mit ihr also ganz ein Herz und eine Seele.

Obendrein ist er ein Freund der Deutschen. Wie sie später schreibt, war »die Vereinigung der deutschen und italienischen Patrioten« »eine Lieblingsidee Mazzinis, der dieser trotz aller Misserfolge bis zu seinem Tode anhing und von der er sich den Sieg der Republik in Europa hoffte« (IV 282). Noch lange nach seinem Tod erinnert sich Malwida mit Freude: »Wie oft sagte mir … Mazzini, dass, wäre er nicht als Italiener geboren, er nur Deutscher sein möchte. Er kannte deutsche Philosophie und Literatur genau, war ein Verehrer Goethes und zitierte oft den schönen Vers aus einem Logengedicht Goethes: ›Sich vom Halben zu entwöhnen / Und im Ganzen, Vollen, Schönen / Resolut zu leben.‹ Er meinte, das sollte der Wahlspruch jedes echten Lebens sein.«[287] Immer neue Gemeinsamkeiten mit Malwida! Umso enttäuschter ist Mazzini darüber, dass die deutschen Gesinnungsgenossen »sich nicht organisieren wie wir«; das schreibt er an Malwida 1858, als er noch hofft, sie würde dem abhelfen.[288] Er beklagt ihr gegenüber, die Deutschen begriffen nicht, »dass der Sieg nur die Folge der Konzentration aller möglichen Kräfte auf einen Punkt sein kann«. Sie seien ein Volk des Gedankens, nicht der Tat; darin seien sie den Italienern unterlegen. (II 94) Umso entscheidender, dass sich Deutsche und Italiener zusammentun; da ist seine Freundschaft mit Malwida zukunftsweisend!

Einig sind sich beide in der Gegnerschaft gegen den Kommunismus, genauer gesagt: gegen das, was sie sich damals unter »Communismus« vorstellen, auch wenn Mazzini sie anfangs mit ihrer Neigung zum Kommunismus neckt (doch wohl weiß, dass diese nicht sehr tief geht). Heute berührt es seltsam, wenn Malwida berichtet, dass sie damals in London, von Mazzini angespornt, dort lebende deutsche Arbeiter zu einer »Gesellschaft« zu vereinigen sucht, »in der man klare gesunde Ideen statt des verworrenen Kommunismus … zu verbreiten suchen müsste« (III 488). Musste man nicht dem Marx'schen Kommunismus bei aller Kritik das eine zugestehen, dass dieser sehr im Unterschied zu vielen anderen Ideen von 1848 ein in sich stringentes System besitzt? Doch wie wir sahen, hüllt sie sich über Marx in aller Regel in Schweigen. Dieser beschuldigt Mazzini, »der liberalen englischen Bourgeoisie den Arsch zu lecken«;[289] wie bei seiner Attacke auf Kinkel verfällt er ins Fäkalische, womöglich in der Meinung, dies sei echt proletarisch.

Die tiefste seelische Verbindung zwischen Malwida und Mazzini besteht wohl in der Gemeinsamkeit im *Leiden*, besonders unter dem Gefühl der Leere des Lebens. Auf eine derartige Klage Malwidas versichert er ihr: »Das Gefühl, von dem Sie zu mir sprechen, ist das meine. Oft genug geschieht es mir, dass ich die Leere der ganzen *individuell* einsamen Vergangenheit auf schreckliche Weise auf mir lasten fühle und mein Leben *individuell* verloren fühle.« Danach fühle er sich noch »ein wenig mehr ein Skelett« als davor.[290] »Individuell«; an die Existenz einer revolutionären Gemeinschaft insgesamt glaubt er weiterhin oder möchte das glauben. »Der Arme leidet auch furchtbar jetzt«, klagt Malwida Anfang 1859 Gottfried Kinkel; in diesem Zusammenhang teilt sie mit, seit Langem sei es eine »Lieblingsidee« von ihr, »die Biographie Mazzinis« zu verfassen.[291] Offenbar reizt und bewegt es sie, eine Leidensgeschichte zu schreiben, Mazzini als Märtyrer zu schildern.

In ihren Memoiren nennt sie ihn den »Apostel eines neuen Glaubens, einer regenerierten Moral für Italien«; und wie andere Apostel – so Savonarola – müsse er für seine Hellsicht »mit dem Martertod zahlen, wenn auch nicht mehr auf dem Scheiterhaufen, sondern in einer mehr modernen Form, in der langsamen Qual des Exils« (II 151). Diese Qual kennt sie aus eigener Erfahrung nur zu gut. Mazzini selbst spricht – so sein Biograf Denis Mack Smith[292] – von der »Hölle des Exils«, »diesem langsamen, bitteren, schleichenden Tod, den nur der Exilierte selbst kennen kann«. Er bekennt, dass ihn bisweilen Selbstmordgedanken überkamen.[293] Bei Malwida spürt er gewiss Mitgefühl ebenso wie sie bei ihm. »Sie sind traurig; ich bin auch traurig«, schreibt er ihr in liebevollem Ton, als sie ihm ihre Traurigkeit mitteilt, und nennt sie »Freundin« und unterschreibt »Ihr Bruder Joseph« (II 103 f.); und einige Zeit darauf, ungeachtet seines unermüdlichen organisatorischen Eifers: »Traurig und finster, macht mich die schönste Landschaft wie die schönste Musik noch tausendmal finsterer.« (II 105) Malwida hat ihm geschrieben, dass sie Trost »in Einsamkeit und Naturschöne« sucht; derartigen Trost findet er nicht.

1858 schreibt er ihr immer neue Briefe; nicht weniger als achtundzwanzig sind aus jenem Jahr überliefert, Malwidas Antwortschreiben leider nicht.[294] Damals nimmt er sie offensichtlich auch in politischer Hinsicht hochwichtig und traut ihr zu, dass sie eine Vereinigung in England befindlicher deutscher Arbeiter organisiert;[295] sie fängt auch damit an, erwähnt dies in ihren Memoiren jedoch nur noch nebenbei als eine im Endeffekt höchst unerfreuliche Erfahrung (II 139, 145 ff.), bezeichnet sogar die Wortführer der sich dort versammelnden Arbeiter als wichtigtuerische »Pygmäen«! (II 149) Sie muss Mazzini bitten, ihr »nicht zu zürnen, dass die organisatorische Arbeit, die er so sehr wünschte, nicht schneller ging« (II 141). Einmal glaubt er, Malwida habe das Gefühl, er habe etwas gegen sie, wohl weil er eine Zeit lang nichts von sich hat hören lassen; da versichert er ihr, er habe nicht das Geringste gegen sie, fühle sich nur nicht wohl und suche die Stille;[296] er weiß, das versteht sie nur zu gut.

Zugleich traut er ihr in organisatorischer Hinsicht eine Zeit lang offenbar Erhebliches zu. Das schönste Kompliment – eines der schönsten, die sie je bekommen hat! – macht er ihr in dem letzten von ihr zitierten Brief: »Hätte ich einige zwanzig Männer mit Ihrem Herzen und Ihrer Fähigkeit der Hingebung zur Seite, ich hätte zu dieser Stunde Europa regeneriert. Aber solche existieren nicht. Deshalb müssen Sie fortfahren, mich zu lieben um dessentwillen, was ich hätte tun mögen.« (III 501) Doch ab September 1859 brechen Mazzinis überlieferte Briefe an Malwida ab. Man kann sich vorstellen, dass sie die Hoffnungen enttäuschte, die er auf ihre vermeintlichen organisatorischen Fähigkeiten setzte.

»BLITZENDES AUGE« UND »BLITZARTIGE GEDANKEN«: JULES MICHELET – HISTORIKER DER REVOLUTION, DER INSEKTEN, DER FRAU UND DER HEXE. Durch Vermittlung von Alexander Herzen lernt Malwida nicht nur Mazzini, sondern auch Jules Michelet (1798–1874) kennen, den bekanntesten, originellsten, zugleich umstrittensten französischen Historiker jener Zeit, der in einer schlechthin unglaublichen Produktivität nicht nur eine 17-bändige »Histoire de France«, sondern auch Bücher über den Vogel (»L'Oiseau«, 1856), das Insekt (»L'Insecte«, 1857), die Liebe (»L'Amour«, 1858), die Frau (»La Femme«, 1859) und das Meer (»La Mer«, 1861) verfasste; und damit ist die Liste seiner Bücher nicht zu Ende. Für neue Historikergenerationen gehört dieser fantasievolle, sprunghaft in Extravaganzen schwelgende Schreiber freilich zur vorwissenschaftlichen, noch nicht auf solide Quellenbasis bedachten Historiografie, wenn er nicht gar als Scharlatan gilt.[297] Er verherrlicht die Große Revolution von 1789 lebenslang als »die größte Offenbarung (manifestation) Frankreichs in der Geschichte«, verfasst eine siebenbändige Geschichte dieser Revolution und begrüßt ebenfalls die Revolutionen von 1830 und 1848, auch wenn er zugleich mehr und mehr vom Mittelalter fasziniert ist.[298] Gabriel Monod, der – wie er vorausschickt – Michelet die Berufung zum Historiker verdankt,[299] schreibt über dessen Revolutionsgeschichte im Jahr nach dessen Tod, obwohl auf riesige Recherchen gestützt, sei sie »keine Geschichte, sondern ein episches Gedicht, in dem das Volk, verkörpert in Danton, der Held« sei.[300] Im Zuge der Gegenrevolution nach 1848 verliert er seine Professur. Doch kein Geringerer als Victor Hugo schreibt ihm 1860 nach »atemloser« Lektüre in seinen Büchern in überschwänglicher Begeisterung: »Alle Ihre Bücher sind Taten. Als Historiker, als Philosoph, als Poet, in allen Gefechten tragen Sie Siege davon. … Teurer großer Denker, ich umarme sie.«[301] Monod schließt seine Schrift über Michelet mit dem Resümee, dieser sein Lehrer sei in seinem Stil ein »großer Musiker« und empfiehlt, manche seiner Sätze zu singen![302]

Als Malwida im Herbst 1859 mit Julie Salis-Schwabe und Richard Cobden nach Paris reist, wo sie den Winter über bleibt, gibt ihr Herzen eine Empfehlung an den mit ihm »sehr befreundeten« Michelet mit, dem er sie als »eine bemerkenswerte Person von radikalem Geist und ohne Furcht vor den logischen Konsequenzen« charakterisiert.[303] Schon vorher hatte sie bei Herzen in Werken von Michelet »mit großer Freude an den geistreichen Apercus, der phantasievollen Darstellung und der warm und lebendig durchschimmernden Empfindung gelesen« (II 168). »Der kleine Mann mit dem geistreichen Gesicht« entzückt sie – so ihre Memoiren – auf den ersten Blick, als Mensch sogar noch mehr als durch seine Bücher. Er macht »zugleich den Eindruck eines feinen, originalen, blitzartig sprühenden Geistes und eines gemütvollen, echt humanen Herzens«. »Er warf Gedankenblitze hin, die in anderen Gedanken entzündeten und so zu einem lebhaften Austausch Anlass gaben, der nie schleppend wurde, nie des Stoffs ermangelte.« (Ebd.) Ihre 1884 zu Michelets zehntem Todestag für die Wiener »Deutsche Zeitung« verfassten »Erinnerungen an Michelet«[304] zeugen von ungebrochener Begeisterung und lassen zugleich erkennen, dass sie, mittlerweile selbst eine Künstlerin freundschaftlicher Kommunikation, der Mensch Michelet mit seiner Art zu reden noch mehr fasziniert als sein schriftliches Riesenwerk, sie jedoch auch gewisse Schwächen erkennt:[305] »Das Blitzartige seiner Gedanken, die Art, wie er sie hinwarf, ohne sie weiter in ihrem geflügelten Lauf zu verfolgen und systematisch zu entwickeln, war fast noch anregender und fördernder im Gespräch als im Lesen; man fühlte sich wie von einem elektrischen Strom berührt, entweder um seine Gedanken fortzuspinnen oder um die eigenen daran zu entzünden.« (IV 342) Monod rühmt in seiner im Jahr nach dessen Tod erschienenen Schrift über Michelet, dass sein von Geistesblitzen übersprudelndes Reden nie zum Monologisieren und zur Rechthaberei ausartete, er vielmehr auf seine Gesprächspartner einging und Widerspruch duldete.[306] Während die Pariser Gesellschaft Malwida in der Zeit, als sie Michelet zuerst erlebt, sonst vielfach anödet, findet sie bei diesem Historiker eine »freundliche Zuflucht«. Später sieht sie auch beim Lesen von Michelets Memoiren »das blitzende Auge« vor sich, »in dem beim Reden oft Flammen der Begeisterung zu lodern schienen« (IV 340). Immer wieder das »Blitzende«!

Herzen kennt Michelet seit 1851[307]; zwischen beiden entwickelt sich eine freundschaftliche und doch zugleich spannungsgeladene Beziehung. Schon am 22. September 1851, kurz nach ihrer ersten Begegnung, schreibt Herzen ihm einen langen Brief zu dessen Buch »Demokratische Legenden«, wo Michelet sich gleich am Anfang auf Herzen beruft mit der Behauptung, »Russland existiert nicht, die Russen sind keine Menschen, sie entbehren des sittlichen Sinns«.[308] Man sollte meinen, nach einer derart ungeheuerlichen These hätte Herzen diese Beziehung gleich wieder abbrechen müssen, doch er, selbst in den Gefühlen zu seinem Volk heftig hin- und hergerissen, nimmt Michelets abfällige Bemerkungen über die Faulheit und Verlogenheit des russischen Bauern so wichtig, dass er diesen weit über dreißig Druckseiten umfassenden Brief schreibt. Und schon Anfang Oktober antwortet ihm Michelet mit einem entschuldigenden Brief;[309] die Freundschaft bleibt bestehen. So begrüßt Michelet Herzens Solidarität mit den aufständischen Polen, durch die er es mit vielen Panslawisten verdirbt: »Welcher Hass hat noch das Recht zu existieren, wenn Polen und Russen sich verbinden?« Malwida, in gutem Kontakt auch zu dem polnischen Emigranten Worcell, findet dieses Zitat so bedeutsam, dass sie es in ihre Memoiren (I 389) aufgenommen hat. 1866 ist Herzen wütend auf Michelet, der – wie er an Malwida schreibt[310] – bei ihm zu Besuch gewesen sei und durch sein »schlechtes Benehmen« »alle Grenzen überschritten« habe. Doch am Tage nach Herzens Tod klagt Michelet: »Gestern verstummte die Stimme von Millionen Menschen.«[311] Malwida führt ihn an das Sterbebett; später erinnert sie sich: »Stille Tränen rannen aus Michelets Augen wie aus meinen.« (IV 344)

Malwida hat eigentlich allen Grund, nicht nur von dem Menschen Michelet fasziniert zu sein, sondern auch von seiner Art der Geschichtsschreibung, sind doch seine drei Spezialitäten ebensolche Themenfelder, von denen sich annehmen lässt, dass sie Malwida am allermeisten packen: die Revolution, die Frau und die Natur, zumal er zwischen diesen Themen Verbindungen herstellt. 1854 hat er sein Buch »Les femmes de la Revolution« herausgebracht; im Winter 1859 – eben zu der Zeit, als ihn Malwida kennenlernt – folgt »La Femme«, in dem man bei aller sprunghaften Ideenfülle doch ein Leitmotiv in der Prägung der Frau durch die Natur erkennen kann. Manches klingt bereits, für sich genommen, nach den Klagen der ökologischen Ära, so wenn er 1831 schreibt: »Mit der Entstehung der Welt begann ein Krieg, der nur mit dem Weltende aufhören wird, der Krieg des Menschen gegen die Natur.« Malwida zeigt sich entzückt von »Michelets Geist …, der den Menschen nicht allein und vereinzelt, sondern in innigster Verbindung mit der ihn umgebenden Natur hinstellte …, wie seine Liebe zur Natur es ihn lehrte, wie sein gütiges Herz es ihn in liebevoller Teilnahme nicht bloß gegen leidende Mitmenschen, sondern auch gegen Tiere und Pflanzen betätigen hieß« (IV 347).[312]

Man kann sich denken, dass Malwidas Begeisterung für diesen Historiker nicht zuletzt dadurch bestärkt wird, dass Michelet, den sie noch vor Kurzem in Paris besucht hat, ihr Anfang 1870 mitteilt, die französische Ausgabe des ersten Bandes ihrer Memoiren (in der er noch nicht vorkommt) habe »überall den größten Beifall« gefunden.[313] Damals ahnt man noch nichts von dem kommenden Deutsch-Französischen Krieg. Erich Eyck hebt in seiner großen im Exil verfassten Bismarck-Biografie sogar hervor, »dass die Politik Napoleons nie friedfertiger war als im Frühjahr 1870«.[314] Noch am 10. Juni 1870 – gut einen Monat vor jener berüchtigten Emser Depesche, deren von Bismarck redigierte und publizierte Fassung Napoleon zum Krieg provozierte[315] – berichtet Malwida aus Paris Natalie Ogareff von einem Besuch bei Michelet: Ihm zuzuhören sei ebenso interessant, wie etwas von ihm zu lesen.[316] Am 12. November 1870, über zwei Monate nach der Schlacht von Sedan am 1. September, als die französische Niederlage besiegelt ist, schreibt sie aus Florenz, wo jetzt auch der kriegsmüde Michelet seine Zuflucht sucht,[317] derzeit sei der Umgang mit Franzosen schwierig – kein Wunder! – außer mit Michelet, der »einen sehr hohen Standpunkt« einnehme, »wirklich wie ein Weiser, dessen Blick in die Fernen der Geschichte reicht, über dem gegenwärtigen Unglück den einstigen Fortschritt heranwachsen sieht«.

Offenbar gibt es mittlerweile zwischen beiden wieder eine Basis der Verständigung, denn die zeitweise fast penetrant bismarckbegeisterte Malwida, die die Kriegsschuld allein bei dem von ihr verabscheuten Napoleon III. sieht – das macht sie sogar in einem Artikel für die italienische Zeitung »La Riforma« publik[318] – und die französische Niederlage für eine verdiente »harte Lehre« hält (II 455 f.), wirft nunmehr den Deutschen vor, »den Krieg unnötig zu verlängern«. »Nach Sedan, auf der Höhe ihres Ruhms, hätten sie den Franzosen den Frieden schenken sollen ohne Territorialvertretungen zu verlangen, nur mit einer tüchtigen Entschädigung.«[319] Doch ihre Stimmung wechselt; in ihrem Abscheu vor der Pariser Kommune schreibt sie am 11. April 1871 an ihre Schwester Laura – auch eines jener Zitate, die für Malwida-Verehrer eine kalte Dusche sind! –: »Ich gestehe, ich habe alles Mitleid mit den Franzosen verloren … Nein jetzt finde ich auch dass die Deutschen Recht gehabt haben Elsaß und Lothringen zu nehmen, denn mit einem so wenig zuverlässigen Volk, das nur immer aus einem tollen Extrem ins andere taumelt, muß man strenge verfahren und sich ein eisern Bollwerk bauen.«[320]

Ein Glück für sie, dass Monod von diesem Brief nichts weiß! Der hat Malwida am 20. September 1870 aus Sedan (!) geschrieben: »Die Anmaßung (prétention) der Deutschen, einen Eroberungskrieg zu führen …, verdient Züchtigungen. … Dieser alte Narr von Wilhelm, der glaubt, eine göttliche Mission zu erfüllen, indem er Frankreich auslöscht und die Republikaner vernichtet, wird auch, so hoffe ich, seinen Thron durch den Neuen Geist (l'Esprit Nouveau) erschüttert sehen.«[321] Doch Malwida schreibt noch 1873 aus Bayreuth an Olga, ein halbes Jahr nach deren Hochzeit mit Monod, die Franzosen sollten sich endlich sagen: »Wir wurden besiegt, weil wir frivol und hochmütig einen Feind herausforderten, der uns überlegen war.«[322]

Wie Malwida es in ihren »Erinnerungen an Michelet« schildert, gab ihm dieser Krieg den Todesstoß: Auf die Nachricht von der Kapitulation von Paris hin habe er einen ersten Schlaganfall erlitten. »Er erholte sich davon, aber jedes andere Gefühl als das, Franzose zu sein, vergessend, veröffentlichte er eine Broschüre: ›*Frankreich vor Europa*‹, worin er sich zum ersten Male zu blinder Parteilichkeit und zu ungerechten Anklagen hinreißen ließ.« (IV 345) Doch es geht noch weiter: »Dennoch verleugnete sich auch in dem Augenblick sein gütiges, zartfühlendes Herz nicht. Am Morgen, wo die Broschüre erschien, erhielt ich einen Brief von ihm, worin er mir sagte, er schicke sie mir nicht, weil er denke, sie könne mich verletzen; ich solle aber überzeugt sein, dass, was auch trennend zwischen sein Vaterland und das meine trete, seine persönlichen Gefühle für seine deutschen Freunde nie eine Änderung erfahren würden.« Noch am gleichen Tage trifft sie ihn »bei anderen französischen Bekannten, die sich ebenfalls nach Florenz geflüchtet hatten. Wir drückten uns stumm die Hand, ohne die Broschüre zu erwähnen.« (IV 345 f.) Und dann: »Der Ausbruch der Kommune in Paris rief einen neuen, heftigeren Schlaganfall hervor; sein Herz, das an Frankreich mit Sohnesliebe hing und dessen Todeswunden mit empfing, brach beinahe vor Schmerz.« Malwida versteht seinen Horror über die Kommune nur zu gut; sie fährt fort: Von da an habe Michelet im »Vorgefühl des nahenden Todes« gelebt. Er stirbt am 9. Februar 1874 in Hyères – jenem Ort, mit dem Malwida schönste Erinnerungen verbindet –, »umflutet vom Licht des Südens, das er so leidenschaftlich geliebt hatte« (IV 346). Da erkennt Malwida offensichtlich eine Seelenverwandtschaft zwischen ihr und dem großen Historiker!

HERZEN – MICHELET – MONOD – ROLLAND: EINE KETTENREAKTION VON FREUNDSCHAFTEN, TROTZ »MALWIDA BISMARCKOWA«. Schon seit Jahren hat Michelet für sie eine besondere Bedeutung bekommen durch ihre Freundschaft mit Gabriel Monod (1844–1912), dem neben Romain Rolland wohl besten Freund ihrer älteren Jahre, der durch seine Heirat mit Olga gleichsam Malwidas Schwiegersohn wird. 1866 hat sie ihn, den damals 22-Jährigen, in Florenz durch Vermittlung von Herzens Sohn »Sascha« (= Alexander) kennengelernt[323]: Wieder einmal hilft ihr Herzens Beziehungsnetz dabei, auch ihr eigenes Netzwerk zu knüpfen. Sogleich entwickelt sich zwischen den beiden ein lebhafter Briefwechsel; Briefe beider Seiten sind erhalten.[324] Es ist das Jahr des preußisch-österreichischen Krieges, der bei der sonst so friedensliebenden Malwida, die jedoch die Habsburger-Monarchie hasst, eine hemmungslose Begeisterung für Bismarck auslöst, wogegen Monod verhaltener bleibt; in dieser Situation ist es das Dauerthema Michelet, das beide verbindet.

Immerhin hofft auch Michelet auf eine Niederlage Österreichs, und zwar im Interesse Italiens, das auf diese Weise Venezien gewinnt; da stimmt Monod mit ihm überein, obwohl – wie er Malwida mitteilt – die Mehrheit der Franzosen einen Sieg Österreichs wünscht. Auch Malwida ist schon durch ihre Freundschaft mit Mazzini dazu disponiert, die österreichische Frage vom italienischen Drang nach Venedig her zu sehen, doch in diesem historischen Augenblick denkt sie vor allem deutschnational. Zwar habe sie die Liebe zum Vaterland als eine *»noble faiblesse«* betrachtet, schreibt sie in ihrem ersten erhaltenen Brief an Monod; doch im Grunde ihres Herzens bewege sie die Liebe zum Vaterland. Und dann: Bismarck sei der Vorkämpfer der Freiheit![325]

Monod geht in seinem Gegenbrief auf Bismarck nicht ein, meint sogar, Österreich sei stark genug, Preußen und Italien gleichzeitig zu schlagen, hofft jedoch, sich zu täuschen, »denn Österreichs Sieg wäre der Sieg von allem, das wir verabscheuen«.[326] Da ist er sich mit Malwida einig. Darauf wird diese noch heftiger: Sie wünsche Österreich und dem Despotismus den Tod. Wenn Österreich falle, werde sie »ein Tedeum« in ihrem Herzen feiern, denn dann werde »eine schändliche Epoche Deutschlands« zu Ende sein.[327]

Monod darauf, Bismarck solle sich mit der Freiheit verbünden oder untergehen[328]; er ist sich also dessen nicht sicher, dass Bismarck ein Kämpfer für die Freiheit sei. Kurz darauf äußert er die Befürchtung, Bismarck werde in Deutschland ein ähnliches Regime errichten wie Napoleon III. in Frankreich.[329] Und selbst wenn er ein Mann der Freiheit sei, vergesse Malwida, dass »die Lüge, die Doppelzüngigkeit, die Gewalt immer die traurigen Instrumente der Freiheit gewesen sind«.[330] Der junge Monod steht dem alten Freiheitspathos fern.

Das ist am 26. Juni 1866; am 3. Juli folgt der preußische Sieg bei Königgrätz. Bei Monod bewirkt er eine scharf antideutsche Wende: Der Sieg von Sadowa (Königgrätz) habe ihn derart verzweifeln lassen, dass er die Eroberung des Rheins durch Frankreich akzeptieren würde. Der moralische Zustand Deutschlands scheine erbärmlich zu sein.[331] Da reagiert Malwida wütend wie noch nie: »Was mich erbittert, worüber ich weinen möchte, das ist, dass es nur einen einzigen Menschen in Deutschland gibt, der die Situation versteht, der den einzigen praktischen Weg sieht und der die Energie und die Ausdauer zum Handeln hat, und dieser Mensch ist Bismarck.«[332] Alexander Herzen gibt ihr nun den Spitznamen »Malwida Bismarckowa«![333] Noch in ihrer im Juli 1875 verfassten Vorrede zur deutschen Erstausgabe ihrer Memoiren – in Bismarcks liberal-antiklerikaler Kulturkampf-Zeit, noch Jahre vor dem Sozialistengesetz (1878) – schwärmt Malwida von dem Reichsgründer, dem »gewaltigen Menschen« (I VII): »Er konnte, als jene von 48 nicht gekonnt. Deutschland muss seinem Sterne danken, dass er ihm diesen großen Staatsmann gab, der es dazu geführt hat, das Achtung gebietende Zentrum von Europa zu sein.«

Bismarck hat wohl nie so sehr politische Klugheit und zugleich Courage bewiesen wie damals, als er in dem Siegestaumel nach Königgrätz darauf insistierte, jetzt nicht weiter nach Wien zu marschieren, sondern mit Österreich auf der Basis des territorialen Status quo Frieden zu schließen (und dafür ausgiebig deutsche Territorien zu annektieren); er ließ es darüber zu einem heftigen Konflikt mit dem König kommen und setzte sich durch. Aus der Rückschau ein Akt von großer Weisheit und Voraussicht, andernfalls wäre Preußen-Deutschland 1870 wohl in einen Zweifrontenkrieg geraten. Doch Malwida schreibt am 28. Juli, zwei Tage nach dem Friedensschluss, an Monod, sie leide unter dem schändlichen Frieden, obwohl es nur ein kleiner Schritt sei bis Wien.[334] Also genau die Position des preußischen Königs!

Man kann darin die größte politische Torheit ihres ganzen Lebens sehen; bis zu ihrem späteren Pazifismus ist es noch ein weiter Weg. Doch damit endet vorerst dieses Drama. Malwida vertieft sich wieder in die Abfassung ihrer Memoiren, die sie in eine höhere Welt entrücken; am 15. August schreibt sie an Monod, Schönheit und Harmonie seien der Kult ihres Lebens gewesen; »ich bin vor der Zeit gebrochen worden, weil ich so viel Hässlichkeit und Zwietracht zu sehen hatte«.[335]

Am 3. Juli 1868 dann ein langer Brief von Monod, der ihre Harmonie hätte stören können. Er hat nämlich das Manuskript der französischen Fassung des ersten Bandes ihrer Memoiren gelesen, der anonym erscheinen soll, und seine Begeisterung hält sich in Grenzen. Zunächst bekennt er ihr erneut seine Liebe und Bewunderung, auch wenn er sie mitunter – »wie Herzen sagt« – »un peu émancipatissime« findet. Da bekennt er, wie sie ja wisse, hege er »noch jede Art reaktionärer Vorurteile über die Frauen«. »Die Frau, die wie der Beste der Männer wäre, wäre in meinen Augen schon hinab gestiegen.« Sieht er ebendarin auch eine Schwäche Malwidas? Denn unmittelbar danach: »So gut ich manchmal Ihr Buch finde« – nur manchmal! –, finde er es doch ein andermal »übertrieben« – er gebraucht das deutsche Wort –, und es erinnere ihn »gar zu sehr an die Heroinen von Schiller (verzeihen Sie mir mein französisches *juste milieu*)«.

Er hat an ihrem französischen Text Korrekturen vorgenommen, fügt gleichwohl hinzu: »Ich kann nicht sagen, dass Ihr Stil selbst in korrigierter Form eine ganz und gar französische Ausstrahlung (l'air tout à fait francais) hat. Er hat einen sehr charakteristischen Duft von Fremdheit (parfum d'étrangeté), besonders in der reinen Erzählung. Wenn Sie ergriffen (émue) sind, wird der Stil exzellent, angemessen (juste), präzise und originell (original). Doch glaube ich, dass der Leser sofort merken wird, dass Sie keine Französin sind.« Aber eine gewisse französische Art stört ihn an ihr, denn gleich darauf fährt er fort: Wie sie sehe, habe er einige Ausdrücke durchgestrichen, »die zum schlechten demokratischen französischen Jargon (langue) gehören (Kämpferin für ein Prinzip).« Aber ebendies ist doch der Kern ihrer Selbstdarstellung als Idealistin! Er setzt noch darauf, er möge es nicht, wenn jemand bei der Schilderung »sehr mächtiger Gefühle« in »banale« Ausdrucksweisen verfalle; offenbar erkennt er dies auch bei ihr![336]

Eine Antwort Malwidas auf diesen Brief ist nicht überliefert. Eine derartige Kritik an ihren Memoiren, die teilweise sogar auf den Kern ihrer Bot-

Romain Rolland als junger Mann

schaft zielt, und noch dazu von einem ihr sehr nahe Stehenden hat sie sonst kaum je erlebt, noch dazu zu einer Zeit, als der Erfolg dieses Werkes völlig ungewiss ist; später nach dem überwältigenden Erfolg kann sie auch manche Kritik verkraften. Doch ihre Freundschaft zu Monod übersteht nicht nur diese Krise, sondern auch den Deutsch-Französischen Krieg und Monods Heirat mit Olga – wohl der beste Beweis, dass sie in ihrer Kunst der Freundschaft mittlerweile dazugelernt hat und auch in ihrer Fähigkeit, mit nationalen Differenzen umzugehen.

Die Freundschaft mit Monod gewinnt für Malwida ganz besondere Bedeutung dadurch, dass sie später über ihn, als er bereits Dozent ist, seinen damaligen Schüler Romain Rolland kennenlernt, den er ihr besonders empfiehlt.[337] Und umgekehrt wird Rollands Beziehung zu Monod durch Malwida zu einer Freundschaft. In seiner »Reise nach innen« erkennt er zwischen beiden eine seelische Verwandtschaft: Dieser »großherzige Historiker, der vertraute Freund und Schüler Michelets«, verfügte »über eine Jugendlichkeit der Begeisterung, die ebenso treuherzig war wie die der alten Malwida«.[338] In ihrem späteren überaus intensiven Briefwechsel mit Rolland ist Monod ein Dauerthema, sogar noch mehr als ihre geliebte Olga, seine Gattin.

Doch Rolland teilt Monods und Malwidas Verehrung für Michelet überhaupt nicht, ganz im Gegenteil: Als im Juli 1898 in Paris mit »grandiosem« Aufwand unter Beifall der Presse Festlichkeiten zu dessen hundertstem Geburtstag vorbereitet werden, fällt er über ihn in einem Brief an Malwida ein geradezu vernichtendes Urteil. Dieser Festrummel sei reine Schaumschlägerei: »Michelet wird nicht mehr gelesen, und wenn er es wird, wird er nicht mehr geliebt. Seine Romantik wirkt lächerlich; und seine Geschichtswissenschaft bietet wenig an Zuverlässigkeit. Ich selbst, der ich seine poetische Phantasie, seine nahezu idealen Ideen bewundere, – ich bin schockiert über all das, was bei ihm unvollständig, kindisch, fanatisch ist.« Gerade hat er den ersten Band von Michelets Revolutionsgeschichte wieder gelesen: »Da ist kaum etwas von Geschichte. Das ist parteilicher Schwulst (déclamation de parti).«[339] Malwida hüllt sich dazu in Schweigen; Michelet wird zwischen den beiden kein Thema. Ihre Freundschaft zu Rolland übersteht noch weitaus größere Differenzen. Durch die Kettenreaktion Michelet-Monod-Rolland hat jener einst berühmte Historiker seine Bedeutung für Malwida mehr als erfüllt.

LOTHAR BUCHER: EX-REVOLUTIONÄR, KÜNFTIGE »RECHTE HAND« BISMARCKS[340] – UND DAZWISCHEN »MAULWURF«, MENTOR UND MIT-LEIDENDER MALWIDAS. Als Malwida im August 1858 wieder in Ventnor auf der Insel Wight, wo Herzen eine Villa besitzt, ihren Urlaub verbringt, lernt sie dort am Strand den Mitemigranten Lothar Bucher (1817–1892) näher kennen, dem sie schon zu Anfang ihres Aufenthaltes in London begegnet war und mit dem sie bereits durch gemeinsame Bekannte verbunden ist. Ihr zufolge war Bucher »der charaktervollste der preußischen Abgeordneten vom Jahre 48«. Kein Wunder, dass sie diese Begegnung begrüßt, und so lernt sie nun »mit Freude und Interesse den feinen, klugen, tief unterrichteten Mann kennen, wenn ich auch anfänglich ein wenig Furcht vor seinem scharfen kritischen Verstand hatte, dem alles Phantastische, auf Intuition Gegründete, nicht auf positiven Tatsachen Beruhende ein Greuel war« (II 107). Eine spannungsvolle Beziehung kündigt sich an!

Doch erst einmal verbringen sie zusammen »manche heitere Stunde« am

Meer, »besonders des Abends, wenn der Mond silbern über die gekräuselte Fläche schien und wir, am Ufer sitzend, oft bis spät in die Nacht hinein, bald ernst, bald heiter plauderten«. Kaum dass sie einander begegnet sind, haben sie sich also viel zu sagen. Gleich berichtet sie begeistert Mazzini von dieser neuen Bekanntschaft, wobei sie bemerkt, dass sie Bucher »mehr für einen organisierenden Staatsmann, als für einen Revolutionär halte«. Mazzini, der Bucher bis dahin nur dem Namen nach kennt, schreibt zurück, er würde »stolz sein, seine Hilfe zu haben«; Organisation ist für ihn ja mehr als für Malwida von zentraler Bedeutung. »An dem Tag, an dem wir alle organisiert sein werden wie eine Armee …, an dem Tage werden wir siegen.« (II 108) Bucher weiß die durch Malwida vermittelte Beziehung zu Mazzini zu schätzen; noch 1861, im Jahr seiner Rückkehr nach Deutschland, ruft er in seiner Schrift »Seid deutsch!« immer wieder dazu auf, von Mazzini zu lernen; und zwar: »Lernt von dem Italiener den Egoismus, den Instinkt, den Stolz, die Leidenschaft des Patrioten.« »Ihm liegen nicht, gleich manchem seiner Schüler, die Gedanken wie Erbsen im Schädel. Ihm strahlen sie von einem lebendigen Mittelpunkte aus.«[341]

Zwischen Bucher und Malwida entsteht gleich nach der Rückkehr von der Insel Wight ein lebhafter Briefwechsel; am 8. September 1858 schreibt er ihr, die ihm offenbar Mazzini warm empfohlen hat, gerne wolle er ihm nach Vermögen Hilfe, offenbar finanzielle, leisten;[342] er hat also Geld. Man erkennt, wie die gemeinsame Wertschätzung Mazzinis sogleich auch Malwida mit Bucher verbindet. 1859 schreibt ihr Mazzini, er wolle sich mit Bucher treffen.[343]

Einen besonderen Reiz wird die Bekanntschaft mit Lothar Bucher für Malwida dadurch erlangt haben, dass sie rasch erkennt, dass sie diesen im Exil offenbar jahrelang vereinsamten und in Trübsal verfallenen Mann wieder lebensfreudig und kontaktfähig machen kann: für den künftigen Intimus Bismarcks eine Regeneration von historischer Bedeutung! Am 28. November 1858 schreibt sie an Gottfried Kinkel über Bucher: »Ich schätze ihn sehr hoch, aber darin hat er bis jetzt Unrecht gehabt, dass er mit all seinen Schätzen von edler Gesinnung und seltenem Willen, sich wie ein Maulwurf vergrub, ja es war etwas Egoistisches in seinem Leben und, seit ihn der Zufall in meinen Weg führte, hab ich mich bemüht ihn da heraus zu bringen …, er hat mir schon einmal gedankt, dass ich ihn so herausgelockt hätte aus seinem Mönchsleben.«[344] Da folgt sie Buchers eigener Aussage: Gleich nach seiner Strand-Bekanntschaft mit Malwida hat er ihr dafür gedankt, »dass Sie mich so freundlich aus meinem Gehäuse hervorgezerrt haben«.[345] In einem Brief an Kinkel gibt sie gleichwohl zu erkennen, dass Bucher noch hinzulernen muss: »Wenn er noch ganz aus den Philisterenvelopen (sic!), die ihm noch immer etwas ankleben, heraus kommt, so wird er eine Zierde der Parthei sein. Ganz recht hat er nicht mit seiner Logik, aber ... wie er mir abstrakt längst zugestanden hat, dass die Menschen die Geschichte machen müssen, dass man handeln muss, so wird er zuletzt auch noch eingestehn, dass die Männer des Fortschritts nicht blos kritisirend zusehn, sondern auch eingreifen müssen.«[346] Wieder: Der »Maulwurf« muss aus seiner Höhle gelockt werden!

Wiederholt berichtet Malwida ihrer Mutter voller Entzücken von dieser neuen Freundschaft, denn eine solche ist diese Beziehung eine Zeit lang gewesen. Zu ihrem 42. Geburtstag am 28. Oktober 1858 wird ihr »ein wundervolles Bouquet hereingebracht, welches ein gentleman an der Thür abgegeben. Der Gentleman erwies sich Bucher gewesen zu sein von dem eine solche Galanterie wirklich überraschend war, da er ein sehr trockner ernster Mann ist.«[347] Zu Weihnachten 1858 bekommt sie »nicht weniger als vier Einladungen«, folgt jedoch der von Bucher, mit ihm den Kristallpalast zu besuchen. Und sie schwärmt von diesem Highlight ihrer Londoner Jahre: Wir »ergötzten uns an Betrachtung der Kunstschätze, dinierten dort sehr gemüthlich mit Champagner, verbrachten dann noch eine herrliche Stunde in dem tropischen Teil des Pallastes (sic), der erwärmt und Abends mit Gas magisch erleuchtet ist, es war eine poetische Stunde ..., die Palmen und Lotosblumen ..., die Götterstatuen Griechenlands ..., die Riesengötzen Assyriens ... um uns herum in diesem magischen Licht, dazu wurde die große Orgel gespielt und wir waren fast ganz allein, wären wir Beide noch jung so hätte natürlich eine Liebeserklärung daraus werden müssen, so aber wurde nur ein wundervolles Gespräch daraus.«[348] »Natürlich eine Liebeserklärung«!

Lothar Bucher, später »rechte Hand« Bismarcks (Theodor Heuss),[349] war 1848 im Preußischen Landtag als ein Wortführer der radikalen Linken hervorgetreten.[350] Da war er mit Bismarck aneinandergeraten. Aus der Rückschau mokiert sich Bismarck über sich selbst, 1848 hätte er diesem »wütenden Republikaner« nur zu gern seinen Degen »in den Leib gerannt«.[351] Doch bei alldem muss er von diesem wortgewandten Redner und zugleich sympathischen Menschen beeindruckt worden sein. Da Bucher im November 1848 zur Steuerverweigerung aufrief, wurde er zu 15 Monaten Festungshaft verurteilt, konnte jedoch rechtzeitig nach England entkommen. Dort lernt ihn Carl Schurz kennen, der später in seinen »Lebenserinnerungen« von ihm schreibt, er sei »vielleicht der Bedeutendste« unter den dortigen deutschen Emigranten gewesen – und zugleich einer der wenigen, die schon früh eine Abkehr von revolutionären Hoffnungen vollzogen.[352] Im Exil wurde er »ein Publizist von hohen Graden« (Theodor Heuss),[353] dessen Ansehen bald nach Deutschland drang: Dort trat er als England-Korrespondent der Berliner National-Zeitung hervor. Intensiv studierte er britische Parlamentsprotokolle, doch steigert er sich darüber, wie der Bismarck-Biograf Erich Eyck – England-Emigrant nach 1933 – kritisch vermerkt, »wohl auch unter dem Eindruck persönlicher Erlebnisse, geradezu in Abneigung und Hass sowohl gegen das Bürgertum, wie gegen den englischen Parlamentarismus« hinein.[354]

Dieser Hass konnte zur radikalen Linken hinführen – tatsächlich wird er zeitweise ein Freund von Lassalle, sucht Kontakt auch zu Karl Marx[355] –, doch auch zur Welt der Aristokratie; und man kann vermuten, dass für diese seine letzte Wende, die seine Zukunft bestimmt, auch Malwida nicht ohne Bedeutung ist, in der, wie wir sehen werden, mehr und mehr die Aristokratin durchbricht. »In großartiger Unbefangenheit« (Heuss)[356] holt Bismarck 1864 als preußischer Ministerpräsident den Ex-Revolutionär ins Auswärtige Amt; von da ab wird Bucher lebenslang Bismarcks engster Mitarbeiter. Als der Ex-Kanzler sich mühsam an seine Memoiren macht, wird Bucher sein Gehilfe und folgt ihm in die Einsamkeit; wie Eyck schreibt: »Brachte doch auch Bismarck diesem Getreuen so warme Gefühle entgegen, wie sie bei ihm äußerst selten waren.«[357] Nach Buchers Tod sagte Bismarck, er habe »viel an ihm verloren«: »Lothar Bucher war eine stille, bescheidene, tiefe Natur, mein treuer Freund. Manchmal mein Zensor, mein Mitarbeiter an allem, was Herzblut, gesunden Menschenverstand, klares, scharfes Denken erforderte.«[358] Kein Wunder, dass auch Malwidas Beziehung zu Bucher eine tief emotionale Seite besitzt.

Diese ist von umso größerer Bedeutung, als sich in intellektueller Hinsicht zwischen beiden eine Dauerspannung auftut; nicht ohne Grund bekennt sie selbst in ihren Memoiren (II 107), dass sie »anfänglich ein wenig Furcht vor seinem scharfen kritischen Verstand« empfunden habe. Doch die Auseinandersetzung mit ihm ist ihr wohl das beste Gegenmittel gegen einen Idealismus, der sich in Illusionen verliert, ebenjenen Idealismus, gegen den sie ein inneres Gegengewicht aufbauen möchte, wenn sie sich auch kurz darauf (II 110) zu der Überzeugung bekennt, dass »jener mystische Zug nach dem Idealen, der durch die ganze Menschheit geht«, »der Menschheit eingeboren« sei. Bucher erfüllt ihren Wunsch, ihr einmal in der Woche einen Abend »über Nationalökonomie teils Verschiedenes vorzulesen, teils mündlich zu erläutern«. Mittlerweile erkennt sie ihr Defizit an ökonomischer Kompetenz als »großen Mangel«, den sie darauf zurückführt, dass sie vorschnell »zur Beschäftigung mit den sozialistischen Systemen übergegangen« sei. (II 118)

Im Unterschied zu Herzen, Mazzini und Michelet lebt Bucher noch, als Malwida die Gesamtausgabe ihrer Memoiren herausbringt. Umso bemerkenswerter ist es, mit welcher Offenheit sie bei aller seelischen Verbundenheit die bestehenden theoretischen Divergenzen beschreibt, obwohl viele Leser aus diesen Passagen Verdacht schöpfen mussten, dass Malwida eben doch Illusionen anhängt. »So machte es ihn z. B. einmal sehr böse, dass ich die Zwischenträger zwischen Produzierenden und Konsumierenden nicht als notwendige Faktoren des nationalökonomischen Prozesses anerkennen wollte und meinte, der Verkehr könne direkt zwischen jenen stattfinden.« (II 118) Heute in der Ära der Digitalisierung mag man diese Direktkommunikation für technisch möglich halten, doch war das nicht zu einer Zeit, als es nicht einmal Telefon gab, eine realitätsferne Utopie? Sucht man Malwida zu verstehen, muss man wohl bedenken, dass sie mehr und mehr eine Kunst der Kommunikation ausbildet. Da kann sie wohl glauben, dass man durch diese auch in der Wirtschaft den Zwischenhandel ausschalten könnte.

Bei ihrem »Abschied von England«, schreibt sie (II 154), habe sie am meisten bedauert, ihre »Leseabende mit Lothar Bucher aufgeben zu müssen«, nicht nur wegen der Wissensfülle, die ihr dieser Mann vermittelt habe, sondern auch »wegen der zarten Beweise wirklicher Freundschaft, die er mir gab und die doppelt rührend und erfreuend für mich waren, da sie bei dem verschlossenen und gegen die meisten Menschen vielfach misstrauischen Wesen Buchers gewiss nicht häufig vorkamen«. Dass sie in dieser Hinsicht bei Bucher eine Zeit lang in einer Reihe mit Bismarck steht, scheint sie nicht zu ahnen. Über die »zarten Beweise« bleibt sie diskret. Sie erwähnt (II 119), da er und sie in London weit auseinander wohnten, hätten sie auch viel brieflich miteinander verkehrt. Es sind einige Briefe Buchers erhalten, die ahnen lassen, dass beide bei aller Theorie-Differenz durch eine Gemeinschaft im Leiden verbunden sind und Malwida hoffen mag, bei allem Gekäbbel für ihn doch eine Retterin zu sein, der gegenüber er seine Seele ausschütten und zugleich scherzen kann.

Am 8. September 1858 behauptet er von sich – was man ihm schwer glauben kann – eine »alte Gewohnheit der Faulheit«; das sei der Grund, weshalb er auf ihren Brief nicht geantwortet habe. »Es ist in der Tat schon lange her, dass man mir zu meiner Weisheit und gar zu meinem Glück gratuliert hat« – das hat Malwida offenbar getan – »und Ihre Bemerkungen könnten mir Schaden zufügen, wenn ich nicht selbst die nötige Grimasse dazu machte«.[359] Er tut so, als sei es ihm schädlich, wenn man / frau ihm ein Kompliment macht. Kurz darauf bezieht er sich auf eine »Strafpredigt«, die ihm Malwida gehalten habe; offenbar hat sie ihm ein »hölzernes Benehmen« vorgehalten. Das gibt er zu: »Ich bin jetzt in Gesellschaft schrecklich hölzern«, es tue ihm auch »sehr leid« – was ihm Malwida offenbar ebenfalls vorgeworfen hat –, dass er gegenüber Mazzini »eklig erschienen« sei. Er begründet dieses sein Verhalten: »Es ist nicht meine natürliche Anlage, sondern das Resultat erstens eines abscheulichen Zwanges, dem ich mich Jahre lang in Deutschland unterwerfen musste, zweitens der zerrütteten gesellschaftlichen Verhältnisse im Jahre 1849–50, drittens der langen Einsiedelei hier.«

Zugleich hält er ihr entgegen, seine Gedanken zur Weltgeschichte seien von den ihrigen »fundamental verschieden«, und da müsse er bei ihr »jedem Wort widersprechen«.[360] Das klingt sehr selbstsicher, doch kurz darauf offenbart er ihr den gänzlichen Verlust seines Selbstbewusstseins: »Das Bewusstsein von meinem verfehlten Leben und von meinem stümperhaften Zustande habe ich bis zum Überdruss an mir selbst. … Ich wollte, ich hätte einen Glauben, ein System, irgendetwas Fertiges und Befriedigendes … anstatt meines mühseligen Lernens und noch mühseligeren Verlernens. Ich wünschte mich in die Zeit zurück, da auch ich ein Schwärmer war.«[361] Da muss er sich Malwida überlegen fühlen, denn sie ist trotz aller Enttäuschungen noch immer zu schwärmerischer Stimmung fähig und auch zum Glauben.

Wer von den Erfolgen seiner Artikel für die National-Zeitung gelesen hat, liest mit besonderer Überraschung, dass Bucher – wenn man ihm glauben kann – sich auch deshalb selbst verachtet, weil er sich zu solchen Artikeln »pressen« lasse, die er von sich aus nie schreiben würde.[362] Und im März 1859: Malwida habe ihn »vor ein hochnotpeinliches Halsgericht« gestellt, so arg ist es schwerlich gewesen. Wie aus dem Folgenden hervorgeht, hat sie kritisiert, dass er einen Unterschied zwischen den Begriffen und den Dingen, auf die sie sich beziehen, gemacht habe. Das war ganz kantianisch; und doch fährt er fort – was man schwer ernst nehmen kann –, das möge sie als »Beweis meiner Dummheit« nehmen. Er erklärt: »Ich ertappe mich immer noch (dabei), dass der Begriff oder das Wort mich betrügen.« Und dann wieder: »Das Bewusstsein von einem verfehlten Leben und meinem stümperhaften Zustande habe ich bis zum Überdruß an mir selbst.« Er glaube, dass ein Schwärmer mehr ausrichten könne als jemand, der ernst und ehrlich sein Ziel verfolge[363] – zwischen den Zeilen ein Kompliment an Malwida und gleich darauf ein indirekter Seitenhieb auf sie!

In einem Notizheft Malwidas aus jener Zeit findet sich eine merkwürdige Bilanz dessen, was sie von ihm gelernt hat; die Betonung der Institution erinnert an Mazzini: »Wie die Menschen von den Institutionen getragen werden; in Deutschland viel mehr Individuen mit Prinzipien, während die Engl(änder) als Volk einen viel prägnanteren Charakter (haben) und im Indiv(iduellen) viel mehr Prinzipienlosigkeit. Vielleicht (ist) das gerade das Geheimnis der *wirklichen* Größe eines Volkes: die Macht der Institutionen. Beispiel: Athen, Sparta. Doppelter Grund für die bewusste Revolution.«[364] Einmal mehr spürt man ihre ambivalente Einstellung zu den Engländern, doch zugleich erkennt man bei ihr zwischen den Zeilen einen Zweifel, ob sie selbst nicht vielleicht allzu deutsch ist – mit ihrem Glauben, auf die Menschen komme es an, auf die Ideale, auf den Geist. Und ob es realitätsfern ist, wenn sie daran Genüge findet, Deutschland als Kultur, als Geisteswelt hochzuschätzen – ob die derzeit in Angriff zu nehmende »Revolution« nicht darin bestünde, ein deutsches *Reich* zu gründen. Bucher wird im Exil zum überzeugten Deutschnationalen. In einem Brief an Malwida empört er sich, Deutschlands Nachbarn nutzten »unsere Gutmütigkeit und Leichtgläubigkeit« aus. Und er warnt vor der Anwendung der Natur als Norm auf die Grenzen: Mit »Naturgrenzen« zu operieren sei eine »ganz artige Taschenspielerei«, das sei gerade für die Deutschen eine gefährliche Parole, da Frankreich den Rhein als seine natürliche Grenze betrachte.[365]

Kaum ein anderer Achtundvierziger verkörpert so perfekt wie Bucher die Brücke von 1848 zu Bismarck – er, dem Bismarck 1870, gewiss von seiner

»rechten Hand« geholfen, die kriegsauslösende Redaktion der Emser Depesche diktierte. Wie wir sahen, weist vieles darauf hin, dass ungeachtet all der revolutionären Parolen bereits 1848 der Drang zur machtvollen nationalen Einheit der stärkste Antrieb war. Wer sich in jene Zeit hineinversetzt, wo die mit der Nation verbundenen Wunschträume noch durch keine Weltkriege, keinen Holocaust erschüttert waren, kann unschwer nachvollziehen, wie nach den Jahrhunderten politischer Zersplitterung, als Deutschland zum Tummelfeld fremder Heere verkam, zahllose Deutsche nach dem Triumph von 1870 von einem rauschhaften Kraftgefühl überkommen werden, das obendrein für Malwida und nicht nur für sie (nicht allerdings für Bismarck selbst![366]) von den gewaltigen Klängen der Wagner-Musik umwogt ist.

Da Bismarck die Alt-Achtundvierziger amnestiert und das allgemeine (Männer-)Wahlrecht einführt, wird die Begeisterung vieler Ex-Linker auch kaum mehr durch alte Prinzipien getrübt. Doch Malwida kehrt auch jetzt nie dauerhaft nach Deutschland zurück. Ihre Bismarck-Begeisterung ist eine vergängliche Stimmung. 1877 schreibt sie an den Nietzsche-Freund Paul Rée, sie »habe schon mehr als einmal abgethane Ansichten über Bord geworfen«: »Es ist die einzige Ähnlichkeit, welche ich mit Bismarck habe.«[367] Das ist ein Wort!

ABKEHR VOM IDEAL »VOLK« – ZUGLEICH IDEALISIERUNG EXEKUTIERTER ATTENTÄTER: EMMANUEL BARTHÉLEMY UND FELICE ORSINI. Wie sich Malwida in ihren Memoiren erinnert (II 53), stieg ihr in ihrer »neuen Einsamkeit« und tiefen Trübsal nach der Trennung von Herzen 1856 in London »zum erstenmal der ernste Zweifel an der Möglichkeit der Perfektibilität der Welt auf, und es fing an, mir klar zu werden, dass das Dasein selbst das Übel sei, von dem wir uns zu erlösen suchen müssten. Wenn ich diese Tausende ansah, die allein in der großen Weltstadt, in einem mehr tier- als menschenähnlichen Zustand dahinlebten, dann überfiel mich ein Grauen; wie war hier zu helfen? Dass die politische Revolution allein nicht helfen könne, war mir längst klar geworden. Dass die soziale Revolution, wenn sie im Zorn kommen und sich wie ein verheerender Bergstrom über die zivilisierte Welt stürzen sollte, auch nicht helfen würde, das war ebenso klar. Hatte doch die große, französische Revolution sattsam gezeigt, welche Früchte die entfesselte Roheit (sic) und die blinde Leidenschaft des Nivellierens bringt.«

Das hätte sie schon immer wissen können, doch – wie wir sahen – äußerte sie noch 1851 gegenüber Gottfried Kinkel die Zuversicht, am Ende der blutigen Revolution werde der Sieg der Vernunft stehen. Aber ähnlich wie Lothar Bucher verliert sie im englischen Exil zunehmend den Glauben an den Realismus dieses Zukunftsideals. In absolutistischen Staaten, wo das Volk nichts zu sagen hatte, konnte man in das Volk Ideales hineinprojizieren und sich vorstellen, es gebe »das Volk« als quasi organische Einheit, und es gebe »den Volkswillen« als einen Willen zum Guten, dem man zum Sieg verhelfen müsse. Im parlamentarischen England ist das anders. Da steigert sich Bucher sogar in eine schneidende Kritik am Parlamentarismus hinein.

Für Malwida wird in London das gute »Volk« zur widerwärtigen »Masse«. In ihren Memoiren dramatisiert sie diese Kehrtwende zu einer schweren inneren Krise, verbunden mit einer neuen gnadenlosen Sicht der Natur, die allerdings in einer Aristokratin wie Malwida Hoffnung weckt, auch wenn sie behauptet, ihr Herz habe gegen derartige Einsichten protestiert. Hier lohnt sich ein ausführliches Zitat (II 53 f.): »Oft fragte ich mich mit Schrecken: Hat Malthus recht, ist wirklich nicht für alle Raum am Bankett des Lebens? Bringt die verschwenderische Natur, wie sie im Frühling tausend Blüten vom Baume weht, die keine Frucht tragen, so auch die Masse nur hervor, um die Gattung zu bilden, unbekümmert darum, ob unzählige Individuen zu Grunde gehen oder nicht? Kommt es nur darauf an, dass der Genius lebe und wie ein einsamer Meteor durch die Nacht der Allgemeinheit strahle? Die Natur selbst ist aristokratisch; ihre vorzüglichsten Organismen, ihre großen Geisteshelden, bringt sie nur sparsam hervor, während sie verschwenderisch ist mit der Masse, gleichsam als ob ihr nichts daran läge, dass davon Tausende untergehn, ohne auch nur einmal einen Moment der Gottähnlichkeit gefühlt zu haben.« Sie selbst, die sich nicht nur als Herkunfts-, sondern auch als Geistesaristokratin fühlt, hat – das wird sich noch zeigen – sehr wohl solche Stimmungen, in denen sie den Gott in sich zu spüren glaubt!

Hier zieht sie aus ihrer neuen Einsicht eine politische Folgerung (II 54): »dass wir, die wir alle Ideale und falschen Götter zertrümmert zu haben meinten, uns freiwillig einen neuen Götzen geschaffen hatten: das Volk nämlich. ›Das Volk‹ war der Refrain der demokratischen Phrase geworden, als wenn es ein Wesen höherer Art, eine bisher verkannte Gottheit sei, als wenn von ihm … eine verklärtere Moral an die Stelle der alten gesetzt werden würde. Was die Massen, das so genannte Volk, in ihrem bisherigen Zustand waren, das hatten wir in den Jahren Achtundvierzig und Neunundvierzig gesehen: ein Werkzeug in den Händen geschickter Führer.« Auch Volksabstimmungen werden Malwida durch jüngste Erfahrungen in Frankreich dubios, wo der ihr verhasste Napoleon III. per Plebiszit zur Alleinherrschaft gelangt ist.

1859 klagt sie Gottfried, es sei ihr »Schicksal, immer an der Schwelle des Erreichten umfahren und zu Neuem greifen zu müssen in hartem Widerspruch mit meiner Natur und Neigung, die fast unglücklich conservativ sind. Warum sich die Natur in solchen Widersprüchen gefällt, weiß ich nicht.«[368] 1863 lässt sie dieser ihrer »fast« (doch eben nur »fast«!) »unglücklich conservativen« Natur freie Bahn, als sie aus Rom, wo sie die Sixtinische Kapelle besichtigt hat, an Kinkel über das dortige Fresko von Michelangelo schreibt: »Dieser zürnende Christus, der die unwürdige Menschheit von sich stößt und sagt: ›ich kenne Euch nicht!‹ – den verstehe ich nur zu wol (sic).« Und doch bekennt sie sich im selben Brief zu der »Idee des humanen, cosmopolitischen Weltgedankens«![369]

Noch viel später bricht in ihr wiederholt die alte Revolutionärin durch. Als ihr Romain Rolland am 27. August 1900 mitteilt, dass er »einen enormen und heroischen Zyklus von Dramen über die Revolution im Kopf« habe, antwortet sie ihm am 2. September: »Seit langem hat mir kein Brief von Ihnen ein derartiges Vergnügen bereitet wie dieser letzte vom 27. August.« Da sehe sie, wie ihn nach einer trüben Zeit ein »jugendlicher poetischer Enthusiasmus« ergriffen habe.[370] Zu Jahresbeginn 1898 glaubt sie zu erkennen: »Die dunklen Mächte, die in der Menschheit brüten, scheinen wieder einmal zum Ausbruch kommen zu wollen und vielleicht muss es sein um einen neuen Culturzustand heraus zu führen über dem alten verfaulten, zerfallenden Europa.«[371]

Aus dieser wenn auch stimmungsgebundenen Überzeugung heraus, dass sich ein Fortschritt nicht durch allmähliche Entwicklung, sondern durch Eruptionen vollziehe, mag sich auch einer ihrer seltsamsten Wesenszüge erklären – ihre wiederholte Faszination durch Attentäter, die sie geradezu idealisiert, selbst nach Abkehr von ihrer alten revolutionären Position. Hinzu kommt jedoch offenbar noch etwas anderes, Tieferes: ihr Mitgefühl mit todesbereiten Menschen, mit Märtyrern, insbesondere mit solchen, die sie gut gekannt hat. Das trifft für jene beiden zu, für die sie sich mit erstaunlicher Offenherzigkeit selbst in ihren Memoiren begeistert: für Emmanuel Barthé-

Malwida von Meysenbug, in mittleren Jahren

lemy, der am 22. Januar 1855 in London am Galgen endet, und für Felice Orsini, der am 13. März 1858 in Paris unter der Guillotine stirbt. Wie schon einleitend erwähnt, konnte sich selbst der Ex-Kanzler Bülow die Pikanterie nicht verkneifen, dass Malwida Orsini in eine Reihe mit Harmodios und Aristogeiton, den in Athen verehrten Tyrannenmördern, gestellt habe; das hat er wohl von ihr, denn in ihren Memoiren kommt der Vergleich mit diesen antiken Helden nicht vor.

Zunächst Emmanuel Barthélemy: Bei ihm kann man darüber streiten, ob er als politischer Attentäter gelten kann oder als bloßer Killer an den Galgen kam. Jedenfalls ist er der einzige Arbeiter, dessen Schicksal Malwida, die einstige Sozialistin, in ihren Memoiren mit großer Ausführlichkeit und voller Mitgefühl schildert. In Frankreich hatte er bereits acht Jahre im Gefängnis gesessen, da er bei einem politisch motivierten Anschlag einen Polizei-Offizier einer Quelle zufolge erschossen, laut einer anderen verwundet hatte. 1848 war er in Paris Anführer eines Arbeiteraufstands, kam erneut in Haft, konnte jedoch nach London entkommen. Dort fand er Kontakt zu

Karl Marx und erlangte eine fragwürdige Berühmtheit[372] dadurch, dass er 1852 das letzte tödliche Duell in England ausfocht, mit dem Anhänger einer anderen Richtung des Frühsozialismus (wogegen Marx die Herausforderung eines ähnlichen Widersachers zum Duell abgelehnt hatte). Im Streit mit einem Unternehmer, bei dem er arbeitete, soll er diesen erschossen haben; obendrein erschoss er einen Polizisten, der ihn an der Flucht zu hindern suchte. Eigentlich verstand sich das Todesurteil über ihn zu damaliger Zeit von selbst, doch erstaunlicherweise bewegte er nicht nur Malwida, sondern sogar die Jury, die über ihn zu Gericht saß, und selbst Victor Hugo, der von ihm in seiner Novelle »Les Misérables« berichtet.

Malwida lernt ihn bei Alexander Herzen kennen, der sie schon auf Barthélemy gespannt macht: Mit ihm werde sie »einen sehr merkwürdigen Menschen« kennenlernen (I 398). Er habe, wie sie schreibt, 1848 in Paris »mit Löwenmut auf seiten der Arbeiter« gekämpft; sie ist auf die Begegnung mit ihm »wohl begierig«, hegt jedoch »auch ein geheimes Grauen vor ihm, dessen Hand schon mehr als einmal den Tod gegeben hatte«. Doch dann die Überraschung: »Wie war ich erstaunt, als Herzen mir am Abend einen Menschen von feiner, ruhiger Haltung vorstellte, … und als er mich mit einer Stimme anredete, deren tiefer, musikalischer Wohllaut eine unwiderstehlich sympathische Wirkung ausübte.« (I 398 f.) »Er wurde in der Diskussion nie heftig, schrie nicht wie die anderen Franzosen …, sprach überhaupt nicht viel. Aber wenn er sprach, dann verstummten nach und nach die anderen.« (I 399) Eine Kunst der Kommunikation, die an die gereifte Malwida erinnert! »Er flößte mir eine Achtung vor dem französischen Arbeiterstande ein, die mich berechtigte, anzunehmen, dass alles Heil der Zukunft in jenem Lande lediglich in diesem Stande ruhe.« (I 399 f.) Diese Erwartung wird später durch die Pariser Kommune zerstört, die bei Malwida tiefen Abscheu hervorruft.

Doch kann sie ihn noch als Killer idealisieren, bei einem Mord ohne klares politisches Motiv? Oh doch, da »bei uns (wer sind »wir«? J. R.) feststand, dass er kein gemeiner Verbrecher war, zu welch schrecklicher Tat auch Leidenschaft und heißes südliches Blut ihn hatten hinreißen können. Er war eine edel angelegte Natur, die nun sicher in den tiefsten Seelenqualen das rasch Vollbrachte büßte.« (II 426) Die »Natur«, das »heiße südliche Blut« als Entschuldigung! Ein Freund Barthélemys zeigt ihr einen Brief, den ihm dieser aus dem Gefängnis geschrieben hat, der die Worte enthält: »Ich bin so grenzenlos unglücklich, dass ich mich nicht retten will, auch wenn ich es könnte.« (I 427)

Dabei bleiben die Motive seines Mordes im Dunkeln. Malwida glaubt einer Vermutung, dass Barthélemy die Ermordung Napoleons III. geplant und der von ihm getötete Unternehmer ihm dafür Geld versprochen, dann aber nicht herausgerückt habe; in diesem Streit habe er den Mann tödlich verwundet. So kann sie ihn doch als Helden, als verhinderten Tyrannenmörder verehren! Immer wieder kommt sie auf ihn zurück; es ist eine der ergreifendsten Episoden der gesamten Memoiren. Als Barthélemy schließlich zum Tode verurteilt wird: »Ich litt Unsagbares während dieser Tage. Ein grenzenloses Mitleid füllte mein Herz bis zum Zerspringen.« (I 433) Und doch möchte sie bei seiner öffentlichen Hinrichtung zugegen sein: »Ich sehnte mich danach, weil ich überzeugt war, dass Barthélemy im tiefen Schmerz den blinden Willensakt gebüßt hatte und nun durch einen schweigend und edel zu erleidenden Tod die große Schuld sühnen wollte.« (Ebd.) Malwida hat sich mittlerweile Schopenhauers Begriff des Willens als einer unheilvollen Macht angeeignet.

Als sie miterlebt, wie Barthélemy am Galgen stirbt, weint sie wortlos. »Ich hatte viele Tage hindurch Mühe, meine Fassung wieder zu erlangen.« (I 436) Seitenlang kommt sie von dieser Erschütterung nicht los; lange zitiert sie einen Brief, den ihr jener Priester schrieb, der Barthélemy in seinen letzten Tagen betreut hat, von ihm ebenfalls ergriffen ist und das Todesurteil nicht für berechtigt hält (I 437 f.).[373] Todesmut, Todesbereitschaft gehören zu jenen Themen, die Malwida am tiefsten bewegen. Zwei Tage nach der Hinrichtung klagt sie Gottfried Kinkel, dies sei »eine Zeit, in der man sich lieber vor den Menschen begrübe«; sie bezeichnet die Hinrichtung als Mord und idealisiert den Toten wie nur wenige andere Zeitgenossen: »Der am Montag *gemordete* Barthélemy war unser Freund und einer der edelsten bedeutendsten Menschen, die ich je gekannt, ein Mensch der That, voll, voll Geist, Schönheit und immenser Energie.«[374]

Noch viel später hat sie Nietzsche offenbar so ergreifend von diesem Todeskandidaten berichtet, dass einem Nietzsche-Biografen zufolge das Kapitel »Vom bleichen Verbrecher« in »Also sprach Zarathustra« davon inspiriert sein soll.[375] Man findet Malwidas Ergriffenheit weniger absonderlich, wenn man liest, wie selbst Herzen in seinen Lebenserinnerungen diesen Mann und sein Schicksal sichtlich fasziniert in breiter Ausführlichkeit schildert; selbst er idealisiert ihn als einen »der vollkommensten Charaktere aus einem Guss, die mir jemals begegnet sind«, obwohl er ihn einen »Tiger« nennt mit seinem »wütenden Wunsch, die Bourgeoisie auszurotten«.[376] Sehr anders jedoch Carl Schurz, der ihn ebenfalls in London kennengelernt hat und von ihm auch fasziniert, doch zugleich mit Grausen erfüllt wurde. Schon Barthélemys Augen seien »finster glühend von stechendem Feuer« gewesen und ebenso sein Charakter und seine Art zu reden: »Er sprach mit tiefer volltönender Stimme, … mit der dogmatischen Bestimmtheit, die entgegengesetzte Meinungen mit einer Art von mitleidiger Geringschätzung zurückweist. So setzte er uns mit größter Kaltblütigkeit seine Theorie der Revolution auseinander, die einfach darin bestand, dass alle Andersdenkenden ohne viel Federlesens abgeschlachtet werden müssten.«[377] Merkwürdig: Ausgerechnet in diesem Kontext erwähnt er als Erstes die von ihm sonst hochgeschätzte Malwida, die die Hinrichtung Barthélemys zu Tränen gerührt und dessen Schicksal in ihren »höchst anziehenden« Memoiren »mit vieler Wärme erzählt« habe![378] Sosehr er auch diese Ergriffenheit für ganz und gar verfehlt hält, so sei doch »ihr Wesen so ehrlich …, ihre Herzensgüte so unerschöpflich …, ihre Freundschaft so echt und treu« gewesen, »dass jeder, der sie näher kennen lernte, ihr gern den Zug von schwärmerischer Überschwänglichkeit nachsah, der … der Erregbarkeit ihres Gemüts, der Güte ihres Herzens zuzuschreiben war«.[379]

Historisch weitaus mehr berühmt-berüchtigt als Barthélemy ist Felice Orsini, der am 14. Januar 1858 in Paris ein Bombenattentat auf Napoleon III. verübte, bei dem 156 Menschen verletzt wurden – mindestens acht von ihnen starben an ihren Verletzungen –, wogegen der Kaiser wie durch ein Wunder unverletzt blieb. Es heißt, dass Orsini Napoleon III., der einst wie er selbst zu der italienischen Geheimgesellschaft der Carbonari gehört hatte, dafür habe strafen wollen, dass er als Kaiser den Eid der Carbonari gebrochen und den Papst 1848 bei der Niederwerfung des Aufstandes in Rom militärisch unterstützt habe. Und es scheint, dass Napoleon III. durch diesen Anschlag tatsächlich an seinen Eid gemahnt wurde; denn in der Folge unterstützte er Cavour gegen Österreich im Bestreben zur Einigung Italiens. Angeblich ließ er dem inhaftierten Orsini sogar sein Bedauern übermitteln, dass die Vollstreckung der Todesstrafe aus Gründen der Staatsräson unvermeidlich sei. Am allermeisten erstaunt, dass Orsini ungeachtet der vielen Opfer seines Bombenanschlags durch seinen eindrucksvollen Auftritt vor

Gericht zum Liebling des Publikums wurde![380] Im Anblick der Guillotine schrie er laut: »Es lebe Italien! Es lebe Frankreich!« In seiner großen Biografie Napoleons III., in der er diesen als einen Typ wie Hitler schildert, fährt Heinrich Berl fort: »Aus diesem mutigen Opfer wurde das neue Italien geboren.«[381]

Malwida steht mit ihrer Begeisterung für diesen Attentäter, zu der sie sich in ihren Memoiren offen bekennt, und ihrer mangelnden Beachtung der vielen unschuldigen Opfer des Bombenanschlags mithin überhaupt nicht allein. Sie hat ihn wie schon Barthélemy in London bei Alexander Herzen kennengelernt, zu dem er »oft des Abends auf eine Stunde zu gemütlichem Gespräch« kommt (I 403), doch ist sie ihm auch über Mazzini verbunden, dessen »treuer Anhänger« Orsini gewesen war.[382] Mazzini wird denn auch eine Mitschuld an dem Attentat gegeben, obwohl es zwischen beiden, wie auch Malwida erstaunt erfährt (II 96), mittlerweile zum Bruch gekommen ist.[383] Schon das Äußere Orsinis fasziniert sie auf den ersten Blick, auch wenn diese Faszination nicht gerade zu ihrem späteren Pazifismus passt: »Er war das Bild eines Condottiere des Mittelalters, wie ihn die Phantasie nicht besser träumen konnte … Seine Gestalt war gedrungen, das Bild der Kraft.« (I 402) Zugleich hat er zu Malwidas freudiger Überraschung auch eine »gemütliche Seite«, und mehr noch, er ist »zu einer höheren Auffassung des weiblichen Wesens gekommen« und ganz und gar zu einem Anhänger der Gleichberechtigung der Frau geworden (I 403).[384]

»Um so erschütternder« – auf Malwida wie auf Mazzini – »wirkte nun die Nachricht des Attentats in der Rue Lepelletier in Paris, sein Misslingen und die Gefangennahme Orsinis.« (II 96) Allen Ernstes hoffte »man« – also nicht nur Malwida! –, »dass Napoleon möglicherweise das Leben Orsinis schonen würde.« So sehr glaubte man an einen humanen Kern des Kaisers! »Man war hingerissen von Bewunderung über die Haltung Orsinis, der, seinem Charakter treu, nicht einen Augenblick seinen Mut, seine stolze Standhaftigkeit verlor.« (II 97) Zugleich ist »die Aufregung in England furchtbar« (ebd.): Das Land hatte Orsini einst Asyl gewährt, doch nach diesem Attentat kommt das Asylrecht für politische Flüchtlinge unter Beschuss – bedrohlich für Malwida und ihre Mitemigranten!

Und dann am 13. März 1858 die Nachricht, dass »in der Morgenfrühe das Haupt Orsinis, dieses schöne, stolze Haupt, auf der Guillotine vor la Roquette gefallen« war! Eigentlich hatte diese Meldung nichts Überraschendes

Der Attentäter Felice Orsini

mehr, doch Malwida hat offenbar trotz ihres Abscheus vor Napoleon III. noch immer gehofft, dass dieser den Attentäter im letzten Augenblick begnadigen würde. Daher: »Zu sagen, wie mich diese Nachricht ergriff, wäre unmöglich. Zum zweiten Mal erlebte ich es, dass ein Mensch, der durch viele bedeutende Eigenschaften ein warmes, menschliches Interesse einzuflößen berechtigt war, den gewaltsamen Tod des Verbrechers starb.« (II 98)

Johanna Kinkel fühlt wie sie und teilt ihr mit: »Auch ich bin tief erschüttert von Orsinis Schicksal, und Tag und Nacht kommt dieser große Mensch mir nicht aus den Gedanken. Möge er ewig im Liede der freien Seelen fortleben.« (Ebd.) All das erscheint weniger absonderlich, wenn man bei Heinrich Berl verblüfft darauf stößt, dass selbst die – von ihrem Mann freilich fortwährend betrogene – Gattin Napoleons III., die Kaiserin Eugénie, »erschüttert« war: »Sie scheute sich nicht, auf den Knien für die Verurteilten zu flehen.«[385] Ein weiteres Schlaglicht auf den Heldenkult jener Zeit! Man höre Herzen dazu, der Orsini schon seit 1851 kannte: »Orsini … hat seine furchtbare Kraft und seine schreckliche Energie am 14. Januar 1858 in der Rue Lepelletier bewiesen; diese Eigenschaften haben ihm einen großen Namen in der Geschichte gesichert.« Dabei war das Verhältnis zwischen beiden gespannt geworden; wenn sie einander begegneten, »war es, als ob eine graue Katze uns über den Weg lief«.[386] Aber dann: »Mit seinem Tode noch versetzt er seinem Feinde einen Schlag, der mehr wert ist als der Splitter einer Granate.«[387]

Doch nicht in allem ist Malwida zeittypisch. Am merkwürdigsten erscheint eine Passage zu Orsini aus ihrem Brief vom 25. Juni 1858 an Gottfried Kinkel: »Ich gestehe es, seit der Orsinischen Sache ist mir ein neues Leben aufgegangen … Ich schwöre es Ihnen zu (sic) ein Leben, wo man blos arbeitet, um zu essen und zu trinken, wie ich es führte in den letzten Jahren, war nicht länger zu ertragen, ich ging zu Grunde dabei und kämpfte täglich mit dem Gedanken solcher unnützen Existenz ein Ziel zu setzen; Orsini hat mich noch einmal wach gerufen und wenigstens will ich mein Leben würdig beschließen.«[388] Überwindung von Selbstmordanwandlungen und »neues Leben« unter dem Eindruck von Orsinis Attentat und Tod auf dem Schafott: Eine derartige Reaktion ist erst einmal rätselhaft und wirkt heute geradezu verrückt; anscheinend glaubt sie jedoch, Kinkel werde sie verstehen, und eine Erklärung sei nicht nötig. Träumt sie in ihrer oftmaligen Todessehnsucht im Grunde davon, selbst nach einer heroischen Tat hingerichtet zu werden und einen ruhmvollen Tod zu sterben? Denkt sie dabei an Kinkels Gedicht »Vor den Gewehrläufen«?

Eines wird deutlich: Bei all ihrer Abkehr von den Illusionen von 1848 bleibt in ihr doch irgendwo die alte Revolutionärin erhalten. 1881 nach der Ermordung des Zaren Alexander II. – des einstigen Zaren der Bauernbefreiung, auf den auch Herzen Hoffnungen gesetzt hatte, die jedoch enttäuscht wurden – zeigt sie in einem Brief an »Tata«, Natalie Herzen, Verständnis »für die Hände, welche die Bomben schleuderten, und kann sich einer gewissen Bewunderung für die Rächer des Volkes nicht erwehren«, zumal diese dabei ihr eigenes Leben opferten.[389] Und als sie 1892 erfährt, dass Nihilisten ein Zarenschloss unterminiert hatten, um den reaktionären Alexander III. samt seiner Familie in die Luft zu sprengen, schreibt sie an Romain Rolland, diese Attentäter seien »wenigstens von einer Konsequenz, einer teuflischen, es ist wahr, aber es gibt darin eine Größe (grandeur) …; es ist der Fanatismus einer Idee, und kein Opfer erschreckt sie«.[390] Da gibt die »Idealistin« einen Blick in Abgründe des Idealismus – und ist fasziniert! Rolland schweigt zu dem geplanten Attentat und erklärt nur in seinem nächsten Brief: »Die Welt der Ideen ist schön aber kalt … Ich liebe die große Sonne und die Welt der Lebewesen (le monde des Etres).«[391]

EXKURS: REIZE UND RÄTSEL DER ALTEN BRIEFKULTUR AM BEISPIEL MALWIDAS

Um nicht gar zu sehr der Suggestion von Malwidas Memoiren zu erliegen, sei auf die Fülle ihrer Briefe verwiesen, die vielfach ihren eigenen Reiz besitzen, doch auch Anforderungen eigener Art an die Quellenkritik stellen. Malwida war eine große Briefeschreiberin; nicht selten korrespondiert sie selbst mit solchen Bekannten, die in nächster Nähe leben, ja sogar im gleichen Haus wohnen. Sie steht noch ganz in Traditionen der alten Briefkultur, die Georg Steinhausen, ein Pionier der deutschen Kulturgeschichte, in seinem großen Werk von 1889 »Geschichte des deutschen Briefes« dargestellt hat, die er damals bereits weithin vergangen sieht[392] und von der er abschließend bemerkt: »Vor allem bewahrten die Frauen die Briefleidenschaft; ihnen allein ist sie im großen und ganzen bis heute geblieben.«[393] Dafür bietet Malwida das beste Beispiel! In Briefen lebt sie Emotionen oftmals mit einer Hemmungslosigkeit aus, die sie sich in größerer Gesellschaft kaum herausgenommen hätte. Nicht selten wünschte man sich, dass sie in ihren Briefen stärker in einen Dialog mit ihrem Gegenüber eintreten würde. Doch auch das ist typisch für die Briefkultur jener Zeit, dass der oder die Schreibende da vor allem eigene Gefühle und Stimmungen auslebt.[394] Daran gemessen gibt es in Malwidas Korrespondenzen – ob mit Alexander Herzen oder mit Romain Rolland – sogar noch vergleichsweise viele dialogische Passagen.

Ihre Briefe erfordern eine eigene Art von Quellenkritik, zumal sie sehr unterschiedlicher Art sein können: Manche sind dazu bestimmt, unter Bekannten herumgezeigt zu werden, andere dagegen so intim, dass auf Vertraulichkeit Wert gelegt wird. Die einen sind dafür gedacht, aufbewahrt zu werden, andere dagegen sollen später vernichtet werden. Die einen enthalten Herzensergüsse, die anderen spontane, vergängliche Stimmungen. Dieser unterschiedliche Charakter ist bei der Auswertung zu beachten. Je nach Stimmung neigt sie zu Übertreibungen. Wenn sie 1859 in London an Gottfried Kinkel schreibt: »Die Besuche töten mich«,[395] so ist das bei dieser kontaktfreudigen Frau ebenso wenig ganz ernst zu nehmen wie ihre Klage in einem Brief an Nietzsche im Mai 1877 nach dem Zusammensein in Sorrent: »So sind wir denn wieder soweit dass wir uns schreiben müssen, das Schlimmste, was uns passieren kann!« Doch im gleichen Brief: »Ich bin zufrieden mit meiner Einsamkeit.«[396]

Bei manchen Briefstellen fasst sich der heutige Leser an den Kopf; so schnaubt sie 1860 gegenüber Kinkel, wenn Deutschland sich weiterhin die politische Reaktion gefallen lasse, »dann möge es auf ewig die Schlafmütze des Michel über die Ohren ziehn und ausgestrichen werden aus der Reihe lebensfähiger Völker«.[397] Doch 1861 gesteht sie ihm, »sogar Deutschland ist mir wieder näher gerückt«, und England sei ihr »ein wahres Exil«.[398] 1897 hat die 81-Jährige, wie sie Romain Rolland mitteilt, in der Geschichte Athens im Mittelalter von Gregorovius von grausamen Invasionen gelesen, die Athen damals zu erleiden hatte; das führt bei ihr zu dem Ausbruch: »Ah, die Geschichte ist manchmal so schrecklich, dass man sich schämt, ein Mensch zu sein.«[399] Rolland schweigt dazu – kein Wunder!

Doch manche Briefe geben auch Einblick in Enttäuschungen, denen sie mündlich nicht Luft zu machen vermochte, so wenn sie 1889 an Alexander von Warsberg schreibt, der gleichwohl Briefe von ihr gerne bei sich trägt: »So lieblich mir die Erinnerung an unser Zusammensein im Frühling war, so wenig wohltuend war dasselbe jetzt. Es war fast etwas Feindliches zwischen uns, das ich mir nicht erklären konnte, das mich aber bitter kränkte. … Ich hatte so viel mit Ihnen zu sprechen …, aber Tag um Tag verging, und nie kam Ihr Fuß über die Schwelle.«[400] Gewiss muss man bei der Beurteilung des Quellenwertes von Briefen auch die Möglichkeit einer Rücksichtnahme auf den Adressaten berücksichtigen; das gilt sicherlich für viele Briefe Malwidas aus London an ihre Mutter, wo sie – wohl um diese von einem Drängen auf Heimkehr abzuhalten – ihr dortiges Dasein als heiter und vollkommen zufriedenstellend schildert, ja behauptet, sie sehe alles, was sie sehen *wolle*, »mit unbeschreiblicher Ruhe«.[401] Doch wie man aus dem Brief an Warsberg und nicht nur dort sieht, gilt eine solche Rücksicht auf das Gegenüber bei ihr längst nicht immer. Im Übrigen gehören auch Klagen zur Briefkultur, wenn man beim Gegenüber Mitgefühl spürt; denn wie Graf Rudolf Hoyos um 1890 an sie schreibt: »Nichts verbindet stärker, dauernder, als geteilter Schmerz.« (IV 401)

Zu Malwidas schönsten Briefen gehören viele, die sie an die geliebte Olga geschrieben hat. Bei diesen ist zu bedenken, dass sie zur Aufbewahrung bestimmt und auch für die Nachwelt gedacht sind, so wie sie sie 1874 mahnt: »Du aber bewahre Dir die Briefe, denn sie sind wie Tagebücher meiner Seele, und wenn Du sie später im Leben einmal wiederliesest, wirst Du sie auch noch mehr verstehen.«[402] Da kann man, ähnlich wie bei den Memoiren, auch eine Selbststilisierung unterstellen, ebenso einen literarischen Ehrgeiz; so kennzeichnet sie sich dort mit Stolz als »eine Fanatikerin des schönen Stils, der reinen, klaren Sprache«.[403]

Umso verblüffter liest man in einem Brief an die eng befreundete Augusta von Stein-Rebecchini, dass »ich jetzt immer mehr dazu komme, meine Briefe zu verbrennen, nachdem sie beantwortet, im Angesicht des nahenden Todes. Es kann gar zu viel Unfug damit geschehen.«[404] Das schreibt sie 1877, als sie noch über ein Vierteljahrhundert zu leben hat! Man kann darüber nur spekulieren, an welchen »Unfug« sie denken mag. Tatsächlich hat sie, wie sie 1890 Carl Schurz mitteilt, selbst Briefe von ihm mitsamt anderen »wertvollen« »in einer Zeit, wo ich dem Tod mich nahe glaubte, vernichtet«.[405] Und sie bittet Briefpartner auch darum, Briefe von ihr selber zu vernichten. 1871 versichert ihr Cosima Wagner: »Liebe, heute will ich Ihnen melden, dass ich Ihren Brief erhalten und sogleich verbrannt habe, um jedmöglicher Indiskretion vorzubeugen.«[406] Es muss also noch sehr, sehr viel mehr Briefe von und an Malwida gegeben haben als die vielen, die uns heute erhalten sind. Nach Richard Wagners Tod bittet Cosima sie, Briefe Wagners an sie zu vernichten, doch diese Bitte lehnt sie ab.[407] Gewiss möchte sie diese Dokumente der liebevollen Beziehung Wagners zu ihr der Nachwelt erhalten. Dennoch bleibt sie bis zu ihrem Tod mit Cosima in freundschaftlicher Korrespondenz, von der viele Briefe überliefert sind, obwohl sie zeitweise – wie sie der befreundeten Marie Loeper-Housselle schreibt[408] – am liebsten gehabt hätte, wenn nach ihrem Tod Cosimas Briefe an sie vernichtet würden, da bei ihr die »mythisch katholische Tendenz, die sie hatte, ganz die Oberhand gewonnen« habe. Das war in der ersten Zeit nach Wagners Tod, als Cosima, in ihrem Schmerz wie gelähmt, sich nach außen abkapselt und selbst den Kontakt zu Malwida über Jahre abbricht. Diese schreibt bei allem Mitgefühl mit Cosima, dieses »sich aus dem Leben der treusten Freunde ausstreichen zu wollen, das ist etwas Künstliches, was ich nicht liebe«. Doch diese Missstimmung geht vorbei.

Malwidas Korrespondenz kulminiert gegen Ende ihres Lebens in dem gewaltigen Briefwechsel mit dem fünfzig Jahre jüngeren Romain Rolland, der sich von 1890 bis zu ihrem Tod 1903 erstreckt und von dem nicht weniger als 734 Briefe aus ihrer Hand und 719 Briefe Rollands überliefert sind. Selbst hier ist die erhaltene Briefmasse längst nicht vollständig, denn Rolland hat eine »große Zahl« von Briefen aus Zeiten »tiefer Divergenz« zwischen den beiden verbrannt. In seinen eigenen Briefen nahm er Korrekturen vor, bevor er sie der Malwida-Biografin Berta Schleicher übergab, nicht dagegen in ihren Briefen.[409] Auch die erhaltenen Briefe dokumentieren Meinungsverschiedenheiten – am meisten in der Dreyfus-Affäre – und zeugen davon, dass diese Korrespondenz keineswegs nur aus wechselnder Selbstdarstellung besteht.

Sie schreiben einander sogar dann viele Briefe, wenn sie beide in Rom sind. Eine Spannung ergibt sich wiederholt daraus, dass Malwida am liebsten mit Rolland möglichst viel zusammen wäre, wogegen er erwidert, dass er brieflich weniger Hemmungen habe als im persönlichen Gespräch, all das auszudrücken, was in ihm vorgehe. Schon in seinem ersten Brief, am 14. März 1890, gesteht ihr Rolland, damals ebenfalls in Rom: »Was ich Ihnen da schreibe, könnte ich Ihnen heute abend auch sagen. Doch ich kann nicht *sagen*, was ich fühle; ich leide oft darunter.«[410] Und wieder am 1. August 1890: »Wenn ich schreibe, steht nur der Gedanke vor mir. Beim Sprechen aber sehe ich (ausgenommen in der Leidenschaft oder Aufregung) die menschliche Mauer, wo ich blockiert bin … Ach! / Helas!).«[411] Und am 14. September: Er habe ein »inneres Fieber«, das sich »nicht in Worten verausgaben (dépenser)« lasse – »denn das ist nicht meine Natur« –, sondern »nur in Gedanken oder in Schriften (écrits)«.[412] Malwida dagegen hält am 22. September 1891 dem zu jener Zeit in Paris befindlichen Rolland vor: »Das Schreiben ersetzt nicht den Charme der unmittelbaren Antwort und dieses elektrischen Funkens, der bei einem Gespräch zwischen zwei Menschen überspringt, die einander verstehen.«[413] Rolland im Mai 1892 unbeirrt, was von ihr schon fast als Kränkung empfunden werden könnte: »Mir scheint, dass ich Ihrer Seele nie so nahe gewesen bin wie seit der Zeit, wo Sie fern sind.«[414] Als ob ihm die Malwida seiner Vorstellung enger verbunden wäre als die reale Malwida!

Doch am 19. Februar 1897, als Malwida wieder in Rom und Rolland noch in Paris ist, sie sich also ohnehin nicht sehen können, gesteht sie ihm zu: »Unsere Korrespondenz gewinnt mehr und mehr den Charakter einer wahren Unterhaltung, Aussendung einer Idee, dann Antwort usw., das ist sehr hübsch«[415], auch wenn sie dieses Zugeständnis dann doch wieder einschränkt. Im Laufe seines Lebens versendet Rolland noch Zehntausende von Briefen; schließlich schreibt er dem befreundeten Alphonse de Chateaubriand: »Ich habe eine gewaltige Korrespondenz, die mich umbringt, die sich aber (ohne dass ich das angestrebt habe) vielleicht als mein Hauptwerk erweisen wird.«[416] Ähnliches hätte Malwida später auch von sich sagen können!

4

VON TODESSEHNSUCHT ZU DREIFACHER LEBENSERFÜLLUNG: MUSIKALISCH, PHILOSOPHISCH, SPIRITUELL

»WIE SCHMACHTE ICH NACH WAGNER!«[1] WIE RICHARD WAGNER ZU MALWIDAS EINZIGEM DUZFREUND WIRD – UND COSIMA VON EINER »KUNDRY« ZUR DUZFREUNDIN. Weshalb Cosima Wagner wünschte, dass Malwida Richard Wagners Briefe an sie vernichte und weshalb Malwida sich trotz ihrer engen Freundschaft weigerte, dieser Aufforderung nachzukommen, versteht man nur zu gut, wenn man auch nur jene Auswahl aus Wagner-Briefen liest, die Gabriel Monod in die Neuausgabe der »Stimmungsbilder« Malwidas von 1905 aufnahm. Sie schrieb 1896 an Olga, gewiss auch mit Rücksicht auf Cosima: »Die Briefe Wagners sind mir noch zu intim, ich kann mich noch nicht recht zur Veröffentlichung entschließen.« Einer dieser Briefe sei »wundervoll, aber fast zu heilig für die Welt«.[2] Undenkbar, dass Malwida einen solchen Brief verbrannt hätte; und mit welcher Begeisterung hätten ihre Verleger solche einzigartigen Wagner-Dokumente publiziert! Wie Monod in seinem Vorwort bemerkt[3], handelt es sich um Briefe, die Wagner »in der unruhigsten und schwierigsten Zeit seines Lebens geschrieben« hat; und dies lassen sie ständig spüren. Zugleich bieten sie beste Einblicke in vieles, was Briefkultur zu jener Zeit bedeuten konnte.

Die in die »Stimmungsbilder« aufgenommenen Briefe beginnen im Mai 1860, doch Malwida eröffnete den Briefwechsel bereits 1852, Jahre bevor sie Wagner erstmals persönlich begegnete; zuerst gewann sie dadurch seine Sympathie.[4] Auch er musste wegen seiner Beteiligung an der Revolution emigrieren. In ihrer ersten Zeit bezeichnet sie sich ihm gegenüber als »vollständige Revolutionärin«,[5] also als Gesinnungs- und Schicksalsgenossin. Ihre Begeisterung für ihn wird anfangs noch nicht durch seine Musik, sondern durch seine Schriften (III 11), besonders durch »Das Kunstwerk der Zukunft« hervorgerufen, wogegen sie seine späteren Schriften nicht mehr schätzt.[6] In ihren noch zu Wagners Lebzeiten erschienenen Memoiren erinnert sie sich, in den frühen Schriften habe sie »die vollendete Theorie dessen« gefunden, »was ich in unbestimmten Zügen empfunden und geahnt hatte«: Durch »jene wundervollen Texte« habe sie »ein Vorgefühl dessen« überkommen, »was das höchste tragische Kunstwerk auf dem Hintergrunde der verklärenden Musik für eine, alles andere weit übersteigende und das Leben veredelnde Wirkung haben müsse«. Jetzt erwacht in ihr »brennende Sehnsucht« nach seiner Musik, »zu deren Erfüllung aber auch nicht die leiseste Aussicht vorhanden schien« (I 446 f.) – zu jener Zeit, in den frühen 1850er Jahren, wurde Wagner erst selten gespielt.

Im Frühjahr 1855 erlebt sie in London erstmals ein Wagner-Konzert, von ihm selbst dirigiert, und lernt ihn bei dieser Gelegenheit persönlich kennen. Später wird es Wagner peinlich sein – das bekennt er auch Malwida[7] –, wie unfreundlich er sich damals zu ihr verhielt. Er erklärt das damit, dass sie noch ganz von den revolutionären Idealen von 1848 erfüllt war – sie glaubte wohl, dadurch seine Sympathie zu gewinnen –, von denen er sich mittlerweile enttäuscht abgekehrt hatte. Um seine Lebenserinnerungen zu zitieren:

> »Damals in London … traf ich sie noch von all den Wünschen und Entwürfen für die Vervollkommnung des menschlichen Geschlechts erfüllt an, zu denen ich durch jenes Buch mich selbst bekannt hatte, von welchen ich aber jetzt, namentlich unter der Anleitung *Schopenhauers*, durch die Erkenntnis der tiefen Tragik der Welt sowie der Nichtigkeit ihrer Erscheinungen in einem fast gereizten Sinne abgewendet worden war. Es war mir peinlich, bei meinen Diskussionen hierüber von der enthusiastischen Freundin nicht verstanden zu werden und ihr geradewegs als Renegat einer edlen Sache zu erscheinen. Wir schieden in großer Verstimmung.«

Doch dann, 1860 beim Wiedersehen in Paris, wohin Malwida zusammen mit Julie Salis-Schwabe gereist ist, das erste Vorspiel der großen Freundschaft – es lohnt sich, in Wagners Erinnerungen ausführlich zu zitieren, wie sich ein frühes Beziehungsdrama zwischen ihm und Malwida, doch auch ihre weltanschauliche Wende abzeichnet:

> »Jetzt erschrak ich fast, *Malwida* wieder in Paris anzutreffen; gar bald löschte sich aber jede peinliche Erinnerung an jene Londoner Debatten aus, als sie mir sofort mit der Erklärung entgegenkam, dass der damalige zwistige Disput auf sie den entscheidenden Erfolg gehabt hätte, welcher sie bestimmte, sich unverzüglich mit der *Schopenhauer*schen Philosophie bekannt zu machen. Nachdem ihr dies durch das

ernstlichste Studium gelungen, sei sie allerdings zu der Einsicht gelangt, dass ihre damals geäußerten und heftig behaupteten Ansichten über Weltbeglückung ihrer Seichtigkeit wegen mich mit großem Verdruss erfüllt haben müssten. Sie erklärte sich jetzt als meine eifrigste Bekennerin und fasste dieses Bekenntnis sogleich im Sinne einer um all mein Wohlergehen allerernstlich besorgten Freundin auf.«

Und auch das Folgende lohnt sich, als Hintergrund dieser neuen Freundschaft beachtet zu werden – es ist die Zeit, da Wagner noch mit Minna Planer verheiratet ist:

»Wenn ihr … das schreckliche Missbehagen unseres nur noch scheinbar ehelichen Zusammenlebens auf den ersten Blick nicht entgehen konnte …, so blieb es ihr auch alsbald nicht verborgen, in welcher schwierigen Lage ich bei meinen fast ziellosen Unternehmungen, bei gänzlich mangelnder materieller Sicherung meiner Existenz, in Paris mich befand. … Ganz aus eigenem Antriebe fühlte sie sich verpflichtet, an eine Hilfe für mich zu denken …in der mir zu beschaffenden Bekanntschaft einer Madame *Schwabe* … In Wahrheit waren alle meine Subsistenzmittel zu Ende … Madame Schwabe, welche sich regelmäßig in meinen Soireen einfand und ebenso regelmäßig beim Musizieren einschlief, fand sich nun aber veranlasst, durch die sorgsame *Meysenbug* mir ihre persönliche Hilfe anbieten zu lassen.«[8]

Die etwa dreitausend Franken, die Wagner von Julie Salis-Schwabe erhielt und als ein »Geschenk« annahm – Malwida hat ihm das Geld überbracht (III 17) –, waren allerdings nur geliehen und wurden von ihr 1865 per Gerichtsvollzieher zurückgefordert (vermutlich ein Grund für Malwidas abfälligen Umgang mit »der Schwabe«!); dies brachte Wagner in neue Not – da wurde Ludwig II. sein Retter![9] Wagners frühe Briefe an Malwida sind Dokumente der Verzweiflung und handeln immer wieder von seiner finanziellen Misere; da kann Malwida das Hochgefühl überkommen, über die Beziehung zu dieser reichen Frau seine Retterin zu werden. Zugleich versteht man, weshalb Cosima diese Briefe am liebsten vernichtet wissen wollte, die Wagner noch nicht als triumphalen Herrscher der Musik, sondern als unglücklichen und ganz von finanziellen Sorgen gequälten Mann dokumentieren!

Noch die nach Malwidas Tod von Gabriel Monod in den »Stimmungsbildern« herausgegebene Auswahl früher Briefe Wagners lässt besonders erschütternde Passagen aus, so in dem im Original fünf Seiten langen Brief vom 20. Mai 1860, dass er sich in der »Hölle« fühle: »Ich bin geschlagen und unfähig zu allem. … Himmel, geht es denn nicht eher ab, als bis man mich ganz nackt und bloß erniedrigt hat!«[10] Auch fehlt eine Passage in einem Wagner-Brief vom 13. September 1861, die davon zeugt, dass er sie beneidet und eine emotionale Ferne spürt, als sie den Blick aufs Meer genießt: »Ja Sie haben gut Reden! Da am Meere ruhig gelagert ein im Grunde doch sanftes weibliches Gemüth, enthusiastisch, wissbegierig … und tief im Herzen doch immer noch einen starken Glauben! … Das ist mir alles nicht möglich: ich bin immer gestachelt, und habe nur erhabene Augenblicke, die wie der Blitz vergehen, um mir die Stacheln wieder heftiger fühlen zu lassen.«[11]

Es lohnt sich, auch Malwidas Bericht an ihre Mutter über ihre erste Begegnung mit Wagner 1855 ausführlich zu zitieren, der ihre geistige Entwicklung zu jener Zeit erkennen lässt und zugleich davon zeugt, dass sie Kontroversen leichter nimmt als Wagner, dieser jedoch ihren späteren elitären Idealismus antizipiert:

> »Unsere Bekanntschaft fing sehr eigenthümlich an. Wir kamen nämlich im ersten Augenblick in das allertiefste philosophische Gespräch … Er ist ein immenser Verehrer des Philosophen Schoppenhauer (sic!) … und ich habe den tiefsinnigen, auf Naturwissenschaft gestützten Denker wohl gewürdigt ohne mich jedoch zu seiner Theorie des Todes bekennen zu können. Nachdem das Christentum den Tod als das Höchste setze, denke ich, ist es gerade unser Fortschritt das Leben als das Höchste zu setzen und nicht in dem Sterben für die Menschheit, sondern im Leben und Arbeiten für sie die wahre Bethätigung der Liebe zu suchen. Nach diesem mit wahrem Feuereifer von beiden Seiten geführten Streit verstanden wir uns doch sehr gut. Er sagte dass meine Briefe eine der wenigen Freuden gewesen seien, die für ihn im Leben noch Werth hätten, denn der Sieg den seine Musik erringt, macht ihm keine Freude weil er sagt dass doch die meisten ihn nicht verstünden.«[12]

Malwidas Briefe für Wagner freud- und wertvoller als seine Musik: Der Leser traut seinen Augen nicht! Wäre sie jung und hätte sie die Stimme dazu – fährt sie fort –, würde sie »nicht einen Augenblick« zögern und sich von Wagner als Sängerin für seine Musikdramen ausbilden lassen. »Ich fühlte förmlich etwas wie Schmerz dass das zu spät ist« – das kann man ihr nachfühlen.

Auch ihr Bericht an die Mutter über das Wiedersehen mit Wagner in Paris 1860 lohnt zitiert zu werden, wo sie selbstbewusst zwischen Wagner und sich eine Kongenialität zu erkennen glaubt:

> »Der Abend bei Wagners war herrlich. So geistsprudelnd habe ich W. noch nie gesehen. … W. ist mir wieder eine ganz neue Erscheinung und am meisten so wie ich bin, es ist als wären wir zwei Zwillingsseelen denn alles was ich je gedacht und gefühlt spricht er gerade so aus und ich finde es wirklich abscheulich vom Schicksal dass es mich nicht an die Stelle seiner Frau setzte. Doch dies nur en plaisantant.«[13]

Wirklich nur ein Scherz? Immerhin beobachtet Malwida die »fast tägliche Pein und Qual im Zusammenleben« Wagners mit seiner damaligen Gattin.[14] Falls sie insgeheim tatsächlich die Hoffnung gehegt haben sollte, Wagner würde nach einer Trennung von Minna Planer eine Ehe mit ihr eingehen wollen, hat sie sich freilich gründlich getäuscht. Am 12. Februar 1861 verspottet er in einem Brief an seine damalige große Liebe Mathilde Wesendonck Malwida als »demokratische alte Jungfer« (sie ist drei Jahre jünger als Wagner!), »unglaublich garstig«, wenn er auch seine einstige Unfreundlichkeit ihr gegenüber bereut und sich selbst ein Stück Schuld an ihrem damaligen Verhalten gibt: »Meine eigenen Schriften hatten die Unglückliche so überspannt gemacht, jetzt ist sie gedämpft und genießt Tannhäuser-Proben.«[15]

Das ist die wohl übelste aller Charakteristiken Malwidas, und sie stammt noch dazu aus einer Zeit, als ihre Beziehung zu Wagner schon dabei ist, sich zu einer engen Freundschaft zu entwickeln! Will Wagner damit einer etwaigen Eifersucht der Wesendonck entgegenwirken, die doch zwölf Jahre jünger als Malwida ist? So oder so lässt die Briefpassage erkennen, dass frühe Freundschaftsbekundungen Wagners gegenüber Malwida mit Vorsicht zu genießen sind. In seiner damaligen Geldnot weiß er sie wohl besonders als Mittlerin zu der reichen Geldgeberin zu schätzen. Umso stärker beeindruckt, wie eng und liebevoll seine Beziehung zu ihr wird zu einer Zeit, als er von Ludwig II. großzügig unterstützt wird und sie als Geldbeschafferin nicht mehr nötig braucht – wie er sogar immer stärker an ihr hängt, ihre Gegenwart sucht und geradezu wütend wird, als sie dann doch nicht bei ihm in Bayreuth bleiben will – »Wotan zürnt sogleich, so dass es fast unmöglich ist, davon zu sprechen«, von ihrer bevorstehenden Abreise, schreibt Malwida damals in einem »intimen Brief«.[16]

Am 25. August 1870 ist Malwida Trauzeugin bei der Eheschließung Richard Wagners mit Cosima von Bülow. Am 17. August 1873 siedelt sie nach Bayreuth über, der nunmehrigen Wagner-Stadt; am gleichen Tag notiert Cosima: »Ich freue mich, dass dieses ausgezeichnete Wesen zu uns gezogen.«[17] Mittlerweile duzt sie sich mit Malwida, der sie anfangs als »Kundry« – jene fluchbeladene Frau aus »Parsifal« – unheimlich gewesen war (s. u.). Am 3. Oktober schreibt Malwida an Olga, dass sie sich jetzt sogar mit Richard Wagner duzt: »Er wollte es, weil er behauptete, es sei ihm so kalt und fremd mit dem Sie, während Cosima und ich uns Du sagten. Ich hätte es nicht beantragt, da es mir kein Bedürfnis ist, außer mit ein paar ganz wenigen Menschen, namentlich jüngeren, aber da er es wünschte, habe ich mich daran gewöhnt.«[18]

Nebenbei ein aufschlussreicher Hinweis auf Malwidas kühles Verhältnis zum Duzen! Tatsächlich scheint ausgerechnet Wagner der einzige Duzfreund ihrer späteren Jahre gewesen zu sein, abgesehen von solchen Menschen, die sie wie Olga schon von Kind auf gekannt hat; selbst mit Romain Rolland bleibt es beim »vous«. Zu jener Zeit duzten sich erwachsene Menschen der höheren Schichten außerhalb ihrer Familie im Allgemeinen nur mit engen Freunden, und dies, nachdem man einander das Du beim gemeinsamen Trunk förmlich angeboten hatte. Im Nobel-Internat Schulpforta siezten sich sogar die Schüler! Und Malwida liebt, wie sie selber bekennt, sonst eher das »ruhige Sie«.[19]

Zurück nach Bayreuth, August 1873: Kurz darauf beschließen die Wagners, Malwida nach dem Einzug in die Villa Wahnfried in ihr Haus zu nehmen.[20] Die zögert zunächst, doch am 26. November notiert Cosima, dass Malwida auf ihr Drängen diese Einladung »endlich« angenommen habe.[21] Und schon am Tag darauf: »Freude an dem Einzug unsrer Freundin.«[22] Aber schon nach wenigen Monaten überkommen Malwida, laut Cosima »beständig leidend«, schwere Bedenken, ob sie das raue Klima Oberfrankens verträgt und nicht doch besser »nach Süden« soll. Sie will dazu »in München den Arzt konsultieren«, und schon bei dieser vorübergehenden Trennung notiert Cosima: »Der Abschied ist mir sehr wehmütig!«[23] Als Malwida dann doch zu der Überzeugung gelangt, nur die Übersiedlung nach Italien könne ihre Gesundheit retten, führt selbst dies, sosehr Wagner zunächst wütend ist, zu keiner dauernden Trübung ihrer Beziehung zu den Wagners. Diese glauben ihr offenbar, dass sie durch ihr Leiden fortmuss und ihr wahres Motiv nicht etwa darin besteht, dass sie sich bei ihnen allzu sehr vereinnahmt fühlt (worauf auch manches hindeutet!).

Als sie vom August bis Oktober 1878 wieder bei ihnen in Bayreuth weilt, spricht Cosima in ihrem Tagebuch nach wie vor von »unserer teuren Malwida, die uns so heimisch und traut ist wie keiner«[24] – und dies selbst nach jahrelanger Trennung! Und dabei hat es, wie wir sehen werden, zwischen ihr und Wagner wiederholt auch Streit gegeben. Doch er hätte laut Cosima zu Malwidas Ankunft am liebsten ein Feuerwerk veranstaltet, womit er sie »bengalisch beleuchten« wollte. Das mag ein Witz gewesen sein, doch wie ihr Cosima schreibt, habe er betont: »Ich wünsche mir *nur* Malwida hier her.«[25] Gerne treibt er mit ihr seine Späße; so geht er *»heulend«* an ihre Tür, als er »fingiert«, »eine üble Nachricht erhalten zu haben«.[26]

Auch Malwida berichtet in ihrem »Lebensabend« von Wagners Hang zu Späßen, doch längst weiß sie, welch tiefernste Seiten er hat, selbst wo man sie nicht vermutet: im Mitgefühl mit Pflanzen! 1876 erlebt sie beim Wiedersehen mit ihm in Neapel, wie er »ganz bestürzt« vor einem Strauch steht, als ihm beim »Haschen nach den hochhängenden Kapseln«, die er zur »Neckerei« mit Kindern gerne mit einem Knall zusammendrückt, passiert ist, »einen der schönsten Zweige des Strauchs zu knicken, der nun traurig, dem Sterben geweiht, herunterhing. Er, der gleich den Indern das göttliche Urprinzip auch so gut im Tier und in der Pflanze wie im Menschen erkannte, war tief betrübt, hier einen empfindenden Organismus zerstört zu haben.« (II 307 f.) Und daran knüpft sie ihre wohl schönste Charakteristik dieses Mannes, die dessen »Natur« in innere Verbindung zur grünen Natur setzt:

> »Nur wer solche kleine Züge mit stillem Verständnis beobachtete, konnte die Natur dieses außerordentlichen Menschen ganz begreifen, in der sich kindliche Heiterkeit, überströmendes Mitleid, gewaltige Leidenschaft, Forscherblick des allsehenden Intellekts, weltverachtende Ironie und tiefe Schmerzfähigkeit vereint fanden und die deshalb auch einen alles umfassenden Kosmos aus sich erschaffen konnte.« (II 308)

Doch das wohl bewegendste Zitat, wo in Malwidas Fantasie Wagner-Wonnen mit seligen Natur-Träumen verschmelzen, findet sich in ihrem »Lebensabend«:

> »In der Neujahrsnacht von 1878 auf 79 lag ich schlaflos und hörte in Gedanken den letzten Akt aus Wagners Götterdämmerung, und bei der Stelle ›Deine Raben hör ich rauschen‹ fiel mir ein, wie doch fast alle Götter Vögel zu Attributen hatten, wohl die im Luftmeer Heimischen, dem Himmel Nahen, so Wotan die Raben, Zeus den Adler, Minerva die Eule, Venus die Tauben usw. Wieder der geistreiche Symbolismus der Alten.« (II 343)

EIN GEHEIMNIS DER AUSSTRAHLUNG MALWIDAS: »DIE TODESSEHNSUCHT ZU TRÄUMERISCHER WONNE AUSBILDEN«. Wagners Beziehung zu Malwida war wohl bei Weitem die engste nichterotische Frauenliebe seines späteren Lebens.[27] Es ist bemerkenswert, dass Cosima gegenüber Malwida allem Anschein nach keinerlei Eifersucht hegt: Auch ihr war klar, dass sich die intime Beziehung zwischen Wagner und dieser Freundin, die drei Jahre jünger ist als er, auf reine Seelenliebe, nicht auf sinnliche Liebe gründet.

Gibt es für diese Seelenliebe eine Erklärung? Zeugt sie davon, dass Wagner, der vielfach als großer Erotiker gilt, doch die übersinnliche Liebe noch höher schätzt, so wie sich Tannhäuser am Ende voll Reue vom Venusberg abkehrt? Martin Gregor-Dellin glaubt zu erkennen, dass Malwida auf Wagner, dem seine »Nerven« schon früh zur Quelle einer ewigen Qual werden,[28] »einen geheimnisvoll beruhigenden Einfluß« ausgeübt habe: »Sie zankten sich nie, sie verspotteten einander liebevoll, in ihrer Gegenwart wichen seine Krämpfe.«[29] Neun Tage vor seinem Tod schreibt Cosima in einem achtseitigen Brief an die »geliebte Malwida«: »Gar wenige Naturen sind wie die Deinige darauf angelegt in edler Einsamkeit Frieden zu finden und zu verbreiten.«[30] Und dies, obwohl sich Malwida, wie wir sehen werden, mit Wagner keineswegs in allem einig ist und ihm das auch offen zu erkennen gibt!

Gewiss ist Wagner sich dessen wohlbewusst, dass die Ruhe, die Malwida ausstrahlt, alles andere ist als die selbstzufriedene Behäbigkeit eines Biedermanns, vielmehr eine Gelassenheit, die aus Zeiten tiefer Verzweiflung bis hin zur Todessehnsucht hervorgegangen ist. Ende 1876 berichtet ihr Cosima, Fürst Rudolf von Liechtenstein, ein enthusiastischer Wagnerianer, habe ihr von Malwida vorgeschwärmt: »Sie gehört zu jenen starken und vollen Menschennaturen, die alles in sich aufnehmen können, um es versöhnlich wiederzugeben. Ihr Umgang würde mich beständig in einer weichen, sanften, edlen Stimmung erhalten, sie würde die Todessehnsucht, die ich in mir trage, zu träumerischer Wonne ausbilden.«[31]

Ein Brief Wagners an Malwida vom 13. September 1861 aus Wien, der seinen »Überdruss und Ekel an allem, was ich tu und treibe« schildert, mündet in den Aufschrei: »Wirklich, das Gescheuteste wäre, wenn's bald mit mir ein sanftes Ende hätte!« (III 23) Und ein halbes Jahr darauf, nachdem Malwida lange und besorgt auf eine »Kunde« von ihm gewartet hat, ein Schreiben, das erkennen lässt, wie er seine Todessehnsucht zu einem messianischen Hochgefühl zu sublimieren sucht: »Liebste (in der früheren Ausgabe nur:

»Liebe!«[32]), so viel ist gewiß, dass der Messiasmythos der allertiefst bezeichnende für alles Erdenstreben ist. … Ich arbeite im stillen immer an einem Plan, für alle Menschen zu sterben und irgendwo heimlich, als abgeschiedener Geist, nur noch meine künstlerischen Entwürfe auszuarbeiten. Ich komme sonst nicht zur Ruhe.« (III 26 f.)

Noch 1867, als er bereits von Ludwig II. aus finanzieller Not gerettet worden war, klagt er der »liebsten Freundin« über »diese Bestie von Leben« – »Wahn! Wahn! Überall Wahn! Das ist jetzt mein Thema!« (III 32). Man erkennt, wie er jetzt seine Verzweiflung musikalisch sublimiert. Da kann man sich gut vorstellen, wie ihm Malwidas Ausstrahlung dabei hilft; und seine Musik hilft ihrerseits Malwida zu derartiger Sublimation. Am 1. September 1873 schildert sie aus Bayreuth in einem Brief an Olga einen Musikabend in Wagners Villa Wahnfried: »ganze Szene aus Walküre, wo Brünnhilde dem Siegmund erscheint und ihm Tod verkündet, als er die Sieglinde ohnmächtig im Arm hält; Wagner spielte und sang es, es war himmlisch.«[33] Seit ihren ersten Erlebnissen mit dieser Musik erklingen in ihrem Seelenleben wohl unterschwellig Wagner-Klänge selbst dann, wenn sie keine Gelegenheit zum Besuch von Wagner-Konzerten findet; mit Wagner beginnt allem Anschein nach eine neue, trotz mancher Tiefs glücklichere Ära in ihrer Lebensgeschichte. Ende 1897 schreibt sie aus Rom an Cosima, zwar könne sie nicht mehr Wagner-Aufführungen erleben; »doch tönen immerfort im Innern Harmonien …«[34]

Anscheinend hat Malwida erst 1894 Wagners Lebenserinnerungen zu lesen bekommen, die zu ihren Lebzeiten lediglich als Privatdruck im engen Freundeskreis kursierten.[35] Ihre tiefe Ergriffenheit schildert sie dem jungen Romain Rolland, dem Wagner nicht ganz geheuer ist: »Oh, welch gequältes, unglückliches Leben, voller Entbehrungen (privations) und ruhmvoll, triumphierend und voll jener Tröstungen, die allein das Genie bescheren kann! Es ist eine antike Tragödie mit jener herrlichen ›Versöhnung‹ (deutsch!), die die Götter, die alles verstehen, den Helden senden am Ende des geheimnisvollen Weges, der aus dem Hades ins Gefilde der Seligen (Elysium) führt.«[36]

Das Wagner-Erlebnis scheint ihr den ersten Anstoß zur Abfassung ihrer Memoiren gegeben, vielleicht auch gerade zur Schilderung ihrer Leidenszeiten ermutigt zu haben,[37] die mit den Wagner-Wonnen zusammen mit der Schopenhauer-Offenbarung ihr grandioses Finale erreichen, auch wenn ausgerechnet Wagner ihre Memoiren, die er bereits in ihrer französischen Fassung zu Gesicht bekommt, »unerquicklich« findet[38] – sehr im Unterschied zu vielen anderen lernt er sie gerade *nicht* über ihre Memoiren zu schätzen! Die spätere deutsche Fassung scheint er gar nicht erst gelesen zu haben. Am 28. April 1879 notiert Cosima: »Das jüngst erschienene Buch von Malwida« – es muss sich um die »Stimmungsbilder« handeln, damals noch ohne die Wagner-Briefe – »will R. nicht lesen … er blickt dann doch in ein Kapitel, legt das Buch aber bald bei Seite, dieses Philosophieren sei ihm unangenehm, ›schließlich sind es doch alle Materialisten‹, von Schopenhauer nähmen sie Ethik, das erste Buch verstünden sie nicht.«[39] Wie schon bei der ersten Begegnung 1855 Dissens über Schopenhauer, obwohl sich Malwida unter Wagners Einfluss für ihn begeistert – für geraume Zeit zumindest.

Ihr rauschhafter Enthusiasmus für Wagners Musik entsteht bei der Wiederbegegnung mit ihm in Paris 1860, als sie seine Musik in drei aufeinanderfolgenden Konzerten »mit vollem Orchester« erlebt.

> »Ich besuchte alle drei und fühlte mich wie in einem seligen Traum befangen, als ich diese Klänge vernahm, die eine andere schönere Welt, voll idealer Gestalten, voll großer, reiner, menschlicher Empfindungen, voll erhabener Leidenschaft und tiefer, aus dem inneren Kern des Herzens hervorbrechender Andacht vor mir aufschlossen; eine Welt, wie sie in den heiligsten Träumen meiner Seele mir vorschwebte … ich ahnte, dass hier ein Genius den Schlüssel gefunden habe, der das Reich des schönen, bewussten Wahns erschließen sollte, in dem die so genannte Wirklichkeit zum Wahnbild und das Ideal zur wahren Wirklichkeit werden sollte. Ich war wie getragen von einer inneren seligen Gewissheit, von einer unfehlbaren Offenbarung.« (II 172 f.)

Also eine nicht nur musikalische, sondern auch spirituelle Wonne, eine wunderbare Bestärkung ihres Idealismus. Man konnte Wagners Musik auch sehr anders erleben: Man denke nur an Nietzsches Wutausbruch gegen die »ekelhafte Sexualität der Wagnerschen Musik« in einem seiner letzten Briefe an Malwida,[40] der freilich zugleich seine fortbestehende Faszination durch diese Musik verrät! Viele andere begeistern sich eben für die Erotik, die man in vielen Wagner-Klängen zu spüren glaubt.[41] Das kann Malwida nicht verborgen geblieben sein, doch wie man sieht, lässt sie sich dadurch nicht im Geringsten beirren, sondern projiziert ihren Idealismus in diese Musik hinein und sieht dadurch ihre Seelengemeinschaft mit Wagner bekräftigt.

Am 19. August 1883, ein halbes Jahr nach Wagners Tod, schreibt Malwida selbstbewusst an Blandine – Cosimas Tochter aus erster Ehe, nunmehrige Gräfin Gravina –, sie glaube Wagner »besser verstanden zu haben« als selbst der Oberwagnerianer Wolzogen, der Herausgeber der »Bayreuther Blätter«: »Alle seine Werke predigen dasselbe Thema: Erlösung durch die Liebe und insofern der innerste Sinn des Christenthums derselbe ist, insofern war er Christ und insofern sind wir Alle Christen. Golgatha ist uns ein Symbol, aber unsere Lösung datirt nicht von da, sondern ein Jeder muss sie an sich selbst vollziehen.«[42] Liebe als Wagner'sches Leitmotiv, doch Seelen-, nicht sexuelle Liebe, vermutlich auch in Verteidigung Wagners gegen Nietzsche, der sich das eine Mal über Wagners Bekehrung zum Christentum, das andere Mal über die Sexualität in dessen Musik empört!

»UNGLAUBLICH, WIE WAGNER OFT KOMISCH IST«[43]: EINE KAMPFGEMEINSCHAFT MIT HUMOR. Zurück nach Paris, wo Malwida 1860/61 den zweiten Winter verbringt und wiederholt zu ihm eingeladen wird, wo er »am Klavier beinahe den ganzen Tristan, die Walküre und den Tannhäuser vortrug« – »mit seiner geringen Stimme« (IV 372): Zwischen den Zeilen spürt man eine gewisse Komik, auch diese gehört zu Wagner. Gleichwohl gewinnt Malwida den Eindruck, dass die meisten Musiker, die Wagner-Werke spielen, weit davon entfernt seien, »seinen Intentionen gerecht zu werden«. »Ganz besonders ergriff mich bei diesen Vorträgen die tragische Größe und künstlerische Schönheit des Charakters des Tannhäuser, der mir schon aus dem Textbuch als eine der wunderbarsten dramatischen Gestalten erschienen war.« (IV 372)

Und dann ausgerechnet auf Weisung des von Malwida in die »unterste Hölle« gewünschten[44] Kaisers Napoleon III., worüber sie wohlinformiert ist (IV 372), jene Pariser Tannhäuser-Aufführung vom 13. März 1861, die trotz Anwesenheit des Kaisers durch anhaltende Pfeifkonzerte des Jockey-Clubs, in dem sich die Pariser Schickeria sammelt, immer wieder gestört wird! 1892 schreibt Malwida – noch immer voller Wut – in den »Bayreuther Blättern« über »die bekannte Kabale«, als »alle bösen Leidenschaften der korrumpierten aristokratischen Jugend und des politischen Hasses« sich gerüstet hätten, »das Gelingen des Werks zu hindern« (IV 373).[45] »Der Kampf zwischen den schamlosen Feinden und den Vorurteilslosen, die zu hören verlangten, dauerte den ganzen Abend fort, ohne dass es jedoch den Ersteren gelang, den Vorhang zum Fallen zu bringen.« (IV 374)

Noch schärfer hat sie in ihren Memoiren losgelegt (II 195): »Was lag diesen vornehmen Wüstlingen an der Aufführung eines keuschen Kunstwerks, das den Sieg der heiligen Liebe über den Sinnenrausch feiert?« (II 197) Sie erklärt die Motive der Störenfriede: diese hätten im »Tannhäuser« »die unnatürlichste und scheußlichste Ausgeburt der modernen Kunst, das Ballett« vermisst. (II 195) Merkwürdig: Dabei beginnt doch dieses Musikdrama gleich ballettartig, mit der wollüstigen Venusberg-Szene, die von der erotischen Fantasie Wagners zeugt![46] Gewiss erweist sich dann der Venusberg als fluchwürdig; doch umso mehr gewinnt er den Reiz des Verbotenen, gerade für Tannhäuser, der im Sängerkrieg auf der Wartburg zu allgemeinem Entsetzen mit seinem Venusberg-Erlebnis auftrumpft; um einen Opernführer zu zitieren: Er ist »wieder ganz in den Bann der Liebesgöttin geraten und verherrlicht in einem ekstatischen Triumphgesang die sinnliche Liebe.«[47]

Spätestens durch das Erlebnis dieser Pfeifattacken auf den »Tannhäuser«, die in der Musikgeschichte berühmt-berüchtigt geworden sind, gewinnt Malwidas Freundschaft mit Wagner bei aller Harmonie auch den Charakter einer *Kampfgemeinschaft*. Damit steht sie unter den Wagnerianern nicht allein. Zwei Wochen darauf berichtet sie ihrer Mutter ausführlich und innerlich aufgewühlt von diesem Happening und wie sie gerade den Abend »mit ein paar treuen Freunden« bei Wagner verbracht habe, »wir alle zusammen die eifrigsten Kämpfer für Wagner und die treu zu ihm gestanden in diesen schweren zwei Wochen und auch jedes Mal nach den Vorstellungen noch bis zwei Uhr die Nacht bei ihm waren, um ihn da gerade nicht allein zu lassen«.[48] Und Wagner ist ihr von jetzt an noch dankbarer als zuvor. »Beste Freundin!«, schreibt er 1868 an sie. »Sie sind die Güte und Treue selbst, dazu der herrlichste Verstand den ich kenn!«[49] Wie man sieht, schätzt er nicht nur ihre Seele, sondern auch ihren Geist! 1869 lädt er sie erstmals ein, zu ihm zu ziehen und zu seinem Freundeskreis zu gehören. Sie erwidert, sie »glaube selbst dass ich in Ihren Kreis passen und mich mit Allem aufs Schönste einleben würde, zumal ich auch eine passionierte Kinderfreundin bin«. Nur könne sie vorerst ihre »freiwillig übernommenen Pflichten noch nicht abwerfen«; sicher denkt sie an die Erziehung Olgas. »Dennoch will ich die Hoffnung nicht aufgeben, dass ein so gutes Zusammenleben noch einmal möglich werde.«[50]

Bei diesem Bündnis gibt es auch Feinde, die man mit Leidenschaft hassen kann: nicht nur die für das Ansehen der Wagner'schen Musik belanglosen

Störenfriede aus dem Jockey-Club, sondern am allermeisten Jacques Offenbach, den mittlerweile weltberühmten, von Rio de Janeiro bis Sydney gespielten Star der komischen Oper, die die ernsthaften Opern persifliert! Zu jener Zeit ist er in Paris große Mode; am 10. Februar 1860 bringt er als Direktor der Bouffes-Parisiens in der Karnevalsrevue seines Theaters eine Parodie auf Wagner unter dem Titel »Le Musicien de l'avenir« (Anspielung auf sein »Kunstwerk der Zukunft«), die einen »riesigen Erfolg« hat.[51] Da lag der Argwohn nahe, dass besonders Offenbach-Fans hinter den Pfeifkonzerten standen, die in ihrer Verhöhnung der großen Tragik auf der Bühne gleichsam selbst ein Schauspiel à la Offenbach inszenierten! In seiner Lebensgeschichte kommt Wagner nur ein einziges Mal und nur ganz nebenbei auf Offenbach zu sprechen, wo er als bekannt vorauszusetzen scheint, dass Offenbachs »Orpheus in der Unterwelt« eine »Scheußlichkeit« sei[52] – jene »Opera buffa«, wo er ebenso wie in der »Schönen Helena« die Idealwelt des antiken Mythos maliziös parodiert (in seiner Musik gleichwohl streckenweise eine romantische Sehnsucht verrät!).

In Sachen Offenbach ist Malwida mit Wagner ganz und gar eines Sinnes. Am 9. Januar 1875 – zu einer Zeit, als es mit Offenbachs Ruhm schon bergab geht[53] –, schreibt sie an Olga einen denkwürdigen Brief mit den Zeilen: »Wie sehr bewegte mich wieder der Gedanke von der Wichtigkeit des Theaters, sobald es nicht eine Anstalt der Frivolität, sondern eine ernster Kunst geweihte Stätte ist. Ja, die edelste Erziehungsanstalt der Menschheit sollte es sein; dazu müsste man aber freilich erst Offenbach und Konsorten an den Galgen hängen.«[54] Ein momentaner Wutausbruch, wie so manche abfällige Äußerung Malwidas? Doch noch am 7. Oktober 1880, zwei Tage nach Offenbachs Tod als »einsamer alter Mann« (Siegfried Kracauer)[55], schreibt sie an den »Malerdichter« Ludwig Sigismund Ruhl den wohl abscheulichsten ihrer Briefe:

> »Ich bin ordentlich froh, dass ein gräulich demoralisierendes menschliches Ungetüm in diesen Tagen aus der Welt geschieden ist, nämlich der Komponist Offenbach, dessen über alle Maßen gemeine komische Opern wie eine schmutzige Wasserflut die Theater Europas überschwemmt und den Geschmack und ästhetischen Sinn des Publikums noch um viele Grade haben sinken machen. Solche Menschen sind wirklich wie eine moralische Pest, freilich sind sie nur der Ausdruck einer Krankheit, die in der Luft steckt, aber sie tragen dazu bei, sie zum Ausbruch zu bringen und zu verbreiten.«[56]

Für den heutigen Leser, zumal wenn er (wie der Schreiber dieser Zeilen) eine Schwäche nicht nur für Wagner, sondern auch für Offenbach hegt, scheint Malwida mit derartigen Zitaten als eine Verkünderin von Idealen der Humanität definitiv erledigt zu sein – und doch wird man vorsichtiger, je mehr man um sie herum gelesen hat. Selbst Émile Zola, in der Folge durch seine Auslösung der Dreyfus-Affäre als Vorkämpfer der Humanität berühmt, trägt – so der Offenbach-Biograf Siegfried Kracauer – mehr als alle anderen »zur Verdrängung Offenbachs aus der allgemeinen Gunst« bei: Zola, »dem der Hass gegen die Operette das Wort eingab, sie sei ›ein öffentlicher Schädling‹, den man hinter dem Souffleurkasten erwürgen muss wie ein bösartiges Tier«![57] Kaum ein Zeitgenosse kann der »Idealistin« so ideal als Antityp erscheinen! Umso merkwürdiger: Wagner selbst, der so viele teilweise antisemitische Tiraden gegen den jüdischstämmigen Offenbach geführt hat, schreibt in seinem Todesjahr an einen französischen Freund über den bereits verstorbenen Offenbach: »Er schreibt wie der göttliche Mozart. … Offenbach hätte wie Mozart sein können.«[58]

Mit ihrem Ideal, das Theater zur »edelsten Erziehungsanstalt der Menschheit« werden zu lassen, steht Malwida in klassischer Tradition. Friedrich Schiller hielt 1784 einen Vortrag zu der Frage: »Was kann eine gut stehende Schaubühne eigentlich bewirken?«, der unter dem Titel veröffentlicht wurde: »Die Schaubühne als eine moralische Anstalt betrachtet«. Als Malwida sich im »Lebensabend« an das rauschhafte Erlebnis der Wagner-Musik in Bayreuth erinnert, fährt sie fort: »Theaterbauten, dem zu Bayreuth ähnlich, sollten sich an verschiedenen Orten Deutschlands erheben, das Geld fände sich schon, wenn man ernstlich wollte, warum findet es sich z. B. für die vielen unnützen Kirchen, die man baut, oder für die ungeheuren Militärausgaben in Friedenszeit?« (II 234)

Dieser Wunschtraum bleibt ein Leitmotiv ihrer Idealvorstellungen. Noch die über Achtzigjährige erinnert 1897 Romain Rolland an ihre »alte beständige Phantasie: das Theater als höchstes Erziehungsmittel für das Volk«. »Es scheint mir sogar, dass da der Volksinstinkt wie sonst fast immer auch da den Weg in die Mysterien, in die Vorstellungen (représentations) der heiligen Geschichte gewiesen hat.«[59] So verbindet sie ihre Leidenschaft für die Kunst mit ihrer alten politischen Leidenschaft für die Erneuerung von Kultur und Gesellschaft. Bereits 1892 hat sie Rolland verkündet: »die wahre Regeneration kann nur aus einem inneren Erwachen kommen, hervorgerufen durch ein großes Opfer, eine grandiose, universelle Idee von Liebe und Reinheit, wie Jesus Christus, oder durch ein großes Genie und Kunstwerke, die die Seelen mitreißen. Denn man muss doch sagen, dass der Triumph von Bayreuth ungeachtet all des Schäbigen (mesquinerie), das sich damit vermengt, zugunsten dieser letzten Hypothese spricht.«[60] Rolland erwidert zweifelnd, Cosima Wagners Idee des »Volkstheaters« sei gewiss »schön«, sei »bewundernswert«. »Nun, glauben Sie ehrlich, dass Wagners Theater gut der deutschen Volksseele entspricht? … Es gibt in Wagners Kunst etwas so Raffiniertes, Komplexes.«[61] Man spürt, es fällt ihm schwer, an die Kraft dieser Musik zur Hervorbringung eines neuen, besseren Menschentums zu glauben.

Im Grunde ist sich auch Malwida dessen nicht sicher. In ihrem »Lebensabend« erinnert sie sich an das »wahre Glücksgefühl«, das sie überkam, als sie 1872 in Bayreuth die ersten Wagner-Konzerte erlebte: »Wir sahen uns nun am Ziel.« (II 232) »Kein späterer Erfolg des Bayreuther Unternehmens kam jemals wieder dem Glück *dieser* Hoffnung gleich, denn wie Hohes auch erreicht wurde und noch wird, diese Hoffnung schlug doch fehl, das deutsche Volk blieb hinter seiner Aufgabe zurück. Damals aber störte nichts den holden Traum.« (II 234) Das Publikum der Bayreuther Festspiele, wo sich viel High Society sammelt, ist weit entfernt von einer Volksgemeinschaft neuen Geistes; in dieser Hinsicht wirken die Festspielerfahrungen auf Wagner ähnlich ernüchternd wie auf Malwida. Bayreuth beschert ihr gleichwohl eine ganze Reihe neuer Kontakte, angefangen mit dem jungen Friedrich Nietzsche bis hin zu Laura Minghetti (II 288), der späteren Schwiegermutter von Bernhard von Bülow, deren Salon Malwida in Rom eine Fülle neuer Bekanntschaften bescheren wird.

Malwidas Beziehung zu Wagner ist durchaus nicht immer von Harmonie und schon gar nicht nur von weihevollem Ernst bestimmt. Um diese ihre Freundschaft zu erhalten, braucht sie vielmehr Humor – wie es scheint, ein neuer Ton in ihrem Leben! – sowie auch die Fähigkeit, mit Meinungsverschiedenheiten selbst in Grundsatzfragen umzugehen. Hannelore Teuchert schreibt, Malwida konnte mit Wagner »richtig aneinander geraten«. Wagner »zog sie gern auf«.[62] 1874 widerspricht sie dem Urteil der befreundeten Marie Loeper-Housselle, Wagner sei arrogant, berichtet jedoch zugleich: »Wie hundertmal hat er mir, scheinbar im Ernst, gesagt: ›ach Sie wissen ja auch gar nichts‹, wenn ich das Eine oder Andere nicht gelesen hatte; das meint er aber doch nicht, es ist nur so eine Art zu sprechen.«[63] Ende 1873, als Wagner ihr das Du angeboten hat, berichtet sie Olga, wobei sie zugleich bemerkt, dass sie für den vierjährigen Siegfried Wagner jetzt die »Mutter Malwida« ist – nach der Trennung von Olga für sie eine neue Chance zur Mutterliebe! –: »Es ist unglaublich, wie Wagner oft komisch ist. … Ja, die Natur ist gütig gewesen, dass sie ihm diesen Humor verlieh, sonst hätte er die Last des Lebens und die Qualen des Genies nicht ertragen.«[64]

Offenbar hat auch sie mittlerweile den Humor schätzen gelernt als das beste Mittel, die »Last des Lebens« zu ertragen! Sie und die Wagners lachen gerne zusammen, so im Oktober 1876, als sie die beiden in Sorrent besucht, »wo wir in ein lautes Gelächter ausbrachen, als ich nun gerade nach so wundervollen Tagen in so schlechtem Wetter ankam«.[65] Sogar als Wagner am »Parsifal« arbeitet und daraus vorsingt, hat er zwischendurch Phasen der Komik; Malwida berichtet Olga: »Wir haben uns aber totgelacht dabei über Wagners sprudelnde Lustigkeit und Witze. Der Übermut quoll ihm aus allen Poren«, wogegen der dabei anwesende Franz Liszt auf sie »im Grunde eher traurig« wirkt.[66] Dabei macht er sich mitunter auch über Malwida lustig! Wie Cosima am 11. August 1881 notiert, mokiert sich Wagner darüber, dass sie und Malwida so gerne Menschen retten würden: »Er würde mir und Malwida einen Taucher-Apparat machen lassen, zur Rettung (von) allerhand Menschen.« Und er witzelt noch weiter.[67] Als er einmal vom Balkon jemanden erblickt, »den er für Malwida hält, macht er allerhand Gestikulationen der Demut und der Buße«,[68] wohl eine Parodie darauf, dass er der »Idealistin« in puncto Moral Anlass zur Kritik gibt.

Von Wagner angestiftet ist auch das wohl komischste Intermezzo, das aus Malwidas Lebensgeschichte überliefert ist, und zwar aus jener glücklichen Zeit 1876/77, die sie mit Nietzsche und dessen Freunden Paul Rée und Albert Brenner in Sorrent verbringt, was anscheinend bei Wagner eine versteckte Eifersucht weckt. Denn Ende März 1877 schreibt er an sie: »Liebe Muhme! Ich träumte diese Nacht, Nietzsche, Rée und Brenner sollten gehängt werden, weil sie Dich umgebracht hätten. Mit Brenner sollte es den Anfang nehmen, eine neue Erfindung (electro-galvanisch) war dazu in Bereitschaft gesetzt, wie es losgehen sollte, suchte ich davonzulaufen, konnte aber nicht vorwärts und – erwachte darüber.«[69] Er sucht also die Hinrichtung (offenbar auf dem elektrischen Stuhl: in jener Frühzeit des Starkstroms eine Zukunfts-Innovation!) nicht etwa zu verhindern, sondern will davonlaufen!

Der Brief trifft zu Ostern bei Malwida ein; wie sie an Olga schreibt: »Am Morgen lachte ich erst wie eine Unsinnige«, als sie den drei anderen mitteilte, »dass sie gehängt werden sollten, nahm das Gelächter natürlich kein Ende«.[70]

Doch es gibt zwischen ihr und Wagner auch ernsthafte Kontroversen. So notiert Cosima am 13. September 1870, mitten im Deutsch-Französischen Krieg, Wagner sei »entrüstet« über einen Brief Malwidas, in dem sie »das Bombardement von Paris bedauert«.[71] Hegt er seit den systematischen Störungen der Tannhäuser-Aufführungen 1861 einen Hass auf diese Stadt? Wie dem auch sei, von jenem Pazifismus, zu dem Malwida auch nach zeitweiliger Begeisterung für Bismarck-Kriege zurückkehrt, ist Wagner weit entfernt. Nicht nur »feurig, energisch«, sondern auch »unendlich schön und gerecht« findet sie jedoch Wagner-Betrachtungen über »die bedenkliche Frage des deutsch-französischen Gegensatzes« 1873 in Gegenwart des französischen Wagnerianers Édouard Schuré: »Es komme jetzt darauf an, zu sehen, ob das eigentlich deutsche Wesen noch einen anderen Kern und Zug habe und für die Zukunft ein heiliges Neues produzieren könne, als die bloße Kriegstüchtigkeit durch Manneszucht, Gehorsam, Treue und Pflichterfüllung.«[72]

Merkwürdiger und schärfer ist ein anderer Dissens, von dem der Wagner-Biograf Glasenapp berichtet, und zwar über die Vivisektion, den schmerzhaften Eingriff bei lebenden Tieren zu wissenschaftlichen Zwecken, auf die Wagner 1878 durch die Schrift »Die Folterkammern der Wissenschaft« aufmerksam geworden war, verfasst von Ernst von Weber, einem Anhänger des tierliebenden Schopenhauer, der einen Verein zur Bekämpfung der Vivisektion gegründet hatte. Auch Wagner gerät darüber in Wut, und als Malwida – um Glasenapp zu zitieren – »im Widerspruch zu ihrem sonstigen menschlich natürlichen Gefühl es versuchte, diesen ›wissenschaftlichen‹ Zweck zu erörtern, sah sie der Meister mit einem furchtbaren Blick an, das Gesicht bleich, den Kopf zurück, und erklärte seinen Abscheu gegen diesen nutzlosen Frevel, nimmermehr käme man auf diesem blutigen Wege dem Wesen der Dinge näher«.[73]

DREI REIZTHEMEN: RELIGIÖSES RITUAL, RASSISMUS, EMANZIPATION DER FRAU. Ein Reizthema, wenn auch mit Humor gemischt, ist und bleibt die Stellung zum Christentum. Am 13. Dezember 1873 notiert Cosima, Wagner habe Malwida »ernste Vorwürfe darüber« gemacht, dass sie Olga nicht habe taufen lassen – dabei hat sie sie ja selber am Gardasee altindisch getauft! »Das ginge nicht, es dürfe nicht ein jeder auf eigene Hand sich seine Religion bilden«, schon gar nicht bei der Erziehung der Kinder. Offenbar geht es ihm nicht um die Dogmen, sondern um die sinnenhaften Rituale: »Die Taufe und das Abendmahl seien unersetzlich; keine Erkenntnis kann dem Eindruck des letzteren nahe kommen.«[74] Schon kurz davor hat Malwida Olga berichtet, volle zwei Abende hätten Wagner und sie darüber gesprochen, »dass Du nicht getauft und zu keiner Kirche gehörig erzogen bist«, und das, »obwohl er die gegenwärtige Kirche verabscheut«! Aber – und bei dieser Gelegenheit bekräftigt sie ihre eigene mittlerweile gewonnene Weltanschauung –

> »so hält er doch Taufe und Abendmahl für zwei wundervolle, tiefe Symbole, und Christus, der sich am Kreuz opfert, für den erhabensten Ausdruck dessen, wozu der Mensch kommen soll, d. h. die Welt der Erscheinung zu überwinden durch die Liebe, das Mitleid und den Drang nach Erlösung … So sehr recht ich ihm in der symbolischen Bedeutung all dieser Dinge gebe, so wenig kann ich ihm zugeben, dass man Kinder noch in dem erziehen müsse, was die gegenwärtige Kirche aus diesen Symbolen gemacht hat. Wir haben lange und eifrig diskutiert, ohne uns gegenseitig zu überzeugen, und ich sagte ihm, ohne dass einer im Herzen, von der Natur etwas hat, was so macht (da hat sie eine Gestalt eingefügt, die die Arme zum Gebet erhebt), hilft alle äußere Form nichts, und wer das hat, bei dem beginnt es nur das zu nähren …: in jedem Tier, in jeder Blüte eine Ausströmung der Atma zu sehen. Das ist dann die wahre *Religion*, aber keine Kirche, die immer zum Dogma, zur Versteinerung führt.«[75]

Und doch kann man diesen Dissens merkwürdig finden, denn unter dem Einfluss Schopenhauers ist Wagner seit Langem vom Buddhismus fasziniert und plant über volle 25 Jahre ein Musikdrama »Die Sieger« über Buddha.[76] Noch am 27. September 1882 notiert Cosima: »Wir sprechen jetzt fast immer vom Buddha«; und am 1. Oktober, Wagner habe erklärt, der Buddhismus zeuge »von einer außerordentlichen jugendlichen Kraft«.[77] Die Kontroverse über die christliche Erziehung führt denn auch zu keiner tieferen Verstimmung; wenn Malwida Olga einige Zeit darauf berichtet, dass »Wagner mich immer neckt wegen meines Unglaubens«,[78] spürt man erneut das humorvolle Element in beider Beziehung.

Und in der musikalischen Religiosität ist Malwida mit Wagner ein Herz und eine Seele; als er aus »Parsifal« singt, schwärmt sie zu Olga: »Das ist denn nun wirklich etwas rein Göttliches. Es ist durchaus Religion, nicht Religion aus dumpfen Kirchenräumen und versteinerten Dogmen, sondern lebendiges Fließen des idealen Quells, welcher die Menschheit vom Tier unterscheidet und sie über die Gemeinheit und das Elend des Lebens erhebt.«[79] Doch am 27. April 1879 notiert Cosima, als die Wagners gerade Malwidas »Stimmungsbilder« erhalten haben: »R(ichard) ärgert sich, dass M(alwida) sich gegen die religiösen Akte ausspricht.«[80] Alles in allem lässt sich erkennen, dass Malwida bis zu einem gewissen Grade Nietzsches tiefe Befremdung durch Wagners musikalische Wonnen in christlichen Welten nachvollziehen kann; nicht zuletzt daraus lässt sich erklären, dass Nietzsches Bruch mit Wagner lange Zeit nicht auch zu einem Bruch mit ihr führt.

Weitaus ernsthafter als der religiöse Dissens ist Malwidas Missbilligung des Wagner'schen Antisemitismus; das ist und bleibt bei aller Nähe eine Kluft auch zwischen ihr und Cosima. Sosehr sie Wagners Hass auf Offenbach teilt: Von dem Antisemitismus, mit dem er diesen seinen Hass überhöht, will sie nichts wissen. Als Wagner – damals noch in Tribschen – sie am 2. Mai 1869 einlädt, bei ihm zu leben, teilt er ihr zugleich mit, dass er ihr »Das Judentum in der Musik« nach Florenz geschickt habe[81] – seinen ursprünglich 1850 noch unter Pseudonym in der von Schumann gegründeten »Neuen Zeitschrift für Musik« publizierten antijüdischen Essay, der gerade als selbstständige Broschüre, nun nicht mehr unter Pseudonym, neu herausgekommen ist und wiederum weites Aufsehen erregt.[82] Besonders berüchtigt sind die Stellen, wo er behauptet, dass ein unangenehm »zischender, schrillender, summsender und mucksender Lautausdruck« die jüdische »Sprechweise« charakterisiere[83] und aus seiner Sicht offenbar auch in der jüdischen Musik durchklingt: Er, der so sehr unter seiner eigenen Unruhe leidet, spricht mit Schauder über »jene unbehagliche, prickelnde Unruhe, die wir in jüdischen Musikwerken von Anfang bis Ende wahrnehmen«.[84] Und wenn er am Schluss seines Essays den Juden zuruft, »Erlösung von dem auf Euch lastenden Fluche« könnten sie nur durch den »Untergang« finden[85], nimmt er die nationalsozialistische »Endlösung der Judenfrage« vorweg.

Dann, Ende Januar, klagt er über Malwidas langes Schweigen: So sehr muss sie sich über sein antijüdisches Pamphlet empört haben, dass sie die Korrespondenz mit ihm vorerst abbricht. Wagner: »Was Sie in meiner Broschüre verletzt zu haben scheint, dünkt mich eben meine Stärke: ich darf jetzt nämlich alles beim richtigen Namen nennen.«[86] Im Juni 1870 wiederholt er diesen Satz, nachdem ihm Malwida offenbar bestätigt hat, dass sie durch sein Pamphlet verletzt worden ist, und fügt hinzu, dass er sich »in den Zustand der Vogelfreiheit geworfen habe, – die einzige Freiheit welche diese Welt uns zu ermöglichen scheint.« Und wieder drängt er sie, möglichst bald zu ihm zu kommen.[87] Er hat ihr also ihren Widerspruch nicht verübelt, so sehr hängt er mittlerweile an der Freundschaft zu ihr.

Doch im Jahr vor seinem Tod kehrt die Spannung in der Judenfrage wieder, als Malwida ihr Missfallen bekundet über Gobineaus »Traité de l'inegalité des races«, einem Gründertext der rassistischen Ideologie. Am 3. April 1882 notiert Cosima von ihrem Gatten: »›Ach!‹ sagt er, ›ich bin immer gobinistischer gesinnt‹; und so ärgert ihn eine Kritik des Racen-Werkes seitens Malwida. Er nennt diese Ansichten optimistische und vindiciert für die furchtbare Wahrhaftigkeit der seinigen eine höhere … Heiterkeit.«[88] Und am 2. Februar 1883, elf Tage vor seinem Tod: »Ein Brief von Malw. Meys. Erregt seinen Ärger wegen seiner Auslassungen über Gobineau.«[89]

Da lohnt es sich, eine Kritik Malwidas an dem »geistreichen Buch des Grafen Gobineau« aus ihrem »Lebensabend« (II 337 f.) zu zitieren: Dort sei zu lesen, »dass die Makedonier über Athen siegten, weil sie unvermischtes arisches Blut hatten, und dass Athen an der Mischung mit semitischem Blut zugrunde ging. Da aber die Makedonier gar keine Kultur hervorbrachten und sogleich in der Vermischung mit dem Orient untergingen, so ist das doch kein Beweis ihrer Superiorität über die Rassenmischung in Athen, die unleugbar den höchsten Glanzpunkt menschlicher Kultur hervorgebracht hat.«

Malwida und die Juden: dieses Thema ist aus heutiger Sicht nicht ohne heikle Züge; dazu später bei ihrer Auseinandersetzung mit Rolland in Sachen Dreyfus. Im Zusammenhang mit Wagner nur noch ein Schlaglicht: Ihre Bemerkungen zu dem jüdischstämmigen Joseph Rubinstein, im »Lebensabend« (II 311) »der treue Wagnerianer, der leider zu früh freiwillig aus dem Leben schied« – mit nur 37 Jahren. Wie sie am 10. Februar 1884 an Cosimas Tochter Daniela schreibt – am 22. August des Jahres wird er sich in Tribschen erschießen –, freut sie sich, jetzt Rubinstein »etwas näher« kennengelernt zu haben: »Wie rührend und wahr sein Schmerz ist um seines Meisters Verlust … er ist wohl einer der *Ersten*, welche die Bayreuther Tradition wirklich *bewahren* und daher einer der wichtigsten für die Erhaltung des Werks.«[90] Am 2. März sogar, als sie in Rom ein Klavierkonzert Rubinsteins mit Wagner-Klängen erlebt hat: Sie habe Rubinstein »unendlich achten gelernt«. »Ich glaube, dass Euch in ihm der wahre Dirigent erwächst, der auch im Stande sein wird, die Schule zu gründen, deren das Werk auf die Dauer doch bedarf.«[91] Am 13. April, erneut an Daniela: »Ich glaube kaum dass unter Wagnerianern Einer ist, dem es mehr Lebensaufgabe geworden ist zu einem immer innigeren Verständnis zu kommen und sich immer selbstloser der Sache zu widmen.« Und in diesem Zusammenhang: »Er hat sich wirklich vom Fluch des Judentums erlöst.«[92]

Wie Wagner kennt auch sie den »Fluch des Judentums« – doch nicht nur durch den »Untergang«, sondern auch durch Wagner-Musik können Juden davon erlöst werden! Mithin kein Fluch, der unauslöschlich in der Rasse verwurzelt ist. Am 14. November 1884, drei Monate nach Rubinsteins Selbstmord, schreibt sie sogar an den befreundeten Maler Franz von Lenbach, sie glaube, dass Bayreuth viel Schuld an dessen Tod trage[93]: Bayreuth mit seinem Antisemitismus!

Dabei redet sie wiederholt abfällig über Finanz- oder Pressejuden und geht wie so viele Zeitgenossen arglos mit dem Begriff der »Rasse« um. Da erscheint es umso hellsichtiger, wenn sie begreift, dass die Aversion gegen Juden mit dem ideologischen Antisemitismus eine neue, gefährliche Qualität bekommt; besonders deutlich wird das in der Dreyfus-Affäre werden. Noch später gerät sie mit Cosima bei aller Freundschaft über Gobineaus Rassismus aneinander. 1895 schreibt diese an die »geliebte Malwida«, wieder habe sie feststellen müssen, dass Malwida mit ihrer Hochschätzung der Italiener Gobineaus Theorie nicht zustimme, »dass nur, solange das germanische Blut bei den romanischen Völkern wirksam war, diese Kulturen kräftig waren«.[94] Da schlägt Malwida an die »geliebte Cosima« zurück, sie glaube, die germanische Rasse sei nicht minder degeneriert als die romanische! Als der 29-jährige Siegfried Wagner – Malwidas geliebter »Fidi«, in dem sie einen Wagner redivivus zu erkennen glaubt – 1898 anscheinend »mit großer Schärfe« gegenüber Malwida in den Bayreuther Antisemitismus eingestimmt hat, erwidert Malwida: »O Fidi mein, lassen wir's Politisieren sein!«[95]

Ein Reizthema zwischen Malwida und Wagner ist und bleibt auch die Emanzipation der Frau. Wie es scheint, hält sie sich ihm gegenüber mit diesem Thema zurück, doch natürlich weiß er, dass sie sich dafür engagiert. Er zieht sie damit auf. 1870, als sie bei ihm zu Besuch ist, frotzelt er: »Es ist sehr schade, dass die Deutschen ihre Frauen nicht mehr prügeln, wenn das wieder der Fall würde, erlebten wir am Ende eine Revolution in unsrer jetzigen Literatur.«[96] »Wagner wird wüthend über die Emanzipation der Frauen, besonders die politischen Rechte«, berichtet Malwida 1878 Paul Rée.[97] Offenbar richtet sich diese Wut auch gegen Malwida; denn wenige Tage davor notiert Cosima: »Von Malwida Abschied nehmend, nach dem Kaffee, sagt er, Gott behüte dich Malwida, du bist – emanzipiert!«[98]

Vor allem gegen Ende seines Lebens wird er mitunter gereizt gegen Malwida, besonders gegen ihre Ablehnung der Rassenlehre Gobineaus; am 18. April 1882 notiert Cosima, Wagner finde ihr Vertrauen zu dieser Freundin allzu »überschwänglich«: »Die Freundin folge uns nicht ausschließlich, wie sie es sollte, habe noch andre Neigungen, sei nicht von unsren Gedanken durchdrungen!«[99] Da vergleicht er sie sogar mit Bakunin: Auch gegenüber Wagner bricht bei Malwida offenbar gelegentlich die alte Revolutionärin wieder durch! Doch auch bei Wagner selbst; am 21. Juli 1882 notiert Cosima, dass er »seine Erinnerungen an Bakunin mit Malwida auffrischt«.[100]

Als Wagner am 13. Februar 1883 in Venedig unerwartet an einem Herzkrampf stirbt, schreibt er gerade an einer Abhandlung »Über das Weibliche im Menschlichen« – ein altes Malwida-Thema!; die Feder entfällt ihm bei dem Satz: »Gleichwohl geht der Prozess der Emanzipation des Weibes nur unter ekstatischen Zuckungen vor sich. Liebe – Tragik.«[101] Da stellt sich dem Malwida-Biografen die aufregende Frage: Hat er dabei besonders an diese Freundin gedacht? War sie in seinem engsten Umkreis nicht diejenige, die am stärksten als Anwältin der Emanzipation der Frau hervortrat? »Ekstatische Zuckungen«: Hat er Malwida doch nicht immer nur als eine Vertraute erlebt, die auf ihn in seinen Krämpfen eine tiefe Ruhe ausstrahlte, sondern manchmal auch als eine Leidenschaftliche, die ihn erregte? Auf ihre Art hat Malwida sehr wohl ekstatische Zustände gekannt, jedoch – soweit wir wissen – beseligende, die sich nicht in Zuckungen äußerten. Hat Wagner, der für seine Person wohl keine Ekstase in tiefer Ruhe kannte, eine eigene Unruhe in Malwida hineinprojiziert? Diese Rätselfrage muss offenbleiben.

Malwidas Begeisterung für Wagner bleibt trotz allem ungebrochen; und sein Tod, der nicht nur für sie überraschend kommt, ist ihr ein schwerer Schock. Noch einen Monat vorher hat sie der vierzehnjährigen Wagner-Tochter Eva geschrieben, sie beneide die Wagner-Kinder um ihre Lebensbedingungen: »Ihr werdet mit einem diamantenen Panzer umgeben, an dessen strahlender Festigkeit die bösen Pfeile des Lebens abprallen werden, ohne Euch zu verwunden.«[102] Ein etwas doppelbödiges Kompliment; ihre eigene Kreativität hat nicht zuletzt damit zu tun, dass sie von keinem solchen »Panzer« umgeben, sondern durch Unbilden des Lebens herausgefordert ist. Doch die Nachricht von Wagners Tod nimmt sie derart mit, dass sie fünf Tage im Bett verbringt, am liebsten selber so plötzlich gestorben wäre – und im Gedanken daran in einen ekstatischen Zustand gerät.[103] Am 23. April 1883 bittet sie Cosimas Tochter Daniela von Bülow um eine genaue Beschreibung der Sterbestunde Wagners, bei der eine eigene Todessehnsucht durchbricht: »Das Sterben solcher Menschen ist etwas so Heiliges und Überzeugendes, dass es mir stets der höchste Wunsch ist, jedem Athemzug zu folgen und dies hehre Geheimnis atmend zu verfolgen.« Jetzt denke sie mit innerem Frieden an Wagner, »der nun, erlöst von allem Leid, die Ruhe des Nirwana genießt«.[104]

In ihrem Beileidsbrief an Cosima geht sie davon aus, dass Wagner seinen Tod vorausgeahnt hat und nicht zuletzt dadurch zum »Parsifal« inspiriert wurde; auf solche Weise sucht sie die verzweifelte Frau mit diesem Tod zu versöhnen: »Ja erst jetzt können wir es ganz verstehn, dass der Parsifal schon sein Gruss aus einer anderen Welt war, dass er, während wir ihn noch unter uns wähnten, schon die Sprache der Seligen gehört hatte und sie zu uns redete.«[105] Wie sie 1894 Romain Rolland mitteilt, hatte sie Wagner vorgeschlagen, statt des »Parsifal« ein Musikdrama über Christi Tod zu komponieren.[106] Doch am 22. September 1882 hat sie Heinrich von Stein, dem Erzieher Siegfried Wagners, verkündet, dass sie »als Botin des Grales lebe und handle«.[107]

Dass Richard Wagner zu Lebzeiten nur zu oft alles andere als selige Ruhe ausstrahlte, hat Malwida an sich selbst zur Genüge erfahren. Am 24. April 1872 schreibt sie an ihre Freundin Augusta von Stein-Rebecchini, die Wagner heftig attackiert und seine Musik als »lüstern« bezeichnet hat, eine lange Erwiderung, die erkennen lässt, dass sie zwar Wagners Musik, doch nicht in gleichem Maße den Menschen Wagner idealisiert, sosehr sie ihn bewundert:

> »Ein Sterblicher, der diese kolossalen Schöpfungen …, diesen hinreißenden Zauber des bewussten verklärten Wahns schuf, kann ein Mensch mit *großen* Verirrungen, mit Augenblicken des dämonischen bis zum Wahnsinn gehenden … Unterliegens unter fatalistische Gewalten sein, aber er ist weder ein gemeiner noch ein niederträchtiger Mensch, und das ist Wagner nicht, ich muss entschieden dagegen protestieren.«[108]

Sie glaube, »man kann die meisten Menschen nur richtig beurteilen, wenn man sich ganz in ihrer Sphäre gesehen, sich auf ihren Standpunkt gestellt, die Welt gleichsam durch ihre Augen angesehen und sein eigenes Fühlen und Denken ganz aus dem Spiele gelassen hat«. Und doch wäre es grundverkehrt, daraus zu folgern, Malwida habe sich ganz und gar ihren jeweiligen Adressaten angepasst und keine eigene Position vertreten. Dies tut sie sehr wohl, selbst gegenüber dem zum Halbgott aufgestiegenen Wagner! Sogar ihr Nachruf auf ihn, den sie in der »Neuen Zeit« publiziert, enthält bemerkenswert ambivalente Passagen wie diese: »Richard Wagner war das Urbild eines deutschen Menschens; alle Vorzüge und auch die Schwächen des unentstellten deutschen Karakters (sic) waren ihm eigen, und zwar in höchster Potenz, scharf ausgeprägt, unveränderlich feststehend.«[109]

Für diese Idealistin, die aus dem Exil über ein halbes Jahrhundert nie für die Dauer nach Deutschland zurückkehrt, ist der »deutsche Charakter« keineswegs ein Ideal! Doch sie macht ihn zu ihrem Gesinnungsgenossen bei der Entdeckung der besonderen Berufung der Frau: Bei der Konzeption des »Lohengrin« sei er »nun endlich auch dem *wahrhaft Weiblichen* auf die Spur« gekommen, »das ihm und aller Welt die Erlösung bringen sollte«. Und sie zitiert aus seiner »Mittheilung an meine Freunde« von 1851: »Elsa, das Weib – das bisher von mir unverstandene und nun verstandene Weib – … hat mich zum vollständigen Revolutionär gemacht. Sie war der *Geist des Volkes*, nach dem ich auch als künstlerischer Mensch zu meiner Erlösung verlangte.«[110/111]

IN UNERWARTETER MUTTERROLLE: MALWIDA UND COSIMA. Nicht nur auf den ersten Blick verblüfft es, dass Malwida von den frühen 1870er Jahren bis zu ihrem Tod die Wagner-Gattin, bei deren Eheschließung am 25. August 1870 sie Trauzeugin war, in einem Maße idealisiert, wie sie das bei Wagner selbst nicht getan hat, und zwar geistig wie menschlich. Denn in Sachen Sexualmoral erscheint sie sonst oft empfindlich; und Cosima galt während ihrer über siebenjährigen illegitimen Beziehung zu Wagner weithin als Skandalfrau. (Heute gilt sie als solche in ganz anderer Hinsicht: weil sie, die 1930 mit 93 Jahren starb, das Ihre zur Überführung des Wagner-Kultes in den Nationalsozialismus beigetragen hat.[112]) Nicht genug damit, ist sie ein ganz und gar anderer Menschentyp als Malwida; wie ihre Biografin Françoise Giroud sie schildert: »Besitzergreifend wie sie ist, wird sie zur Tigerin. Sie entscheidet, wer zum Freundeskreis gehört, wer ausgeschlossen ist.«[113] Doch im Falle Malwidas bleibt ihr positiver Entscheid definitiv, mehr noch: massiv. Und Malwida erlebt diese Frau von Anfang an völlig anders; am 25. Juni 1872 klagt ihr Cosima: »Mir ist zuweilen zu Mute als müsste ich mit einem großen Schrei zusammenbrechen und aufhören, und ich gedenke oft des armen Pferdes in London, das wie sein Kutscher verteidigend behauptete nur noch lebte, weil er es anstrengte, würde es ausgespannt, so würde es auch gleich umfallen.«[114]

In der ersten Zeit ihrer Bekanntschaft ist diese Frau – kein Wunder! – Malwida nicht geheuer. Noch Weihnachten 1880 stimmt sie Marie Loeper-Housselle zu, als diese »das Dämonische« im Wesen Cosimas anspricht, ja bestärkt dieses sogar: »Ich habe das Dämonische in ihr vielleicht noch furchtbarer empfunden, weil ich sie kennen lernte in der Zeit, wo sie noch nichts in sich überwunden hatte, wo sie den bösen Mächten auch halb gehörte; denn *ganz unter uns*, W(agner) hätte, glaub ich, nie seine Kundry schaffen können, hätte er sie nicht erlebt! … Parsifals Erlösung ist kein bloßes Werk der Phantasie. Jetzt ist nur das Dämonische in ihr besiegt u. ich stehe ihr ruhig und mit innigem Genuß gegenüber.«[115] Doch bleibt bestehen, dass Malwida, auch wenn sie die Existenz von Rassen für gegeben hält, den mit Werturteilen verknüpften Rassismus entschieden ablehnt, der bei Cosima sogar noch schärfer ausgeprägt ist als bei Richard Wagner. So erklärt sie ihr am 4. März 1899: »Für mich reducirt sich die Racenfrage auf die Menschheitsfrage und auf das einfache Axiom: gut und böse. Es ist auf alle Racen anwendbar. Dass durch die historische Entwicklung manche Züge sich schärfer entwickelt (haben), andere zurückgetreten sind, ist unleugbar, und macht uns Manche sympathischer als andere, und so haben insbesondere Juden, zum Theil gewiss auch als Folge der langen Unterdrückung, Vieles entwickelt, was antipathisch wirkt. Aber die arischen Christen? Was erleben wir nicht unter ihnen, und wie klein ist die Minorität derer, die wir wirklich *ganz* lieben können!«

Doch insgesamt ist der Grundton selbst dieses Briefes liebevoll; sie findet den vorausgegangenen Brief Cosimas trotz der rassistischen Passagen »wundervoll« und stimmt ganz mit ihr darin überein, »was mir längst als unumstößliche Wahrheit aufging, das: erlöse Dich selbst, d. h. befreie das gebundene Göttliche in Dir … mit dem ewigen Urgrund alles Seines wieder vereint«.[116] Etwas Göttliches erkennt sie also auch in Cosima; und dies geht aus vielen ihrer Briefe hervor. Nur auf Wagners Tod, als die verzweifelte Cosima jahrelang alle Außenkontakte abbricht, folgt eine über vierjährige Pause auch in ihrer Korrespondenz mit Malwida, die darob tief enttäuscht ist; da klagt sie Marie Loeper-Housselle, bei Cosima habe »die mythisch katholische Tendenz, die sie hatte, ganz die Oberhand gewonnen, sie will todt sein wie er für *Alle*, außer ihren Kindern.«[117] Cosima möchte damals ihre Briefe an Malwida sogar vernichtet wissen! Doch im Sommer 1887 beginnt der Briefwechsel erneut, anscheinend ungetrübt und liebevoll, und setzt sich fort bis zu Malwidas Tod.

Bereits 1873, als sie gerade nach Bayreuth übergesiedelt ist und die Wagners nun alle Tage aus der Nähe erlebt, schildert Malwida Olga gegenüber die ihr vormals dämonisch erschienene Cosima als eine in jeder Hinsicht ideale Frau und Mutter, mehr noch: als Vorbild in der Kommunikation; nur wenige Frauen hat sie derart idealisiert, und wohl nur von wenigen ist Cosima derart idealisiert und als Mensch sogar über Richard Wagner gestellt worden – es lohnt sich, diese Passage ausführlich zu zitieren:

> »Wie reizend und vortrefflich Cosima als Mutter ist, das ist wirklich kaum zu sagen. Sie ist streng, ohne je heftig zu werden, meist milde und gütig, nimmt das Kinderwesen immer au sérieux, antwortet ihnen eingehend auf ihre Fragen und Äußerungen, gibt ihnen sehr viel Zeit, wie sie denn z. B. jeden Morgen und jeden Nachmittag mit ihnen in den Garten geht für mehrere Stunden, wo sie unter ihrer Aufsicht arbeiten und spielen. Dabei ist sie gar nicht ängstlich und erzieht sie frei und hart, was Wetter usw. betrifft; neulich z. B. liefen sie durch einen gehörigen Gewitterregen daher, sie lachte und sagte: ›Oh, das tut nichts, das ist ein gesunder Regen.‹ – In somma (sic), sie ist eine bewunderungswürdige Frau, diese stete Güte und Aufmerksamkeit für alle, dabei dieser eminente Verstand; es ist kein Gebiet des Wissens, wo sie nicht ein eigenes ursprüngliches Urteil und geistvolle Gedanken hätte. Und der wunderschöne Einfluß, den sie auf Wagner hat! Durch ihr eignes maßvolles Wesen mildert sie seine Heftigkeit, durch ihre Fürsorge entfernt sie tausend kleine Dinge, die ihn sonst zur Verzweiflung treiben würden, durch ihren Geist befriedigt sie ihn so, dass er fast immer schön und angenehm erregt ist, ohne in ungleiche Stimmungen zu verfallen.«[118]

Cosima sei »ein außergewöhnliches Phänomen«, schreibt Malwida am 14. Oktober 1894 an Rolland nach einem Treffen mit ihr am Gardasee; »der Geist Wagners ist in sie übergegangen, sie begreift *alles*«.[119] Und dann noch eine weitere Steigerung: Seelenwanderung nicht nur von Richard zu Cosima Wagner, sondern von ihr weiter bis zu Malwida – man kann sich unschwer vorstellen, dass dies ein Grund ihrer wachsenden Begeisterung für die Spiritualität des alten Indien ist! Am Vorweihnachtstag 1899 schreibt sie an die »geliebte Cosima«: »Nicht nur am Tag eilen meine Gedanken zu Dir, ich träume auch in der letzten Zeit so oft und so lebhaft von Dir, dass es ein förmlicher Verkehr wird, oft mit ganz zusammenhängenden und geistig bedeutenden Gesprächen. Wäre ich schon ganz indische Theosophin geworden, so würde ich sagen, es sind wirklich unsere Seelen, die sich dem Körper entringen, um miteinander eine Stunde schönster Gemeinschaft zu durchleben. Aber ganz so weit bin ich noch nicht.«[120] Doch offenbar hofft sie, bald dorthin zu gelangen, denn »ein junger Brahmane« (Mohini Chatterjee[121]), der von den Theosophen verehrt wird, will sie besuchen und »in die erhabene Weisheit des Orients« einweihen.[122]

Ihre tiefe Verbundenheit mit Cosima beruht auf Gegenseitigkeit; auch von dieser Freundin wird sie in einer liebevollen Weise angeschwärmt und hochgeschätzt, wie ihr das im Leben nicht oft widerfahren ist. Verblüfft liest man in Cosimas Tagebüchern unter dem 3. November 1873: Abends mit R(ichard) geplaudert, da Malwida nicht kommt«[123] – als ob ihr Wagner ein bloßer Ersatz für Malwida gewesen wäre! »Die Kinder nennen mich alle: Mutter Malwida«, schreibt sie über Cosimas Kinder am 7. September 1873 an Olga;[124] auch diese Mutter-Konkurrenz weckt in Cosima offenbar keinerlei Eifersucht, stattdessen empfindet sie selbst Malwida als Mutter. »Du bist unser aller Mutter und wir lieben Dich alle, wie Deine Kinder«, schreibt sie der über Achtzigjährigen (»Meine geliebteste Malwida!«) am 22. März 1897.[125] Schon in ihrem Brief vom 25. Juni 1872 redet sie Malwida als »liebe Mutter« an und fährt fort: »Was meiner Kindheit, ja meinem ganzen Leben schwer gefehlt hat, die mütterliche Liebe und Theilnahme, nehm ich von Dir dankend an.« Und sie schwärmt: »Wie ich mich bei Dir geborgen fühle, unter großen Flügeln, auf die man sich schwingt und die einen bedecken und bergen können.«[126]

Cosima, die nach außen so sehr anders wirkt, offenbart Malwida auf merkwürdige Art ihre ängstliche, fragile Seite: Für sie, auf die das »ewige Einerlei als Seligkeit« wirke, sei die Aussicht auf Veränderung beängstigend.[127] Neun Tage vor Wagners Tod schreibt sie Malwida aus Venedig in einem achtseitigen Brief: »Gar wenige Naturen sind wie die Deinige darauf angelegt in edler Einsamkeit Frieden zu finden und zu verbreiten und aus dem unbedingten Selbstaufopferungstrieb sich eine Thätigkeit zu schaffen; auch

Wenige giebt es bei denen wie bei Dir, der Geist und das Herz die Naturtriebe durchaus überragen.«[128] Von Richard Wagner ließe sich das Gleiche schwerlich sagen!

1898 hat Malwida der Freundin ihren im gleichen Jahr erschienenen »Lebensabend einer Idealistin« geschickt, der ein noch größerer Erfolg als ihre Memoiren wird. Cosima zeigt sich begeistert und rühmt sie als echte Schülerin Goethes: »Deine unbegrenzte Geistes-Kultur immer vor der Güte u. Grösse Deines Herzens zurückkehren zu sehen, giebt diesem einzigen Buche einen Zauber der Weiblichkeit, der unbeschreiblich ist, und den ich als die Musik in Dir bezeichnen möchte.«[129] Worauf ihr Malwida ebenso selbstbewusst wie selbstkritisch erwidert: »Du erhebst das Buch in Höhen wo ich es nie geglaubt hätte hinzugehören. … Keine größere Freude aber konntest Du mir machen als eine Schülerin Göthe's in mir zu sehen … Nur was ich an mir selbst auszusetzen habe, ist, ich hätte viel mehr schaffen müssen, es ist viel Grund brach gelegen der schöne Frucht hätte bringen können. Wenn ich jetzt mein Leben überschaue …, so erkenne ich, was ich nie wusste als ich im Werden war, dass ich wirklich angelegt war viel mehr und Höheres zu leisten.«[130]

Bei alledem bleibt sich Cosima durchaus der weltanschaulichen Differenzen mit Malwida bewusst; sie liebt sie dennoch. Einem Bekannten schreibt sie über den »Lebensabend«, den sie »das absolute Gegenbild« zu den – gewiss alles andere als »kindlichen« – »Gedanken und Erinnerungen« Bismarcks nennt: »Das ist alles großherziger Idealismus, eine selten hohe Intelligenz, ganz in dem Dienst eines kindlichen Herzens; sie irrt so gut wie beständig, und dabei fühlt man Sonnenwärme und Wahrheit. … Bei Malwida von Meysenbug schwinden alle … von der Welt uns aufgelegten Schranken. Man wandelt frei mit ihr, wie im Paradies!«[131]

Wenn Cosima diese 21 Jahre ältere Frau wie eine Mutter liebt, so schreibt ihr Malwida, soweit zu erkennen, nicht wie einer Tochter, sondern wie einer Freundin auf gleicher Ebene. Nur am 4. März 1899, von Cosima zu dem heiklen Religions- und Rassenthema angesprochen, antwortet Malwida ihr in dem bereits zitierten Brief in einer Art, die an ihren Auftrag an Olga erinnert und der Adressatin eine größere Weite des Denkens vermitteln will: »Mir ist der Gott, der uns zur Sünde verdammt, um uns durch sein Selbstopfer dann zu erlösen, nichts anderes mehr als ein erhabenes Symbol dessen, was mir längst als unumstößliche Wahrheit aufging, des: erlöse dich selbst,

d. h. befreie das gebundene Göttliche in Dir, das Dich … mit dem ewigen Urgrund alles Seins wieder vereint.« Und zu Cosimas Rassismus:

> »Ich weiß nicht, ob die Menschen*seele* sich in weiße, schwarze, gelbe einteilt, dass sie sich aber unter klimatischen und anderen Einflüssen verschieden entwickelt, scheint mir unzweifelhaft … Aber so wie wir die Tiere, ja die ganze unorganische Natur mit in den Kreis unserer Teilnahme ziehen, scheint es mir, verdient es auch die Menschheit im weitesten Sinn. Die gelbe Rasse, die Chinesen, haben lange vor den Ariern und besonders vor dem Christentum eine Weisheit gelehrt, die kaum je eine Zeit übertroffen hat. … Christus aber hat für *alle* Menschen geredet und hat keine Rassenunterschiede gemacht.«[132]

»ES FIEL WIE IN FESSELN VON MIR AB«: WIE MALWIDA MIT SCHOPENHAUER »SELIG« WIRD, DOCH SCHLIESSLICH ZUR WERTSCHÄTZUNG DES »WILLENS« ZURÜCKKEHRT. Wie wir sahen, führt Malwidas neue Begeisterung für Schopenhauer über Richard Wagner. Dieser sucht sie schon bei ihrer ersten Begegnung in London 1855 für diesen Philosophen zu erwärmen, doch nicht nur menschlich verläuft die Begegnung unbefriedigend: Auch bei Schopenhauer fängt Malwida noch nicht Feuer, schreibt im Brief an ihre Mutter auch noch seinen Namen falsch (»Schoppenhauer«). Wie sie sich in ihren Memoiren erinnert (I 449 f.), traf sie »mit besonderer Wucht der Ausdruck ›die Verneinung des Willens zum Leben‹, welchen Satz Wagner für das Endresultat der Schopenhauerschen Weltanschauung erklärte. Gewohnt, den Willen als die Kraft der sittlichen Selbstbestimmung anzusehen …, war mir dieser Satz … ganz unverständlich. …Doch klang dieser Satz in mir nach wie ein Etwas, vor dem ich nicht als Rätsel stehen bleiben dürfe.«

Schopenhauer, »dessen Name ganz plötzlich wie ein strahlendes Gestirn aus der Vergessenheit … heraufgestiegen war« (I 448 f.), lässt sie nicht los, zumal sie ab 1856 mit der Trennung von Olga eine Phase von Lebensmüdigkeit und tiefem Weltschmerz durchlebt. Doch es dauert noch fünf Jahre, bis ihr Schopenhauers Lehre zur Offenbarung wird – bis zur Wiederbegegnung mit Wagner 1860 in Paris.[133] Die Begeisterung für den Philosophen verbindet sich bei ihr sichtlich mit ihrem neuen Enthusiasmus für diesen Komponisten, der in seiner Trübsal schon längst bei diesem Philosophen seine geistige Zuflucht gefunden hat. Wagner, der ihr Bedürfnis erkennt, »endlich mit der Philosophie Schopenhauers bekannt zu werden«, schenkt ihr dessen Opus Magnum »Die Welt als Wille und Vorstellung«, von dem er zwei Exemplare besitzt. Da lohnt es sich, jene Passage ihrer Memoiren ausführlich zu zitieren, die diese geistige Erleuchtung in ihrer Dramatik schildert – wohl eine der stärksten Stellen ihrer Lebenserinnerungen:

»Nun saß ich oben in meinem Adlernest, wie ich es nannte, hoch über dem bunten Treiben von Paris, und wenn ich nicht mit Olga beschäftigt war, so las ich in Schopenhauer und war selig. Es fiel wie in Fesseln von mir ab. Für alles, was sich seit Jahren in mir vorbereitet und durchgekämpft hatte, was sich in immer größerer Deutlichkeit in mir entwickelte, fand ich nun hier den wahren geistigen Schlüssel. … Ich sah nun überall das gespenstisch unheimliche, bestialisch wilde Element des Urwesens …, ehe es von der Einsicht von der Notwendigkeit der Verneinung des Willens zum Leben erlöst wird. Die ›Verneinung des Willens zum Leben‹ – dieses Wort, das mich einst so wunderlich betroffen hatte, als ich es in London zuerst von Wagner hörte – jetzt war sein Sinn aufgegangen. … Ich sah nun klar, dass dieser Kampf zwischen dem Willen zum Leben und seiner Verneinung überhaupt der Kampf meines ganzen Lebens gewesen war. Zum zweitenmal ging es mir wieder hell auf, das: ›Erlöse dich selbst!‹ Der gebundene Gott in uns muß sich befreien aus den Schranken der Individuation, in die ihn der ungestüme Drang zum Leben gebannt hat. Das lange, qualvolle Ringen des Daseins hat keinen anderen Sinn, als den der Auferstehung nach dem Kreuzestod, an dem das Ich, das Persönliche stirbt, um als Universelles fortzuleben.« (II 192 f.)

Ebendieses Jahr 1860 ist Schopenhauers Todesjahr. Nachträglich überkommt sie tiefes Bedauern, ihn nicht persönlich kennengelernt zu haben. Dabei hat sie ihn in ihrer Frankfurter Zeit 1847/48 bei seinem gewohnten Spaziergang mit seinem Pudel fast täglich gesehen, ohne zu wissen, wer er war.[134] »Hätte ich damals gewusst wer er *eigentlich* sei und was er mir werden würde, keine Macht der Erde hätte mich zurückgehalten zu ihm hin zu gehen, mich zu seinen Füßen zu setzen und ihn zu zwingen, mein Lehrer zu sein«, schreibt sie noch 1889 an Wagners Stieftochter Daniela Thode, zugleich mit einer Deutung ihrer inneren Entwicklung aus der Rückschau: »Damals gerade wo ich so bedürftig war, so seeleneinsam, wo Alles in mir gährte (sic) und zu blühen begehrte und wo es nur der allmächtigen Führerschaft bedurft hätte, um meine Flügel zum höchsten Fluge zu entfalten. So grausam ist das Schicksal, erst nachher zeigt es uns, dass die Erlöser nahe waren, ohne dass wir es wussten und nun bleibt unser Leben ein Fragment.«[135]

Schopenhauer als ihr Erlöser! Vermutlich war es ihr Glück, dass sie ihn damals und schon gar 1848 nicht persönlich kennengelernt hat: nur so konnte sie sich von ihm ungehindert ein Idealbild machen. Robert von Hornstein, den – wie er schreibt – 1855 wenige Wochen mit Wagner »zu einem schopenhauerfesten Manne« machten und der darauf bis zu Schopenhauers Tod mit ihm in persönlichem Kontakt stand, erlebte, wie dessen Wut auf Robert Blum »maßlos« war: ausgerechnet auf diesen Mann, der von den Achtundvierzigern – so auch von Malwida (I 169) – als Held und Märtyrer verehrt wurde. Der »edle Fürst Windischgrätz« – so Schopenhauer –, der Blum erschießen ließ, habe leider »zu große Empfindsamkeit« besessen: »Den Blum hätte er nicht erschießen, sondern henken sollen«![136]

Schopenhauer und 1848 – dazu Schopenhauer und die Frauen: Ein weiterer Grund, aus dem Malwida diesen Philosophen eigentlich hätte von Herzen hassen können, denn mit einigem Recht gilt er gemeinhin als Frauenfeind. In seiner Schrift von 1851 »Über die Weiber« behauptet er von diesen, sie blieben »ihr Leben lang Kinder« und seien ihrer »Natur« nach »zum Gehorchen bestimmt«; beleidigender noch: »Weder für Musik, noch Poesie, noch bildende Künste haben sie wirklich und wahrhaftig Sinn und Empfänglichkeit; sondern bloße Äfferei, zum Behuf ihrer Gefallsucht, ist es, wenn sie solche affektieren und vorgeben.«[137] Doch Malwida hat wohl wie auch andere Verehrerinnen dieses Philosophen manche seiner abfälligen Auslassungen über die Frauen als maskuline Marotte ohne Bedeutung für die Essenz seiner Philosophie abgetan. 1880 bekennt sie Ludwig Sigismund Ruhl, dem Jugendfreund Schopenhauers, den sie durch ihre Begeisterung für Schopenhauer als Briefpartner gewonnen hat,[138] sie hoffe, im Leben nach dem Tod nicht nur ihn, sondern auch »unseren Freund Arthur« – nämlich Schopenhauer – wiederzufinden, »den ich, trotzdem er die Frauen abscheulich behandelt hat (leider freilich mit vielem Recht), aus tiefster Seele verehre und liebe und dessen ›Und dennoch dürfen wir getrost sein‹ meine einzige Leuchte auf dem dunklen Pfade ist«.[139] »Mit vielem Recht«: Nebenbei ein Schlaglicht auf die gespannte Beziehung dieser Frauenrechtlerin zu einem Gros der damaligen Frauen!

Für den Nichtphilosophen, der sich bereits mit Kant- und Hegel-Texten abgemüht hat, besteht ein erster Reiz Schopenhauers in dessen auch für den Laien verständlichen, ja oftmals lebendigen Sprache; das gilt gewiss auch für Malwida.[140] In der Einleitung zu seiner Anthologie »Mit Schopenhauer gelassen durchs Jahr« kündigt Hans-Joachim Neubauer an: »Schopenhauers philosophische Welt ist voller Farben, Gerüche, Geräusche, Musik. Hier gibt es Eulen, Polypen und Hirschkäfer, Papageien und Füchse, Igel, Pudel … Berühmt wurden die Stachelschweine, aber auch Seehunde tauchen auf.«[141] Nietzsche schildert in seinem Essay »Schopenhauer als Erzieher«, der Malwida zur »Bibel« wird, die Begegnung mit diesem Philosophen wie ein beglückendes Naturerlebnis: »Es geht uns ähnlich wie beim Eintritt in den Hochwald, wir atmen tief und fühlen uns auf einmal wiederum wohl.«[142] Und dann, sich offenbar auch selber als »Naturgewächs« empfindend: »Ich schildere nichts als den ersten gleichsam physiologischen Eindruck, welchen Schopenhauer bei mir hervorbrachte, jenes zauberartige Ausströmen der innersten Kraft eines Naturgewächses auf ein anderes, das bei der ersten und leisesten Berührung erfolgt.«[143]

Nun aber zu einer für Malwidas Verhältnis zu diesem Philosophen entscheidende, jedoch vertrackte Frage: Ist Schopenhauer ein *Idealist*, oder geht aus seiner Philosophie ganz im Gegenteil hervor, dass der Idealist Illusionen anhängt? Über sein Verhältnis zum Materialismus jener Zeit bemerkt Anni Piorreck in scharfsinniger Analyse:

> »Durch Schopenhauers Lehre zieht sich in dieser Beziehung ein großer Widerspruch: einmal tritt er unbefangen für eine restlos durchgeführte mechanische Naturerklärung ein, aus dem starken Bedürfnis heraus, die Welt kausal zu begreifen. … Andererseits versucht er immer wieder, die Materialisten … scharf zu bekämpfen. … Er überwindet den reinen Materialismus dadurch, dass er die eigentliche Wirklichkeit nur als Vorstellung sieht. Andererseits ist er aber doch so abhängig von ihm, dass er die Vorstellungen von der Welt … als Produkt, als Erzeugnis in rein materialistischem Sinn ansieht, ohne Widersprüche in seiner Lehre zu merken.«[144]

Doch wie es scheint, ist ebenjener Widerspruch eine wesentliche Voraussetzung für Malwidas »Seligkeit« mit Schopenhauer, denn auf die Logik im gesamten Denken dieses Philosophen kommt es ihr nicht so sehr an: Sie braucht ihn als Lebenshilfe. Und da ist es wichtig zu beachten, dass auch sie ebenso wie Schopenhauer eine »materialistische« Phase durchmacht, wo ihr die modernen Naturwissenschaften der Schlüssel zur Welterkenntnis sind, und dass sie sich ebenso wie er von dieser Sichtweise nie gänzlich löst. Anni Piorreck hebt bei Schopenhauer hervor: »Keine andere Philosophie der Zeit vereinigte auf diese Weise Mystik und naturwissenschaftliche Erkenntnisse.«[145] Und nicht zuletzt darin traf sie sich mit einer Sehnsucht Malwidas. Abkehr vom kirchlichen Christentum bei fortwirkendem spirituellem Bedürfnis: Darin kann man ein Leitmotiv der geistigen Entwicklung Malwidas erkennen – ein überaus zukunftsträchtiges Leitmotiv! Riedel nennt die »Memoiren einer Idealistin« sogar einen »Urtext der Lebensmystik um 1900«.[146]

Wie Malwida begreift Schopenhauer den Idealismus als Anlage der menschlichen Natur. So handelt er eindrucksvoll davon, »wie einem Jeden das Wesen jener ewigen Gerechtigkeit … wenigstens als dunkles Gefühl bewusst ist«.[147] Und dann: »Alle Liebe ist Mitleid«[148]; dieser Gedanke wird ihm zu einem Leitmotiv, und dabei meint er kein herablassendes Mitleid, sondern ein Mit-Leiden: Er gelangt zu der emphatischen Folgerung, »dass ein solcher Mensch, der in allen Wesen sich, sein inneres und wahres Selbst erkennt, auch die endlosen Leiden alles Lebenden als die seinen betrachten und so den Schmerz der ganzen Welt sich zueignen muß«.[149] Anni Piorreck weist nach, dass sich dieser Grundgedanke Schopenhauers auch durch sämtliche Schriften Malwidas hindurch verfolgen lässt.[150] Von daher kann sie bei der Schopenhauer-Lektüre sogar das Selbstgefühl gewinnen, einen bei Schopenhauer noch eher unterschwelligen Idealismus als Lebensphilosophie offen zu bekunden und zur vollen Entfaltung zu bringen!

Doch an was mag sie konkret denken bei der Art, wie sie ihre neue Seligkeit schildert: *»Es fiel wie in Fesseln von mir ab«*? Was ist gefesselt, und wovon wird sie dadurch befreit? Einiges spricht dafür, dass ihr auch hier Wagner zum Vorbild wird. Wie Gregor-Dellin die erlösende Wirkung der Schopenhauer-Lektüre auf Wagner erklärt: »Schopenhauer wurde ihm zum Quietiv. Er hatte in seinem Unglück, einem tatsächlichen und einem fortwährend eingebildeten, endlich das moralische Recht und den Mut, die Sehnsucht nach dem Tode … sich einzugestehen.«[151] Wobei man mit Blick auf sein weiteres Leben und Schaffen, seine Vitalität und nicht zuletzt auch seinen Witz hinzuzusetzen hat: »Und sich dennoch nicht das Leben zu nehmen.«

Wie wir sahen, wurde auch Malwida bis dahin wiederholt von Selbstmordgedanken verfolgt. Da konnte ihr Schopenhauer dabei helfen, zu derartigen Anwandlungen eine philosophische Distanz zu gewinnen und diesen, statt sie in die Tat umzusetzen, kreative Impulse abzugewinnen. Sie konnte ein neues Selbstgefühl gewinnen im Gedanken daran, dass ihre unglücklichen Stimmungen von tiefer Einsicht zeugen und nicht etwa von einem Unvermögen: einer Unfähigkeit zum Glück. Schopenhauer kann ihr geradezu zu einer Autorität werden, die sie vom Suizid anhält, lehnt er doch den Selbstmord ausdrücklich »als eine vergebliche und darum thörichte

Handlung« ab, da das Selbst durch diesen Akt nicht wirklich stirbt. ›Wen die Lasten des Lebens drücken …: ein solcher hat nicht vom Tode Befreiung zu hoffen und kann sich nicht durch Selbstmord retten; nur mit falschem Scheine lockt ihn der finstere kühle Orkus als Hafen der Ruhe.«[152]

Rein logisch mag man hier bei Schopenhauer auf einen fundamentalen Widerspruch stoßen, schreibt er doch an späterer Stelle: »Klopfte man an die Gräber und fragte die Todten, ob sie wieder aufstehn wollten; sie würden mit den Köpfen schütteln.« Und doch hat er kurz davor festgestellt: »Nichts ist entsetzlicher, als eine Hinrichtung.«[153] Wieder: Bei ihm wie bei Malwida ergibt sich der innere Zusammenhang der Aussagen aus keiner Logik, sondern aus Bedürfnissen des Lebens: hier als Erlösung von Selbstmord-Anwandlungen. Noch den jungen Romain Rolland belehrt sie zu einer Zeit, da er oft in tiefe Trübsal verfällt, die Interpretation von Schopenhauers »Axiom vom Verzicht auf den Lebenswillen« als Aufforderung zum Selbstmord sei »absurd«.[154] Ihre »Stimmungsbilder« enthalten eine Abhandlung »Die Wirklichkeitsphilosophie des Todes«, die an Schopenhauer anknüpft. Da lautet die vielleicht schönste Stelle (IV 131): »Auch Schopenhauer, dem über die Vernichtung der Persönlichkeit kein Zweifel blieb, lässt uns im Grunde des Seins die Möglichkeit eines unserer beschränkten Erscheinung unfassbaren Zustandes ahnen, welcher keineswegs das Nirwana der Vernichtung, sondern das Entzücken des aus seiner Zerstücklung in die Einheit zurückgekehrten Dionysus ist.« Das ist mindestens so sehr Malwida wie Schopenhauer!

Später in ihrer »Wirklichkeitsphilosophie des Todes« verkündet sie in Anknüpfung an Schopenhauer ihre Glücksbotschaft und zugleich ihren Glauben an das Glückspotential der menschlichen Natur:

»Was nun in diesem Leben schon das vollkommenste Glück gibt, ist die schöpferische Begabung, das wunderbare Hervorquellen einer Macht, die, wenn ihr auch noch so sehr durch Bildung und äußere Hilfsmittel beigestanden würde, doch aus dem Innersten des Menschen wie ein frischer Quell aus unbekannten Erdtiefen sprudelt und vorher völlig unbekannte Stellen des Daseins mit Gebilden des Denkens und der Phantasie anreichert. … Wenn nun schon hier, in der beschränkten Form, Ausübung der Schöpferkraft in uns Götterlust ist, wie soll es töricht sein, anzunehmen, was die Intuition uns zuflüstert, dass im ›Ding an sich‹, im ewigen Schöpfungsdrang des Seins Seligkeit herrsche?« (IV 135)

Da erkennt man zugleich, wie sie Schopenhauer aus ihrer Sehnsucht heraus weiterdenkt: So erklärt sich, dass sie durch ihn »selig« wird. Doch auch in ihrer Sicht des »Willens« bleibt ein tiefer Widerspruch bestehen. In ihrem »Lebensabend« äußert sie an einer Stelle die Hoffnung, »dass einst, wenn der Kampf mit dem wilden Tiger ausgekämpft ist, uns das Glück des leidenslosen, objektiven Anschauens und Begreifens zuteil werden wird« (II 215); der »wilde Tiger« ist nichts anderes als der Wille. An anderer Stelle jedoch schildert sie den Willen als eine Macht, die sich zu erlösen vermag:

> »Wenn der Wille im Sinne Schopenhauers als ungestümer Drang zum Dasein und nimmer zu befriedigendes Streben nach Genuß, durch das Läuterungsfeuer der Erkenntnis durchgegangen und nun, sich selbst beherrschend, erlöster Wille geworden ist, der, aus Mitleid entsagend, die höchsten Seelenfreuden opfern und über dem Schmerz … stehen kann – … dann hat sich der gebundene Wille zur Freiheit der Selbstbestimmung erhoben, dann ist der Mensch wirklich frei.« (II 394)

Da gibt sie zu erkennen, dass sie hier nicht mehr lediglich Schopenhauer referiert, sondern über ihn hinausdenkt, dabei aus eigenem Erleben schöpft und den Willen nicht ganz und gar als unheilvolle Macht begreifen möchte. In der Folge vollzieht sie eine ausdrückliche Abkehr von Schopenhauers Willenslehre. So schreibt sie 1893 an Cosima Wagner: »Gerade dies letzte Jahr meines schon so hohen Alters war so reich an Seelenschmerzen dass ich unterlegen wäre, hätte nicht die Kraft des zum Bewusstsein seiner Aufgabe gewordenen Willens mir geholfen. Und da erleidet dann doch die so überzeugende Erklärung des Willens von Schopenhauer eine Modification. Wenn der Wille aus dem Zustand seines elementaren Ungestüms erlöst und zum Instrument des siegenden Geistes geworden ist, kehrt er sich gegen sich selbst und vollzieht eine eigene Verneinung.«[155]

Wenn sie Nietzsches Schrift »Schopenhauer als Erzieher« als ihre »Bibel« rühmt,[156] so ist das ein Bekenntnis zum damaligen Nietzsche, nicht so sehr zu Schopenhauer, denn ungeachtet ihres Titels ist diese Abhandlung weit mehr als eine bloße Schopenhauer-Exegese.[157] Und doch erlangt nicht nur ihr lebensvolles Wissen um Nietzsche, sondern auch ihres um Schopenhauer erhebliche Bedeutung für ihre geistige Anziehungskraft in Italien. So hebt das »Schopenhauer Handbuch« über die »Idealistin« hervor: »Dank ihr erlangten die Namen Schopenhauers und Nietzsches in Italien eine hohe Bekanntheit: Ihr literarisch-philosophischer Salon wurde von verschiedenen

Intellektuellen besucht, die begannen, sich für die Philosophie Schopenhauers zu interessieren.« Dieser Philosoph sei damals »geradezu eine Modeerscheinung für mondäne Kolloquien« geworden.[158] Wie man sieht, ist Schopenhauer für Malwida nicht nur als Lebenskünstlerin, sondern auch als Künstlerin der Kommunikation ein Thema mit Zukunft!

»IM VOLLEN SINN DES WORTS BUDDHA WERDEN«: ÜBER WAGNER UND SCHOPENHAUER ZU ALTINDISCHER ERLEUCHTUNG – UND AUF DIESEM WEG ZU NEUEN FREUNDSCHAFTEN. In ihren Memoiren schildert Malwida im Ton der Begeisterung die besondere Bedeutung, die die Lektüre Schopenhauers für sie gewinnt, wodurch ihr diese zur großen Offenbarung wird und sie in einen Zustand der Seligkeit versetzt (II 193 f.):

> »Vor allem aber gewann ich durch ihn die Liebe zu jenen Urvätern unseres Geschlechts, jenem wunderbaren Volk im Osten, das am heiligen Strome unter Lotos und Palmen, das tiefsinnige Geheimnis von der Einheit alles Seins längst vor aller europäischen Kultur gekannt und vielleicht mehr als irgend ein Volk seine philosophische Weltanschauung in seinem Leben zu verwirklichen gestrebt hat. Sehnsuchtsvoll zog es mich fortan, alles zu erfahren, was auf jene heilige Urzeit Bezug hatte, und ich segnete von nun an jeden Abend beim Schlafengehen Olga mit den großen Worten der Vedas: Tat wam asi.«

»Tat wam asi« (bei Schopenhauer: »tat tvam asi«[159]): »Das bist du«; diese Weisheit aus den altindischen Upanishaden will sagen, dass der Weise dorthin gelangt, in allen Erscheinungen jene All-Einheit wahrzunehmen, die auch in ihm selbst angelegt ist. Wie wir sahen, folgt sie in ihrer Art sehnsüchtiger Aneignung Schopenhauers ganz Richard Wagner. So notiert Cosima am 12. Dezember 1870, er habe ihr am Morgen gesagt: »Wie ich mich nach den Studien der Inder sehne! Das ist alles unmittelbare Wahrheit; ihre Allegorien sprechen das aus, was anders gar nicht auszudrücken ist. Bei uns ist alles durch eine Art von Konvention festgesetzt … Bei den Indern dagegen beruht selbst ihr Kastenwissen auf einer tiefen Erkenntnis der Natur.«[160]

»Natur«! Mitunter kann man in seiner Buddha-Begeisterung und seinem Gedanken an Wiedergeburt sogar einen Anflug von Humor spüren, noch in seiner letzten Zeit; so notiert Cosima am 28. September 1882: »Bei Tisch erzählte er uns die Legende von Buddha, wie derselbe als Häschen wiedergeboren war und, da es, nichts einem Bramahnen, dem die Tiere ihre Speisung darbrachten, als das geringe Gras zu opfern hatte, in das Feuer sprang und es von herrlicher Kühle fand.«[161] Er hat diese Legende wohl aus dem im Vorjahr erschienenen Standardwerk »Buddha« von Hermann Oldenberg[162], in dem er in jenen Tagen ständig las, einmal sogar nachts, und Cosima »wundervolle Dinge von Buddha« vorlas; an dem Tag findet sich ihre Notiz: »Wir sprechen jetzt fast immer vom Buddha.«[163]

Auch Malwida liest in dem »trefflichen Buch Oldenbergs«; vor allem scheint sie dort bestätigt zu finden, dass das Nirwana nicht – wie viel glauben – ein Nichts ist; gleichwohl ist sie unzufrieden, dass Oldenberg sich damit begnügt, vom Nirwana als einem »unergründlich tiefen Geheimnis« zu reden: »Wer aber eine Zukunft scharf und klar verneinte, würde anders reden.« (II 445) Sie selbst möchte sich mittlerweile für das Nirwana als eine beseligende Zukunft begeistern: das Erlöschen als Erlösung! Oldenberg wurde dadurch bahnbrechend, dass er erstmals auf breiter Quellenbasis einen nüchtern historisch-empirischen Zugang zu Buddha suchte. Malwidas wie Wagners Buddha-Begeisterung stammt jedoch aus der älteren romantischen Tradition der Verklärung des alten Indien, die vor allem durch Schopenhauer Breitenwirkung erlangt.

Volker Zotz glaubt in seinem Werk über »Buddhismus in der deutschen Kultur« zu erkennen, dass »Wagners Werk bereits vor der Begegnung mit Schopenhauer eine deutliche Tendenz« gezeigt habe, »die konsequent zu seinem ›unwillkürlichen‹ Buddhismus führte«.[164] Gleiches gilt offenbar auch für Malwida. Wie der Wagner-Biograf Martin Gregor-Dellin schreibt, regte diese Wagner bereits bei der ersten unerfreulichen Begegnung in London immerhin dazu an, Eugène Burnoufs »Introduction à l'histoire du Bouddhisme indien« zu lesen, die ihm den Stoff zu dem bis zu seinem Lebensende geplanten Musikdrama »Die Sieger« gebracht habe: »Es fand sich darin die Legende von einem Tschandala-Mädchen, das in Liebe zu einem Buddha-Jünger entbrennt und mit der Aufnahme in seinen Orden zugleich das Gelübde ihrer Keuschheit ablegen muß.«[165] Ob sich Malwida da besonders zum Buddhismus prädestiniert glaubte?

Schopenhauer und der Buddhismus, überhaupt die altindische Weisheit ist ein weites Thema, das sich über sein ganzes Leben erstreckt; umso merkwürdiger, dass es, wie noch das »Schopenhauer Handbuch« von 2018 kritisiert, im »toten Winkel der bisherigen Schopenhauer-Forschung« liegt.[166] Einst hatte er sich sogar mit dem jungen Buddha verwandt gefühlt: »In meinem 17ten Jahre ohne alle gelehrte Schulbildung, wurde ich vom Jammer des Lebens so ergriffen, wie Buddha in seiner Jugend, als er Krankheit, Alter, Schmerz und Tod erblickte.«[167] Er selbst schreibt von seiner Lektüre der hinduistischen Upanishaden: »Sie ist der Trost meines Lebens gewesen und wird der meines Sterbens sein.«[168] Explizit bekannte er sich nur zum Buddhismus, nicht zum Hinduismus, doch zwischen beiden gibt es bei ihm fließende Übergänge; und das Gleiche gilt für Malwida. In seinem Hauptwerk rühmt er »die weisen Urväter des Indischen Volkes«, »des edelsten und ältesten Volkes«.[169] Man erkennt, wie Malwida in ihrer Begeisterung auch sprachlich Schopenhauer folgt, der den weißen Pudel, der ihn bei seinem täglichen Spaziergang begleitete, »Atma«, »Weltseele«, getauft hatte (»Wenn es keine Hunde gäbe, möchte ich nicht leben«).[170]

Anni Piorreck arbeitet heraus, dass Malwida im Laufe der Zeit in ihrer Sicht des Buddhismus den Schopenhauer'schen Pessimismus überwunden und sich stärker Wagner genähert habe, »dem es auch gelang, seine zuerst pessimistische Auffassung der buddhistischen Welt mit dem Leben zu versöhnen«.[171] Mit Recht weist sie darauf hin, Malwida habe ihr Wissen über den Buddhismus keineswegs nur aus zweiter Hand bezogen, sondern ausgiebig eigene Quellenlektüre betrieben, und kommt sogar zu dem Schluss, auf diese Weise sei sie »dem wahren Buddhismus sehr viel näher als Schopenhauer« gekommen.[172] In dem Zusammenhang hebt sie hervor: »Gerade der Buddhismus hatte die Fähigkeit, den verschiedensten Bedürfnissen der Zeit entgegenzukommen.«[173] Aus der Sicht Malwidas war das gewiss kein Nachteil; ganz im Gegenteil: Lebenslang will sie keine Dogmen, keine Autorität einer heiligen Schrift, vielmehr will sie souverän bleiben und ihre Überzeugungen ihren wechselnden Stimmungen und Lebensbedürfnissen anpassen, und ob etwas mehr hinduistisch oder mehr buddhistisch ist, kümmert sie dabei nicht. Sie will auch keinen Gott, sondern verehrt Brahma als »die große Weltenseele« (II 504). Sie hat wohl richtig erkannt, dass Brahma erst später zu jenem vierköpfigen Gott geworden ist, den die Indien-Touristen fotografieren.[174] Später verehrt sie Jesus nicht zuletzt deshalb, weil sie glaubt, er sei »der Schüler der Essäer« gewesen, »die indische Weisheit in den semitischen Monotheismus hinüberbrachten«. (II 444) Sowohl die aus Flavius Josephus bekannten Essäer/Essener wie auch die Frage, ob Jesus eine Beziehung zu Indien besaß, sind bis heute ein Objekt blühender Spekulationen.[175]

Malwida regt Nietzsche dazu an, das Drama »Sakuntala« von Kalidasa aus dem vierten Jahrhundert zu lesen, von dem bereits Goethe und Herder hingerissen waren:[176] die wohl berühmteste altindische Liebespoesie, die anders als die erwähnte Tschandala-Legende nicht in Keuschheit endet. Auch eine derartige Dichtung kann Malwida je nach Stimmung entzücken. Jacques Le Rider – nicht nur Malwida-Biograf, sondern auch Nietzsche-Kenner – weist darauf hin, gerade durch Vermittlung altindischer Literatur habe Malwida Nietzsche inspiriert,[177] dessen »Zarathustra« ja von einer Fantasie von östlicher Weisheit zeugt. Bereits in ihrem ersten Brief an Nietzsche, am 26. Juli 1872, übermittelt sie ihm mit sichtlicher Begeisterung, dass sich Erleuchtung in altindischem Sinne keineswegs nur in passiver Kontemplation äußert: »Die einzige Seligkeit, die es gibt, ist die schöpferische, und wenn bei der Rückkehr in das Ur-Eine Seligkeit ist so ist es eben weil es Rückkehr ist in das Ur-Schaffende. Ich denke mir immer das Nirwana hat eine ganz andere Bedeutung als das bloße Nichts; es ist die Rückkehr in das Ur-Eine, aber nicht elementare Ruhe sondern tief-einiges Schauen, all-umfassendes Schaffen.«[178]

In ihrem »Lebensabend« berichtet sie von einem Gespräch mit der Fürstin Caroline von Sayn-Wittgenstein, der Freundin von Franz Liszt, mit der sie eine Zeit lang eng, ja »zärtlich« befreundet ist, nur dass ihr deren eifernder Katholizismus auf die Nerven fällt:[179] »Sehr sympathisch war ihr Schopenhauers Zurückgehen auf indische Weisheit …; auf diesem Gebiet hielt sie ihr Wissen für unfehlbar, und sie wurde fast böse, als ich sagte, ich glaube gar nicht, dass das Nirvana das absolute Nicht-mehr-Sein bedeute, sondern dass es vielmehr … die Wiedervereinigung mit Brahm, mit der Gottheit, ausdrücke. Das bestritt sie mir absolut und sagte, es sei entschieden das Nichtsein, da das Sein den Indern ja als eine Schuld, als etwas zu Verneinendes erschienen sei.« (II 268 f.) Anni Piorreck weist darauf hin, mit diesem Begriff des Nirwana gehe Malwida weit über Schopenhauer hinaus.[180]

Auch vom heutigen Stand der Indologie her ist Malwida da besser informiert als die Fürstin.[181] Die Idee, die alten Inder seien Nihilisten gewesen, ist ihr ohne Zweifel absurd, und dies wohl mit Recht. Im März 1876 schreibt sie aus Albano an den Nietzsche-Freund Albert Brenner in Todesahnung: »Mir ist heute Abend hier wunderbar wehmütig um das Herz, als wäre alles aus mit dem ›Wahnland‹ und als ginge es hinüber ins ›Nichtwahnland‹, ins Nirwana.«[182] Die Assoziation »Nirwana–Nichtwahnland«[183] – sehr wagnerianisch! Und im Gedanken an dieses Nirwana ist sogar ihre rückblickende Wehmut »wunderbar«. Im gleichen Sinne und in eigener Erwartung des Nirwana schreibt ihr der kranke Brenner 1878, ein halbes Jahr vor seinem frühen Tod, das Nirwana sei »jene Emotion der Nerven …, welche wir als immerwährende Seligkeit empfinden und die dadurch entsteht, dass wir mit großer Inbrunst *einen* eigenen Willen haben, nämlich den *Nichts* zu wollen … die Wollust hat sich zur Seligkeit entwickelt, die selbst die Unlustgefühle der Krankheiten weniger fühlbar macht.«[184] Mit einer solchen Art von Spiritualität vermag Malwida auch dem kirchenfeindlichen Nietzsche näherzukommen. Am 4. Februar 1874 klagt sie ihm zunächst von ihren »unerträglichen Kopfleiden«, dass sie einen »Geist der Ruhe und Resignation … zu erwerben strebe«, und dann mit Verweis auf ihren Weggang von Bayreuth, dessen raues Klima sie als unerträglich empfand:

> »Ich habe nun auch die letzte Hoffnung verloren auf ein Dasein, das meinem innersten Wesen entsprach und in dem allein sich die Wunde der Trennung von Olga heilen konnte …; aber ich habe mir fest vorgenommen, ich *will* nicht zusammenbrechen, sondern im vollen Sinn des Worts Buddha werden und die letzte Stufe der Weisheit zu erreichen suchen. Ich lebe auch ein ganz indisches Leben mit dem Meer, dem Himmel, der Sonne und den Blumen.«[185]

Eine solche Stimmung vermag sie auch Nietzsche zu vermitteln. Zu Ostern schickt sie ihm Blumen, und dieser antwortet voller Entzücken, solches habe ihm noch nie jemand geschenkt. »Diese Frühlingsboten blühten in meinem Zimmer wieder auf und fast eine Woche lang konnte ich mich ihrer erfreuen. Denn so grau ist unser Leben und so schmerzhaft dazu, dass Blumen gleichsam die Ausplauderer eines Geheimnisses der Natur sind; sie verrathen dass irgendwo Leben Hoffen Licht Farbe auf dieser Welt zu finden sein muss. Wie oft verliert man allen Glauben daran! Und da ist es ein schönes Glück, wenn die *Kämpfer* sich gegenseitig Muth zusprechen und sich durch die Übersendung von Symbolen, seien es Blumen, seien es Bücher, an ihren gemeinsamen Glauben erinnern.«[186]

Er empfindet also die Blumen als bedeutungsvolles Symbol und betrachtet Malwida damals als Mitkämpferin, mit der er durch »gemeinsamen Glauben« verbunden ist! Und er ist nicht etwa befremdet dadurch, dass sie »im vollen Sinne des Wortes Buddha werden« will. Das könnte auf den, der im Buddhismus nicht bewandert ist, wie Größenwahn wirken, doch Buddha ist kein Gott, der über allem steht, vielmehr ist es das Ziel des Buddhisten, die eigene Buddha-Natur zu entwickeln, die in allen Lebewesen angelegt ist.[187] Zugleich lässt sich erkennen, dass der Buddhismus für sie nicht nur als Weltanschauung, sondern mehr noch als meditative Praxis von Bedeutung ist und zum Weg der Erlösung wird. Diese Einsicht ist heute Gemeingut, doch war dies zu damaliger Zeit noch keineswegs so, findet sich jedoch bereits bei Schopenhauer.[188] Im Buddhismus als Weltanschauung vermag sie manches aus ihrem aktiven Idealismus heraus sogar kritisch zu sehen. So schreibt sie im »Lebensabend« (II 112):

> »Wir sollen uns selbst erlösen von dem Wahnbegriff, als sei dies Leben mit seinen Gütern etwas anderes als eine vorübergehende Erscheinung des ›Wesens‹. Der Buddhismus und das Christentum suchten bereits diesen Wahnbegriff zu zerstören, aber sie lehrten zugleich die Verachtung dieser Existenz des Scheins und trieben damit zur tatlosen Askese … Die wahre Erlösung wäre aber die, es zu wissen, dass das Leben einen metaphysischen Zweck hat …, nämlich: das Herausbilden des Ideals im einzelnen wie in der Menschheit. Dieses Ideal zeigt … wie ein fernes Nebelbild, in der Geschichte von Zeit zu Zeit auf.«

Ihre eigene praktische Mission erblickt Malwida offenbar besonders darin, altindische Weisheit der geliebten Olga zu vermitteln, noch zu einer Zeit, als sie mit ihr nur noch brieflich in Verbindung steht. Wie war sahen, segnet sie Olga, als diese noch bei ihr ist, jeden Abend mit »tat (t)wam asi«, »das bist du« – »nimm in allem jene All-Einheit, jene Weltseele wahr, die in dir selber angelegt ist« (II 193 f.). Am 4. Oktober 1869 tauft sie die Neunzehnjährige am Gardasee, nachdem sie achtzehn Strophen aus den Veden verlesen hat, auf das »Mysterium der Atma«, der altindischen Weltseele – nach der Schopenhauer seinen Pudel benannte! –, »um uns das Duften wilder Blumen und Kräuter, das Schlüpfen graziöser kleiner Eidechsen«, wie sie noch am selben Tag ihrer Schwester Laura berichtet[189] und später an Nietzsche: »uns gegenüber die im Rosenlicht glühenden malerischen Bergformen des italiänischen (sic) Tyrol, in so tiefer Stille dass die Eidechsen zutraulich auf unseren Kleidern spielten«.[190] Und danach: »Sie, die der Gegenstand all meiner Liebe und Zärtlichkeit war, lag neben mir in Gras und Blüten hingestreckt, selbst eine Blüte, die kindliche Jungfrau, in süßer Müßigkeit den Reiz des Lebens einatmend, welches rings um uns ein goldnes, träumerisches Netz spann.« (IV 22)

Wie Werner Ross, der Nietzsche-Biograf, treffend kommentiert: Malwida »wandelte den schopenhauerischen Buddhismus in einen reinen, Landschaft, Kunst und edle Menschen umspannenden Enthusiasmus um«.[191] Wie sie im »Lebensabend« berichtet, erläutert sie Nietzsche Anfang 1877 bei einem »schönen Spaziergang längs des Meeres« bei Sorrent (II 234), nachdem sie gerade einen »philosophischen Streit« geführt haben – sie widersprach ihm, als er »das Gesetz der Kausalität leugnete« –, auf ihre Art das »tat wam asi«: »Die scheinbar ewig werdende Welt sei nur die Erscheinung des Seins, nur für uns sei sie im Wechsel, für unsere beschränkten Sinne. Aber in all dem Wandel, in Leben und Tod, in Werden und Vergehen offenbare sich das All-Eine, das Sein.« (II 246)

Es scheint, dass sie in manchem den Buddhismus sogar besser verstanden hat als der Philosoph, da dieser oft zu Unrecht auf die Formel »Leben ist Leiden« gebracht wird, vielmehr von einem eher heiteren, lichtvollen Geist, einem Vorgefühl der Erlösung getragen wird – der Legende nach erlebte Buddha in dem Moment seines Lebens die Erleuchtung, als er sich von der Askese abkehrte.[192] »Du, meine Buddha-Schülerin«, schreibt sie Ende 1875 an Olga, werde sie verstehen: »Je älter ich werde, je mehr verklärt sich mir das Leben im Bewusstsein, dass ich eine Manifestation eines Ewigen, Ureinen bin, und je reiner ich schon hier dies ewige, lichterfüllte Eine in mir zur Herrschaft bringe, je gewisser werde ich meiner Unsterblichkeit.«[193] Und schon im Frühjahr 1874 an sie, nicht lange nach der bitteren Trennung:

> »Ja, dies sag ich Dir und *Dir allein*, mir wird es immer gewisser, dass die, die hier schon Ewiges in sich trugen, nicht vergehen und im ›Nichtwahnland‹ (Nirwana) in die göttliche Freiheit ihres Ursprungs zurückversetzt eine Seligkeit genießen, von der unser im engen Kerker des irdischen Körpers gefangener Sinn keine Vorstellung haben kann. Nur die Intuition kann uns dessen gewiss machen, und nur die Intuition der höchsten, reinsten Seelen, deshalb darf man über so was nur mit den Eingeweihten sprechen; Du, meine Schülerin, aber bist eine Eingeweihte, und Dir kann ich es deshalb sagen.«[194]

Altindische Weisheit hilft der alternden Malwida dabei, die Wehmut in der Erinnerung an frühere Zeiten zu überwinden; die 64-Jährige schreibt zu Weihnachten 1880 aus Rom an die befreundete Marie Loeper-Housselle: »Jetzt sehe ich auf die Kindertage mit ihren holdseligen Illusionen … und all dem süßen Wahn der Maya wie auf ein Traumbild von einem anderen Planeten hinab, ruhig, friedlich, wie man einem lieblichen Traum nachdenkt, der uns in den letzten Stunden der Nacht empfangen hat, und nun sanfte mit dem anbrechenden Tag zerfließt.«[195] Immerhin: Der Wahn der Maya – ein hinduistischer, nicht buddhistischer Begriff[196] – wird in ihrer Erinnerung süß!

In Florenz, wo Malwida von 1863 bis 1873 häufig die Wintermonate verbringt, gewinnt sie eine Freundin, mit der sie ganz besonders durch Gespräche über altindische Weisheit verbunden ist: Augusta von Stein-Rebecchini. Leider ist über diese aus Livland stammende indologisch bewanderte Adlige, mit der Malwida bis in ihre letzten Lebensjahre einen umfangreichen Briefwechsel führt,[197] bislang nur wenig bekannt. Dabei gewinnt sie für Malwida offenbar große Bedeutung. 1865 erwägen beide sogar ein Zusammenleben in Rom.[198] Damals schreibt sie an Alexander Herzen, gerne gehe sie »in irgendein warmes Eckchen in Italien, vielleicht zu Fräulein von Stein, die einsam ist wie ich und eine sehr edle Person; die wünscht es sehnlich, und dann warten wir beide, bis man uns bei der Pyramide des Cestius niederlegt« [199], dem Friedhof in Rom: Malwida gewiss dadurch bekannt, dass dort Goethes Sohn August begraben liegt.

Im »Lebensabend« (II 476) schildert Malwida diese Frau als »ein Wesen seltenster Art, von einer ungewöhnlichen Bildung«, die ihr »durch Jahre der Trennung hindurch und dann in endlich erreichter Nähe … in treuer, gegenseitiger Freundschaft verbunden geblieben« sei. Die Ehe mit ihrem italienischen Freund Benedetto Antonio Rebecchini scheint sie sogar auf eindringliches Zureden Malwidas eingegangen zu sein.[200] Diese glaubt also nicht, dass ihre Freundschaft am besten dann gedeiht, wenn Augusta von Stein allein lebt wie sie. Zu deren Geburtstag – das Jahr ist nicht überliefert – verfasst Malwida ein Gedicht, das in der Strophe endet: »So wie wir uns einstmals fanden, / Ob auch Ewigkeiten schwanden / Solche Freundschaft schwindet nicht.«[201] Am 8. Dezember 1874, als sie sich beide in Rom niedergelassen haben, versichert ihr Malwida: »Ich habe viele Bekannte, aber niemand, der mir nahe steht wie Sie.«[202] Der Hauptstreitpunkt zwischen den beiden, soweit aus Malwidas erhaltenen Briefen zu erschließen, scheint in der ersten Zeit der gewesen zu sein, dass Augusta von Stein Wagners Musik »lüstern« und ihn selbst in seiner Geldgier gemein findet,[203] doch anscheinend meiden sie später das Thema Wagner.

Berta Schleicher, die in ihrer Malwida-Biografie nur sporadisch auf diese

Freundin zu sprechen kommt, deren Gestalt von der Quellenlage her undeutlich bleibt, hebt doch hervor, diese sei »jahrelang die Einzige« gewesen, mit der Malwida »alle intimsten Lebensfragen« besprochen habe, und als sie sich in Rom niedergelassen habe, wo Augusta von Stein ebenfalls weilte, habe diese sie jeden Freitag »zu gegenseitiger Aussprache und gemeinsamem Studium« besucht.[204] Davon berichtet sie 1893 Olga: »Freitag morgen kommt regelmäßig die Rebecchini, immer die angenehmste und interessanteste von allen. Sie studiert alles, was über die fernsten Kulturepochen Asiens in Übersetzungen (meist englisch) existiert. Indien natürlich kennt sie, soweit man es überhaupt kennt.«[205] »Oh Indien!«, schließt sie am 11. Juli 1898 einen Brief an diese Frau. »Wie recht haben Sie sich darein zu flüchten.«[206]

Die von Berta Schleicher herausgegebenen »Briefe von und an Malwida von Meysenbug« beginnen mit ihren Briefen an Augusta von Stein-Rebecchini; diese nehmen in dieser Edition den weitaus größten Umfang ein. Dort nicht enthalten ist ein undatierter Brief Malwidas an diese Freundin, wo sie schwärmt: »Ich habe einen herrlichen kurzen Artikel von Paul Deussen, der in Indien war, über die Philosophie des Vedanta der mich ganz in eine höhere Welt erhebt u. mir Ewiges ahnen lässt. Wie beneide ich Sie, dass Sie ganz in diesen Anschauungen leben.«[207] Auch fehlt ein Dokument der schließlichen Enttäuschung: der Brief vom 21. Juli 1899, als diese Freundin nach dem Tod ihres Ehegatten Rom verlässt: Da beklagt Malwida die »Illusion dass ich Ihnen auch so werth gewesen wie Sie mir«.[208] Doch auch danach setzt sich der Briefwechsel fort. Am 2. November 1899 berichtet sie Cosima Wagner von der durch Augusta von Stein-Rebecchini übermittelten altindischen Weisheit, wobei sie – zwischen den Zeilen mit Kritik an Cosimas Antisemitismus – sich zu dem Glauben bekennt, »dass es eine unendliche Wirkung haben müsste, wenn die Überzeugung, dass wir *Alle* Eins sind, Raum gewönne«: »Es würde dann keine Racenunterschiede und keine Thierquälerei mehr geben. Aber wie weit, wie weit sind wir davon!«[209]

Die Belehrungen durch Augusta von Stein liefern zudem wiederholt neuen Stoff für Malwidas Gedankenaustausch mit Romain Rolland. 1892 berichtet sie ihm aus einem Zusammensein mit dieser Frau, es habe ein Volk gegeben, das »von Ideen einer hohen Moral und einer humanitären Philosophie durchdrungen« gewesen sei, die sich selbst auf die Tiere erstreckt habe: Das seien die Inder in der Zeit der Veden gewesen.[210] Und wenig später berichtet sie begeistert von einem Vormittag, an dem ihr diese Freundin aus einer Übersetzung des Rigveda vorgelesen hat: »Wie ist das kraftvoll (puissant) und schön und von einer tiefen Philosophie. Wie sie gefühlt hätten, dass das letzte Wort des Rätsels hinter all der Welt der Erscheinungen ist und … auf dem letzten Grund (au fond) es nur eine Einheit gibt, die zu groß, zu unermesslich für unsere arme Sprache, selbst für unseren Verstand ist.«[211]

Aus einem Brief vom 4. Dezember 1896 an Rolland geht hervor, dass sich mittlerweile ihre indischen zu »indochinesischen Sitzungen« mit dieser Frau erweitert haben, wobei »die liebe Rebecchini« ihr aus Übersetzungen von Lao-Tse lese und sie auch dort eine »ewige Weisheit« Jahrtausende vor unserer Zeit erkenne. »Für mich ist das große Resultat dieser Lesungen und dieser Weisheit am Morgen (aube) des menschlichen Lebens, dass dem Menschen etwas Göttliches eingeboren ist …: dass wir unsterblich seien vor der Geburt und es folglich nach dem Tod blieben.«[212] Wieder erkennt man, wie Malwida den Lehren des Ostens für sich selbst Trost und Freude abzugewinnen vermag, vielleicht auch für den jungen Rolland, den in jenen Zeiten immer wieder tiefe Trübsal und Todessehnsucht überkommen. Umso mehr wird deutlich, wie sich Malwida darauf versteht, der alten Freundschaft mit Augusta von Stein-Rebecchini geistigen Gehalt, mehr noch: Ermutigung für ihre neue Freundschaft mit Romain Rolland abzugewinnen; denn wie aus der Korrespondenz hervorgeht, ist Rolland mit Lao-Tse bestens vertraut und schätzt ihn hoch.

Später entsteht eine Freundschaft zwischen ihm und Rabindranath Tagore. Rolland gewinnt eine enge Beziehung zu Indien und trägt viel dazu bei, dem Westen indische Weisheit zu übermitteln. In seinem Briefwechsel mit Malwida finden sich Hinweise auf indischen Geist nur von ihrer Seite; daher darf man annehmen, dass sie dazu beigetragen hat, Rolland auf seine spätere Mittlerrolle zwischen Indien und dem Westen vorzubereiten. 1891 berichtet sie ihm von einem Gespräch zwischen einem »berühmten deutschen Orientalisten« und einem Brahmanen, das ihr bewusst gemacht habe: »Der Hindu mit seiner sanften und humanen Philosophie hat *tausendmal* Recht über den Europäer.«[213] 1894 rühmt Malwida ihm gegenüber die Inder als das »philosophische Volk«, das seine Philosophie gelebt habe; das wird einer ihrer Lieblingsgedanken. »Wir Elenden, was sind wir?«[214] Und im gleichen Jahr: »Das ist mein Stern des Ostens, der mich durch alle Finsternisse meines Lebens geführt hat. … Brahm ist in allem und ist es immer gewesen; es gibt nur Aufblühen (des éclosions) in neuen Formen, in denen sich das göttliche Wesen offenbart.«[215]

Indische Weisheit trägt auch dazu bei, Malwidas letzte große Freundschaft beglückend zu beleben: die zu der fast sechzig Jahre jüngeren Alice Hallgarten-Franchetti, die – von Malwida begeistert ermutigt[216] – vor den Toren Roms eine Ackerbaukolonie begründet, die »Knaben des Volkes« (Malwida, IV 409 f.) zur Feldarbeit erziehen soll, und uns bereits als Vermittlerin der Fröbel-Pädagogik an Maria Montessori begegnet ist. Zu Weihnachten 1899 widmet ihr die 83-jährige Malwida ein Gedicht aus sechzehn Strophen »Indische Legende« (V 420 ff.), in der die junge Frau mit ihrer Ackerbaukolonie als glückliches Ende einer langen, oft nicht sehr glücklichen Reihe von Wiedergeburten gefeiert wird.

Dabei war Malwida die hinduistisch-buddhistische Lehre von der Wiedergeburt nicht immer eine Quelle freudiger Erwartung gewesen,[217] auch wenn man ihren zu Zeiten bekundeten Horror vor der Wiedergeburt wohl nicht ganz ernst zu nehmen braucht, so wenn sie 1878 Paul Rée gegenüber behauptet, sie fürchte immer, sie werde »der Strafe der Wiedergeburt verfallen, um meine eigentliche Bestimmung zu erreichen«,[218] nämlich Größeres zu leisten, als sie in diesem Leben vermocht hat: Also Wiedergeburt nicht nur Strafe, sondern auch Chance! Ähnlich, wenn sie 1874 an Olga schreibt, sie werde »vielleicht noch einmal die Qual der Existenz durchmachen müssen, um das Versäumte nachzuholen, wenn nicht meine bescheidenen Memoiren meine Schuld gutmachen«;[219] ihre Memoiren als Chance, und der große Erfolg der zwei Jahre darauf herausgebrachten erweiterten deutschen Fassung als Quelle der Hoffnung, der »Qual der Wiedergeburt« zu entrinnen! Oder doch nicht ganz? 1886 schreibt sie an Alexander von Warsberg, oft denke sie, sie müsse »noch einmal wiedergeboren werden, um das unvollendet Gebliebene zu erfüllen.«[220]

Ende 1899 schreibt sie an die Wagner-Tochter Eva, sie frage sich, ob sie nicht ein früheres Leben bei jenem »außerordentlichen Volk im Osten«, den Indern natürlich, verbracht habe: »Der Wiedergeburtsgedanke hat sich nämlich sehr bei mir eingenistet.« Und im selben Brief: Die Ackerbauschule von Alice Hallgarten-Franchetti sei »gerade das Richtige, was für Italiens Wiedergeburt geschehen muss: das Volk zurückzuführen zu der natürlichen, besten Arbeit des Menschen, dem Ackerbau«.[221] In einem Brief an Ruhl 1880 ist Wiedergeburt eine Quelle schöner Erinnerung und zugleich der Hoffnung, da es Wiedergeburt auch in einem Dasein der Unendlichkeit gebe, sogar zusammen mit Schopenhauer: »Wer weiß, ob wir nicht einst schon in einer gemeinsamen Heimat zusammen weilten. Hoffentlich finden wir uns dereinst auch wieder in der Heimat *unserer* Seelen, wenn wir (wie ich hoffe) es verdient haben, nicht wiedergeboren zu werden in der Form der endlichen Erscheinung, und finden auch unseren Freund Arthur wieder« – und darauf folgt jene Passage, dass sie ihn, »trotzdem er die Frauen abscheulich behandelt hat«, »aus tiefster Seele verehre und liebe«.[222]

Und doch bisweilen Wiedergeburt als »Qual« – Malwidas Welt- und Lebensanschauung ist kein System mit logischer Stringenz. Um den Weg, wie der Mensch dieser Qual entrinnt, kreist das »Indische Märchen« (II 500–510), das sie im August 1894 bei Rimini verfasst, animiert durch eine Zeit am Meer mit vorausgegangenen »indischen Studien«. Sogleich berichtet sie Rolland von ihrem »Conte indien«, das zu schreiben ihr »Vergnügen« bereitet habe: »Das ist ein Bild, welches seit langen Jahren in meiner Vorstellung geschwebt hat, und ein derart intimes Seelendrama, dass nur wenige Eingeweihte es begreifen werden.«[223] Sie hofft wohl, Rolland werde zu den Eingeweihten gehören, auch wenn er das Märchen nicht schon jetzt zu lesen bekommt – durch seine spätere Freundschaft mit Tagore hätte sie sich gewiss bestätigt gefunden!; doch was soll er »begreifen«?

Da schildert sie auf dramatisch-poetische Weise ihre neue Weltanschauung; in der Folge nimmt sie den Text in ihren »Lebensabend« auf.[224] Am Anfang »die blaue spiegelglatte Flut des Sees Valmiriki, der sich wie ein uferloses Meer am Horizont silbern flimmernd mit dem Himmel verschmolz«. Auf einem Boot »eine ältere Frau, in weiße Schleier gehüllt, die ihr ernstes Antlitz, von tiefen Leidensfurchen durchzogen, kaum sehen ließen, und ein Jüngling, dessen edle Züge blondes Haar umflatterte« (II 500): Da liegt es für jene Zeit nahe, Malwida und Romain Rolland zu assoziieren! Die Frau führt den Jüngling zu einem »Urweisen«, der ihm dazu verhelfen soll, »immer mehr in Brahm versenkt, nicht wiedergeboren zu werden …, um von neuem den Kreis des Irrtums, der Lieblosigkeit, des Hasses und der Enttäuschungen aller Art durchzumachen« (II 501).

Dieser »Urweise« eröffnet ihm, es gebe zwei Wege der Erlösung; »der eine ist der Weg der reinen Erkenntnis, des inneren Schauens, auf dem die Seele schon mehr und mehr aus der sichtbaren Form heraustritt und sich in Brahm versenkt« (II 504). »Und der andere Weg, welcher ist es?«, forscht der

Jüngling. »Der andere Weg ist der Weg der Sansara, der Welt der lockenden Erscheinung, der Hoffnung, das Ziel auch im reizvollen Wechsel des sichtbaren Lebens zu erreichen. Auch auf ihm ist Brahm zu finden, denn er ist überall und in uns selbst, aber der Weg ist länger, wechselvoller und vielen Täuschungen ausgesetzt. Es sind Abgründe neben diesem Weg …; aber dem Mutigen, der sein Ziel im Herzen behält, kann die Welt schließlich nichts anhaben.« Habe er nur stets »Brahman vor Augen und in Gedanken, so wird er dennoch ein glückliches Leben führen und der Qual entgehen, wiedergeboren werden zu müssen, sei es als Mensch oder als Tier.« (II 505)

Der Jüngling spürt rasch, dass dieser zweite Weg der seinige ist: »Alles in ihm war edel und rein …; sah er aber abwärts in sich, so glühte es wie im Innern eines Vulkans, und ein unruhvolles Sehnen … verursachte ihm zugleich Pein und Ahnung von unbekannten Wonnen. … Ein unendliches Gefühl von Wollust des Daseins kam über ihn, und eine sanfte Müdigkeit schloß seine Augenlider.« (II 505) Als er erwacht, erblickt er über sich »ein Antlitz von wunderbarer Schönheit«: ein junges Mädchen, in das er sich sogleich leidenschaftlich verliebt und prompt Gegenliebe findet. Sie gibt zu erkennen, dass eine Liebesbeziehung nur auf ehelicher Basis möglich ist; mit Begeisterung verspricht er ihr die Ehe. Darauf teilt er dem »Urweisen« mit, er habe »beschlossen, das Leben der Menschen durchzumachen mit all seinen Freuden und Leiden und dafür zu kämpfen, dass Brahm lebendig werde in den Seelen der Menschen« (II 508 f.). Da erwidert der weise Greis lächelnd: »Ich wusste es, wie du entscheiden würdest, es war zu früh, dich den Entsagenden zugesellen zu wollen.« Doch seine Gefährtin, die »ältere Frau«, hat das nicht erwartet; sie verhüllt ihr Gesicht mit dem Schleier und weint (II 509). Dann gibt sie zu erkennen, dass es auch ihr nicht gelungen ist, den ersten Weg zu beschreiten, sie jedoch auf dem zweiten Weg viel Unglück erfahren hat. Da lohnt sich ein ausführliches Zitat, denn da spürt man, dass Malwida auch von sich selbst, zumindest von einer weiten Strecke ihrer eigenen Lebenserfahrung spricht – ihr ist der »erste Weg« der der »Schöpferkraft«, die sie aus ihrer Sicht zu wenig auszuleben vermochte:

> »Auch mir hatten die Ewigen Schöpferkraft in die Seele gelegt, und es bleibt mein größter Lebensschmerz, dass ich, durch Erdenschicksale gehindert, mich nicht ganz in die Seligkeit des Schaffens habe verlieren können. In dir hoffte ich die Vollendung des eigenen, Stückwerk gebliebenen Schöpfungsdranges zu sehen – nun ist's vorbei! … Leb wohl! Wir scheiden nun auf immer. Ich gehe, meine einsame Bahn zu vollenden.«(II 510)

Kein Abschiedswort des Jünglings, doch in seinem Hause erschallt der Hochzeitsreigen. Da assoziiert der Malwida-Biograf die tiefe Enttäuschung der Frau über die Trennung von Romain Rolland und dessen Heirat 1892. Gleichwohl lässt das Märchen erkennen, dass Malwida mittlerweile inneren Abstand zu ihrem Schmerz gewonnen hat, denn wie sie die Liebe des Jünglings schildert, ist diese ganz natürlich, mehr noch: wunderschön. Ohne einen solchen Abstand wäre es ihr wohl schwer möglich gewesen, die liebevolle Beziehung zu Rolland bis zu ihrem Tod fortzusetzen. Sie muss für ihn ja schon deshalb Verständnis haben, weil es auch ihr selbst nicht in vollem Maße gelungen ist, den ersten Weg zu gehen – immerhin hat sie mit ihren erfolgreichen Memoiren ein Stück von jenem ersten Weg beschritten, so wie sie ihn durch ausgelebte »Schöpferkraft« bestimmt. Mehr noch lässt ihr Märchen erkennen, dass auch dieser zweite Weg nicht unbedingt »Qual« bereitet. Malwidas Glaube an altindische Weisheit ist frei von Dogmatismus. In dieser Freimut wird sie wohl durch die persönliche Bekanntschaft mit drei gelehrten Indern bestärkt.

VON ALT- ZU NEUINDISCHER WEISHEIT: BEGEGNUNG MIT DREI INDISCHEN GELEHRTEN. Am 11. Januar 1879 berichtet Malwida der indienkundigen Augusta von Stein-Rebecchini:

> »Sonst hat mir dieser Winter allerlei Interessantes gebracht, als das Beste aber die Bekanntschaft eines Indiers (sic), des Abkömmlings einer uralten Brahminenfamilie (sic) … Er ist ein hochgelehrter Mann, Arzt, Philologe …, spricht alle Sprachen, hat viele Bücher geschrieben, ist noch ganz jung, 32 Jahre, hat den schönsten indischen Typus, die edelste, wahrhaft anmutige Sitte … und ist mit aller europäischen Kultur dennoch im tiefsten Herzen Orientale, d. h. Inder, Brahmine. Seit lange hat mich nichts so interessiert als diese Begegnung. Man reißt sich hier förmlich um ihn …; König und Königin haben ihn empfangen … Und als ihn der König fragte, wie man das englische Regiment liebe, sagte er: ›jetzt sind wir ein erobertes Volk, in 20–30 Jahren hoffen wir ein freies unabhängiges Volk zu sein‹. – Leider geht der liebenswürdige Mann schon am 23. zurück zu seiner 20jährigen Frau … Er hat … mich dringend eingeladen, mitzukommen, in seinem Haus (das mitten in einem Palmenhain steht!) zu wohnen und an der Erziehung der indischen Frauen (hochbegabt) zu helfen. Wäre ich nur noch 10 Jahre jünger, tät ich es unbedingt.«[225]

Bei diesem hochgelehrten Brahmanen handelt es sich um José Gerson da Cunha (1844–1900), einem Arzt aus Goa, der sich mit Erfolg auf Geburtshilfe spezialisiert und zugleich schon in jungen Jahren internationales Ansehen als Orientalist erlangt.[226] Wie wir wiederholt sahen, begeistert die »Idealistin« sich gern, doch wie sie nach mehreren Seiten diesen Mann idealisiert, bleibt ein Superlativ von Begeisterung. »Er ist das schönste Ereignis dieses Winters«, jubelt sie Anfang 1879 in einem Brief an Paul Rée.[227] Und einen Monat darauf, immer neue Reize an diesem Mann entdeckend:

> »Er ist doch das Beste was mir, gesellig, diesen Winter begegnet ist. … (Bei ihm hat) eine merkwürdig allseitige Gelehrsamkeit sich zu solch einer schönen harmonischen Bildung verbunden, wie man in Europa selten begegnet. … Hier in Rom wurde er enorm gefeiert, man riss sich förmlich um ihn. Aber es machte ihn nicht eitel brachte ihn nicht aus der orientalisch vornehm, edlen Gelassenheit seines Wesens. Ich habe eine wahre Freundschaft mit ihm geschlossen. Er wollte mich durchaus überreden nach Indien zu kommen, der Gast seines Hauses zu sein … durch ihn genau mit allen Sitten, aller Weisheit seiner Heimat bekannt zu werden und für die Emancipation der indischen Frauen, die er als hochbegabt schildert, thätig zu werden. Wäre ich jünger so hätte ich es unbedingt gethan, dieses Wunderland unserer Vorfahren zu schauen, wäre wie eine letzte Erfüllung meines Lebens gewesen.«[228]

»Wunderland unserer Vorfahren« zeugt nebenbei von der Vorstellung, als Deutsche mit Indien durch die gemeinsame arische Rasse verbunden zu sein, doch was sie über Gerson da Cunha schreibt, ist frei von Rassismus. »Ein großer Gelehrter und unbeschreiblich interessanter Mensch«, berichtet sie schon Ende 1878 an Olga:

> »Er ist ein schöner Mann … Sehr dunklen Teint, schwarze, träumerische Augen, ein sanftes, melancholisches Lächeln um den Mund, groß und schlank, eine wahrhaft melodische, sanfte Stimme. … Er ist aus einer der ältesten Brahminenfamilien, aber schon seit mehreren Generationen ist seine Familie katholisch; er ist natürlich ganz Freidenker, Sozialist und gegen die englische Herrschaft … Er war sehr erfreut und erstaunt, dass ich Sakuntala, Urvasi, Ramayana etc. kannte. … Er lobt sehr die Frauen seines Landes, sagt, sie seien schön und sehr intelligent, wenn sie erzogen würden. Früher, unter dem milden, hochentwickelten indischen Regiment waren sie frei; durch den Mohammedanismus sind sie Sklavinnen geworden wie die türkischen Frauen … Es war wirklich hochinteressant, besonders mir, die ich für Indien schwärme – und dabei die sanfte, feine Art des Sprechens.«[229]

Offenbar bleibt Malwida über Jahre hinweg mit ihm in Verbindung; »ein herrlicher Mensch«, schreibt sie über ihn 1883 an Olgas Schwester Natalie (»Tata«), dazu »unermesslich reich, wie er mir selber sagte«, obendrein »gewiss ein vortrefflicher Arzt«. Er habe in Bombay mit eigenem Geld ein Frauenspital aufgebaut; »er sagte mir, dass die Frauen seines Landes ihn adorierten (sic)«.[230] Nicht nur an Geld, sondern auch an Selbstbewusstsein fehlt es ihm nicht! Und indem er dem Islam die Schuld an der Diskriminierung der indischen Frauen zuweist, ermöglicht er es Malwida, sich ihre Begeisterung für das »Wunderland« nicht durch Berichte über das Sklavendasein dortiger Frauen trüben zu lassen. Liebevoll kann sie von »meinem Brahmanen« reden, der sich sogar zum Sozialismus bekennt. Da erscheint es belanglos, dass die Brahmanen den höchsten Rang im indischen Kastenwesen innehaben, das die soziale Ungleichheit zementiert – bei »meinem Brahmanen« kann sie ungestört Brahm, die Weltseele, assoziieren!

Ein Brief, den Gerson da Cunha im Juni 1880 aus Bombay an Malwida schreibt, zeugt davon, dass die »wahre Freundschaft« mit ihm, von der sie an Rée schreibt, keine bloße Wunschvorstellung ihrerseits war: Unter all den Menschen, die ihm bei seinem kurzen Aufenthalt in Rom begegnet seien – und er war offenbar von Besuchern überlaufen! –, gebe es keine Begegnung, die »die ruhigen und höchst entzückenden (highly delightful) Abende« übertreffen könne, »die ich in Ihrem Hause« verbracht habe »mit den lehrreichen Gesprächen und gegenseitiger Sympathie für die Prinzipien, zu denen wir uns bekennen, und den Hoffnungen, die wir auf die Gegenwart und Zukunft unserer Rasse setzen«.[231] Durch die anderen Menschen, die er bei ihr kennenlernte, wird er überdies eine Vorstellung bekommen haben von ihrer Fähigkeit, geistige Kontakte zu knüpfen.

Ende 1899 begegnet Malwida einem weiteren gelehrten Brahmanen, von dem sie zu Rolland als »meinem Inder« spricht, erneut ohne Namensnennung; als sie dem Brahmanen über Altersbeschwerden klagt, beglückt der sie immer wieder mit dem Kompliment: »Aber Ihre Seele ist jung!«[232] Wie sich anderen Quellen entnehmen lässt,[233] handelt es sich um Mohini Mohun Chatterjee (oder Chatterji, Chattergy; 1858–1936), einen Mitbegründer der Theosophie, der mit einer Nichte von Tagore verheiratet ist.[234] Zu Weihnachten 1899 fühlt sich Malwida – so an Cosima Wagner – in Erwartung dieses »jungen Brahmanen« bereits von den Theosophen animiert: »Wäre ich schon ganz indische Theosophin geworden, so würde ich sagen, es sind wirklich unsere Seelen, die sich dem Körper entringen, um miteinander eine Stunde schönster Gemeinschaft zu durchleben. Aber ganz so weit bin ich noch nicht.« Ist sie bald so weit? Sie setzt Theosophie mit indischer Weisheit gleich, berichtet von der Gründung einer theosophischen Gesellschaft in Rom und glaubt zu erkennen, »dass plötzlich nach vielen tausend Jahren der Orient aufersteht um dem siechen Occident die Lehre eines reinen, würdevollen Menschenthums zu bringen«. Und dann die Überzeugung, die bei ihr immer wiederkehrt: »Jene alten Inder … lebten ihre Philosophie, was noch keine europäische Nation gethan hat.« Da sieht sie »herrliche Grundanschauungen«.[235]

In den Tagen darauf steigert sich ihre Begeisterung. Wie sie Rolland am 2. Januar 1900 mitteilt, hält dieser indische Gelehrte an der Universität Vorträge über indische Philosophie. Als sie ihm gegenüber den Wunsch geäußert habe, er möge sie besuchen, sei er gleich bereitwillig gekommen. Da habe er ihr Ideen vorgetragen, die schon seit Langem auch die ihrigen seien, nämlich über einen »realistischen und wohltätigen Idealismus«.[236] Eine Woche darauf berichtet sie Rolland, »der Brahmane« sei von Neuem bei ihr gewesen, »sehr lange« geblieben und habe mit ihr Gespräche geführt, in denen sie ihre seit Langem bestehende Überzeugung bestätigt gefunden habe, dass »die Vervollkommnung der Individualität in sich selbst ein Mittel ist, den anderen Gutes zu tun, selbst ohne Absicht«.[237] Da spricht sie ein Hauptproblem ihres Denkens an: die Verbindung von Individualismus und Altruismus! »Sie können sich nicht vorstellen«, fährt sie fort, »wie interessant es ist, dem Munde eines Eingeweihten zu lauschen, der, obwohl mit sieben Jahren in die Berufung als Brahmane eingeführt, nichts Konventionelles, Priesterhaftes an sich hat.«[238]

Als sie Olga zu Jahresbeginn dies und das berichtet, fährt sie fort: »Nun aber die Hauptsache: der Brahmine!« Auf ihre Bitte habe er sie besucht – »Und siehe da! Gleich zeigte sich dieser Mensch einer noblen Rasse, keine konventionelle Steifheit … und nach zwei Minuten waren wir vergnügt zusammen und gute Freunde«. Und dann Versicherungen, die Malwida entzücken und zugleich belustigen – erneut diese schillernde Ambivalenz der Wiedergeburt:

> »Er sagte, ich müsse schon eine Inkarnation in Indien gehabt haben, weil alles, was er von mir gehört und was ich ihm sage, mit indischer Philosophie übereinstimme, und ich werde eine neue Inkarnation erleben, um noch in einem höheren Stadium der

Entwicklung im größten Umfang Gutes zu tun auf Erden. Ich sagte, nein, auf diese Erde wollte ich nicht wieder, sondern auf eine schönere, vollkommenere, worüber er herzlich lachte. Unter anderem sagte er: ›Wenn die im Vatikan noch könnten, da würde ich lustig brennen wie Giordano Bruno.‹ Den schätzt er nämlich sehr hoch, sagt, der hat indische Philosophie gelehrt.«[239]

In einem Artikel für die Wiener »Neue Freie Presse« berichtet sie im selben Jahr begeistert von der Begegnung mit dem »Brahminen« und der durch ihn inspirierten Gründung der theosophischen Gesellschaft Roms. Da lohnen sich ausführliche Zitate, zumal die Begegnung durch diese Publikation zu einem öffentlichen Ereignis wird:

»Das Interesse an den Gedanken dieser Urweisheit unseres Geschlechtes, die wie ein neuer Stern des Orients, gleichsam auferstanden aus jahrtausendelangem Todesschlaf, seit einiger Zeit immer heller in unser okzidentales Geistesleben hineinleuchtet, gab dieser Erscheinung einen besonderen Reiz. Schon das Äußere des noch sehr jungen Mannes mit … den dunklen schwärmerischen Augen mochte manche, besonders die zahlreichen herbeieilenden Zuhörerinnen anziehen. Dann aber auch waren Tieferfühlende überrascht und ergriffen von der einfachen Schönheit der ethischen Anschauungen, die er vortrug.« (IV 404)

Ihre daran anschließenden Ausführungen enthalten eine neue Einsicht, die für Malwida von ihrer gesamten geistigen Entwicklung her besonders bedeutsam gewesen sein muss, nämlich über die Bedeutung altindischer Weisheit für die moderne Wissenschaft des Westens:

»Es hat wohl nie ein Volk gegeben, das seine Philosophie so gelebt hat wie das indische und bis auf den heutigen Tag ist alle synthetische Weisheit bei ihnen, nicht analytische, wie die heutige okzidentale Wissenschaft. … Sehr merkwürdig und fast beschämend für unsere Kultur ist es, dass jene wundersamen Urväter unseres Geschlechtes vor Jahrtausenden durch Intuition schon vieles wussten, was die heutige Wissenschaft erst nach mühsamem Studium als Tatsache feststellt, so unter anderem die Lehre von der Vibration. Diese ist ihnen Vermittlerin aller Vorgänge des Lebens; sie wissen sehr wohl, dass der Schall das Ohr durch Wellenbewegung erreicht, sowie dass alle Sinne nur durch Vibration ihre Funktionen ausführen; ja es geht diese Ansicht bei ihnen so weit, dass manche ihrer großen Lehrer im Kreise der Schüler sitzen, ohne zu sprechen, dass die letzteren aber die Lehre des Meisters vollkommen verstehen, mittels der durch die Gedanken erregten Vibration, die ihnen dieselbe zuführt. Es freute mich besonders, dies zu hören, da es mit einem Lieblingsgedanken von mir verwandt ist, den ich hege, seit ich die Lehre von Helmholtz, unter anderm über die Wellenbewegung, kennengelernt habe, nämlich dass der Gedanke, als die höchste, positive Realität, ebenfalls solche Schwingungen veranlaßt, die ihn in die Ferne tragen zu denen, an die er gerichtet ist und denen er fühlbar und verständlich wird.« (IV 405)

Das wirft wohl ein Schlaglicht darauf, wie Malwida ihre eigene Wirkung in der Gesellschaft erstrebt und deutet: durch Aussendung von Geistesschwingungen gerade auch dann, wenn sie schweigt! Die dann folgende Rechtfertigung des Kastenwesens mit einer Wiedergeburt im Sinne der Eugenik, die Malwida prompt zur Offenbarung wird, hält moderne Leser freilich davon ab, die Idealistin mit ihrer Indienbegeisterung gar zu sehr zu idealisieren:

»Neu dagegen war mir die Erklärung, die der Inder mir auf meine Frage nach der Kasteneinteilung gab, deren moralische Bedeutung mir immer höchst zweifelhaft erschienen war. Er sagte, dass es bei der Einrichtung der Kasten durchaus auf die Erzielung höherer Inkarnationen und dadurch einer veredelten Menschheit ankomme. Die Ehen in den oberen vollkommeneren Kasten würden gar nicht aus Liebe, aus Erregung der Sinne geschlossen, sondern die weisen Männer, die Führer, wählten zwei Naturen, die ihnen füreinander passend schienen, um eine dritte, vollkommene zu erzeugen und so den sittlichen und geistigen Adel der Menschheit zu vermehren. …Ich fragte dann etwas skeptisch, wie es aber mit den anderen Kasten stehe? Da erwiderte er, dass ihnen durch den Weg der immerwährenden Wiedergeburt die vollkommene Möglichkeit gegeben sei, in die höchste Kaste einzugehen, für die sie in ihrer gegenwärtigen Existenz noch nicht reif seien.« (IV 406)

Und Malwida – da bricht bei ihr die Aristokratin durch! – zeigt sich von dieser Rechtfertigung des Kastenwesens fasziniert: Da erscheine »die Einrichtung in einem so hohen Lichte, dass die frühere Reinhaltung des Stammbaumes in unserem Geburtsadel nur wie ein schwacher, jetzt längst verwischter Abglanz davon anmutet«.

Die von Chatterjee vorgestellte Vereinigung altindischer Weisheit mit moderner Wissenschaft gipfelt am Ende ihres Lebens in der beglückenden Erleuchtung durch einen weiteren indischen Gelehrten, dem sie allerdings nicht persönlich, sondern nur geistig begegnet: durch Jagadish Chandra Bose (bei ihr: Chunder, 1858–1936); damit beschließt sie im Januar 1903, ein Vierteljahr vor ihrem Tod, ihren »Lebensabend einer Idealistin«. In einer »andachtsvollen, erhobenen Stimmung«, schreibt sie, habe sie »wie eine Versicherung, dass ich recht geahnt«, ein Artikel dieses »jetzt in England hochgeschätzten Gelehrten« in der »Review of Reviews« getroffen; da spricht ihre Schilderung für sich (II 536 f.):

»Seine neueste Entdeckung … gilt der wunderbaren, ihm zur Gewissheit gewordenen Beobachtung, dass auch die bisher tot geglaubten Metalle Empfindung haben, dass sie dem Druck antworten, dass mithin auch in ihnen die große allwaltende Macht, die alles Lebendige durchdringt, wirksam ist. … Ich kann nur von dem reinen Glück sprechen, das ich empfand, als ich von der Vorlesung las, die Dr. Bose eben in der königlichen Akademie der Wissenschaften gehalten hatte und die er mit folgenden Worten schloß:
›Es war dann, als ich das stumme Zeugnis dieser freiwilligen Erwiderungen‹ (die Erwiderung des Drucks, also der Empfindung im Metall) ›entdeckte und in ihnen einen Teil der alles Seiende durchdringenden Einheit erkannte – – – es war dann, dass ich zum erstenmal ein wenig von der Botschaft verstand, die meine Vorfahren vor dreißig Jahrhunderten an den Ufern des Ganges verkündeten: Nur die, die in all den wechselnden Erscheinungen des Universums nur das ewig Eine wirksam sehen, nur die kennen die ewige Wahrheit …!‹
So war mir das Ergebnis meines Denkens in dem kosmischen Leben, das mich umflutete, durch dasselbe Ergebnis wissenschaftlicher Forschung bestätigt: die Einheit eines, in aller Erscheinung sich offenbarenden, schaffenden Prinzips.«

Und darauf ihr Schlusswort: »Dies denn ist mein zweiter Abschied von dir, o Welt, möge er mir ein gutes Andenken bei dir sichern!« Ihre Deutung der Erkenntnisse dieses Wissenschaftlers ist ganz zutreffend und keine bloße Projektion eigener Bedürfnisse. Sein Biograf Patrick Geddes – auch er ein berühmter Bio-, ja Ökologe, zugleich Professor für Soziologie in Bombay – zitiert Boses eigenen Bericht über diese seine Entdeckung, die er wie eine Erleuchtung schildert, als zu seiner »größten Überraschung« »die Grenzen zwischen dem Lebendigen und dem Nichtlebendigen« verschwanden und ihn »ehrfürchtiges Staunen« erfüllte.[240] Und darauf bekennt er sich als leidenschaftlicher Idealist: So wie die derzeitige Entwicklung mit ihrer »fieberhaften Hast« voranschreite, »steht die Zivilisation bald haltlos am Rande des Abgrunds. Wir brauchen als Gegengewicht Ideale, die die Menschen aus diesem wahnwitzigen Vorwärtsdrängen retten, das ihn dem Untergange entgegenführt«.[241]

Idealist ist er nicht nur in seiner Überzeugung, sondern auch in seiner Lebensweise: Er kümmert sich kaum darum, aus seinen Entdeckungen Geld herauszuschlagen, bleibt trotz wachsender Berühmtheit lange Zeit arm; und Malwida begeistert sich für ihn zu einer Zeit, als er noch heftig umstritten und oftmals verzweifelt ist.[242] Später rühmt ihn selbst die »Times« als »treffliches Beispiel für die Fruchtbarkeit einer Verschmelzung altindischen Mystizismus mit den experimentellen Methoden der abendländischen Wissenschaft«.[243]

Mit Grund hat Malwida bei ihm eine tiefe Geistesverwandtschaft gespürt. Und ebenfalls mit Grund hat sie das Glück empfunden, dass ihre lebenslangen intuitiven Überzeugungen, die sie manchmal nur nebulös auf den Begriff zu bringen vermocht hatte, durch Jagadish Chandra Bose mit klaren Worten und wissenschaftlicher Autorität formuliert worden waren. Die sinnenhaft-kraftvolle Untermauerung ihres Idealismus mit Naturbeobachtung, Naturwissenschaft und Naturverbundenheit ist in der Tat ein Leitmotiv ihres geistigen Lebens; das leitet über zum folgenden Kapitel.

5

ÜBER DAS ATOM ZUR ALL-EINHEIT: IDEALISMUS UND MATERIALISMUS, NATURWISSENSCHAFT UND NATURLIEBE

ABSAGE AN DEN »DON JUANISMUS DES IDEALS« – DER IDEALISMUS IN DER DEFENSIVE. Nun ist es an der Zeit, zu jenem Thema zu kommen, das Malwida als Leitmotiv ihres Lebens verstand: den Idealismus! Ein schillernder Begriff, dessen Bedeutung sich nicht nur bei ihr mehr lebensgeschichtlich als theoretisch fassen lässt. Nicht zufällig fällt der erste Höhepunkt ihres Idealismus in die Zeit um 1848, als sie an der Hamburger Frauenhochschule lehrt. Sie glaubt, dass die freikirchliche Gemeinde, der sie damals angehört, »wirklich anfängt idealere Lebensformen anzustreben«.[1] »Anfängt anzustreben«: Offenbar ist man noch weit entfernt von dem, was Malwida vorschwebt. Schon gar außerhalb dieser Gemeinschaft: »Aber wie viel kleinlichen, unreinen verkehrten, vor Allem wie viel halben Menschen begegne ich da«, klagt sie Johanna Kinkel, »wie Wenige sind durchdrungen von der idealischen Flamme die immer mehr alles Selbstische verzehrt und uns zu wahren Aposteln macht.«[2]

Ihr damaliger Idealismus führt leicht zur Menschen-, ja zur Weltverachtung. Umso mehr bestärkt er ihre Liebe zu Johanna, überhaupt ihre Begeisterung für edle Menschen. Dadurch kann er zur »Glücksreligion« werden und zugleich weibliches Selbstbewusstsein hervorrufen: »Liebste Johanna«, schreibt sie, »Sie wissen es am besten dass das Persönliche sein ewiges Recht behält, dass es das ewig Weibliche ist in einer geliebten Erscheinung das allgemeine Ideal zu fassen und zu lieben, wir sind ja die Priester der Glücksreligion.«[3]

Zu jener Zeit und noch in ihrem späteren Leben mag Malwidas Idealismus nicht selten naiv wirken. Und doch erkennt sie schon früh Gefahren des Idealismus und kommt auf diese auch später immer wieder zu sprechen, wiederholt in selbstkritischem Rückblick. Ihre Ernüchterung nach dem

Scheitern der Revolution von 1848 enthält viel Zeittypisches. Bereits am 13. Mai 1850 schreibt ihr ehedem revolutionsbegeisterter Freund Carl Volckhausen aus Detmold an sie: »Unser deutsches Volk, das sich freilich vom Indifferentismus losringt und fast losgerungen hat, ist doch noch befangen theils in idealistischer Träumerei, die redet statt zu handeln, in mondscheinfarbner Romantik, theils in einem crassen Realismus des Philisterthums«[4] – mittlerweile droht auch der Umschlag in das entgegengesetzte Extrem. Zugleich zeigt er sich berührt von dem »inhaltsvollen Gedanken …, den Sie bei der Gelegenheit aussprechen, über die Hingebung an eine abstracte Idee im Gegensatz zu den Idealen innerhalb der menschlichen Natur«.[5] Gewiss bekennt sich Malwida zu den letztgenannten: Schon damals die Vereinigung von Ideal und Natur, die für ihren Idealismus lebenslang fundamental bleibt.

In ihren Memoiren verbindet Malwida ihre frühe Kritik an bestimmten Arten von Idealismus nicht allein mit ihrer Enttäuschung über den Ausgang der Revolution, sondern schon davor mit ihrer Enttäuschung über Theodor: ihrem tiefen Schmerz aus der Einsicht, dass seine Liebe zu ihr nur eine vergängliche Stimmung war. Da glaubt sie in ihm einen »Don-Juanismus des Ideals« zu erkennen, obwohl dieser oft schwermütige Mann nach dem, was wir über ihn wissen, nicht gerade ein Don Juan war:

> »So wie der sinnliche Don Juan in jeder schönen Form Befriedigung der Sinne sucht, so sucht der andere Don Juan in jeder schönen Seele das Ideal, von dem seine Phantasie erfüllt ist. Er hält den Zug, der ihn zu diesem oder jenem Wesen hinzieht, für die bleibende Liebe, und doch genügt ein Blick, eine Melodie, ein augenblickliches sympathisches Empfinden, um seine Phantasie anderswo zu fesseln. Er ist sicher der Gefährlichere von den beiden, denn die Wunden, die er schlägt, treffen edle Herzen und sind unheilbar, weil man auch in ihm das Ideal geliebt hat.« (I 188 f.)

Im Grunde enthält diese Passage auch Selbstkritik, und nicht nur an ihrem damaligen Hang zur Illusion: Auch sie selbst ist in ihren wechselnden Anschauungen in hohem Maße von Stimmungen abhängig und betont das später sogar in bemerkenswerter Offenheit, wenn sie 1879 gesammelte Abhandlungen zunächst anonym unter dem Titel »Stimmungsbilder« herausbringt. Schon am 19. September 1851 noch aus Hamburg schreibt sie Johanna Kinkel: »Täglich mehr seh ich es ein, wie ich noch immer zu sehr Idealistin bin, wie ich noch immer nicht genug den Pful des Elends und der Verworfenheit begreife in dem das faule Leben der Gesellschaft steckt.«[6]

Und dann nach der Emigration die große Ernüchterung über England und ihr eigenes Exildasein! Anni Piorreck glaubt, dass sie darüber in ihren Memoiren noch vieles lediglich andeute: »Es muss eine furchtbare Zeit für sie gewesen sein, als sie mit der Sinnlosigkeit und Zufälligkeit alles Lebens kämpfte.«[7] Das wird durch heute zugängliche Briefe von ihr bestätigt. Immerhin klagt sie bereits in ihren Memoiren über ihre frühen Jahre, als sie mit ihrer Mutter, eine Zeit lang auch mit ihrem Vater umherzog und »ein Leben ohne bestimmten Plan, ohne regelmäßige Studien, ohne irgend ein System« führte: »Es war das ein großes Unglück für mich, denn während dieser Zeit erhielt die träumerische Richtung meiner Phantasie ein solches Übergewicht, dass ich die Folgen davon mein ganzes Leben gespürt habe.« (I 25) Eine Selbstkritik, die in Erinnerung zu behalten ist: Ungeachtet ihrer selbstbewussten Memoiren verfolgt sie bis in ihre späten Jahre immer wieder das bittere Gefühl, ein verfehltes Leben geführt zu haben.

Zwischen den Zeilen spürt man Kritik an ihrem frühen Idealismus, wenn sie am 3. September 1857 Gottfried Kinkel gegenüber betont: »Ich habe so ungeheuren Respekt vor dem Conkreten, erfinden kann ich genug, daran fehlt es mir nicht, aber das ist langweilig.«[8] Später in ihren »Erinnerungen an Alexander Herzen« zitiert sie aus einem Brief an ihn, wohl wenige Jahre vor seinem Tod, als auch sie an ihr eigenes baldiges Ende glaubt: »Auf der Schwelle der Walhalla« wolle sie mit ihm »auf die Gesundheit aller wahren Idealisten anstoßen – denn Sie, sagen Sie was Sie wollen, sind doch auch einer – und die zuletzt auch die wahren Realisten sind, denn sie haben den Takt des richtigen Augenblicks.«[9] »Die wahren Idealisten«: Es gibt also auch andere! Das Streben nach Verbindung von Idealismus und Realismus bleibt ein Leitmotiv ihres Lebens; bei ihrem Hang zur Fantasie muss sie immer neu danach streben.

Drei Formen von falschem, fatalem Idealismus erkennt sie aus späterer Rückschau: zum einen ein Hang zur Illusion, der nicht nur die Erkenntnis der konkreten Realität versperrt, sondern auch wirksames Handeln verhindert; zum anderen ein »Fanatismus«, der »die starre Selbstsucht eines Prinzips« erzeugt (I 157) und zur Verständnislosigkeit, wenn nicht gar zum Hass gegenüber Andersdenkenden verleitet; zum Dritten ein Idealismus, der durch das Streben nach unerreichbaren Zielen ewige Unruhe und immer neue Abstürze in Trübsal oder gar in Wahnsinn beschert. Schon früh steht ihr als warnendes Beispiel Hölderlin vor Augen, den sie zusammen mit

Theodor gelesen hat: »Der vom griechischen Altertum mit flammender Begeisterung erfüllte Dichter konnte sich aus dem Zauberreiche der Helena nicht in eine versöhnende Wirklichkeit hineinflüchten. … Die zu fein besaitete Leier zerbrach, und die Nacht des Wahnsinns bedeckte den überströmenden Idealismus und den grellen Kontrast der bitteren Entsagung.« (I 129)

Später bekennt sie, nach der an der Hamburger Hochschule gemachten »näheren Bekanntschaft mit den Naturwissenschaften« sei sie, »vielleicht als Reaktion gegen den unbestimmten suchenden Idealismus meiner Jugend«, über viele Jahre »in der positivistischen Richtung befangen« gewesen, obwohl dies eigentlich ihrem Empfinden »auf Schritt und Tritt« widersprochen habe (II 84 f.). Damals war sie, wie wir sahen, besonders von Professor Wiebel und seinen Vorlesungen über Geologie und Chemie begeistert:

> »Eine Welt neuer Gedanken öffnete sich mir. Ich glaubte endlich die Lösung der Fragen nach dem Grund der Dinge zu erblicken. ›Die Ewigkeit der Materie‹, dieses Wort erschreckte mich nicht mehr – mich, der ich nicht mehr an die persönliche Unsterblichkeit glaubte. Ein ewiges Prinzip schien mir nun gesichert, und die Materie, die durch die christliche Anschauung so tief gedemütigt war, erstand aus ihrem verachteten Grabe und rief siegend: ›Ich bin der ewige Grund, und das Individuum ist nur eine vorübergehende Äußerung meiner Ewigkeit.‹« (I 217 f.)

In ihren Memoiren stellt sie es zwar so dar, als habe sie sich von diesem Materialismus später entschieden abgekehrt, doch in Wahrheit durchziehen solche Anschauungen noch ihr gesamtes weiteres Denken und Empfinden bis zu ihrem Tod – man erinnere sich nur an ihr letztes Lebensglück, als sie erfährt, dass der indische Naturwissenschaftler Jagadish Chandra Bose den Zusammenhang zwischen Materie und organischer Natur entdeckte! Gewiss hat sie nicht ein für alle Mal ihre jugendliche Neigung überwunden, in Fantasiewelten zu schweifen. In ihren Memoiren zeigt sie sich in dieser Hinsicht im Grunde hin- und hergerissen: Da erinnert sie sich, wie sie in ihrer Jugend »die poetischen, zauberischen Phantasien« der Bettina von Arnim in »Sommernachtsträume« versetzt hätten. »Sie trug dazu bei, das phantastische Element, das in mir war, zu entwickeln, das ich, vom asketischen Geist des Christentums getrieben, gewaltsam in mir hatte ersticken wollen.« (I 48) Da bejaht sie das »phantastische Element« als eigenen Wesenszug, der nie gänzlich unterdrückt werden darf!

Doch unmittelbar darauf berichtet sie von ihrer Lektüre der Lebenserinnerungen Goethes, der aus seiner Jugend »ähnliche Kämpfe« erwähne: Er habe gesagt, »dass er sie beendigt habe, indem er die spekulative Richtung verließ und sich ganz von ›innen nach außen‹ wandte«. Dazu zitiert sie Goethe aus den Gesprächen mit Eckermann: »Jedes tüchtige Streben wendet sich von innen heraus auf die Welt.« Daran schließt sie ein Selbstbekenntnis und zugleich Bekenntnis zu Goethe, in dem man einen Schlüssel zu ihrer inneren Entwicklung sehen mag:

> »Diese wenigen Worte retteten mich. Was die Mysterien der Kirche nicht gekonnt hatten, das tat der klare, plastische hellenische Geist unseres größten Dichters. Ich beschloss, zu tun, wie er: mich aus den Abgründen des Herzens, der unfruchtbaren Spekulation, zur Betrachtung der Welt, zum Licht, das den Wissenschaften entströmt, zur nützlichen und praktischen Tätigkeit hinzuwenden.« (I 48 f.)

Doch hat sie sich von den »Abgründen des Herzens« wirklich ganz und gar abgekehrt, denkt und fühlt sie nicht weiterhin auch aus ihrem Herzen heraus? 1878 klagt sie Paul Rée, dem theoretischen – nicht unbedingt praktischen – Realisten, seit geraumer Zeit habe sie keinen einzigen Gedanken gehabt. »Es ist geradezu schrecklich. Nein es ist nicht gut nur in Gefühlen leben, das ist ja die große Sünde meines Lebens gewesen dass ich viel zu viel den Gefühlen geopfert habe, anstatt in den reinen, heiteren Region(en) des Intellekts zu leben. Das ist ein *wichtiges* Capitel auch für die Erziehung – wie sehr wie sehr wichtig und noch längst nicht genug beachtet besonders für die Frauen.«[10] Der Brief zeugt von ihrer Lernfähigkeit noch in älteren Jahren. 1893 versichert sie Augusta von Stein-Rebecchini, sie habe bei sich »jede Illusion durch klare Erkenntnis verscheucht«.[11]

In Selbstzeugnissen Malwidas aus früheren Jahren fällt aus der Rückschau auf, dass sie mit einem ausdrücklichen Bekenntnis zum Idealismus zunächst zögert. Da ist es wichtig zu wissen, dass der Begriff »Deutscher Idealismus« in den 1840er Jahren zunächst als Fremdbezeichnung aufkommt, und zwar von Seiten materialistischer Gegner, allen voran Marx und Engels.[12] Zu jener Zeit[13] riskierte man es, sich mit einem ausdrücklichen Bekenntnis zum Idealismus lächerlich zu machen, und zwar gerade bei solchen nach Gesellschaftsreform strebenden Kreisen, deren Sympathie Malwida suchte. Später, in ihren »Erinnerungen an Alexander Herzen«, den sie nunmehr als ihr großes Vorbild schildert, zitiert sie beifällig ein Urteil über ihn, dass er sich »geflissentlich von jedem Idealismus ohne realen Boden« ferngehalten habe.[14] Man erkennt die Frontstellung »Realismus kontra Idealismus«, bei der sich die Idealisten in der Defensive sahen. In ihrer Novelle »Unerfüllt« lässt Malwida eine Pauline auf »zwei Idealisten« spotten: »Kaum kommt ein hübscher Mensch mit feinen Manieren, der seine Worte zu setzen weiß, so sind sie entzückt und machen ein Ideal aus ihm.« (V 70) Zwischen den Zeilen ein Stück Selbstkritik? Denn auch sie selbst unterliegt nicht selten der Versuchung, anmutige Menschen mit edler Redeweise zu idealisieren!

Zum Verständnis von Malwidas Denken über Idealismus und Materialismus in den 1850er Jahren und noch später ist der »Materialismusstreit« jener Zeit zu beachten; in dieser Konstellation waren die Materialisten die Neuerer und ihre Gegner die Traditionalisten, nicht zuletzt die kirchliche Orthodoxie. Da versteht man, dass manche damaligen Vordenker des Materialismus für die »Idealistin« einen hohen Reiz besaßen, und zwar politisch wie geistig, zumal diese philosophischen keineswegs mit den alltagssprachlichen Materialisten gleichzusetzen waren, die nach der Devise von Brechts Mackie Messer lebten: »Erst kommt das Fressen, dann kommt die Moral.«

Friedrich Albert Lange erklärt im Vorwort zum zweiten Band (1875) seiner umfangreichen »Geschichte des Materialismus«, die »liebste Lektüre« noch des jungen Max Weber,[15] bei allem Respekt vor den großen Geistern des philosophisch-naturwissenschaftlichen Materialismus, in der »Welt des Ideals« fänden »wir die wahre Heimat unseres Geistes« – dieses Ideal zu definieren hält er offenbar ebenso wenig für nötig wie Malwida! –, und seine Darstellung gipfelt gegen Schluss in der Erklärung: »Eins ist sicher: dass der Mensch einer Ergänzung der Wirklichkeit durch eine von ihm selbst geschaffene Idealwelt bedarf, und dass die höchsten und edelsten Funktionen seines Geistes in solchen Schöpfungen zusammenwirken.«[16] Und schon im ersten Band von 1866: »Das Suchen nach dem Ideal durchzieht das ganze Jahrhundert.«[17] Kein Wunder, dass auch die großen Geister des Materialismus vom Idealismus nicht unberührt blieben!

Ein führender Kopf der Materialisten im »Materialismusstreit« war Jakob Moleschott, von Haus aus Mediziner; Alexander Herzen schenkt Malwida Moleschotts damals berühmten »Kreislauf des Lebens« (I 375). Sie erwidert ihm, wie sehr sie sich über dieses Buch gefreut habe, »weil in ihm auch ein Teil des neuen Evangeliums verkündet wird, zu dem die Menschheit sich vorbereitet: ewige Transformation«. Auf der Gegenseite sieht sie die »Torheiten der Reaktion« (I 379). Moleschott schließt sein Vorwort mit einem emphatischen Bekenntnis zur Wirklichkeit, besonders zur Betrachtung der Wunder der Natur als Quelle des Guten: »Unsere Zustände werden sich nicht eher frei entfalten, bis wir schöpfen aus dem Born der Wirklichkeit, und dann sind wir gleich weit weg von den Geheimnissen der Kirche, wie von den Träumen derer, die sich Idealisten nennen und doch zu wenig vertraut sind mit dem Ursprung der Idee, um sie in dem offenen Wunder der in Stoff und Formen lebenden Natur zu schauen.« Die wahren Idealisten sind also nicht durchweg jene, »die sich Idealisten nennen«; man spürt, dass er zu diesen echten Idealisten auch sich selbst zählt.

Malwida mag an Moleschott gedacht haben, wenn sie sich in ihren Memoiren an eine Einsicht erinnert, die ihr einst wegweisend wurde: »Es wurde mir klar, dass das, was den Gelehrten bei der mühsamen Erforschung einer einzelnen Tatsache der Wissenschaft aufrecht hält, nicht die Tatsache selbst ist, sondern die Seligkeit, einer Idee zu dienen, Stein an Stein zu fügen zu dem Leuchtturm, der sein helles Licht weit hinauswerfen soll ...« (II 109) »Die Seligkeit«! Diese spürt man in der Tat immer wieder im »Kreislauf der Natur«. Am Ende des zentralen Kapitels über den »Kreislauf des Stoffs« bricht Moleschott in Begeisterung aus; und man kann sich lebhaft Malwidas Entzücken über eine solch emphatische Schilderung der Unsterblichkeit in der All-Einheit vorstellen:

> »Denn das ist die erhabene Schöpfung, von der wir täglich Zeugen sind, die nichts veralten und nichts vermodern lässt, dass Luft und Pflanzen, Thiere, Menschen sich überall die Hände reichen, sich immerwährend reinigen, verjüngen, entwickeln, veredeln, dass jedes Einzelwesen nur der Gattung zum Opfer fällt, dass der Tod selbst nichts anderes ist als die Unsterblichkeit des Kreislaufs.«[18]

Und am Ende ein Seitenhieb auf jene Idealisten, denen mangels Bildung die Offenbarung durch die neue Kenntnis der Natur abgeht: »Man darf nicht müde werden, auf die Einwürfe von Leuten zu antworten, die der Meinung sind, dass die Menschheit durch die neue Weltanschauung um alles Erhabene, um alles Schöne, um alle dichterische Auffassung gebracht wird.«[19] Das wird Malwida in der Überzeugung bestärkt haben, dass auch dieser »Materialist« auf seine Art Idealist ist und ihrem eigenen Idealismus von diesem Materialismus keine Gefahr droht; ganz im Gegenteil! Und man versteht, dass sie lebenslang immer neu danach strebt, ihren Idealismus mit solchem Materialismus zu fundieren und gegen Kritiker zu wappnen.

Später in ihrem »Lebensabend« (II 221) berichtet sie von einem Streitgespräch mit einem Ungenannten, der aus ihrer Sicht zu jenen Unglücklichen gehört, die sich auf so einseitige, nur auf Experimente fixierte Art mit den Naturwissenschaften befassen, »dass sie den philosophischen Gedanken gar nicht verstehen«, nämlich »den Zusammenhang der Dinge, die ewige Kausalität«. »Kausalität«: Auch diese wird, wie wir sehen werden, für Malwida zum Zauberwort. Sie entgegnet ihm (II 222), dass der Materialismus à la Büchner und anderen – Moleschott nennt sie nicht – »ein völlig überwundener Standpunkt sei, und dass die Naturforschung jetzt die untrennbare Einheit von Kraft und Stoff anerkenne«. Und weiter: »Was wär der Stoff, wenn ihm nicht die schaffende Kraft innewohnte, … und was wär die Kraft, wenn sie im Leeren wohnte und den Stoff nicht hätte, um darin wirksam zu sein? Alles Werdende wäre dann ja die alte Schöpfung aus dem Nichts. Also auch Kraft und Stoff sind identisch.« Genau dies verkündet Ludwig Büchner, wie Moleschott von Haus aus Mediziner, in seinem zuerst 1855 erschienenen Buch »Kraft und Stoff«, das zur Bibel des philosophischen Materialismus wird, eine Auflage nach der anderen erlebt und in sechzehn Sprachen übersetzt wird![20] Für Malwida ist diese Botschaft eine Gegenautorität gegen die »alte Schöpfung aus dem Nichts«, konkret: gegen die biblische Schöpfungslehre.

Es lässt sich nicht leugnen: Lebenslang bleibt sie beim Thema Materialismus und moderne Naturwissenschaft merkwürdig widersprüchlich. In einer Passage ihrer Memoiren schildert sie ihre Faszination durch die Naturwissenschaft als später überwundene Phase, wenn sie aus ihrer frühen englischen Zeit berichtet (I 368):

> »Ich war damals noch ganz in der wissenschaftlichen Richtung, in die mich das Leben in der Hochschule gebracht hatte. Ich glaubte die Lösung aller Probleme und Phänomene des Lebens nur an der Hand der Naturwissenschaften finden zu können. Das Kohlenstoffatom, das heute in einer Dichterstirn der Mitarbeiter unsterblicher Gedanken ist und morgen aufblüht als ein Blumenkelch, oder in der Lerchenkehle noch im ewigen Äther dem strahlenden Licht einen Freudenhymnus zujubelt, schien mir das tiefsinnige Zeugnis einer Einheit alles Seins, die mein Herz mit geheimnisvoller Seligkeit füllte.«

Doch die Poesie ihrer Schilderung verrät, wie sehr sie noch immer von dieser Atomlehre fasziniert ist: eine Faszination, die heutige Leser zunächst verblüfft, die mit »Atom« sehr andere Assoziationen verbinden. Doch kurz darauf in Erwiderung an Alexander Herzen, den sie in einen trübseligen naturwissenschaftlichen Realismus verfallen sieht: Wenn das Leben, wie er meine, nichts sei »als das bloße Spiel einer kalten Notwendigkeit oder eines unbekannten Zufalls, der … uns wieder in das Nichts der Materie entlässt, um aus unseren Atomen neue Nichtigkeiten von Existenzen zu bilden«, dann bleibe nur Selbstmord oder Resignation. (I 377 f.) Man wird nachsichtiger gegenüber Malwidas Widersprüchen in Sachen Realismus und Idealismus, wenn man sieht, wie selbst ein Max Weber das eine Mal dem Theologen Adolf von Harnack seine »Protestantische Ethik« erläutert: »Nur radikaler Idealismus konnte das schaffen«,[21] das andere Mal den Kollegen Hans Delbrück abwehrt, als dieser Webers Schrift zu einer Waffe gegen den »Materialismus« zu machen sucht: »Ich muss mich dagegen wehren, ich bin viel materialistischer, als Delbrück glaubt.«[22]

Bei alldem kann man Malwida zugutehalten, dass sie mit ihrem ethisch-lebenspraktischen Idealismus manches klarer herausgebracht hat, was im klassischen philosophischen Idealismus, der sich explizit auf die Erkenntnis bezog, nur unterschwellig mitwirkte. Wenn Platons »Höhlengleichnis«, der Ursprung des philosophischen Idealismus, der Überzeugung Ausdruck gab, die mit den Sinnen wahrgenommene Wirklichkeit sei nur der Abglanz ewiger Ideen, ist dieser Idealismus vordergründig erkenntnistheoretischer Art, im Grunde jedoch eine Ethik, denn unter den Ideen steht zuoberst die Idee des Guten, und deren Erkenntnis wird wie eine Erleuchtung geschildert. Im Übrigen öffnet auch Malwidas Idealismus ihrer Überzeugung nach den Blick auf die Erkenntnis, wie aus dem zitierten Streitgespräch hervorgeht: die Erkenntnis des wahren Zusammenhanges all der Dinge der Welt.

Nicht zuletzt durch die Dauerspannung zwischen Idealismus und Materialismus wird Malwidas Leben zum großen Drama, das zum tieferen Verständnis ihres Jahrhunderts beiträgt. »Es vollzog sich allmählich eine Umwandlung von der spekulativ-idealistischen Denkmethode zur naturwissenschaftlichen. Am tiefsten wirkte hier deutlich nachweisbar das oberste und erste Gesetz aller Naturwissenschaften, das der Kausalität.«[23] In der Tat, neben der »Individualität« wird auch die »Kausalität« für Malwida zum Zauberwort; wie noch zu zeigen sein wird, lohnt es sich, beide Leitmotive,

Carl Schurz, der spätere US-Innenminister, ca. 1851

die zueinander in innerer Spannung stehen, durch ihr Leben zu verfolgen. Und dazu als Drittes das »Atom« – und über dieser Dreieinigkeit die Natur. Und zwar sowohl die der Naturwissenschaft als auch die schöne Natur, die die Sinne erfreut. Nachdem die Menschheit auf einen »dunklen Pfad« geraten und in »finstern Aberglauben« verfallen war, schreibt Malwida später in ihrem Essay »Das Bedürfnis einer Philosophie«, befreite sich der »suchende Menschengeist« aus dieser Gefangenschaft »und schuf, zurückgekehrt zu der Anschauung der Natur und der Beobachtung durch die Sinne, eine neue herrliche Kunst und eine neue wissenschaftliche Methode, mittels der er voranschritt im Bereich des Wissens und des Schönen« (IV 50).

1853, als der »Materialismusstreit« ausbrach, veröffentlichte August Ludwig Rochau, auch er ein enttäuschter Achtundvierziger, seine Streitschrift »Grundsätze der Realpolitik«, die die Ernüchterung nach dem Scheitern der Revolution in neue politische Prinzipien umsetzte und noch von Hans-Ulrich Wehler als Zeitzeugnis für so bedeutsam gehalten wurde, dass er sie 1972 neu herausbrachte. Schon gar zu einer Zeit, in der sich auch viele einst idealistische Alt-Achtundvierziger von der Bismarck'schen »Realpolitik« beeindrucken ließen, kam es mehr denn je darauf an, einen Idealismus, der Zukunft haben sollte, kräftig mit praktischem Sinn auszustatten. Anfang 1868 erfährt Malwida von Alexander Herzen, dass ihr 1849 zum Tode verurteilter Freund Carl Schurz nunmehr als amerikanischer General von Bismarck zum Diner eingeladen wurde: »Was für eine drollige Sache«, schreibt sie am 2. Februar an Gabriel Monod. Jetzt würde es sie nicht wundern, wenn ihm Bismarck eine Stellung anböte – und wenn Schurz sie annähme. Denn er sei eine sehr »praktische« Intelligenz. Hannelore Teuchert stellt fest, in keinem Brief Malwidas komme das Wort »praktisch« so oft vor wie in diesem. Und weiter schreibt sie über Bismarck, dessen steilen Aufstieg Monod aus seiner französischen Sicht mit gemischten Gefühlen verfolgt:

> »Das, was Sie über die Bewunderung der Deutschen für Bismarcks praktische Seite berichten, ist sicher sehr wahr. Es fehlt ihnen ein praktisches und energisches Talent wie das seine, um sie zu erlösen von den theoretischen Nebeln ihres Idealismus. Einmal gehärtet unter der realistischen Schule eines öffentlichen Lebens treten mit Macht große politische und nationale Kämpfe hervor, vielleicht ergibt sich daraus eine Mischung von großer Vollkommenheit, vielleicht wird auch der deutsche Geist jene ›Innerlichkeit‹ verlieren, die ihm seine besondere Nuance gab.«[24]

Ein denkwürdiger Brief! Er wirft erneut ein Licht darauf, wie sehr es darauf ankommt, einem neuen Idealismus einen praktischen Grundzug zu geben, und auch, in welchem Maße der Titel »Memoiren einer Idealistin« zu einer Zeit, als der »Realpolitiker« Bismarck über Frankreich triumphiert und Deutschland geeint hat, eine bewusste Provokation bedeutet. Gleich im Vorwort gibt sie zu erkennen, dass »Idealist« oftmals mit abfälligem Ton für solche Menschen gebraucht wird, »die Unmögliches verlangen«. Und doch kann sie auch damals darauf vertrauen, dass sie als erklärte »Idealistin« solche Menschen gewinnt, die sie schätzt. Selbst Gustav Schmoller, der zum Oberhaupt der deutschen Nationalökonomie aufsteigt, verkündet 1877 – im Jahr nach der deutschen Erstpublikation der Memoiren –, der »deutsche Idealismus« verbürge, dass Deutschland die beste Arbeiterversicherung der Welt bekommen werde.[25] Und sie kann wohl auch darauf vertrauen, dass sie für Gleichgesinnte das »Ideal« gar nicht groß zu definieren braucht – selbst ein Max Weber spricht von Idealismus ohne Definition. Malwidas »Stimmungsbilder« schließen mit einem kurzen Kapitel »Mein Glaube«, das wohl im Jahr vor ihrem Tod entstanden ist, in dem sie davon ausgeht, dass die Menschen im Grunde stets wussten und wissen, was »das Ideal« ist – und wohl zugleich darauf vertraut, dass sie selbst als Idealistin von der Menschheit in Erinnerung gehalten, wenn nicht gar vergöttert werden wird:

> »Ja, es gibt nur eine Religion, die des Ideals, und die ist es, die allen, noch so irrtümlichen und verkehrten Formen zu Grunde liegt. Weshalb hat die Menschheit stets nur liebend die erinnert, die für ein Ideal lebten, weshalb sie unter die Götter erhoben, sie mit dem verklärenden Schmuck des Mythus umgeben, ja sie ihrem höchsten Gott selbst gleich gemacht? Weil ein tiefes inneres Ahnen ihr sagte, dass die allein ein würdiges Leben gelebt hätten, dass allein die den Kranz der Unsterblichkeit verdienten.«[26]

Und im »Lebensabend« triumphiert sie, die Geschichte habe »hundertmal« bewiesen: »Ideen sind mächtiger als menschliches Wollen« (II 512) – sie seien eine Macht, die auch unbewusst wirkt. Und doch erkennt sie immer neu Gefahrenpotentiale des Idealismus. Schon im ersten Jahr ihrer Bekanntschaft versichert sie dem jungen Romain Rolland, als sie mit Grund zu erkennen glaubt, dass er durch einen allzu introvertierten Idealismus in quälende Unruhe versetzt wird, sie begreife vollkommen, was ihm fehlt, da eben dies auch ihr selbst gefehlt habe: Nur zum Teil liege sein Unglück an äußeren Umständen. »Ich glaube, die Schuld liegt zum Teil am Idealismus und an einem allzu starken Innenleben.« Und da rät sie ihm zu jener Lebens- und Weltweisheit Goethes, durch die sie sich selbst einst gerettet glaubt: »Ja, Sie müssen fortan viel die Außenwelt und ihre *Gestalten* (formes) studieren und beobachten. Das ist genau die Entwicklung, die Göthe (sic!) verfolgt hat, als er sich von den Stürmen seiner Seele losriss durch die Betrachtung der ihn umgebenden Welt, und dadurch ist er zu der heiteren Ruhe gelangt, was ihn nicht davon abhielt, auch weiterhin zu leiden und tief zu empfinden. Doch er war sich seiner großen Aufgabe bewusst, für Deutschland eine ideale Literatur zu schaffen.«[27]

Darauf stoßen wir immer wieder: Ihr Leitbild ist der Idealismus Goethes, der sich durch Aufnahme von Wirklichkeit zu beleben sucht; Schiller, der vielfach als der große Idealist unter den deutschen Klassikern gilt, kommt im Blick darauf bei ihr eher auffallend selten vor. Eine kritische Distanz zu Schillers Art von Idealismus erkennt man in Goethes Brief vom 6. Januar 1798 an ihn – vermutlich kannte Malwida diese Passage: »Sie wissen, wie sehr ich am Begriff der Zweckmäßigkeit der organischen Naturen nach innen hänge, und doch lässt sich ja eine *Bestimmung von* und ein *Verhältnis nach* außen nicht leugnen … Eben so mag sich der Idealist gegen die *Dinge an sich* wehren, er stößt doch, ehe er sichs versieht, an die *Dinge außer ihm*, und, wie mir scheint, sie kommen ihm immer beim ersten Begegnen so in die Quere wie dem Chinesen die Glutpfanne.«[28]

»DIE EINZIGE TODSÜNDE, DIE ES GIBT, IST DIE GEGEN DIE INDIVIDUALITÄT«. IDEAL UND INDIVIDUALITÄT, SELBSTBEWUSSTSEIN UND SELBSTLOSIGKEIT: EINE SPANNUNG MIT DYNAMIK. Wenn sich revolutionär Gesinnte im frühen 19. Jahrhundert als Idealisten bezeichneten und man sie nach ihren Idealen befragt hätte, wäre deren Antwort vermutlich im Sinne der berühmten Parole der Französischen Revolution ausgefallen: Freiheit, Gleichheit, Brüderlichkeit oder, zeitgemäßer formuliert: Emanzipation, soziale Gerechtigkeit, Humanität nicht zuletzt im Sinne von Völkerverständigung. Auch Malwida stellt in späterer Zeit »Friede auf Erden«, mehr noch: »allgemeine Entwaffnung« bei ihren Idealen ganz obenan.[29] Für sie gibt es hingegen noch ein weiteres Ideal, das in ihren Selbstzeugnissen wiederholt wichtiger erscheint als alles andere und förmlich zum Zauberwort wird: Individualität. Gegen Ende ihres Lebens, 1901, bringt sie sogar eine 570 Seiten starke Sammlung von Lebensgeschichten – von Mazzini bis Nietzsche, von geistvollen französischen Frauen des 18. Jahrhunderts und davor bis zu den russischen Dekabristen – unter dem Titel »Individualitäten«[30] heraus; Berta Schleicher nahm das meiste daraus in ihre Edition der Gesammelten Werke Malwidas unter dem blasseren Titel »Gestalten« auf. Bei Malwida begegnet die Individualität nicht selten als das allerhöchste Ideal, als absoluter Wert. An Gabriel Monod schreibt sie 1867, die einzige Todsünde sei die gegen die Individualität. »Ja, seine Individualität in dem Phänomen der universellen Existenz bestätigt zu haben, da ist das große Geheimnis des Lebens. Darauf zielt all unser Streben.«[31] Gewiss ganz besonders ihr eigenes!

Zu einer Zeit, da sie sich längst aus politischen Aktivitäten zurückgezogen hat, erklärt sie Marie Loeper-Housselle: »Vielleicht kommt es schließlich im Weltganzen nur darauf an, dass das vollendete Individuum da sei, einerlei ob es wirke.« »Hier und da eine Individualität ermuntern und retten – das ist Alles – aber es ist freilich etwas, denn auf die allein kommt's an.«[32] Da erkennt man: Auch bei einem sonst beschaulichen Dasein kann sie ihre Mission erfüllt glauben, wenn sie solche Menschen, in denen sie Idealismus spürt, durch Briefe und Gespräche zur Ausbildung ihrer Individualität ermutigt. Anfang 1901 erklärt sie Romain Rolland hochgemut, schon seit Beginn ihrer Bekanntschaft glaube sie daran, »dass Ihre Individualität in ihrer Entwicklung keine Grenzen hat und Sie bis ins Unendliche wachsen müssen«.[33] Und im Jahr darauf versichert sie ihm, in der »Unendlichkeit der Leiden durch den Konflikt zwischen dem hohen Streben und der niederen Welt (aspirations élevées avec le monde d'en bas)« gebe es »nur ein einziges Heilmittel: das ist die Individualität, die stets unversehrt aus diesen Abgründen hervorgeht«.[34] Umso mehr ringt sie beim frühen Tod eines von ihr innig verehrten Maronitenpriesters aus dem Libanon (des »feurigen Orientalen«; IV 126) innerlich »mit dem Schmerz um die Endlichkeit der Individualität, in der allein sich doch die ›ewigen Ideen‹ darstellen« (IV 128 f.).

Und doch bleibt die Frage bestehen: Wie verträgt sich die Individualität als höchster Wert mit dem Idealismus? Bedeutet Idealismus nicht Selbstlosigkeit, und stellt nicht Individualität das eigene Selbst ganz obenan? Für Malwida hingegen besteht da noch am Ende ihres Lebens kein Widerspruch. Im »Epilog« zu »Individualitäten« erklärt sie: Auf die Frage, was Europa Not täte, sei die Antwort »einfach«, nämlich die, »dass endlich eine Individualität erschiene, die, mit unbegrenzter irdischer Macht ausgerüstet, den Muth hätte, *ganz groß* zu sein und, indem sie den Altruismus im höchsten Sinn auffasste, zugleich die Vollendung der Individualität verwirklichte«.[35] Und sie schließt mit dem Ausruf: »Oh, wenn diese Individualität käme! Wir ersehnen, wir rufen sie – aber – wird sie kommen?«[36] Da mündet der Kult der Individualität in den Ruf nach dem großen Führer!

Gegenüber Germaine Rist, Olgas Tochter, hebt sie in humorvollem Ton hervor: »Der Epilog enthält noch einmal scharf u. kurz mein politisch-sociales Testament, wo die alte Revolutionairin noch einmal durchguckt und sich alles vom Herzen gewälzt hat, wodurch der jetzige Zustand der Cultur auf ihm lastete.«[37] »Die alte Revolutionärin« – wirklich? Nach den Erfahrungen des 20. Jahrhunderts wird man erst einmal schlucken, wenn man auf Malwidas Forderung nach »unbegrenzter irdischer Macht« für ihre ideale Individualität stößt: Kommt sie gar nicht auf die Idee, dass eine derartige Macht für ein Individuum fatal verführerisch sein kann und zu Konsequenzen führt, über die sie als Revolutionärin entsetzt wäre? »Individualität« bedeutet für sie eben nicht Individualismus. Im gleichen Epilog kritisiert sie »die individualistische Gesellschaft«, die den Fehler begangen habe, sich gegen den Sozialismus zu stellen, diesen »Altruismus«, der »naturgemäß, wie eine starke, zum Gedeihen befähigte Pflanze«, aus dieser besitzgierigen Gesellschaft erwachsen sei.[38]

Doch auch am Schluss der »Stimmungsbilder« in ihrem nur noch aus Bruchstücken bestehenden »neuen Testament«, wo sie – merkwürdigerweise auf Französisch – erneut bekräftigt, die »einzige Todsünde« sei »die gegen die Individualität«, verkündet sie – da lohnt sich das französische Original: »Oui, affirmer son individualité dans le phenomène de l'existence universelle, c'est là le grand secret de la vie. … C'est là le saint égoisme, aussi éloigné de l'égoisme vulgaire que le ciel l'est de la terre.«[39] »Der heilige Egoismus«! Noch kurz davor hat sie ein denkwürdiges Geheimnis ihrer Kunst der Kommunikation offenbart: »Suche nie auf Kosten anderer zu gefallen oder zu glänzen. Unterdrück lieber eine geistreiche Bemerkung, einen treffenden Witz, wenn Du weißt, jemand damit zu kränken.«[40] Und mit Staunen liest man dann ganz am Schluss ihren Ausruf: »Oh Geheimnis der Auflösung der Individuation! Es ist als ob ein großer Klang durch das Universum ginge, ein erhabener Akkord, wenn etwas so Vollendetes sich auflöst.«[41] Wieder und wieder muss man einsehen, wie fruchtlos es ist, bei dieser Frau nach einem logisch stringenten gedanklichen System zu suchen, bekennt sie doch selbst im Titel dieser ihrer Anthologie, dass es sich um »Stimmungsbilder« handle!

Man versteht Malwidas Kult der Individualität besser, wenn man in Marianne Webers »Ehefrau und Mutter in der Rechtsentwicklung« darauf stößt, dass für sie das »individualistische Eheideal« die Grundlage für Gleichberechtigung der Frau darstellt[42] – »Individualität« gewinnt aus weiblicher Sicht eine Bedeutung eigener Art. Und noch besser versteht man diesen Kult Malwidas, liest man in Hannah Arendts »Vita activa«: »Handelnd und sprechend offenbaren die Menschen jeweils, wer sie sind, zeigen aktiv die personale Einzigartigkeit ihres Wesens.«[43] Eine ausgeprägte Individualität, sofern sie nicht mit egozentrischer Borniertheit einhergeht, ist die Voraussetzung für anregende Kommunikation, die geistig bereichert – wenn die Menschen alle gleich wären, hätten sie einander nur Äußerlichkeiten oder Banalitäten zu sagen.

In ihrer zuerst 1885 veröffentlichten Novelle »Der Pfad der Äbtissin«, die offensichtlich damalige Stimmungen spiegelt, schildert sie die nächtliche Seligkeit einer Marianne, in der man unschwer Malwida erkennt, in zauberhafter Natur, als »ein zwitschernder Ruf des liebessehnsüchtigen Nachtigallmännchens ertönt«. »Wieder stiegen alte Gedanken in ihr auf, die ihr schon so oft in einsamen Nächten am Meeresstrand oder auf mondbeglänzten Höhen gekommen waren: dass im elementaren Leben der Welt sich schon alle die Formen finden, die nachher in der bewussten Schöpfung zu den Gewalten werden, die das Leben bestimmen.« Und dann: »Nur das aus der Einheit gerissene Individuum leidet und stirbt. Aber im Individuum liegt auch die Erlösung. Gott, die ewige Einheit, wird Mensch, wird Individuum und erhebt das Leiden … zum erlösenden Prinzip, durch welches das Individuum aufsteigt in das neue Paradies der höheren wiedergeborenen Unschuld und sich der nun im Lichte der Erkenntnis verklärten Einheit des Seins wieder vermählt.« (V 170 f.)[44]

Malwida kennt gleichwohl auch Stimmungen, in denen sie glaubt und als Trost empfindet, dass sich die Individualität am Ende doch nicht in einer großen Einheit auflöst. So versichert sie 1888 Cosimas Tochter Daniela: »… meine Freunde … zweiflen nie an mir. Denn das giebt mir immer von Neuem die tröstende Hoffnung auf unendliche Dauer dass, bei der schwindenden Körperkraft, doch solche Fülle der Liebe noch im Herzen ist und solche Flügel sich im Geiste regen, die ungesehenen Höhen zustreben; das kann doch nicht verloren sein und weil es individuell war, muß es auch individuell bleiben.«[45] Und 1897 versichert sie Siegfried Wagner: »Nur wer sich einschrieb in das Buch des Lebens mit dem Merkzeichen der Individualität, bleibt über dem Chaos der unterschiedslosen Allgemeinheit und wer weiß, ob er sich nicht dadurch das Recht der individuellen Fortdauer erworben hat.«[46] Da steht die gewaltige Individualität Richard Wagners unsichtbar im Raum.

Ob ewig oder nur für die Dauer des irdischen Lebens: Nur in der Individualität tritt der Geist zutage. Am 10. Februar 1884 schreibt Malwida an Daniela in Erinnerung an Wagners Tod, der sich drei Tage darauf jährt: »So bleibt nur das Geheimnis der Individuation, warum das Ewige aus seiner Göttereinheit heraus muss in die Entzweiung, das ewige Räthsel des zerstückelten Dionysus.«[47] Dionysos: Der von Titanen auf Anstiftung der eifersüchtigen Hera zerhackte Sohn des Zeus mit Selene, der von Zeus wieder zum Leben erweckt und zum Gott des Weines und der rauschhaften Freude erhoben wird. In ihrem »Lebensabend« ruft sie dazu auf, wieder in wonnevoller Stimmung in einer schönen Natur des Südens und nach »Beobachtung kosmischer Vorgänge«: »Lass das Göttliche, das Ewige, immer vollendeter in dir zur Erscheinung werden; denn außer dem ist das Dasein nichts wert.« (II 535)

Der Gott, der große Geist, wohnt in uns selbst, und es gilt, ihn wahrzunehmen und zu befreien: Diese Idee ist ein immer wiederkehrender Lieblingsgedanke Malwidas, bei dem sich Ideal und Individualität vereinen. 1895 schreibt sie an Marie Herzfeld: Dass die »ständige Aufopferung des eigenen Selbst … die höchste Verklärung des Menschen hervorbringt«, sei christliche Vorstellung – »aber was wir eigentlich sind, darf nicht darunter leiden; die heilige Anforderung des gefangenen Gottes in uns, der sich befreien und erlösen will, darf nicht dadurch erstickt werden«.[48] Für sie, die dem jenseitigen Gott der offiziellen Kirche entschieden abgesagt hat und sich doch nach etwas Göttlichem sehnt, ist dies die erlösende Vorstellung; und gewiss darf man annehmen, dass sie in seliger Stimmung diesen Gott, der Geist ist, gerade auch in sich selbst spürt. Im »Lebensabend« berichtet sie selbstbewusst: »Ich ging eben im Frühling spazieren und fühlte das Regen des Genius in mir und dass allein der Umgang mit ihm beseligt.« (II 447) Nicht minder selbstbewusst und voll tiefer Zuversicht versichert sie 1875 Olga: »Je älter ich werde, je mehr verklärt sich mir das Leben im Bewusstsein, dass ich eine Manifestation eines Ewigen, Ureinen bin, und je reiner ich schon hier dies Ewige, lichterfüllte Eine in mir zur Herrschaft bringe, je gewisser werde ich meiner Unsterblichkeit.«[49]

»Gott in uns«: Gewiss ist das alles andere als eine eigentümliche Idee Malwidas; es ist bereits eine alte Vorstellung der Mystik, die in der Theologie des 19. Jahrhunderts von dem liberalen Friedrich Schleiermacher wieder aufgenommen wird,[50] der Malwida noch kurz vor ihrer Abwendung von der Kirche beeindruckt hatte (I 170 f.). Sie kann diese Idee auch von Goethe haben[51], den sie unter allen großen Geistern am höchsten verehrt, dazu später aus dem Buddhismus. Für den Historiker ist Malwida eben nicht nur als Individualität von Interesse, sondern mindestens so sehr als ein Spiegel ihrer Zeit – ein oftmals funkelnder Spiegel! Und nicht zuletzt auch durch die Aktualität mancher ihrer Ideen. Die Vorstellung, die All-Einheit sei auch in uns selbst lebendig, begegnet uns noch in der Öko-Bewegung, so bei dem norwegischen Bergsteiger-Philosophen Arne Naess (1912–2009), der sich an Seilen über einen norwegischen Fjord hängte und nicht aufgab, bis ein dortiges Staudammprojekt abgeblasen wurde. Er ruft dazu auf, das eigene Selbst nicht »mit dem begrenzten Ego zu verwechseln, sondern ein weites Gefühl dieses Selbst zu gewinnen, das die Grenzen unseres Körpers sprengt, das Ganze der Natur umfasst und die Natur im eigenen Innern mit der Unendlichkeit der außermenschlichen Natur vereint.«[52] Die All-Einheit durch die Natur: diese Idee erfüllt bereits Malwida ganz und gar; dies wird noch zu zeigen sein.

»OH CAUSALITÄT, WIE UNERBITTLICH RÄCHST DU DEN ZWEIFEL AN DIR.« GLAUBE AN KAUSALITÄT UND STREBEN NACH DEM IDEAL: EIN SPANNUNGSFELD NICHT NUR IM DENKEN MALWIDAS. »Kausalität«: in den Selbstzeugnissen Malwidas, was zunächst verwundern mag, wiederholt ein Leitmotiv und zugleich ein Reizthema, wie es dieses auch in der gesamten Philosophie- und Wissenschaftsgeschichte seit der Antike ist.[53] Das beginnt in ihren Memoiren schon früh: als Julius Fröbel sie nach Amerika eingeladen hat und sie zugleich erfährt, dass sein Bruder Karl in die Leitung der Hamburger Frauenhochschule berufen worden ist, zu der sie sich hingezogen fühlt. Schon da glaubt sie eine Kausalität zu erkennen, die ihr Lebenssinn verspricht, obwohl sie nachher doch nicht von Karl zu Julius Fröbel hinübergeht:

> »Ich bewunderte innerlich die Verkettung von Ursache und Wirkung und die Notwendigkeit, mit der die Entwicklung unseres Charakters unser Schicksal wird. In dieser Logik der Dinge selbst erkannte ich die wirkliche Gottheit, die unser Leben regiert, und ich neigte mich demütig vor dem Mysterium, das mir viel erschütternder erschien, als mir je die Mysterien des Christentums erschienen waren.« (I 187)

Schon da kommt heraus: »Kausalität« ist bei ihr überhaupt nicht mit Fatalismus verbunden, vielmehr mit Tatendrang; es ist ein Begriff, der Hoffnung weckt. Wieder lohnt es sich, zeitlich vorzugreifen. So schreibt sie 1878 in ihrem Essay »Geschichte leben«, der eine innere Logik ihrer sonst mitunter widersprüchlich wirkenden Überzeugungen erkennen lässt:

> »Wenn man das Gesetz der Kausalität als die Norm annimmt, der alles Seiende unterworfen ist, so muss sicher alles so kommen, wie es kommt. Was aber wäre unsere Aufgabe gegenüber diesem unerbittlichen Fatum der Kausalität? Hätten wir dabei noch eine Stimme oder müssten wir das Haupt beugen, die Hände in den Schoß legen .. ? Nein, gerade diesem Gesetz der Kausalität … gegenüber haben wir eine um so größere Aufgabe, müssen wir um so lebendiger uns der geschichtlichen Gegenwart anschließen und in ihr wirksam zu werden versuchen. Denn, wenn jede Handlung Ursache einer Wirkung, mithin ein Glied in der unübersehbaren Kette der Erschei-

nungen wird, so ist es eben unsere Aufgabe, bewusst an dieser Kette mitzuarbeiten und unsere Handlungen so einzurichten, dass sie Ursachen segensreicher Folgen werden.« (IV 112)

Kausalität bedeutet also mitnichten eine Verneinung der Willensfreiheit, eliminiert ganz und gar nicht die Verantwortung für das eigene Tun; im Gegenteil: Eher erhöht sie die Verantwortlichkeit; denn je genauer man die Kausalität erkennt, desto eher kann man die Folgen des eigenen Tuns vorhersehen.[54] So erklärt sich die Emphase, mit der sie mitunter den Glauben an die Kausalität gar zur moralischen Pflicht erhebt. »Oh Causalität, wie unerbittlich rächst Du den Zweifel an Dir«, »Du« groß geschrieben, als ob sie mit der Kausalität höchstpersönlich korrespondiert: Mit diesen Worten beginnt sie im Frühjahr 1877 einen ersten Brief an Paul Rée,[55] von dem sie annehmen kann, dass er ihr da mit seinem dezidiert naturwissenschaftlichen Weltbild vollauf beipflichtet. Der Brief ist in einem humorvollen Ton gehalten; doch ihr Bekenntnis zur Kausalität ist gewiss ernst gemeint. In ihrem »Lebensabend« zitiert sie aus einem späteren Brief an Rée, wo sie die Kausalität gegen ihn ausspielt und ihn damit ein wenig verulkt: »Dass Sie ein solcher Revolutionär werden, et à tout prix das Weltganze neu organisieren wollen, amüsiert mich sehr. Ja, es ist eben der Traum, den wir alle geträumt haben, dass eine solche Reorganisation möglich sei. Sie ist es aber nicht; die Welt träte sonst aus dem Gesetz der Kausalität heraus.« (II 323) Glaubt sie, zu durchschauen, was das »Gesetz der Kausalität« konkret beinhaltet und wieweit sich daraus Prognosen ableiten lassen? Offenbar zumindest negative: dass eine Neuordnung der Welt nach den Wünschen Einzelner ein ganz unrealistisches Ziel ist.

Dabei verdient besondere Beachtung, dass sie mit ihrem Bekenntnis zur Kausalität Rée gegen seinen Freund Nietzsche unterstützt. So berichtet sie im »Lebensabend« von einem »philosophischen Streit« zwischen ihr und Nietzsche auf einem Spaziergang, »indem er das Gesetz der Kausalität leugnete und sagte, es gäbe nur ein Nacheinander von Dingen und Zuständen, aber nicht als Wirkung der einen aus den anderen; was wir als Ursache und Wirkung empfänden, seien unerklärte Tatsachen«. Ihre Entgegnung, so wie sie sie berichtet, gibt Einblick in den tieferen Grund, warum sie mittlerweile so hartnäckig auf der Kausalität insistiert, und wirft zugleich ein Licht auf ihre Weltanschauung:

»Ich entgegnete ihm, dass sicher das Seiende, das Unveränderliche, die wahre Realität sei … Wir müssten uns nur nicht fürchten, das anzuerkennen. Die scheinbar ewig werdende Welt sei nur die Erscheinung des Seins, nur für uns sei sie Wechsel, für unsere beschränkten Sinne. Aber in all dem Wandel, in Leben und Tod, in Werden und Vergehen offenbare sich das All-Eine, das Sein. Die Inder wussten es schon: ›tat wam asi‹, das bist du.« (II 246)

Was hat das mit Kausalität zu tun? Für sie ist dieses Gesetz offenbar eine Vergewisserung, dass hinter der oft verwirrenden, scheinbar zufälligen Vielfalt der Phänomene ein höherer Sinn, eine große All-Einheit stehe. Diese Vergewisserung muss ihr lebenslang ein Trost geworden sein. Der Gedanke an die Herrschaft des Zufalls hat für sie etwas Trostloses. Als sie mit Nietzsche und Rée im Winter 1876/77 von Sorrent für eine paar glückliche Tage nach Capri fährt, schließt sie daran Betrachtungen, die aus ihrem Streitgespräch mit Rée hervorgegangen sind, bei dem, wie sie in einer Fußnote schreibt, »chemische Kombination zuletzt sogar ein Scherzwort zwischen uns wurde« (IV 53 f.):

»Wenn wir aber nur Produkte einer chemischen Zufälligkeit sind, wenn der lange, heiße Kampf um Wahrheit, wenn die Liebe, wenn das Mitleid, wenn die Leiden, die wir dulden, nur Ergebnisse eines chemischen Zufalls sind, – wäre es dann nicht besser …, sich den Folgen desselben zu entziehen …, sobald das Bewusstsein über *diese* Realität eintritt, sie mit frohem Mute zu vernichten? Ja, der Selbstmord wäre dann die einzige vernünftige Tat, die einzige Antwort der blinden Macht gegenüber, die uns als bloße chemische Kombination zu so ungeheuren Schicksalen verdammte.«

Das sagt sie offenbar zu Rée, den mitunter Selbstmordanwandlungen überkommen. Wiederholt bringt sie zum Ausdruck, wie wundervoll ihr Glaube an die Kausalität mit dem an den Fortschritt der Geschichte zum Besseren und Höheren übereinstimme. Damit beginnt gleich ihr Essay »Der christliche Mythos«, den sie in die »Stimmungsbilder« aufnimmt, verbunden mit einer Spitze gegen die christliche Lehre:

»Wie seltsam, dass die Menschen immer wähnen: es fange irgend etwas in der Geschichte ganz plötzlich, ganz von vorne an. Es ist doch alles nur Kausalität, eine unendliche Kette von Ursachen und Wirkungen in der anorganischen wie in der organischen Welt. … Dass der Mensch als organisches Geschöpf demselben Gesetz der Kausalität gefolgt ist wie die übrige Welt, hat die Wissenschaft bereits, dem Glauben von einer urplötzlichen Erschaffung gegenüber, festgestellt. Ebenso zeigt die Geschichte uns die fortschreitende Entwicklung des menschlichen Denkens und

> Empfindens und macht sie uns mit unwiderleglichen Beweisen immer klarer. Leise und allmählich ist durch Anschauung der Welt und durch immer tieferes Sinnen der schöne Prozess des Denkens in der Menschheit aufgewachsen.« (IV 73)

»Es ist doch alles nur Kausalität«! Ein solcher Spruch aus der Feder einer erklärten Idealistin mag auf den ersten Blick verwundern. Man versteht diesen ihren Glauben noch besser, wenn man sieht, dass er sie sogar über das Scheitern der Revolution von 1848 tröstet. In ihrem Essay »Die brennende Frage von heute« glaubt sie zu erkennen – aus der Rückschau nach zwei Weltkriegen und brutalen Diktaturen verwunderlich –, die Geschichte schreite »mit einer unzerstörbaren inneren Logik vorwärts«. Und zwar ist dies nicht zuletzt eine Logik der Langsamkeit, der allmählichen, naturhaften Entwicklung; und diese werde von Revolutionären wie von Konterrevolutionären verkannt. »Anstatt der ruhigen Verwirklichung gewisser Ideen, die die Zeit gereift und als lebensfähig auf die Tagesordnung geschrieben hat, fördernd beizustehen, hemmt man sie von der einen Seite und beschleunigt dadurch ein gewaltsames Vorgehen von der anderen Seite. Anstatt einer schönen, naturgemäßen Blüte entsteht dann eine verkrüppelte Erscheinung …, dass man zunächst vor ihr zurückweicht.« So sei es der »großen französischen Revolution« ergangen und ebenso der Revolution von 1848. (IV 138) Und doch voller Hoffnung, da die Geschichte ein Naturprozess sei, befruchtet durch Ideen: »Aber Ideen vergehen nicht. Der befruchtende Same fällt in die Erde und plötzlich schießen die Keime wieder auf, kräftiger, lebensfähiger als früher.« (IV 139)

Trotz immer neuer Kriege »geht die Geschichte mit einer unzerstörbaren inneren Logik vorwärts« (IV 138): Auch bei dieser Aussage Malwidas lohnt es sich zu verweilen. Aus der Rückschau nach zwei Weltkriegen kann jene Zeit, in der sie lebte, trotz vieler düsterer Seiten geradezu als ein Goldenes Zeitalter erscheinen, auch wenn Malwida ihre Zeit oftmals überhaupt nicht so sieht; daraus erklärt sich ihr Optimismus. Auch die Historiker sind an dem Glauben an eine Logik der Geschichte nicht ganz unschuldig: Als erfolgreich gelten vielfach jene Historiker, die den Gang der Geschichte besonders eindrucksvoll aus Ursachen herleiten. Das gilt in der Ära der Sozial-, Struktur- und Systemgeschichte sogar noch mehr als für die ältere Historie, die stärker die Rolle von Individuen, der »großen Männer« würdigte. Wer sich dagegen nicht ganz und gar auf die Suche nach Ursachen fixiert, sondern auch über mögliche Alternativen zum tatsächlichen Fortgang der Geschichte sinniert – und nicht zuletzt dazu kann Malwidas Biografie anregen –, für den verwandelt sich die Geschichte über weite Strecken in eine Aufeinanderfolge von Überraschungen.[56]

Anni Piorreck glaubt zu erkennen, der Einfluss des Materialismus auf Malwida sei »zeitweise so groß« gewesen, »dass sie dazu kam, unter dem naturwissenschaftlichen Gesetz der Kausalität den freien Willen zu leugnen«.[57] Für Schopenhauer war die Kausalität ein Argument gegen die Willensfreiheit; der »Wille« ist ja bei ihm eine wilde Macht. Doch wie wir sehen, bekennt sich Malwida zum Gesetz der Kausalität ganz unabhängig von Schopenhauer und fern von der Vorstellung, es gebe keine Willensfreiheit und auch keine Verantwortlichkeit des Menschen für die Folgen seines Tuns. Denn unter der Herrschaft der Kausalität sind diese Folgen ja im Prinzip vorhersehbar. Die heikle Frage ist allerdings die, wieweit der Mensch imstande ist, diese Kausalität im konkreten Fall zu durchschauen. Dessen ist sich auch Malwida am Ende nicht sicher. Am 21. Juli 1901 schreibt sie an Romain Rolland: »Ich habe alles verziehen, weil ich alles begriffen habe; mein einziges Bedauern geht dahin, dass ich nicht mehr vollbringen und nicht noch mehr die ewigen Gesetze erkennen konnte, die das Schicksal des Individuums wie der Welt bestimmen.«[58]

Wie wir immer wieder sehen, ist Kausalität für Malwida – was sich keineswegs von selbst versteht – gleichbedeutend mit Logik. Und die Logik ist ein Element des Denkens. Wenn die Naturwissenschaftler in der Natur immer neue Gesetze entdecken, kann sich Malwida folglich darin bestätigt sehen, dass in der Natur wie im Menschen der Geist waltet – für sie schon seit jungen Jahren eine erhebende, beglückende Einsicht. Man erkennt bei ihr einen spirituellen Materialismus, und damit steht sie zu ihrer Zeit nicht allein – wie wir sahen, kann sie sich nicht zuletzt durch einen damaligen Wortführer des Materialismus wie Moleschott bestätigt sehen. Folgt man ihren Memoiren, überkam sie diese Einsicht wie eine Erleuchtung in ihrem ersten Erleben des Südens, nach dem sie fortan Sehnsucht spürt, als sie an der Riviera bei Hyères an »klaren Bergströmen« ruht und zu blühenden Oleanderbüschen schaut: »wahre Paradiese, in denen ein Friede und eine Stille herrschen, als ob der Mensch mit seinen wilden Leidenschaften nie die Harmonie der Schöpfung gestört hätte«. »Jetzt endlich erschien mir der Süden so, wie ich ihn mir geträumt hatte.« Im Anblick paradiesischer Natur fühlt sie sich »überzeugt, dass der Geist nicht dem Stoff widerstreitet, sondern dass er ihn beseelt und verklärt«. (I 86)

Das wird zu ihrer lebenslangen Überzeugung, die ihre Freude an schöner Natur zu einem spirituellen Erlebnis erhöht und ihr immer neu in Trübsal »tausenderlei Trost« (I 46) spendet. In Winternächten blickt sie auf zum klaren Himmel des Südens und erlebt im Anblick strahlender Sterne die gleiche Erleuchtung, von der noch die Achtzigjährige Anfang 1897 aus Rom gegenüber Rolland schwärmt: »Meine glorreiche Prozession der Sterne, Orion, Sirius, Venus, Mars in einem unglaublichen Glanz, Venus strahlend wie die Sonne, Mars blutrot, als wollte er uns zerstörerische Kriege ankündigen, um die Ungerechtigkeit der Menschen zu bestrafen. Wie ist das schön und welche erhabenen (sublimes) Geheimnisse verbergen sich in diesen fernen Zentren des Lichts. Oh nein, das wäre zu eitel zu denken, dass wir unvollkommenen und vergänglichen Wesen die einzige Ausstrahlung (émanation) eines geistigen und erleuchteten (éclairée) Lebens seien. Nein, das Leben der Intelligenz, des Gefühls, schließlich der Seele existiert auch anderswo, wie dieselben chemischen Elemente unserer Erde auch in den anderen himmlischen Körpern existieren.«[59]

Astronomische Spekulationen lange vor der Raumfahrt! Auch die Astronomie beflügelt in späteren Jahren ihren Glauben an die All-Einheit. »Unendlich interessiert« hat sie ein aus heutiger Sicht ganz irreführender Artikel über den Planeten Mars, wie sie am 2. Februar 1894 an Rolland schreibt – es war die Zeit, in der Spekulationen über die Marsmenschen (»Marsianer«) in Mode kommen; »Die Jahreszeiten wechseln dort wie bei uns … ein liebliches Klima und eine sehr feine Atmosphäre und – was das Wichtigste ist – die Kanäle lassen sich vollständig von den Flüssen unterscheiden, also gibt es dort denkende Wesen, die sie erbaut und womöglich weiter entwickelt haben als wir; denn der Mars ist viel älter als die Erde. Wenn dies eine Sicherheit durch neue Beobachtungen gewinnt, wird mir das ein ungeheures Vergnügen bereiten, denn das würde eine meiner Lieblingsideen bestätigen, dass die anderen Himmelskörper durch denkende Wesen bevölkert sind, eine Idee, die ich seit langem als völlig logisch begriffen habe, bereits aus materialistischer Sicht; denn wenn sich die Sterne aus den gleichen chemischen Elementen wie unsere Erde zusammensetzen, müssen dort die gleichen Entwicklungen stattfinden, also auch die des geistigen[60] Lebens«.[61]

Ihr eigener Wissensdurst bleibt bis in ihre letzten Lebensjahre bestehen und bekräftigt ihren Glauben, dass der Geist die Materie durchdringt. Am 12. Mai 1899 richtet sie an Rolland die rhetorische Frage: »Dieser unersättliche Durst nach geistiger Arbeit, nach wachsender Klarheit (lumière), nach Erkenntnis (compréhension), nach Vervielfältigung der inneren Quellen, die sich nach außen verwirklichen wollen – ist das nicht ein Beweis für etwas Ewiges in uns? Könnte sich die Materie allein einzig als Geist manifestieren? Wenn ja, dann wäre sie nicht mehr rohe Materie, dann wäre sie etwas Göttliches.«[62]

Gabriel Monod erinnert sich in seinem Nachruf auf sie, gerade in ihrer letzten Lebenszeit, als sie »fast in jedem Augenblick schmerzliche Krämpfe« überkamen, habe sie bloß gesagt: »Erschreckt nicht, es ist ja nichts, nur Krämpfe sind's und nicht *ich* leide, sondern nur mein armer Körper. Die Materie ist nichts, der Geist allein besteht!« »Und dieses Wort *der Geist* kam immer wieder auf ihre Lippen, mit den anderen Worten *Amore* und *Pace*, die sie fortwährend wiederholte.« (II 547) Jene Worte, die dann ihren Grabstein schmücken! Das ist ein besonders ergreifendes Zeugnis, in welchem Maße ihr spiritueller Materialismus – oder materialistischer Spiritualismus, wenn man will – zum Trost ihres Alters geworden ist. Nach ihrem Tod schreibt Monod an Romain Rolland – und der lässt seinen »Dankgesang« an Malwida damit ausklingen: »Sie war der lebendige Beweis dessen, was sie mit so viel Kraft gesagt hat: ›Der Geist nur existiert.‹«[63]

ZUR ALL-EINHEIT ÜBER DAS ATOM UND ÜBER ELEKTRISCHE WELLEN: DIE ELEKTRIZITÄT ALS »WUNDERVOLLE URKRAFT DER NATUR« UND DIE »SELIGKEIT« DURCH DAS KOHLENSTOFFATOM. Der Geist, der zugleich individuell und überindividuell ist, verheißt Malwida Unsterblichkeit, dabei untrennbar verbunden mit den durchgeistigten Grundelementen der Materie. Diese Essenzen, die Sinnenhaftes mit Übersinnlichem vereinen, sind für Malwida schon frühzeitig die Atome und wird in ihren späten Lebensjahren vor allem durch Erfahrungen mit der Elektrotherapie die Elektrizität. In beide ließ sich damals noch viel hineinprojizieren, lange vor dem spektakulären Aufstieg der Atomtechnik und zu einer Zeit, als auch die Elektrotechnik noch in den Anfängen stand. Das Atom, das »Unteilbare«, dessen Spaltung später Furore macht, ist sprachlich das griechische Pendant zum lateinischen »Individuum« – schon dies ein Grund zur Vertrautheit für Malwida, die die »Individualität« über alles schätzt. Das damals noch unschuldige Atom bietet denen einen Anhaltspunkt, die in der verwirrenden Vielfalt der Welt nach einer Einheit suchen. Im »Atomzeitalter« fast vergessen: Die Atomistik hat in der philosophischen Spekulation eine Vorgeschichte, die Jahrtausende hinter die Atomtechnik bis zu den altgriechischen Philosophen Empedokles und Demokrit zurückreicht. Friedrich Albert Lange glaubt 1875 in seiner großen »Geschichte des Materialismus« sogar feststellen zu können: »In der Tat ist die Atomistik noch heute, was sie zu Demokrits Zeiten war. Noch heute hat sie ihren metaphysischen Charakter nicht verloren.«[64] Ob die Atome wirklich existieren, werde Physikern und Chemikern in jüngster Zeit sogar »immer unsicherer«.[65]

Noch gegen Ende des 19. Jahrhunderts führt der Chemiker Wilhelm Ostwald (1853–1932), der sich zugleich als Universalwissenschaftler zu profilieren suchte, im Namen der alles beherrschenden Energie – »Energie« nannte er sogar sein Landhaus in Großbothen bei Grimma – einen förmlichen Kampf gegen die aus seiner Sicht nach »kurzem, glänzenden Aufstieg« in den 1860er Jahren mittlerweile »fast vollständig steril gewordene« Atomistik,[66] einen Kampf, den er später bitter bereut.[67] Noch 1922 glaubt Bernhard Bavink in seinem »Grundriß der neueren Atomistik« die Existenz der Atome ausführlich nachweisen zu müssen; in gesperrtem Druck: *»Atome existieren wirklich, daran ist kein Zweifel mehr möglich.«*[68] Zu Lebzeiten Malwidas ist dies noch umstritten.

Umso mehr boten sich die Atome als Objekt für naturphilosophische Spekulationen an, so für den Philosophen Rudolph Hermann Lotze, der in seinem Hauptwerk »Mikrokosmos« (1856–64) die Entzweiung zwischen den »Ergebnissen menschlicher Wissenschaft« und den »Bedürfnissen des Gemüts« überwinden möchte[69] – ganz gewiss auch das Bestreben Malwidas. Da schuf er sich im Begriff des »unräumlichen Atoms«, so Wolfgang Riedel, eine »substanztranseunte Brücke«, über die er »Ich und Welt zusammenführen kann«.[70] Um 1900 verkündet der damals beliebte »Dichterphilosoph« Max Dauthendey in Anschluss an Lotze, jedes Atom sei ein »belebtes«, »beseeltes« Wesen, und im Atom bilde alles eine Einheit: »Jedes Ding, das mir begegnet, bin ich selbst.« Eine Version des »tat tvam asi«![71] Für Malwida wird das Atom zu einem Gegenargument gegen einen allzu beschränkten Materialismus und zum besten Mittel zur Versöhnung von Materialismus und Spiritualismus – zum Beweis, dass die Materie selbst mikroskopisch betrachtet aus Unsichtbarem besteht. Doch auch in der Energetik kann sie sich bestätigt finden: Wie Regine Zott schreibt, lief Ostwalds Energetismus »letztlich auf philosophischen Idealismus hinaus«.[72]

Die Begeisterung für das Atom beginnt bei Malwida schon früh, bereits durch die Begegnung mit Theodor Althaus[73]; und zwar ist es – so Anni Piorreck – »die Idee von der Ewigkeit und dem Kreislauf der Atome, in die der tote Körper zerfällt und die durch die Erde in neue Organismen gelangen«, die für sie lebenslang zur Offenbarung wird;[74] durch das Atom, speziell das Kohlenstoffatom, Unsterblichkeit und Einheit mit der blühenden Natur! Gerade das »tief Poetische« – so Piorreck –, von dem dieser Materialismus erfüllt ist, sei bezeichnend nicht nur für Malwida, sondern für den Materialismus jener Zeit schlechthin; durch sie versteht man die emotionale Seite jenes Materialismus, der aus der Ferne so nüchtern-sachlich wirkt. Man denke nur an ihre Erinnerungen an die Vorlesungen ihres geliebten »Naturalisten« Wiebel an der Hamburger Hochschule:

> »Bei dem völligsten Positivismus in der Wissenschaft war er doch eine tief poetische Natur, und wenn er uns von dem Kohlenstoff-Atom erzählte, das durch die Ewigkeit der Materie wandert, um sich bald zu dem Gehirn des Genius, der Unsterbliches schafft, bald zu dem Blütenkelch, der Duft ausströmt, mit anderen Stoffen zu verbinden, so schilderte er das in einer Weise, die uns alle zur Begeisterung hinriß. Eine Welt neuer Gedanken öffnete sich mir. Ich glaubte endlich die Lösung der Fragen nach dem Grund der Dinge zu erblicken. (I 217 f.)

1879 scheint Malwida in einem langen Brief an Ruhl, den »Malerdichter«, in ihrem Glauben an Unsterblichkeit durch das Atom nur ein Übergangsstadium, eine Gegenreaktion auf eine vorausgegangene Phase einer allzu weiten Abkehr von der Realität zu sehen.[75] »Nachdem ich umsonst mit aller Inbrunst in der ganzen Mystik des Glaubens jenen Stern gesucht habe, der mit untrüglicher Gewissheit den Weg zum Heile zeigt, nachdem ich in der Tiefe des Zweifels, in der Unsterblichkeit des Atoms den Trost gefunden zu haben glaubte, habe ich voll und ganz eingesehen, dass ich nichts weiß und nichts wissen kann, ich arme flüchtige Inkarnation des ewigen Urwesens der Welt.«[76] Glaubt sie wirklich, dass sie »nichts weiß«, oder will sie eher vermeiden, sich mit ihrer Suche nach Trost in der Unsterblichkeit durch das Kohlenstoffatom gegenüber Ruhl lächerlich zu machen?

Doch auch hier lässt sich erkennen, dass dieses atomare Weltbild bei ihr durch kein anderes verdrängt wurde; und in den »Stimmungsbildern« wie im »Lebensabend« bekundet sie eine selbstbewusste Welt- und Selbstsicht, bei der das Atom nach wie vor eine Schlüsselrolle einnimmt. Man lese etwa in ihrem vom Zauber Sorrents inspirierten Essay »Toleranz«; da stellt sie die rhetorische Frage: »Der Genius, der uns in der Poesie, in der Kunst, vor allem in der Musik, in ein Dasein höchster Geistigkeit führt, wo wir … die Wonnen höherer Wesen zu atmen meinen, können seine erhabenen Schöpfungen einer bloß zufällig besonderen Organisation der Atome ihren Ursprung verdanken?« Auf den ersten Blick eine Abkehr vom Atomismus, doch dann: »es ist unmöglich zu denken, dass in den Atomen sich eine Eigenschaft durch Kombination darstelle, zu welcher nicht schon der Keim in ihnen gelegen hätte.« (IV 101 f.) Da erkennt man, dass es ihr letztlich darum geht, die Atome mit der Kausalität in Einklang zu bringen und von einem durch blinden Zufall beherrschten Weltbild zu lösen – und ebendadurch erhalten die Atome eine inhärente Prädestination!

Noch in ihrem »Lebensabend« begegnen die Atome immer neu als Quelle von Schönheit, Weisheit, duftenden Blüten, Trost und Hoffnung, gerade auch deshalb, weil sie noch nicht vollständig erforscht sind und sich in sie viel hineinprojizieren lässt. Um Malwida zu zitieren:

> »Wir sind ja nicht am Ende des Wissens angelangt; und das ist unser Trost und sicheres Bewusstsein, dass die Entwicklung des Lebens unendlich ist, dass der Tod nichts ist, als der Übergang in neue Formen des Daseins, dass die Atome, die einst eine Dichterstirn, ein begeistertes Herz bildeten, vielleicht in einer duftenden Blüte wieder erscheinen, und ihre Wanderung von da wieder in neue Menschenformen fortsetzen, und dass die herrlichen Gedanken, die jener Stirn entsprangen, die Liebe, die jenes Herz zu tröstenden Taten des Mitleids trieb, eingeflochten sind in die Unsterblichkeit des Lebensquells.« (II 214 f.)

Ein materialistischer Idealismus mit dem Grundton der Begeisterung! Und wieder an späterer Stelle: »Das einzig Ewige ist die unausgesetzte Entwicklung und Veränderung des einfachen Atoms zu immer neu zusammengesetzten, reicheren Kombinationen in der Natur bis zur Ausbildung ihres höchsten Organismus, der zum Geist befähigt ist und sich zu ihm entwickelt.« (II 397) Unsterblichkeit durch das Atom: »Denn wir wissen es ja, dass es keinen Tod gibt, dass jedes Atom des zerfallenden Körpers der Stoffwelt wieder ein Keim neuer Gestalten, neuer Schöpfungen wird.« (II 401)

Dieser Glaube wird nicht zuletzt auch zu einem Bindeglied mit dem

Nietzsche-Freund Paul Rée, dem idealistischen Materialisten. Der hat ihr im Mai 1877, als sie noch zusammen in Sorrent weilen, sein Buch »Der Ursprung der moralischen Empfindungen« geschenkt mit der Widmung: »Der Kombination aus allem Guten, die Kombination aus Atomen«.[77] »Lieber Paolo«, schreibt sie ihm, diese »Widmung enthält Alles was ich nur wünschen kann denn, *meiner* Theorie nach, gibt es nichts *Meta*physisches, sondern nur ganze Gebiete die uns *noch* (vielleicht nicht für immer) verschlossen sind und nichts kann aus nichts entstehen, also muss in den Atomen schon die Fähigkeit des Guten liegen.« Und dann: »Ach Paolo, ich bin auf so gutem Wege mit meinen Theorien u(nd) stelle sie kühn der Wissenschaft entgegen, denn ich bin überzeugt die wird sie demnächst auf dem Wege des Experiments beweisen.«[78] Und auch mit dem damaligen Nietzsche ist sie bis zu einem gewissen Grade durch den Atomismus verbunden; dieser schreibt in »Schopenhauer als Erzieher«, damals von Malwida als ihre »Bibel« gerühmt: »Wir leben die Periode der Atome, des atomistischen Chaos. ... Die Revolution ist gar nicht zu vermeiden, und zwar die atomistische.«[79] Ihm ist allerdings der Atomismus kein Trost, sondern eher Vorbote des Unheils. Bis zu einem gewissen Grade ist Malwida mit ihrem spekulativen Atomismus Kind ihrer Zeit; doch nicht nur: Wie Anni Piorreck hervorhebt, wird von ihr »der alte materialistische Gedanke vom Kreislauf der Atome« »ganz selbständig ... mit der indischen Idee der Wiedergeburt verknüpft«.[80]

Doch wodurch kommen die Atome in Bewegung? In ihren späten Jahren hätte Malwida vermutlich darauf erwidert: durch die natürliche Elektrizität, die elektrischen Wellen. Dahin gelangt sie über keine Theorie, sondern durch Lebenserfahrung, Erfahrung neu gewonnenen Wohlgefühls: nämlich durch Elektrotherapie. War sie einst, nach der Badekur in Ostende, »vollständig der Hydrotherapie zugetan« gewesen (I 218), lernt sie später, dass es nicht nur die Wellen des Wassers, sondern auch elektrische Wellen gibt; von diesen ist die wissensdurstige Frau, die zugleich das Meer über alles liebt, zunehmend fasziniert.

Anfangs sind es mysteriöse Wellen, doch solche, die »unserer Individualität« entspringen und Hoffnung wecken. Am 1. August 1883 berichtet sie Ruhl, wie sie von dem Buch zweier englischer Gelehrter gehört habe, die »l'existence d'un monde invisible« zu beweisen suchten. Da seien sie »zu einem sehr hübschen Beweis« gekommen, nämlich: »Jeder Gedanke unseres Gehirns, jede Empfindung wird Anlaß zu einer Wellenbewegung, die sich auch außerhalb unseres Wesens fortsetzt und wir wissen nicht, wohin diese Wellen gehen, aber sie können sich nicht verlieren, sie sind eine Emanation unserer Individualität, und wenn die letzte Welle in Bewegung gesetzt ist, findet sich diese Individualität wieder zusammen, und je mehr Wellen sie vorausgeschickt hat, je reicher wird sie sich rekonstruieren.« Das ist für sie ein gutes Anzeichen dafür, »dass die Wissenschaft sich auch zu sehnen anfängt, das zu beweisen, was bisher nur Intuition oder Glaube in ihr Bereich zogen«[81] – man erkennt, wie sie neue Ermutigung in den Naturwissenschaften findet.

Im letzten Jahrzehnt ihres Lebens strömen die unsichtbaren Wellen belebend in ihre Weltanschauung. Im März 1898 schreibt sie an Marie von Bülow – mittlerweile Gattin des reichsdeutschen Staatssekretärs des Äußeren –, ihrer eigenen Theorie zufolge würden nicht nur »materielle Vorgänge«, sondern auch Gedanken über Wellenbewegungen übertragen – offenbar auch von Rom nach Berlin! –, denn dass sie und Marie einander ohne besonderen Anlass am gleichen Tage geschrieben hätten, sei »doch unleugbar magnetische Wirkung«.[82] Am 14. November 1899 teilt sie Romain Rolland voll Begeisterung mit, dass sie sich seit drei Jahren täglich zwanzig Minuten einer Maschine bediene, die sie »sanft« elektrisiere.[83] »Sie können sich nicht vorstellen, welchen belebenden und kräftigenden Einfluss das auf die Nerven hat.« Sie sei sicher, dies sei auch für ihn das Richtige. »Ah, wie ich Sie zur Elektrizität bekehren möchte, doch nur nach dem System des Doktor Alimonda aus Triest, der nach gründlichem Studium der medizinischen Wissenschaft zu der Überzeugung gelangt ist, dass allein die Elektrizität Störungen (dérangements) des Körpers heilen kann, ohne auf eine andere Art zu schaden, wie es allzu oft die Medikamente tun.«[84] All das braucht man nicht als fixe Idee abzutun: Ein Jahrhundert danach gilt die 1894 von Nino von Alimonda eingeführte Feinstromtherapie, die die »Elektrizität des menschlichen Körpers« zu beleben behauptete,[85] in Naturheilkreisen als »geniale Erfindung« und »sanfte Medizin« »im Sinne der natürlichen Ordnung«, die in der Medizin zu Unrecht lange ein Schattendasein gefristet habe.[86]

Mit ihrer Faszination durch die Elektrizität ist sie bis zu einem gewissen Grade Kind ihrer Zeit. »I Sing the Body Electric« lautet eines der berühmtesten Gedichte Walt Whitmans[87]; gerade in der Frühzeit der Elektrotechnik konnte die Elektrizität die Fantasie beflügeln ähnlich wie das Atom vor der Atomtechnik. Im späten 19. Jahrhundert vollzieht die Elektrotechnik eine rasante Entwicklung, und um die Jahrhundertwende wird das »elektrische Säkulum«[88] (noch nicht das »Atomzeitalter«!) proklamiert – doch das gilt zuoberst für den »Kraftstrom«, die Starkstromtechnik[89], nicht für jene sanften elektrischen Ströme, aus denen Malwida neues Leben zu gewinnen glaubt.

Das Elektro-Thema ist in ihren letzten Lebensjahren schier unerschöpflich; da sind ihre Briefe eine Fundgrube für die Geschichte der Elektrotherapie als Naturheilmethode, fern der späteren Elektroschocks. Am 3. Juli 1899 versichert sie Rolland, die »elektrische Kur« nach Alimonda-Art habe ihr »gewiss das Leben gerettet« und halte sie noch weiterhin aufrecht.[90] »Das ist die einzige vernünftige medizinische Methode, gerade durch die absolute Abwesenheit jeglicher Medizin und durch die langsame und natürliche Aktion dieser Kraft, die dem menschlichen Organismus innewohnt.« »Die Theorie ist so einfach, so klar, dass sie einen Laien überzeugen muss, der nichts von der Medizin weiß.« Sie selbst sei zu der Überzeugung gelangt, dass »die Elektrizität die Grundlage der Medizin der Zukunft sein muss« und »all diese Gifte der Medizin« beseitigen werde, »mit denen man die menschlichen Körper gequält hat«; in England herrsche sie bereits »souverän«.[91]

Mitunter verdrängt die Elektrizität in ihrer Weltsicht geradezu das Atom: So versichert sie am Jahresende 1898 Rolland, die »wahre Schöpfung« sei »ein elektrischer Strom, der den Gegenpol sucht, um die Flamme sprühen zu lassen; es ist die Weltseele, die durch einen Mund spricht und in tausend anderen Herzen widerhallt«.[92] Ihre durch Glauben an den Geist überhöhten Bekenntnisse zur naturgemäßen Heilkraft der Elektrizität, die kraftvoll strömt und doch unstofflich ist, offenbar nach üblen Erfahrungen mit Medikamenten, gipfeln anderthalb Jahre vor ihrem Tod in einem Brief an Cosimas Tochter Daniela, als sie schon die Krankheit spürt, die sich dann als tödlich erweist:

> »Ich, einzig nur noch Anhängerin der Elektrizität, mit Ausschluss aller Medizin, werde auch, wenn ich (das Leiden) noch einmal überwinde, nur ihr es zu verdanken haben, wie ich eben überzeugt bin, dass in dieser wundervollen Urkraft der Natur das einzig wahre, nie Böses erzeugende (wie so viele Medizinen) Heilmittel liegt, was um so schöner ist als es beinahe etwas Geistiges hat, dem reinen Denken vergleichbar, das von allen ungesunden Verirrungen der Intelligenz heilt.«[93]

Noch zu einer Zeit, als der tödliche Darmkrebs bereits quälend geworden ist und sie meint, vielleicht hätte sie sich doch besser einer Operation unterziehen sollen, hat sie das Gefühl, die Elektrizität halte sie aufrecht.[94] Doch noch in diesem trüben Zustand, am 29. Juli 1902, schließt sie ihren Brief an Olga: »Heil der allein wahren Mutter Natur und ihrer Dienerin, der Elektrizität!«[95] *Natur*: Das gibt das Stichwort für das nun folgende Kapitel.

DIE NATUR: »INTIMSTE FREUNDIN« UND »ALLMÄCHTIGE TRÖSTERIN«. IDEALISMUS UND NATURALISMUS. In den umfangreichen Malwida-Beständen des Detmolder Landesarchivs findet sich ein Notizbuch »Meine Naturphilosophie«.[96] Die Aufzeichnungen sind undatiert. Dem Inhalt und der Handschrift nach zu urteilen, stammen sie noch aus ihrer Hamburger Zeit und sind vermutlich unter dem Eindruck der Vorlesungen ihres geliebten »Naturalisten« Wiebel entstanden, da sie streckenweise wie Mitschriften aus einer Vorlesung wirken – und doch »meine« Naturphilosophie. Sie sind ein Dokument jener Lebensphase, in der sie durch die Naturwissenschaften zu höherer Weisheit zu gelangen sucht.

Heutige Leser mag überraschen, dass diese Notizen vor allem vom menschlichen Körper und seiner Anatomie handeln: »Natur« als physische Natur des *Menschen*. Man spürt das Verlangen der Schreiberin, über naturwissenschaftliche Kenntnisse zu einem umfassenden Welt- und Menschenbild, zu einem durch Gesetze verbundenen Allzusammenhang zu gelangen. Sie sucht viel nach bewegenden und verbindenden Kräften, handelt von Anziehungskraft, Adhäsion, Kohäsion, Bewegung durch Hebel, ausführlich in der Nachfolge Goethes von »Wahlverwandtschaften« im chemischen Sinne, wobei sie »Wahl« wieder durchstreicht und die Streichung dann mit Pünktchen aufhebt. Wer die »Idealistin« nur aus ihren späteren Schriften kennt, wundert sich über ihre mechanistische Sicht des menschlichen Körpers: »Am menschlichen Körper sind Hebel und Pendel in Bewegung. Die Muskeln des Armes sind der einarmige Hebel. … Das Bein ist der Pendel durch dessen Schwingung das Gehen hervorgebracht wird. Der Fuß vertritt die Stelle des Rades, indem er von hinten nach vorn auftritt, schwingt er den Schwerpunkt des Körpers … weiter und nun tritt das neue Rad ein u. so fort.« Und darauf die wohl verblüffendste Passage, wo die künftige Idealistin als Technokratin erscheint: »Das Ganze ist das Einfachste von der Welt und käme die menschliche Erfindung erst so weit den menschl. Gang bei Maschinen nachzuahmen, so wären sie Herr der Erde. So lernt die Kunst ewig von der Natur und wie die Schöpfung einst (von dem) unvollkommenen Thier … durch das Vollkommenere bis zum Menschen fortschritt, so muß auch der Mensch die zweite Schöpfung vollenden.«

Die Verbindung von Ideal und Natur bleibt lebenslang ein Leitmotiv ihres Denkens. Und »Natur« bedeutet bei ihr stets auch die Natur im *Menschen*. Damit steht sie in einer geistigen Tradition der Aufklärung, die noch bis ins 20. Jahrhundert fortwirkt. Doch immer wieder gilt Malwidas Begeisterung der grünen Natur. Besonders ergreifend ist die Passage ihrer Memoiren, als sie von dem bevorstehenden Tode Theodors erfährt und ihr diese Natur zur Zuflucht wird: Da geht sie erst einmal »allein hinaus, einen einsamen Weg längs eines Baches, der unter frischgrünen Büschen und Bäumen dahinfloß. Der Frühling war in seiner vollen Pracht, Blumen blühten und dufteten, Vögel sangen fröhliche Lieder in den Zweigen. … Die Zeit war auf immer vorbei, wo ich einen Trost darin gefunden hatte, mich anderen anzuvertrauen. Ich hatte mich gewöhnt, allein mit dem Schicksal zu bleiben; nur die Natur, von früh auf meine intimste Freundin, konnte ich auch jetzt fragen: ›Ist es sein letzter Frühling?‹« (I 216) Noch 1896, am Tag nach ihrem 80. Geburtstag, schreibt sie Olga aus Rom, anfangs habe sie Wehmut darüber empfunden, an einem solchen Tag allein zu sein. »Nun grüßte mich aber meine alte, treueste Freundin, die Natur, mit einem wahren Göttertag, blauester Himmel, freudigste Sonne, köstliche Luft, und schon wurde es friedlich hell in mir, versöhnt mit allem auf Erden und still in Betrachtung ewiger Dinge versenkt.«[97]

Natur als beste Freundin, Natur als Trösterin: Beides sind lebenslang Leitmotive ihrer Selbstzeugnisse. Und auch Natur als Ideal – und als solche wird sie mit Italien identisch, mag sie auch gelegentlich bedauern: »Das absurde Vorurteil, besonders der Römer, dass Bäume der Gesundheit schadeten, hat das Land baumleer gemacht …« (IV 411) Doch es fällt auf, dass der Wald ohnehin nicht zu Malwidas Ideal von Natur gehört. In einem langen Brief an Gottfried Kinkel im Sommer 1863 aus Capri führt sie vor Augen, wie bei ihr diese Natur des Südens mit dem Ideal verschmilzt und die Übersiedlung nach Italien einem tiefen Bedürfnis der »Idealistin« entspricht: »In dieser Harmonie von Licht, Form und Farbe, in diesen wunderbaren Naturscenen, in diesem wonnevollen Zauber des Südens kommt ein Friede über mich, wie ich ihn seit lange nicht mehr gekannt.«[98] Alexander Herzen freilich, an den sie ähnlich geschrieben hat und der sie wieder zurück nach England haben möchte, findet diesen ihren Naturidealismus »unmenschlich und menschenfeindlich (inhumaine et misanthrope)«![99] Zunächst – doch nicht für lange – fühlt sie sich dann auch wegen Olga zur Rückkehr verpflichtet, obwohl es ihr – wie sie Kinkel klagt – »wie ein wahres Todesurtheil war jenes Land zu verlassen, in dem sich Alles findet, was ich für den Rest meines Lebens beanspruche«.[100]

Dem Tierfreund fällt auf, dass in Malwidas Schilderungen, wie sie von der Natur bezaubert wird, diese Natur nur aus Pflanzen besteht und dem Meer. Später gibt sie sogar offen einen Widerwillen gegen die Tiere, von »klugen Hunden« abgesehen, zu erkennen:[101] »Die Natur, ehe sie in den Dualismus von Begierde und Erkennen eintritt, ist unschuldig und objektiv schön. Die Pflanzen- und Steinwelt kennt keine Begierde … Sie ist daher an *sich* schön wie das *Ding an sich*, das sich in ihr, ungeteilt in Wille und Vorstellung, ausspricht. Mit dem Tier tritt der Dualismus zwischen Begierde und Erkennen ein. Mit ihm entsteht das Subjekt, das Individuum, das für sich empfindet, leidet und erkennt. Nur ist im Tier die Begierde, also der Wille auf seiner niedrigsten Stufe, als bloßer Trieb zum Leben, das Überwiegende. ... daher kann weder von Schuld noch von Erlösung die Rede sein … Es ist dann ein unseliger, grausamer Zustand, und die wehmütigen Augen kluger Hunde sagen es deutlich genug.« (II 402) Vermutlich rechnet sie zu diesen auch jenen Pudel, den Schopenhauer auf seinem täglichen Spaziergang mitführte und höher als die Professoren schätzte.

Doch hat nicht auch die menschliche Natur ihre animalischen Seiten? Das ist der wohl heikelste Punkt in der Naturliebe Malwidas. Im »Lebensabend« stellt sie lakonisch ohne weitere Erläuterung fest: »Die Natur ist mitleidslos; um so mehr ist das Mitleid das wahrhaft Ethische, das Bewußte im Gegensatz zu dem Unbewußten.« (II 218) An späterer Stelle berichtet sie von der »militärischen Exekution« des Soldaten Misdea in Neapel. Der hatte »sieben Soldaten, zum Teil seine Vorgesetzten, in einem Anfall von Wut erschossen«. Da verstand sich zu jener Zeit das Todesurteil von selbst – doch Malwida findet es unmenschlich! »Er war wie eine wilde Bestie und dennoch kein schlechter Mensch. Im Gefängnis hat er gedichtet, und der Geistliche, der ihn besuchte und ein guter Mann war, hat ihn beweint. Er war ein Sohn der wilden Berge, ein Calabrese, ein heißblütiges, unerzogenes Wesen, seine Kameraden hatten ihn verspottet, und er hatte sich gerächt.«

(II 340) Auch so konnte die italienische Natur als Natur des Menschen in Erscheinung treten!

Doch am liebsten sieht sie in der Natur das Ideale. Für sie gibt es eben nicht nur die animalische Natur. Besonders begeistert sie sich für die durchgeistigte Natur, auch für deren Wirksamkeit im Menschen, und erkennt eine Einheit zwischen ihr und dem Ideal, so in einer Aufzeichnung in Sorrent: »Alles ist organisches Wachsen in der Natur und gehört die Geschichte etwa nicht zur Natur? Können das auch selbst die leugnen, die für den Menschen einen besonders eingeblasenen göttlichen Odem in Anspruch nehmen? Ist nicht der Menschenschöpfer auch Schöpfer jedes Halms, der auf dem Felde wächst, jedes Sonnenstäubchens, das im Lichte glänzt, jedes Insekts, das sich seines ephemeren Daseins freut?« (IV 90)

Umso heftiger ist in ihren alten Tagen ihr Abscheu gegen den damals aufkommenden literarischen Naturalismus, der dadurch Aufsehen erregt, dass er die menschliche Natur eben nicht ideal darstellt. Dabei scheint Ibsen, eine der Koryphäen dieses neuen Naturalismus, Malwida zu schätzen, denn er besucht sie sogar in Rom, obwohl er dort von Besuchern überlaufen ist. Doch Malwida erschauert bei seinen »Gespenstern«, die damals großes Aufsehen erregen: Da seien »fast alle Personen gemein, schlecht, und nur der Pastor ist gut, aber borniert«. (II 465) »Ibsen ist ein Vivisektor der menschlichen Natur wie wenige, aber er kommt mit seinen neueren Dramen an die Grenze, wo die Poesie des Tragischen aufhört und das pathologische Spital beginnt.« (II 466) Das Gleiche schreibt sie 1889 an ihren Neffen Carl, wobei sie hinzufügt, dass sie gleichwohl Ibsens »Pessimismus unendlich viel höher achte als Zolas und Co«.[102] Umso bedeutsamer kann man es finden, dass sie Jahre darauf in der Dreyfus-Affäre sehr entschieden für Zola Partei ergreift, obwohl dies ihre Freundschaft mit Romain Rolland gefährdet. Gewiss hat sie gespürt, dass auch Zola mit seinem aufsehenerregenden Engagement für Dreyfus auf seine Art Idealist ist.

Wieweit steht Malwida in ihrem Denken und Träumen über die Natur in geistigen Traditionen; wo erkennt man bei ihr, der wiederholt die Individualität das Höchste ist, eine individuelle Note? Friedrich Albert Lange spricht in seiner »Geschichte des Materialismus« wie von einer bekannten Tatsache davon, dass »man in Deutschland längst an die Vorstellung einer Einheit von Geist und Natur gewöhnt war«.[103] Diese Vorstellung gelange in klassische Höhen durch Goethe; doch am Anfang stehe Spinozas »Natura sive deus«, die Vergöttlichung der Natur: »Noch in späteren Jahren flüchtete Goethe zu Spinozas Ethik, wenn ihn eine fremdartige Anschauung unangenehm berührt hatte, und er nennt es seine reine, tiefe, angeborne und geübte Anschauungsweise, die ihn ›Gott in der Natur, die Natur in Gott zu sehen unverbrüchlich gelehrt hatte‹.«[104] Wie Wolfgang Riedel in »Homo Natura« schildert, wurde »das natura sive deus«, das Schleiermacher in seinen populären »Reden über die Religion« (1799) verkündet hatte, »zum verbreitetsten naturphilosophischen Axiom des 19. Jahrhunderts«. Und doch ist Malwida in ihrer Naturbegeisterung mehr als ein bloßes Kind ihrer Zeit. Wie Riedel, der ihr ein eigenes Kapitel widmet, ausführlich darlegt, schlägt sie eben dadurch, dass sie Goethe über alles verehrt, eine Brücke vom Naturkult der Klassik zu dem des Neuidealismus der Jahrhundertwende, der sich mit Wonne in einem »ozeanischen Gefühl« ergeht. Er nennt ihre Memoiren einen »Urtext der Lebensmystik«.[105] Mit poetischem Zauber schildert Malwida im »Lebensabend« den Naturkult als neue Religion:

> »Wenn die Sonne uns hinauslockt auf neuergrünte Wiesen, wo die ersten Veilchen uns entgegenduften, warum sollten wir nicht ein heilig schönes Fest in Verehrung der allgewaltigen Schöpfungskraft der Natur feiern, die uns an ein ewiges Dasein glauben lehrt, indem sie immer von neuem den Tod in Leben verwandelt und aus der scheinbaren Verwesung strahlende Schönheitsformen hervorgehen lässt? Wenn die Menschheit einmal wieder die jetzige Phase ihres Entwicklungskampfes bestanden hat, so kann man mit Recht hoffen, dass eine Zeit neuer Blüten kommen wird, wo das ästhetische, künstlerische Bedürfnis neue Feste schafft, reicher und schöner als alles Dagewesene, weil sie einem neuen, reicheren und schöneren Zustand der Gesellschaft entsprechen.« (II 285)

Da möchte man in ihr aus heutiger Rückschau eine Prophetin nicht nur der Naturmystik der Jahrhundertwende, sondern sogar der Öko-Bewegung erkennen, mag dort auch der poetische Naturenthusiasmus hinter der Ökologie zurücktreten. Doch nach naturwissenschaftlicher Basis strebt ja bereits Malwida. Aber anders als damalige Natur- und heutige Umweltschützer erlebt sie die Natur nur hier und da als bedroht, weit mehr jedoch als übermächtig: ob im Anblick des Meeres oder der Lavaströme des Vesuv, für sie die wohl stärksten Natureindrücke. Bedroht ist für sie dagegen die Natur im Menschen, ob durch naturferne Schulbildung, unnatürliche Zwänge der Gesellschaft oder naturwidrige Medikamente. Wieweit die Sorge um die menschliche Natur untergründig auch eine Triebkraft der modernen Umweltbewegung ist, diese Frage verdiente erforscht zu werden.

Selbst Todesgedanken erhöhen für Malwida den Reiz des Vulkans. 1891 wird Empedokles, der altgriechische Philosoph-Politiker, der sich der Legende nach in den Ätna stürzte, zu einem Dauerthema zwischen ihr und Rolland, der das Drama »Empédocle« verfasst, das damals unveröffentlicht bleibt. Am 10. Februar 1891 schreibt sie an Rolland, der damals nach Sizilien fährt: »Und morgen werden Sie den Ätna sehen, und Empedokles wird Sie grüßen auf dem Grund der elementaren Kräfte, denen er sich freiwillig ausgeliefert hat.«[106] Zur Natur gehört ja auch der Tod; beim Sturz in den Vulkan wird der Selbstmord zum philosophischen Akt. Doch am 6. Juli 1877 nach einem Aufenthalt in den Alpen, durch den sie ihre »Gesundheit ruiniert« glaubte, schreibt sie an Nietzsche, der sich mittlerweile am wohlsten im Hochgebirge fühlt: »Aber im Ganzen ist das *meine* Natur nicht. *Meine* Natur ist Comer See, Sorrent, Capri, römische Campagna.«

NACH »BRENNENDER SEHNSUCHT« »QUIETISMUS DER SEELE«: VOM RUHELOSEN ZUM ERLÖSENDEN IDEALISMUS – DURCH DEN GEIST. In diesem Wandel – der sich im Laufe ihres Lebens gewiss nicht geradlinig vollzieht, sondern starken Stimmungsschwankungen unterliegt – kann man die bedeutsamste, gewiss wohltuendste Entwicklung von Malwidas Idealismus erkennen und womöglich das beste Erbe, das sie dem Neuidealismus der Jahrhundertwende hinterlässt, nämlich jener Richtung, die sich in der Folge nicht vom »Geist von 1914« anstecken lässt, vielmehr von einem Romain Rolland verkörpert wird.

In ihren Memoiren schildert sie den noch sehr andersartigen Charakter ihres Idealismus in ihrer frühen englischen Zeit, unter dem Eindruck der Enttäuschung nach 1848: Zunächst schwärmt sie von einer Fahrt auf ihrem geliebten Meer, »als der Vollmond gerade mit silbernem Glanze die Meeresfläche erleuchtete« (I 379), doch dann, als sie mit dem Fährmann spricht, der sich als kämpferischer Republikaner entpuppt und sich über die französische Tyrannis unter Napoleon III. empört: »Aus dem Traumland der schweigenden Meernacht rief mich diese seltsame Eröffnung zurück in die leidenschaftlich bewegte Welt der sogenannten Wirklichkeit, in der die finstern Mächte der fleischgewordenen wütenden Triebe herrschen, die die Tyrannei und in ihrem Gefolge den Mord wecken, zwischen deren finsteren

Umarmungen das Ideal nur wie ein flüchtiger Meteor eine Welt erleuchtet, um dann, sich in unbekannte Fernen rettend, zu entfliehn.« (I 380)

Wenn das Ideal erst in »unbekannten Fernen« zu suchen ist, führt der Idealismus zwangsläufig zu ewiger Unruhe. Der Text gibt jedoch durch seine Bildhaftigkeit zu erkennen, dass sie sich mittlerweile von einem solchen Idealismus entfernt hat, der sie, die »Idealistin«, die immer wieder unter ihren »Nerven« leidet, auf die Dauer nur unglücklich macht. Da wird ihr die Einsicht zur Erleuchtung, dass das Ideal im Keim in unserem eigenen Innern angelegt ist und wir nur danach zu streben haben, es zu befreien und ihm durch Ausbildung unserer Individualität zur Blüte zu verhelfen. In uns selbst, in unserer Natur, doch auch draußen in blühender Natur. 1859 im Zustand der Unruhe klagt sie Gottfried Kinkel: »Es ist mein Schicksal ohne meine Schuld, immer an der Schwelle des Erreichten umfahren und zu Neuem greifen zu müssen in hartem Widerspruch mit meiner Natur … Warum sich die Natur in solchen Widersprüchen gefällt, weiß ich nicht.«[107] Da erscheint die ewige Unruhe als ihr naturgegebenes Schicksal. Doch in der Folge versteht sie sich immer besser darauf, ihren Idealismus mit ihrer Natur in Einklang zu bringen.

Dazu trägt auch die Natur der Landschaft ein Gutteil bei. Schon an einem Sommersonntag 1852, wenige Monate nach ihrer Ankunft im englischen Exil, als sie sich auf der Insel Anglesea entspannt, berichtet sie Kinkel:

»Heute morgen, als ich einsam auf den Höhen schweifend die entzückendsten Naturschönheiten, die ich seit der Provence gesehen, genoß, da fühlte ich es tief, dass der Mensch nicht geboren ist, um so klein zu sein, wie ihn die Gesellschaft gemacht hat, in die Natur muß er wieder, um zu gesunden von den Erbärmlichkeiten eines Lebens, das nur noch auf Stelzen geht, ich bewundre die Entwicklung der Geschichte, welche die Emigration hinaus führt aus der Qual der Civilisation in die frische stärkende Arbeit des Lebens und Kampfes mit der Natur.«[108]

Erlösung aus der »Qual der Zivilisation« durch die Natur und dann auf einmal Forderung nach Kampf mit der Natur: Theoretische Logik ist nun einmal nicht ihre Stärke. Doch wie wir sahen, gelangt sie in der Folge zu der Überzeugung, dass in der natürlichen Entwicklung der Geschichte ein Fortschritt zum Guten angelegt ist und der Mensch daher davon abkommen soll, diesen durch eine Revolution gewaltsam zu forcieren.

Eine derartige Zuversicht gewinnt sie in späterer Zeit nicht zuletzt durch ihren Glauben an die Allherrschaft des *Geistes*; und gewiss schöpft sie aus eigener Erfahrung, wenn sie zu der Überzeugung gelangt, dass der Mensch nicht durch Emotionen, sondern durch den Geist – dieser durchaus auch als Intellekt verstanden – zum Lebensglück findet. Dazu zitiert Berta Schleicher aus einem unveröffentlichten Altersbrief Malwidas, in dem diese den Geist sogar ausdrücklich über das Herz stellt: »Die geistige Konzentration auf einen Gegenstand, das ist geradezu hygienisch für mich. … Das Leben für andere, so herrlich es ist, hindert doch die Konzentration des Geistes nach innen, die dem Alter so notwendig ist und so wohltuend, weil das Herz uns immer wieder zurückführt in die Welt des Scheins und uns an die holden Täuschungen der Maja bindet, während das Sinnen und Erkennen uns auf die wolkenlosen Höhen führt, von wo der Blick gleichsam in ewige Fernen hinüber schaut.« Da gehe es ihr wie Tolstoi, »der kürzlich zu einem Freund sagte, er habe nie mehr die Unabhängigkeit des Geistes vom Körper gefühlt wie jetzt im Alter und schweren Kranksein« (IV 9 f.).[109] In ihrer Abhandlung »Die Frau in der Gesellschaft« erwähnt sie wie eine bekannte Tatsache, die für Frauen besondere Bedeutung besitzt: »Es ist ja die Natur des Intellekts, in ruhige, klare, heitere Regionen zu führen, wo die Gefühlsaffektationen schweigen und die Täuschungen der Phantasie nicht so leicht möglich sind.« (IV 44) Gewiss spricht die so stark von Gefühlen und Fantasievorstellungen bewegte Frau aus eigener Erfahrung!

Der Geist: in der Ideengeschichte ein schillernder Begriff! Er kann den Intellekt meinen, doch auch eine gottgleiche Macht; er bedeutet eine individuelle Begabung, doch in der Tradition des Hegel'schen Weltgeistes auch eine hoch über allen Individuen stehende große Einheit. Der Glaube an einen solchen Geist ist nicht unbedingt irrational: Max Weber betitelt seine berühmteste Schrift »Die protestantische Ethik und der ›Geist‹ des Kapitalismus« – der »Geist« wohlgemerkt in Anführungszeichen! –, und dieser Geist bedeutet für ihn mehr als banales Gewinnstreben; seinem Kollegen Rickert gegenüber nennt er diese Schrift »eine Art ›spiritualistischer‹ Konstruktion der modernen Wirtschaft«.[110] Nicht nur im Christentum gibt es den »Heiligen Geist«: Auch im Mahayana-Buddhismus besteht das wahre Wesen der Welt im Geist, im Kontrast zu der »Maja«, der Vielheit äußerer Erscheinungen, die Illusionen sind – für Malwida, wie wir sahen, immerhin »holde Täuschungen« (IV 10). All dies ist zum Verständnis ihrer Anschauungen von Bedeutung. Daraus erklärt sich, dass der »Geist« bei ihr kein durchweg einheitlicher Terminus ist: Er lebt in ihrer eigenen Individualität und ist doch zugleich eine Macht, die alles durchdringt.

Im »Lebensabend« findet sich eine Passage, wo sie den Geist im Sinne von Erkenntnis über das Herz und über die Liebe – die niedere, sinnliche – stellt und man eigene schmerzliche Lebenserfahrungen spürt: »Allein der Geist und der Gedanke gehören der Ewigkeit. Alles was das Herz und Gefühl trifft, verwundet, denn es mahnt an die Vergänglichkeit. Die Liebe in der Erscheinung ist nicht ewig; nur die Erkenntnis; in ihr ist eine höhere Liebe, die das Vergängliche, den Sinnengenuß, abgestreift hat. Vielleicht könnte es heißen: im Anfang war der Geist.« (II 467) »Vielleicht«! Ganz sicher ist sie sich dessen also nicht.

Wie eine Erleuchtung im Geist schildert sie in ihren Memoiren bereits ihr erstes Erlebnis der schönen Natur des Südens: Da fühlt sie sich »überzeugt, dass der Geist nicht dem Stoff widerstreitet, sondern dass er ihn beseelt und verklärt« (I 86). Ein materialistischer Spiritualismus! Oder auch, selbst gegen Ende ihres Lebens, ein spiritueller Materialismus, zumindest als Frage; so schreibt sie 1899 an Rolland: »Dieser unersättliche Durst der geistigen Arbeit, der wachsenden Einsicht (lumière), der Vervielfältigung der inneren Quellen, die sich nach außen verwirklichen wollen – ist das nicht ein Beweis von etwas Ewigem in uns? Könnte sich allein die Materie einzig als Geist manifestieren? Wenn ja, dann wäre sie nicht mehr rohe Materie, dann wäre sie etwas Göttliches.«[111]

Wieder: Ganz sicher ist sie sich dessen nicht; sie kennt auch andere Stimmungen. Schon in einem ihrer ersten Briefe bekennt sie dem damals niedergedrückten Rolland, sie habe eine ähnliche Melancholie hinter sich: »Ich war zu einer derart gänzlichen Resignation gelangt, dass mein Idealismus nicht mehr von dieser Welt und der gegenwärtigen Generationen sei, dass ich in einer absoluten Objektivität lebte, als ob ich das, was hier geschieht, von einem anderen Planeten aus betrachtete.«[112] Mit solchem Mitgefühl will sie Rolland aus seiner Depression heraushelfen; und wirklich schreibt er ihr kurz darauf: »Das Gefühl Ihrer moralischen Gegenwart hilft mir oft, gegen die Versuchungen jenes Idealismus zu kämpfen, in dem ich zu verschwinden (m'engloutir) fürchte.«[113]

Doch offenbar empfindet er in der ersten Zeit ihres Zusammenseins nicht immer ihren Idealismus als Rettung. Ein Brief Malwidas an ihn vom 16. April 1891, der sich offenbar auf eine vorausgegangene mündliche Auseinandersetzung bezieht, beginnt: »Lieber Freund, obwohl Sie nun auch anfangen, mir meinen Idealismus vorzuwerfen, kann ich Ihnen doch versichern, dass ich in Ihrem Interesse fast an nichts anderes denke als an die Lösung eines praktischen Problems für Sie.« Und kurz darauf: »Wenn Sie meine intime Geschichte kennen würden, die niemand je erfahren wird, würden Sie sehen, dass ich nach allem nicht so wenig praktisch bin, wie man von mir vermutet.«[114]

Offenbar gibt es in Malwidas innerer Entwicklung Hintergründiges aufzuspüren. Seltsam: Was ist das für ein Geheimnis, von dem keiner etwas wissen soll; offenbart sie es gleich darauf nicht doch? Denn da berichtet sie von einer »ausgezeichneten Frau«, von der sie noch nie gehört hatte und die sie kürzlich besuchte, wie diese ihr dabei bekannt habe: »Wenn Sie wüssten, was diese Stunde für mich bedeutet, da ich Sie endlich sehe, Sie, der ich den Mut verdanke, eine Individualität zu werden und danach zu streben, das Gute zu tun.«[115] Anscheinend ist dies ihre »histoire intime«: dass ihr Idealismus eine praktische Erfüllung findet durch ihre vielen menschlichen Begegnungen, wo sie ihren Geist auf andere ausgestrahlt fühlt – in ihrer Fähigkeit zu geistiger Freundschaft, bei der sie immer noch dazulernt, von Theodor Althaus bis hin zu Romain Rolland. Und gewiss denkt sie auch an die wachsende Resonanz auf ihre Memoiren – doch diesen Stolz möchte sie wohl lieber für sich behalten, da andere ihn für eitel halten und diese ihre Wirkung nicht als wirkliche Praxis anerkennen könnten.

Ihre Kunst der Kommunikation ist ihre Praxis – und nicht ohne Grund ist sie darauf stolz. Und gerade auf die Entfaltung dieser Kunst gegenüber dem jungen Rolland über all die Jahre kann sie in ihren späten Jahren stolz sein, da vieles dafür spricht – wie noch zu zeigen sein wird –, dass sie ein Gutteil dazu beigetragen hat, ihm aus einer schweren Lebens- und Schaffenskrise herauszuhelfen, mehr noch: aus einem Eigenbrötler, der von blutrünstigen Condottieri der Renaissance fasziniert ist, in einen großen Mann des Friedens und der Völkerverständigung zu verwandeln. Doch vermutlich wäre es ihr anmaßend erschienen, ihm dieses ihr Verdienst um ihn vorzuhalten – das bleibt einstweilen ihr Geheimnis!

In jedem Fall ist dies eine Art von praktischem Idealismus, der ihr zu innerer Ruhe und tiefer Befriedigung verhilft. Besonders eindrucksvoll bezeugt dies ihr Brief aus Rom, wo sie fortan ihren Frieden findet, vom 29. April 1875 an Marie Loeper-Housselle (1837–1916), die als Mitbegründerin der Frauenbewegung nach üblichen Maßstäben ein viel aktiveres Leben führt als Malwida:

> »Ich habe immer mehr die Empfindung dass alles Beste und Große zu mir gehört und ich zu ihm und dass ich in dieser Gemeinschaft lebe wo ich auch bin; so verschwindet mir die brennende Sehnsucht die ich sonst hatte, nach dem Ausgezeichneten, wiewohl es immer ein hohes Glück ist, wenn die Besten uns persönlich nahen. Aber es ist ein Quietismus der Seele, der sich allmälig niedersenkt, den ich nicht für Schwäche des Alters halten kann, weil es gleich Flammen in mir zündet, wenn es anders kommt.«[116]

Keine »Schwäche«, vielmehr ein »Vorrecht« des Alters; so in dem Fragment »Ein neues Testament«, wo sie von einem Gespräch mit dem jungen und unruhigen Nietzsche berichtet. Der sagte, »man sähe doch immer mehr ein, dass alles im Leben Sirenengesang sei und man hinterher immer den Fischschwanz fände«. Darauf Malwida:

> »Ich sagte, es sei das Vorrecht des Alters, den Fischschwanz nicht mehr zu fürchten, eben weil es ihn kenne und nur das hinnehme, was an den Dingen wirklich gut, erfreulich und liebenswürdig sei. Daher entspringt wohl die Heiterkeit des Alters, die oft so viel größer ist als die der Jugend. Das Alter lässt sich nicht mehr täuschen, es hat nicht mehr die Illusion, Vollkommenes empfangen zu können; aber das Gute tritt ihm, wenn auch in beschränkterem Maße, in freundlicher Einfachheit entgegen und gibt ungetrübte Freude, eben weil sie ohne Illusionen ist.« (IV 179)

Malwidas Bedeutung für die entstehende Frauenbewegung ist nicht leicht auf den Begriff zu bringen. Eine Beilage zum »Neuen Tageblatt« 1907 erkennt diese darin: »Sie hat in sich selbst die Gedanken der Frauenbewegung *erlebt*. Dieses eigene Empfinden ist es und die Art, wie sie es wiederum in ihrem Leben dargestellt hat, und wie es alsdann in ihren Schriften zum Ausdruck gelangt und endlich, wie sie es dabei zu einer, ihre Zeitgenossen und ihre Leser ergreifenden Harmonie des Wesens gebracht hat – das ist's, was ihre bleibende Bedeutung für die Frauenbewegung ausmacht.«[117] So gesehen ist Malwidas Zuversicht, gerade durch ihren zu tiefer Ruhe gelangten Idealismus eine Wirkung auszustrahlen, nicht unbegründet.

Noch im Anblick des Todes bricht in ihr mitunter die alte Kämpferin durch, doch nicht mehr mit Herausforderung an sie selbst. Als sie noch einmal am Meer weilt: »Vor mir die große Wasserfläche, die meine ganze Wonne ist … In diesem absoluten Einsamsein mit der Natur lebe ich schon vollkommen vom kosmischen Leben.«[118] Die Natur, das Meer, der Sternenhimmel, das Hochgefühl der Einheit mit dem Geist, der das Weltall erfüllt: all das umleuchtet den erlösten Idealismus ihrer späten Jahre. Auch da ist das jedoch nicht ihre einzige Stimmung; so lautet ein Fragment im »Lebensabend«: »Gregorovius sagt einmal, die großartigste aller Legenden sei die von Moses, der von der Höhe aus unten das gelobte Land erblickt, und dann stirbt. Alle Idealisten erleben diese Legende; der Geist führt sie auf die Höhe, wo sie ihr Land der Verheißung erblicken, aber erreichen tun sie es nicht.« (II 226) In schwerer Krankheit und Erwartung des Todes verfasst sie ein Gedicht, das sie in den »Lebensabend« aufnimmt:

»Halte stille nur, mein Herz,
Trag mit Fassung deinen Schmerz;
Eine kleine Weile noch
Dauert wohl das Erdenjoch,
Dann erlischt der bunte Schein;
Wird's dann stille um mich sein?
Oder werden Melodien
Auch noch durch die Seele ziehn?
Wird vom allgewalt'gen Drang,
Der nach Idealen rang,
Wenn die Erdenfessel weicht,
Wohl sein ew'ges Ziel erreicht?« (II 467)

Bis zum Ende ihres Lebens enthält der Idealismus Malwidas offene Fragen – und auch eine Tragik. Diese spürt man in ihrem »Neuen Testament«:

»Ich fühle es täglich mehr, dass wir einer vergehenden Epoche angehören; unser Idealismus passt nicht mehr in diese Generation. Sie ist positiv, ultra-realistisch … Diese Generation wird auch ihre Aufgabe zu lösen haben, und aus unserem Idealismus und ihrem Realismus wird vielleicht in der dritten Generation eine neue glückliche Kombination entstehen. Nun, wir haben unseren Traum gehabt, und wenn sich uns die Welt verklärte in Bildungen, die zum Teil unserer eigenen dichtenden Weltanschauung angehörten, so wollen wir die, die nach uns kommen, nicht beneiden um die farblose Erkenntnis, die ihnen die experimentale Wissenschaft gibt.« (IV 173 f.)

Eine merkwürdige Mischung von Melancholie und neuer Hoffnung, erlebt doch gerade ihr »Lebensabend einer Idealistin«, der 1898 erscheint, im Neuidealismus der Jahrhundertwende eine Auflage nach der anderen und wird eine Zeit lang sogar ein noch größerer Erfolg als ihre Memoiren mit deren anhaltender Resonanz. Zudem verleugnet sie in dieser Betrachtung ein Stück von sich selbst, denn auch sie hat – wie wir sahen – immer wieder danach gestrebt, ihren Idealismus durch Wirklichkeitssinn zu stärken, auch durch Ausstattung mit neuen Erkenntnissen der Naturwissenschaften.

Gabriel Monod, der Malwidas letzte Lebenstage begleitete, berichtet, wie sie unter qualvollen Krämpfen sagte: »Erschreckt nichts, es ist ja nichts, nur Krämpfe sind's und nicht *ich* leide, sondern nur mein armer Körper. Die Materie ist nichts, der Geist allein besteht!« »Und dieses Wort *der Geist* kam immer wieder auf ihre Lippen.« (II 547) Der Glaube daran, dass das Wesen des Seins der Geist ist, gewinnt gegen Ende ihres Lebens für sie eine vitale Bedeutung: Mit ihm bewältigt sie den Schmerz. Der vielleicht schönste Nachruf auf sie ist in Monods Vorwort zur Neuauflage ihres Romans »Himmlische und irdische Liebe« (1905) enthalten; er wirft zugleich ein Licht auf den Wandel ihres Idealismus:

> »Italien senkte in ihre bis dahin oft gefolterte und erregte Seele eine friedensspendende Harmonie, und ihr Idealismus, der in ihrer Jugend etwas Negatives und Aggressives gehabt hatte, wurde eine heitere philosophische Stimmung, ein moralisierender und ästhetischer Mystizismus, aus dem sie die Kraft schöpfte, glücklich, wenn auch oft einsam zu leben und in einer Art religiöser Ekstase zu sterben.«[119]

Das war nicht nur seine persönliche Sicht. Ein Artikel von 1908 über Malwidas Idealismus in der französischen Zeitschrift »Débats« kennzeichnet ihren Idealismus ganz ähnlich: »Dieser ›Idealismus‹ … ist nicht die Spannung eines unruhigen Willens im Blick auf ein stets ersehntes, stets unerreichbares Ziel; er ist eher die starke und ruhige Überzeugung, dass jenseits der verletzenden Realitäten und alltäglichen Abscheulichkeiten … eine souveräne Macht wirkt.« Und dieser Idealismus habe ganz ihrem Naturell entsprochen.[120] Es lohnt sich, solche Hinweise, die zeitlich vorausgreifen, bei Malwidas weiterer Lebensgeschichte als Leitmotive, wenn auch mit anderen Klängen vermischt, in Erinnerung zu halten.

6

VON BAYREUTH NACH ROM: ITALIEN ALS REALES IDEAL

»DAS LAND MEINER TRÄUME« WIRD WIRKLICHKEIT, ANFANGS IN FLORENZ, AM ENDE IN ROM – TROTZ EINDRINGLICHER WARNUNG DES ROM-HISTORIKERS GREGOROVIUS. »Seit meiner Kindheit war Italien das Land meiner Träume, das Land der Wunder, zu dem meine Wünsche in ihrem kühnsten Fluge hineilten«, erinnert sich Malwida in ihren Memoiren (I 79), auch wenn ihr erstes Erlebnis des »Südens« – noch nicht Italiens, sondern der Provence – mit einer tiefen Enttäuschung beginnt, so dass sie zeitweise glaubt, »dass die Liebe der wahre Süden für das Herz ist«, nicht der geografische Süden (I 85): Doch das geht vorbei. Noch gegen Ende ihres Lebens bekräftigt sie erneut, Italien habe von ihrer »Phantasie früh Besitz genommen« (IV 413), und beide Male verbindet sich die Italien-Fantasie mit dem Wunschtraum einer Begegnung mit dem Italien-Liebhaber Goethe: Sie stellt sich vor, dass sie bei der Rückkehr aus Italien »nach Weimar gehen, zu Goethes Füßen sitzen und ihm zuhören« würde. Dabei glaubt sie, die Tragödie in Goethes Leben habe darin bestanden, dass er sich durch den Ruf nach Weimar von einer Rückkehr nach Italien abhalten ließ: Dort wäre er »ausschließlich der Götterjüngling geblieben, als der er geschaffen war« (IV 419).

Was mag davon Rückprojektion aus späterer Zeit sein? In ihren Memoiren gibt sie selbst zu erkennen, dass sie in früherer Zeit auch ganz andere Stimmungen kannte, so bei einem nächtlichen Spaziergang an englischen Küstenklippen: »Da, wenn Sturm und Wellen um die Wette brausten, durchdrang mich ein göttliches Gefühl der Freiheit.« (II 370) Der größte Gegensatz zur Sehnsucht nach dem sonnigen Süden! Beim damaligen Erleben der wilden Natur erfasst sie »wieder die alte Leidenschaft des Kampfes« (I 371). Gewiss hat auch die Freundschaft mit Mazzini, dem Revolutionär, ihre Italienbegeisterung bestärkt, doch das war noch eine Begeisterung für ein republikanisches Italien der Zukunft. Aber mit dem Wandel ihres seelischen

Strebens wandelt sich auch ihre Italien- ebenso wie ihre Natursehnsucht; und das Italien-Ideal ihrer Fantasie wird durch ihre ersten Italien-Erlebnisse nicht enttäuscht. Im September 1865 erklärt sie aus Bern, schon mit einem Horror vor dem dortigen Winter, in einem Brief an Augusta von Stein-Rebecchini, die in Florenz lebt, es sei »das einzige letzte Ziel« ihres Lebens, nach Italien zurückzukehren »und den Rest meiner Tage dort zu verbringen«.[1]

Vor allem im Gedanken an Alexander Herzen und andere Freunde in nördlicheren Breiten ist sie noch hin- und hergerissen; wie sie Augusta von Stein-Rebecchini klagt: »Ach, ich gestehe, ich habe mich noch nie so unschlüssig, so schwankend gefühlt …, denn meine Wünsche ziehen mich nach Italien, aber ich fürchte, zu egoistisch zu handeln und erprobten Freunden in der Not damit nicht zu helfen, denn es sind jetzt eben noch allerlei Umstände …, welche meine ausdauernde Freundschaft Herzen doppelt nötig machen.«[2] Der selbstlose Idealismus im Widerstreit mit jenem anderen Idealismus, der im Streben nach der idealen Welt, und zwar einer in der Wirklichkeit existierenden, besteht!

Doch dieser andere, erlösende Idealismus beherrscht sie mehr und mehr, wobei das Ideal Italien mit ihrem Naturideal verschmilzt. Dafür finden sich in ihren Selbstzeugnissen bis zu ihrem Lebensende immer neue, mitunter übersprudelnde Ausbrüche der Begeisterung, wiederholt verbunden mit einem Horror vor dem Norden, der bereits mit den Alpen beginnt. An den »Malerdichter« Ruhl, den es im heimatlichen Norden hält, berichtet sie im Mai 1880 von zwölf Tagen »in dem göttlichen Sorrent«: »Die ganze Küste, meilenweit entlang, war die Luft vom Duft der Orangenblüten erfüllt, welche man wie einen neuen ätherischen Lebensstoff einsog. Und dieses Grünen und Blühen aus allen Felsenritzen hervor!« Und dann die Versicherung gegenüber Bedenken à la Schopenhauer: »Aber gerade diese unsagbare Schönheit macht nicht übermütig, nicht genußsüchtig, stärkt die Gewalt des blinden Willens nicht wie manche meinen. Sie stellt im Gegenteil die innere Harmonie her und die Einheit mit der Natur, welche der finstere Norden uns in ewigem innern Protest zerreißt.«[3] Als Siegfried Wagner im Süden erkrankt, verwahrt sie sich dagegen, dies »dem Clima zur Last« zu legen[4] – nicht allen gilt das italienische Klima als gesund!

Die sprachbegabte Malwida nahm bereits 1849/50 Italienisch-Unterricht und hat es in dieser Sprache mit der Zeit zur Perfektion gebracht, so dass sie auch auf Italienisch publiziert: ob über italienische Politik, führende Persönlichkeiten, weibliche Emanzipation oder über Kultur und Landschaft.[5] 1881 schreibt sie Olga: »Ich bin so im Italienischen jetzt, da ich nur diese Sprache höre, spreche und aus ihr übersetze, dass ich sogar italienisch denke, und ich möchte sie ganz besitzen, diese schöne Sprache, die einem immer mehr gefällt, je mehr man sie kennen lernt.«[6] Gegenüber der Nietzsche-Schwester Elisabeth schwärmt sie von einem Ausflug mit Nietzsches Freund Albert Brenner in die »luftumflossene Campagna«, wo sie eine wunderbare Einheit zwischen der Natur und Relikten alter Kultur wahrnimmt: »Wir Beide sagten immer wie aus einem Munde: Ach wäre doch Nitzsche (sic!) hier, wie gut würde es ihm thun nach der schweren Arbeit, auszuruhen im stillen wonnigen Gefühl des Daseins.«[7]

Und tatsächlich gelingt es beiden im selben Jahr, den leidenden Nietzsche nach Sorrent zu locken – doch dann gelangt er zur tiefen Enttäuschung Malwidas zu der Überzeugung, dass ihm die Höhenluft der Alpen viel besser bekommt. Einen Gleichgesinnten dagegen findet sie in Alexander von Warsberg, dessen »Odysseische Landschaften« sie zu ihrem Roman »Phädra« inspirieren. Als sie im Sommer 1888 wieder einmal in Bad Ems ist, um ihrer Schwester Louise Gesellschaft zu leisten – wie sie an Cosima schreibt, empfinde sie dieses Zusammensein mit ihrer Schwester im rauen Norden als »reines Opfer«[8] –, versichert sie Warsberg, bei der Abreise »fühle ich es bestimmt, dass es der Abschied vom Norden ist und sein muß; nicht nur weil die physische Kraft nicht mehr ausreicht, sondern auch weil die Seele der letzten Sammlung der geistigen Kräfte bedarf um das endende Leben in einer letzten großen Harmonie zusammen zu fassen«.[9] Dabei hat sie noch fast fünfzehn Jahre zu leben – aus ihrer Sicht gewiss nicht zuletzt dank des Südens!

Im Alter verklärt Italien für Malwidas Empfinden selbst den Tod. 1888 im Gespräch mit Warsberg, der nicht mehr lange zu leben hat, stellt sie dar – und da stimmt er ihr zu –, »wie ich der allgemeinen Annahme nicht beipflichten könne, dass der Süden den Menschen mit zu starken Fesseln an das Leben bände, und wie es mir gerade eine seiner schönsten Wirkungen schiene, dass er die Seele so zur Harmonie stimme, Natur und Geist so in Einklang setze, dass der Tod wieder zum idealen Genius mit der umgekehrten Fackel werde und man ohne Widerstreben bereit sei, sich in die unsägliche Harmonie des Daseins aufzulösen, während der Norden mit seinem dunkeln Drang nach dem unerreichbaren Ideal, in der ewigen Zerrissenheit zwischen Wunsch und Erfüllung den Tod als bittern Trank empfinde, der die Unbefriedigtheit des Lebens endet« (II 424). Nur in Italien konnte sich in Malwida der Wandel vom ruhelosen zum erlösenden Idealismus vollziehen! Zwischendurch gleichwohl immer wieder jähe Wechsel in eine trübe italienische Wirklichkeit, vor allem mit Blick auf soziales Elend und korrupte Politiker: »Dies arme Land ist am Rande des Abgrunds und wird dort wahrscheinlich hineinrutschen«, klagt sie am 26. Mai 1892 Romain Rolland.[10]

Doch nun wieder zurück in die 1860er und frühen 1870er Jahre. Von 1863 bis 1873 verbringt sie vor allem die Wintermonate meist in Florenz, in der Regel mit den Herzen-Töchtern und vermutlich von deren Vater finanziert. Florenz wird 1864 zur ersten Hauptstadt vom neuen Italien, ehe diese Stellung 1870 durch Entmachtung des Papstes auf Rom übergeht. Für Kunstliebhaber ist Florenz mindestens so reizvoll wie Rom und erscheint Malwida zunächst am ehesten dazu geeignet, um eine Fülle geistig anregender italienischer Kontakte zu gewinnen. Mit Herzens Sohn Alexander hat sie in Florenz einen Ansprechpartner, der ihr zusammen mit Olga und Tata zu Kontakten verhilft, die sie offenbar mit bemerkenswertem Geschick zu nutzen weiß; schon am 11. November 1866 berichtet sie ihrer Schwester Laura, die Bekanntschaften hätten sich derart gehäuft, »dass wir einen Nachmittag haben festsetzen müssen, wo wir für Visiten zu Hause sind«. »Montag und Donnerstag haben wir jetzt Abends ganz bestimmte réunions für unseren fixen kleinen Kreis«; einen solchen gibt es also schon. Und sie kann es sich bereits leisten, exklusiv zu sein: »Von diesen 2 Abenden werden Alle, die nicht zum Kreis gehören, ausgeschlossen.«[11]

Anfang 1867 berichtet sie Laura erneut, in Florenz habe sie einen intimen und zugleich bedeutenden Freundeskreis gewonnen, mehr als in Rom, nur dass es dort wärmer sei, wogegen ihr in Florenz das wechselhafte Wetter zu schaffen mache.[12] Und kurz darauf, immer wieder »bedeutend«, versichert sie der Schwester, »dass man sich kaum ein bedeutenderes Leben denken kann, als das unseres kleinen Kreises. Jeder arbeitet für sich und in bedeutender Weise und an den Abenden geben sich résumés, wo jeder das Beste liefert was er besitzt.« Auch Olga und Tata gehören dazu; dieses Leben sei »zu einer Macht in ihnen geworden die sie von der Gemeinheit und Alltäglichkeit scheidet«.[13]

Olga Herzen als Kind, 1865 in Florenz

Alexander Herzen, der sie und die Töchter gerne bei sich hätte, spricht sie Ende 1867 in einem Brief als »unbarmherzige Florentinerin« an.[14] Wie wir sahen, fühlt sie sich Herzen irgendwo noch immer verpflichtet; und doch widerstrebt sie Ende 1868 seinem Plan, im kommenden Mai die gesamte Familie in der Schweiz oder in Turin zu vereinen. Ihr damaliger Brief an Laura dokumentiert, wie sehr sie sich zu jener Zeit mit Florenz identifiziert: »Mir wird es unendlich leid sein, mich noch einmal anderswo gewöhnen zu sollen; Florenz ist einmal eine Art Heimat geworden, hier hab ich einen Kreis erprobter Freunde neben *unentbehrlicher* individueller Freiheit …, ein Clima, das, wenn nicht das beste Italiens, doch unendlich milder als die Schweiz ist und eine entzückend liebliche Natur, die mich beruhigt, versöhnt, erheitert, während mir das Leben in den Schweizer Bergen zuwider ist.«[15] Bei allen Freundschaften und geselligen Verbindungen individuelle Freiheit: Auch das ist ihr wichtig; das ist auch bei ihrer späteren Abkehr von Bayreuth zu beachten.

Malwidas bedeutsamster und zugleich erstaunlich intimer Kontakt damals in Florenz, der anscheinend über Herzen-Beziehungen[16] zustande kam, scheint der zu Pasquale Villari (1827–1917) zu sein, einem prominenten

Historiker-Politiker. Er hat sich 1848 in Neapel am dortigen Aufstand gegen die Bourbonen beteiligt, 1859–61 ein zweibändiges Opus über Savonarola, den religiösen Revolutionär, herausgebracht, von dem Malwida beeindruckt ist,[17] und 1866 in Florenz eine Professur für Geschichte erlangt. Seine Schrift von 1861 »L'Italia, la civiltà latina e la civiltà germanica: Osservazioni storiche« lässt erkennen, dass er sich als Vermittler zwischen Italienern und Deutschen engagiert. Zwischen ihm und Malwida entsteht ein dauerhafter enger Kontakt; noch in ihrer römischen Zeit gehört er zu denen, die »bei uns aus und ein gingen und dem Leben einen geistig bewegten Inhalt gaben« (II 212). Obwohl er politisch zu den Konservativen übergeht und über diese zeitweise Minister wird, setzt Malwida auf ihn, wie sie ihm schreibt, Hoffnungen speziell für die italienischen Frauen.[18] Sie findet sogar seine Unterstützung bei der Gründung eines Kindergartens im Geist der Fröbel-Pädagogik in Neapel.[19] Eine mysteriöse Passage in ihrem Brief vom 23. Juni 1873 an ihn deutet auf die Intimität ihrer Beziehung hin: Sein Geheimnis werde ihr heilig und die traurige Episode in ihrer beider Leben in absolutem Schweigen begraben sein.[20] Noch in ihren letzten Lebensjahren korrespondiert sie mit ihm: jetzt auf Italienisch, nicht mehr wie früher auf Französisch.[21]

Noch 1871 vermittelt ein Brief Malwidas an Laura den Eindruck, dass sie in Florenz ihr Glück gefunden habe, zumal sie dort wohl dank Herzen und seines Erbes komfortabler wohnt als später in Rom: »Ich schreibe in unserem Garten umblüht von Rosen, umgaukelt von Schmetterlingen, in schönster, milder Mailuft, die getränkt ist von Akazienblüthenduft.«[22] Und doch zwischendurch immer neue Klima-Klagen! So am 8. Dezember 1866 an Laura: »Florenz ist überhaupt eines der schlechtesten Climate von Italien, Rom ist viel, viel weicher und wärmer … Freilich in geselliger Hinsicht bin ich ja hier tausendmal besser.«[23] In Rom gibt es für sie damals also noch kein Beziehungsnetz; das wird sich freilich gründlich ändern! Am 4. Januar 1867, wieder aus Florenz an Laura: »Das ist dann auch immer meine Sorge dass ich mich nur so hinschleppe bis die schöne italiänische Frühlingssonne wieder kommt und die Winterübel gut macht. Wir haben nur ganz kurze Kälte gehabt, die hat es mir dann auch wieder angethan und seitdem spukt es wieder im Kopfe.«[24] Auch wenn, zugegeben, der dortige Winter nicht »das grausige Bild völliger Verwüstung« biete wie im Norden.[25]

Und doch scheint Florenz nie ein Traum ihres Lebens gewesen zu sein, im Unterschied zu Rom. Schon am 25. Juni 1856 hat sie aus England an ihre Mutter geschrieben, Rom sei ihre »alte ewige Jugendsehnsucht«;[26] im Brief darauf allerdings spricht sie von ihrer »rasenden Liebe für das Landleben«.[27] Doch als sie im Frühling 1863 zum ersten Mal Rom, die Ewige Stadt, erlebt, schreibt sie an Gottfried Kinkel, dass »einem nach Rom ein anderer Ort niemals wieder ganz gut gefallen kann. Es ist die einzige Stadt, die ein lebendiges Gedicht ist und dem ästhetischen Bedürfnis der Seele entspricht.«[28] In einer erst 2019 publizierten Aufzeichnung von ihrem ersten Rom-Erlebnis schwärmt sie superlativisch von dem Blick auf die Ewige Stadt und die Natur rundherum, beides für sie eine Einheit, die sie beseligt: »Da überblickt das Auge … im wallenden Farbenmeer von grünem, rosa und blauem Duft, die *Campagna*, dieses erhabene Gefild … in seiner Mitte, wie eine Fata Morgana, das unvergleichliche Rom mit seinen Domen und Thürmen, über ihnen allen in majestätischer Kühnheit, die Kuppel von *San Pietro*, das geniale Werk des genialsten Menschen.«[29] Damals erlebt sie noch das Rom Goethes; das wird sich freilich ändern, zu ihrem Leidwesen.

Bereits Mitte der 1850er Jahre sucht sie in ihrer Rom-Sehnsucht Kontakt zu Ferdinand Gregorovius (1821–1891), der seit 1852 in Rom lebt und später durch seine »Geschichte der Stadt Rom im Mittelalter« hochberühmt und 1876 – als er bereits nach Deutschland heimgekehrt ist – sogar römischer Ehrenbürger wird, zu jener Zeit jedoch erst wenig bekannt ist; in Rom schlägt er sich als Privatgelehrter mit Publikationen durch, lange in dürftigen Verhältnissen, und nimmt auch später keinen Ruf auf eine Professur an. Seine Unabhängigkeit geht ihm über alles. Seine mitunter poetisch angehauchte Art der Geschichtsschreibung stößt ohnehin bei führenden Köpfen der deutschen Historikerzunft auf Missfallen. Als ihm 1862 der bayerische König die Chance einer Professur eröffnet, erwidert er: »Ich sog zu lange an den Brüsten der römischen Wölfin, welche auch die Göttin stoischer Unabhängigkeit ist. Ich besitze nichts und werde nie etwas haben; aber es fehlt mir auch der Eigentumstrieb durchaus, und Bedürfnisse habe ich gar keine.«[30]

Alles in allem eine Art von Idealist, der eigentlich zum Geistesverwandten Malwidas wie geschaffen wäre, sollte man meinen, obendrein ist er ein Alt-Achtundvierziger wie sie – doch merkwürdigerweise kommt es anders, obwohl er zunächst auf ihre Kontaktsuche eingeht und ihr immer wieder lange Briefe schreibt, in denen er sie mit »sehr liebe Freundin« anredet, und sogar zu Olga und Natalie Herzen Kontakt aufnimmt.[31] Soweit bekannt, sind ihre Gegenbriefe nicht erhalten. Bereits den ersten Band seiner Geschichte Roms findet sie ein »herrliches Buch«;[32] gewiss teilt sie ihm diese ihre Begeisterung mit.

Malwida ist durch Friedrich Althaus, den ebenfalls nach England emigrierten Bruder ihrer Jugendliebe, auf Gregorovius aufmerksam geworden.[33] Althaus war einer seiner wenigen guten Freunde, mehr noch: sein Wandergefährte; auch durch seine vielbändigen »Wanderjahre in Italien« (1856–77), die gerne neben Goethes »Italienische Reise« gestellt wurden, gelangt Gregorovius zu hohem Ruhm. Und doch warnt er Malwida bereits in seinem ersten Brief an sie 1856 eindringlich vor einer Übersiedlung nach Italien, da er den »lebhaften Wunsch« hege, sie »vor Enttäuschung zu bewahren«. »Sie selbst wünschen das Land der Flüchtlinge zu verlassen, um es mit dem Land der Pilger zu vertauschen; die Verwandtschaft beider wird nicht allzuentfernt sein.« In Rom eine Schule für deutsche Kinder zu begründen – offenbar hat sie ihm von diesem Plan geschrieben – lohne sich kaum, da nur wenige dort lebende deutsche Künstler Familien hätten. Und die Römer lernten »aus Trägheit und aus Stolz« keine Fremdsprachen. Sie glaube wohl, durch Übersetzungen russischer Literatur eine Erwerbsquelle zu finden; doch daran hätten die Römer kaum Interesse.

Malwidas Wanderleben, fährt er fort, lasse ihn »nicht ohne Bewegung, da ich seit Jahren ein Wanderer bin, und alle die schmerzlichen Erfahrungen durchgemacht habe«. Von daher meine er, ehe sich eine Frau zu einem Wanderleben entschließe, »sollte sie reiflich all dasjenige erwägen, was an möglichem Glück noch die Heimat zu bieten hat. Die Fremde aber ist immer fremd, und sie wird es durch unausbleibliche Einsamkeit noch mehr.«[34] Und doch versichert er der »sehr lieben Freundin« am 29. November 1859: »Mit welcher Freude würde ich Sie in Rom willkommen heißen.«[35] Gleichwohl warnt er sie erneut vor Italien, dem er einst eine große Zukunft verheißen hatte;[36] am 7. Mai des gleichen Jahres bekennt er ihr: »Ich liebe Italien wie mein zweites Vaterland«, aber »nichts könnte dieses unglückliche vollständig demoralisierte Land wieder aufrichten als ein energischer Diktator«.[37] Und im späteren Brief: Garibaldi sei ein bloßer Abenteurer, und über Cavour könne er bloß lachen.[38] Aus späterer Rückschau ein eklatantes Fehlurteil!

Auch ein Brief von Gregorovius an Malwida vom 24. August 1865 – im April 1863 bei ihrem ersten Rom-Aufenthalt sind sie einander erstmals persönlich begegnet[39] – lohnt sich wiedergegeben zu werden: »Auf meinen Wanderjahren gedachte ich viel Ihrer, und wie Ihrem Leben eine heilsame Gestalt möchte gegeben werden – aber ich ersehe leider, dass Sie dem wärmsten meiner Wünsche nicht Wort geben, nämlich … mit dem besten Vaterlande sich auszusöhnen. Ich würde Sie aufrichtig beklagen, kämen Sie wieder nach Italien, wo Ihrer nur Einsamkeit, Enttäuschung und das Gefühl eines unpraktischen Zustandes wartete.« Welch ein Irrtum, wenn man sieht, wie Malwida später in Rom von Besuchern bestürmt wird – sie ist eben ein sehr anderer Mensch als Gregorovius! Der versichert von einer Heimkehr nach Deutschland: »Ich trank wieder mit vollen Zügen die Luft der alten Heimat, die mich herrlich gestärkt hat.« Da gelobt er, »ins Vaterland zurückzukehren, wenn meine Aufgabe jenseits der Berge vollendet ist«. »Die Deutschen sind doch das wahre Messiasvolk der Erde, so viel auch die Fremden uns schmähen.«[40] Im Kontrast dazu die Italiener: Italien liege in »innerer Verkommenheit versunken«. »Es reitet sie jetzt der schwarze Pfaff.«[41]

Die Deutschen als »Messiasvolk der Erde«, dagegen Italien als verkommenes Land: Das schreibt ein Mann, der der polnischen Familie Grzegorzweski entstammt,[42] der einst »Die Idee des Polentums« verkündete[43] und später über zwei Jahrzehnte in Rom lebt, diese Stadt verherrlicht und dort berühmt wird! Anfangs hatte Malwida an Rom nicht zuletzt die Aussicht gereizt, dort Gregorovius zu treffen, diesen »außerordentlich geistreichen und edlen Mann«,[44] mittlerweile nimmt sie ihn immer weniger ernst. Dass die Deutschen »das Messiasvolk der Erde« seien, schreibt sie am 11. September 1865 an Augusta von Stein-Rebecchini, könne sie nicht gerade feststellen; soeben habe sie sich auf einem Kongress »zur Förderung socialer Wissenschaften« in Bern »fast geschämt über die Deutschen«. Da hätten sie die Franzosen und Schweizer stärker beeindruckt.[45]

Doch im selben Brief gesteht sie seltsamerweise, »die Rücksicht auf Gr(egorovius)'s falsche Beurteilung« halte sie davon zurück, ihrer »Sehnsucht nach Rom Raum zu geben«![46] Er hat ihr gerade den fünften Band seiner »Wanderjahre in Italien« geschickt.[47] Irgendwie hat sie vor seiner Rom-Kompetenz offenbar noch Respekt, und das, obwohl ihr Pauline Hillmann »mit wahrem Zorn« sagte: »Das ist das Unausstehliche an Gregorovius, dass er sich immer einbildet, man sterbe aus Leidenschaft für ihn«[48] – und sie war anscheinend die einzige Frau, zu der Gregorovius eine engere Beziehung hatte![49] Noch immer ist sie in ihrem Urteil über diesen Mann gespalten; so schreibt sie Anfang 1865 aus Rom an Gottfried Kinkel, dass Gregorovius »stets zu unseren liebsten Bekannten gehört«.[50] Doch in der Folge hüllt sie sich über ihn meist in Schweigen. In ihren Memoiren kommt er nicht vor; erst später im »Lebensabend«, als er längst verstorben ist, erinnert sie sich, dass sie mitsamt Olga und Tata, mit denen sie die Winter 1863 f.und 1865 in Rom verbrachte (II 209), mit Gregorovius »bald herzliche Freundschaft« verbunden habe:

> »Wie fröhlich und echt römisch waren die Sonntage, wo wir mit ihm, mit einigen Künstlerfamilien und munteren Kindern, Gefährten der noch im Kindesalter stehenden Olga, hinauszogen in die Campagna … und bei trefflichem Landwein und ländlicher Kost bis spät am Abend die Poesie des von allem modernen Leben so verschiedenen Daseins genossen. … O Poesie des Lebens, wie wenig bedarfst du des Reichtums und des Luxus, um deine holden Blüten zu treiben!« (II 210 f.)

Das steht in der Erinnerung an ihre ersten Rom-Aufenthalte, und da handelt es sich um Geselligkeit in größerem Kreis, nicht mit Gregorovius allein. Doch 1885 berichtet sie Augusta von Stein-Rebecchini: »Gregorovius ist hier, hat mich noch keines Besuches gewürdigt.«[51] Und 1890 an Olga über diesen Mann, der einst von der Ewigen Stadt bezaubert gewesen war: »Vorgestern Nachmittag kam Gregorovius, um mir adieu zu sagen, da er bald heimreisen will, nachdem er beinahe vier Monate hier gewesen. Aber er ist immer unzufrieden, bald ist's ihm zu kalt, bald zu warm, dann zu viel Einladungen, nicht Ruhe genug etc. – *En somme* ein alter grämlicher Junggeselle.«[52] Das schreibt die alte Junggesellin über den fünf Jahre jüngeren Mann! Für Gregorovius, der ihr einst in die Ferne lange Briefe geschrieben hatte, hat sie später bei ihren Rom-Aufenthalten offenbar nicht viel bedeutet; in seinen bis 1889 reichenden »Römischen Tagebüchern« kommt sie fast nirgends vor. Alles in allem bietet diese Beziehungsgeschichte ein Beispiel dafür, wie eine Brieffreundschaft mitunter am besten gedeiht, wenn man einander noch nicht gesehen hat und sich vom anderen noch Fantasievorstellungen machen kann, doch durch die persönliche Begegnung vergeht. Womöglich hat Gregorovius dies im Voraus geahnt, und ebendeshalb war ihm daran gelegen, Malwida von Rom fernzuhalten – ein andernfalls rätselhaftes Verhalten. Die Frauenrechtlerin Fanny Lewald, die ihm 1866/67 in Rom begegnet, schildert ihn: »Gregorovius ist ernst und abgeschlossen bis zur Wortkargheit, wenn nicht eine lebhaft erregte Empfindung ihn fortreißt. Er ist mehr beobachtend als mitteilend, mehr gewohnt, mit sich und der Vergangenheit als mit den lebenden Menschen zu verkehren. Er ist in sich versunken und geheimnisvoll wie Rom.«[53]

Zurück zu Malwida, zu ihrer florentinischen Zeit – und zu ihrer Freundschaft mit Richard Wagner. Aus Florenz schildert sie Anfang 1873 Marie Loeper-Housselle ihren inneren Zwiespalt: »Hier hält mich die Natur mit ihren Zauberarmen fest, auch manches menschliche Band, aber dort, nach Bayreuth, zieht mich der höhere Zauber eines einzig genialen Culturstrebens, des einzig wahrhaft Großen und Bedeutenden unserer Zeit.« Dazu das Zusammensein mit Richard und Cosima Wagner und ihren »reizenden Kindern«. Zudem machten sie ein Augenleiden, Kopfschmerzen und dazu eine Beinverletzung in Florenz hilflos und einsam. Dagegen die Aussicht, dass Bayreuth zur Hauptstadt einer neuen deutschen Kultur werde, die, »frei von der Nachäfferei des Fremden«, zu dem werde, »was den Griechen ihre Bühne und ihre Kunst waren«.[54] Dazu gleich mehr.

STATT DER VILLA WAHNFRIED IN EIN RÖMISCHES MIETSHAUS: NUR WEGEN DES KLIMAS? MALWIDAS LEBEN ALS »EWIGES FRAGEZEICHEN«. Klima-Sorgen und klimatische Sehnsüchte werden mehr und mehr zu einem Leitmotiv im Leben, besser: Erleben Malwidas; doch wiederholt haben wir gesehen, wie bei ihr selbst emphatische Äußerungen stimmungsgebunden sind; wieweit gilt dies auch beim Thema Klima? Schon am 23. Mai 1857 schreibt sie an Johanna Kinkel, bei einer Kur brauche sie vor allem Wärme, »wie ich überhaupt nur lebe, wenn es warm ist«;[55] das kann man zu damaliger Zeit bei ihr gewiss nicht wörtlich nehmen. Heftiger wird es im Laufe der 1860er Jahre, als sie zumindest die Winter in Florenz verbringt. Und doch ist der Horror vor dem Norden bei ihr zu jener Zeit noch nicht allesbeherrschend: Davon zeugt ihre Übersiedlung ins raue Oberfranken nach Bayreuth am 17. August 1873. Das war ein halbes Jahr nach Olgas Heirat; wir haben gesehen, wie tief sie die Trennung von dieser ihrer Tochter im Geist schmerzt: Umso beglückender muss für sie gerade in jener Situation die Aussicht gewesen sein, nunmehr in Bayreuth eine neue Heimat zu finden, umgeben von musikalischen Wonnen und der Wagner-Familie. Dort erlebt sie schon am 22. Mai 1872 die Grundsteinlegung des Festspielhauses; eine Woche darauf, noch immer in Bayreuth, schwärmt sie gegenüber ihrer Schwester Laura: »Das Fest zu beschreiben will ich nicht versuchen« – offenbar war es unbeschreiblich. Da ist ihr Bayreuth zum »Zauberort« geworden, nicht nur wegen Wagner, sondern auch aus Gründen der Naturschönheit, ja sogar der Neurologie: »Es ist eine entzückend schöne Gegend und herrliche nervenstärkende Luft, der Beweis hierfür ist dass in der Nähe das berühmte Privat-Irrenhaus ist in dem Gutzkow geheilt wurde.«[56] Offenbar erlebt sie diese Gegend damals bei schönstem Maienwetter. Doch kann man sie auch sehr anders erleben; und das muss Malwida schon kurz nach ihrer Übersiedlung zu ihrem Leidwesen erfahren.

Wie in Bayreuth ihre anfängliche Begeisterung durch einen wachsenden inneren Zwiespalt getrübt wird, und dies schon bald nach ihrer Ankunft, obwohl vom Kalender her noch Sommer ist, bezeugen ihre damaligen Briefe an Olga. »So bringt jeder Tag etwas Schönes und Interessantes und besser in der Beziehung könnte ich es nicht haben«, schreibt sie am 15. September, wobei zu beachten ist: »in *der* Beziehung« – schon jetzt zeigen sich bei Bayreuth auch andere Seiten. Rasch empfindet sie ihre dortige Wohnung als »feucht« und fühlt sich krank. »Die guten Wagners, aufs höchste alarmiert«, bieten ihr an, ihr in ihrer Villa Wahnfried eine kleine Wohnung einzurichten; wäre das nicht höchstes Lebensglück für die oft so einsame Frau, dort umgeben nicht nur von Musik, sondern auch einer Familie zu leben, wo die Kinder sie »Mutter« nennen? Doch da tritt ein Charakterzug an ihr so scharf wie nur selten hervor: ihr unbedingtes Streben nach Autonomie. Sie findet es »bedenklich«, dieses Angebot anzunehmen, »denn es ist Abhängigkeit selbst bei der größten Freundschaft«.[57]

Und zu alledem das *Klima*! Schon in der ersten Woche nach ihrer Ankunft spürt sie »die ärgste Neuralgie im Kopf«. »Ganz entschieden sehe ich nun den Irrtum ein, den ich begangen; ich musste in Ischia bleiben bis zum Herbst und den Winter natürlich auch in Italien.« Doch es geht ihr nicht nur um die Nerven; zwar wisse sie, dass sie in Italien die Einsamkeit erwarte (ist sie sich dessen wirklich so sicher?), »aber ich hätte Gesundheit erlangt … und hätte meine Memoiren fertig gemacht, die nun wieder ruhn und wer weiß wann zu Ende kommen, kurz ich hätte mir die Einheit der Stimmung erhalten und etwas geschaffen, worin zuletzt doch die höchste Befriedigung besteht«. Ist dies der Schlüssel zu ihrem weiteren Verhalten? Oder weiß sie es selbst nicht? Sie schließt den Brief mit dem Seufzer: »Ach, wie schrecklich, wenn im Alter das Leben noch so ein ewiges Fragezeichen bleibt; ich hoffe nun das Rechte getan zu haben und nun ist es schon wieder nichts.«[58]

Cosima und Richard Wagner, 1872

Und am 9. September, bei spürbarem Anbruch des Herbstes: »Nordische Klimate sind doch schrecklich! Wenn ich denke, dass jetzt in Italien eine helle, warme Sonne scheint … und hier die bleiche Sonne, die frühe Kühle, der feuchte Schauer.« Da geht es ihr nicht nur um die Gesundheit, sondern – nicht weniger wichtig – auch um ihre Memoiren: »Da unten kamen die Gedanken freundlich geströmt, hier bleiben sie weg im Kampf mit der physischen Not. Meine armen Memoiren! Sie kommen nicht vorwärts; in Ischia wären sie vielleicht jetzt fertig.«[59]

Immer wieder zeugen ihre damaligen Briefe an Olga von einem tiefen inneren Zwiespalt, besonders merkwürdig, ja bewegend ihr Brief vom 3. Oktober 1873, wo Bayreuth sie »ganz und gar« an Detmold erinnert:

»Ich kann Dir nicht sagen, wie sonderbar mir manchmal zumute ist, wenn ich so einsam wandle, die Gegend, die Menschen, alles erinnert mich ganz und gar an Detmold, den Ort, wo ich die schönsten Jahre der Jugend verbracht habe, aber aus dessen dürftiger Kleinstädterei meine Seele doch wegstrebte. Ach ja, mein Auge ist zu sehr verwöhnt durch Italien, es ergreift mich zuweilen ein Bangen, ein Sehnen, ein inneres Heimweh nach jener Schönheit … Um wie viel mehr wird dies nun erst sein, wenn der Winter kommt. Freilich, ein Familienleben hab ich, so gut und reich, wie man es sich nur wünschen kann und ich weiß es, im neuen Haus wird es ein wahres Eldorado sein von Geschmack, Wohnlichkeit, Wärme und Behaglichkeit, aber – sonderbar, dennoch sträubt sich etwas in mir dagegen, denn es ist doch nicht *mein* Leben, nicht von mir geordnet, von mir ausgehend und jeder unabhängigen Natur ist das ein Bedürfnis, und wenn es auch die bescheidenste Unabhängigkeit ist. Deshalb schwanke ich auch noch innerlich, ob es so werden soll; Wagners freilich rechnen darauf und sie sind so gut und herzlich.«[60]

Gerade hat ihr Wagner das Du angeboten, doch davon ist sie nicht etwa geschmeichelt: »Ich hätte es nicht beantragt, da es mir kein Bedürfnis ist, außer mit ein paar ganz wenigen Menschen, aber da er es wünschte, habe ich mich daran gewöhnt.«[61] Am 27. November zieht sie aus ihrem feuchtkalten »Logis« tatsächlich in Wagners Haus ein; am Tag darauf an Olga: »Länger in meinem Logis zu bleiben, wäre geradezu langsamer Selbstmord gewesen, ich war in einem so furchtbaren Zustand von Kopfleiden, jede Nacht verbrachte ich unter den qualvollsten Schmerzen, und am Tage war ich unfähig zu aller Arbeit.«

Doch wie sie durchblicken lässt, ist sie sich gar nicht dessen sicher, ob sie in Wagners Haus gesund wird. Dabei lässt Wagner sogar einen Teil seines Salons mit Vorhängen verschließen und ihr daraus ein eigenes »kleines Salönchen« machen, obwohl dadurch sein eigener Salon klein wird: Immer wieder kann man staunen, wie wichtig Malwidas Nähe für ihn ist. Für sie jedoch, fährt sie fort, hat das »natürlich auch seine Schattenseiten, denn Du weißt, wie sehr mir ein Leben Bedürfnis ist, das ich nach meinen Bedürfen, nach meiner Art und Weise einrichte.«[62] Dieses Selbstbekenntnis lohnt sich als Motto über ihrem gesamten weiteren Leben, das noch drei Jahrzehnte umfassen wird, in Erinnerung zu halten.

Bereits im Januar 1874, kein halbes Jahr nach ihrer Übersiedlung in die neue Wagner-Metropole, verlässt sie Bayreuth und geht zurück nach Italien – Wagner ist außer sich! Ende August 1878 kommt sie erneut nach Bayreuth, doch als die Herbstkühle zunimmt, hält sie es dort nicht mehr aus, sosehr es ihr davor graust, dies Wagner beizubringen: »Der Abschied wird grässlich sein«, schreibt sie an Olga.[63] Stattdessen wird er »wirklich rührend …, Cosima war totenbleich, Wagner selbst weinte, die Kinder waren außer sich, hingen sich immer noch an den Waggon und wünschten mitzukommen«.[64] Noch am 20. Juni 1880, als Malwida die Wagners wieder einmal besucht und gerade von ihnen Abschied genommen hat, zum »großen Kummer« Cosimas, gesteht Wagner seiner Frau, er sei Malwida gegenüber »immer in einem Zustand von zurückgehaltener Wut, dass sie nicht ganz bei uns bliebe«.[65] Wagners lebenslanger Groll ihr gegenüber ist auch Malwida wohlbekannt. Gewiss hat sie ihm ihren Fortgang mit dem dortigen Klima begründet, doch Wagner scheint ihr nicht abgenommen zu haben, dass das römische Klima gesünder sei als das Klima Bayreuths; gegenüber Rolland begründet sie das damit, dass Wagner Rom »in einem sehr ungünstigen Augenblick« erlebt habe.[66] Später zieht er sie damit auf, dass sie in Rom ausgerechnet an der Via Polveriera, der Straße des Pulverturms (so seine Verdeutschung[67]), hause, als ob das eine gesündere Umgebung sei als die Villa Wahnfried![68] Wie Malwida 1878 Paul Rée versichert, den sie so gerne in Rom gehabt hätte, »ist der Süden einzig für die Nerven gut« – und sie glaubt jetzt zu wissen, ihr Leiden sei im Kern eine »Neuralgie«; da schimpft sie auf »die Absurdität von dem weichlichen südl(ichen) Clima«[69] – diese Meinung gab es also auch.

1897 widerspricht Malwida in einem Brief an Cosima der Meinung Siegfried Wagners, dass man sich in Rom mit Malaria infizieren könne,[70] doch kurz darauf teilt ihr Cosima mit, aus Angst vor der Malaria werde sie Malwida nicht in Rom besuchen.[71] Diese Angst ist nur allzu begründet: Schon seit Jahrhunderten wurde das Tibertal immer häufiger von der Malaria heimgesucht.[72] »Die abschätzigen Urteile über das römische Klima sind so alt, wie es eine Literatur über Rom gibt«, schreibt der Rom-Historiker Philipp Hiltebrandt (1944).[73] Vermutlich ist das ein Grund gewesen, weshalb die Wagners Malwida nicht glauben wollten, dass sie nach Rom wegen des Klimas übergesiedelt sei. Auch Wagner selbst hat mit der Zeit jedoch das Gefühl, dass ihm das Bayreuther Klima nicht gut bekäme, auch er sehnt sich nach dem Süden, so sehr, dass er zeitweise sogar erwägt, Bayreuth wieder aufzugeben![74] Bis zu einem gewissen Grade muss er Malwida wohl verstanden haben, daher führte ihr Fortgang nicht zum Bruch mit den Wagners. Und sie besucht sie ja immer wieder und glaubt wohl selber, dass Wagner sie irgendwo versteht. Und umgekehrt auch sie ihn. Am 5. September 1878 schreibt sie aus Bayreuth an Paul Rée, wobei man erneut ihren inneren Zwiespalt spürt:

> »Überhaupt das ganze Wahnfried ist ein Heim, wie wohl wenig Menschen es selbst in ihren Träumen haben erschaffen können. Doch thut es mir manchmal leid dass W(agner)'s sich hierdurch gebunden haben, obgleich freilich, das Ganze auch wieder seltsam zu W(agner) passt und kaum irgendwo anders sich so hätte finden lassen. Doch glaube ich er lebte auch ganz gern jetzt im Süden wenn er nicht hier gebunden wär. Ja der *lange* Winter der ist doch schwer zu ertragen. Wenn es zwei Monate wären, so ginge es noch, aber acht – das ist schrecklich.«[75]

Und dann Ende September: »Es thut mir furchtbar leid von hier zu gehen, denn das Leben ist gar zu schön hier im Hause, aber das tolle Clima, die frühe Kälte treiben mich fort, Es wird mir zunächst furchtbar einsam sein in Rom.«[76] In einem Brief an Heinrich von Stein, der durch ihre Vermittlung zum Erzieher Siegfried Wagners geworden ist, fantasiert sie 1881, durch ihn angeregt, über »die Möglichkeit einer neuen reineren Kulturmitte durch Auswanderung in Klimate, wo die Bedingungen normaler Existenz gegeben sind« – aber könne man mit *Nibelungen* und *Parsifal* in die Oasen Südamerikas umsiedeln?[77] Im Übrigen ist sie sich selbstverständlich dessen bewusst, wie viel Wagner der Protektion durch den bayerischen König Ludwig II. verdankt: undenkbar, dass er Bayern verlassen hätte!

Auch Malwida fällt der Abschied von Bayreuth schwer. Am 4. Februar 1874, kurz nach ihrem Fortgang, klagt sie Nietzsche aus San Remo:

> »Nur die äußerste Not zwang mich, endlich zu scheiden, da mein Münchner Arzt die Ursache der unerträglichen Kopfleiden in einem jahrelang unbeachtet gebliebenem Ohrleiden entdeckte, das bereits so weit gediehen war, dass noch ein wenig mehr Verzug völlige Taubheit des Ohres zur Folge gehabt hätte. Daher die furchtbaren Leiden, die ich zuletzt bei Anhörung von Musik, Vorlesungen, ja den schönsten Gesprächen empfand. Die Rückkehr in die Wärme wurde zur unerlässlichen Forderung, und ich fürchte, mein Schicksal ist für den Rest meiner Tage besiegelt.«[78]

Gewiss wäre es verkehrt, Malwidas Fortgang aus Bayreuth partout monokausal aus der Sorge um ihre Autonomie erklären zu wollen und ihre Klima-Sorge lediglich für vorgeschoben zu halten. Da lohnt sich ein Schlenker in ein oft kurios anmutendes, noch wenig beachtetes Kapitel der Medizingeschichte: in die Geschichte der medizinischen Klimatologie. Denn der

Glaube, dass die Gesundheit eng mit dem Klima zusammenhänge, ist damals ganz und gar keine individuelle Malwida-Marotte, vielmehr eine weit verbreitete Überzeugung, die – wie wir bei Malwida sehen – auch durch Ärzte bestärkt wird, zumal diese zu jener Zeit, als Medikamente vielfach in zweifelhaftem Ruf stehen, therapeutisch noch nicht viel zu bieten haben. Es handelt sich um eine medizinische Tradition, die bis in die Antike, bis zu Hippokrates zurückreicht; »die hippokratischen Betrachtungen über ›Luft, Gewässer und Orte‹ begründeten eine über die Jahrtausende reichende ›geomedizinische‹ Tradition, die … – nachdem sie vorübergehend abriß – in der Umweltbewegung wiederaufersteht«.[79]

Schon gar Nietzsche ist von Klima-Ängsten geradezu besessen, die ihn zu ihrem Leidwesen in sehr andere Richtung führen als Malwida: fort von Sorrent in das alpine Sils-Maria. Der Zusammenhang von Klima und Gesundheit durchzieht als ein Leitmotiv seine Briefe wie auch die Malwidas. Er entwickelt da mindestens so sehr wie sie ein Selbstgefühl eigener Kompetenz: »Ich, mit meiner physikalischen Denkungsweise, sehe in mir jetzt das Opfer einer terrestrisch-klimatischen Störung, der Europa ausgesetzt ist«, verkündet er aus Rapallo im Februar 1883 seinem Freund Franz Overbeck.[80] Aus Sils-Maria bekräftigt er im Juli des gleichen Jahres gegenüber seiner Schwester: »In der That, ich bin der größte Thor, wenn ich mir durch *italiänische Luft* den Muth nehmen lasse.«[81] Aus Chur schreibt er am 12. Mai 1887 an Malwida, wohl wissend, dass er sie damit kränkt: »Mein Leib fühlt sich (wie übrigens auch meine Philosophie) auf die *Kälte* als sein *conservirendes* Element angewiesen – das klingt paradox und ungemüthlich, ist aber die bewiesendste Thatsache meines Lebens.«[82] Doch auch vor dem deutschen Klima entwickelt er einen Horror; so heißt es in seiner nachgelassenen Schrift »Warum ich so klug bin« aus »Ecce homo«: »Das deutsche Klima allein ist ausreichend, um starke und selbst heroisch angelegte Eingeweide zu entmuthigen.« Über eine längere Passage kommt er vom Klima-Thema nicht herunter: »Jetzt, wo ich die Wirkungen klimatischen und meteorologischen Ursprungs aus langer Übung an mir als einem sehr feinen und zuverlässigen Instrumente ablese …«[83] Da erblickt er das Unglück seines Lebens darin, dass er sich viel zu lange an klimatisch falschen Orten aufgehalten habe.

In solchen Klagen muss man nicht Vorboten seiner Geisteskrankheit sehen. Selbst Rosa Luxemburg gesteht mitten im Ersten Weltkrieg, als andere Sorgen eigentlich alles beherrschen, ihrem Freund Franz Mehring, der ebenfalls sehr unter »schlechtem Wetter« leidet: »Ich bin vom Wetter abhängig wie ein Frosch, und beim herbstlichen Regen erscheint mir manchmal mein ganzes Dasein wie eine schale und abgeschmackte Farce.«[84] Und schon gar Max Weber! In seiner schweren psychisch-nervlichen Krise um die Jahrhundertwende gelangt er zu der Überzeugung, dass sein Befinden ganz vom Wetter abhänge, speziell der deutsche Winter auf ihn ruinös wirke und er unbedingt in den warmen Süden müsse, nach Italien, nach Rom! Da verbringt er dann längere Zeit, spürt offenbar einen Hauch von Genesung, und doch hält sich der Erfolg der Rom-Therapie in Grenzen.[85]

Malwida gewinnt mehr und mehr die selbstbewusste Überzeugung, den Fortschritt der Medizin besser zu kennen als viele Ärzte. So kritisiert sie am 16. Februar 1879 Tata gegenüber, dass ein Pariser Arzt Olga empfohlen habe, ihre angeschwollenen Brüste mit heißen Umschlägen zu behandeln: Im Gegenteil seien für das »liebe Thierchen« kalte Umschläge nötig. »Was ist das nur in Paris mit den Ärzten, immer noch die veralteten Methoden, die so viel Leiden machen, während die neuen Erfindungen Leiden ersparen? … Böse macht's mich, grimmig böse innerlich, wenn man denkt, dass ein Fortschritt da ist und die Menschen benutzen ihn nicht.«[86] 1875 schreibt sie dem leidenden Nietzsche: »Wie oft habe ich über die Kurzsichtigkeit der Ärzte lächlen müssen die den Körper heilen wollen ohne die Seele.«[87] Gewiss ist sie davon überzeugt, dass sie sich auf die seelische Heilung Nietzsches besser versteht als das Gros der Ärzte! Ihr Glaube an die entscheidende Bedeutung des Klimas für ihre Gesundheit beruht wesentlich auf Selbsterfahrung, nicht entscheidend auf medizinischen Lehren jener Zeit.

Ihr Horror vor der Kälte des Nordens ist und bleibt in ihren späteren Jahren übermächtig. An Ruhl schreibt Malwida aus Bayreuth selbst im Hochsommer, am 6. August 1882, sie könne ihm von hier nur »ein dürftiges Lebenszeichen« geben, »denn in solchem Klima, in solch schauderhaftem Wetter lebt man nur halb … Ganz habe ich bei solchen nordischen Zuständen die Empfindung, welche die Schatten im Hades gehabt haben müssen, wenn sie aus der glänzenden Lebensfülle der hellenischen Welt niederstiegen in das dunkle Reich des Styx.« Und dies, obwohl sie die Wagner-Musik »in ein Reich des seligen Wahns versetzt«[88] – doch dieses Reich ist in Bayreuth eben Wahn, passend zur Villa Wahnfried!

Bei alldem nicht zu vergessen: Der Horror vor dem Norden nimmt ihr auch die Möglichkeit, über längere Zeit in der Nähe ihrer geliebten Olga zu leben, zu deren Gatten Gabriel Monod sie ebenfalls längst ein enges Verhältnis hat, und dann auch ihres neuen jungen Freundes Romain Rolland, der zu ihrer Betrübnis Rom am Ende doch immer wieder verlässt und zurück nach Paris geht. Hat Versailles nicht ein milderes Klima als Bayreuth? Doch schon am 6. April 1892 schreibt sie Rolland, ihr grause vor dem Klima von Versailles.[89] Dennoch weilt sie von 1884 bis 1893 jedes Jahr im Sommer und Herbst in Versailles; doch von dort schreibt sie am 8. August 1893 an Rolland in tiefer Trauer, dieses Mal werde der Abschied der letzte sein[90] – tatsächlich kehrt sie nie wieder dorthin zurück. Schon vorher aus Rom hat sie ihm geklagt, sie sehe von Neuem die Unmöglichkeit, nördlich der Alpen zu leben: »Das wäre eine neue Art von Selbstmord, dafür vielleicht gar nicht so schlecht, denn ich bin recht (bien) lebensmüde.«[91]

EIN AUF UND AB AN DER VIA POLVERIERA: »GÖTTERAUSSICHT«, DOCH SPÄTER »WAHRE HÖLLE MIT DEM ENTSETZLICHEN LÄRM«. Nach wechselnden Quartieren findet Malwida 1877 ihre dauerhafte Bleibe in einem ihr von einer Bekannten empfohlenen Haus an der Via Polveriera mit einer »Götteraussicht«, »nur etwas *sehr* abgelegen«[92]: »weite, freie Aussicht von entzückender Schöne: das Kolosseum, die Campagna, das Albaner Gebirg, Weingärten, Sonne ringsum«, dazu »gerade der Preis, den ich allenfalls geben kann«.[93] Das Haus gehört den Maroniten des benachbarten Kollegs, einer im Orient beheimateten christlichen Glaubensgemeinschaft, zu der sie eine enge Beziehung gewinnt; das mag sie auch bei dem späteren Baulärm dort gehalten haben. Obwohl es sich um ein päpstliches Kolleg handelt – die Maroniten hatten sich schon 1181 der römischen Kirche angeschlossen –, verkörpert dieser Orden für Malwida sichtlich einen liebenswerten Orient. Ihr erster »Hausherr« – der jedoch zu ihrem Leidwesen schon im März 1878, erst 49-jährig,[94] stirbt –, der General-Prokurator der Maroniten zu Rom Darauné,[95] »ein feuriger Orientale«(IV 126) aus den Höhen des Libanon, besucht sie gerne. »Diese Orientalen haben ein ganz anderes Wesen als die meistenteils frivolen europäischen Priester«, belehrt sie Olga.[96] Über nicht viele römische Bekannte schwärmt sie in solcher Weise seitenlang, ja geradezu verliebt wie über diesen Oberen der Maroniten:

> »Oft führte er mich in den (an sein Kolleg stoßenden) Garten …, pflückte mir, mit freigiebiger Hand, Blumen … und Orangen und Zitronen von den Bäumen, die den Garten zieren. Dieser Garten war die Freude des Monsignore … Überhaupt war etwas

anderes in diesem orientalischen Geistlichen als in den römischen Priestern ... Er hatte nichts von dem höfischen, weltmännischen, versteckten und oft affektierten Wesen dieser letzteren. Im Gegenteil, er war eine ungestüme, spontane Natur. ... Seine hohe imponierende Gestalt ..., sein schöner Kopf mit dem edlen Typus der Maroniten, mit den feurigen und doch so milden Augen ... gaben ihm das Ansehen eines Patriarchen, wie ihn kein Maler schöner hätte denken können, oder eines griechischen Weltweisen.« (IV 123 f.)

Bei alldem macht er »nie den leisesten Versuch, mich zu bekehren« (IV 124).[97] Obwohl die Bekanntschaft nur kurz blieb, »ergriff mich sein Tod mit einer namenlosen Wehmut, die ich Mühe hatte zu beherrschen« (IV 127).[98] Damit beginnt sie ihre »Wirklichkeitsphilosophie des Todes«; von diesem Erlebnis lässt sie sich zu einem Ringen mit den »Rätseln des Todes und mit dem Schmerz um die Endlichkeit der Individualität« inspirieren. (IV 128 f.)

Zugleich gewinnt sie durch diese Erfahrung eine neue Sympathie für die »Orientalen«, gerade auch zu den Türken. Denn Darauné berichtet ihr, dass er zwar »in seiner ersten Jugend in der Heimat immer Opposition gegen das türkische Gouvernement gemacht habe, seitdem er aber Europa bereist und fast alle europäischen Regierungen habe kennen lernen, sei es ihm klar geworden ..., welch ein milder, humaner Geist in den Türken wohne« (IV 124). Als daher die Türkei durch ihre militärischen Niederlagen aus Europa nahezu vertrieben wird, lässt er »seinem leidenschaftlichen Schmerz freien Lauf« (IV 125): »Es war der Sieg des Occidents über den Orient, der ihn so tödlich schmerzte, über diesen Orient, welchen er als die erhabene Pflanzstätte aller Kultur und Weisheit ... verehrte.« (IV 126) Auch Malwida hält es fortan bei europäisch-türkischen Konfrontationen mit den Türken. Und es rührt sie, dass die gesamte türkische Gesandtschaft in Rom zur Beerdigung dieses Maroniten erscheint.[99]

Nun zu ihrer neuen Wohnung. Diese besitzt einen geräumigen Salon, in dem sie auch respektable Gäste würdig empfangen und kleine Gesellschaften um sich sammeln kann, auch wenn sie keine Diners gibt.[100] Schon 1878 veranstaltet sie dort Freitagabend-Vorträge vor einem »cercle d'élite«, wie sie dem Präsidenten des Münchener Richard-Wagner-Vereins Reinhard von Seydlitz berichtet.[101] Anfangs macht sie sich noch Sorge, in diese damals noch abseitige Gegend werde sich »Niemand je Abends hinaus zu mir verirren gerade dann, wenn ich etwas Unterhaltung nöthig habe, weil ich nicht arbeiten kann«[102], doch es kommt ganz anders. In ihrem Essay »Ein römi-

Malwidas Zimmer in der Via della Polveriera in Rom; auf dem Klavier pflegte Rolland ihr vorzuspielen

sches Idyll«, den sie in den »Lebensabend« aufnimmt, schildert sie seitenlang, in Fantasien schwelgend und unterschwellig voller Wehmut, ihr damaliges Umfeld mit seiner wundervollen Einheit von Geschichte und Natur, bevor es »durch die moderne Bau-Invasion verdorben« wurde und Rom noch »wie ein Märchen aus alten Tagen, wie eine von der rollenden Zeit vergessene, zaubervolle Sage, inmitten der modernen Welt dalag« (II 255):

> »Rings um mich bauen sich jene großartigen Trümmerfelder auf, über denen die Weltgeschichte wie mit ausgebreiteten Flügeln zu schweben scheint, ein melancholisches *memento mori* für die Gegenwart, während die sich ewig erneuernde Natur mit ihrem tröstenden Grün reizvoll die zerfallenden Mauerwerke überzieht. … Will man nun an diesen herrlichen Frühlingstagen einen Spaziergang in der Morgenfrühe machen, so hat man zu wählen zwischen so vielem Schönen. Ich fange mit dem Platz S. Pietro in Vincoli an, der … neben meiner Wohnung liegt. Es ist ein vornehmer Platz in seiner Abgeschlossenheit und Ruhe …, gegenüber das Kloster der Maroniten, in deren Garten eine der größten Palmen Roms steht, hinter der man im bläulichen Duft in der Ferne … das Kapitol mit seinem Turm sieht. Die dritte Seite des Platzes ist von einem alten Palast begrenzt, der einst den Borgia gehörte. Die Mutter der Lucrezia wohnte dort, und er hat etwas Unheimliches durch eine dunkle Bogenwölbung … Unwillkürlich malt sich die Phantasie allerlei Schreckbilder aus von den dunklen Taten, die zur Zeit der Borgia unter diesem Bogen, zwischen den schwarzen feuchten Mauern, geschehen sein mögen; die Neuzeit aber hat sie entsühnt, indem das Gebäude dem polytechnischen Institut eingeräumt wurde.« (II 255 f.)

Nicht überall hat also die Moderne das alte Rom verunstaltet, auch wenn man in dem Nachsatz eine leichte Ironie spüren mag, denn mittlerweile ergeht sich Malwida mit Wonne in Renaissance-Erinnerungen, auch in schaurigen. All das hier ist nur ihre allernächste Umgebung, doch in dieser Art fährt sie noch lange fort: Auch das weitere Umfeld enthält eine Fülle von Reizen, die alte Erinnerungen wachrufen. Nahebei der Monte Caelio, auf dem die Villa Mattei (heute Celimontana) liegt, heute ein öffentlicher Park; um einen Brief Malwidas an Cosima Wagner zu zitieren: »Die herrliche Villa Mattei, die beinah wie mein Eigenthum ist, da sie mir nahe liegt und ich die Erlaubnis habe zu jeder Tageszeit hin zu gehen, mit ihren herrlichen Bäumen, ihren Rosen und Nachtigallen, ihrer Aussicht auf die Campagna, ist wohl ein trostvoller Aufenthalt.«[103] In Rom »löst sich das Gefühl der Vergänglichkeit alles irdisch Schönen in sanfte Wehmut auf«, schreibt sie Ende 1874 an Olga, »denn hier predigt jeder Stein, dass wir in der Welt der Maya wallen«.[104] Mit besonderer Begeisterung schildert sie Nietzsche all das Bezaubernde, ja Erlösende ihrer neuen römischen Heimat – »so recht ein Platz um in erhabener Beschaulichkeit sich auf das Nirwana vorzubereiten«[105]:

»... wir übersehen nämlich das ganze Capitol, an dessen Fuss unser Haus steht und mit dem wir uns, weil im obersten Stock, auf gleicher Höhe befinden. Der denkwürdige Platz, mit den schönen, nach Michel Angelo's Zeichnungen gebauten Pallästen die antike Reiterstatue des Marc Aurel ..., der reizende, immer grüne, von Palmen, Aloen und Cactus erfüllte kleine Garten ..., gegenüber der prachtvolle Palazzo Caffarelli, auf dem tarpejischen Felsen ..., Alles dieses sehen wir vom Fenster aus in all dem zauberhaften Wechsel der Beleuchtungen, von der ersten Morgensonne an, bis zur Gluth des Sonnenuntergangs. Oben auf dem Dach haben wir ausserdem eine grosse Teraße, auf der man geradezu einen Spaziergang machen kann und wo man die Peterskuppel und das halbe Rom, in seiner wunderbaren monumentalen Gestalt, überschaut. Es ist wahr es ist eine apollinische Welt, eine Welt des Schönen Scheins, aber es liegt doch ein adelnder Einfluss in dieser Verklärung der Erscheinung und man fühlt sich wie getrennt von dem Gemeinen, Banalen, indem jeder Blick so auf würdige, erhabne oder entzückende Gegenstände trifft.«

»Der prachtvolle Palazzo Caffarelli«: die Residenz der Deutschen Botschaft; da wird sie ein und aus gehen, als sie sich mit den Bülows befreundet hat. Von der Dachterrasse aus »das halbe Rom«, und dies wie ein Gesamtkunstwerk: So überschaubar und in altem Stil ist damals noch die spätere Millionenstadt. Malwida fährt fort: »Wissen Sie was ein Lieblingswunsch von mir ist? Sie einmal einen ganzen Winter hier haben zu können und mit Ihnen in dem Zauberkreis zu leben, den Rom nothwendig um jedes denkende und fühlende Wesen zieht.«[106] Und tatsächlich lässt sich Nietzsche von ihr eine Zeit lang an die Via Polveriera locken. Einst, 1855, hat sie an Johanna Kinkel geschrieben: »Alles Halbe d. h. kleine Städte, sind mir ein Greuel« – entweder Großstadt oder Landleben,[107] das sie in ihren Memoiren (I 408) »das wahre Leben nennt«; hier an der Via Polveriera, wo sie sich »beinahe wie auf dem Lande« fühlt und diesen Ort geeignet für eine »ideale Kolonie« glaubt,[108] hat sie beides: die Metropole und den Blick in die freie Natur – zunächst zumindest.

Doch ebendiese freie Landschaft hat ihre Tücke: Sie bietet Freiräume für Neubauten zu einer Zeit, da das zur Hauptstadt aufgestiegene Rom stürmisch expandiert. Als Romain Rolland sie Anfang 1890 dort erstmals besucht, erlebt er die Gegend völlig anders: »Ich war überrascht davon, dass sie ihr Heim in einem abgelegenen, armseligen, unsauberen Viertel aufgeschlagen hatte«, auch wenn die Via Polveriera »an ihren beiden Ausgängen von zwei Giganten bewacht« wird, »zwei Adlern mit gebrochenen Flügeln: dem Moses von Michelangelo und dem Kolosseum«. »Fünfzehn Jahre vorher, als Malwida sich in dieser Wohnung festgesetzt hatte, ragte das hohe Haus als einziges empor am Rande der Trümmerstätten.« Doch »wenn man die dunkle, schmutzige, von einem Kinderschwarm umsäumte Treppe hinaufgestiegen war und auf dem zweiten Flur Malwidas Tür sich öffnete, dann erhellte sich alles: durch die sonnigen Fenster sah man den römischen Himmel, den Felsvorsprung und die Palmen des Palatin, die ungeheure Masse des Mammuts – des ›Kolosseums‹ – und das alte Elfenbein seiner Arkaden wie Geripp in dem düsterroten Gebirge seines Fleisches, des versteinerten bloßgelegten Fleisches, von dem der Hammer der Abdecker die Marmorhaut gelöst.«[109] Wenn man vieles Neue im Umfeld nicht beachtete, konnte man ihre Wohnung noch mit solchen Fantasien erleben wie die, die sie faszinierten, als sie dorthin zog: Daraus wird sich erklären, dass sie sich bis zu ihrem Tode nicht von der Polveriera trennen mochte, sosehr sie dort auch in späteren Jahren durch Baulärm und Neubauten gepeinigt wird.

Denn damit geht es schon Ende der 1870er Jahre los. Schon 1878 klagt sie Paul Rée: »Mein liebes kleines Heim, das mir täglich lieber wurde … mit seiner bequemen Innerlichkeit und seiner himmlischen Äusserlichkeit … wird mir nun ganz verleidet werden, indem der Speculationsgeist, in den herrlichen Weinberg vor meinen Fenstern, ein grosses Haus bauen wird … Es wird mir den schönsten Teil der Aussicht u(nd) die Sonne nehmen u(nd) den unausstehlichen Lärm u(nd) Staub eines, mindestens ein Jahr dauernden Baues bringen. Nicht einmal dies bescheidne Glück der endlich gefundnen Ruhe will das Schicksal mir gönnen.«[110] Schon damals kündigt sie an und in der Folge immer wieder, dass sie ausziehen wird – was sie dann doch nie tut. 1880 bricht sie gegenüber Ruhl in Verzweiflung aus:

> »Mein kleines römisches Heim werde ich nun leider traurig verändert finden, denn schon im Frühjahr stiegen mir gegenüber drohend neue Häuser empor, die jetzt vollendet sind und mir alle Aussicht nehmen … Es ist mir ein wahrer Schmerz, denn solche Aussicht, solche Sonne und solch ein schönes Zimmer, wie mein Wohnzimmer war, finde ich nicht wieder. Es war kein elegantes Haus, aber es war auch nicht modern banal, und wer in das große, sonnendurchstrahlte, blumengeschmückte Zimmer, mit der einzig merkwürdigen Aussicht trat, fühlte sich von einem Hauch von Poesie

umweht. Vor dem Haus dehnte sich eine große Vigna aus, mit Granatbäumen unterbrochen, dahinter das reichste Gemisch von Gebäuden, Villen, Kirchen … Ach, all diese Poesie und unvergleichliche Herrlichkeit geht nun unter; die Vigna wird mit kleinen, albernen, modernen Häusern besät; die Granatbäume fallen; die schöne Wiese mit weiß- und rotblühenden Mandelbäumen … wird eine breite, moderne Straße werden … – kurz, meine Poesie hat ein Ende und das moderne Rom mit seiner Banalität triumphiert.«[111]

Ganz so arg kommt es nicht, wie die spätere Schilderung des Panoramas ihrer Wohnung durch Rolland zu erkennen gibt, und doch ziehen sich solche Klagen durch ihre Briefe bis zu ihren letzten Lebensjahren. 1885 klagt sie Augusta von Stein-Rebecchini, die wohl ähnlich empfindet, über den Wandel Roms, wobei sie erneut zu erkennen gibt, wie sehr sie mittlerweile am Alten hängt und die Moderne mit Banalität gleichsetzt: »Es macht mir solchen Schmerz, dass es wahrhaftig ein Grund für mich werden könnte, von Rom wegzuziehen. Dabei liegt die halbe Stadt in Trümmern, überall reißt man ein, und mit dem Wiederaufbau geht es langsam … Und was man aufbaut? Scheußlich! … Nein, das Rom, das wir einst noch zusammen liebten, ist dahin.«[112] Zu alledem der Baulärm, »der mir meine Kopfnerven ganz und gar ruinirt«;[113] »hier bei mir ist eine wahre Hölle mit dem entsetzlichen Lärm rund umher«.[114]

VON DER ZUKUNFT ZURÜCK ZUR VERGANGENHEIT: DER ZEIT DER »FRAUENHERRSCHAFT« – UND DER PAPSTHERRSCHAFT IN ROM. Rückblende zur »Reise nach Ostende« von 1850: Damals, nach der Enttäuschung durch die Revolution von 1848, steht Malwida ganz und gar im Bann der Zukunft – einer neuen, besseren Zukunft. In keiner ihrer späteren Schriften begegnet »Zukunft« so häufig wie in dieser ihrer Streitschrift, als sei »die Zukunft« schon per se das Ideal. Da verkündet sie, »unser Prinzip« sei »das Prinzip der Zukunft; denn in keinem Streit der Erde hat dieses nicht doch zuletzt gesiegt, wenn es zuerst auch anscheinend unterlag«.[115] »Prinzip« ist ja damals ihr Begriff für das, was sie in der Folge »Ideal« nennt. Auf die Frage des Priesters, ob sie keine Religion habe, erwidert sie: »Allerdings, ich habe die Religion der Zukunft und ich suche die Kirche der Zukunft, wo die Menschheit in sich selbst das Göttliche wieder erkennen wird.«[116] Und kurz darauf: »Wer aber kann zweifeln, wenn er wählen soll zwischen der Zukunft und der Vergangenheit; zwischen dem Stabilen, das nichts anderes ist, als der Tod – und der Bewegung, die das Gesetz alles Lebendigen ist.«[117] Und die Schrift schließt mit einem Kapitel »Zukunftsgedanken«,[118] in dem sie ihren idealen »Sozialismus« gebildeter wie gleichberechtigter Frauen und freier »Assoziationen« entwirft.

Am 8. Oktober 1870, noch vor ihrer dauernden Übersiedlung nach Rom, als dort die weltliche Papstherrschaft gestürzt und Rom zur Hauptstadt des neuen geeinten Italien erhoben ist, begrüßt Malwida diese Wende und betrachtet diese Moderne als Fortschritt, so zumindest in einem Brief an Augusta von Stein: »Der Gedanke, dass Rom nun nicht mehr ausgeschlossen ist vom großen Strom des modernen Lebens, ist entzückend, und wenn auch manche Poesie für den Augenblick verschwindet, so kann man diese Veränderung doch nur segnen.«[119] Nur »für den Augenblick«, hofft sie damals.

Doch in Wahrheit ist sie schon längst innerlich gespalten. Bereits 1862 plädiert sie Wagner gegenüber dafür, Rom solle als neutrale Stadt erhalten werden und eine »Stadt des Geistes« sein, nicht italienische Hauptstadt; Wagner zeigt sich betroffen.[120] Die Ewige Stadt weiterhin als Metropole, wenn auch nicht des Papstes. Am 16. April 1863, bei ihrem ersten Rom-Aufenthalt, als sie die »unglaublich großartigen Fresken« Michelangelos in der Sixtinischen Kapelle bewundert hat, schildert sie unter diesem Eindruck Gottfried Kinkel ihr Ideal des neuen Rom, noch immer als Zukunftsideal: »Oh, dass sich ein Genie fände, der es zum dritten Mal zur Herrscherin der Welt machte, durch die Macht der Ideen, aber diesmal weder die Idee des Staates, noch die der Kirche, sondern die Idee des humanen, cosmopolitischen Weltgedankens, in dem sich hier Alles, was Geist und Intelligenz zu bieten vermag, vereinte und in freigiebigen Stralen verbreitete über die Welt.« »Aber davon fürcht ich, sind wir noch weit«, setzt sie hinzu.[121]

Muss es wirklich ein Zukunfts-Rom sein, das womöglich Utopie bleibt; liebt sie nicht im Grunde das alte Rom? 1864 hört sie, Kinkel habe – gewiss halb scherzhaft – die Befürchtung geäußert, Malwida mit ihrer Rom-Begeisterung könne katholisch werden. »Nein lieber Freund dafür ist keine Gefahr, es sei denn, dass ich geisteskrank würde, was der Himmel verhüthen möge.«[122] Doch Sprung zu ihrem Essay von 1895 »Italienische Sommerfrischen«, nach zwei Jahrzehnten Rom: »Es ist der Vorzug des christlichen Mittelalters, wie es der der antiken Welt war, dass es die Orte und Begebenheiten des täglichen Lebens durch liebliche Legenden schmückte … Welch eine staunenswerte Weltmacht war die Kirche, die zur Verherrlichung der absoluten Idee überall, auch inmitten irdischer Armut und Verlassenheit, die Stätte schuf, wo ein Gefühl des Erhabenen die Seele durchdringen und dem Gemüt Flügel verleihen sollte, um sich über das Vergängliche zu dem Bewusstsein des Unvergänglichen aufzuschwingen.« (IV 383 f.) Da hat sich ihr Idealismus mit Faszination durch die alte Kirche verbunden, zumal sie mittlerweile glaubt, in älterer Zeit habe ein »Geist nobler Toleranz« geherrscht (IV 386).

Wie wir sahen, haben da schon längst ihre Erfahrungen an der Via Polveriera mit all den Neubauten und dem Baulärm des neuen Rom bei ihr zur wehmütigen Sehnsucht nach dem alten Rom, überhaupt zur alten Zeit geführt; dort, nicht mehr in der Zukunft, sucht sie fortan das Schöne, Edle, Ideale – oftmals zumindest. Im Grunde führt dies bei ihr zu einer tiefen inneren Spaltung, wenn sie auch diese, wie es scheint, kaum je reflektiert, wohl weil sie diesen Widerspruch für unauflösbar hält, denn immer und immer wieder macht sie ihrem Hass auf die Priester Luft, nicht in gleicher Schärfe auf das Papsttum, obwohl auch »diese colossale Einrichtung der Geschichte«, so prophezeit sie Ende 1866 ihrer Schwester Laura, »unaufhaltsam dem Verfall geweiht« sei, »durch seine eigene Schwäche und Unmoralität«.[123] Und schon gar die Priester! »Das arme Rom, in dem die Priester nun schlimmer wie je, ja betrunken von dummer Freude«, schreibt sie im November 1867, wieder an Laura, nach der französischen Intervention zugunsten des Papstes.[124] Die seien »wirklich der Krebsschaden des italienischen Lebens«, »denn es ist unglaublich, was die Priester schaden«.[125] Sie schildert sie geradezu als kriminell; Anfang 1871, nach dem Sturz der Papstherrschaft, teilt sie Laura mit: »Jedenfalls ist die öffentliche Sicherheit jetzt schon *viel* besser als früher, und wenn etwas vorkommt, so ist es eben das Gesindel das im Solde der Priester steht und von diesen benutzt wird um Unruhe zu erregen.«[126]

Doch am 8. Dezember 1874, als sie sich zum dauernden Verbleib in Rom entschieden hat, schreibt sie an Augusta von Stein, zwar übe Rom »wieder ganz den alten Zauber auf mich aus«, doch »der klerikale Charakter der Stadt, das wehmütig Träumerische«, sei »verwischt«.[127] Da gewinnt das »Klerikale« einen Hauch von Nostalgie! Und das wird bei ihr immer stärker. Der Artikel »Römische Kontraste«, den sie 1884 für die Wiener »Deutsche Zeitung« verfasst, beginnt voller Wehmut:

»Wer, der Rom früher gekannt hat, wird sich nicht erinnern, wie wunderbar träumerisch einem hier zumute wurden; wie man aus der Gegenwart geschieden zu sein meinte; wie ringsum große Gestalten vergangener Zeiten aufstiegen; wie jener Duft der Ferne, der auch das Grauenvolle poetisch verklärt, seine Zauber um die Ruinenwelt von Jahrhunderten wob und mit dem Abendrot um die Wette über der melancholischen Campagna ein Lied von der Menschen Größe und tragischem Untergang sang.« (IV 331)

Gewiss ist sie nicht so naiv, zu verkennen, dass die alte Zeit nicht nur Schönes, sondern auch Schauerliches enthielt, doch selbst dies wird von der Wehmut »poetisch verklärt«! Sucht man in Malwidas Briefwechsel mit Romain Rolland nach Belegen für »extase«, findet man ihre erste »Ekstase« am 19. Mai 1893 bei der Besichtigung der päpstlichen Villa Barberini beim Castel Gandolfo: »Ich geriet in Ekstase vor einer derartigen Pracht.« Dort zu leben, das bedeute, »aristokratisch zu sein«; und umso wütender ist sie darüber, dass solche Paradiese jetzt von Börsianern und Fabrikanten gekauft und umgebaut würden. »Das könnte einen dazu bringen, das Jahrhundert zu hassen.«[128] Daraus mag sich ihre enge Freundschaft mit der Fürstin Caroline von Sayn-Wittgenstein, der Freundin von Franz Liszt, erklären – für Richard Wagner eine »Hexe«[129] –, obwohl diese sie penetrant zum Katholizismus zu bekehren sucht; doch Malwida geht in ihren Briefen immer wieder liebevoll auf sie ein.

Nietzsche, der mit Wagner wegen dessen vermeintlicher Bekehrung zum Katholizismus brach, foppt sie am 24. September 1886, wobei er in seinem Brief an sie von ihr in der dritten Person redet und »Malvida« schreibt: »Selbst meine alte Freundin Malvida – ah, Sie kennen sie nicht! – ist in allen ihren Instinkten grundkatholisch.«[130] Als ob Malwida sich nicht selbst kennen wolle. Und vermutlich hat er da nicht einmal ganz unrecht! Doch mit dieser ihrer inneren Gespaltenheit durch das Rom-Erleben steht sie nicht allein. Auch Gregorovius, heftiger Gegner des Papsttums, der den Übertritt eines Freundes in einen Mönchsorden »moralischen und physischen Selbstmord« nannte,[131] trauert in der Folge dem päpstlichen Rom nach. Wie sein Biograf Johannes Hönig schreibt: »Um der italienischen Einheit willen … wünschte er den Fall Roms, aber er fürchtete sich gleichzeitig vor ihm.« Und als er kurz nach dem Ende der päpstlichen Herrschaft dorthin zurückkehrt, klagt er: »Zum ersten Male nach achtzehn Jahren fühle ich mich in Rom wie in einer fremden Welt.«[132] Es gab Grund zur Nostalgie; noch 1944 erinnert der Rom-Historiker Philipp Hiltebrandt daran: Das alte päpstliche Rom sei mit seinen über 75 Villen eine »›Gartenstadt‹ größten und vornehmsten Stils« gewesen, »wie sie nirgends in Europa wiederzufinden war«; diesen Gartenstadt-Charakter habe Rom nach 1870 verloren.[133]

Zurück zu Malwida: Mehr und mehr versteht sie ihre Wende zur Nostalgie auch mit ihrer Weltanschauung in Einklang zu bringen, denn sie entdeckt die alte Zeit – und zwar die Zeit vor der Französischen Revolution – als die große Zeit bedeutender Frauen, die dann »in der Revolution aus der Fülle des Lebens ins Elend gestürzt« seien.[134] Ihr umfangreicher Sammelband »Individualitäten«, den sie Ende 1901 als letztes Werk ihres Lebens herausbringt – trotz schweren Leidens »durch die Macht des Willens«, wie sie stolz einer Freundin verkündet[135] –, enthält als weitaus längsten Beitrag eine weit über 300 Seiten umfassende Abhandlung mit dem schlichten Titel »Frauen«.[136] Wie Malwida einleitend bemerkt, handelt es sich um die Zusammenstellung einer »Porträtgallerie«, die »früher schon einzeln veröffentlicht« wurde.[137]

Die Frauen, die sie schildert, entstammen ganz überwiegend der hohen Aristokratie. Sie beginnt mit italienischen Frauen der Renaissance: »Ganz besonders gab es in Italien schon in ferner Vorzeit Epochen, wo die Frau auf derselben Stufe der Bildung und Cultur stand, wie der Mann.« So habe es an der medizinischen Universität zu Salerno schon in alter Zeit »berühmte weibliche Professoren« gegeben.[138] Einer »interessanten Schrift« von Marco Minghetti[139] entnimmt sie »wichtige Mitteilungen darüber, wie, besonders im 15. und 16. Jahrhundert, die Frauen, namentlich aus den vornehmen Geschlechtern, mit großer Sorgfalt erzogen wurden und mit den Männern in den humanistischen Studien und denen des classischen Alterthums wetteiferten. Ohne darauf stolz zu sein, waren sie sich doch vollkommen ihrer Fähigkeiten bewusst.«[140] Marco Minghetti ist zu der Zeit, als sich Malwida in Rom ansiedelt, italienischer Regierungschef, und zwar im Gegensatz zu Mazzini von der politischen Rechten herkommend. Sie lernt ihn persönlich kennen und gewinnt nicht zuletzt durch seine Familie und deren Geselligkeit, wie noch zu berichten sein wird, ein römisches Beziehungsnetz.

Malwida beginnt »Frauen« mit Isabella Gonzaga d'Este (1474–1539), der Gattin des Fürsten von Mantua, die von Leonardo da Vinci und von Tizian porträtiert wurde: »Sie ist der vollendetste Typus der gebildeten Frau jener Zeit«; wie »ein moderner Schriftsteller« gerühmt habe, gab es »niemals ein

Geschöpf, welches fähiger war, das Schöne zu verstehen und zu genießen.«[141] Dazu war sie eine Schönheit. Eine Bekannte habe geradezu gerühmt: »Neben dieser Herrin scheinen die anderen nichts.«[142] Dazu habe sie »eine große Begabung für die Musik« besessen.[143] Die Superlative bei der Idealisierung dieser Isabella scheinen sich nicht mehr überbieten zu lassen, doch dann kommt Malwida zu Vittoria Colonna (1492–1547), Marchesa von Pescara, die selbst Burckhardt »die berühmteste Dame von Italien« nennt, »vollends eine Heilige«, dabei ganz besonders durch Liebesbeziehungen berühmt, allerdings solche edler Art: »Das Land der stärksten Wüstlinge und der großen Spötter respektierte diese Gattung von Liebe … Größeres lässt sich nicht zu ihren Gunsten sagen.«[144] Malwida schreibt von ihr wohl zu Recht, dass sie »schon in reiferem Alter den großen Michelangelo begeisterte und von ihm leidenschaftlich geliebt wurde. Er nannte sie seine *Seele* und auch das *Licht unseres Jahrhunderts*, ja, das *Licht der Welt*.«[145] Noch über viele Seiten geht es weiter über große Frauen der italienischen Renaissance; die Schilderungen zeugen davon, wie intensiv und mit welch innerer Anteilnahme sich Malwida mit diesen Gestalten befasst hat.

Es folgen bedeutende Frauen des französischen Ancien Régime; die bis dahin längste Darstellung widmet sich der Marquise Marie de Sévigné (1626–1696), der nicht nur bei Malwida berühmtesten französischen Frau ihrer Zeit, die durch Veröffentlichung ihrer Briefe sogar zu noch höherem Nachruhm gelangte,[146] Malwida zufolge sogar zum »Weltruf«.[147] Das gilt ganz besonders für die Briefe an ihre Tochter, bei denen Malwida lange verweilt; da mag man sich an ihre vielen inhaltsreichen Briefe an Olga erinnern. Sie schreibt über die Madame de Sévigné, deren schriftstellerisches Talent sei »plötzlich mit ihren Thränen geboren«: Tränen durch die Trennung von ihrer Tochter.[148] Auch Malwidas Kunst des Briefeschreibens kulminiert in ihren Briefen an Olga nach dem tiefen Schmerz der Trennung. Streckenweise mag man spüren, wie diese berühmte Frau mit ihrer Kunst der Freundschaft, mehr noch, mit ihrer Lebenskunst Malwida zum Ideal wird, von dem sie noch selbst zu lernen weiß: »So unterhielt sie … mittels so liebenswürdiger Kunst des Lebens, die wärmsten, innigsten und dauerhaftesten Zuneigungen, und gewiss haben wenige Menschen so viele wahre Freunde gehabt, wie die *Sévigné*. … Auch ihre Briefe geben davon Zeugnis, wie gut, nachsichtig und wohlwollend sie war, denn es findet sich darin fast nie ein hartes Urtheil oder eines von jenen bitteren Worten, die uns der Augenblick entreisst und die wir, kaum ausgesprochen, gerne zurücknehmen möchten.«[149]

Nun aber zu Germaine de Staël (1766–1817), der in Deutschland wohl berühmtesten all dieser großen Frauen. Durch ihr von tiefer Sympathie zeugendes Buch »De l'Allemagne« (1810), das damals von Napoleon verboten wurde, so dass es zunächst in England erschien, und wohl am meisten dazu beitrug, in einer Zeit deutscher Machtlosigkeit im siegreichen Frankreich Deutschlands Ruf als »Land der Dichter und Denker« zu begründen. Sie ist Emigrantin wie Malwida, nur emigriert sie nicht *aus*, sondern *nach* Deutschland, und dort strebt sie am allermeisten nach Weimar, der Stadt der Klassiker. Sie verehrt Goethe über alles und findet nach einigem Bemühen zu ihm auch persönlichen Kontakt. Bei alldem sollte man erwarten, dass Malwida bei keiner anderen Frau derart in ihrem Hang zu Superlativen schwelgt. Umso mehr mag es verwundern, dass sich ausgerechnet in ihre Schilderung der Madame de Staël mehr als in ihren Ausführungen über die anderen großen Frauen wiederholt missfällige Töne mischen. Bei keiner anderen Frauen-Charakteristik spürt man zwischen den Zeilen so viel Eigenes der Schreiberin – ob Selbstgefühl oder unerfüllte Sehnsucht –, das zu Fragen reizt. Ist sie im Grunde neidisch, da es ihr eigener höchster Wunschtraum war, Goethe persönlich zu begegnen, wogegen diese Frau ihre Goethe-Sehnsucht ausgiebig auszuleben verstand? Oder verübelt sie es ihr, dass sie Goethe wiederholt durch ihre übersprudelnde Eloquenz auf die Nerven fiel, wogegen sich Malwida in ihrer zurückhaltenden Art bei einer solch wunderbaren Begegnung gewiss sensibler verhalten hätte? Darüber lässt sich nur spekulieren. Über die Weimarer Zeit der de Staël schreibt sie: Um den dort sich sammelnden Klassikern »näher zu treten und ihr Geistesleben ganz zu erfassen, fehlte ihr die beschiedene Fähigkeit, den eigenthümlichen Vorzug ihrer brillanten Intelligenz, die Raschheit des Gedankens im Feuer des Gesprächs, zu unterdrücken, um jenen zuzuhören und ihre Weise des Denkens zu begreifen«.[150] Da wäre ihr Malwida gewiss überlegen gewesen! Am 21. Dezember 1803 berichtet Schiller nach seinem ersten Treffen mit ihr an Goethe, der sich ihr bislang entzog: »In allem, was wir Philosophie nennen, folglich in allen letzten und höchsten Instanzen ist man mit ihr im Streit und bleibt es, trotz alles Redens.« Insbesondere habe sie »eine horrible Scheu vor der Idealphilosophie, welche nach Meinung zur Mystik und zum Aberglauben führt, und das ist die Stickluft, wo sie umkommt«.[151] Eine Idealistin ist sie offenbar nicht und auch ohne jeden Sinn für Bedürfnisse spiritueller Art. Ihr berühmtes Deutschland-Buch erwähnt Malwida nur ganz kurz und nebenbei.

Merkwürdig auch ihr abschließendes Urteil über Madame de Staël: »Dass ihr Leben in eine Zeit fiel, wo ihre feurige Natur durch die Macht der Ereignisse zur Theilnahme an der Politik gedrängt wurde, obgleich sie keine politische Frau war, war vielleicht ein Unglück.«[152] »Vielleicht«! Auch Malwida muss in ihren späteren Jahren oftmals die Empfindung gehabt haben, dass sie sich dadurch, dass sie sich von der revolutionären Begeisterung von 1848 hatte mitreißen lassen, von ihrer eigentlichen literarisch-poetischen Berufung zu lange hatte abbringen lassen, und dies, ohne politisch etwas zu bewirken. Mitunter zeigt sie Mitgefühl für die Staël: »Sie liebte die Freiheit, sie hatte einen männlichen Geist, aber ihre weiblichen Schwächen und besonders ihre Herzensgüte hinderten sie, in der Politik stark und consequent zu sein.«[153] Auch da erkennt man eine Schwäche Malwidas!

Die Abhandlung »Frauen« setzt sich noch über beinahe 200 Seiten fort, doch stellt ihre Schilderung der Madame de Staël einen letzten Höhepunkt dar; und auch mehrere der dann folgenden Frauen gehören noch zur High Society des Ancien Régime. Und die Erklärung: »Es war kein Wunder, dass solche Frauen durch ihre Schönheit, ihre Grazie, ihre Eleganz und ihren Geist die damalige Gesellschaft beherrschten, so dass man die Zeit vor der französischen Revolution in gewisser Beziehung die Zeit der Frauenherrschaft nennen kann.« Da bricht die Sehnsucht nach der alten Zeit offen durch, auch wenn gleich die korrekte Einschränkung folgt: »Aber was bei der Ausübung dieser Herrschaft fehlte, das war der sittliche Ernst.«[154] Doch das mindert nicht den Zauber jener Zeit der großen Frauen. 1889 berichtet sie an Olga: »Diese Bücher über die ausgezeichneten Frauen des 18. Jahrhunderts interessieren mich kolossal … Alle diese Frauen haben der Revolution und dem Tode gegenüber eine Seelengröße gezeigt, die bewundernswert ist.«[155]

Aber hätte nicht gerade die Revolution mit ihrer Parole »Freiheit, Gleichheit, …« (dann allerdings »Brüderlichkeit«, nicht »Schwesterlichkeit«!) auch die große Stunde der Frauen sein sollen? Offenbar war das Gegenteil der Fall, was Malwida weder groß thematisiert noch erklärt. Gegen Ende der langen Abhandlung zeigt sie sich verwundert: »Sonderbarerweise hatte die Zurückweisung der Frau in die Schranken des häuslichen Lebens, ihre ausschließliche Bestimmung als ›gute Hausfrau‹ (so oft nichts anderes als Köchin und Kinderwärterin) wieder so sehr überhand genommen am Anfang des 19. Jahrhunderts, dass gar kein Ausweg übrig schien.«[156] Gleich darauf: »Aber es war, glücklicherweise, nur die Nacht, die dem Morgen vorangeht«[157] – ist ein solcher Morgen gegen Ende des 19. Jahrhunderts wirklich angebrochen, trauert Malwida in Wahrheit nicht gerade im Blick auf den Zauber des alten Rom vergangenen Zeiten nach? Sehr anders die Frauenrechtlerin Louise Otto-Peters (1819–1895), Malwidas Zeitgenossin: Sie spricht von dem »unwürdigen Weiberregiment« älterer Zeiten, »das von den *schlechteren* des Geschlechts geübt wird«, wobei sie entschuldigend hinzusetzt: »die meist auch nur darum schlecht geworden, weil sie kein anderes Mittel fanden, sich geltend zu machen«.[158]

Malwidas Begeisterung für bedeutende Frauen und ihr Wohlgefühl in Vorstellungen tiefer volkstümlicher Religiosität vom alten Italien vereinen sich in ihrem Schauspiel »Der Segen der heiligen Katharina«, der Katharina von Siena (ca. 1347–1380), wie sie selbst angibt, hat sie den Stoff, den ihr Richard Wagner empfahl,[159] den Annalen von Siena entnommen. Diese Gestalt beschäftigt sie über Jahrzehnte immer wieder. Bei einem Aufenthalt in Siena notiert sie Betrachtungen, die erkennen lassen, dass diese Heilige ihr höchstes Vorbild geworden ist, jedoch eines, das nur in alter Zeit möglich war: »Wie könnte heutzutage der Geist einer einzigen armen Frau ein ganzes mächtiges Gemeinwesen so beherrschen, wie es z. B. durch Katharina von Siena geschah, die als Vorbild jeder Tugend hochgeehrt, als großer Charakter und Intellekt mit politischen Missionen betraut … wurde und die zugleich die Phantasie der großen Künstler ihrer Zeit so begeisterte, dass man sie zur Heldin der religiösen Legende und zu einem Ideal der Kunst erhob.« (II 379)

Das ist keineswegs nur ihre persönliche zu Superlativen neigende Sicht; als »größte Frau des Christentums« ist sie gerühmt worden,[160] diese Dominikanerin, die 1939 zusammen mit Franz von Assisi zur Hauptpatronin Italiens erhoben wird, die zugleich Poetin, ekstatisch-visionäre Mystikerin, anerkannte Kirchenlehrerin, Friedensstifterin war, sich bei alledem hingebend der Armenpflege, sogar im Pestjahr 1374 der Krankenpflege widmete, empört »vom Gestank der Sünden der römischen Kurie«[161] für die moralische Erneuerung der Kirche kämpfte und gegen das damalige Schisma, die Kirchenspaltung, als Päpste in Rom und Avignon gegeneinanderstanden – und all das in einem von Krankheit gezeichneten Leben, das wie das Leben Jesu nur 33 Jahre währte!

Doch je mehr man über diese Frau liest, desto besser versteht man, dass Malwida zwanzig Jahre brauchte, bis sie endlich, 1886, ihr Schauspiel zu Papier brachte; veröffentlicht wird es erst posthum. Denn dieses Heiligenleben enthält eine derartige Überfülle an Stoff, der Malwida reizen musste, dass die Auswahl nicht leicht gewesen sein muss. Am Ende schreibt sie ein Stück, in dem die Heilige nur ein einziges Mal in Person erscheint; im Übrigen wirkt ihre Macht unsichtbar: indem sie über mörderische Konflikte hinweg ein Liebespaar aus den tödlich verfeindeten sienesischen Geschlechtern der Montanini und Salimbeni über heftige Auseinandersetzungen hinweg zur seligen Einheit zusammenführt: »Nun, Katharina, ist dein Segen erfüllt!« (V 492) Dabei hat die junge Verliebte, Angela, anfangs vorgehabt, Katharina zu bitten, sie »einzuweihen zu des Ew'gen Dienst« (V 438), doch am Ende steht nicht die Askese, sondern die erotische Liebe – auch sie eine himmlische Liebe! »Was nun meine Verteidigung der Frauenrechte betrifft«, schreibt Malwida 1886 ihrem Neffen Carl, »so meine ich, denen nicht untreu geworden zu sein, indem ich Angela nach dem Dolch greifen lasse, der wohl damals die einzige Behauptung derselben war«.[162] Nicht nur friedlich und fromm geht es in dem Schauspiel zu! Und bei aller Nostalgie bricht bei Malwida mitunter doch wieder die alte kämpferische Frauenrechtlerin durch. Der Blick auf die Zukunft geht nicht verloren; dafür wird schon die Freundschaft mit dem jungen Romain Rolland sorgen, dem Malwida mit Recht eine große Zukunft prophezeit.

UNTER DIE »ANTIQUITÄTEN« GERATEN: WIE MALWIDA IN ROM ZUR SEHENSWÜRDIGKEIT WIRD. Man erinnere sich an die Warnung des Gregorovius 1865 vor der Übersiedlung nach Italien, wo sie »nur Einsamkeit, Enttäuschung« erwarte.[163] Am Ende ist das genaue Gegenteil der Fall. Hat sie das auch nur annähernd vorhergesehen und gar angestrebt? Bei ihren Aufenthalten in Florenz hat sie die dortige Geselligkeit oft als unbefriedigend empfunden; so schreibt sie von dort 1867 an ihre Schwester Laura: »Das ist das Traurige hier in Italien dass die schönsten Begegnungen immer nur so flüchtig sind und die interessantesten Menschen immer nur wie Zugvögel vorüber fliehen.«[164] 1876 klagt sie – wohl nicht ohne untergründigen Stolz – Marie Loeper-Housselle: »In Florenz … stürmen immer wahre Heuschre-

Malwida von Meysenbug, Juni 1885. Porträt von Franz von Lenbach. Pastell, Format: 96 × 69 cm. Richard-Wagner-Museum Luzern

ckenschwärme von Bekannten auf mich ein und lassen mir keinen Augenblick Ruh.«[165]

Hat sie in Rom mehr Ruhe erhofft? Kurz nach ihrer Übersiedlung dorthin, als sie das »wehmütig Träumerische« im neuen Rom vermisst, behauptet sie gegenüber Augusta von Stein-Rebecchini, sie könne »leider auch *sehr* wenig Geselligkeit vertragen«[166] – eine Behauptung, die mit Blick auf ihr späteres Leben verblüfft! Ende 1879 erinnert sie sich in der Via Polveriera, zu Anfang sei ihr die Einsamkeit in dieser abgelegenen Wohnung »fast unerträglich traurig« gewesen,[167] doch das wird sich ändern, und zwar gründlich, vor allem im Zuge der 1880er Jahre zusammen mit der wachsenden Resonanz auf ihre Memoiren.[168] Sie, die Liebhaberin vom alten Rom, wird zu einer Zeit, als dieses mehr und mehr von Neubauten durchsetzt wird, für viele Rom-Besucher selbst zur römischen Antiquität!

Fanny Birkenruth, 25 Jahre jünger als sie, von ihr scherzhaft »die Birka« genannt, die sie seit 1885 bis zu ihrem Tod in Rom gerne besucht, gerät über die alte Frau ins Schwärmen: Ihre Augen leuchteten »wie zwei helle Saphire«. »Das ganze Antlitz war von diesem wunderbaren Glanze bestrahlt. … Die Stimme war von weichem, melodischem Klang.«[169] Noch 1930 erinnert sich Alfred Stern, deutschjüdischer Historiker und Treitschke-Gegner, der Malwida über seinen Freund Gabriel Monod kennenlernte: Sie sei keine solche Gesellschafterin gewesen, die durch Geist und Witz die Konversation beherrscht hätte, vielmehr eine Frau mit einfacher Art und Sprache, weit entfernt von penetranter Propaganda ihrer Prinzipien. »Von ihrer Persönlichkeit strömte ein spirituelles Fluidum, dessen Charme sich niemand entziehen konnte. Hinzu kam die unwiderstehliche Macht der alles verstehenden Güte und Liebe der Menschheit. Sie war Schülerin altindischer Weisheit, und das Mitgefühl war ihre wahre Ethik.«[170]

Vollends in den 1890er Jahren nimmt der Besucherstrom kein Ende. Anfang 1892 versichert sie Rolland: »Ich liebe es überhaupt nicht, dass ich die Mumu für alle Welt geworden bin.«[171] Der schreibt aus Paris zurück: »Wir sprechen oft von der lieben Mumu.«[172] »Mumu« wird sie von Olgas Kindern genannt;[173] offenbar hat Malwida das Gefühl, dass viele Besucher in Rom bei ihr eine Art mütterlicher Geborgenheit suchen. Im Mai 1893 berichtet sie an Cosima zur Begründung, dass sie geraume Zeit nichts von sich hatte hören lassen, von der »Menge der ankommenden und durchreisenden Bekannten, die sich wie Lawinen über einen herstürzten«.[174] Damals also noch überwiegend Leute, die sie kennt, nicht Fremde, die sie kennenlernen wollen, doch das ändert sich.

Nicht nur Besucher werden ihr oftmals zur Last: »Die Qualen der Einladungen beginnen von allen Seiten«, schreibt sie im Mai 1892 an Rolland nach Paris.[175] Gewiss sind Klagen solcher Art, die sich wiederholen, nur halb ernst zu nehmen: Vermutlich will sie den zu jener Zeit oft durch Einsamkeit betrübten Rolland damit trösten, dass Einsamkeit auch ihr Gutes hat. An Daniela Thode schreibt sie im Februar 1893, sie sei »nicht unzufrieden mit den geselligen Elementen die mir dieser Winter gebracht hat. Natürlich meine ich nur was so zu mir ins Haus kommt, denn hinaus gehe ich ja nicht mehr, außer äußerst selten mal zu alten Freunden.«[176] Das gilt nicht unbedingt für schönere Jahreszeiten, doch mehr und mehr hat sie es gar nicht nötig, auszugehen, um in Gesellschaft zu sein: Die Leute strömen zu ihr. Meta von Salis, die sie ab 1888 in Rom wiederholt besucht, berichtet davon später ihrer Biografin Berta Schleicher: »Die Memoiren hatten inzwischen ihren

Triumphzug anzutreten begonnen, und die darin vertretenen Ideen brandmarkten nicht mehr, sondern zeichneten aus. … Sie stand jetzt im Zenit der Anerkennung, war Mode geworden und umlagert von Andrängenden, so dass sie Mühe hatte, sich die Allzuvielen fernzuhalten.«[177] Da Meta von Salis später nicht unkritisch zu ihr steht, ist dieses Zeugnis umso glaubhafter.

Im März 1896 berichtet Malwida, fast achtzigjährig, Romain Rolland, es gebe keinen Tag, an dem nicht sieben oder acht Personen sie sehen wollten, so dass sie oftmals Leute abweisen müsse, weil sie ein solcher Andrang erschöpfe.[178] Es ist die Zeit, in der mit der Eisenbahn ein Massentourismus nach Rom eingesetzt hat: zum Leidwesen Malwidas, die über den »Fluch des Touristentums« stöhnt (II 521), denn verständlicherweise liebt sie die Bildungsreisen der alten Postkutschenzeit, wo man nach langer holpriger Fahrt über längere Zeit in Rom blieb, nach tieferen Eindrücken suchte und sich Freundschaften entwickeln konnten. So schreibt sie 1895 ihrem Neffen Carl: »Als ich zuerst hierher kam, blieb man viele Monate, richtete sich häuslich ein, bildete sich einen geselligen Kreis. Jetzt, mit den leichten Verkehrsmitteln, bleibt man ein paar Wochen oder 8–14 Tage … Es ist eben, wie alles in der Welt, eine Dampfunternehmung geworden, nicht mehr ein Mittel zu menschlicher Vollendung wie zu Winckelmanns und Goethes Zeit.«[179]

Zu den vielen Besuchern kommt eine noch größere Masse an *Briefen*. Diese wird sogar selbst der großen Briefeschreiberin Malwida oftmals zu viel, auch wenn sie sich von vielen Briefen – oft Resonanz auf ihre Memoiren – geschmeichelt fühlen kann. So schreibt sie Anfang 1896 an Rolland, sie bekomme an die zehn Briefe pro Tag und wisse gar nicht, wie sie alle beantworten solle, denn »das verdirbt mir schrecklich die Augen und den Kopf«. Und dabei möchte sie sie so gerne erwidern. Es seien »so viele Zeugnisse der Zuneigung (affection) und Freundschaft aus allen Seiten der Welt, dass ich davon wahrhaft bewegt bin«. Traurig sei nur, dass diese lieben Menschen über die Welt verstreut seien, statt sich in einer Gemeinschaft des Guten zu vereinen[180] – ein immer wiederkehrendes utopisches Ideal der Idealistin. Und der Strom der Briefe schwillt noch weiter an, während Malwidas Kräfte abnehmen; zudem braucht sie Zeit, um an ihrem »Lebensabend« zu schreiben. Im August 1897 schreibt sie Rolland, er habe keine Vorstellung von dieser Masse an Zuschriften, obwohl sie ihm schon wiederholt davon berichtet hat. Sie müsse sich zwingen, diejenigen auszusortieren, die ihr unwichtig seien.[181] Das fällt ihr also nicht leicht. Und im folgenden Jahr an ihn: »Am

Ende meiner Tage bin ich noch eine berühmte Persönlichkeit geworden, das ist einfach lächerlich.«[182]

In Wahrheit findet sie das gar nicht komisch, doch über den Besuchern kommt sie oft zu nichts anderem, so dass sie kurz darauf – so schreibt sie an Olga – »selig« ist, als einmal keine Besucher kommen. »Ich könnte weinen, wenn ich denke, dass die paar Minuten, die mir noch auf der Erde übrig sind, so im Nichts verloren gehen, sobald die Menschen kommen, mit denen man sich eigentlich nichts zu sagen hat.«[183] »Aber ich kann Ihnen nicht sagen, welchen Durst ich nach der Einsamkeit habe«, schreibt sie Weihnachten 1899 an Rolland. »Die Besuche und die Briefe bringen mich um.«[184] Von den meisten kann sie gar nicht berichten: »Wollte ich eine Galerie der Porträts aller derer machen, die in meinem Leben in Rom in liebenswürdiger Weise begegnet sind, hätte ich 4 Bände füllen müssen.«[185] Zwischendurch findet sie den Zustrom nicht nur lästig, sondern auch komisch: »Sie kommen, um mich wie ein seltsames Tier zu sehen, das mit 82 Jahren noch Bücher schreibt.«[186] Und im Mai 1900 an Cosima: »Ich habe jetzt eingesehen, dass man mich entschieden zu den Antiquitäten Roms rechnet, denn es fehlt nicht viel, so kommen die Leute mit dem Bädeker in der Hand, constatiren, dass ich wirklich bei den neuen Ausgrabungen am Forum aufgefunden wurde … und ziehen befriedigt weiter.«[187] Noch ein Jahr vor ihrem Tod berichtet sie Rolland: »Die Besuche von Unbekannten hören nicht mehr auf, es ist unglaublich, welche Manie die Welt ergriffen hat, jemanden zu sehen, dessen Name ein wenig bekannt ist.«[188]

Es wäre nicht richtig, all solche Äußerungen als subjektive Wahrnehmung oder gar Angeberei abzutun; mittlerweile gibt es auch aus weiter Distanz eine vergleichbare Wahrnehmung Malwidas. So findet sich am 23. September 1900 im Sonntagsblatt der deutschsprachigen New Yorker Staatszeitung eine lange Würdigung, in der es heißt: »In der ganzen deutschen Frauenwelt ist mit Malwida von Meysenbug nur eine einzige Erscheinung zu vergleichen: Rahel.«[189] Doch ausgerechnet diese große Frau der Romantik, Rahel Varnhagen, fehlt in Malwidas langer Abhandlung über bedeutende Frauen wie auch sonst in ihren Schriften und Korrespondenzen!

»GÖTTERAUFENTHALT« BEI LAURA MINGHETTI UND IHRER TOCHTER MARIE VON BÜLOW: ÜBER FRAUENFREUNDSCHAFTEN VERTRAUTE EINES ITALIENISCHEN EX-REGIERUNGSCHEFS UND EINES KOMMENDEN REICHSKANZLERS. Bei den ersten Bayreuther Festspielen im August 1876 macht Malwida die Bekanntschaft einer prominenten Italienerin englischer Herkunft: von Laura Minghetti (1829–1915), geborener Lady Acton (II 288), der Gattin des bisherigen italienischen Ministerpräsidenten Marco Minghetti (1818–1886), der am 18. März jenes Jahres durch den Wahlsieg der Linken gestürzt wurde – in den Augen Malwidas eine »politische Katastrophe« (IV 286). Durch diese neue Bekanntschaft, die »bald zu aufrichtiger Freundschaft« wird (II 288), gerät Malwida in sehr andere politische Beziehungsnetze hinein als einst durch Mazzini. Zuallererst ist sie mit Laura Minghetti und ebenso mit deren Tochter Maria – als Gattin Bülows »Marie« – durch die gemeinsame Leidenschaft für Richard Wagner verbunden; bereits seit dem Pariser Tannhäuser-Skandal von 1861 hatte sich Laura Minghetti für den Komponisten eingesetzt, und der gehörte seither zu ihren Verehrern.[190] Schon dies ist für Malwida von besonderer Bedeutung, da sie im Übrigen in Italien am meisten die Musik vermisst: die, die sie liebt (wozu nicht Verdi gehört).

Doch nicht nur dadurch wird die enge Freundschaft zu dieser Frau der wichtigste unter all den italienischen Kontakten Malwidas: derjenige, der ihr nicht nur neue Kontakte zu geistig anregenden Menschen vermittelt – der Salon der Minghetti ist in Rom berühmt –, sondern ihr auch die glücklichsten Zeiten beschert, gerade wenn es an der Via Polveriera laut und ungemütlich wird, denn in der schönen Jahreszeit ist sie »viele Jahre hindurch« (II 294) in dem idyllischen Landsitz der Minghettis in Mezzarate bei Bologna willkommen. Am 3. Juli 1879 schwärmt sie gegenüber Paul Rée von dem »wahren Götteraufenthalt« »auf dieser Höhe bei Bologna« »mit prachtvoller Luft«.[191] Und wieder am 22. August 1881 schildert sie begeistert jene »herrliche Besitzung hoch über den Apenninen«, wo sie »5 schöne Wochen in ruhigem Genuss wundervoller Natur u(nd) geistvollen Umgangs« verbracht habe.[192] Auch die Geselligkeit beglückt sie auf dem Landsitz der Minghettis. »In Mezzarate war das schönste, feinste, geist- und gemütvollste Leben, was sich denken lässt«, berichtet sie am 2. Februar 1880 Augusta von Stein.[193] Da ist das Ideal der Idealistin zur Realität geworden!

Bei alldem kann man schier vergessen, dass Malwidas enge Freundschaft zu Laura Minghetti eigentlich ein erstaunliches Phänomen ist, denn diese

Frau ist ein von ihr sehr unterschiedener, ja zu ihr geradezu konträrer Charakter. Man lese nur die spätere Schilderung dieser Frau durch Rolland, der durch Malwida bei ihr eingeführt wurde und sie mitsamt ihrem Salon offenbar mit gemischten Gefühlen erlebte, obwohl sich diese in ihn »vernarrte«[194]:

> »Das war eine außergewöhnliche Frau, deren Gestalt mehr der Renaissance oder jenen kleinen Höfen des 18. Jahrhunderts, an denen die Kunst, die Intrige und die Liebe in wollüstiger Unbekümmertheit lachten, angehörte als unserer Zeit. … Sie hatte die seltsame Laune gehabt, den ersten Minister des piemonteischen Areopag zu ehelichen: das geschah, pflegte Malwida harmlos zu sagen, um ein ernstes Element in ihr Leben zu bringen. Das ernste Element hatte sich nicht sehr bemerkbar gemacht. Donna Laura war die Freude und die ewige Bewegung. Groß und stämmig, mit sehr schönen braunen Augen, dem ein wenig pferdehaften Unterteil des Gesichts … verfitzte sie zwischen ihren Fingern ein Dutzend Fäden auf einmal, und dabei plauderte sie, sang, philosophierte, flirtete mit zwei oder drei Männern zugleich, horchte auf das, was am anderen Ende des Salons gesagt wurde, warf den Köder aus, und dann mochte das einmal gefangene Fischlein sehen, wie es sich aus der Klemme zog.«[195]

Könnte man sich einen größeren Gegensatz zu Malwida vorstellen? Umso mehr verblüfft, dass Malwida im Salon einer solchen Frau eine Anziehungskraft zu entwickeln vermochte. Bernhard von Bülow, ihr späterer Schwiegersohn, schildert gegen Ende seiner vierbändigen Memoiren Laura Minghetti und Malwida hintereinander als die beiden Frauen, die seine »Strohwitwerzeit« in Rom verschönt hätten. Auch aus seiner Sicht sind sie »voneinander sehr verschieden«. Donna Laura sei trotz britischer Herkunft »durch und durch Italienerin, Italianissima« gewesen. Doch er macht von solchen Eigenschaften dieser Frau weniger Wesens als Rolland und hebt dafür solche Züge an ihr hervor, die Malwida angezogen haben werden: »Selten war in einer Frau so viel Geist mit so viel Herz verbunden wie in Donna Laura.« »An Donna Laura war alles echt und wahr, vornehm und natürlich.«[196]

Bedenkt man, wie gerne Malwida befreundete und geschätzte Menschen schildert, dann fällt auf, dass sie ausgerechnet über die Minghettis eher wortkarg bleibt. Ein Brief von ihr an Augusta von Stein vom 30. Dezember 1879 enthält eine geheimnisvolle Passage über Donna Laura, die Berta Schleicher in ihrer Edition fortgelassen hat:[197] »An sie fesselt mich besonders ein wahres Werk der Erlösung, welches sich in ihr vollzieht und wobei ich nach Kräften helfe.«[198] Blickt man auf Rollands Schilderung dieser Frau und vergleicht sie mit derjenigen Bülows, der sie noch später kannte, kann man vermuten, worin für Malwida dieses »Werk der Erlösung« bestand: Erlösung von einem oberflächlichen Sich-Verzetteln hin zu einem geistig tiefergründigen Dasein. Doch sie seufzt gelegentlich in einem Brief an ihre Schwester, in dem sie wieder einmal von einer schönen Zeit in Mezzarate berichtet: So interessant Laura Minghetti sei, so sei sie doch auch ermüdend, »denn sie will nun immer bis auf den Grund Fragen ergründen, die für mich längst gelöst sind, oder die ich demüthig als unlösbar erkannt«.[199] Immerhin wirft dies ein Licht darauf, dass diese Frau im Zusammensein mit Malwida abseits ihres Salons auch tiefergehende geistig-seelische Bedürfnisse entwickelt.

Mag man in Malwidas Beziehung zu den Minghettis eine gewisse Distanz spüren – zu Laura geistiger, zu Carlo politischer Art –, erstaunt umso mehr, dass sie zu Marie[200] (1848–1929), Laura Minghettis Tochter aus früherer Ehe, eine liebevolle Freundschaft entwickelt, die gerade in ihren späten Jahren an Innigkeit alle anderen Frauenfreundschaften übertrifft, und – noch erstaunlicher – sogar zu deren (seit 1886) Ehemann Bernhard von Bülow, der am 17. Oktober 1900 deutscher Reichskanzler wird und später durch seine vierbändigen »Denkwürdigkeiten«, die eine wutschäumende Gegenschrift prominenter Autoren provoziert,[201] vielen als zutiefst maliziöser Typ in Erinnerung bleibt. Doch in seiner Freundschaft mit Malwida lernen wir ihn von seiner liebevollen Seite kennen, noch in dem, was er über sie Jahrzehnte nach ihrem Tod in seinen »Denkwürdigkeiten« schreibt.

Da rühmt er auch die »geniale musikalische Begabung« seiner Gattin; früh habe er begriffen, »dass das ganze Wesen dieser seltenen Frau Musik war«, wogegen er selbst »leider ganz unmusikalisch« sei.[202] Wie ihre Mutter ist sie Wagner-Enthusiastin, schätzt jedoch auch Bach und Beethoven.[203] Malwida schreibt noch gegen Ende ihres Lebens an Marie, auf dem »idealen Boden« von Bayreuth sei ihre Freundschaft erwachsen, »und deshalb ist sie auch ideal schön geblieben und wird es bleiben bis an das Ende«.[204] Cosima Wagner kennt sie gut; in ihrem sechzehnseitigen Brief vom 17. Mai 1878 an die »geliebte Malwida« charakterisiert sie Marie als »holdes, durchaus geniales Geschöpf der esthetischen (sic!) Welt, nicht der ethischen angehörig«[205] – »nicht der ethischen«: Marie in ihrer damals zerbrechenden ersten Ehe gilt als skandalumwitterte Frau. Eigentlich überhaupt kein Typ für Malwida, könnte man meinen – doch diese ist dann, wenn sie liebt, nicht so eng, wie sie bisweilen erscheint, schon gar, wenn sie durch die Liebe jemanden veredelt.

Am 18. Dezember 1883, noch Jahre vor Maries Eheschließung mit Bülow, schreibt Malwida an Cosimas Tochter Daniela über diese Frau: »Ich freue mich wie ihre Seele sich immer mehr reinigt vom Schmutz des Lebens und zu einer festen würdigen Gestaltung ihrer Existenz hinstrebt. So ist doch wieder eine schöne Seele für ein Leben der Wahrheit und edlen Strebens gerettet.«[206] »Sich reinigt vom Schmutz des Lebens« – also hat Malwida diese Frau keineswegs von Anfang an hochgeschätzt, im Gegenteil, doch sie erkennt, Marie ist fähig zur Höherentwicklung, zu seelischem Wachstum. Und bei ihr selbst wächst schon in kurzer Zeit eine leidenschaftliche Liebe zu dieser Frau. Am 22. März 1885 berichtet sie Daniela: »Marie D(önhoff) ist mein liebster Umgang jetzt hier; sie wird immer ernster, immer bewusster über den einzigen Weg den *sie* jetzt zu gehen hat, immer concentrirter auf die letzte Lebensaufgabe: Ich freue mich dass ich zu dieser Entwicklung beigetragen habe.«[207]

Worin mag diese Aufgabe bestehen, zu deren Erfüllung Malwida geholfen zu haben meint: in einem soliden Eheleben mit Bülow? Denn seit langem ist auch der mit Malwida bestens befreundete Maler Lenbach – laut Malwida »ein großer Mann mit einem Kinderherzen«[208] – in Marie heftig verliebt, zeitweise scheint er ihr Geliebter gewesen zu sein. Ihre Hinwendung zu Bülow wird die größte Tragödie seines Lebens.[209] Das ist Malwida wohl bewusst und tut ihr »unendlich leid« für Lenbach[210], zumal sie seine Leidenschaft für Marie von ihrer eigenen Liebe her ja nur zu gut versteht – schon bald möchte sie nicht mehr fern von ihr leben. So schreibt sie am 7. Dezember 1885 an die »liebste Daniela«: »Sehr entbehre ich Marie Dönhoff … Ihr holdes liebevolles Wesen war mir fast zum Bedürfnis geworden, man entwöhnt sich wieder schwer von so etwas.«[211] Doch auch Maries geistige Interessen geben ihrer Beziehung zu Malwida Substanz. Schon am 19. Januar 1885 schreibt diese an Cosimas Tochter Blandine: »Die liebe Dönhoff sehe ich oft. Sie kommt jeden Freitag Abend allein zu mir und behauptet sie fühle sich nirgends so wohl als in meinem einsamen Zimmer mit mir allein. Das ist doch rührend von Einer, die man für ein arges Weltkind hielt. Wir lesen zusammen oder besprechen die allerernstesten Dinge. Ich liebe sie zärtlich.«[212]

Durch die Ehe mit Bülow wird das Zusammensein zu zweit mit Marie zwangsläufig seltener, und doch lässt Malwida keinerlei Eifersucht auf den

Gatten spüren. Am 16. Juli 1888 schreibt sie aus Bad Ems an Daniela, Marie erscheine ihr »immer nur so wie ein Meteor«; sie sei »sehr glücklich in ihrer Ehe«, und ihr Gatte habe eine »glänzende carrière« gemacht[213] – und dabei war das nur der Anfang der Karriere Bülows. 1893 avanciert er zum deutschen Botschafter in Rom; das hat für Malwida den Nebeneffekt, dass sie jetzt »in dem schönen Palast der deutschen Botschaft in Rom ein lang entbehrtes, deutsches Heim« findet (II 516), eine Rettung in Zeiten, wo es an der Via Polveriera laut wird; da darf sie zeitweise wohnen – in ihrer Schilderung wie ein Wechsel aus der Hölle in den Himmel. In diesem Palazzo Caffarelli spielt ihr obendrein ein Botschaftsattaché, »glühender Wagnerianer«, auf dem Klavier vor, wie sie am 26. Juni 1896 Rolland berichtet.[214] Und am 5. Februar 1897: Am Sonntag, als sie wieder einmal zu den Bülows zum Essen gehen wollte, »ganz intim wie schon im ganzen Winter«, habe sie ein Anfall von Asthma und Schwäche überkommen, dass sie zu sterben glaubte. Da seien beide Bülows eilends zu ihr gekommen, sie »mit Liebe und Zärtlichkeit überhäufend«. »Die gute Bülow bringt mir jeden Tag köstliche Blumensträuße aus ihrem Garten und schickt mir exquisite Speisen von ihrer Köchin.«[215] Dabei sind sie ab 1897 voneinander getrennt. Bülow geht als Staatssekretär des Äußeren nach Berlin, wird drei Jahre darauf Reichskanzler. Gewiss schmerzt diese Trennung Malwida; es sei ihr »eine Leere« entstanden, klagt sie Marie.[216] Sie habe gehofft, »das Schicksal würde so gut sein und mir das Glück Ihrer Nähe gönnen, bis es mich heimruft in das himmlische Caffarelli«.[217] Doch zugleich ist sie stolz auf den steilen Aufstieg ihres Freundes; und der Liebe zwischen ihr und Marie tut die räumliche Distanz keinen Abbruch. Zu ihrem fünfzigsten Geburtstag am 6. Februar 1898 sendet Malwida ihr ein Gedicht (da darf sie sie duzen!), das mit den Versen beginnt:

»Mit Rosen trittst Du ein in Deinen Händen
Zum Frühlingsgarten wandelt sich der Saal,
Der holden Blumen Fülle kommst Du spenden
Vermehrend Deiner Liebesgaben Zahl.

Und über Jenen strahlet eine Blüthe
Die wächst nicht auf der buntgeschmückten Flur,
Es ist des liebevollen Herzens Güte
Das schönste Merkmal göttlicher Natur.«[218]

»Meine geliebte Malwida«, schreibt Marie ihr zurück, sie sei von ihr (unterstrichen) *»auf das Tiefste bewegt«*. »Ihr Gedicht, was ich wie ein heiliges Vermächtnis aufbewahren und *niemandem* zeigen werde, außer meinem Mann, ist ergreifend schön, so erhaben … dieser Einklang mit der Natur, die innere Ekstase im Anblick des fluthenden Meeres … was über die Vergänglichkeit unserer irdischen Tage erhebt … ich suche Sie oft in meinen Gedanken auf, wie ich Sie das letzte Mal sah, mit Ihren milden, verklärten Zügen, die ich *so innig liebe!*«[219] Noch am 14. Februar 1902 bekräftigt sie, wohl im Bewusstsein dessen, dass die Freundin nicht mehr lange zu leben hat: »Weder die Zeit, noch die Entfernung können meine *treue warme Liebe* zu Ihnen im Mindesten abschwächen, und *mein Kummer* ist es nicht in Ihrer lieben Nähe sein zu dürfen! Meine einzige Malwida seien Sie überzeugt dass niemand Sie mehr liebt und verehrt als ich.«[220] Nach ihrem Tod schreibt Marie »mit zerrissenem Herzen« an Olga, sie und ihr Gatte hätten bei dieser Nachricht geweint. Mit ihr sei ein Engel von dieser Welt geschieden. Doch sie werde in ihr, Marie, fortleben.[221]

Zu Bernhard von Bülow gewinnt Malwida eine Beziehung eigener Art; sie erlebt ihn nicht nur als Gemahl der Marie, sondern hat ihn bereits vor der Eheschließung der beiden kennengelernt. Was besonders verblüfft: Am Anfang scheint sie ihn sogar noch höher zu schätzen als seine künftige Frau. So schreibt sie Anfang 1886 an Daniela, als sich die Ehe anbahnt: »Ich kenne und schätze Bülow ganz ungemein und wenn Marie mit ihm nicht eine edle Ruhe und ein inniges Genüge findet, so ist es wirklich ihre Schuld, denn er versteht sie wohl und ist so entwicklungsfähig.«[222] Bülow berichtet belustigt in seinen »Denkwürdigkeiten«, bald nach der Hochzeit habe Marie einen Brief »von ihrer und später auch meiner verehrten und teuren Freundin Malvida (sic!) von Meysenbug« erhalten mit den Worten: »Sie schreiben mir, dass Sie Ihren Mann leidenschaftlich liebten, obschon Sie wohl wüssten, dass er nicht besonders begabt wäre. Ich glaube, dass Sie ihn geistig unterschätzen.«[223] So wie Malwida Bülow in der ersten Zeit erlebt, zeigt er politisch noch keinen sonderlichen Ehrgeiz; so berichtet sie am 21. April 1894 Gabriel Monod, Bülow habe ihr unlängst gesagt, er wolle 25 Jahre in Rom bleiben und sich dann in Frascati zur Ruhe setzen.[224]

Malwidas Berichten nach zu urteilen, sucht und findet sie bei den Bülows vor allem eine intime Geselligkeit, keine große Gesellschaft. So berichtet sie am 17. Mai 1894 Romain Rolland, sie habe »angenehme (agréables) Stunden bei den Bülows in ihrer Intimität verbracht, wo jegliche Banalität verbannt ist und ich Herzlichkeit und Intelligenz finde«.[225] Stets dieser Horror vor Banalität, die ihr bei größerer Gesellschaft in der Botschaft schwerlich erspart geblieben wäre! Wiederholt lesen sie sogar zusammen; so berichtet sie am 15. Januar 1895 Olga, auf ihren Vorschlag habe sie mit den Bülows »die Briefe George Sands« gelesen,[226] jener französischen Schriftstellerin, die einen männlichen Vornamen annahm, in Männerkleidung auftrat und gerne Zigarren rauchte – all das musste Malwida zuwider sein, doch in ihrem Essay über George Sand in »Frauen« schweigt sie darüber.

Wie sie am 18. Juli 1896 Eva Wagner mitteilt, hat sie sogar, als Marie verreist war, vier Wochen in Rom mit Bülow allein verbracht und könne nur sagen, »dass seine Güte und Freundlichkeit sich auch nicht einen Augenblick verleugnet haben und dass ich seine hohe classische Bildung und seinen redlichen, ehrenwerthen Charakter sehr schätzen gelernt habe«, und das, obwohl man ihr über ihn Ungutes übermittelt habe.[227] Im »Lebensabend« erinnert sie sich an diese Zweisamkeit: »Unsere Anschauungen stimmten nicht auf allen Gebieten überein, aber ich hatte die tiefe moralische Genugtuung, mich mit hoher Achtung vor den festen, auf edelsten Grundlagen ruhenden Überzeugungen des bedeutenden Mannes beugen zu können, dessen Wohlwollen und Güte gegen mich sich nie, trotz unserer verschiedenen Ansichten, verleugnete.« (II 520 f.) Vermutlich bestand der Dissens im Kern ganz banal darin, dass Bülow im Unterschied zu ihr, wie es sich bei ihm von selbst verstand, unerschütterlicher Anhänger der Monarchie und der Machtpolitik war. Am 2. Juli 1896 berichtet sie Rolland von ihrem »tête à tête« mit Bülow und schildert ihn als »einen Mann dieser alten deutschen Kultur der Zeiten von Goethe und Humboldt«[228]; auf solcher Ebene klassischer Bildung kann sie mit ihm eines Sinnes sein. Bülow selbst schreibt noch in seinen »Denkwürdigkeiten«: »Ich werde den mit meiner lieben Malwida verbrachten Sommer nie vergessen.«[229]

Als Bülow Ende 1897 nach Berlin geht, spielt er noch in seinem Abschiedsbrief auf die Meinungsverschiedenheiten an und betont zugleich eine tiefe Gemeinsamkeit in der Sprache des Idealismus: »Liebste Freundin, ich will uns beiden den Schmerz des Abschieds ersparen. Bewahren Sie mir ein nachsichtiges Andenken, ich werde Ihrer immer in Rührung und Verehrung gedenken. Wir denken über manches verschieden, aber in unseres gemeinsamen Vaters Hause sind viele Wohnungen, und nicht die Richtung macht es, sondern das Wesen und die Hingebung an das als wahr und gut Erkannte.«[230] Am 11. Juni 1899 schreibt Malwida an Rolland, es sei »ein Glück, einen Staatsmann wie Bülow zu haben«, mehr noch: ein Glück, »trotz meines Antimilitarismus, einen wahren Sinn für Ehre in der Armee. Ein Generalstab wie der aktuelle in Frankreich, zusammengesetzt aus einer Bande von Fälschern, von Kriminellen schlimmer Art, wäre in Deutschland unmöglich.«[231] Es war mitten in der Dreyfus-Affäre. Als Bülow zum Reichskanzler aufgestiegen ist, gewinnt ihn Malwida dafür, dass er durchsetzt, dass Bayreuth das Recht auf alleinige Aufführung des »Parsifal« behält; Cosima Wagner zeigt sich »sehr gerührt, dass Du aus Deinem Frieden an meine Hauptsorge dachtest: den Schutz für ›Parsifal‹«.[232]

Doch äußert sie sich Ende 1900 gegenüber Cosima aufgebracht darüber, dass Bülow den Kaiser darin bestärkt, den Burenpräsidenten Paul Krüger auf dessen damaliger Deutschlandreise nicht zu empfangen; »das sogenannte Wohl des eigenen Landes über Humanität und Gerechtigkeit zu setzen, das ist die abscheuliche Tendenz der modernen Politik«.[233] Dabei war dieses Bülow'sche Verhalten ein Gebot der Staatsräson im Interesse der Erhaltung guter Beziehungen zu England. Malwida dagegen teilt die damalige deutsche Begeisterung für das »Heldenvolk« der Buren, die sich tapfer der Briten zu erwehren suchen. In der Folge hat allerdings gerade Bülow, indem er die kaiserliche Flottenmanie unterstützte, die deutsch-englischen Beziehungen in verhängnisvoller Weise belastet; doch das erlebt Malwida nicht mehr.

7

IM ZENTRUM EINER LESERGEMEINDE: DIE UNERWARTETE RESONANZ AUF DIE »MEMOIREN EINER IDEALISTIN« – EINE NEUE LEBENSPHASE BEGINNT

UNTER LAUTER LITERARISCHEN ENTTÄUSCHUNGEN UND NACH »HÖLLENANGST« EINE WUNDERBARE ÜBERRASCHUNG; DAZU DREI FRAGEN. Menschen, die unter innerer Unruhe leiden, werden heutzutage von Therapeuten gerne dazu angeleitet, erst einmal ganz einfach zu *leben,* in den Himmel zu schauen, in die grüne Natur, auf den eigenen Atem zu achten, statt immerzu ungeduldig nach Zielen zu streben und sich dabei inneren Druck zu machen. Auch Malwida findet vor allem in jüngeren Jahren nicht ihr Genüge daran, einfach zu leben. Sie fühlt sich zu Höherem berufen, ihr Leben soll einen Sinn, ein Ziel, eine Bestimmung erlangen. Doch immer von Neuem stellt sich die Frage: Worin besteht dieser Sinn; welche Bestimmung ist in ihrer Natur, ihrer Begabung angelegt? Ist es die politische Wirksamkeit, ist es die Mutterschaft, ist es die Schriftstellerei, oder ist es das Knüpfen von Beziehungsnetzen mit ihrer Kunst der Freundschaft, die sie lebenslang immer weiter ausbildet? In ihren späteren Jahren ist es ihr offenbar über längere Zeit gelungen, einfach zu leben, im Anblick schöner Natur, des Sonnenlichtes, der Weite des Meeres; das wird die Seligkeit, die ihr Italien beschert. Doch auch bei ihren literarischen Bemühungen gewinnt sie ihr großes Glück, als sie sich nicht in idealistischen Fantasien ergeht, sondern ganz einfach ihr Leben schildert.

Mit ihren Romanen und Novellen erlebt sie lebenslang eine Enttäuschung nach der anderen, wobei sie mit Vorliebe die Schuld nicht bei sich selbst, ihrem eigenen Mangel an literarischer Begabung sucht, sondern bei dem mangelnden Sinn der Verleger für ideale Welten und bei der realistischen Zeitströmung. Am 7. Oktober 1892 schreibt sie resigniert an Augusta von Stein:

»Meine literarischen Misserfolge nehmen ihren Fortgang, und ich geb's bald auf. Wozu das unnütze Papierbeschreiben? Ich bin nicht mehr von dieser Welt, und meine Zeit ist um. Die Welt erkennt das Recht der dichterischen Naturen nicht mehr an, aus sich Wesen und Verhältnisse zu schaffen, die ebenso wahr sind als die rohe Wirklichkeit, ja vielleicht wahrer als diese.«[1] Erst 1898, nachdem sie sich fast vierzig Jahre als Schriftstellerin versucht hat, findet sie in dem Berliner Verlag Schuster & Löffler einen eigenen Hausverlag, der nicht nur Neuausgaben ihrer Memoiren und ihren »Lebensabend einer Idealistin«, sondern auch ihre »Stimmungsbilder«, ihren umfangreichen Roman »Phädra« und nach ihrem Tod noch weitere Schriften von ihr herausbringt.[2]

Die Misserfolge beginnen mit dem Roman »Florence«, den sie in den Jahren von 1858 bis 1860 in England schreibt und für den sie lebenslang keinen Verleger findet; nicht einmal August Auerbach, der 1876 die deutsche Erstausgabe ihrer Memoiren herausbringt, von denen er tief beeindruckt ist, will ihn nehmen. Erst 2007 wird er mit dem Untertitel »Roman aus dem viktorianischen England« im Auftrag der Kasseler Malwida-von-Meysenbug-Gesellschaft erstmals publiziert. Sogar ihr Schauspiel »Der Segen der heiligen Katharina«, das sie nach langer Vorbereitung 1886 zu Papier bringt, bleibt lebenslang unveröffentlicht.[3] Ihr letzter Roman »Himmlische und irdische Liebe«, den sie selbst »Die Improvisatrice« betiteln wollte und für den sie Gabriel Monod zufolge »eine besondere Vorliebe« hegte – noch kurz vor ihrem Tod arbeitet sie auf ihrem Krankenlager am Manuskript[4] –, kommt erst posthum heraus. Eine frühere Fassung wollte die Wiener Literarische Gesellschaft, Malwida zufolge, »in ihrem Novellenband« veröffentlichen, für Malwida eine »grausige Ironie«, wie sie an Augusta von Stein schreibt;[5] anscheinend wird nichts daraus. »Von meinen letzten Artikeln aus Rom weiß ich noch nichts, vermute dasselbe Schicksal«, fährt sie fort. »Es fängt an, mich zu ekeln, noch etwas zu schreiben.« Zu allem Elend geht das Manuskript beim Verlag zeitweise verloren, und dabei hat sie im Vertrauen darauf, dass der Roman bald gedruckt wird, ihr Originalmanuskript vernichtet! Dann findet es sich beim Verlag doch wieder. Sie arbeitet weiter daran,[6] doch gewiss tief verletzt durch die Geringschätzung dieses Werkes, das für sie selbst viel bedeutet.

Lebenslang bricht in ihr immer wieder eine Wut auf Verleger und auch auf Redakteure durch, trotz des großen Erfolges ihrer Memoiren und auch der Veröffentlichung zahlreicher Aufsätze von ihr.[7] »Ich habe mit deutschen Verlegern schlimme Erfahrungen gemacht und bin dazu gekommen, die Verleger für eine besondere Menschenrasse zu halten, für eine Art Vampyre den Autoren gegenüber und die wesentlich dazu beitragen den schlechten Geschmack des Publikums zu verstärken«, schnaubt sie am 29. August 1887 gegenüber Alexander von Warsberg.[8] Selbst auf jenen Verleger, der erstmals ihre Memoiren herausgebracht hat, wird sie wütend, als sie 1883 erfährt, »dass Auerbach jetzt bei einem Leipziger Juden eine lumpig wohlfeile Ausgabe meiner Memoiren veranstaltet hat, ohne mir ein Wort zu sagen«.[9] Und obendrein, ohne dass sie dafür ein Honorar bekommt![10]

Am 26. Januar 1883 klagt sie Augusta von Stein, die »allererbärmlichsten« Erfahrungen mit Verlegern zusammen mit Selbstzweifeln nähmen ihr oftmals die Kraft zu schreiben.[11] Dennoch schreibt sie weiterhin eine ganze Menge. Und Anfang 1889 an Marie Loeper-Housselle: »Ich schmachte seit Jahren nach einem *edlen* Verleger, der Gesinnungsgenosse ist.«[12] Sie will offenbar nicht wahrhaben, dass Verleger nicht reine Idealisten sein können, sondern auch Geschäftsleute sein müssen. Noch ein halbes Jahr vor ihrem Tod macht sie gegenüber Rolland noch einmal ihrer alten Wut Luft, die Verleger seien »eine besondere Menschenklasse«: »Sie wissen, dass Göthe (sic!) einmal sagte, dass man eine spezielle Hölle für die Verleger schaffen müsse. Das sind die, die auf Kosten der Autoren reich werden.«[13]

All diese Ausbrüche lassen erkennen, dass die Publizistik ein wunder Punkt ihres Lebens ist und bleibt. Umso beglückender muss für sie der große Erfolg ihrer *Memoiren* gewesen sein. Erstmals erwähnt sie ihre Arbeit daran in einem Brief an Gottfried Kinkel am 1. Oktober 1856. Beim Schreiben kann sie sich anscheinend[14] auf Tagebücher stützen – auch wenn man in ihren Memoiren oft die Zeitangaben vermisst –, wohl noch mehr auf die von ihr gesammelten Briefe, von denen sie gerne Textpassagen in ihre Erinnerungen einfügt, mag das manchmal auch indiskret sein.[15] Am 10. Oktober 1859, in Brighton mit Blick auf das Meer, wo es ihr »fanatisch« gefällt – noch lange nach der Abkehr von revolutionärem Fanatismus liebt sie »fanatisch« als Selbstbezeichnung! –, schreibt sie an Kinkel in neuem Hochgefühl:

> »Die Gedanken fluten über mich herein … Sehen Sie, lieber Freund, zum klarsten Bewusstsein ist es mir geworden, was der rote Faden war, der durch mein Leben ging und was noch zur Erfüllung kommen muß, damit ich versöhnt sterbe: ich muß das innerste Leben aussprechen in einem Buch, in einem würdigen Denkmal und, ich

fühle dass das, was ich schreibe wirklich etwas wert ist (zum *ersten* Mal fühl ichs), dass es ein Buch werden wird, das eine sittliche Wirkung ausüben könnte, ein Buch voll gelebter Poesie.«[16]

»Damit ich versöhnt sterbe«: Schon mit 43 Jahren rechnet sie, die das doppelte Alter erreichen sollte, offenbar mit der Möglichkeit, nicht mehr sehr lange zu leben. Daraus erklärt es sich, dass sie die Zeit für gekommen hält, Lebenserinnerungen zu schreiben. »Der rote Faden«: Was mag sie damit meinen? Gewiss vor allem das Streben nach einem Ideal, so wie sie es bereits im Titel verkündet; und dieses besitzt seine Schönheit: So kann es ein »Buch voll gelebter Poesie« werden.

Schon zu jener Zeit sind »die Memoiren trotz aller Unterbrechungen schon zum dicken Band herangewachsen«. Damals glaubt sie, mit Rücksicht auf ihre Augen – »wenn ich nicht blind werden will« – das Schreiben erneut unterbrechen zu müssen, doch »die Memoiren liegen mir tief am Herzen und ich brenne danach sie fertig zu haben, aber sie sind gerade ein Werk von so eigentümlicher Stimmung, dass ich nicht glaube sie zwischen dem Lärm des Lebens … zu fördern, ohne sie wesentlich zu beschädigen«.[17] Wie man an ihren späteren »Stimmungsbildern« erkennt, die sie 1879, als erstes Werk nach ihren Memoiren, herausbringt, ist »Stimmung« für sie ein tiefgründiger Begriff; sie bedarf der Ruhe, um ihren Erinnerungen ihre besondere Stimmung zu verleihen. Daraus erklären sich die immer neuen Unterbrechungen, die dazu führen, dass die deutsche Ausgabe erst 1876 erscheint, volle zwei Jahrzehnte nach dem Beginn des Schreibens.

Am 17. August 1866 schreibt sie, wieder mit Blick auf das Meer – diesmal am Golf von Spezia – an Augusta von Stein: »An meinen Memoiren schreib ich, so viel es möglich. Hätte ich noch 2–3 Monate so hier, könnte ich hoffen, sie zu vollenden. Ich fürchte aber, der Winter wird sie unterbrechen.«[18] Die Stimmung, die sie zum Schreiben braucht, ist offenbar von Jahreszeiten abhängig; sie braucht Sonne und Wärme. Zwischendurch, Ende 1860, schwankt sie, ob sie »erst die Memoiren vollenden oder einen neuen Roman schreiben soll, der mir im Kopfe spukt«,[19] doch kurz darauf setzt sie die Memoiren fort und ist »sehr glücklich dabei, denn nur *das* ist Glück, die Frucht reifen zu sehen, die uns versichert, dass wir nicht umsonst gelebt und wenn dem klaren blickenden Geist nach und nach die Wahrheit sich zu einem Brennpunkt vereinigt, in dem sich alle Stralen concentrieren, dann hat das

Individuum seine Aufgabe gelöst und das giebt Frieden«.[20] Doch zwischendurch wieder trübe Stimmungen: Da scheint es ihr »unnütz, noch etwas zu schreiben, da es ja doch keinen Anklang findet, aber die Sehnsucht danach bleibt, als das Einzige, was dem Leben Inhalt giebt«.[21] Am 25. Mai 1867 schreibt sie jedoch aus einer Villa »auf einer der reizenden Anhöhen um Florenz«, sie hoffe, in diesem Sommer ihre Memoiren abzuschließen, zumal es »wohl passiren« könne, »dass es einmal über Nacht zu Ende geht«.[22] Erneut verbindet sich die Arbeit an den Memoiren mit dem Gedanken an die Möglichkeit eines baldigen Todes.

1869 erscheint dann in Genf in der Imprimérie russe de Londres eines Heinrich Georg durch Herzens Vermittlung die französische Ausgabe des ersten Bandes ihrer Memoiren unter dem Titel: »Mémoires d'une idéaliste (entre deux révolutions 1830–1848)«. Da muss Malwida noch die Druckkosten übernehmen.[23] So wenig rechnet der Verlag mit einem Absatz, der auch nur die Kosten deckt. Im Vergleich zum Erfolg der deutschen Ausgabe von 1876 des mittlerweile auf drei Bände angewachsenen Werkes bleibt die Resonanz bescheiden, und doch ist sie eine schöne Überraschung, denn die Erwartungen waren noch weit bescheidener. Noch am 16. Februar 1869 schreibt sie an Kinkel: »Ob das Büchlein etwas wert ist oder nicht, ob es Interesse hat für Andere oder nicht, ob es eine, wenn auch kleinste Wirkung ausüben wird, weiß ich nicht, es ist mir auch fast einerlei. Ich wünschte schon ich hätte es nicht gedruckt, weil es *jedenfalls* Verdruß aufwülen wird von Seiten meiner Familie und ich bin solch eine *Fanatikerin* der Ruhe geworden, dass mich die Voraussicht dieser Stürme jetzt schon quält und ängstigt.«[24] Da kann man das ganze Ausmaß der dann folgenden Überraschung ermessen!

Das beginnt bereits mit der französischen Ausgabe.[25] Schon diese ruft prominente Resonanz hervor, so von Michelet und dem von ihr hochgeschätzten Ökonomen John Stuart Mill,[26] für sie »einer der edelsten und klarsten Geister«,[27] dem sie als »Verteidiger der Frauenrechte« ein Exemplar sandte;[28] dazu eine Reihe neuer wertvoller Bekanntschaften, so zu Marie Loeper-Housselle und zu Wilhelm Hemsen, ab 1869 Hofbibliothekar in Stuttgart mit vielen Beziehungen, der seinen König Karl von Württemberg, den »Regenten mit mildem Zepter«,[29] für die Memoiren begeistert und den Kontakt zu August Auerbach vermittelt, der dann die deutsche Fassung herausbringt.[30] Aus Malwidas Beziehung zu Hemsen wird ein dauerhafter

»Freundschaftsbund«[31]; der verspricht ihr, die deutsche Ausgabe zu fördern.[32]

Da mag man sich wundern, dass sie nicht gleich darauf an die weit umfangreichere deutsche Ausgabe heranging. Die Lösung dieses Rätsels lautet: Olga. Neujahr 1873 berichtet sie Marie Loeper-Housselle: »Ich bin jetzt dabei den 2ten Theil meiner Memoiren zu schreiben als Palliativ gegen den Schmerz«,[33] den Schmerz über die bevorstehende Trennung von Olga. Wie sie sich 1886 gegenüber Alexander von Warsberg erinnert, der ihr vorwarf, nicht viel mehr geschrieben zu haben:

> »Als ich mich aufs neue der Erziehung widmete, da schien mir mein Leben an seinem Ziel angelangt und das Mütterliche, das stets so stark in mir gewesen, fand nun die Befriedigung und gewann die Oberherrschaft in mir, und die beste Kraft meines Lebens ist dem holden Wesen gewidmet gewesen, das Sie nun auch schon unter dem Namen Olga kennen. … Erst nach Olgas Verheiratung erwachte der alte Trieb zum Schreiben wieder mit unwiderstehlicher Macht, denn sie war mein lebendiges Gedicht gewesen. Nun entstanden die Memoiren und ich sage es in Wahrheit: Der Erfolg hat mich gänzlich überrascht, ich hatte ihn nicht geahnt. Ich weiß, dass dieses Buch in Australien, in Jerusalem, im fernen Westen Amerikas gelesen wurde. Aus allen Teilen der Welt erhielt ich begeisterte Zuschriften, noch kürzlich schrieb mir ein junger Student aus Jena: ›Sie haben unter uns Jünglingen eine wahre Gemeinde, die in Ihrem Namen ihre heiligsten Gelübde tut.‹«[34]

Nach einem Jahr ist die erste Auflage von tausend Stück verkauft und eine zweite in Vorbereitung;[35] weitere Auflagen werden folgen. Mit diesem Erfolg beginnt für sie eine neue Ära, und sie erlebt das beglückende Gefühl, ihren Lebenssinn gefunden zu haben und auch in einsamen Zeiten zu einer großen Gemeinschaft von Gleichgesinnten zu gehören – einer, die sie selbst inspiriert hat. Diese »unsichtbare Gemeinde« wird ihr »einziges Glaubensbekenntnis,«[36] mehr noch: da fühlt sie sich zur »Prophetin« berufen. Anfang 1878 erklärt sie Paul Rée, die »für mich wirklich überraschende, aber unleugbare Wirkung« der Memoiren mache es ihr zur »Pflicht«, »so viel als möglich die Gedanken auszusprechen, welche in die Zukunft hinein ragen und somit wirklich Profetin zu sein, für die empfänglichen Herzen in der unbekannten Menge, welche nur des Zurufs bedürfen, um den rechten Pfad zu gehen«.[37] Noch selbstbewusster – als »Hohepriesterin«, ja Retterin Europas! – zu Rée am 3. März 1879:

»Der ganze Zustand in Europa trostlos und auf lange Sicht hin denn die nächste Zukunft birgt wohl noch Düsteres genug in ihrem Schooss. Wo wäre da der *einzig* schöne Trost? In einer wohl assortirten Colonie. Aber –
Eine Gemeinde Gleichgesinnter freilich existirt wohl und sie ist mir ein grosser Trost. Ich hatte hier vorgestern Abend eine Anzahl tüchtiger Weiblichkeiten zusammen, aus Berlin, Breslau, Würzburg etc. Alle durch die Mem(oiren) mir zugeführt, welche behaupteten es existirten ganze Gemeinden von Gesinnungsgenossen, deren Hohepriesterin ich sei.«[38]

Dabei ist noch im Jahr vor der Veröffentlichung alles unsicher; so schreibt sie im Juni 1875 über ihr nunmehr abgeschlossenes Manuskript von 966 Seiten an Olga: »Ob es gedruckt werden wird, ist noch sehr die Frage. Ich kann es nicht wieder auf eigene Kosten drucken wie damals das erste.«[39] Und kurz darauf: »Ich habe Höllenangst.«[40] Sie fiebert der Veröffentlichung entgegen, doch im November 1875, als Auerbach das Manuskript akzeptiert und in Druck gegeben hat: »Ich fürchte, der zweite Teil wird mir viele Feinde machen, obgleich ich gewiß so schonend und so anonym verfahren bin wie möglich.«[41]

Selbst im Anblick des Erfolges überkommt sie bisweilen ein Anflug von Melancholie, sogar in der schönen Zeit in Sorrent mit Nietzsche und Rée; so sinniert sie dort in einem Brief ausgerechnet an Olga, durch deren Bemutterung sie sich vom Schreiben hatte abhalten lassen: »Ja, es ist schade, dass ich nicht früher mich ganz habe zum Schreiben wenden können. Es war eigentlich meine Bestimmung, ich fühle es deutlich, nur hätte ich früher viele ernste Studien dazu machen müssen.«[42] Doch zeugt dieser ihr Erfolg nicht davon, dass ihre Bestimmung nicht in »ernsten Studien«, sondern in der Weitergabe von Lebenserfahrung liegt? »Eben habe ich wieder 2 der ersten deutschen *revuen* erhalten mit langen Artikeln darüber«, über ihre Memoiren, berichtet sie Olga. »Briefe von Verehrern bekomme ich noch immerzu, und meine Schwestern schreiben mir, in Hannover risse man sich förmlich darum, in den Lesegesellschaften sei es immer ausgeliehen. Nietzsche neckt mich immer damit, dass ich jetzt einer der gelesensten Autoren sei, und es scheint wirklich wahr zu sein.«[43] Selbst dem Nietzsche-Biografen Werner Ross zufolge ist Malwida zu jener Zeit »berühmter als Nietzsche«,[44] und, noch bemerkenswerter: Nietzsche zeigt keine Eifersucht, sondern hält damals diesen ihren Ruhm für berechtigt.

Dreierlei erscheint bei ihren Memoiren erst einmal verwunderlich: Warum publiziert sie sie zuerst auf Französisch? Warum veröffentlicht sie die französische Fassung ebenso wie die erste deutsche Ausgabe anonym? Warum betitelt sie das Buch »Memoiren«, nicht etwa wie George Sand »Geschichte meines Lebens« oder ähnlich? Dazu einige Erklärungen:

Warum zuerst auf Französisch, wo sie schon damals trotz Exil ihren Originaltext auf Deutsch verfasst hat und ihn dann selber übersetzte?[45] Der Genfer Verlag, in dem diese Erstausgabe erschien, veröffentlichte auch deutschsprachige Bücher, und gerade dieser erste Band der Memoiren handelt von ihrer Zeit in Deutschland. Selbst Herzen, der ihr den Verlag vermittelte und ihr auf Französisch zu schreiben pflegte, jedoch auch Deutsch verstand, spottete noch vor der Publikation: Welcher Dämon habe sie dazu getrieben, auf Französisch zu schreiben?[46] Die Antwort auf diese Frage lautet wohl vor allem: Gabriel Monod, nicht nur mit Blick auf seine Person, sondern auch seine französischen Verbindungen, mit denen er die Memoiren in Umlauf bringt.[47] Von Monod lässt sie das Manuskript gegenlesen. Sein damaliges Urteil enthält manche Kritik; der Stil erinnere ihn zu sehr an die Sprache der Heroinen Friedrich Schillers; wenn sie allerdings erregt sei, schreibe sie exzellent, genau und originell. Bisweilen finde er sie, um mit Herzen zu reden, »un peu émancipatissimé«, doch das liege wohl an seinen männlichen Vorurteilen gegenüber den Frauen. Einmal verfällt er selbst in die Sprache des Idealismus, wenn er schreibt, ihre Natur habe »eine heilige Flamme, die alles reinigt, was sich ihr nähert«.[48] Und am Ende seiner Lektüre: »Ich wusste, warum ich Sie liebe, jetzt weiß ich, warum ich Sie bewundere.«[49] Noch aus einem weiteren Grund hat Malwida ihre Memoiren wahrscheinlich zuerst auf Französisch herausgebracht: um italienische Leser zu erreichen, die in der Regel eher Französisch verstehen als Deutsch. Schon am 13. März 1869 triumphiert sie aus Florenz gegenüber dem spöttischen Alexander Herzen: »Meine Memoiren haben hier einen großen Erfolg, besonders die jungen Mädchen sind davon begeistert. Ich habe neulich herrliche Blumen bekommen mit einer Karte: der Idealistin zum Zeichen tiefster Verehrung.«[50]

Weiter: Warum zuerst anonym, wo sie mit ihren Memoiren doch gewiss gleichgesinnte Bekannte gewinnen will? Doch das gelingt ihr bereits mit der ersten noch anonymen Ausgabe, denn nach all dem, was sie über ihre Kasseler Herkunft, ihren Vater, ihre Brüder berichtet, konnten alle die, die sich in ihrer Welt auskannten, unschwer die Verfasserin erraten, und anscheinend erwartet sie noch nicht, mit ihrem Buch ganz neue Freunde zu gewinnen. Vermutlich war die Anonymität eine Geste weiblicher Bescheidenheit, ja der Scheu, auch im Gedanken an ihre dort offengelegten revolutionären Überzeugungen von 1848, die im Bismarck-Deutschland weltfremd wirkten. Man denke allein an einen Satz wie den, dass sie die Idee der »Abschaffung des Erbschaftsrechts« zu jener Zeit »mächtig« ergriffen habe: »Sie schien mir einen Kodex der neuen Moral zu enthalten.« (I 158) Am 18. Juli 1875 besteht sie gegenüber Wilhelm Hemsen sogar darauf, dass auch die deutsche Fassung anonym bleiben solle. »Der Name wirft ein zu grelles Licht auf so viele persönliche Verhältnisse. Die Freunde wissen es ja doch, wer es geschrieben hat und die Übrigen brauchen es nicht zu wissen.«[51]

Damals beginnt sie mit der Rückübersetzung der französischen Fassung; sie übernimmt nicht einfach das deutsche Originalmanuskript – doch wie sie Hemsen Ende 1875 mitteilt, findet sie die Übersetzung nicht gelungen. Zugleich gesteht sie ihm, sie fürchte das Erscheinen ihres Buches: »Ich wollte, es wüsste Niemand, dass es von mir wär …; weil ich, die das Leben so gewaltsam hinaus gestoßen hat in die Öffentlichkeit, diese doch so sehr scheue, dass ich lieber in einem Schneckenhaus säße als dem Verdacht ausgesetzt zu sein, eine schriftstellerische Persönlichkeit sein zu wollen, oder gar auf Ruhm Anspruch zu machen.«[52] Diese Scheu wirkt glaubwürdig, wenn man bedenkt, dass sie – soweit bekannt – nie in ihrem Leben vor einer großen Öffentlichkeit gesprochen hat, so wie man es heutzutage von einer politisch engagierten Frau erwarten würde.

Dass Frauen anonym publizierten, war zu jener Zeit nicht ungewöhnlich. Selbst Rahel Varnhagen (1771–1833), aus späterer Sicht die große Frau im Deutschland ihrer Zeit, die allerdings einer älteren Generation angehörte als Malwida und bei ihr nirgends vorkommt, veröffentlichte zu Lebzeiten nur anonym.[53] Renate Möhrmann findet es »aufschlussreich, dass die Frauen es anfangs noch nicht riskierten, unter ihrem eigenen Namen ins Licht der Öffentlichkeit zu treten«. Das habe gerade für Frauenrechtlerinnen gegolten. So habe Louise Otto-Peters ihre Zeitungsartikel stets mit »Otto Stern« unterzeichnet, und auch Fanny Lewald habe ihre ersten beiden Romane anonym herausgebracht.[54] Doch nicht nur für deutsche Frauenrechtlerinnen: Noch 1879 bringt selbst die Schweizerin Johanna Spyri ihren Heidi-Roman, der zum Welterfolg wird, anonym heraus!

Und warum »Memoiren«? Selbst Louise Otto-Peters (1819–1895), die

»Mutter der deutschen Frauenbewegung«, veröffentlicht keine »Memoiren«, dafür »Mein Lebensgang – Gedichte aus fünf Jahrzehnten«. Da mag Wikipedia eine Erklärung liefern: »Beschreibt die Autobiographie (auch) den Werdegang des noch nicht sozial etablierten Menschen, gehen Memoiren von der gefestigten Identität eines seiner sozialen Rolle bewussten Individuums aus.« Man darf annehmen, dass Malwida ihr Buch im Selbstgefühl einer »gefestigten Identität« zu Papier bringt, doch »sozial etabliert« ist sie überhaupt nicht. Vermutlich kommt noch etwas anderes hinzu: Autobiografische Titel betonen die Entwicklung aus dem eigenen Innern heraus. »Memoiren« werden typischerweise von solchen Menschen geschrieben, die ihren Lebensweg nicht zuletzt aus äußeren Erfahrungen herleiten, und dies ist bei Malwida in hohem Maße der Fall. Allein ihre innere Entwicklung hätte sie nicht zur Emigration nach England veranlasst. Und doch bleibt der »Memoiren«-Titel merkwürdig.

VON JUNGEN MÄDCHEN BIS ZU FRIEDRICH NIETZSCHE: WAS BEGEISTERT VIELE LESER AN DEN MEMOIREN MALWIDAS? Beginnen wir mit dem Dichter Berthold Auerbach (1812–1882), dem Vaters des ersten Verlegers der Memoiren August Auerbach, der Malwidas Erinnerungen, da sie Bekenntnisse enthalten, in eine Reihe mit den »Confessions« Rousseaus stellt:

> »Du hast recht, lieber August, es ist ein im höchsten Sinne bedeutendes Buch, und Du kannst Dich vollauf freuen, es ediert zu haben. Ich glaube, dass seit Jean Jacques Rousseau nichts Ähnliches da war, und dieser erste Teil – ich kenne noch nichts weiter – ist für unser Zeitleben so belangreich wie die Confessions für damals. Der homo liber unserer Tage ist da in seiner Entwickelung gezeigt, und dass es gerade eine Frau, ist für die moderne Welt charakteristisch. Technisch betrachtet sind Meisterstücke ersten Ranges in dem Buche … Und die psychologischen Übergänge, wie meisterhaft! Es ist fast zu viel, zu gedrängt. … Laß Dich nicht irren, lieber Sohn, wenn das Buch nicht bald und überhaupt den äußeren Erfolg hat; es ist so, dass es starke Ansprüche an den Leser macht und ist unbarmherzig gegen alle Konvenienz und fragt den Teufel nach Gefallen. Das ist ebenso brav als der Lese-Amüsierwelt zuwider. Ich freue mich mit Dir, dass Dein Beruf Dich so Tapferes und Bleibendes fördern lässt.«[55]

Die 1874 von Berthold Auerbach mitbegründete literarische Zeitschrift »Deutsche Rundschau«, politisch nationalliberal orientiert, bringt bereits in der Ausgabe vom April-Juni 1876 ohne Verfasserangabe eine ausführliche

Rezension, zu der Ruth Stummann-Bowert schreibt, man könne »vielleicht die These wagen, dass keine der späteren Äußerungen zu den ›Memoiren einer Idealistin‹ und ihrer Verfasserin an Genauigkeit, Schärfe und fairem Urteil an diese frühe Besprechung … heranreicht«.[56] Dabei geht diese trotz ihrer Länge relativ wenig auf Details der Memoiren ein. Der Rezensent (oder ist es eine Frau?) hält sich zu Anfang sehr lange beim Titel und dem Begriff des Idealisten auf, der keineswegs im Trend der Zeit liege, um zugleich den Idealisten zu idealisieren: »Einer Idealistin! Ist es nicht unbescheiden, sich selber so zu bezeichnen? Heutigen Tages wol nicht; denn es gilt heutigen Tages nicht für rühmlich, ja kaum wünschenswert, Idealist zu sein oder dafür zu gelten.« Und doch: »Der Idealist bewirkt, mit der entsprechenden Kraft ausgestattet und in die Gunst der Verhältnisse versetzt, die großen Wandlungen der Geschichte; der Idealist gleicht dem Magnet, der dem angezogenen Eisen nicht den Magnetismus mittheilt, sondern im Eisen vorhandenen Magnetismus zur Action weckt.«[57] Das Buch sei nichts für frivole Egoisten.

> »Die Verfasserin verdient den Namen einer Idealistin, sie lässt sich nicht irren und nicht verwirren, sie sucht der inneren Berufung in jeglicher Lage treu zu bleiben, dienend, helfend und aufopfernd und dabei doch treulich ihr Selbst bewahrend, sie kennt keinen Compromiß, kein Pactiren mit realen Interessen und Bedingungen, kein Genügen am momentanen Erfolg, keine Sättigung am Heute, kein Vertragen mit der Halbheit. … Eine starke, muthige Frauenseele ringt sich aus der politischen, aus der socialen und religiösen Tradition los.«[58]

Diese Idealistin lässt sich »nicht irren und nicht verwirren« – wirklich nicht? Denn gegen Schluss wird die Rezension immer kritischer und betrachtet es als eine »Verirrung«, wie die Verfasserin »zuletzt in Schopenhauer und Richard Wagner Heilserscheinungen erkennt, die vom gesunden, historisch klaren Standpunkt aus gewiß nicht darin zu finden sind. … Eine Ethik, die die Verneinung des Willens zum Leben setzt, ist die ewige Phrase, ähnlich wie die ewige Melodie Wagners eitel Spuk und Renommage. … Es ist zu bedauern, dass diese Schlußwendungen der Verfasserin entschieden abstoßend wirken.«[59]

Als Provokation und zugleich als Machwerk voll innerer Widersprüche empfindet der damalige »Papst des literarischen Realismus« (Jacques Le Rider), der Literaturhistoriker Julian Schmidt (1818–1886), die »Memoiren einer Idealistin«, doch durch eine Kritik von solcher Seite muss sich Malwida eher bestätigt sehen.[60] Insgesamt überwiegen bei Weitem die freundlichen, ja begeisterten Reaktionen. Selbst Alexander Herzen, der anfangs spöttelte, liest das Manuskript 1868 schon vor der Veröffentlichung und redet sie darauf »Très chère aristo« an mit der Begründung, ihre Memoiren seien »aristokratisch«, nicht in einem europäischen Sinne, aber im Sinne des himmlischen Reichs. Ihr idealisierendes Wesen scheine überall durch, »um diese bittere Pille des Lebens zu vergolden« (pour dorer cette pilule de la vie).[61] Gewiss ein doppelbödiges Lob: Wenn er sie als »Aristokratin« tituliert, lässt er durchblicken, dass er ihre zeitweiligen revolutionären Bekundungen für nicht ganz echt hält.

Doch so ist Herzen. Da gibt es genug andere Resonanzen. Wie Malwida ihrer Schwester Louise am 3. März 1877 berichtet, seien Reinhard von Seydlitz und seine englische Frau durch die Lektüre ihrer Memoiren zu ihren glühenden Verehrern geworden[62]; Seydlitz – Diplomat a. D., Schriftsteller und Freund Nietzsches – ist seit 1876 Präsident des Münchener Richard-Wagner-Vereins; und gegen Ende ihrer Memoiren (II 201) schildert sie ihre Freundschaft zu Wagner als ihr beglückendes Lebensziel: Da habe sie »den Künstler gefunden, dessen Streben mir allein ein neues Ideal verwirklichte.« Begeisterte Leser werden die Memoiren nicht zuletzt unter den Wagnerianern – nur nicht bei Wagner selbst![63] – gefunden haben. Doch bei Weitem nicht nur dort. Selbst Carl Schurz schreibt ihr noch 1890 aus New York, mit ihren Memoiren sei sie sein Vorbild geworden: »Ich folge nämlich Ihrem Beispiel, indem ich meine Lebenserinnerungen aufschreibe, und bei der Behandlung jener Londoner Zeit haben mir Ihre ›Memoiren einer Idealistin‹ den größten Genuß bereitet und mir wesentliche Dienste geleistet.«[64] Anderswo bezeichnet er die Memoiren gar als »das beste Buch«, »das in Deutschland jemals von einer Frau veröffentlicht worden ist«![65]

Malwidas Verlag Schuster & Löffler druckt in einer Auflage der Memoiren Auszüge aus zehn Rezensionen ab. Fünf davon behandeln das Werk als ein Buch für junge Leute, insbesondere für Frauen und Mädchen; nur eine würdigt ausdrücklich auch die Bedeutung für Männer: Der »Berner Bund« erinnert daran, dass dies Werk sich als ein »Lebensbuch« für Männer und Frauen erwiesen habe.[66] Man kann sich vorstellen, dass viele Frauen davon beeindruckt und in ihrem Drang zur Unabhängigkeit bestärkt werden, wenn Malwida selbstbewusst schildert, wie sie auch ohne großes Vermögen mutig und autonom ihren Weg geht, auch wenn sie dafür die Trennung von ihrer Familie, zeitweilige Einsamkeit und eine Außenseiterrolle in Kauf nehmen muss und manche Leiden durchmacht. Um den tiefen Eindruck zu verstehen, den die Memoiren damals gerade auf viele Frauen ausübten, muss man sich vergegenwärtigen, wie ungewöhnlich es zu jener Zeit war, dass eine unverheiratete Frau aus höheren Schichten ganz auf sich gestellt in die Ferne strebt.

Elisabeth Nietzsche berichtet am 17. April 1877 ihrem Bruder, in Mainz »schwärmt übrigens ein ganzer Kreis von Mädchen für Frl. von M(eysenbug)«; eine Bekannte lasse »die liebe Frl. von M(eysenbug) um Verzeihung bitten, dass sie ihre Adresse an die junge Mainzerin verrathen habe, und der lieben Malvida (sic) nun noch einen Briefwechsel mehr aufgeladen habe, aber das junge Mädchen schwärme zu sehr für das Buch und als Tochter einer orthodoxen Judenfamilie weiß sie gewiß was Leiden und Zerwürfnisse in der eigenen Familie zu bedeuten haben.«[67] Auch Malwidas religiöse Freigeistigkeit schafft ihr Verehrer, allen voran Nietzsche, doch wohl mindestens so sehr Verehrerinnen, da Mädchen und Frauen vielfach mehr als Männer dem Druck der Kirche ausgesetzt sind. Doch selbst das sechsbändige Handbuch »Religion in Geschichte und Gegenwart«, das Malwida noch in der Ausgabe von 1929 einen eigenen Artikel widmet, hebt hervor, ihre Memoiren gehörten mitsamt dem »Lebensabend« »zu den reichsten und schönsten Memoiren aller Zeiten«.

Bis zum Ende ihres Lebens zieht die Gemeinde ihrer Memoiren immer weitere Kreise. So berichtet Malwida Rolland am 3. November 1891 aus Versailles von »einem der schönsten in der Masse ähnlicher Briefe, die ich erhalten habe«: Gerade bei der Rückkehr »fand ich einen Brief mit fremder Handschrift, es war von neuem eine geheime Verehrerin!! (une secrète admiratrice!!), die seit Jahren das Verlangen gehabt hat, mir zu schreiben …, und macht mir eine herzergreifende (touchant) Erklärung der Liebe und Zärtlichkeit, wobei sie mir versichert, dass tausende junger Herzen in Deutschland die gleichen Gefühle für mich haben, und dass man mich nicht vergessen wird, so lange es noch den Edelmut (noblesse) im deutschen Denken gibt.«[68]

Am 13. Juni 1878 notiert die Dichterin Marie von Ebner-Eschenbach (1830–1916), die ihre poetische Berufung gegen ihre hochadlige Familie durchsetzen musste,[69] in ihrem Tagebuch: »Ich habe angefangen die ›Memoiren einer Idealistin‹ zu lesen und bin davon ganz hingerissen. Wenn das so fortgeht schreibe ich der Verfasserin.«[70] Im Februar 1898 besucht sie Malwida in Rom. Die ist darüber zunächst hocherfreut; wie sie Marie Herzfeld schreibt, hat sie von Marie von Ebner-Eschenbach einiges gelesen und gefunden, dass es »stets feingefühlt, rein und lebensvoll ist und nie verletzt, wie so viel Modernes«.[71] Über ein Jahr darauf, wieder gegenüber Marie Herzfeld, zeigt sich Malwida in ihren Gefühlen gegenüber der anderen Marie etwas gemischt: Diese sei es gewohnt, dass man ihr den Hof mache. Sonst sei sie angenehm.[72] Marie von Ebner-Eschenbach notiert ihrerseits im Oktober 1899 in ihrem Tagebuch über den »Lebensabend einer Idealistin«: »Ein reiches Buch das nur der sorgfältigen Redaction eines Wesens v. Fach bedürfte. ... Es kommen auch Lächerlichkeiten vor, der Missbrauch des Wortes ›bedeutend‹ u. ›fühlte mich heute wie eine Sybille, schaute die Wahrheit in den Tiefen der Erscheinung‹.«[73] Die Überstrapazierung von »bedeutend« durch Malwida werden auch viele heutige Leser komisch finden.

Ganz anders der Nachruf von Marie Herzfeld[74] (1855–1940) in der »Frankfurter Zeitung« auf sie: eines der wohl merkwürdigsten Zeugnisse über den Eindruck der Memoiren:

> »Wer Malwida von Meysenbug nur aus den ›Memoiren einer Idealistin‹ kannte, mochte billig Furcht haben, ihr persönlich zu begegnen. Wie sollte unsereins vor ihr bestehn, die so *ganz* war, die ihren Überzeugungen so hohe Opfer gebracht hat, vor ihr, welche gewiß die vielen Kompromisse nicht begriff, die unsere innere Verzagtheit, unser schwacher Glaube ohne Unterlaß mit dem Leben eingeht und mit den schönsten Namen ausschmückt?«[75]

An späterer Stelle fährt sie fort: »Und wahrhaftig, wer möchte anders als mit innerster Erschütterung und einer Art Beschämung – ganz wie es Nietzsche tat – ein Buch wie die ›Memoiren einer Idealistin‹ zu lesen!« Und dann, mit Blick auf den »Lebensabend«: »Aus allen Philosophien und Religionen zog sie heraus, was ihrer Sehnsucht dienen konnte, sich mit dem Dasein in volle Harmonie zu setzen, dem Leben und dem Tode Sinn und Schönheit zu entlocken, alle Bitterkeit des Leidens in eine geheimnisvolle Süßigkeit einzutauschen.«[76] Da wird besonders deutlich, wie Malwida mit diesen ihren Schriften Lesern und wohl noch stärker Leserinnen zur Lebenshilfe werden konnte: zur Hilfe gerade in Leidenszeiten.

Mag man solche Resonanzen als sehr weiblich empfinden, wirkt die erste Reaktion Friedrich Nietzsches auf die Lektüre der Memoiren umso bemerkenswerter, am Karfreitag 1876 aus Basel, nach einer Zeit des Leidens; da schreibt er an Malwida:

»Es gab vor 14 Tagen ungefähr einen Sonntag den ich allein am Genfersee und ganz und gar in Ihrer Nähe verbrachte, von früh bis zu dem mondglänzenden Abend: ich las mit wiederhergestellten Sinnen Ihr Buch zu Ende und sagte mir immer wieder, dass ich nie einen weihevolleren Sonntag erlebt habe; die Stimmung der Reinheit und Liebe verliess mich nicht und die Natur war an diesem Tage nichts als das Spiegelbild dieser Stimmung. Sie gingen vor mir her als ein höheres Selbst, ein *viel* höheres –, aber doch mehr ermuthigend als beschämend: so schwebten Sie in meiner Vorstellung und ich maas mein Leben an Ihrem Vorbilde und fragte mich nach dem Vielen, was mir fehlt. Ich war krank und zweifelte an meinen Kräften und Zielen … und fürchtete nichts mehr als die Langwierigkeit des Lebens, das mit Aufgebung der höheren Ziele nur wie eine ungeheure Last drückt. Ich bin jetzt gesünder und freier, und die zu erfüllenden Aufgaben stehen wieder vor meinen Blicken, ohne mich zu quälen.«

Und schließlich das liebevolle Eingeständnis:

»Eines der höchsten Motive, welches ich durch Sie erst geahnt habe, ist die Mutterliebe ohne das physische Band von Mutter und Kind, es ist eine der herrlichsten Offenbarungen der caritas. Schenken Sie mir etwas von dieser Liebe, meine hochverehrte Freundin und sehen Sie in mir einen, der als Sohn einer solchen Mutter bedarf, auch so sehr bedarf!«[77]

Da muss Malwida das Glücksgefühl überkommen haben, dass dieser junge Freund die von Olga hinterlassene Lücke füllen könne, dazu auf eine geistig unendlich viel reichere Art. Dass Nietzsches Begeisterung echt ist und weit mehr als eine bloße Freundschaftsgeste, erkennt man an seinem Brief vom gleichen Tage an seinen Freund Erwin Rohde:

»Hast Du die jetzt eben erschienenen 3 Bände ›Memoiren einer Idealistin‹ gelesen? Ich bitte Dich sehr darum, es zu thun. Es ist das Leben unserer herrlichen Freundin Frl. v. Meysenbug, ein Spiegel für jeden tüchtigen Menschen, in den man ebenso beschämt als ermuthigt blickt, ich las lange Zeit nichts, was mich innerlich so umdrehte und der Gesundheit näher brachte. … Overbeck hat es seiner Frau vorgelesen, nach jeder Sitzung, erzählte er, seien sie in neue Begeisterung und Ergriffenheit ausgebrochen. Es ist etwas von der höchsten caritas darin.«[78]

Auch in den folgenden Jahren empfiehlt er die Memoiren weiter, selbst zu einer Zeit, als sich die Beziehung zwischen beiden abkühlt.[79] Noch im Juli 1888 wird er an sie »sehr lebhaft erinnert«, und zwar über eine Gestalt ihrer Memoiren.[80]

Zu ihrem schwärmerischen Verehrer wird auch der Nietzsche-Freund Siegfried Lipiner (1856–1911), ein Wiener Schriftsteller und Publizist; Nietzsche nennt ihn Rée gegenüber ein »Genie«.[81] Er ist auch begeisterter Wagnerianer und ungeachtet seiner jüdischen Abkunft in Bayreuth zumindest zeitweise »lieb Kind«.[82] Seine »Liebe« für Malwida – die er bereits in seinem ersten überlieferten Brief vom 12. Februar 1878 als »liebe, gute, innigst verehrte Tante Malwida« anredet[83] – entspringt laut eigener Aussage seiner Lektüre ihrer Memoiren; da sie ihm bereits freundlich geantwortet hat, versichert er ihr:

> »Ich bin schon ganz zutraulich wie ein kecker Vogel. … Sie glauben nicht, wie sehr ich Sie, seitdem ich durch Nietzsche mit Ihren Memoiren bekannt geworden bin, *persönlich* liebe. … Alles, was mit mir in Wien umgeht, kennt Ihre Memoiren und ist entzückt. Einige meiner Freunde verehren Sie schwärmerisch und möchten bis an den Orion springen, wenn sie ein Bild von Ihnen hätten: was Sie sich von mir ohnehin denken können.«[84]

Er selbst trägt emphatisch dazu bei, dass sich der Ruhm ihrer Memoiren in Wien verbreitet; in einem Vortrag vor dem Leseverein der deutschen Studenten Wiens am 19. Januar 1878 erhebt er Malwida gar auf die gleiche Höhe wie Nietzsche und Wagner![85] Seine Begeisterung für sie bleibt bestehen, auch als er innerlich mit Nietzsche bricht und dessen »Menschliches, Allzumenschliches« als »leer, falsch, geistlos, charakterlos …, unmenschlich durch und durch« schmäht. »›Für freie Geister!‹ Die ganze Hölle lacht, wenn sie das hört.«[86] Auch Malwidas Abkehr von Nietzsche beginnt mit diesem Buch.

Im Unterschied zu Nietzsche schätzt Lipiner auch die spirituelle Seite Malwidas. Wie er ihr berichtet, hat er in einem Vortrag vor Wiener Studenten »Über die Elemente einer Erneuerung religiöser Ideen in der Gegenwart« »eine Stelle aus den ›Resultaten‹ in Ihren Memoiren zur Losung gemacht. Sie hat mächtig gewirkt.«[87] Um welche Stelle aus diesem Kapitel mag es sich handeln? Gut in einen Vortrag mit solchem Thema würde folgender Satz passen: »Jener mystische Zug nach dem Idealen, der durch die ganze

Menschheit geht, der den Grundton aller Religionen bildet, der rohesten wie der veredelteren, er ist kein Erzeugnis der Zivilisation, er ist der Menschheit eingeboren – wie der Genius, wie Güte und Mitleid dem Individuum nicht anerzogen werden können, sondern ihm eingeboren sind.« (II 110)

Man kann die Reihe der Resonanzen auf die Memoiren nahezu beliebig fortsetzen. Besonders verblüfft die prominenteste von ihnen: Im Goethe-Schiller-Archiv befindet sich ein undatierter Brief des Orientalisten Abel an die mit Malwida bekannte Fanny Birkenruth – »die Birka«[88] –, wo er berichtet, er habe die Memoiren dem Legationsrat Meyer geliehen – »und von dem ›borgte‹ es W(ilhelm) I., sagte nach der Lektüre: ›Und so was hat man nicht früher gekannt, hat man nicht eher kennengelernt! Ich kann freilich nicht sehr mit der Literatur mitgehen, aber das hätte ich doch eher gelesen haben sollen!‹«[89] Nach Neujahr 1890 erhält Malwida einen auf Silvester 1889 abends um zehn datierten Brief des Bismarck-Porträtisten Lenbach aus Friedrichsruh, dem Gut Bismarcks: »Theure Freundin! In 2 Stunden werde ich mit meinem Freunde Otto auf Ihr u. Neuhausens[90] Wohl trinken.«[91] Malwida berichtet Olga davon und glaubt, dieses Prost habe bei Lenbach »nur in Gedanken« stattgefunden, »denn Bismarck wird wohl schwerlich auf meine Gesundheit trinken«.[92] Doch wenn selbst der Kaiser von ihren Memoiren beeindruckt ist, wirkt Lenbachs Brief nicht als pure Fantasie!

»HASS« AUF SELBSTERNANNTE IDEALISTEN, DOCH »WILDE LUST« BEI DER LEKTÜRE DER »MEMOIREN EINER IDEALISTIN«: DER LEBENSREFORMER EMIL GÖTT. Eine der seltsamsten Resonanzen auf ihre Memoiren, in ihrer Begeisterung nicht zu übertreffen und gleichwohl mit harter Kritik versetzt, erlebt Malwida erst 22 Jahre nach der Erstveröffentlichung des Buches als 82-Jährige von einem 48 Jahre jüngeren Leser: von dem badischen Schriftsteller Emil Gött (1864–1908), der vor vier Jahren einen Bauernhof übernommen hat. Vorweg bekennt er ihr in seinem ersten überlieferten[93] Brief vom 8. August 1898, über Jahre habe er gegen die Lektüre ihres Buches eine innere Sperre gehabt, »seines *Titels* wegen. Ich liebe das Wort Idealismus oder Idealist nicht, *hasse* es aber geradezu, wenn es jemand *auf sich selbst* angewendet in den Mund nimmt! Welch ein schönes Wort ist Idealismus, und welch ein unerhörter, widerlicher Missbrauch wird natürlich mit ihm getrieben.« Erst als er, der Nietzsche-Verehrer, auf ihre Freundschaft mit diesem Philosophen gestoßen sei, habe er sie gelesen »und – Sie erlebten eine rührende Versöhnung, nicht mit dem Titel und dem Wort Idealistin, sondern mit der realen Person«.[94] Und eine Woche darauf, nach begeisterter Lektüre auch der »Stimmungsbilder«, teilt er mit, er habe irgendwo notiert: »Diese Thörin! Mit ihrem Idealismus! Spürt sie denn nicht, dass sie die kräftigste Realistin ist?«[95] Tatsächlich lässt sich, wie wir wieder und wieder sahen, im Denken Malwidas lebenslang das Leitmotiv erkennen, ihren Idealismus mit Realismus zu festigen.

Darauf schwärmt Gött sie so überschwänglich an, wie Malwida das wohl nur selten erlebt hat: »Ich denke mir den Trost einfach unendlich, den ein junges Mädchen von Ihren zarten Anlagen, oder auch ein geprüftes reifes Weib aus der Mitteilung Ihres Lebens schöpfen kann, wenn er nur einigermaßen der wilden Lust parallel sich erzeigt, die mich, den Mann ergriff, als dieses Stück Leben, weibliches Leben sich vor mir abspielte.« »Leben steckt an, und das Ihrige, liebe Menschin, hat in dem Teile, den Sie in Ihrem Buch preisgegeben haben, Hinreißendes an sich, zum *Mit*erleben, zum *Selbst*erleben Verführendes; es ist die heroische Ader in uns, die mitschwillt, wenn wir den Zügen eines heldenhaften Lebens folgen … Wir glühen vor Mitlust an dem heißen Leben, das sich vor unseren Augen abspielt, oder abernstet.« Die »heroische Ader«! »Zu Ihnen habe ich Lust und Liebe und inniges Vertrauen genug, um Ihrem Auge mein Inneres zu öffnen, Ihrem Ohr meine Orgel tönen und Ihre Hand das warme Leben spüren zu lassen, das aus mir herauswill.« Und auf ihre Bitte um Beschreibung seiner Person: »Ich bin ein unfaßlicher Funke des ewigen Lebens … und nun in rasendem Wirbel um sich selbst … mit unbekanntem Ziele, das zu finden oder nicht zu finden meine prädestinirte Un-Seligkeit wäre.«[96] Daraus wird es Malwida schwerlich klar, mit welch einem Menschen sie es hier zu tun hat, doch wieder und wieder bricht aus ihm heraus, mit welcher Leidenschaft er sich nach einer Seelengemeinschaft mit ihr sehnt.

Doch dann fühlt er sich wieder innerlich von ihr getrennt, und zwar durch ihren Pazifismus, den sie in ihrem ersten Brief an ihn bekundet hat und der für ihn zu ebenjener Art von Idealismus gehört, die ihm zuwider ist. Es habe ihn »geschmerzt«, in ihrem Briefe »einen Klang jener Stimmung zu finden, die in den Kreisen der Idealisten heimisch ist und oft grimmig genug in das herbe Leben herübertönt … es ist jene feindselige, nach Verachtung schmeckende Stimmung gegen den deutschen ›Erfolg in Waffen‹ … Wo wäre der deutsche Idealismus … ohne den gewaltigen Willen des realen

Kerls, den wir soeben ins Grab gesenkt haben?« Am 30. Juli 1898 ist Bismarck gestorben. Und dann wie eine Fanfare:

> »Nun, liebe Deutsche, die germanische Kraft ist mir der Heerd auf dem die *Güte* der Menschheit ihr neues gutes Feuer anzünden will. Es gibt doch kein besseres Volk als das deutsche, so kläglich tief wir herkommen, so jämmerlich sich unsere Alten und Kleinen benehmen, und so dumme Streiche unsre Jungen und Großen … auch machen! Das Gute verlässt die Deutschen nicht! Aber *stark* müssen sie sein und *Raum* haben, zum Auswachsen und Aufleben.«[97]

Für Malwida wohl ein Grund, zu diesem Mann auf Distanz zu bleiben, zumal die Korrespondenz mit ihm überaus anstrengend gewesen sein muss, trotz dessen »wilder Lust« bei der Lektüre ihrer Memoiren. Seine Bejahung des Krieges kontrastiert merkwürdig zu seinem Vegetarismus, nachdem er die Vegetarier zuvor als »Griesbreilergesindel« verachtet hatte[98] – als ob das Töten von Tieren verwerflicher sei als das Töten von Menschen. Am 9. Mai 1898 schreibt er jedoch einen Brief an den US-Präsidenten – den er anscheinend nicht abschickt –, um ihn zur Beendigung des Kubakrieges zu bewegen,[99] und am 19. Dezember 1899 an die britische Königin Victoria, um sie vom Burenkrieg abzubringen. Damals meldet er sich in den Niederlanden sogar als Freiwilliger, um auf der Seite der Buren mitzukämpfen – selbstironisch spricht er von seiner »Burentollheit« –, und bricht körperlich und seelisch zusammen, als er abgewiesen wird.[100] In seiner Begeisterung für die Buren – für Malwida das »kleine Heldenvolk« – ist er mit ihr ganz eines Sinnes.

Gött gilt in seiner badischen Heimat, wo die Erinnerung an ihn noch heute von einer nach ihm benannten Gesellschaft gepflegt wird, als ein Begründer der Lebensreformbewegung der Jahrhundertwende. Er ist als Dramatiker erfolgreich, findet dennoch Schriftsteller laut Tagebuch »die schlechteste Gesellschaft«[101] und erwirbt einen Bauernhof, um nach dem Vorbild Tolstois[102] fortan ein bodenverbundenes Leben zu führen. Er glaubt sogar, dass »vegetarische Landwirtschaft sechsmal ökonomischer sei als Landwirtschaft mit fleischverarbeitender Tierhaltung«,[103] man als vegetarischer Bauer also nicht unbedingt Idealist zu sein brauche. Doch das erweist sich bei ihm als fataler Irrtum: Als Bauer stürzt er in »haarigstes Schuldenmachen«, wie er Malwida klagt, und gerät in eine schwere Lebenskrise; und doch könne er sich von seiner Bauernwirtschaft nicht lösen, diese sei ihm »angewachsen wie das Haus der Schnecke«. »Seit zwei Jahren treibe ich ohne Wind und Dampf vor den Klippen in der Brandung, und jetzt ras ich mit vollem Wind auf sie zu.«[104] Am 25. März 1899 schreibt er ihr, er gehe auf eine Katastrophe zu. »Ich bin ein *Bauer*, freilich bislang ein sehr verhinderter.«[105]

Diese Lebenskrise ist als Hintergrund seiner Korrespondenz mit Malwida zu beachten, wohl auch seiner »wilden Lust«; offenbar besitzen ihre Memoiren für ihn zeitweise etwas Erlösendes. Am 19. Februar 1899 klagt er ihr, er fühle sich »hirn- und seelenkrank«; »der Boden wankt mir unter den Füßen, das Haus brennt, und verschiedenes andere noch in meiner Welt«. Umso tiefer irritiert ihn ihre Hochschätzung Schopenhauers, für ihn ein »erleuchteter Ekel«[106]; damit habe sie ihm gleichsam den »Fehdehandschuh hingeworfen« und ihn wieder »aus Ihrem Leben heraus« gerissen: Dessen Verneinung des Willens zum Leben sei ihm gerade jetzt ein Verderb, stattdessen brauche er »*die Überwindung* dieser Anwandlung von Schwäche, Schwindel, Übelkeit, Feigheit«.[107] Dabei hat er sich in einer Tagebucheintragung vom 13. Februar 1897 nach dem »seligen Erlöser Tod« gesehnt![108] Dennoch am 23. Dezember 1897: »Ich bin doch ein sehr glücklicher Mensch.«[109]

Das müsste die Zeit sein, als dieser so heftigen Stimmungsschwankungen unterworfene Mann die Memoiren Malwidas liest. Er zeigt sich überzeugt, seine Leidenschaft müsse auch auf sie ausstrahlen: »Meine Wirkung auf Sie muß der Natur unserer gemeinsamen Seele nach derart stark sein, dass unsere Berührung … so wenig spur- und wirkungslos vorübergehen kann, als der Zusammenstoß zweier Sterne am Himmel.« Wie mag sich Malwida von ihm vereinnahmt fühlen! Und dann spricht er auch noch von seinen giftigen Tränken, die der alten oft leidenden Frau den »köstlichsten Tod« bereiten könnten! »Ja, Sie sollen Alles, auch das Tötlich-Schöne in die bebende Hand empfangen, aber nicht ohne … durch meine Höllen gegangen (zu) sein – und doch wieder nein! Durch meine Höllen wollte ich Sie ohne Scham und Scheu führen, aber durch meine *Spitäler* – nein!«[110]

Dann wird sie für ihn auf einmal zur Verführerin: »Das große Glück, in das Sie mich versetzt hatten, hatte mir die Füße vom ehrlichen Boden weggezogen und mich zum *Dichten* verleitet, ein Ding, das ich zu überwinden habe!« Ihr dies zu beichten, sei ein »Rutenhieb nach … dem Lügenmaul an mir.«[111] Da mögen ihr Zweifel an seinem Geisteszustand aufgekommen sein, und doch setzt sie vorerst die Korrespondenz mit ihm fort, wenn auch fern von seiner wilden Emotionalität, bekommt sie von ihm doch Liebesbekenntnisse und Herzensergüsse seltener Art. So versichert er ihr, er »*hätte* auf dieser Welt zu keiner zweiten Seele ein solches Vertrauen wie zu der Ihrigen … um es zu wiederholen: Zu Ihnen habe ich Lust und Liebe und inniges Vertrauen genug, um Ihrem Auge mein Inneres zu öffnen, Ihrem Ohr meine Orgel tönen und Ihre Hand das warme Leben spüren zu lassen, das aus mir herauswill.« Eben hat er auch ihre »Stimmungsbilder« gelesen, wobei ihn »das überwältigende Gefühl der Seelengemeinschaft, … wie so oft in Ihrer Lebensgeschichte, auch hier wieder ergreift, stark und süß und nicht ohne Schmerz«. Gerade in seinem Schmerz ist er davon bewegt, wie »Sie die geistigen Forderungen, die am Anfang des Selbstschmiedeprozesses immer als heftige Schmerzen auftreten, im realen Leben mit tapferer Hingabe aushielten.«

Zugleich wieder die Erwartung, dass Malwida auch ihrerseits von ihm begeistert und tief bewegt sein müsse: »An dem Grade der Ergriffenheit aber, mit der ich den Spuren Ihres Sucherpfades folgte und wieder folge, erspüre ich immer etwas von der großen, innigen Freude, die Sie bei einem Blick auf mich und meinen Weg empfinden könnten.«[112] Und am 15. Oktober 1898: »Sie standen so lang und tief im heißesten Feuer des Kampfes unseres herrlichen Jahrhunderts … Und so hab ich mich Ihnen gelüftet – Hemd und Haut! – Ihnen vorgetanzt und vorgedonnert – aber hinterdrein durchschauert es mich …, dass Sie es vor lauter Lust an mir es zu gut mit mir … meinen könnten.« Am Ende unterstrichen: »*Ich musste reden, Sie müssen schweigen!*«[113] Kein Wunder, dass sie seinem Gebot folgt und zu seinem Brief lieber schweigt – und dann auch zu weiteren Ergüssen dieses Mannes.

MALWIDA-»MANIE« IM NEUIDEALISMUS DER JAHRHUNDERTWENDE. Wenn Malwida in Rom zunehmend unter die »Sehenswürdigkeiten« gerät, ist das nicht nur die Wirkung ihrer menschlichen Kontakte, sondern auch der neuen Konjunktur ihrer Memoiren zu einer Zeit, in der mehr und mehr Menschen nicht nur Realismus, sondern eben auch Idealismus neu schätzen lernen. Das gilt besonders für die letzten Jahre vor der Jahrhundertwende und für die Zeit darauf. Noch am 11. Juli 1892 schreibt sie in »unendlicher Traurigkeit« aus Versailles an Romain Rolland: »Meine Mission auf der Erde ist beendet; es ist zuviel verlangt, noch immer weiter geben zu müssen, zu geben, ohne irgendetwas zu erhalten, und ohne irgendein Resultat für das Glück derer, die man liebt.«[114] Auch zu dem Glück Rollands hat sie zu jener Zeit, soweit sie erkennt, noch nichts beigetragen, das ihrem Leben einen neuen Sinn geben könnte. Am 30. Mai 1894 klagt sie Cosima Wagner, ihre Arbeit sei erfolglos. »Aber die moderne Welt will von dem was ich schreibe, nichts mehr wissen.« Sie betrachtet sich als Opfer eines allgemeinen Niedergangs der Kultur; »ein Theil der Schuld des heutigen Verfalls in Kunst und Sitte (kommt) auf Rechnung der abscheulichen Produkte der Presse«.[115]

Doch 1896 wird ihr zum Wendejahr. Gabriel Monod schreibt am 14. Juli 1903 im »Journal des Debats«: »Über zwanzig Jahre, von 1876 bis 1896, ging das Ansehen (reputation) von Mlle de Meysenbug nicht über einen ziemlich begrenzten (assez restreint) Kreis von Freunden und Verehrern (admirateurs) hinaus. Aber seit 1896 folgten die Ausgaben ihrer Memoiren auf einen Schlag aufeinander. Die Zeitungen und Zeitschriften waren voll von Artikeln über das Leben und das Werk von Mlle de Meysenbug, und sie wurde nicht ohne Grund als die bemerkenswerteste und edelste Vertreterin der weiblichen Emanzipation betrachtet.«[116] Und dabei hatte sie sich noch kurz vorher über die Presse geekelt!

Voller Glück schreibt sie aus Rom am 14. Februar 1896 an Rolland, jetzt gegen Ende ihrer Tage erkenne sie, dass sie nicht vergeblich gelebt habe. Kürzlich habe ihr jemand geschrieben: »Ihre Memoiren haben eine wahre Auferstehung, mehr denn je liest man sie«, und innerhalb von drei Wochen habe sie zwei Briefe von unbekannten Frauen bekommen, die ihr gesagt hätten, »welchen Trost sie darin gefunden haben« – für sie ein Beweis, » dass der Idealismus (l'idéalité) noch nicht tot ist in dieser Generation, trotz all des Abscheulichen (horreurs), das wir um uns sehen«.[117] Und am 22. Oktober jenes Jahres mit einem Stolz wie schon lange nicht mehr: »Meine Freunde haben Ihnen ohne Zweifel gesagt, dass es mir wunderbar geht (que je me porte à merveille), dass ich von erstaunlicher Kraft und Jugend bin (mit ein wenig 80 Jahren!!) usw. … Tatsächlich ist das nicht so, doch die Herrschaft, die meine Seele über den Körper ausübt, lässt ihn den anderen so erscheinen. … Ich fühle ein solches Brodeln (effervescense) des Lebens in mir, wie einen Elan der Jugend, als ob ich das Leben von neuem beginnen müsse, und dann denke ich: ah, wenn ich könnte, mit all der Erfahrung, die ich habe, mit all der erworbenen Weisheit, die mir die Dinge in ihrem wahren Licht zeigt, mit all der Glut des Guten, die in mir brennt wie am ersten Tag.«[118] Und eine

Woche darauf, nach ihrem 80. Geburtstag: »Über 40 Briefe, Billets, Karten, Telegramme und Blumen im Überfluss, sogar ein sehr schöner gedruckter Artikel über mich. Was mich tief berührt, ist, dass all dies Zeugnisse echter Anhänglichkeit (affection) und Vergewisserungen waren, dass ich nicht umsonst gelebt habe, weil so viele mir versicherten, dass mein Einfluss sie zum Ideal hingeführt habe. Ich fühlte mich wie von einer unsichtbaren Gemeinde umgeben, die mit mir eine Hymne auf das Ideal sang.«[119]

In alldem sieht sie offenbar zuoberst eine Wirkung ihrer Memoiren. Am 26. Februar 1897 meint sie zunächst, es sei nutzlos, dass sie noch etwas schreibe, »denn was ich schreibe ist nicht mehr zeitgemäß und lässt sich nicht drucken (ne s'imprime plus), es ist, als ob ich es vom Sirius schriebe. Dennoch gibt es ein erstaunliches Erwachen des Interesses an meinen Memoiren, man sieht es von allen Seiten, und ich staune, dass es keinen Verleger gibt, der eine Neuauflage vorschlägt«.[120] Doch darauf braucht sie jetzt nicht sehr lange zu warten. Am 9. Juli 1898 triumphiert sie gegenüber Olga: »Was sagst Du zu den *drei Verlegern* in acht Tagen, die mich um den Neudruck der Memoiren bitten? Es ist beinahe komisch, wär ich nur zwanzig Jahre jünger! Doch sehe ich, das Buch wird mich überleben.«[121]

Im Frühjahr 1899 erscheint die 4. Auflage bei dem jungen Verlag Schuster & Löffler, von nun an Malwidas Hausverlag, der bis 1906 nicht weniger als sieben Neuauflagen der Memoiren und 1907 eine preiswertere einbändige Volksausgabe herausbringt und »innerhalb der nächsten zwanzig Jahre für eine nie dagewesene Malwida-Konjunktur« sorgt, so Julia Freifrau Hiller von Gaertringen.[122] Der Verlag verkauft Malwidas Werke vor allem unter dem Etikett »Moderne Frauenliteratur«; diese kommt als neues, eigenständiges Genre um die Jahrhundertwende in Mode wie noch nie.[123] Und noch ein weiterer Grund erklärt die Malwida-Konjunktur jener Zeit; um Ulrich Sieg zu zitieren: »Gleichsam unwillkürlich führte der Geniekult der Jahrhundertwende dazu, dass Weltanschauungen daran gemessen wurden, wie gut sie sich autobiographisch beglaubigen ließen.«[124]

Am 6. April 1898 klagt sie ihrem Neffen Otto, wegen Krankheit könne sie kaum noch gehen, und der Abschied von Bülow, der dem Ruf nach Berlin folgt, sei ihr »sehr leid gewesen«; und doch: »Ich erlebe auf meine alten Tage noch viel Freude durch den Einfluß, den ich, ohne es zu ahnen, durch meine Memoiren ausgeübt habe. Die Briefe von unbekannten Freunden, besonders Frauen und Mädchen, die mir dafür danken, hören gar nicht auf und mein kleines stilles Heim ist ein förmlicher Wallfahrtsort geworden von solchen, die mich aus dem Buche kennen und hier aufsuchen.«[125] Was steht in diesen Briefen? Am 17. Dezember 1897 berichtet sie Rolland nach erneuter Schilderung, wie sie jetzt überhäuft werde von Bekundungen der Freundschaft und Bewunderung dank der Memoiren, dass ihr ein junges Mädchen, reiche Erbin teils amerikanischer, teils deutschjüdischer Herkunft, versichert habe, dass sie ihren Memoiren »ihr gesamtes moralisches und intellektuelles Leben verdanke, und sie überhäuft mich mit charmanten Aufmerksamkeiten, mit Blumen, Früchten, schönsten Büchern usw., und stellt mir sogar alle Tage ein Fahrzeug zur Verfügung, da ich nicht mehr gehen kann«.[126] Noch erstaunlicher: Die wohlhabende und hoch gebildete Übersetzerin Ada Ditzen, die neun Sprachen beherrscht[127] und mit ihrem Vermögen ein Leben der Muße hätte führen können, wird unter dem Einfluss der Memoiren Krankenschwester und begleitet und pflegt Malwida ab 1897 auch auf Reisen. Da bewundert sie immer von Neuem, »wie Malwida alle Tage dem Leben eine poetische oder humoristische Seite abzugewinnen wusste«.[128] Also nicht nur geistig-seelische Freuden beschert ihr der neue Erfolg der Memoiren! Erstmals gelingt es ihr jetzt auch, aus ihren Büchern nennenswerte Einnahmen zu erzielen.[129]

Doch zwischendurch hat sie auch Ärger, vielleicht, weil sie jetzt anspruchsvoller geworden ist: »Was schreibt man für stupide Artikel über diese unglücklichen (malheureuses) ›Memoiren einer Idealistin‹«, schnaubt sie am 2. Juli 1900 gegenüber Rolland. Aber die Schimpferei auf die Presse entspringt jetzt nur noch einer momentanen Stimmung. Viel größer ist das Glück über die überwältigende Fülle von Resonanzen, ohne deren Qualität im Einzelnen kritisch zu prüfen, und diese Freude währt bis zum Ende ihres Lebens. Immer wieder kommt sie darauf in ihren Briefen an Romain Rolland, zumal dessen düstere Zeit der ewigen Misserfolge sich jetzt dem Ende zuneigt und Malwida daher wohl nicht befürchtet, ihn neidisch zu machen; eher kann sie ihn ermutigen durch Erinnerung an ihre lange Zeit der Erfolglosigkeit. Am 9. Juni 1901 schreibt sie ihm: »Ich schrieb aus innerer Notwendigkeit, ohne an das Resultat zu denken, selbst ohne einen Erfolg vorherzusehen; doch ich habe mein ganzes Herz gegeben und – es ist wahr, nach langer Zeit – ich habe die Herzen *en masse* gewonnen, die mir alle sagen, dass ich ihnen Gutes getan habe.«[130]

Und immer neue Superlative; so am 18. Dezember des Jahres: »Man hat mich entdeckt wie ein neues Amerika.«[131] Und die Begeisterung über die Memoiren reicht jetzt sogar bis Amerika; im September 1900 bringt »Der Westen«, eine deutschsprachige Zeitschrift in Chicago, den Artikel einer A. v. E.: Als sie die Memoiren gelesen habe, konnte sie sich »davon nicht trennen. Es war ein so herzgewinnender Ton in den einfachen Worten … Das Buch wurde für mich ein Erlebniß. … Malwida von Meysenbug ist eine Meisterin in der Kunst des Verstehens; sie ist ein Genie der Freundschaft.«[132] »Genie der Freundschaft«: Gerade mit Blick auf Malwidas heute bekannte Korrespondenzen bringt das ihre Begabung wohl am besten auf den Begriff.

Der Maler Franz Lenbach, mit dem sie seit 1884 in regem Kontakt steht, schreibt ihr am 11. März 1901 über die Memoiren: »Ich habe Ihr Meisterwerk nochmals gelesen und ich bewundere nun den Reichthum Ihrer Gedanken und die schöne Form all Ihrer merkwürdigen Erlebnisse.«[133] Die neue Malwida-Konjunktur führt auch bei einem alten Freund zu einer Neuentdeckung ihrer Memoiren. Noch am 25. April 1902, ein Jahr vor ihrem Tod, als der Zustrom der Besucher ihre Kräfte völlig überfordert: »Aber die Besuche von Unbekannten hören nicht mehr auf, es ist unglaublich, welche Manie die Welt hat, jemanden zu sehen, dessen Name ein wenig bekannt ist.«[134] In den aus jener Zeit überlieferten Briefen an sie beschreibt der Münchener Architekt Hugo Roeckl, der einen Lesezirkel leitet und den Thomas Mann damals mit dem Bau seines Landhauses beauftragt hat, besonders eindrucksvoll die Wirkung der Memoiren auf ihn: »Niemals hat ein Buch solche Wirkung auf mich gehabt! Sein tiefer, sittlicher Ernst hat mich mächtig angezogen und die klare Schilderung der Kämpfe eines guten Menschenherzens, des erfolgreichen Ringens einer starken Seele, die ihre Aufgabe erfüllt, indem sie ›die Erlösung von dem dunklen Schmerz der Erscheinung‹ sucht, hat mich tief ergriffen.« Durch ihre Worte habe er in einer Zeit tiefen Schmerzes wieder Mut gefasst, indem ihn diese gelehrt hätten, »dass ›die Seligkeit, einer Idee zu dienen, die Götterlust des Schaffens, die selige Flut des Mitleids‹ die wahre Bestimmung desjenigen ist, ›der den Namen Mensch verdienen will‹«.[135]

Im Nachruf auf Malwida in der Zeitschrift »Die Frau« im Juni 1903 schreibt eine Herta Widmann, bereits in dem Titel der Memoiren liege »etwas unbeschreiblich Ergreifendes«. Sie schildert, wie sie dieses Buch »lang ausgestreckt auf dem Verandadach … las und las«, bis der Abend hereinbrach. »Das Buch wurde ein tiefes, bedeutungsvolles Erlebnis. Es gab einer wundervollen, idealen Welt eine neue Farbe, die Farbe der Wirklichkeit, des lebendigen Lebens.« Und doch »mit einem uneingestandenen, aber traurig stimmenden Gefühl ihrer Unwirklichkeit«. Also ein irgendwo gemischtes »Erlebnis«. Oder wird die Wirklichkeit Malwidas durch sie doch wirklich? »All die schönen Worte, deren Klang berauschte, ›Gedankenfreiheit‹, ›Humanität‹, ›Menschenrechte‹, nun gewannen sie volle Bedeutung, Schwere und Körperlichkeit.«[136]

Der Erfolg der Memoiren um die Jahrhundertwende strahlt aus auf drei andere Bücher Malwidas, die keine in sich geschlossenen Lebensgeschichten, sondern Sammelbände sind: auf den zuerst 1898 erscheinenden »Lebensabend einer Idealistin«, auf die ursprünglich 1879 erschienenen »Stimmungsbilder«, die im Jahr 1900 in dritter, um die langen »Erinnerungen an Herzen« erweiterter Auflage herauskommen, jetzt bei Schuster & Löffler – einst, 1882, hatte der damalige Verleger (C. Reissner & Ganz, Leipzig / Köln) über mangelnden Absatz geklagt[137] –, und auf die erstmals 1901 publizierten »Individualitäten«, die mit Nietzsche beginnen und mit Mazzini enden.

Beim »Lebensabend«, den Berta Schleicher in ihrer Gesamtausgabe den Memoiren anfügt, handelt es sich nicht, wie man vom Titel her erwarten könnte, um eine einfache Fortsetzung der Memoiren, vielmehr um eine Anthologie von Texten verschiedener Art, darunter viel »Gedachtes« und auch zehn Seiten lang Briefe an Rée (II 315–325). Höhepunkte sind ihre Erinnerungen an das Zusammensein mit Nietzsche, Rée und Albert Brenner in Sorrent 1876/77 (II 235–252) – vielleicht die glücklichste Zeit ihres Lebens – und an die trotz ihrer Kürze intensive Beziehung zu Alexander von Warsberg 1888/89 (»Eine schöne Überraschung«, II 405–439), die durch dessen frühen Tod beendet wird. Sie widmet den »Lebensabend« »in unvergänglicher Liebe« ihren »teuersten Freunden Olga und Gabriel Monod« zur silbernen Hochzeit am 6. März 1898.

In früheren Jahren hätte eine solche Sammlung sehr unterschiedlicher Texte, die ein Interesse an Malwidas Gedanken und Stimmungen voraussetzt, wohl keine sonderliche Resonanz gefunden. 1898 dagegen wird sie ein mindestens so großer und prompter Erfolg wie die Memoiren, ein Erfolg, der sie überrascht und ihr, wie sie Rolland verkündet, neue Lust zum Schreiben gibt. Bereits am 3. Februar 1899[138] triumphiert sie: »Dieses letzte Buch hat einen Erfolg, den ich kaum erwartete. Nicht nur, dass ich so viele Briefe höchst bewegender und charmanter Art von Bekannten und ebenso von Unbekannten bekomme, sondern alle erstrangigen Blätter von Deutschland und Österreich bringen lange und sehr schöne Artikel.« Sie habe schon etwas Angst, welche Menge von Besuchern jetzt auf sie zukommen werde.[139] Im Frühjahr 1899 erhält sie zu ihrem neuen Buch einen »wundervollen Brief« auch von Cosima Wagner, die jetzt in ihr – was Malwida gewiss besonders entzückt – eine »Tochter Goethes« sieht. In ihrem Brief vom 12. März 1899 an Cosima ist sie voll Freude über »die unzähligen Beweise von Verständniss, von Wirkungen des Trostes, der Aufmunterung, der Ermuthigung zum Guten … und zwar, was mich insbesondere freute, auch von jungen Männern, bei denen ich es am wenigsten gedacht hatte u. bei denen es doch wohl am meisten Noth thut«. Offenbar war bei den Memoiren die stärkste Resonanz solcher Art von Frauen gekommen. Und dann, ähnlich wie an Rolland: »Der Schaffenstrieb ist aber so gewaltig in mir, dass es mich jetzt noch drängt zu neuer Bethätigung.«[140]

Am 27. März 1899 berichtet sie ihrem Neffen Carl von der Unmenge von Briefen zum »Lebensabend«, deren Beantwortung – und dazu die Korrekturen an der Neuausgabe der Memoiren – ihr Augenleiden verstärke. Besonders freut sie, dass das Buch ihr die Bekanntschaft des Barons Alexander von Gleichen-Rußwurm eingebracht habe, eines Urenkels von Friedrich Schiller.[141] Davon hat ihr die Schriftstellerin Marie von Ebner-Eschenbach berichtet[142], als diese den Winter 1898/99 in Rom verbringt und zu ihr Kontakt aufnimmt. Mag sie auch Malwidas Stil manchmal komisch finden, zeigt sie sich doch von deren Artikel über den »ersten Nietzsche« begeistert,[143] der 1893 in der Wiener »Neuen Freien Presse« erschienen war und den Malwida nun an den Anfang der »Individualitäten« stellt.

Bei alldem ist zu bedenken, dass der Neuidealismus um die Jahrhundertwende mitnichten allein dominiert, sich vielmehr durch einen nach wie vor mächtigen Realismus herausgefordert sieht. Kein Wunder, dass man durchaus nicht nur Begeisterung über den »Lebensabend« findet; ganz im Gegenteil. Marie Herzfeld weist in ihrem schon zitierten Nachruf auf Malwida darauf hin: »Man sagt viel Schlechtes von diesem letzten Werk. Die Kinder unserer Zeit …, deren harter Realismus ganz dem Augenblick, dem Leben, der Erde zugewandt bleibt, … – sie finden es unfassbar, ja, fast unanständig, sich so wichtig zu nehmen, wie es Malwida v. Meysenbug tat. Sie *durfte* es, denn auch andere nahmen sie wichtig. Sie nahm sich wichtig, wie sich junge Menschen wichtig nehmen, weil sie sich ernst nahm.« Auch bei der Schreiberin spürt man gemischte Gefühle gegenüber Malwida. Doch dann auch bei ihr ein Entzücken, wobei sie zugleich erkennen lässt, dass es sinnlos wäre, bei Malwida nach logischer Stringenz, nach einem in sich geschlossenen philosophischen System zu suchen; um zu wiederholen: »Aus allen Philosophien und Religionen zog sie heraus, was ihrer Sehnsucht dienen konnte, sich mit dem Dasein in volle Harmonie zu setzen, dem Leben und dem Tode Sinn und Schönheit zu entlocken, alle Bitterkeit des Lebens in eine geheimnisvolle Süßigkeit einzutauschen.«[144]

Malwida wirkt offenbar vor allem durch ihr Leben und durch die in ihren Selbstzeugnissen für viele Leser enthaltene Lebenshilfe. Und doch zeugt ihre weitere Wirkungsgeschichte davon, dass sie auch durch ihre Ideale fortwirkt. Wie schon in der Einführung vorausgeschickt: Die Kasseler Malwida-von-Meysenbug-Oberschule, die diesen Namen 1930 mit einer Ansprache des sozialdemokratischen preußischen Kultusministers Adolf Grimme erhalten hat, wo er sich zu Malwidas Ziel eines »selbstdenkenden, prüfenden, schöpferischen Menschen« bekennt, wird zum 1. Januar 1940 in Heinrich-Schütz-Schule umbenannt. Dazu der Oberpräsident von Hessen-Nassau: Bei all ihrem Anerkennungswerten seien doch »Weltanschauung und Leben Malwida von Meysenbugs das genaue Gegenteil von der Haltung, zu der unsere weibliche Jugend erzogen werden soll«. Durch eine derartige Gegenposition bekommt Malwidas Idealismus dann doch scharfe Konturen!

Marianne Weber, die nicht nur das »Lebensbild« ihres berühmten Mannes, sondern auch eigene »Lebenserinnerungen« (Bremen 1948) verfasst hat und während der NS-Zeit in innerer Emigration lebt, bringt 1935 ein Buch »Die Frauen und die Liebe« heraus, das auch ein Kapitel über Malwida enthält und ihre Beziehung zu Olga als ergreifendes Beispiel mütterlicher Liebe schildert, mit dem Zitat Nietzsches, diese »Mutterliebe ohne das physische Band von Mutter und Kind« sei »eine der herrlichsten Offenbarungen der Karitas«. Dazu die selber kinderlose Marianne Weber kritisch: »Diese Bezeichnung enthält nun freilich einen Irrtum. Malwidas glühende Mutterliebe war nicht ›Karitas‹. Sie entsprang vielmehr all jenen elementaren Gefühlskräften und Leidenschaften, die mit Besitzwillen und Selbstliebe vermischt sind.«[145] Doch ungeachtet dieser Kritik lassen ihre Ausführungen über Malwida erkennen, wie sehr sie von diesen Memoiren mitgerissen ist, gewiss auch aus eigener Lebenserfahrung heraus. Sie nennt deren ersten

Band »ein klassisches Dokument des Befreiungskampfes eines begabten, strebsamen Mädchens aus den Fesseln eines veralteten Weiblichkeitsideals«[146] – auch für sie besitzt es einen konkreten und kräftigen Sinn, wenn Malwida sich schon im Titel als »Idealistin« bezeichnet.

8

VON DER »BESTEN FREUNDIN DER WELT« ZUR MITLEIDLOS LACHENDEN »KUNDRY«: DAS NIETZSCHE-DRAMA

EINE VERBUNDENHEIT DURCH GEIST UND MUSIK, DURCH LIEBE UND DURCH LEIDEN. »Nietzsche und die Frauen« gilt seit alters als pikantes Thema, mit Blick auf jenen Ausspruch, den er im »Zarathustra« einem »alten Weiblein« in den Mund legt: »Du gehst zu Frauen? Vergiß die Peitsche nicht!«[1] Bekanntlich hat er Beziehungen zu Frauen gepflegt, die sich eine Peitsche nie hätten gefallen lassen; und nicht zuletzt findet sich in der frühen Frauenbewegung eine Hochschätzung für diesen philosophischen Provokateur.[2]

Vor diesem Hintergrund wirkt die Begeisterung Malwidas für den 28 Jahre jüngeren Nietzsche bei all ihrem weiblichen Selbstbewusstsein weniger absonderlich, zumal sie über Jahre auf Gegenseitigkeit beruht, auf einer sogar noch größeren Begeisterung des Philosophen für sie. Beides ist uns bereits begegnet: So beim Thema Schopenhauer, wie sie Nietzsches Abhandlung »Schopenhauer als Erzieher« 1875 ihre »Bibel« nennt, aus der sie oft »Trost« schöpfe – »ich weiss eigentlich gar nicht was man außerdem noch zu wissen braucht«[3] –, und bei Nietzsches schwärmerischer Begeisterung in seinem Karfreitagsbrief 1876 für ihre Memoiren, als seien diese für ihn eine rettende Offenbarung. Der Nietzsche-Biograf Werner Ross bemerkt sogar über ihn, da habe er »im Malwida-Stil« geschrieben![4] Wohl mit Recht hebt Malwidas Biografin Gertrud Meyer-Hepner hervor, Malwida sei »die einzige Frau gewesen, mit der Nietzsche lange Jahre hindurch aufs herzlichste befreundet« gewesen sei.[5] Der Briefwechsel zwischen beiden umfasst in Nietzsches gesammelten Briefen an die 270 Seiten. Offenbar besitzt sie für den oftmals leidenden Mann etwas Wohltuendes, doch auch etwas, was ihn immer neu geistig anregt.[6] Der mit Nietzsche durch Vermittlung Malwidas befreundete Heinrich von Stein (1833–1896), der Verfasser der »Ideale des Materialismus« (1878) – im Untertitel »Lyrische Philosophie« –, erinnert ihn 1884 an das »merkwürdige Wort«, das er ihm unlängst gesagt habe: »Sie hätten sich, in einer schweren Zeit, auch körperlich, nur in den Stunden wohlgefühlt, in denen Sie mit Frl. v. Meysenbug sprachen.«[7]

Später erinnert sich Malwida, Nietzsche habe ihr einst vorgeschwärmt, es gehe ihm »eigentlich besser als allen meinen Mitmenschen, seit ich auf diesem Wege bin, über dem zwei Sonnen, Wagner und Schopenhauer, leuchten und ein ganzer griechischer Himmel sich ausspannt« (III 48). Die beiden sind einander zuerst durch Wagner-Wonnen verbunden. Sie lernen sich am 22. Mai 1872 bei der Grundsteinlegung des Bayreuther Festspielhauses persönlich kennen. »Wie, der Nietzsche?«, ruft sie »voll Freude« (III 37). Denn Cosima Wagner hat sie schon vorher für den Philosophen begeistert, insbesondere für sein eben erschienenes Frühwerk »Die Geburt der Tragödie aus dem Geiste der Musik«, das eine Huldigung an Wagner enthält und das Malwida und Cosima gemeinsam lesen. Diese Schrift, die mit ihren Attacken auf die gängige Sicht der altgriechischen Kultur[8] in der einschlägigen Philologie auf wütenden Widerspruch stößt, kulminiert in der Verherrlichung Wagners als höchste Höhe nicht nur der musikalischen, sondern auch der geistigen Entwicklung.

Doch nicht nur als Wagnerianerin ist Malwida von dieser Schrift begeistert, sondern auch als Verehrerin der alten klassischen Kultur. Am 26. Januar 1873 rühmt sie die »Geburt der Tragödie« gegenüber Marie Loeper-Housselle als »eine neue feurige Offenbarung über das Wesen der Griechen und ihrer Kunst, das einem wie mit einem plötzlichen Licht längst selbst Empfundenes beleuchtet und klar macht«.[9] Und noch viel später, als sie sich bereits von Nietzsche abgekehrt hat, erinnert sie sich: »Was uns alle aber noch mehr anzog als die Gelehrsamkeit des gründlich mit dem Altertum Vertrauten, war die Geistesfülle und Poesie …, das erratende Auge des dichterischen Menschen, der die innere Wahrheit der Dinge mit seherischem Blick begreift, da, wo der pedantische Buchstabengelehrte nur die äußere Schale fasst und für das Wesentliche hält.« (III 36)

Dass er lieber Dichter als Philologe sei, bekennt er später sogar selbst.[10] Daher wäre es nicht nur aus der Sicht Malwidas verfehlt, bei Nietzsche ein durchgängiges logisches System zu suchen oder dessen Mangel zu kritisieren. Stattdessen darf man wohl vermuten, dass sie bei ihm eine Geistesverwandtschaft mit sich selbst nicht zuletzt in der dynamischen Auflösung eines Grundwiderspruches ihres eigenen Denkens erkennt: wenn ihr die

Individualität immer wieder als höchster Wert erscheint und sie dennoch Stimmungen durchlebt, in denen sie sich danach sehnt, dass sich die eigene Individualität in einem großen Ganzen auflöst. Ebendiese tiefe Spannung durchzieht auch »Die Geburt der Tragödie«. In Apollon habe »das Principium individuationis« »seinen erhabendsten Ausdruck bekommen«.[11] Das Apollinische »entzückt uns für die Individuen«, heißt es da, es »reißt den Menschen aus seiner orgiastischen Selbstvernichtung empor« – aber damit täusche es den Menschen »über die Allgemeinheit des dionysischen Vorganges«.[12] Ahnt der Mensch dies wirklich nicht? Denn in Wahrheit liebt etwas in ihm diese »orgiastische Selbstvernichtung«; »erst aus dem Geiste der Musik heraus verstehen wir eine Freude an der Vernichtung des Individuums«.[13] Und diese Orgie ist zugleich ein Weg zu tiefer Erkenntnis, wenn »unter dem mystischen Jubelruf des Dionysus der Bann der Individuation zersprengt wird und der Weg zu den Müttern des Seins, zu dem innersten Kern der Dinge offen liegt.«[14]

Dem regen Briefwechsel zwischen den beiden geht ein gemeinsames »Tristan«-Erlebnis in München im Juli 1872 voraus: Gleich dreimal hintereinander erleben sie dieses erotische Musikdrama, wobei sie »den Freundschaftsbund, der in Bayreuth begonnen, noch fester schlossen«. Auch Olga ist dabei; und als Malwida Nietzsche fragt, warum er nicht verheiratet sei, erwidert er: »Geben Sie mir eine Frau wie diese!«[15] Im November schreibt er ihr, Olga möge »überzeugt sein, dass sie auf mich, in jeder Lage des Lebens, rechnen darf«.[16] Am Horizont damals eine Dreiecksbeziehung zwischen Malwida, Nietzsche und Olga!

Zurück zum »Tristan«-Erlebnis; dazu Malwida später: »Ich erinnere mich, wie *Nietzsche* während einer solchen Aufführung sagte: ›Dies Drama des Todes macht mich gar nicht traurig, im Gegenteil, ich fühle mich glücklich und erlöst.‹« (III 37) Todessehnsucht ist ein immer wiederkehrendes Motiv in seinen Briefen an Malwida. Er weiß, da findet er bei ihr Verständnis: nicht bloß Mitleid, sondern ein Mit-Leiden. Am 2. Januar 1875, als ihm seine Basler Professur zu einem »curiosen Elend« geworden ist, klagt er ihr: »Ich sah gestern als am ersten Tage des Jahres mit wirklichem Zittern in die Zukunft. Es ist schrecklich und gefährlich zu leben – ich beneide jeden, der auf eine rechtschaffne Weise todt wird.«[17] »Auf eine rechtschaffne Weise«: also nicht durch Selbstmord. In der Folge bestärkt ihn Malwida darin, ja drängt ihn geradezu, seine Professur aufzugeben. Selbst auf der Rückfahrt zu

Schiff von dem zeitweise so glücklichen Zusammensein mit ihr in Sorrent hat er, wie er ihr mit Galgenhumor gesteht, »nur die schwärzesten Gedanken«, wobei er »in Bezug auf Selbstmord allein darüber im Zweifel blieb, wo das Meer am tiefsten sei, damit man nicht gleich wieder herausgefischt werde«.[18] Da sucht ihn Malwida durch einen heiteren Aufruf zu »coraggio e pazienza«, »Mut und Geduld«, von derart düsteren Gedanken abzubringen und schildert ihm anschließend ihre Faszination durch einen Ausbruch des Vesuvs.[19]

Doch am 6. Februar 1878 schreibt sie an Paul Rée, betrübt über die Trennung nach der Sorrenter Zeit, »nur ein ruhiges Verbleiben im Süden, so wie er dort lebte, hätte ihn retten können. Wenn er aber nicht zu retten ist, dann wünsche ich ihm bald den erlösenden Tod, denn sein Zustand ist zu schrecklich.«[20] Sie, Rée und Nietzsche haben Zeiten der Todessehnsucht miteinander gemein. Im Herbst 1879 erreicht sie die fälschliche Nachricht von Nietzsches Tod; da schreibt sie an Rée: »Mich bewegte die Nachricht tief wie Sie wohl denken können, aber ich hatte eigentlich ein Gefühl der Befreiung ihn der unsinnigen Qual des Lebens enthoben zu wissen, die auf dieser zart besaiteten Seele doppelte Schmerzenstöne hervorrief.«[21] Und zugleich an Heinrich von Stein: Sie könne Nietzsche »nur wünschen«, dass die Nachricht von seinem Tod stimmt, »denn seine Zukunft wäre eine Qual gewesen«.[22]

Vor allem in seinem Leidensjahr 1880 beherrscht Nietzsche die Todessehnsucht. Am 14. Januar schreibt er Malwida, die er »wie eine ältere Schwester liebe und verehre«, dieser Brief werde »doch wohl der letzte sein! Denn die furchtbare und fast unablässige Marter meines Lebens lässt mich nach dem Ende dürsten, und nach einigen Anzeichen ist mir der erlösende Hirnschlag nahe genug, um hoffen zu dürfen.« Und dann: »Zu wem dürfte ich dies Alles sagen, wenn nicht zu Ihnen? Ich glaube – aber es ist unbescheiden es zu sagen? – dass unser Charakter viele Ähnlichkeiten hat. Z. B.: wir sind beide muthig, und weder Noth noch Geringschätzung kann uns von der Bahn, die wir als die rechte erkennen abdrängen. Auch haben wir beide in uns und vor uns Manches erlebt, dessen Leuchten Wenige der Gegenwärtigen gesehen haben – wir *hoffen* für die Menschheit und bringen uns selbst als bescheidenes Opfer, nicht wahr?«[23]

Gemeinsamkeit im Leiden kann eine intime Kommunikation begründen; eine solches Mit-Leiden durchzieht auch die Korrespondenz zwischen

Malwida und Nietzsche. Beide sind einander durch die lebenslange Angst um ihre Augen verbunden;[24] Paul Deussen, schon seit der gemeinsamen Schülerzeit in Schulpforta mit Nietzsche befreundet, erinnert daran, Nietzsche sei schon als Schüler von einem Arzt auf die Möglichkeit hingewiesen worden, »im höhern Alter einmal ganz zu erblinden«.[25] Da denkt er voll Mitgefühl auch an Malwidas »arme Augen«.[26] Doch eine Gemeinsamkeit glaubt er mit auch darin zu erkennen, dass ihrer beider Leiden nicht nur physisch, sondern auch psychisch sei: »Unsereins, ich meine Sie und mich, leidet *nie rein körperlich*, sondern alles ist mit geistigen Krisen tief durchwachsen.«[27] Diese Bekundung des Mit-Leidens ist Malwida so wertvoll, dass sie sie noch in ihre »Individualitäten« von 1901 aufnimmt (III 46). Am 25. November 1877 klagt sie dem Nietzsche-Freund Rée über ihre »zerrütteten Nerven«; die letzte Nacht sei »schrecklich« gewesen, »umsonst kämpfte der Geist gegen die Übermacht des Körpers; es liegt auf mir wie ein Alp, eine unbestimmte Angst.«[28] Umso größer wird ihr Mitgefühl mit dem leidenden Nietzsche sein. Später gilt die auf einen Bordellbesuch zurückgehende Syphilis als Kern von Nietzsches Krankheit[29]; für Malwida dagegen handelt es sich zumindest bis zu einem gewissen Grade[30] um ein edles Leiden.

Zurück zu den Anfängen dieser Freundschaft: Die Korrespondenz zwischen beiden beginnt mit einem langen Brief Nietzsches vom 24. Juli 1872 aus Basel nach dem gemeinsamen »Tristan«-Erlebnis in München. Da kündigt er an, diese »herrliche Erinnerung« treibe ihn dazu, erneut nach München zu fahren, um wieder den »Tristan« zu hören – »aber das Eine fürchte ich um so mehr: dass ich Sie, verehrtestes Fräulein« – erst später schreibt er an sie als »Freundin« –, »und mit Ihnen die heimisch-wohlthuende und erquickende Atmosphäre unseres damaligen Zusammenseins *nicht* wieder finden werde«. Schon zwei Tage darauf antwortet ihm Malwida ebenfalls in einem langen Brief, »unsere Tristan-Tage in München« seien auch ihr »eine unvergessliche Erinnerung und ein tröstlicher Besitz geworden«. Diese Begegnung habe in ihr »ein recht tiefes mütterliches Gefühl erzeugt, auf das Sie nun unter allen Umständen bauen mögen«.[31] Das führt zu der Frage: Sind die beiden einander auch im Empfinden Nietzsches durch Mutterliebe verbunden? Zwischen ihm und seiner eigenen Mutter hat keine Liebe bestanden, später von seiner Seite förmlicher Hass; im Herbst 1888 in »Ecce homo« rechnet er mit Mutter und Schwester ab: »Wenn ich den tiefsten Gegensatz zu mir suche, die unausrechenbare Gemeinheit der Instinkte, so finde ich immer meine Mutter und Schwester.«[32] Seinen Karfreitagsbrief 1875 an Malwida, den er mit dem Bekenntnis beginnt, nie habe er »einen weihevolleren Sonntag erlebt« als den bei der Lektüre ihrer Memoiren, schließt er mit den Worten: »Eins der höchsten Motive, welches ich durch Sie erst geahnt habe, ist das der Mutterliebe ohne das physische Band von Mutter und Kind, es ist eine der herrlichsten Offenbarungen der caritas.«[33] Er hat Malwidas Schmerz bei ihrer Trennung von Olga miterlebt; hofft er, jetzt diese leere Stelle auszufüllen? Doch ohne Zweifel wird er ihr weit mehr als Olga-Ersatz; und vieles spricht dafür, die Liebe zwischen ihm und Malwida als eine Beziehung auf gleicher Ebene zu empfinden. Am 26. Mai 1876 spricht er von ihr Gersdorff gegenüber sogar als »der besten Freundin der Welt«![34]

Und es ist eine Verbundenheit nicht lediglich emotionaler, sondern auch geistiger Art. Zu jener Zeit sind sie – für Malwida gewiss entscheidend – nicht zuletzt durch ihren Idealismus miteinander vereint. Wie sich Paul Deussen an die gemeinsame Zeit mit Nietzsche in Schulpforta erinnert: »Die Hochschätzung, vielleicht Überschätzung alles Großen und Schönen, und eine entsprechende Verachtung für alles, was nur materiellen Interessen diente, lag wohl von Natur in mir; aber dieser glimmende Funke wurde durch den täglichen Umgang mit Nietzsche zu einer Flamme der einseitigen Begeisterung für alles Ideale entfacht, welche nie wieder erloschen ist.«[35] Ein Idealist ist er ganz und gar, als Malwida ihm in Bayreuth begegnet, wobei er allerdings aus der Rückschau bekennt, dass gerade sein Idealismus bei aller Verehrung Wagners in ihm einen Widerwillen gegen den dortigen Festspielrummel hervorgerufen habe. Wohl mit Bezug auf seine »unzeitgemäße Betrachtung« »Richard Wagner in Bayreuth« (1876) schreibt er später selbstkritisch: »Mein Gemälde Wagners ging über ihn hinaus, ich hatte ein ideales Monstrum geschildert … Ich habe … das Los der Idealisten gezogen, welchen der Gegenstand, aus dem sie so viel gemacht haben, durchaus verleidet wird.« Und: »Mein Fehler war der, dass ich nach Bayreuth mit einem Ideal kam: So musste ich denn die bitterste Enttäuschung erleben: Die Überfülle des Hässlichen, Verzerrten, Überwürzten stieß mich heftig zurück.«[36] Dabei hatte er zuvor verkündet: In Bayreuth »findet ihr vorbereitete und geweihte Zuschauer, die Ergriffenheit von Menschen«.[37] Gewiss verstand Malwida diese seine Enttäuschung nur zu gut; gerade Wagnerianer konnten von einer derartigen Banalisierung des Genusses dieser Musik angeekelt werden. Von Wagner selbst notiert Cosima am 9. September 1876, nach Schilderung von lauter organisatorischem Klimbim um die Festspiele: »R(ichard) ist sehr traurig, sagt, er möchte sterben!«[38]

Bereits im vorigen Kapitel wurde geschildert, wie Nietzsches Begeisterung für Malwida mit der Lektüre ihrer Memoiren den Gipfel erreicht. Am 22. Februar 1876 schlägt er seinem »geliebten Freund« Carl von Gersdorff vor, sie beide sollten am Genfersee gemeinsam die eben eingetroffenen Memoiren lesen. »Ich scheue mich ordentlich vor einem unbedachtsamen Einschlürfen eines so herrlichen reinen Getränkes.«[39] Es ist eine Begeisterung für die Idealistin, die selbst nach vierjähriger Freundschaft für ihn ein Ideal verkörpert; wie er ihr schreibt: »Sie gingen vor mir her als ein höheres Selbst, als ein *viel* höheres.« Bis dahin habe er »nichts mehr als die Langwierigkeit des Lebens« gefürchtet, »das mit Aufgebung der höheren Ziele nur wie eine ungeheure Last drückt«. Durch sie erkennt er jetzt höhere Ziele. Zugleich gebieterische Aufgaben – gerade auch für sich als Mann. Jetzt glaube er, »mit meinem Verhalten nicht eher zufrieden sein zu dürfen als bis ich Ihre Zustimmung habe. Ihr Buch ist für mich aber ein strengerer Richter als Sie es vielleicht persönlich sein würden. Was muss ein Mann thun, um bei dem Bilde Ihres Lebens sich nicht der Unmännlichkeiten zeihen zu müssen?« Und er schließt mit der Sehnsucht, in ihrer Nähe zu leben.[40]

Malwida hat diesen Brief in ihre Nietzsche-Erinnerungen aufgenommen, die sie an den Anfang der »Individualitäten« stellt (III 46 f.); zu jener Zeit ist er für sie nicht ohne Grund »ein vollkommener Idealist« (III 43). Sie antwortet ihm gute zwei Wochen später mit einem langen Brief: »Theurer Freund, hätte mein Buch mir keine andere Freude bereitet, als mir Ihren letzten Brief zu bringen, so würde ich es doch dafür segnen. … Es bedarf nicht vieler Worte zwischen uns, wir wissen was wir einander sind und wollen es in alle Ewigkeit bleiben. Wie sehr aber theile ich den Wunsch dass wir näher beieinander leben könnten, dass ich Ihnen die Liebe und Treue einer Mutter beweisen könnte, dass wir zusammen Manche der ewigen Probleme lösen könnten, um die sich eigentlich das ganze Leben bewegt.«[41] Das Zusammensein in Sorrent bereitet sich vor.

Gerne übernimmt sie bei ihm eine Mutterrolle, doch zugleich will sie auch seine geistige Partnerin sein – und die gleichen Feinde abwehren. So sind sie sich beide einig in der Abscheu vor dem »Don Quichote« des Cervantes, der Tragikomödie vom irrenden Ritter, der Fantasien verfolgt, die sich als Parodie auf den Idealisten lesen lassen. Um Malwida zu zitieren:

»Nietzsche tadelte es, dass Cervantes die eigentlich ideale Figur, den Menschen mit idealem Streben, zum Spott der Alltagswelt werden lässt«; und da stimmt sie mit ihm ganz und gar überein, zumal sie zu spüren glaubt, »dass das Buch aus der ungeheuersten Menschenverachtung hervorgegangen ist, aus der hohnlächelnden Ironie, mit welcher der, der die Welt versteht, auf den armen Idealisten sieht, der glaubt, in einer solchen Welt Ideale verwirklichen zu können« (II 248f.). Doch gegenüber Cosima Wagner nennt sie sich selbst später den »Don Quichote des Idealismus«![42]

Am 25. Oktober 1874, als er ihr »Schopenhauer als Erzieher« schickt, schreibt er ihr, aus dieser Schrift werde sie »genug von dem errathen, was ich inzwischen mit mir erlebt habe. Auch dass es mit mir im Verlaufe des Jahres mitunter viel schlechter und bedenklicher stand als im Buche zu lesen steht. In summa aber doch dass es geht, *vorwärts* geht ... wie wird mir zu Muthe sein, wenn ich erst alles Negative und Empörte, was in mir steckt, aus mir heraus gestellt habe ... Schon jetzt empfinde ich mit wahrem Dankgefühle, wie ich immer heller und schärfer sehen lerne – geistig! (leider nicht leiblich!)«[43] Die Not mit den Augen nimmt zu. Malwida zitiert diesen Brief in ihren Erinnerungen an Nietzsche (III 42f.) und fährt fort: »Wer könnte den eben zitierten Brief ohne Rührung lesen? Wer, der ihn damals gelesen, konnte anders als mit freudiger Hoffnung auf diesen mutigen Kämpfer blicken?« Gewiss erkläre er »dem nüchternen Rationalismus, dem Bildungsphilister« den Krieg. – »Aber er erklärte diesen Krieg im Namen der Idealität aller Zeiten.« (III 43) So bestärkt er ihre Zuversicht, die noch später wiederkehrt, dass auch befremdende und beunruhigende Wendungen in Nietzsches Wesen und Schaffen bloße Übergangsphasen seien, denen eine neue Heiterkeit, eine Wiederkehr des Idealismus folgen werde oder doch eine Verbundenheit mit ihr im Geist und im Leiden.[44]

Nietzsches Begleitbrief zu »Schopenhauer als Erzieher« gibt Malwida Grund zu der Gewissheit, dass diese Schrift tiefe Einblicke in sein Wesen und sein Denken öffnet. Auch im Gedanken daran mag sie ihm schreiben, diese Schrift sei ihre »Bibel« geworden[45]: Das ist sicherlich weit mehr ein Bekenntnis zu Nietzsche als zu Schopenhauer. Welche Botschaft Nietzsches in dieser Schrift hat sie besonders beeindruckt und ihr oft »Trost« gegeben? Sie fährt fort: »Niemals hat Jemand schöner den Zweck aller Cultur ausgesprochen und ich weiß eigentlich gar nicht was man außerdem noch zu wissen braucht.« An welche Passage mag sie dabei besonders denken? Am

13. Januar 1875 erläutert sie ihm: »Ich kann nicht sagen, wie hoch mich der Ausspruch in Ihrem Schopenhauer erfreute: ›alle Cultur hat eine metaphysische Bedeutung‹. (Sie werden vielleicht über kurz oder lang einmal sehen wie wir beinahe mit denselben Worten, denselben Gedanken ausdrückten).«

Doch worin mag diese »metaphysische Bedeutung« konkret bestehen? An einer Stelle verkündet er als eine Botschaft, die viele schwer zugeben möchten: »Die Menschheit soll fortwährend daran arbeiten, einzelne große Menschen zu erzeugen – und dies und nichts anderes sonst ist ihre Aufgabe.«[46] Da mag man sich an Malwidas Diktum in ihren Memoiren (II 54) erinnern: »Die Natur selbst ist aristokratisch«, dem sie die rhetorische Frage vorausschickt: »Bringt die verschwenderische Natur, wie sie im Frühling tausend Blüten vom Baume weht, die keine Frucht tragen, so auch die Masse nur hervor … unbekümmert darum, ob unzählige Individuen zu Grunde gehen oder nicht? Kommt es nur darauf an, dass der Genius lebe und wie ein einsames Meteor durch die Nacht der Allgemeinheit strahle?« (II 53 f.) Hier wandelt sich ihr Idealismus von selbstloser Menschenliebe in Verachtung der Masse Mensch im Blick auf ideale Genies. Bei einer solchen Passage mag sie sich vorstellen, dass Nietzsche da eigene Gedanken wiederfindet, zumal auch er seine Botschaft auf die »Natur« gründet, wenn er in gesperrtem Druck als einzige Aufgabe der Kultur hervorhebt, *»die Erzeugung des Philosophen, des Künstlers und des Heiligen in uns und außer uns zu fördern und dadurch an der Vollendung der Natur zu arbeiten«.*[47]

Zwischendurch verfällt er in Atomismus: »Wir leben die Periode der Atome, des atomistischen Chaos. … Die Revolution ist gar nicht zu vermeiden, und zwar die atomistische: welches sind aber die kleinsten unteilbaren Grundstoffe der menschlichen Gesellschaft?«[48] Die Antwort darauf hat er schon gegeben, wenn er von jenem Menschen sagt, der das Band zerrissen habe, »welches ihn mit seinem Ideal verknüpfte«: »Die Einzigkeit seines Wesens ist zum unteilbaren, unmitteilbaren Atom geworden, zum erkalteten Gestein.«[49] Wie wir sahen, unternimmt auch Malwida bei ihrem Ideal *Individualität* Ausflüge in den Atomismus. Und wenn das Individuum als »Atom« unteilbar ist, gilt das nicht auch für Nietzsche? Doch dessen ist sich Malwida später nicht mehr sicher.

SORRENT ALS »ZAUBERGARTEN«: ZUMINDEST FÜR MALWIDA. DAS EXPERIMENT EINER »IDEALEN KOLONIE« – TROTZ »RÉEALISMUS« KONTRA IDEALISMUS. Die Dreiecksbeziehungen zwischen Nietzsche, Paul Rée und Albert Brenner in Sorrent Ende Oktober 1876 bis Juni 1877 und 1882 zwischen Nietzsche, Rée und Lou Andreas-Salomé in Rom, Orta und Luzern gehören längst zu den Lieblingsthemen der Nietzsche-Biografik. Hier gilt es, sich nicht zu sehr von Malwida ablenken zu lassen und bei alldem ihre Bedeutung zu beachten, ihre Rolle in diesen Beziehungen und deren Auswirkung auf ihr eigenes Leben, wobei es sich lohnt, manchen Merkwürdigkeiten besondere Aufmerksamkeit zu widmen.

Am 11. Mai 1876, kaum einen Monat nach seinem enthusiastischen Brief über die segensreiche Wirkung der Memoiren Malwidas auf ihn, bekennt ihr Nietzsche, zugleich mit der Versicherung, dass er ihr Buch »überall hin« verbreite: »Wahrhaftig, mit Niemandem möchte ich jetzt so gern ein Jahr als mit Ihnen zubringen – das dürfen Sie im wörtlichsten Sinne nehmen! Wollte ich Ihnen genauer sagen warum – so würden Sie sehen, *wie* hoch ich Sie liebe und ehre!« Und er kündigt an, »dass ich *kommen* werde, um in Fano mit Ihnen zusammen ein Jahr zu leben«.[50] Damals hat sie Fano an der Adria bei San Marino vorgeschlagen; in der Folge bevorzugt sie Sorrent, da sie irrtümlich glaubt, für Nietzsche sei zu seiner Gesundung »ein noch südlicheres Klima wie das von Fano notwendig«,[51] und auch dem stimmt er damals zu. Am 25. Mai, Himmelfahrt, schreibt sie ihm darauf als »Ihre liebe Schwester« – nicht Mutter! – eine begeisterte Antwort, begleitet von der philosophischen Betrachtung, dass das Wirkliche nicht nur das Empirische sei[52] – befürchtet sie bereits, dass sich Nietzsche von ihrem Idealismus entfernt? Am Tag darauf teilt er seinem »geliebten Freund« Carl von Gersdorff mit, er habe vor, »von October an auf *ein* Jahr nach Italien zu gehen, einer Einladung der besten Freundin, der Welt, Frl. von Meysenbug folgend«.[53] Er möchte auch seinen Freund Paul Rée und seinen Schüler Albert Brenner dabeihaben: »Unserem Freunde Brenner weiss ich gar kein besseres Loos zu wünschen als in den Schutz Ihrer Mutterliebe zu kommen.«[54] Mit Brenner würde sie ohnehin gerne leben; sie war mit ihm bereits in Rom zusammen, während sie Rée erst jetzt kennenlernt (II 236).

Hier lohnt sich ein Seitenblick auf Albert Brenner (1856–1878); nicht nur zu Rée, sondern auch zu diesem vierzig Jahre jüngeren Mann gewinnt Malwida rasch ein vertrautes Verhältnis; und er hängt an ihr bis zu seinem frühen Tod an Tuberkulose. Schon am 27. September 1875, nicht einmal zwanzig Jahre alt, teilt er ihr mit, er erwarte den Tod und der Gedanke tue ihm sogar wohl, ruhig zu sterben.[55] Man kann sich vorstellen, wie Malwida diese Todesbereitschaft bewegt, doch auch dazu verleitet, ihm zur Retterin werden zu wollen. Voll Freude schreibt sie am 4. Mai 1876 an Augusta von Stein-Rebecchini, mit ihm habe sie seit der Trennung von Olga »seit einigen Monaten wieder ein *beinahe* Adoptivkind«. Damals glaubt sie sogar, ihm zur Heilung verholfen zu haben: »Ich habe ihn mit Hilfe des Arztes und Roms gerettet, habe mich ihm in herzlicher Mutterliebe zugeneigt und er, der diese nie gekannt hat, hat sich mir mit Sohnes-Fanatismus angeschlossen.« »Er ist ein prächtiges Wesen, das schon weiß, dass der Weg zur Vollkommenheit nur durch Leiden geht.«[56]

Malwidas Beziehung zu diesem Jüngling ist mütterlicher und zugleich geistiger Art, doch das beginnt mit einer Irritation: Offenbar hat er in seinem Leiden sich nicht zuletzt durch die Schopenhauer-Lektüre darin bestärken lassen, dem Lebenswillen zu entsagen. Am 12. Januar 1876 klagt sie Nietzsche über diesen seinen Schüler: »Er hat zu früh in das volle Antlitz der Wahrheit geschaut ehe er noch die Kraft hatte sie zu ertragen und ich sehe an seinem Beispiel dass der Schleier der Maya bis zu einem gewissen Grade nothwendig ist; denn wer zu plötzlich aus der blendenden Helle der Erscheinungswelt in die purpurne Nacht des Urwesens hinunter sieht, dem verwirrt sich der Blick … ich möchte ihn gerne retten.« Daher habe sie ihn beredet, vorerst in Rom zu bleiben.[57]

Und offenbar erzielt sie prompt einen ersten Erfolg: Schon am Tag darauf versichert Brenner seinem Mentor Nietzsche, er spüre wieder »die Lust des Daseins«. »Ich bin ganz anders geworden … die Augen blicken selig aufwärts.«[58] Im September 1876 schreibt er Malwida, damals wieder aus Basel, es sei ihm unbegreiflich, wie sie je an ihm habe zweifeln können. »Wenn ich mein kurzes Leben durchsehe ist Alles nichts ausser jener denkwürdigen Zeit meines Zusammenlebens mit Ihnen. … Jetzt erregt mir mein vergangenes Leben nur Ekel und Trauer, bis zu jenem Rom, wo klare Schönheit und Liebe mich umgaben.« Das Zusammensein mit ihr in Rom war »das einzige Glück meines Lebens, das jetzt nur noch in der Erinnerung lebt«. [59] Eine überschwängliche Huldigung, wie Malwida sie nicht oft erlebt hat! Nur zu gerne würde sie ihm und sich selbst dieses Glück noch weiterhin bescheren. Schon am 8. April 1876 hat sie seiner Tante Charlotte empfohlen, ihn vorerst nicht, wie geplant, in das Studium der Jurisprudenz zu schicken, sondern ihn ein volles Jahr bei ihr in Italien verbringen zu lassen, und sich verpflichtet, »mit wahrer Mutterliebe über ihn zu wachen«: Das werde seine »Gesundheit befestigen« und unter den »Eindrücken von Schönheit, Milde und Poesie« eine »beruhigende Wirkung« auf ihn ausüben.[60]

Wie man sieht, traut sie sich mittlerweile auch therapeutische Fähigkeiten zu, in der Folge gerade auch zur Heilung Nietzsches. Am 30. April schreibt sie an Nietzsche, am liebsten würde sie Brenner ganz zu sich nehmen, um »ihm das Asyl des Sohnes« und »eine neue Heimat« zu bereiten. Sie wäre sogar bereit, dafür aus Rom fortzuziehen. »Es ist mir mehr als wahrscheinlich dass er dann ein bedeutender Mensch würde.« Und auch ihm, Nietzsche, möchte sie »diese Heimat, wenigstens für ein Jahr lang, bieten«.[61] Was sie in ihren Memoiren verschweigt: Die Gemeinschaft in Sorrent hat sie zuerst nicht für Nietzsche, sondern nur für Brenner gedacht[62] – als eine Gemeinschaft von Mutter und Sohn, nicht so sehr als »Kolonie« neuer Art. Doch Nietzsche ist gleich mit Begeisterung dabei; am 25. September 1876 teilt Brenner ihr mit: »Nietzsche freut sich unsäglich auf Sorrent. Auch Rée kommt *ganz gewiß*. Doch reise ich mit Nietzschen, da er schnell und Rée langsam reist.«[63]

Ab 27. Oktober logieren die vier in Sorrent in der Villa Rubinacci. Es sollte kein Urlaub mit ständigem Beieinander werden, sondern »ein Ort gemeinsamen Lernens, aber auch zurückgezogenen getrennten Arbeitens«.[64] Ursprünglich ist der Aufenthalt, Nietzsches Wunsch entsprechend, für ein ganzes Jahr geplant; die Frage wird sich noch stellen, warum er nach gut einem halben Jahr wieder abgebrochen wird. Bereits am 5. Oktober haben sich, nur fünf Minuten davon entfernt, auch die Wagners einquartiert, im Hotel Victoria, wo sie bis zum 7. November bleiben. Hat Malwida – denn sie besitzt dabei die Initiative – Sorrent im Blick auf die Wagners gewählt? Im »Lebensabend« berichtet sie von Sorrent, der erste Monat sei noch durch die Anwesenheit der Wagners »verschönt« worden. »Ich verbrachte natürlich den größten Teil meiner Zeit mit ihnen, besonders mit der von mir so innig geliebten und hochgeschätzten Cosima, mit der das Zusammensein mir stets geistig und gemütlich den höchsten Genuß gewährte.« »Öfters« seien sie auch alle vier »abends zu Wagners geladen« worden. »Es befremdete mich allerdings dabei, in Nietzsches Reden und Benehmen eine gewisse gezwungene Art von Natürlichkeit und Heiterkeit zu bemerken, die ihm sonst ganz fremd war« (II 238). Immerhin bemüht er sich ihr zufolge, nicht die Stimmung zu verderben; nichts von einem eisigen Verstummen.

Seltsam jedoch, dass Cosimas Aufzeichnungen von jenen Tagen einen anderen Eindruck erwecken: Da ist zwar wiederholt von einem Zusammensein mit Malwida die Rede, doch nur nebenbei und ohne Notizen von irgendwelchen Gesprächen, einmal auch zusammen mit Rée und »unserm Freund Nietzsche«, »letzterer sehr angegriffen und mit seiner Gesundheit sehr beschäftigt«.[65] Weiter nichts. Über Rée nur einmal kurz und abfällig am 1. November: »Abends besucht uns Dr. Rée, welcher uns durch sein kaltes pointiertes Wesen nicht anspricht, bei näherer Betrachtung finden wir heraus, dass er Israelit sein muß.«[66] Für Malwida ist Rées jüdische Herkunft nie ein besonderes Thema, und gerade die neue Freundschaft mit ihm bleibt für sie über Jahre wohl der wertvollste Gewinn der Zeit in Sorrent. Umgekehrt gewinnt man aus Malwidas Berichten über jene Zeit den Eindruck, dass die Wagners dabei keine große Rolle spielen.

Vor diesem Hintergrund mag man den bereits in dem Wagner-Kapitel zitierten kuriosen Brief Wagners zu Ostern 1877 an die noch in Sorrent weilende Malwida verstehen, über den sie »erst wie eine Unsinnige« lacht[67] – Humor oder Galgenhumor? – und wo er berichtet, er habe geträumt, Nietzsche, Rée und Brenner sollten gehängt werden, weil sie Malwida umgebracht hätten.[68] Es scheint, dass er in Sorrent auf diese drei, denen Malwida ihre ganze Aufmerksamkeit widmet, irgendwo eifersüchtig ist, mag er sich da auch über sich selber amüsieren. Tatsächlich passen die Wagners, die ja ihre eigene Jüngerschaft um sich sammeln, in die dortige Vierergemeinschaft nicht hinein.

Vermutlich geht der Plan eines Zusammenseins zu viert vor allem auf Nietzsche zurück, nicht so sehr auf Malwida, die bis dahin eher einem Ideal von Familie anhängt. Er will eine Gemeinschaft des Lernens, doch etwas sehr anderes als die Universität. Schon am 15. Dezember 1870 hat er seinem Freund Erwin Rohde geklagt, dass er »die Luft der Akademien« nicht mehr lange ertrage, und aufgerufen: »Also werfen wir einmal dieses Joch ab, das steht *für mich* ganz fest. Und dann bilden wir eine neue *griechische* Akademie.« »Wir leben, arbeiten, genießen für einander – vielleicht dass dies die einzige Art ist, wie wir für das *Ganze* arbeiten sollen.«[69]

Auch für Malwida wird die Sorrentiner Gemeinschaft zum Modell für eine neue Zukunft. Am 9. Januar 1877 verkündet sie Wilhelm Hemsen, den sie auch dafür gewinnen möchte: »Wir möchten hier … eine Gemeinschaft gleichgesinnter Menschen stiften, welche sich zu Zwecken der Erziehung verbündeten … Es sollte dies eine Art modernen Klosters werden, nur anstatt die Menschen vom Leben abzuwenden, sollten sie darin fähig werden, hinzugehen und wahres Leben zu lehren und zu verbreiten.«[70] So unbefangen macht sich die antiklerikale Frau ebenso wie schon vorher Nietzsche den Begriff des Klosters zu eigen! Doch besitzt dieser für sie auch eine Spitze gegen die Sinnlichkeit. In einem undatierten Brief an Rée, den sie in den »Lebensabend« aufnimmt, heißt es: »Mir scheint jetzt der einzig mögliche und wirkungsvolle Schwerpunkt der Neu-Organisation der Gesellschaft, der wir zustreben, der zu sein: die möglichst große Entwicklung des Intellekts und die materielle Verbesserung der bedürfenden Klassen; infolgedessen die Verminderung sinnlicher Bedürfnisse und die Abnahme der Herdenproduktion der Menschheit.« (II 324)

Dann doch wieder das Ideal Familie, wenn auch nicht ganz ernst. Wie sie sich erinnert, habe sie in Sorrent beim Abendbrot »oft scherzend« gesagt: »Wir repräsentieren doch wirklich eine ideale Familie; vier Menschen, die sich früher kaum gekannt, kein verwandtschaftliches Band haben, keine gemeinsamen Erinnerungen, und nun in vollkommener Eintracht, in ungestörter, persönlicher Freiheit, ein geistig und gemütlich befriedigtes Zusammenleben führen.« (II 244) Da spürt man die Sehnsucht, dieses Beisammensein möge von Dauer sein. Doch zugleich ein weit darüber hinausgehendes sendungsbewusstes Ideal, »eine Art Missionshaus zu gründen, um erwachsene Menschen beiderlei Geschlechts zu einer freien Entwicklung edelsten Geisteslebens zu führen, damit sie dann hinausgingen in die Welt, den Samen einer neuen, vergeistigten Kultur auszustreuen. Diese Idee fand den feurigsten Anklang bei den Herren; Nietzsche und Rée waren gleich bereit, sich als Lehrer zu betätigen.« (II 244) »Allen Ernstes dachten wir daran, in dem herrlichen Erdenwinkel, in dem wir uns befanden, ein Institut für junge Leute beiderlei Geschlechtes zu gründen, das durch Beispiel und Belehrung die Pflanzschule werden sollte, aus der Apostel einer reineren, höheren Lebensanschauung … hinausgehen würden.« (III 50)

»Kloster«, »Missionshaus«, »Apostel«: Immer wieder spürt man die Inspiration durch das christliche Erbe! Zugleich jedoch schwelgen sie in Sorrent in der Welt der alten Griechen (II 240), so wenn sie gemeinsam in dem Manuskript einer Vorlesung Jacob Burckhardts zur griechischen Kulturgeschichte lesen (II 239)[71]. Malwida: »Meine Vorliebe für jene herrliche Blütezeit des menschlichen Geistes steigerte sich dadurch zu höchster Begeisterung.« (II 239) Und sie pflichtet Nietzsche bei, als er »die finstere Wendung« beklagt, »die das Christentum sehr bald nach seiner Entstehung nahm, die schöne freie Sinnenwelt der Griechen verunstaltete und das blühende natürliche Leben in Moderduft und Gerippenkultus verkehrte« (II 248). »Es ist ein sehr seltsames, vielleicht noch nie dagewesenes Zusammenleben, das unsere«, schreibt sie an Olga am 3. März 1877; »aber es ist vollkommen gelungen, und wir bilden die einträchtigste Familie, die man sich denken kann«. Und noch am 13. November: »Es ist seit ein paar Tagen wieder göttlich. Die Orangen werden immer goldner, es ist unglaublich schön, in diese hohen Bäume hinauf zu sehen, in welchen die Unzahl goldner Früchte hängt. Ich adoriere Sorrent täglich mehr.«[72] Schilderungen solcher Art lassen sich beliebig vermehren. Zwischendurch fährt sie mit den anderen ein paar Tage nach Capri; übermütig tragen sich Malwida und Nietzsche ins Fremdenbuch ein: »Donna Malwida Cosmopolita«, »Don Federigo, *uomo dell avvenire*«.[73] Später erinnert sie sich: »Ich empfand die Liebe schöner wie in der ersten Morgenfrühe des Lebens, gleich einem reinen Silberstrom von Herz zu Herzen fluten.« (IV 53)

Und nicht nur Liebe, sondern auch Lachen beschwingt sie in dieser Zeit; selbst Nietzsche lacht mit, womöglich manchmal mit Galgenhumor,[74] wenn es ihm nicht gut geht. »Überhaupt lachen wir oft, neben dem vielen Ernst, den wir treiben.«[75] »Gestern abend haben wir wie verrückt gelacht. Wir waren alle eigentlich aus Verzweiflung über das anhaltend schlechte Wetter und das Leben überhaupt mit seinen unlösbaren Problemen in eine ganz toll lustige Stimmung geraten, auch Nietzsche, und einer überbot immer den anderen an Witzen, so dass mir zuletzt alles weh tat vor Lachen«, schreibt sie an Olga.[76] Und an anderer Stelle: Als »Brennus« (= Brenner) »etwas schauderhaft Langweiliges« vorgelesen habe, habe sie »ihm dafür zur Strafe eine Mandarine an den Kopf« geworfen.[77] So ungezwungen, ja übermütig geht es da zu! Sie fühle sich um zehn Jahre verjüngt, berichtet sie am 6. Februar 1877 Caroline von Sayn-Wittgenstein, der Freundin von Franz Liszt.[78] »O mein Sorrent, Zaubergarten – schöner wie der der Armida,[79] weil er kein Trugbild ist – warum gönnte mir das Schicksal nicht, nach den Tagen edlen geistigen Lebens und tiefen Herzensfriedens, die ich in dir verlebte, mit einem Lächeln auf die Lippen einzugehen in die Ruhe des Nirwana?«, seufzt Malwida später voller Wehmut (IV 88). Am Ende dieser wonnevollen Zeit zu sterben wäre ihr der schönste Tod gewesen.

In Sorrent entsteht Paul Rées Werk »Der Ursprung der moralischen Empfindungen«; doch schon damals zeigt er ein Interesse an den Naturwissenschaften, die auch seine Philosophie durchdringen. Sein »Réealismus«, wie Freunde ihn scherzhaft nennen, ist ein entschiedener Positivismus: ein Bekenntnis zu einer Wirklichkeit, die es mit den Naturwissenschaften zu erforschen gilt. Am 25. Mai 1882 schreibt sie über ihn an Lou Andreas-Salomé, die sie damals noch für eine »hohe, reine Apostolin« des Idealismus hält, deren späteres Zusammenleben mit Rée jedoch, wie es scheint, Malwidas Beziehung zu ihm beendet: »So wert er mir als Natur ist, so gründlich zuwider ist er mir als Theoretiker.«[80] Malwidas Vertrautheit mit diesem Denker ist ein besonders gutes Beispiel dafür, wie sie mittlerweile in ihrer Kunst der Freundschaft dazugelernt hat und tolerant gegenüber Andersdenkenden geworden ist, zumal wenn diese sie geistig anregen. Denn auch sie strebt, wie wir sahen, immer wieder danach, ihren Idealismus mit Wirklichkeit, sogar mit naturwissenschaftlicher Basis zu kräftigen.

Wie sie am 3. März 1877 aus Sorrent ihrer Schwester Louise schreibt, hat Rée »neulich mir Sechzigjährigen eine förmliche Liebeserklärung gemacht. Das will doch was sagen, mit 60 Jahren noch 26jährige Herzen zu rühren!«[81] Über ein halbes Jahr nach der Trennung, am 29. Januar 1878, als Rée ihr berichtet hat, er sei schon längere Zeit schwer leidend – seine Briefe an sie sind anscheinend nicht erhalten –, schreibt sie zurück, »um dem Sorrenter Bunde nicht untreu zu werden«, sei auch sie selbst krank: »Aber ich glaube das Schicksal straft uns Alle, weil wir der Colonie untreu wurden. Wir hätten ausharren müssen und die Sache ins Leben rufen. Nur Ausdauer imponiert dem Schicksal.«[82] Dabei kann sich Rée, der damals die wissenschaftliche Laufbahn einschlagen will, in seinem Alter in einer solchen »Colonie« doch noch nicht zur Ruhe setzen, zumal ihn obendrein sein Vater, Rittergutsbesitzer in Pommern, in Anspruch nimmt.

Doch Malwida denkt wohl, mit einem Rittergut im Hintergrund kann er ein freies Leben führen – oder auch, wenn er des Lebens überdrüssig ist, sich das Leben nehmen! Denn sie muss von dem leidenden Rée 1878 gegen Ende des Jahres erfahren haben, er trage sich mit Selbstmordgedanken.[83] Da schreibt sie ihm in ihrem Eifer, ihn wieder zu ihr nach Rom zu locken, am 12. Dezember einen Brief, den man unglaublich finden kann: »Aber der

Selbstmord *hat* eine Berechtigung u(nd) ich erkenne sie so vollständig an dass ich imstande wäre dem theuersten Menschen selbst das Mittel zu reichen.« Sie ist überzeugt, bei ihr in Rom werde es ihm wieder besser gehen, und wenn nicht: »Das letzte Mittel bleibt Ihnen immer noch; ein Sprung in das blaue stille mittelländische Meer ist am Ende dem Cyankali vorzuziehen und auch das findet sich hier.« Und dann, mit einem therapeutischen Selbstvertrauen wie selten: »Lassen Sie doch Ihr Dutzend Ärzte! Die wissen ja Alle nichts, noch dazu ohne Sie zu kennen. Ich bin hier eine Ärztin u(nd) verordne Ihnen das, *weil* ich Sie kenne. Also ich erwarte jetzt Ihre Anzeige dass Sie kommen. Dagegen gebe ich Ihnen mein Wort dass, wenn auch das nichts hülfe, so lasse ich Sie in das Unbekannte hinübergehen, mir voran.«[84] Da konnte er herauslesen: Sie würde ihn notfalls zum Selbstmord verhelfen!

Und dann, Weihnachten 1878: »Lieber Freund, wenn es möglich wär, würde ich mich aufmachen und Sie mit Polizei abholen nach dem Süden.«[85] »Und schließlich – Gifte giebt's hier genug, wenn es durchaus sein muss.« Dazu die Drohung, die sie dann doch nicht wahr macht: »Entweder Sie kommen, oder ich will gar nichts mehr von Ihnen wissen.«[86] Und noch ein Jahr darauf: »Möchte das Geschick Sie nun endlich südwärts treiben … ich u(nd) der Süden haben allein Recht.«[87] Bei aller intellektuellen Toleranz kann sie in ihrer Sehnsucht nach diesem Mann ungeheuer gebieterisch werden. Obendrein die Groteske, ihn mit der Aussicht auf Selbstmord nach Rom zu locken! Vermutlich vertraut sie mit ihrem therapeutischen Selbstbewusstsein darauf, ihn von solchen Anwandlungen abbringen zu können, wenn er erst einmal bei ihr in Rom ist. Doch zu Weihnachten 1880 bezeichnet sie ihm gegenüber als erstrebenswert, sich »von der verrückten Anhänglichkeit an das Leben« zu befreien. »Nur die philos(ophisch) gebornen Geister und die innerlich religiösen Gemüther fürchten den Tod nicht, sondern erwarten ihn in erhabner Ruhe.«[88] Nietzsche schreibt Rée am 15. April 1879: »Mir geht es nicht gut, aber ich bin ein alter routinierter Leid-tragender und werde mein(e) Bürde weiter schleppen (aber *nicht* mehr lange – so hoffe ich!).«[89] Also Todessehnsucht, doch zugleich Ablehnung des Selbstmords.

Noch über ein Jahr nach Sorrent erinnert sich Nietzsche gegenüber Erwin Rohde an das Zusammensein mit Rée: »Wir fanden einander auf gleicher Stufe vor: der Genuss unserer Gespräche war grenzenlos, der Vortheil gewiss sehr gross, auf beiden Seiten.« Vorweg jedoch: »Suche nur immer *mich* in meinem Buche und nicht Freund Rée.«[90] »Mein Buch« ist wohl der in jenem Jahr erschienene erste Band von »Menschliches, Allzumenschliches«, an dem er bereits in Sorrent gearbeitet hat. Sein Biograf Rüdiger Safranski erkennt darin den »krisenhaften Umbruch« seines Denkens, den »Triumph des Erkenntniswillens über den Willen zur Kunst und zum Mythos«,[91] der die von Malwida so geliebte »Geburt der Tragödie« bestimmte. Wie Rohde geht auch Malwida davon aus, dass dieses Buch unter dem Einfluss Rées entstanden sei, und dieser Einfluss ist aus ihrer späteren[92] Sicht verhängnisvoll: Er habe Nietzsche dem Idealismus entfremdet und sein Denken in Bahnen eines am Ende brutalen Realismus gelenkt.

Das ist einer der merkwürdigsten Widersprüche ihres Lebens: Obwohl Rée und sie, wie sie selbst schreibt (II 312), »in unseren intellektuellen Anschauungen Antipoden waren«, wird er ihr »ein sehr lieber Freund«, wogegen sein Einfluss auf Nietzsche diesen mehr und mehr von Malwida trennt (II 245 f., 250 f.). Die Lösung des Rätsels besteht wohl darin, dass Rée für sie im Herzen Idealist bleibt; daher kann sie seinen »Réealismus« mit Humor nehmen, und offenbar nimmt auch er die Differenz mit Humor. Einmal foppt sie ihn, mit Blick auf ihn habe sie sich vorgenommen, »nicht mehr von Seele zu sprechen« und auch nicht von Psychologie; stattdessen sage sie: »graue Gehirnstoffsfunktionologie«. Das zitiert sie sogar im »Lebensabend« und setzt in Klammern hinzu: »Es waren dies Neckereien wegen Rées wissenschaftlichem Realismus und meinem angefeindeten Idealismus.« (II 320) In einer Anmerkung der »Stimmungsbilder« (IV 54) schreibt sie mit Blick darauf, dass Rée offenbar gern von der Philosophie auf die Chemie sprang, »dass das Wort: chemische Kombination zuletzt sogar ein Scherzwort zwischen uns wurde«.

Dagegen bei Nietzsche wird die von Rée mitbewirkte Wende bitterer Ernst. Und Malwida glaubt zu erkennen, dass Nietzsche sich dadurch selbst untreu werde. »Sie sind nicht zur Analyse geboren wie Rée; Sie müssen künstlerisch schaffen«, schreibt sie ihm im Juni 1878. « Und dann verherrlicht sie den bisherigen ihr vertrauten Nietzsche: »Bei Ihnen tritt die Minerva in vollem Strahlenglanze ihrer jungfräulichen Göttlichkeit, als vollkommene Gestalt hervor.«[93] Da hat sie wohl nicht unrecht: Noch Nietzsches »Zarathustra« kann man mindestens so sehr als literarisches Kunstwerk wie als philosophisches Opus lesen, wie er denn Zarathustra selbst verkünden lässt: »Aber auch Zarathustra ist ein Dichter.«[94] So gesehen hat Malwida etwas Richtiges erkannt, wenn sie glaubt, Nietzsche sei dabei, sich selbst zu verleugnen. Dieser seiner Wende möchte sie entgegenwirken. Doch ausgerechnet bei diesem für sie so beseligenden Zusammenleben bereitet sich der Bruch vor!

Dabei schickt ihr Nietzsche ein Exemplar von »Menschliches, Allzumenschliches« mit einer poetischen Widmung, in der er sich zu ihr bekennt wie noch nie und, wie es scheint, einer beginnenden Entfremdung vorzubeugen sucht:

»Ist von Sorrentos Duft nichts hängen blieben?
Ist alles wilde, kühle Bergnatur?
Kaum herbstlich sonnenwarm und ohne Lieben?
So ist ein Teil von mir im Buche nur:
Den bessern Teil, ihn bring ich zum Altar
Für sie, die Freundin, Mutter, Arzt mir war.«[95]

»Freundin, Mutter, Arzt«! Gegen Ende der Sorrenter Zeit, als Brenner und Rée schon fortgereist sind und Malwida mit Nietzsche allein bleibt, liest er ihr lauter Aphorismen vor, »die er auf seinen einsamen Spaziergängen aufgeschrieben hatte«; und »Menschliches, Allzumenschliches« besteht aus Aphorismen – ein Novum in seinen Werken, das dazu führt, dass eine bestimmte Tendenz, eine Botschaft in diesem Opus nur schwer zu erkennen ist. Schon da überkommt Malwida freilich ein Unbehagen: »Ich bemerkte mit Besorgnis die Anfänge einer Wandlung in seinen Anschauungen, von der ich jedoch hoffte, sie würde nur vorübergehend sein.« (III 51) Daher sei sie ihm treu geblieben (III 52). Doch in dieser Zuversicht sieht sie sich am Ende getäuscht; um ihre Sicht des nun entstehenden »zweiten Nietzsche« zu zitieren: »Es trat eine Verbitterung ein, die ihre dunklen Schatten über alles warf, was ihm einst teuer gewesen war, die seine Liebe in Hass verkehrte, seine bisherigen Ideale erbarmungslos zertrümmerte, ihn in Widersprüche mit sich selbst verwickelte und der Darlegung seiner Gedanken jene schöne Klarheit seiner ersten Arbeiten nahm.« Als erste Ursache für diesen Wandel, den sie offenbar als krankhaft empfindet, nennt sie seine »beinahe unausgesetzten körperlichen Leiden«. (III 52) Doch in Sorrent zeigt er sich, wie es scheint, bis zum Schluss im Einklang mit Malwida, zumal auch sie zeitweise leidet, und zeigt sich bereit, bei der Planung seines künftigen Lebens ihrem gebieterischen Rat zu folgen. Am 25. April 1877 berichtet er seiner Schwester Elisabeth:

> »Mir ging es so schlimm! Innerhalb 14 Tagen lag ich 6 Tage zu Bett mit 6 Hauptanfällen, der letzte ganz zum Verzweifeln. Ich stand auf, da legte sich Frl. v. M(eysenbug) auf 3 Tage wegen Rheumatismus. In aller Tiefe unsres Elends lachten wir sehr zusammen ... Der Plan nun welchen Frl. v. M. als unverrückbar im Auge zu behalten bezeichnet ..., ist der. Wir überzeugen uns, dass es mit meiner Baseler Universitätsexistenz auf die Dauer nicht gehen kann, dass ich sie höchstens ... mit totaler Preisgebung meiner Gesundheit durchsetzen könnte. ... Ostern 1878 soll es zu Ende sein, falls die andere Combination gelingt d. h. die Verheirathung mit einer zu mir passenden, aber nothwendig vermögenden Frau. ›Gut, *aber* reich‹, wie Frl v M. sagt, über welches ›Aber‹ wir sehr lachten. Mit dieser würde ich dann die nächsten Jahre in Rom leben ... Den geistigen Qualitäten nach finde ich immer Nat. Herzen am besten geeignet.«[96]

Kein Wunder, dass dieser sein Lebensplan Malwida beglückt, nachdem sich das Vorhaben einer »Colonie« zu viert zerschlagen hat: Nietzsche auf die Dauer bei ihr in Rom, obendrein mit ihr durch Tata verbunden, die ihr zeitweise zum Olga-Ersatz geworden ist! Oder macht sie sich über seine Anhänglichkeit Illusionen? Die Schwester, die Malwida nicht wohlgesinnt ist – daher ist diese Äußerung mit Vorsicht zu nehmen –, behauptet 1915, ihr Bruder habe »in Sorrent unter dem Zusammensein mit der hochverehrten Freundin Malwida von Meysenbug gelitten, weil seine Höflichkeit ihn zu Zustimmungen veranlasste, die seiner wahren Überzeugung fern lagen. ›Ich muß Einsamkeit haben‹, das war der Refrain für all seine Zukunftspläne und deshalb war schon die Rückkehr von Sorrent nach der Schweiz für ihn eine große Erleichterung.«[97]

Mittlerweile ist er zu der Überzeugung gelangt, dass das Klima des Südens sein Leiden verschlimmere, in genauem Gegensatz zu dem Horror Malwidas vor der Kälte des Nordens und ihrem Glauben, dass nicht nur sie, sondern auch Nietzsche nur unter der Sonne Italiens gesunden könne. Während sie sich in Sorrent oft selig fühlt, geht es Nietzsche dort immer schlechter. Ohne Erfolg hat Malwida sich bei ihm als Ärztin versucht und noch am 9. Dezember 1876 voller Hoffnung an Olga geschrieben: »Nietzsche fängt es an, besser zu gehen, welches für mich eine große Freude sein würde, da ich ihn doch veranlasst habe zu kommen und auch jetzt seine Ärztin bin, d. h. ihm, sobald ein Anfall seines Kopfleidens droht, ein Fußbad mit Asche und

Salz machen lasse, ihm Brompulver gebe, ein Zugpflaster hinter das Ohr legen lasse, ihm regelmäßig öfter zu essen gebe etc. So wird der böse Feind bezwungen.«[98] Zuvor hat sie mit ihm, wie Rée berichtet, eine »Schnupftabackkur« begonnen, »damit die Krankheit von allen Seiten angegriffen werde«, doch Nietzsche »kommt nicht zum Niesen, obgleich wir es mit stärkstem Taback versucht haben«.[99]

Am 5. Juni 1877, nach dem Abschied, gesteht ihm Malwida, der gemeinsame Aufenthalt in Sorrent, so schön er gewesen sei, hinterlasse in ihr »nur *einen* Schmerz«, »dass Sie so schlimm scheiden mussten und den schönen Süden so wenig genossen haben«.[100] Am 28. August klagt sie Rée, dass Nietzsche, »wie ich höre, jetzt mit wahrem Abscheu von Italien u(nd) Sorrent spricht«. Wie gern würde sie ihn, Rée, erneut auffordern, zu ihr nach Rom zu kommen, »aber ich bin entmuthigt durch die Erfahrung mit Niet(zsche) u(nd) will keine Verantwortung der Art mehr auf mich nehmen«.[101] Mit der Trennung von Nietzsche droht auch die Trennung von Rée!

Nietzsches Erinnerungen an Sorrent sind seltsam zwiespältig. Am 3. September 1877, nach einer Zeit in der alpinen »Bergeinsamkeit« von Rosenlauibad, schreibt er Malwida:

> »Was sagen Sie von Sorrent! Noch jüngst in Rosenlaui brachte ich eine schlaflose Nacht damit zu, in lieblichen Naturbildern zu schwelgen und mich zu besinnen, ob ich nicht auf irgendeine Weise oben auf *Anacapri* wohnen könnte. Ich seufzte aber immer bei der Einsicht, dass Italien mich entmuthigt, mich kraftlos macht (*wie* haben Sie mich diesen Mai kennen gelernt! Ich schäme mich; *so* war ich nie!). In der Schweiz bin ich mehr *ich* … In den Alpen bin ich unbesiegbar, namentlich wenn ich allein bin und keinen anderen Feind als mich selbst habe.«[102]

Noch zehn Jahre darauf, am 12. Mai 1887 schreibt er Malwida in einem langen Brief »in alter Liebe und Dankbarkeit«: »Damals, in der Sorrentiner Einsamkeit, waren mir B(renner) und R(ée) *zu viel*«[103]; also wäre er dort am liebsten mit Malwida allein gewesen! Dabei hat es in ihrer beider Verhältnis längst Spannungen gegeben, doch seine Freundschaft zu Rée ist während dessen Zusammensein mit Lou Andreas-Salomé in Hass umgeschlagen. In dem Entwurf eines Briefes an ihn – der jedoch womöglich nie abgeschickt wurde[104] – schnaubt er im Juli 1883: »ich habe noch nie so viel Ekel in meiner Seele beisammen gehabt, wie jetzt, bei dem Gedanken, dass solch ein schleichender verlogen heimtückischer Gesell jahrelang als mein Freund hat gel-

Paul Rée, Friedrich Nietzsche und Lou von Salomé,
Lou-Andreas-Salomé-Archiv Göttingen

ten können.«[105] Auch Malwida hat sich Rée mittlerweile entfremdet. Das führt zu ihrer Rolle in Nietzsches zweiter, diesmal hochdramatischer Dreiecksbeziehung: der zu Rée und Lou Andreas-Salomé, damals noch Salomé[106]. Nietzsches eben zitierter Brief vom 3. September 1877 mündet in der Frage: »Haben Sie das Feenweibchen gefunden, welches mich von der Säule, an welche ich angeschmiedet bin, losmacht?«[107]

NIETZSCHE – RÉE – LOU: EINE BRISANTE DREIECKSBEZIEHUNG – VON MALWIDA VERMITTELT UND FATAL NICHT NUR FÜR SIE. Jacques Le Rider weist bereits in der Einführung zu seiner voluminösen Malwida-Biografie darauf hin, das »berühmteste Kapitel« dieser ganzen Geschichte sei »das Treffen zwischen

Lou von Salomé, Paul Rée und Friedrich Nietzsche 1882 in Rom unter der Ägide von Malwida von Meysenbug«. Und er fährt fort: »In dieser Geschichte, die eines der bekanntesten Kapitel der Geistesgeschichte des 19. Jahrhunderts darstellt, auch eines der am meisten romanhaften (romanesque), häufig behandelt, das Kino inklusive, treffen zwei Frauen aufeinander, die in allem kontrastieren. Lou, in der Rolle der emanzipierten Frau und der *femme fatale*, Malwida in der der mütterlichen Egeria, die Beschützerin sein möchte.«[108]

Ihrer beider Bekanntschaft beginnt mit einem Besuch der damals 21-jährigen Lou bei Malwida in Rom im Februar 1882. Lou ist ihr durch Gottfried Kinkel empfohlen[109] und auch durch ihre Memoiren auf sie aufmerksam geworden. Diese Frau, 1861 in St. Petersburg als Tochter eines russischen Generals hugenottischer Herkunft geboren, studierte in Zürich Theologie und Kunstgeschichte, suchte im Süden Heilung vom Bluthusten und in Rom die Bekanntschaft mit der Autorin der »Memoiren einer Idealistin«. Die berichtet von dieser Begegnung am 23. März Daniela von Bülow: Lou sei eine Gestalt, die ihr »unvergessliche Freude« bereite. Ihr Vater sei französischer, ihre Mutter deutscher Herkunft,

> »und wenn man von den Vortheilen der Racenmischung sprechen wollte, so wäre sie ein wunderbarer Beweis dafür. Sie ist geradezu ein außerordentliches Wesen, … mit aller Anmuth und Natürlichkeit der jungfräulichsten (sic!) Erscheinung gepaart. In geistig ganz dürrer Umgebung … hat sie eine geistige Entwicklung erreicht, die wenige Männer aufzuweisen haben; sie ist 20 Jahre alt und hat bereits die Systeme der berühmtesten Philosophen gründlich gelesen und verstanden, drückt sich mit einer Klarheit aus, die von der Klarheit ihres Denkens zeugt und ist dabei vollkommen einfach und bescheiden, nur auf das glühende Streben nach Wahrheit gerichtet. Dabei ist sie voller Poesie und ihre Gedichte sind Kinder der liebenswürdigsten Natur. Sie ist wieder ein Geschenk, welches ich meinem Buch verdanke, auf Grund dessen sie zu mir kam.«[110]

Kein Zweifel: Eine solche Frau hat Malwida noch nie kennengelernt. Am 27. März 1882 berichtet sie Nietzsche über Lou, die mittlerweile auch mit Rée bekannt ist: »Ein sehr merkwürdiges Mädchen … welche(s) ich, unter vielen Andern, meinem Buch verdanke, scheint mir ungefähr im philosophischen Denken zu denselben Resultaten gelangt zu sein, wie bis jetzt Sie, d. h. zum praktischen Idealismus, mit Beiseitelassung jeder metaphysischen Voraussetzung … Rée und ich stimmen mit dem Wunsche überein Sie einmal mit diesem außerordentlichen Wesen zusammen zu sehen.«[111] Zu einer Zeit, da sie befürchtet, dass sich Nietzsche vom Idealismus entfernt, erkennt sie offenbar in Lou eine Chance, nach einer zweijährigen Briefpause die Verbindung mit dem Philosophen neu zu beleben, geistig wie menschlich, und zugleich auch ihre Freundschaft mit Paul Rée; doch daraus wird eine der bittersten Enttäuschungen ihres Lebens.

Zuerst jedoch glaubt Malwida geradezu, in Lou einen neuen Lebenssinn zu finden. Am 25. Mai 1882 schreibt sie ihr, anfangs voller Begeisterung, vor allem möchte sie ihr zeigen,

> »wie werth Sie mir sind und wie vollständig ich an Sie glaube, ja ich kann sagen ich habe lange nicht eine so tiefe Zärtlichkeit für ein junges Mädchen gefühlt wie für Sie. Als Sie mir zuerst entgegen kamen, war es mir, als sähe ich meine eigne Jugend auferstehn und als wüsste ich nun, dass ich selbst, in meiner eigensten Natur, fortarbeiten würde an der Aufgabe der mein Leben geweiht gewesen ist und unter glücklicheren Bedingungen, bereits in großer Freiheit. Dass der freiere, edlere Verkehr der Geschlechter in der Jugend, eine nothwendige Bedingung edlerer Verhältnisse überhaupt sei, ist meine feste Überzeugung.«[112]

Dann allerdings nimmt der lange Brief, der so zärtlich begonnen hat, eine irritierende Wendung. Denn da kommt heraus, dass es sie verletzt hat zu erfahren, dass Rée mit Lou – was er Malwida zunächst verschwieg – wiederholt zu zweit spazieren gegangen ist, was nach ebenjener spielerischen Liebelei aussieht, die Malwida verabscheut. Wohl aus dem Grund ist sie jetzt nicht nur wütend auf Lou, sondern auch auf Rée – da wittert sie wohl eine Zweierbeziehung, von der sie selbst ausgeschlossen ist und die Lou dem Idealismus entfremdet. Von jetzt an nimmt sie Rées »Réealismus« nicht mehr mit Humor. Gleichwohl gibt sie »eine unleugbar richtige Seite seiner Methode« zu, die auch Lou erkannt habe.[113]

Und doch berichtet Nietzsche am 29. Juli 1883 der befreundeten Ida Overbeck, noch »in einem ihrer letzten Briefe« an ihn habe Malwida geschrieben, »sie habe seit Olga Niemanden so zärtlich geliebt wie Frl. Salomé«.[114] Und diese Liebe beruht zunächst auf Gegenseitigkeit. Lou schreibt später in ihren Erinnerungen, Nietzsche, Rée und sie hätten »gemeinsam Malwida aufs innigste« geliebt.[115] Der Nietzsche-Biograf Werner Ross meint sogar, wohl mit Blick auf Lous Lektüre der Memoiren: »Malwida war für das junge Mädchen das Idol schlechthin: die tapfere Frau, die erst ihren theologischen Freund, dann den Glauben an den lieben Gott aufgegeben, sich selbst durch- und hochgekämpft hatte und nun als erfolgreiche Schriftstellerin in Rom lebte. Malwida war ihr Modell.«[116]

Doch das bleibt sie nicht lange, als Lou sie nicht nur aus den Memoiren, sondern auch aus dem Zusammensein kennt. Da bemerkt sie eine tiefergehende Divergenz. Bereits im März 1882 schreibt sie einem Petersburger Freund über Malwida: »Ich habe sie riesig lieb. Aber mir ist doch seit längerem klar, dass wir im Grunde stets Verschiedenes meinen, selbst wo wir übereinstimmen. Sie pflegt sich so auszudrücken: dies oder jenes dürften ›wir‹ nicht thun, oder müssen ›wir‹ leisten, – und dabei hab ich doch keine Ahnung, wer dieses ›wir‹ eigentlich wohl ist, – irgend eine ideale oder philosophische Parthei wahrscheinlich, – aber ich selber weiß doch nur was von ›ich‹.«[117] Seit dem Erfolg ihrer Memoiren fühlt sich Malwida ja als Oberhaupt einer unsichtbaren Gemeinde der Idealisten, und dieses Selbstgefühl trübt mitunter selbst ihre Kunst der Freundschaft, zumal wenn diese etwas von leidenschaftlicher Liebe und Gefühl der Seelengemeinschaft gewonnen hat.

Dabei gibt es zwischen ihr und Lou viel Gemeinsames, ganz im Gegensatz zu der These Le Riders, dass diese beiden Frauen in allem zueinander kontrastierten. Wie Wolfgang Riedel seine Ausführungen über Lou beginnt: »Geradezu verblüffend genau wiederholt sich die in den *Memoiren einer Idealistin* erzählte Bildungsgeschichte des All-Einheits-Erlebens in der Autobiographie« dieser zwei Generationen jüngeren Frau. Und zwar gerade in der tiefen Spannung zwischen spiritueller Enttäuschung und spiritueller Sehnsucht: »Auch bei ihr lenkte eine früh, schon in der Kindheit, erlebte Erfahrung der ›Gott-Verlassenheit des Universums‹ das metaphysische Bedürfnis auf das Universum selbst … Und sie mündet in eine ›*Ehrfurcht*‹ vor diesem Wirklichen.«[118] Kein Wunder, dass sie in Malwidas Memoiren ein Stück von sich selbst erkennt! Und es fehlt auch nicht an äußeren Gemeinsamkeiten: Beide sind adliger und hugenottischer Abkunft; beide legen großen Wert auf Selbstständigkeit, leben oft allein, bleiben kinderlos und glauben gleichwohl an die natürliche Bestimmung der Frau zur Mutterschaft; beide sind von großem Wissensdrang erfüllt, doch auch von Liebe zur Poesie; beide sind nicht zuletzt durch ihre Beziehung zu bedeutenden Männern in die Geschichte eingegangen: Lou zu Nietzsche, Rilke und Sigmund Freud. Und ähnlich wie Malwida hat Lou – in größtem Kontrast zu dem gängigen

Bild einer *femme fatale* – ein gebrochenes, in jüngeren Jahren geradezu ablehnendes Verhältnis zur Sexualität.[119]

Das hat Malwida bei Lous Zusammenleben mit Paul Rée 1882–1885 wohl nicht durchschaut. Im Frühjahr 1882 brechen ihre oft so liebevollen Briefe an diesen Freund ab. In ihrem letzten Brief vom 30. März schreibt sie ihm kühl: »Mit Louise (sic) Salomé habe ich mich ganz ausgesprochen und da ich es mit Ihnen auch gethan habe, bin ich von nun an außerhalb aller Verantwortung, rathe aber, als Freundin und Menschen- und Lebenskennerin gewisse Dinge nicht zu thun.«[120] »Gewisse Dinge«!

Von jetzt ab nimmt sie Rées theoretischen Materialismus nicht mehr mit Humor und möchte wohl auch Lou davor warnen; am 13. Juli 1882 schreibt sie ihr: »Mehr wie je bin ich jetzt Anti-Materialistin, indem mir aus Wissenschaft und Philosophie selbst, die klarsten Beweise gegen die materialistische Weltanschauung hervorgehen.«[121] Und schon am 25. April schreibt sie an Ruhl über Rée (sie nennt seinen Namen nicht), der ihr in Sorrent »durch sein gutes, sanftes, intelligentes Naturell wert« geworden sei und ihr jetzt aus seiner neuen Arbeit zur Entstehung des Gewissens vorgetragen habe: »*Oh Dio santo*, welche Sandwüste des Raisonnements, ohne auch nur die kleinste Oasis! … Wie ideallos, wie hölzern nüchtern!«[122] Und Anfang 1883: Es tue ihr leid, dass Lou gerade mit Rée »diesen engen Bund geschlossen hat, denn eine so vortreffliche, aufopfernde Natur er auch ist, so ist mir seine philosophische Theorie doch recht zuwider, und ich fürchte, ihr scharfer, zersetzender Verstand wird an der Berührung damit die Oberhand über ihre Idealität gewinnen, was mir unendlich leid thun würde.«[123] Sie, für die Rée einst »wie der zärtlichste Sohn« war, scheint über ihren Schmerz durch die Trennung von ihm durch seine Freundschaft mit Lou geschwiegen zu haben.[124] Rée dagegen schreibt im August 1882 an Lou – »mein Liebstes«, »mein Schneckli« – : »Dass Malw(ida) wenig von mir spricht, kümmert mich wenig. Ich weiß nicht, aber ich kann nicht mit Liebe an sie denken.«[125]

Zurück zu Nietzsche: Wie wir sahen, fragt er Malwida nach der Trennung in Sorrent, ob sie für ihn ein »Feenweibchen« gefunden habe: er kann ja voraussetzen, dass sie weiß, dass er eine Frau sucht – wieder und wieder kommt er ihr gegenüber auf dieses sein Verlangen zurück.[126] Schon 1872 möchte er eine Frau wie Olga, und in der Folge liebäugelt er mit deren Schwester Natalie. Und am 1. Juli 1877, kurz nach Sorrent, das sein Leiden nicht zu lindern vermochte, mit einer Mischung von Ernst und Komik: »Bis zum Herbst habe ich nun noch die schöne Aufgabe, mir ein Weib zu gewinnen, und wenn ich sie von der Gasse nehmen müsste.« Und dann ernster: Das habe er zu lange aufgeschoben, daher wisse er doch »längst, dass ohne diess auch nicht einmal auf eine Milderung meiner Leiden zu rechnen ist«.[127] Nun, im Frühjahr 1882, in ihrer ersten Begeisterung für Lou, glaubt Malwida, sie habe für ihn die richtige Frau gefunden, und Nietzsche scheint sie darin prompt zu bestärken. In dem Entwurf eines Briefes an sie – wurde er nicht abgesandt? – schreibt er ihr von der »jungen Russin«, deren Bekanntschaft er ihr und Rée verdanke: »Diese(s) Mädchen ist mir jetzt durch eine feste Freundschaft verbunden (so fest man dergl. eben auf Erden einrichten kann); ich habe seit langem keine bessere Errungenschaft gemacht.« Dieses bislang von Leiden gezeichnete Jahr sei ihm »durch den Glanz und die Anmuth dieser jungen, wahr(haft) heroischen Seele sehr verschönt worden. Ich wünsche in ihr eine Schülerin zu bekommen, und wenn es mit meinem Leben auf die Länge nicht halten sollte, eine Erbin und Fortdenkerin.«[128]

»Schülerin«, »Erbin« – offenbar nicht Gattin. Um nunmehr aus Lous »Lebensrückblick« zu zitieren: An einem Märzabend habe sie in Rom bei Malwida Paul Rée kennengelernt, als dieser »Hals über Kopf« hereingestürmt gekommen sei und Malwida um Geld gebeten habe, da er sein ganzes Geld in Monte Carlo verspielt habe. Ungeachtet dieses unglücklichen Auftakts sei sein Auge ihr »sofort durch seinen Ausdruck vertraut« geworden, und bei gemeinsamem Wandeln durch das nächtliche Rom habe sich bei ihr ein »wundervoller Plan« für ein Zusammenleben – jedoch keine Ehe – entwickelt.[129] Kurz darauf kommt Nietzsche nach Rom, dem Malwida und Rée brieflich von Lou berichtet haben, um »unser Zusammensein zu teilen«.[130] Elisabeth Nietzsche zitiert aus einem Brief des Bruders an sie, der jedoch in den veröffentlichten Nietzsche-Briefen nicht enthalten ist: »Frl. von Meysenbug und Dr. Rée bombardierten mich nämlich mit Briefen und Beschwörungen: ich müsse nach Rom kommen, sie hätten ein junges Mädchen gefunden, die für meine Philosophie geboren sei.« Dieses Mädchen sei »unschön«, »aber wie alle unschönen Mädchen hat sie, um anziehend zu werden, ihren Geist kultiviert«.[131] Zurück zu Lous Erinnerungen: »Das noch Unerwartetere geschah, dass Nietzsche, kaum hatte er von Paul Rées und meinem Plan erfahren, sich zum Dritten im Bunde machte.«

Und Malwida? Da folgt bei Lou ein seltsamer Satz: »Unser Scherzen war fröhlich und harmlos, denn wir liebten gemeinsam Malwida ja so sehr.«

Wieso »denn«? Offenbar ist untergründig eine Spannung entstanden, als Nietzsche in die von Lou und Rée geplante Gemeinschaft hineinplatzt, »indem dieser Plan sich durch den Dritten unberechenbar verkompliziert fand«. »Dieser Plan«: Der »wundervolle Plan« eines dauerhaften Zusammenlebens. Und jetzt wird es grotesk: Nietzsche macht Rée »zum Fürsprecher bei mir für einen Heiratsantrag«. Offenbar spielt Rée gegenüber Nietzsche scheinbar mit; doch: »Sorgenvoll überlegten wir, wie das am besten beizulegen sei, ohne unsere Dreieinigkeit zu gefährden. Es wurde beschlossen, Nietzsche vor allem meine grundsätzliche Abneigung gegen alle Ehe überhaupt klarzulegen.«[132]

Dabei hat es Rée doch selbst auf Lou abgesehen! Und, noch seltsamer: Im Juli schreibt Nietzsche im Entwurf eines Briefes an Malwida: »Rée hätte sie heiraten sollen … und ich meinerseits habe es wahrlich nicht an Zuspruch fehlen lassen.«[133] Eine aus dem Rückblick abstruse Geschichte, die zeitweise zu dem Plan einer Dreiergemeinschaft zwischen Nietzsche, Lou und Rée führt[134], doch mit Nietzsches Wut auf Lou und seinem Bruch mit Rée endet. Malwida scheint ihm gleichwohl auch weiterhin arglos Frauen zugeführt zu haben. »Was machen denn alle die jungen oder weniger jungen Mädchen, mit denen bekannt zu sein ich Ihrer Freundschaft verdanke (lauter kleine verrückte Thiere, unter uns gesagt)?«, fragt er sie noch Ende Februar 1887.[135]

Nietzsche, Lou und Rée planen zunächst eine Dreisamkeit in Wien. Da warnt Malwida aus Rom die damals in Hamburg weilende Lou: »Allein mit den beiden jungen Leuten zusammen wohnen, können Sie nicht.« Das hätte »seine wirklich verletzenden Seiten, die Ihnen selbst erst in der Praxis klar werden würden«. Verletzend wohl für Nietzsche, der spüren würde, dass Lou zu Rée eine vertraulichere Beziehung hat als zu ihm selbst. In den Worten Malwidas: Sie wisse nicht, wie Lou »sich das Zusammenleben und Arbeiten« mit den beiden denke. »Ein wichtiger Umstand scheint mir von vornherein der, dass es wieder ein verfehltes Unternehmen für Nietzsche ist. … Und das *sehr* schlechte Clima von Wien – nachdem er den unfehlbaren Beweis hat, dass nur der Süden ihm seine Leiden erträglich machen kann!« Wunschdenken Malwidas: Sorrent hat ihm dies gerade nicht bewiesen!

Und weiter: Eine solche »Dreieinigkeit« werde nicht gelingen, »ohne dass ein Herz grausam dabei leidet« – sie denkt wohl an Nietzsches Herz – oder, noch schlimmer, »ein Freundschaftsbündniß zerstört wird« – das zwischen

Nietzsche und Rée.[136] Merkwürdig: Als die drei kurz darauf eine Dreisamkeit in Paris planen, reagiert Malwida mit Sympathie, vermutlich, weil sie dort auch selber dabei mitwirken kann; so schreibt sie Lou am 23. August 1882 aus Bayreuth, erneut mit seltsamem Klima-Argument: »Der Pariser Plan gefällt mir *sehr* für Sie alle drei. Das Clima ist entschieden besser als Wien und München, das Leben vielseitiger und *freier* und ich kann Ihnen da durch Monod's und Natalie H(erzen) wirklich helfen.«[137] Doch auch aus diesem Plan wird nichts.

Malwida ist mittlerweile nicht nur gegenüber Rée, sondern auch gegenüber Lou kritisch geworden, die sie, wie wir schon sahen, durch seinen Einfluss verdorben glaubt. Wie Ruth Stummann-Bowert meint, fühlt sich Malwida jetzt als eine »einsam Zurückgebliebene«, »deren Lebensweisheit und Angebote der Führung Lou von Salomé und Rée in den Wind geschlagen hatten«.[138] Nietzsche dagegen, der sich ähnlich hätte fühlen können, ist noch im November 1882 von Lou geradezu hingerissen. Er schreibt an Overbeck: »Für mich persönlich ist L(ou) ein wahrer *Glücksfund*, sie hat alle meine Erwartungen erfüllt – es ist nicht leicht möglich, dass zwei Menschen sich verwandter sein können als wir es sind.« Und dann geheimnisvoll: Lou sei »für den bisher fast verschwiegenen Theil meiner Philosophie vorbereitet … wie kein anderer Mensch«.[139]

Doch am 25. Dezember klagt er diesem Freund: »Mein Verhältniß zu Lou liegt in den letzten schmerzhaftesten Zügen.« So sehr leidet er unter seiner Abkehr von dieser Frau – und doch fügt er gleich darauf hinzu: »*Mitleid*, mein lieber Freund, ist eine Art Hölle.«[140] Seine kommende auch philosophische Verfluchung des Mitleids, die Malwida besonders befremdet, entspringt eigener Mit-Leidenserfahrung![141] Im Juli 1883 schreibt er aus Sils an Malwida: »Das Schopenhauerische ›Mitleiden‹ hat immer in meinem Leben bisher den *Haupt-Unfug* angestiftet.«[142] Dazu schreibt sie später in ihrem »Lebensabend«: »Das irdische *Ich* ist auch das *Du*, die universelle Einheit im Göttlichen, Erhabenen, daher ist auch das *Mitleid* das wahrhaft Ethische. … Das *Ich* Nietzsches ist die Verneinung aller Ethik, denn es ist das *Ich* in seiner impotenten Vereinzelung, der Egoist, sei er auch noch so begabt.« (II 440) Eine Vorwegnahme der berühmten Schrift »Ich und Du« Martin Bubers! Dass der Mensch seine Identität durch ein Gegenüber ausbildet, wird mehr und mehr zu Malwidas Lebensweisheit, auch wenn sie sich in aller Regel mit ihrem jeweiligen Gegenüber nicht duzt.

Zurück ins Jahr 1883: Zu jener Zeit betrachtet seine Schwester bereits, wie Nietzsche Malwida mitteilt, »L(ou) als ein giftiges Gewürm, das man um jeden Preis vernichten müsse«.[143] Derartige Ausbrüche von Abscheu sind nicht Malwidas Stil, doch auch sie beginnt, Nietzsche vor Lou zu warnen – die Vorstellung, diese Frau sei ihm kongenial, ist ihr mittlerweile fremd. Und da gibt ihr Nietzsche Ende 1882 recht, wobei er sich ganz als Idealist zeigt: »Was (S)ie vom Charakter der L(ou) S(alomé) sagen, ist wahr, so schmerzlich es mir ist, es einzugestehn. So wie sie augenblicklich erscheint, ist sie beinahe die Caricatur dessen, was ich als Ideal verehre, – und Sie wissen man wird am empfindlichsten in seinen Idealen gekränkt.«[144] Merkwürdig: Auch er selbst ist auf dem Wege vom Idealismus zum entschiedenen Anti-Idealismus – passt das nicht zu seiner zitierten Andeutung, dass diese Frau den bislang »fast verschwiegenen« Teil seiner Philosophie vorbereite? Malwida schreibt zurück: Auch sie fürchte, sich in Lou getäuscht zu haben, hoffe jedoch wie er, dass Lou »einer plötzlichen Verwandlung fähig« sei.[145] Der wetterfühlige Nietzsche empfindet Lou jedoch in seinem Gegenbrief nunmehr als quälenden »Scirocco«:[146] Für ihn das schlimmste Wetter, das es gibt! Doch noch am 22. Februar 1883 stellt er sie gegenüber Freund Overbeck im Guten wie im Bösen auf eine Ebene mit Wagner: »*Wagner* war bei weitem der *vollste* Mensch, den ich kennen lernte … *Aber* es giebt etwas zwischen uns Beiden wie eine tödtliche Beleidigung … *Lou* ist bei weitem der *klügste* Mensch, den ich kennen lernte. *Aber* u. s. w. u. s. w.«[147] Ein derart superlativisches Kompliment für Lou ausgerechnet von einem Nietzsche! Wobei er das große »Aber« nicht erläutert.

Doch Mitte Juli schmäht er Lou in geradezu pathologisch anmutender Stänkerei in einem – nur als Entwurf überlieferten[148] – Brief an Rées Bruder Georg: »Diese dürre schmutzige übelriechende Äffin mit ihren falschen Brüsten – ein Verhängniß!«[149] Zur gleichen Zeit schäumt er selbst gegenüber der auf Anstand bedachten Malwida, »diese beiden Personen Rée und Lou« seien »nicht würdig, meine Stiefelsohlen zu lecken«! Und dann: »Man soll *sein* Ideal *vom Menschen durchsetzen* … *Dazu* aber gehört, dass man sein Mitleiden hübsch im Zaume hält, und dass man, was unserm Ideal *zuwider* geht (wie z. B. solches Gesindel wie L(ou) und R(ée)) auch als *Feinde* behandelt.«[150] Und am Ende gibt er ihr doch Schuld daran, ihn mit Lou bekannt gemacht zu haben, auch wenn er ihr diesen Vorwurf nicht ins Gesicht sagt;[151] doch seiner Schwester schreibt er im März 1885: »Die gute Malwida hat ihr ganzes Leben nichts als Unheil angestiftet« – wodurch? Durch ihre »Unbescheidenheit«, »denen nützen zu wollen, deren Geist und Wille (ihr) verborgen ist«.[152] Und er hat Grund zu glauben, dass Malwida die geistige Wende, die er mittlerweile vollzogen hat, nicht voll durchschaut, erweckt er ihr gegenüber doch den Eindruck, dass er auch bei der Abwehr des »Mitleidens« Idealist bleibt. Anfang Mai 1884 schreibt er Malwida gleichwohl reuevoll und mit einem Wutausbruch auf seine Schwester (der jedoch nicht sein letztes Wort über sie bleibt):

> »Ich ärgere mich über jenen *inhumanen* Brief, den ich im vorigen Sommer Ihnen schickte; ich war durch diese unsäglich widrige Aufhetzerei geradezu krank gemacht worden. Inzwischen ist die Lage dahin verändert, dass ich mit meiner Schwester radical gebrochen habe: denken Sie um Himmels nicht daran, da vermitteln und versöhnen zu wollen – zwischen einer rachsüchtigen antisemitischen[153] Gans und mir *giebt* es keine Versöhnung. … Außerordentliche Menschen, wie Frl. Salomé, verdienen, zumal in solcher Jugend, jeden Grad von Nachsicht und Mitleiden.«[154]

VOM »ZARATHUSTRA« BIS ZUM »FALL WAGNER«: NACH HEFTIGEM HIN UND HER NIETZSCHES FLUCH AUF DEN IDEALISMUS UND MALWIDAS »KRIEGSERKLÄRUNG« AN IHN. Bereits Nietzsches 1882 entstandene »Fröhliche Wissenschaft« enthält gegen Schluss einen langen Aphorismus (Nr. 372): »Warum wir keine Idealisten sind.« »Wir«, nicht nur er selbst! »Wir sind heute allesamt Sensualisten«; und er kontrastiert die Sinnenwelt zu dem »kalten Reiche der ›Ideen‹«. Die alten idealistischen Philosophen seien »herzlos« gewesen: »Philosophieren war immer eine Art Vampirismus.« »*In summa*: Aller philosophische Idealismus war bisher etwas wie eine Krankheit« – doch dann nimmt der Aphorismus unversehens eine paradoxe Wende: »Wo er nicht, wie im Falle Platos, die Vorsicht einer überreichen und gefährlichen Gesundheit, die Furcht vor übermächtigen Sinnen, die Klugheit eines klugen Sokratikers war.« Sokrates nicht mehr als der böse Geist der griechischen Kultur wie einst in der »Geburt der Tragödie«. Und er schließt mit der Frage: »Vielleicht sind wir Modernen nur nicht gesund genug, um Platos Idealismus *nötig zu haben*?« Da wird der Anti-Idealismus zum Krankheitssymptom, bei diesem Denker, der sich oft krank fühlt. Konnte man zunächst glauben, jetzt habe Nietzsche definitiv den Bruch mit Malwida vollzogen, der Idealistin par excellence, sieht es jetzt auf einmal ganz anders aus. Und Nietzsches Verhältnis zu ihr behält in all den Jahren noch immer liebevolle

Züge, bis zum Oktober 1888, kurz vor dem offenen Ausbruch seiner Geisteskrankheit, ähnlich wie sein Leiden immer wieder von Phasen übermütiger Heiterkeit unterbrochen wird, die Malwida Grund zur Hoffnung geben.

In seinem Neujahrsbrief von 1883 an Malwida, wo er Lou mit ihrem »*thierhaften* Egoism« als Anti-Idealistin schmäht, spricht er auch abfällig über deren Freund: »Was Rée betrifft, so kommt er mir immer mehr wie Jemand vor, dessen Lebensflamme halb im Erlöschen ist: – keine Ideale, keine Zwecke, keine Pflichten, keine Instinkte.«[155] Idealismus als Ausdruck von Vitalität! Und seinen Brief an sie vom Juli des Jahres, wo er es »ein langes Unglück« nennt, »dass dieser Rée, ein Lügner und schleichender Verleumder von Grund aus, mir über den Lebensweg gelaufen ist«, lässt er in einen ebenso selbstbewussten wie kämpferischen Idealismus münden: »Man soll *sein* Ideal *vom Menschen durchsetzen*, man soll mit seinem Ideale seine Mitmenschen wie sich selber zwingen und überwältigen.« Wenn er jetzt das »Mitleiden« zurückweist, denkt er konkret an das Mitleid mit einem Menschen wie Rée.[156]

Die Dreisamkeit mit Lou und Rée bringt ihn und Malwida einander wieder näher, und zwar sowohl durch deren freundlichen Anfang wie durch ihr übles Ende. Nach zweijähriger Briefpause schreibt er ihr zum Frühlingsanfang 1882 aus Genua: »Inzwischen ist Lebenskraft und jede Art von Kraft in mir thätig gewesen: und so lebe ich denn ein zweites Dasein und höre mit Entzücken dass Sie den Glauben an ein solches zweites Dasein niemals ganz verloren haben.«[157] Malwida findet ihre spätere Zwei-Nietzsche-These hier bei ihm selbst, nur dass ihr dann der zweite Nietzsche unheilvoll wird. Damals jedoch schreibt sie ihm beglückt: »Nun endlich ist das Band wieder angeknüpft und soll nicht mehr abreißen. Wie froh macht mich die Lebenskraft und Hoffnung die aus Ihren Zeilen sprechen.«[158] Als sie ihm Anfang 1883 vorschlägt, wieder zu ihr nach Rom zu kommen, erwidert er: »Die Güte Ihres Vorschlags hat mich bewegt: es war soviel Nachdenken darin – über das, was gerade mir noth thut. Wie selten wird einem das Geschenk einer solchen nachdenklichen Güte!«[159]

Erneut erkennt man, dass diese Freundschaft auch ihre geistige Seite besitzt. Nur macht ihn das römische Klima besorgt, aber im Mai kommt er doch zu ihr, und aus Rom schreibt er an Overbeck: »Die Erlebnisse des vorigen Jahres sind *ihr* zu Gute gekommen – und insofern auch mir. Malvida (sic) Meysenbug ist lauter mütterliche Güte gegen mich; sie wünscht mir, was ich mir selber am meisten wünsche und versteht auch Wege und Griffe dazu.«[160] Noch im November 1884 teilt er dem Freund mit, er verdanke es Malwida, dass er sogar den römischen Schirokko ertrage.[161] Das will bei seiner Wetterfühligkeit etwas heißen; Wie wir sahen, hat er Lou im Zuge ihrer beider Verfeindung als »Scirocco« geschmäht, und 1884 spricht er Malwida gegenüber von dem »Scirocco« als seinem »Todfeinde«.[162]

Am 6. April 1883 versichert ihm Malwida: »Ich habe nie den Glauben verloren, dass, wenn ich auf Ihrem Weg auch nicht immer wandeln konnte, wir uns doch am Ziele wiederfänden.«[163] Sie, die Nietzsche einst, am 4. Februar 1874, angekündigt hatte, sie wolle »im vollen Sinne des Wortes Buddha werden«,[164] erklärt ihn am 24. April 1883 selbst zum Buddha: »Ich denke Sie verdienen die Apostrophierung als Buddha in jedem Sinne, denn auch er schloss eigentlich alle Religion aus und zeigte, dass man heroisch das Leiden überwinden und zur wahren Heiterkeit gelangen kann ohne ein Dogma.« Da verweist sie als Beispiel auf sich selbst, »die ich längst ohne *sogenannte* Religion lebe und gerade nicht auf Rosen liege, immer heiterer werde und ein fröhliches Lachen nie verschmähe.«[165]

An Heinrich von Stein schreibt sie am 8. Juni 1884 über Nietzsche, zu ihrer Freude gehe »in Erfüllung«, was sie »immer, auch in Wahnfried, vertreten habe, dass jene Epoche seiner Entwicklung, die wir alle beklagten, nur eine Durchgangsphase war«.[166] Und 7. September 1884, es sei ihr »eine wahre Herzensfreude«, dass er »sich so mit Nietzsche gefunden« habe. »Ich habe nie an ihm gezweifelt, obgleich es eine kurze Zeit gab, wo ich ihn absolut nicht mehr verstand. Auch seine Trennung von Wagner ist mir jetzt erklärlich. Es ist *viel* Missverständnis von jener Seite dabei … – N. ist ein Märtyrer der seltensten und edelsten Art, und wenige wohl haben die Siegespalme so verdient wie er.«[167]

Das Thema »Richard Wagner« bleibt für Malwidas Beziehung zu Nietzsche essenziell. Zum endgültigen Bruch zwischen ihnen kommt es 1888 durch seine Schmähschrift »Der Fall Wagner« mit dem Untertitel: »Ein Musikanten-Problem« – Wagner als bloßer Musikant! Nietzsches Abkehr von Wagner begann bereits in der Sorrentiner Zeit, doch bleibt sein inneres Verhältnis zu ihm noch über geraume Zeit gespalten. Besonders merkwürdig ist seine Reaktion auf die Nachricht von Wagners Tod. Da schreibt er an seinen Freund Heinrich Köselitz, wenn es ihm nach Tagen heftiger Krankheit wieder besser gehe, glaube er, »dass der Tod Wagners die wesentlichste Erleichterung war, die mir jetzt geschafft werden konnte. Es war hart, sechs Jahre lang Gegner dessen sein zu müssen, den man am meisten verehrt hat, und ich bin nicht grob genug *dazu* gebaut. Zuletzt war es der altgewordene Wagner, gegen den ich mich wehren musste« – der Wagner des »Parsifal«!; »was den eigentlichen Wagner betrifft, so will ich schon noch zu einem guten Theile sein *Erbe* werden (wie ich es oft gegen Malvida gesagt habe).«[168] Gerade Malwida ist also mit Nietzsches zwiespältigem Verhältnis zu Wagner bestens vertraut. Und ihr schreibt er zwei Tage darauf, ganz im Gegensatz zu der gerade Köselitz mitgeteilten »Erleichterung«, es gehe ihm »jetzt, nach dem Tode Wagner's zumal, ganz schlecht«. Und dann:

»W(agners) Tod hat mir fürchterlich zugesetzt … W(agner) hat mich auf eine *tödtliche* Weise beleidigt – ich will es Ihnen doch sagen! – sein langsames Zurückgehn und -Schleichen zum Christenthum und zur Kirche habe ich als einen persönlichen Schimpf für mich empfunden … *Jetzt* sehe ich jenen Schritt als den Schritt des *alt* werdenden Wagner an; es ist schwer, zur rechten Zeit zu sterben. Hätte er noch länger gelebt, oh *was* hätte noch zwischen uns entstehen können! Ich habe furchtbare Pfeile auf meinem Bogen, und W(agner) gehörte zu der Art Menschen, welche man durch *Worte tödten* kann.«[169]

Bereits am 13. Januar 1875, als Nietzsche noch Wagner-Enthusiast war, hat Malwida ihm ihren eigenen inneren Zwiespalt gegenüber dem Komponisten gestanden, woraus sich schließen lässt, dass sie auch Nietzsches späteren Zwiespalt, gerade seine Irritation über den christlichen Grundzug des »Parsifal«, bis zu einem gewissen Grade nur zu gut versteht. Da schreibt sie bei aller Bewunderung über Wagners musikalisches Genie, mit Anspielung auf den Schopenhauer'schen Willen und ihre eigene Hinwendung zum Buddhismus:

»Aber – nur *Ihnen* sei es gesagt – er ist ein Mensch, der, neben außerordentlichen Gaben, dennoch in den schlimmen Fesseln des Willens liegt. Er muss noch wiedergeboren werden, um zur Erlösung zu gelangen, denn seine katholische Kirche erlöst ihn nicht. Ich habe ihn jetzt öfter gesehen wie früher und genau beobachtet; er lässt sich von der Gewöhnlichkeit, ja von der absoluten Frivolität, trotzdem er sie *verachtet*, durch Schmeichelei, bethören seine Zeit an sie zu verschwenden und wenn ihn dann der Ekel übermannt, dann fliegt er in der Einsamkeit zu Götzen, nicht zu Göttern.«[170]

Ähnlich schreibt sie Weihnachten 1880 an Rée zu einem Artikel Wagners (»Religion und Kunst«) in den »Bayreuther Blättern«: Während seine dramatisch-musikalischen Schöpfungen etwas Befreiendes besäßen, sei »etwas Unklares in seinem Metaphysischen, denn wenn seine »Idee der Erlösung« »erhaben schön« sei, »so sollte er doch nicht den Heiland immer noch der realen Form hinstellen, in der ihn die Kirche, die er verwirft, hinstellt«.[171] Und doch behält Wagner für sie seinen Zauber – nicht nur durch seine Musik, sondern auch durch den Geist seiner Werke. Wenn sie am 19. August 1883 Cosimas Tochter Blandine verkündet, das Leitmotiv aller Werke Wagners sei »Erlösung durch die Liebe« – nicht etwa Erlösung durch den christlichen Glauben –, geht sie davon aus, dass er sich nicht wirklich dem kirchlichen Christentum zugewandt hat. Da schreibt sie, von Wagner als »Papa« redend und in Kritik an Wolzogen, dem Redakteur der »Bayreuther Blätter«: »Ich theile Wolzogens Standpunkt nicht, der Papa geradezu als orthodoxen Christen hinstellt. Ich glaube Papa's Idee besser verstanden zu haben. Alle Seine Werke predigen dasselbe: Erlösung durch die Liebe u. insofern der innere Sinn des Christentums derselbe ist, insofern war er Christ und insofern sind wir alle Christen.«[172] Da könnte man einwenden, dass man in Wagner-Werken, ob »Tannhäuser« oder »Tristan und Isolde«, auch Erlösung durch den Tod findet – doch auch für die Sehnsucht nach einer solchen Erlösung hat Malwida aus eigener Erfahrung gewiss Verständnis.

Anfang April 1883 kündigt Nietzsche aus Genua der in Rom lebenden Malwida an, er »gehe in die Berge: *dieses* Jahr will ich Niemanden sprechen«. Zu jener Zeit beginnt er mit seinem »Zarathustra«, der zu Beginn ebenfalls »in das Gebirge« geht und dort »seines Geistes und seiner Einsamkeit« genießt . Und Nietzsche fährt fort: »Wollen Sie einen neuen Namen für mich? Die Kirchensprache *hat* einen: ich bin ------- der *Antichrist.*« Und dann: »Verlernen wir doch ja das Lachen nicht.«[173] Malwida, die daher Grund hat, diese Erklärung nicht zu ernst zu nehmen – die in Nietzsches Nachlass gefundene Schrift »Der Antichrist«, die sich gegen die Mitleidsethik richtet, kann sie noch nicht kennen –, erwidert prompt und gar nicht erschüttert: »Der Antichrist sollte, dünkt mich, zuweilen unter den Menschen wandeln, um das Werk der Erlösung, welches Jenem nicht gelang, zu vollbringen.« »Jener« meint wohl Christus. Und dann: »Ich fürchte mich vor dem Antichrist nicht«, wünscht ihm bei seiner so betitelten Schrift viele Leser.[174] Sie berichtet seiner Schwester, die sich gerade in Rom aufhält, von diesem Brief, und diese gewinnt daraus den Eindruck, er sei »sehr glücklich«.[175] Dieser Nietzsche-Brief hat ja etwas wohlgelaunt Auftrumpfendes.

Das ist die Zeit, in der er an »Also sprach Zarathustra« arbeitet und zeitweise von einem neuen Schaffensrausch erfüllt wird.[176] Über seinen Verleger lässt er Malwida die ersten Teile zukommen. Dazu schreibt er mit einem fordernden Selbstbewusstsein wie noch nie als »großer Lehrer der Menschheit«, obwohl er im selben Brief Reue über seine Schmähung von Lou und Rée bekundet:

> »Das ist kein Geschenk, für das man so ohne weiteres zu *danken* hätte – ich verlange ein Umlernen in Betreff der liebsten und verehrtesten Empfindungen, und viel *mehr* als ein Umlernen noch! Wer weiß wie viele Generationen erst vorüber gehen müssen, um einige Menschen hervorzubringen, die es in seiner ganzen Tiefe nachfühlen, *was* ich gethan habe! Und dann selbst noch macht mir der Gedanke Schrecken, was für Unberechtigte und gänzlich Ungeeignete sich einmal auf meine Autorität berufen werden. Aber das ist die Qual jedes großen Lehrers der Menschheit: er weiß, dass er, unter Umständen und Unfällen, der Menschheit zum Verhängnis werden *kann*, so gut als zum Segen.«[177]

Was soll Malwida auf einen solchen Brief erwidern? Man kann verstehen, dass ihr dieser Freund unheimlich wird und sie den aufbrechenden Größenwahn spürt. In ihren späteren Erinnerungen an ihn schreibt sie zu solchen Briefen, da habe sie »mit tief schmerzlichem Erschrecken« erkennen müssen, »dass diesem hohen Geiste Umnachtung drohe, indem er die Bedeutung seiner reformatorischen Aufgabe … in eine Höhe hob, in der sie beinahe den Anspruch machte, eine zweite Weltschöpfung zu sein« (III 57f.). Das mag zum Teil spätere Rückschau sein, doch schon damals muss sie spüren, dass es sinnlos wäre, darüber mit Nietzsche in eine Diskussion treten zu wollen, wenn er Zarathustra verkünden lässt: »Ich gehöre nicht zu denen, welche man nach ihrem Warum fragen darf«;[178] ist nur allzu offensichtlich, dass er da jetzt auch von sich selbst spricht. Und doch spiegeln sich in diesem Werk wechselnde Stimmungen, das wird auch Malwida bei der Lektüre gespürt haben, zumal wenn sie nach Anhaltspunkten für eine optimistische Sicht dieses Freundes sucht.

Overbeck gegenüber nennt Nietzsche am 1. Februar 1883 den damals fertiggestellten Teil des »Zarathustra« sein »*bestes Buch*«.[179] Immer wiederkehrendes Leitmotiv des »Zarathustra« ist die Lehre vom »Übermenschen«, und der Verdacht liegt nahe, dass Nietzsche zumindest in euphorischer Stimmung sich selbst als ein solcher fühlt. Und diese Lehre verbindet sich mit Menschenverachtung; wieder und wieder spricht Zarathustra von den »Viel-zu-Vielen«, den »Überflüssigen«, um die es nicht schade sei; und daher verkündet er: »Der gute Krieg ist es, der jede Sache heiligt« – nicht umgekehrt, »die gute Sache sei es, die sogar den Krieg heilige«[180] – Sätze, die Malwida entsetzen und empören müssen.

Doch es gibt auch sehr andere Aussprüche Zarathustras, die von Lebensbejahung und Lebensfreude künden. Berühmt ist jenes Gedicht, mit dem Zarathustra schließt und das in die Verse mündet: »Doch alle Lust will Ewigkeit –, / – will tiefe, tiefe Ewigkeit!« Daran mag Malwida gedacht haben, wenn sie dieses Werk zeitweise als Ausdruck wiederkehrender Heiterkeit empfinden oder zumindest Nietzsche dazu ermutigen möchte, es in solcher Weise zu verstehen; doch der spottet am 25. März 1886 in einer neuen Leidenszeit gegenüber Overbeck: »Die brave Malvida, die mit ihrer rosigen Oberflächlichkeit sich in einem schweren Leben immer ›obenauf‹ gehalten hat, schrieb mir einmal zu meinem bittersten Vergnügen, dass sie, aus meinem Zarathustra heraus, schon den ›heitren Tempel winken‹ sehe, den ich auf diesem Fundamente aufbauen werde. Nun, es ist einfach zum Todtlachen.«[181] Vermutlich findet er »heiter« viel zu banal für jenen Rausch, der ihn bei der Arbeit an diesem Werk zeitweise überkam.

Umso verblüffter kann man über die These des Nietzsche-Biografen Curt Paul Janz sein, dass das »Zarathustra«-Kapitel »Vom bleichen Verbrecher«, der seine Richter zum Todesurteil auffordert, direkt von der Lektüre der Memoiren Malwidas inspiriert sei: von ihrer Schilderung des Attentäters Emmanuel Barthélemy, die von Faszination und Ergriffenheit zeugt. Selbst Jacques Le Rider – nicht nur Malwida-, sondern auch Nietzsche-Experte – hält diese These für diskutabel, und selbst die darüber hinausgehende Vermutung, dass Nietzsche in der von seinem Zarathustra bekundeten Verachtung der »Viel-zu-Vielen« von malthusianischen Betrachtungen Malwidas zur Übervölkerung und der Wünschbarkeit einer Auslese der Edlen beeinflusst worden sei, die er in seiner Ausgabe der Memoiren unterstrichen hat.[182] In der Tat spürt man bei ihr keineswegs nur Menschenliebe im Sinne von Liebe aller Menschen, sondern auch eine Art von Idealismus, die dem »Übermenschen« Nietzsches nicht ganz fernsteht.

Bis in die allerletzte Zeit, bevor er dem Wahnsinn verfällt, finden sich bei

Nietzsche immer wieder liebevolle Äußerungen über Malwida: weitaus länger, als man von ihren späteren Erinnerungen erwarten würde, wo sich ihr der »zweite Nietzsche« entfremdet hat. Selbst in seiner Zarathustra-Phase überkommt ihn eine Sehnsucht nach ihr; so beginnt sein Brief an die »liebe verehrte Freundin« vom 1. September 1884 aus Sils-Maria, der wieder davon zeugt, dass er auf seine Art von der Bedeutung des Klimas nicht weniger überzeugt ist als Malwida:

> »Um gleich die Hauptsache zu sagen: es ist ein Jammer, wenn wir Beide, zwei Menschen, welche sich lieb haben, *nicht zusammenleben* – und nun kommen die für mich ganz fatalistischen Gründe des Clima's und zwingen mich, meine Winter fürderhin in Nizza und *nicht* in Rom zuzubringen! … Ich für meinen Theil wünsche mir gerade *Ihre* Nähe, wie ich mir reinen Himmel wünsche: womit Ihnen alles gesagt sein muß, vorausgesetzt, dass Sie auf meinen Sohn Zarathustra hingehört haben. Und wie werthvoll wäre uns ein Zusammensein namentlich an den *Abenden*, wo wir beide nicht lesen und schreiben dürfen, und wo wir uns *so Viel* zu erzählen hätten!«[183]

Setzt eine Gemeinschaft zwischen ihnen wirklich voraus, dass sie auf seinen »Sohn Zarathustra hingehört« hat, sich also zu seiner neuen Botschaft bekennt? Mitte Mai 1884 versichert er ihr, auch wenn er eine »komische Differenz zwischen uns« im Urteil über Lou und Rée erkennt, als er sich mit denen innerlich wieder versöhnt hat: »Glauben Sie mir aber dies: wenn es überhaupt auf Erden Menschen mit dem tiefsten und unbezwinglichsten Bedürfniß nach Gerechtigkeit giebt, so gehöre ich zu ihnen. Sonderlich, wenn man mich beleidigt hat. … Unter allen Umständen empfinde ich eine Beleidigung, die Ihnen angethan wird, hundert Mal stärker als eine, die mich allein betrifft.«[184]

Am 24. September 1886 fällt ihm ein, dass Malwida von ihm schon lange keinen Brief erhalten hat. Da schreibt er der »verehrten Freundin«, wobei er von ihr bei seiner Spitze gegen sie in der dritten Person redet: »Nach dem zu urtheilen, was ich bisher von Wagnerianern kennen gelernt habe, scheint mir die heutige Wagnerei eine unbewußte Annäherung an Rom, welche von innen her dasselbe thut, was Bismarck von außen thut« – Bismarck, der den »Kulturkampf« gegen die Macht des Katholizismus abgebrochen hat. Und dann: »Seien Sie mir also, verehrte Freundin, dafür hübsch dankbar, dass ich mich von Ihnen ein wenig *ferne* halte!« Er habe ihr sein neues Buch »Jenseits von Gut und Böse« gesandt, das als sein »gefährlichstes Buch« bezeichnet worden sei, doch sie solle es »nicht etwa lesen«![185] Man erkennt: Die »Wagnerei« schwelt weiterhin zwischen den beiden; über sie wird es am Ende zum Bruch kommen.

Doch erst einmal überkommt ihn wieder die Sehnsucht nach ihr. Am 1. April 1887 klagt er ihr, »dass mir von Menschen *fast Nichts* übrig geblieben ist«; und darauf: »Oh wie gern möchte ich meine treue vertraute Freundin Malvida wieder *hören*!«[186] Mit Malwida zu zweit sein, ohne andere Menschen: sein letztes Glück! Und noch Ende Juli 1888 schreibt er an die »hochverehrte Freundin«, nachdem er über längere Zeit verstummt war, einen langen Brief, den er als »Ihr treu ergebener Nietzsche« unterzeichnet und klagt: »Es ist wirklich sehr *leer* um mich geworden.« »Aber ich verstumme unwillkürlich gegen Jedermann, weil ich immer weniger Lust habe, Jemand in die Schwierigkeiten meiner Existenz blicken zu lassen.« Ihr als Einziger schildert er seine Nöte eindringlich, doch zugleich auftrumpfend: »Ich habe der Menschheit das tiefste Buch gegeben, das sie besitzt.« Aber: »Man kann daran zu Grunde gehen, ›*unsterblich*‹ zu sein!«[187] Da hält ihm Malwida entgegen, es sei seine eigene Schuld, wenn er so einsam sei, da er sich selbst in die Einsamkeit begebe. Und dann wirft sie ihm Selbstverleugnung vor:

> »Es ist ein Irrthum oder ein Paradox, dass Sie sagen, Sie haben das Glück alles gegen sich zu haben was schwach und tugendhaft ist. Die *wahrhaft* Tugendhaften sind gar nicht schwach, sie sind vielmehr die wirklich Starken, wie es der ursprüngliche Begriff von virtú auch sagt. Und Sie selbst sind der lebendige Widerspruch dagegen, denn Sie sind wahrhaft tugendhaft … Denn das ist tugendhaft? Um einer großen Idee, eines Ideals willen, das Leben mit all seinem Elend standhaft tragen.«[188]

Das bedeutet: In Wahrheit ist Nietzsche Idealist wie sie selbst, und noch aus heutiger Distanz betrachtet mag sie bei allem Wunschdenken damit etwas Richtiges erkannt haben. Doch Nietzsche wettert zu jener Zeit in »Ecce homo« – einer erst aus seinem Nachlass veröffentlichten Schrift, die Malwida damals nicht gekannt haben kann – mit so schneidender Schärfe wie noch nie gegen jeglichen Idealismus, wobei er die Idealisten als Lügner schmäht, die die Menschheit verderben: »*Götzen* (mein Wort für ›Ideale‹) *umwerfen* – das gehört schon eher zu meinem Handwerk. Man hat die Realität in dem Grade um ihren Werth, ihren Sinn, ihre Wahrhaftigkeit gebracht, als man eine ideale Welt *erlog* … Die *Lüge* des Ideals war bisher der Fluch über der Realität, die Menschheit selbst ist bis in ihre untersten Instinkte hinein verlogen und falsch geworden.«[189] Und an späterer Stelle: »Die Unwissenheit in physiologicis – der verfluchte ›Idealismus‹ – ist das eigentliche Verhängnis in meinem Leben … Aus den Folgen dieses ›Idealismus‹ erkläre ich mir alle Fehlgriffe, alle großen Instinkt-Abirrungen.«[190]

Wie wir sahen, ist das Bedauern, nicht frühzeitig mit den Naturwissenschaften vertraut geworden zu sein, auch der »Idealistin« nicht fremd. Und zugleich gibt Nietzsche offen zu erkennen, dass er selber lange dem Idealismus anhing; das hat Malwida in den Zeiten ihrer Freundschaft also keineswegs nur in ihn hineinprojiziert. Irgendwo gibt es bei beiden eine innere Verwandtschaft – und doch muss Nietzsche bei seinen Wutausbrüchen gegen den Idealismus nicht zuletzt auch auf Malwida gezielt haben, die »Idealistin« par excellence, zumal sich seine Wut auf den Idealismus mit der Wut auf Wagner verbindet, von dem sich Malwida trotz ideologischer Einwände nicht wirklich löst. In seinem »Fall Wagner« macht er die Idealisten lächerlich: »*Seien wir Idealisten!* – … Wandeln wir über Wolken, haranguiren wir das Unendliche, stellen wir die großen Symbole um uns herum! Sursum! Bumbum!«[191] Wagner mache nervenkrank. »*Wagner est une névrose.*«[192] In jenem »nervösen Zeitalter« begegnet Nervliches oftmals als Hüllwort für sexuelle Erregung und Frustration[193] – Nietzsche wird in seinem großen Wutausbruch gegen Malwida auch über die »ekelhafte Sexualität« der Wagner-Musik wüten. Und dann: »Ah, dieser alte Räuber! Er raubt uns die Jünglinge, er raubt selbst noch unsere Frauen und schleppt sie in seine Höhle.«[194]

Er raubt ihm auch Malwida. Sie berichtet in ihren Erinnerungen an Nietzsche, bei allem »tief schmerzlichen Erschrecken« über dessen spätere Entwicklung, als sie gespürt habe, »dass diesem hohen Geiste Umnachtung drohe«, habe sie sich erst von ihm losgesagt, als »Der Fall Wagner« erschienen sei (III 57 f., 58); der endgültige Bruch zwischen beiden ist demnach von ihr, nicht von Nietzsche ausgegangen, wenn auch von ihm ausgelöst. Noch am 4. Oktober schreibt Nietzsche der »verehrtesten Freundin« in einem herzlich gehaltenen Brief, er habe seinen Verleger ihr drei Exemplare dieser Schrift zuschicken lassen. »Diese Schrift, eine Kriegserklärung in aestheticis, wie sie radikaler gar nicht gedacht werden kann, scheint eine bedeutende Bewegung zu machen.«[195] Als Malwida ihr Befremden bekundet, erwidert er jedoch in einem brüsken Ton wie bislang noch nie ihr gegenüber: »Das sind keine Dinge, worüber ich Widerspruch zulasse. … Dass dieser Hanswurst es verstanden hat, von sich den Glauben zu erwecken (– wie Sie es mit verehrungswürdiger Unschuld ausdrücken), der ›letzte Ausdruck der schöpferischen Natur‹, gleichsam ihr ›Schlußwort‹ zu sein, dazu bedarf es in der That des *Genie's*, aber eines Genie's der *Lüge* … Ich selber habe die Ehre, etwas Umgekehrtes zu sein – ein Genie *der Wahrheit* – .«[196]

Wagner als »Hanswurst«: Da platzt Malwida der Kragen, und da legt sie los, ein solcher Ausdruck für einen Wagner sei »ganz abscheulich«.[197] Und jetzt lässt auch Nietzsche ihr gegenüber alle Hemmungen fallen – worauf sie nur noch schweigt. Am 20. Oktober 1888, wenige Monate, bevor er in geistige Umnachtung verfällt, macht er seinem Ärger über die Idealistin Luft wie noch nie – jetzt als Ärger darüber, dass sie ihm nicht schon längst kräftig widersprochen hat:

> »Ich habe allmählich fast alle meine menschlichen Beziehungen abgeschafft, aus *Ekel* darüber, dass man mich für etwas Andres nimmt als ich bin. Jetzt sind Sie an der Reihe. Ich sende Ihnen seit Jahren meine Schriften zu, damit Sie mir endlich einmal, rechtschaffen und naiv, erklären ›ich perhorrescire jedes Wort‹. Und Sie hätten ein Recht dazu. Denn Sie sind ›Idealistin‹ – und *ich* behandle den Idealismus als eine Instinkt gewordne Unwahrhaftigkeit, als ein Nicht-sehn-*wollen* der Realität um jeden Preis: *jeder* Satz meiner Schriften enthält die *Verachtung* des Idealismus. Es giebt über der bisherigen Menschheit gar kein schlimmeres Verhängnis als *diese* intellektuelle Unsauberkeit; man hat den Werth aller Realitäten entwerthet, damit, dass man eine ideale Welt *erlog*.«

Hat er seine einstige Begeisterung über die »Memoiren einer Idealistin« vergessen? Jetzt schmäht er Malwida als einfältig und blind, bezeichnet ihr ganzes Leben als von Grund auf verfehlt, verleugnet so krass wie nur möglich seine eigenen früheren Lebensphasen, am allermeisten seine Faszination durch Wagner, in dessen Musik er auf einmal »ekelhafte Sexualität« zu spüren glaubt, wogegen Malwida nur edle Liebe vernimmt; und besonders wütend zeigt er sich darüber, dass Malwida in ihrem Wunschdenken seinen »Zarathustra« als Ausdruck von Idealismus zu deuten sucht:

> »Sie haben sich – Etwas, das ich nie verzeihe – aus meinem Begriff ›Übermensch‹ wieder einen ›höheren Schwindel‹ zurechtgemacht …: während jeder *ernsthafte* Leser meiner Schriften wissen *muß*, dass ein Typus Mensch, der *mir* nicht Ekel machen soll, gerade der Gegensatz-Typus zu dem Ideal-Götzen von Ehedem ist, einem Typus Cesare Borgia hundert Mal ähnlicher als einem Christus. … Sie haben sich, in Ihrem ganzen Leben, fast über Jedermann getäuscht: nicht wenig Unheil, auch in meinem Leben, geht darauf zurück, dass man Ihnen Vertrauen schenkt und dass Ihr Urtheil

absolut unvertrauenswürdig ist. Zuletzt vergreifen Sie sich zwischen Wagner und Nietzsche! … Also Sie haben nichts von dem Ekel begriffen, mit dem ich, mit allen anständigen Naturen, vor 10 Jahren Wagnern den Rücken kehrte, als der *Schwindel*, mit den ersten Bayreuther Blättern, handgreiflich wurde? Ihnen ist die tiefe Erbitterung unbekannt, mit der ich, gleich allen rechtschaffnen Musikern, diese *Pest* der Wagnerischen Musik … immer weiter um sich greifen sehe? Sie haben nichts davon gemerkt, dass ich, seit zehn Jahren, eine Art Gewissensrath für deutsche Musiker bin, dass ich an allen möglichen Stellen wieder die artistische Rechtschaffenheit, den vornehmen Geschmack, den tiefsten Haß gegen die ekelhafte Sexualität der Wagnerischen Musik angepflanzt habe? … Sie haben nie ein Wort von mir verstanden, nie einen *Schritt* von mir verstanden …, darüber müssen wir unter uns *Klarheit* schaffen, – auch in diesem Sinn ist der ›Fall Wagner‹ für mich noch ein *Glücksfall* – .«[198]

Ein »Glücksfall«, da bei dieser Schrift Malwida ihm erstmals scharf widersprochen hat und dadurch bei ihm jede Hemmung löst, über sie in einer Weise herzufallen wie noch nie! In seinem Brief an Meta von Salis vom 14. November 1888 macht er aus dem »Fall Wagner« einen »Fall Malvida«:

»Dass es einiger *Aufklärung* über mich bedarf, bewies mir noch jüngst der Fall Malvida. Ich sandte ihr, mit einer kleinen Bosheit im Hintergrunde, vier Exemplare des ›Falls Wagner‹ … Kriegserklärung an mich: Malvida gebraucht diesen Ausdruck. – Ich habe, unter uns, mich noch einmal mehr davon überzeugt, dass der berühmte ›Idealismus‹ in diesem Falle im Grunde eine extreme Form der Unbescheidenheit ist … Man hat sie immer mitreden lassen und, wie mir scheint, hat ihr Niemand gesagt, dass sie mit jedem Satz nicht nur irrt, sondern *lügt* … Das machen ja die ›schönen Seelen‹ so, die die Realität nicht sehen *dürfen*. Verwöhnt, durch ihr ganzes Leben hindurch, sitzt sie zuletzt, wie eine kleine komische Pythia, auf ihrem Sopha und sagt: ›Sie irren sich über Wagner! Das weiß ich besser! …‹ Ich schrieb ihr darauf, dass Zarathustra die Guten und Gerechten abschaffen wolle, weil sie immer *lügen*. Darauf antwortete sie, sie stimme mir darin völlig bei, *denn* es gäbe so wenig *Wirklich*-Gute.«[199]

So krampfhaft hat sich Malwida um die Aufrechterhaltung der alten Freundschaft bemüht – da wirkte der Bruch am Ende auf sie wohl befreiend. Am 13. Februar 1889, als Nietzsche in Wahnsinn verfallen ist, berichtet sie Daniela: Als sie von Nietzsche den »Fall Wagner« erhalten habe, habe sie ihm »eine Kriegserklärung« geschickt; »Kriegserklärung« stammt also tatsächlich von ihr. Zugleich zitiert sie aus seinem letzten Brief an sie, »dass Malwida Kundry ist«; Nietzsche hat ihn also abgeschickt. Malwida dazu: »Du kannst denken wie mir zu Muthe war als ich das las.«[200] Für sie wohl Vorbote des Wahnsinns.

Malwida als »Kundry«! Ein kurzer Brief Nietzsches an sie vom 5. November 1888 – wohl Antwort auf einen nicht überlieferten Brief von ihr (hat sie ihn für hassenswert erklärt?) – lautet: »Warten Sie nur ein wenig, verehrteste Freundin! Ich liefere Ihnen noch den Beweis, dass ›Nietzsche est toujours *haissable*‹. Ohne allen Zweifel, ich habe Ihnen *Unrecht gethan*: aber da ich diesen Herbst an einem Überfluss von Rechtschaffenheit leide, so ist es mir eine wahre Wohlthat, Unrecht zu thun.« Und er unterschreibt: »Der ›Immoralist‹«.[201] In seinem Nachlass findet sich der Entwurf eines Briefes an sie: »Sie haben Alles übertroffen, was ich Schlechtes von W(agner) erlebt habe. Und doch habe ich mit Niemandem länger Geduld gehabt!«[202]

Und dann – als Beweis, dass er für sie »toujours *haissable*« sei? – am 4. Januar 1889, wieder aus Turin, als »Nachtrag zu den ›Memoiren einer Idealistin‹« dieser Brief, wo er von ihr in der dritten Person schreibt: »Obwohl Malvida bekanntlich Kundry ist, welche gelacht hat in einem Augenblick, wo die Welt wackelte, so ist ihr doch Viel verziehn, weil sie mich viel geliebt hat … Ich verehre alle diese ausgesuchten Seelen um Malvida.« Und er unterschreibt: »Der Gekreuzigte«.[203] Die Kundry aus Wagners »Parsifal«[204] soll gelacht haben, als Jesus zur Kreuzigung geführt wurde. Doch gleich darauf diese Geste der Vergebung! Mit Anspielung auf Lukas 7, Vers 15, als Jesus über die große Sünderin sagt: »Ihr wird viel verziehen, weil sie viel geliebt hat.« Malwida als Kundry und er selbst als Jesus: Das ist kein bloßer Ausdruck einer momentanen Stimmung; bereits am 25. November 1888 hat er Köselitz mitgeteilt: »Neulich fiel mir ein, Malvida an einer entscheidenden Stelle von ›Ecce homo‹ als *Kundry* vorzuführen, welche *lacht*.«[205]

Malwida beschäftigt ihn noch in seiner letzten Zeit – sie, die Idealistin, als sein Gegenpol, die er als seine Herausforderung selbst über Wagner stellt! Sie selbst hat in einem Essay »Im Norden« über ihre Bayreuther Zeit, den sie in die »Stimmungsbilder« aufnimmt, ausführlich bei Kundry verweilt: »Eine Gestalt wie Kundry, so ergreifend die Erlösung des Weibes aus dem Bann der Sünde veranschaulichend, existiert bis jetzt in keiner Dichtung irgendeines Volkes. Sie ist nicht holdselig, edel-schön wie die anderen Frauengestalten Wagners, aber sie ist großartiger als alle.« (IV 164) Wagner selbst nannte Kundry seine »originellste Frauengestalt«, »dies wunderbar grauenhafte Geschöpf«, zugleich Verführerin des Amfortas wie Botin des Grals.[206] Da mag es Malwida doch nicht nur mit Entsetzen erfüllt haben, von Nietzsche am Ende eine Kundry genannt zu werden!

DER NEUE NIETZSCHE-KULT, META VON SALIS UND DIE FRAGE NACH DEM WAHREN NIETZSCHE. Steven E. Aschheim beginnt sein Werk über die deutsche »Karriere« des Nietzsche-Kults mit einer Paradoxie: »Friedrich Nietzsches explosionsartiger Erfolg im politischen und kulturellen Leben Deutschlands stellte sich ironischerweise gerade in der Zeit seiner geistigen Erkrankung ein. Erst seit den neunziger Jahren des 19. Jahrhunderts erreichte er hierzulande ein größeres Publikum.«[207] Und dies, obwohl diese »Explosion« frühzeitig von heftigen Gegenattacken begleitet ist; so spricht Max Nordau in seinem damals spektakulären Opus »Entartung« von einer »geistigen Seuche« und schmäht die neuen Nietzsche-Jünger als »Hysteriker und Schwachköpfe«.[208] Die neue Nietzsche-Begeisterung richtet sich vor allem auf jene späteren Werke, über die Malwida urteilt, da sei Nietzsche sich selbst untreu geworden: vom »Zarathustra« bis zum »Willen zur Macht«. Eine Paradoxie besteht überdies darin, dass dieser Kult um die Jahrhundertwende von teilweise höchst unterschiedlichen Zeitströmungen getragen wird: von der Jugend- bis hin zur Frauenbewegung, von Lebensreformern, ja selbst von Sozialisten[209] bis zu den Zionisten.[210]

Thomas Mann findet 1910 diese Begeisterung besonders bei den »Zwanzigjährigen« und zeigt dafür Verständnis: »Sie haben von ihm die Bejahung der Erde, die Bejahung des Leibes, den antichristlichen und antispirituellen Begriff der Vornehmheit, der Gesundheit und Heiterkeit, Schönheit in sich schließt.«[211] Auf dem Monte Verità bei Ascona treffen sich jugendbewegte Lebensreformer, und zwar nicht zuletzt im Zeichen Nietzsches: Dieser hat im »Zarathustra« geschrieben, »verloren sei uns der Tag, wo nicht Ein Mal getanzt wurde!«, und davon inspiriert tanzten Nietzsche-Fans, teilweise nackt, auf der »Parsifalwiese«.[212] Doch in dieser insgesamt kunterbunten Szenerie kann man den Gipfel der Paradoxie darin erkennen, dass der Nietzsche-Kult ungeachtet der antideutschen Ausbrüche des Philosophen die wohl stärkste und dauerhafteste Verbindung mit dem deutschen Nationalismus einging, und zwar gerade mit dem brutalen, kriegerischen Nationalismus, wobei er unter kräftiger Mitwirkung der Nietzsche-Schwester am Ende in den Nationalsozialismus überführt wird.

Doch selbst die sozialistische Frauenrechtlerin Lily Braun schildert in den »Kampfjahren« (1911) ihrer »Memoiren einer Sozialistin« – der Titel offenbar eine (kritische?) Anspielung auf die »Memoiren einer Idealistin«[213] – die erlösende Wirkung der Nietzsche-Lektüre auf sie: »Der Wille zur Macht –

die höchstmögliche Entwicklung der Persönlichkeit als Ziel des einzelnen, – der Übermensch als Ziel der Menschheit – : zu einem einzigen vollen Akkord vereinigten sich plötzlich die Klänge, die mir … entgegengetönt hatten. Mein Herz schlug zum Zerspringen wie das eines Gefangenen, dem die Ketten vom Fuße gelöst werden und die Pforten sich öffnen zur freien Wanderschaft.«[214]

Doch Malwida empfindet sehr anders als die fast fünfzig Jahre jüngere »Sozialistin«, die im Weltkrieg als Militaristin endet.[215] Am 27. Juli 1893 wendet sie sich in einem Brief an Daniela Thode und ihren Mann gegen den »falschen Götzendienst«, der neuerdings gerade von der Jugend mit Nietzsche getrieben werde, unter der Voraussetzung, der wahre Nietzsche sei Idealist gewesen wie sie: »Die falsche Vergötterung Nietzsches, während seine wahre Bedeutung unbekannt blieb, war mir längst sehr peinlich; ich sah die wahre Gefahr darin, dass die immer egoistischer werdende Jugend ihn, gerade in seiner schon getrübten in unklare Paradoxien getriebenen Phase, zum Profeten stempelte um die eigene egoistische Willkühr unter die Autorität eines Systems absoluter Freiheit zu bergen.«[216] Sie wolle jetzt »dem Schwindel, den man mit ihm treibt, Einhalt tun«.[217]

Am 16. und 17. Juni 1893 veröffentlicht sie in der Wiener »Neuen Freien Presse«, die zu ihrem wichtigsten deutschsprachigen Presseorgan geworden ist, »Erinnerungen an Friedrich Nietzsche«, die sie mit einer damals von der Redaktion gestrichenen Passage, die ihr »gerade wichtig« ist,[218] 1901 an den Anfang der »Individualitäten« stellt; da bringt sie ihre These vom ersten, wahren, idealistischen Nietzsche, dem der spätere Nietzsche in Selbstverleugnung untreu geworden sei, an die Öffentlichkeit. Sie beginnt damit, eigentlich habe sie sich vorgenommen, »nicht mehr von *Nietzsche* zu reden, über dessen Grab nun ehrendes Schweigen der beste Tribut einstiger Freundschaft ist« (III 35); es ist der neue Nietzsche-Kult besonders der Jugend, der sie dann doch provoziert. Schon am 14. Juli 1893 triumphiert sie gegenüber Romain Rolland, offenbar habe ihr Artikel in Wien eine »wahre Sensation« hervorgerufen, wie sie aus Briefen an sie selbst unbekannter Menschen erfahren habe. Nietzsches »Geburt der Tragödie« – für Malwida bester Ausdruck des »ersten Nietzsche« – verkaufe sich in diesen Tagen, »massenweise«.[219]

Im September 1900, vier Wochen nach Nietzsches Tod am 25. August, lässt sie, wiederum in der »Neuen Freien Presse«, eine Abhandlung »Der erste Nietzsche« folgen. Cosima zeigt sich davon tief ergriffen: Malwidas »erster Nietzsche« sei der einzige Nietzsche.[220] Malwida erwidert stolz, sogar die Schriftstellerin Marie von Ebner-Eschenbach habe ihr für diesen Artikel »den Dank mehrerer bedeutender Leute übermittelt denen dadurch ein Verständnis für N. aufgegangen sei«.[221] Als Abschluss dieser fünfteiligen Folge schildert sie in Liebe und Trauer besonders ergreifend die tiefe innere Kluft, die sie in ihm erkennt, am meisten in seiner Einstellung zum Mitleid – letztlich sind ihre zwei Nietzsches eben doch *ein* Mensch! –, und jenen Nietzsche, dem sie tief verbunden war, wobei sie jedoch auch der spätere Nietzsche mit seinem Kult der höheren Individualität fasziniert[222]:

> »Nie habe ich bei einem Menschen so entschieden das Getrenntsein der ›zwei Seelen in einer Brust‹ gesehen, wie bei ihm: Der gute, liebevolle, dichterisch-musikalische Mensch, dem das Mitleid, die heilige Caritas Hand in Hand ging mit dem höchsten, edelsten Flug des Geistes, war etwas für sich; ihm gegenüber stand der unerbittlich kritische, scharf polemisierende, bis zu den äußersten Consequenzen getriebene Streiter, der das Mitleid als eine unmoralische Schwäche verdammte, und dessen ›Übermensch‹ eher dem Cesare Borgia gleichen sollte, als Christus, wie er mir später einmal schrieb.«[223]

Hier ist der Ort, um auf Malwidas zeitweilige Freundschaft mit einer Frau einzugehen, die dahin gelangt, ebenjenen späteren Nietzsche zu verehren, von dem Malwida glaubt, dass er die Jugend »verrückt« mache:[224] der Freundschaft mit der fast vierzig Jahre jüngeren Meta von Salis (1855–1929). Diese beiden Frauen und Nietzsche: Das könnte man eine zeitverschobene Dreierbeziehung nennen, denn gerade in jener Zeit, in der Malwida mit Meta zusammnlebt, wird sie durch Nietzsches Entwicklung zunehmend beunruhigt, und als diese mit Nietzsche zusammen ist, bricht sie den Kontakt zu Malwida ab und bestärkt auch den Philosophen in seiner Abkehr von der alten Freundin; und doch sucht sie zu Malwida später wieder ein freundschaftliches Verhältnis.

Meta von Salis, Aristokratin wie Malwida, doch im Unterschied zu ihr nicht aus neuem, sondern aus altem Adel und im elterlichen Schloss Marschlins in Graubünden aufgewachsen, studiert ab 1883 als erste Frau der Schweiz an der Universität Zürich. 1887 promoviert sie, ebenfalls als erste Frau der Schweiz, und zwar über Agnes von Poitou, die aus Frankreich stammende deutsche Kaiserin des 11. Jahrhunderts, die am Ende ins Kloster geht. In dem

Artikel in der liberalen »Züricher Post« im Januar 1887 »Ketzerische Neujahrsgedanken einer Frau« fordert sie das Frauenwahlrecht, eine Forderung, die sie später auch in Vorträgen vertritt;[225] im Unterschied zu Malwida kann sie öffentlich reden. Unter Malwidas Freundinnen wird sie die profilierteste Frauenrechtlerin.

Wie so viele wird auch sie auf Malwida durch deren Memoiren aufmerksam, und zeitweise begeistert sie sich für sie; das hat sie ihr offenbar im September 1877 mitgeteilt. In ihrem dankenden Antwortbrief vom 1. Oktober 1877 schreibt ihr Malwida, ihr »lieber Brief« habe ihr »eine neue jener Freuden« gebracht, »welche ich meinem armen Buch verdanke«, ganz besonders, »weil ich sehe, wie die Ideen, für die ich meinen Kampf gekämpft habe, … in so vielen edlen Naturen bereits als fruchtbringende Saat aufgeschossen sind«. Bei diesem Gruß der Schweizerin scheine es ihr, »als sähe ich auf den Bergen die Feuerzeichen flammen, welche einen neuen bessern Tag verkünden. Denn in den Händen der Frauen liegt die Hauptaufgabe der nächsten Zukunft.« 1886 profiliert sich Meta von Salis mit ihrem lyrischen Pamphlet »Die Zukunft der Frau« erstmals als Frauenrechtlerin.

Malwida schließt 1877 mit den Worten: »Hoffentlich werden Sie es nie bereuen, an mich geglaubt zu haben, und das einsame Alpenkind und die einsame, alte Kämpferin werden sich, so hoffe ich, gut zusammenfinden.«[226] Meta von Salis – ab 1879 redet Malwida sie mit »Meta« an – hat ihr also den Eindruck vermittelt, dass sie an sie glaubt; und dabei ist sie, die in einem Schloss aufgewachsen ist, keineswegs ein »einsames Alpenkind«! Doch Malwida hat von Metas Lebensbedingungen zunächst keine Vorstellung, daher stellt sie ihr am 24. März 1878 »die indiskret scheinende Frage«: »Würden Sie, wenn Sie das elterliche Haus verließen, mittellos und auf Ihren eignen Erwerb angewiesen sein?« Offenbar möchte sie mit ihr zusammenleben und daher wissen, ob Meta ohne finanzielle Probleme zu ihr nach Rom kommen könnte. Sie bekommt von ihr ein Foto und glaubt daraus eine Seelenverwandtschaft zu erkennen, nachdem sie zuvor »Angst« gehabt hat, Metas Äußeres möge ihr »nicht so sympathisch« sein: »Ihr Gesicht zieht mich ebenso sehr an wie Ihre Briefe, und der wehmütige Ernst, der daraus spricht, lässt mich glauben, dass wir gut zueinander passen würden.«[227] Am 27. Oktober 1878 lädt sie die junge Frau ein – noch immer als »liebes Kind« –, bei ihr an der Via Polveriera zu wohnen: sie, die daheim im Schloss residiert hat! »Ein kleines aber freundliches Zimmer mit schöner Aussicht steht für Sie bereit. … Ich glaube, es lebt sich nicht schwer mit mir, ich liebe meine Freiheit und achte die anderer.«[228] Meta von Salis folgt tatsächlich dieser Einladung und wohnt im Winter 1878/79 bei ihr, doch am 1. Mai 1879 reist sie wieder ab.

Meta von Salis bemerkt selbst aus späterer Rückschau: »Im Tiefsten und Eigensten berührten wir uns nicht, weshalb unser Verhältnis kein eigentlich inniges werden konnte.« »Ich wurde in ihrer Gegenwart nicht warm und weil ich scheu und teilweise ablehnend mit ihr verkehrte, hielt sie mich ihrerseits für kalt und keine Anlehnung suchend.«[229] Von daher erscheint es vielsagend, dass Malwida im »Lebensabend« ausgerechnet über diese markante Frau schweigt, zu der sie über 25 Jahre immer wieder Kontakt hat und für die sie sich als Frauenrechtlerin hätte begeistern können. Und ausgerechnet Nietzsche scheint zwischen beiden kein großes Thema gewesen zu sein. In der Zeit ihrer ersten Bekanntschaft ist er für Malwida ein hoffnungsloser Fall; so schreibt sie am 13. Mai 1879 an Meta: »Des armen Nietzsche Schicksal geht mir nahe, fast möchte ich ihm den Tod wünschen, denn solch hoffnungsloses Leiden ist zu schrecklich.«[230] Da wird ihn Meta von Salis sehr anders erleben – und ebendies wird sie von Malwida entfernen! Später erinnert sich Meta von Salis an das Zusammensein mit ihr in jenem Winter: Malwida sei »Nietzsche in herzlicher Freundschaft zugethan geblieben«, auch nach dessen Abkehr von Wagner. Sie habe »mit leuchtenden Augen« von den Monaten in Sorrent gesprochen, »aber seiner neuen philosophischen Richtung stand sie eigentlich fern«. Da ist sie aus der Rückschau froh, nicht schon damals durch Malwida mit Nietzsche bekannt geworden zu sein: »Hätte ich mich zu jener Zeit auf die Anregung der ›Idealistin‹ hin in Nietzsche's Schriften vertieft, oder wäre mit ihm zusammengetroffen, so wäre eine Verständigung kaum möglich gewesen.«[231]

Nicht durch Malwida erwacht bei ihr ein starkes Interesse an Nietzsche, sondern durch dessen Freund Peter Gast alias Heinrich Köselitz, den sie 1880 in Venedig kennenlernt.[232] Über Jahre entwickelt sich ihre Leidenschaft für den Philosophen über dessen Schriften, vor allem durch »die stärkende Poesie« des »Zarathustra«; zu einer ersten persönlichen Begegnung kommt es erst am 14. Juli 1884 in Zürich, nach einer Postkarte Nietzsches, er wünsche, ihre Bekanntschaft zu machen, ohne etwas über sein Motiv zu verraten.[233] Wenn man ihrer späteren Erinnerung glauben darf, hat er auf sie gleich einen tiefen Eindruck gemacht, geistig wie menschlich.[234] Nietzsche dagegen scheint von ihr damals nicht sonderlich beeindruckt gewesen zu sein; in seinen überlieferten Briefen aus der darauf folgenden Zeit berichtet er nichts von jener Begegnung, nicht einmal in denen an Malwida und an Köselitz. Über Jahre würdigt er Meta von Salis keines Briefes; auch sie scheint zu jener Zeit von ihm enttäuscht gewesen zu sein und von seinen Qualitäten keine klare Vorstellung gewonnen zu haben, auch wenn sie ihn gelegentlich in Sils-Maria besucht und mit ihm lange Gespräche führt.

Wie sie sich erinnert, nahmen für sie manche seiner Gedanken erst in den Sommern 1887 und 1888 »deutlichere Gestalt« an; und: »Erst in diesen erschloss sich mir Nietzsche's köstliche, unwiderstehliche Heiterkeit und seine Geschicklichkeit, eine gewagte Anspielung im Fluge zu erhaschen und zu würdigen.«[235] Im Rückblick ist sie empört über jene Menschen, »die schon Jahre vor dem Einbrechen des Schrecklichen Nietzsche für anormal erklärten«;[236] da muss sie eigentlich auch über Malwida empört sein! Und mit Leidenschaft verehrt sie gerade jenen »zweiten Nietzsche«, vor dem es Malwida graut. »Ich verstand die immer mehr um sich greifende Mitleids-Moral, welche selbst die Philosophen ergriff und krank machte, als das unheimlichste Symptom unsrer unheimlich gewordenen Cultur, als ihren Umweg zum neuen Buddhismus.«[237] Ebendiesen Weg zum Buddhismus hat ja Malwida beschritten; Nietzsches Fluch über das Mitleid ist für sie Selbstverleugnung, für Meta dagegen ein Ausdruck von Selbsterfahrung!

Nach ihrem Abschied von ihm im September 1887 beginnt Nietzsche einen langen Brief an Meta von Salis mit der Klage: »Sils ist nichts mehr werth, seitdem Sie fort sind.« Und an späterer Stelle, kurz und bedeutungsvoll: »Malvida schweigt.«[238] Am 27. Juli 1888 sucht er über Meta wieder Kontakt zu Malwida – nunmehr »Fräulein von Meysenbug« – zu gewinnen und bittet sie, ihm deren augenblickliche Adresse mitzuteilen;[239] er setzt also voraus, dass sie mit ihr in Verbindung steht. Um den 8. Dezember jenes Jahres schickt er ihr aus Turin zwei Exemplare von »Ecce homo« mit einem Begleitschreiben, das von Größenwahn zeugt: »Sie dürfen Eines von diesen an Malvida schicken, doch ohne die geringste Spur davon, dass ich im Hintergrund der Sendung stehe – Sie dürfen insgleichen, Falls Sie ihr ein paar Worte dazu schreiben wollen, mich darin ›den ersten Menschen aller Jahrtausende‹ nennen. Erstens ist es wahr, zweitens macht es einen wundervollen Contrast-Effekt, da Malvida in ihrem letzten Brief an mich schrieb, ›sie lächle über mich‹.«[240]

Malwida gibt sich Anfang 1887 gegenüber der »lieben Meta« begeistert, von der sie gerade deren Gedicht »Die Zukunft der Frau« zugesandt bekommen hat; da erkennt sie »mit vielem Vergnügen« in ihr offenbar nach einer Zeit des Zweifels erneut eine Geistesverwandte: »die alte, in heiligem Zorn erglühte Meta …, wie sie vor Jahren schon sich gegen das ›stärkere Geschlecht‹ empörte und kampfbereit demselben gegenüberstand«. »Bewundert habe ich wieder Ihre Gewandtheit in gebundener Sprache, es ist keine Kleinigkeit, über ein solches Thema eine ganze Schrift in Versen zu schreiben.«[241] Was muss sie für diese Frau erst empfunden haben, als Meta von Salis 1894 zu einer Haftstrafe verurteilt wird, da sie in ihrem Engagement für eine verurteilte Frauenrechtlerin deren Richter beleidigt hat! Doch die empfindet Malwida vorerst nicht mehr als Geistesverwandte, sondern zeigt Ende 1888 für Nietzsches Bruch mit dieser »Kundry« volles Verständnis, ja, äußert sich geradezu abfällig über diese einstige Freundin, die sie von Schmeichlern umgeben und verdorben sieht: »Über Malwida wundere ich mich nicht: wenn sie je ein eigenes Urtheil gehabt hat, so ist es ihr in der Athmosphäre, in der sie jetzt lebt und deren Wärme größtentheils auf dem Beifall aller ihr nahe tretenden Personen beruht, längst abhanden gekommen. Vor Etwas, was für sie noch nicht dagewesen ist, erschrickt sie und sieht sich hülflos nach den Andern um, die sie orientiren mögen.«[242]

Doch ist das nicht Metas letztes Wort über diese einstige Freundin; vielmehr revidiert sie 1895 gegenüber Elisabeth Förster-Nietzsche, der sie 1897 für deren Nietzsche-Archiv die Weimarer »Villa Silberblick« kauft, ihr einstiges abfälliges Urteil über Malwida und rühmt diese als »eine geradezu unwiderstehliche Persönlichkeit«, wie sie in ihrem hohen Alter noch rede »ohne jede geistige Abnahme, voll Wärme und Interesse für Alles und Alle, die sie je und je geliebt hatte«.[243] Als sie Anfang 1900 für mehrere Monate nach Rom kommt, besucht sie, wie sie schreibt, »Malwida öfters für ein Stündlein«: »Die siebzehn Jahre Trennung versanken und alles einst zwischen uns Getretene mit ihnen.«[244]

Aber ihr Nietzsche-Buch von 1897 »Philosoph und Edelmensch«, das »unter reger Anteilnahme Elisabeths« entstand[245], ist ganz von Emphase für jenen »zweiten Nietzsche« getragen, vor dem es Malwida am Ende graut. Schon die Einleitung beginnt mit einem Ausbruch von Abscheu gegen die »Viel-zu-Vielen«, wobei sie ganz die Aristokratin hervorkehrt: »Der großen Schlammwelle der Demokratisierung, die sich zu Anfang unseres Jahrhunderts in Bewegung gesetzt und zur Stunde Europa nahezu überfluthet hat, beginnt eine Gegenwelle der Aristokratisirung sich langsam entgegenzustemmen.« Offenbar erkennt sie in dem neuen Nietzsche-Kult nur die elitär-antidemokratische Tendenz. Im Kontrast zu Malwida rühmt sie an dem späteren Nietzsche, dass er »als Mensch das war, was er als Denker formulierte«.[246] Immerhin: Auch in Malwida lebt eine Aristokratin mit Verachtung für die breite Masse; und das mag Meta von Salis gespürt haben.

Zurück zu Malwida und zu ihrer These vom »ersten« und »zweiten Nietzsche«, wobei der zweite sich selbst verleugnet habe und, wäre er nicht in Wahnsinn verfallen, zu jenem Idealismus zurückgekehrt wäre, der aus ihrer Sicht seinem wahren Wesen entsprach. Entschieden vertritt sie die Überzeugung, dass seine »Wandlung … noch keinen Abschluß gefunden hatte, sondern durch heftige Einwirkungen gestört, zur Sturm- und Drangperiode geworden war, zu einer Übergangsphase, aus der, wenn das Schicksal es erlaubt hätte, sein Geist in erneuter Schönheit, frei von den Schlacken, die Bitterkeit, Empörung und Hass in ihm erzeugt hatten, hervorgegangen sein würde« (III 50). Ihre Nietzsche-Abhandlung schließt sie, von einem erneuten Aufenthalt in Sorrent im Sommer 1900 inspiriert, wo sie die Nachricht von Nietzsches Tod erreicht, mit einer wehmütigen Erinnerung an die dort mit ihm einst verbrachte schöne Zeit, die nun bald ein Vierteljahrhundert zurückliegt:

> »Die Erinnerung an diese Zeit kam mir so lebhaft zurück, dass der *Nietzsche* von damals vollständig lebendig vor mir wurde; ich sah ihn wieder mit vergnügtem Lächeln hier umherwandeln in den schmalen Wegen, von Mauern eingefasst, über welche die hohen Orangenbäume ihre Zweige mit den goldenen Früchten herüberneigten … und vernahm sein fröhliches Lachen bei den drolligen Einfällen unseres jungen Gefährten Brenner … da – kam am 26. August die Zeitung mit einem Telegramm aus Weimar vom 25., und in mir rief es: Gottlob, der dunkle Traum ist aus! Deshalb hat mir das Bild des ersten *Nietzsche* so lebhaft vorgeschwebt die ganze Zeit; der schwere Kampf ist ausgekämpft: der heroische Dulder, der müde Streiter darf nun ruhen, und der erste *Nietzsche* lebt für alle Zeit, mild lächelnd, in seiner ursprünglichen Harmonie, mit dem Schlusswort jeder wahren Philosophie auf den Lippen: ›Alles Vergängliche ist nur ein Gleichnis.‹« (III 60 f.)

1893 schreibt sie an Marie Herzfeld, sie sei darüber verwundert, wie sehr Nietzsche die Gegenwart beherrsche, selbst in Frankreich; dabei wollten alle einen fertigen Nietzsche, während dieser der Unfertigste aller Menschen gewesen sei.[247] Das glaubt sie am besten zu wissen. Selbstbewusst berichtet sie am 5. November 1897 Romain Rolland, von allen Seiten wendeten sich Ärzte an sie und suchten Rat bei der Behandlung Nietzsches, doch sie wünsche ihm keine Heilung, denn dann würde er über sich selbst entsetzt sein. »In der Tat glaube ich, dass ich eine der wenigen noch Lebenden bin, die mit dem meisten Recht (le plus justement) über ihn reden können; denn seine Schwester ist zu parteilich.«[248] Ihre Ausführungen über Nietzsche sind gewiss weit mehr als bloßer Ausdruck subjektiver Sentimentalität und »idealistischer« Voreingenommenheit, verdienen vielmehr als wertvolle Quellen über diesen Dichter-Philosophen ernst genommen zu werden, mehr noch: als Impuls zu einem neuen Blick auf diesen Mann – den Denker wie den Menschen.

9

EIN TEMPERAMENTVOLLES INTERMEZZO ALS »SCHÖNE ÜBERRASCHUNG«: ÜBER »PHÄDRA« ZUR FREUNDSCHAFT MIT ALEXANDER VON WARSBERG

»PHÄDRA«: GLÜCKLICHES ENDE UNTER SÜDLICHER SONNE FÜR EIN GRAUSIGES DRAMA. Der Erfolg ihrer Memoiren, auch der darauf folgenden »Stimmungsbilder« (1879) mag Malwida dazu ermutigt haben, trotz früherer literarischer Misserfolge um 1880 an ihren weitaus umfangreichsten Roman heranzugehen, den sie »Phädra« betitelt, obwohl er in der Moderne spielt und sich von der antiken Vorlage wesentlich unterscheidet. Um kurz auf den schaurigen altgriechischen »Phädra«-Mythos zurückzublicken, der von Seneca bis zu André Gide immer neu Schriftsteller inspiriert hat:[1] Phädra, die zweite Gattin des Theseus, liebt ihren Stiefsohn Hippolytos, der jedoch ein Frauenfeind ist und sie beschimpft, als sie um ihn wirbt. Darauf tötet sie sich und hinterlässt einen Brief, in dem sie Hippolytos beschuldigt, sie vergewaltigt zu haben. Da fleht Theseus, der Vater, den Meeresgott Poseidon um Rache an. Der lässt Hippolytos am Meeresufer zu Tode stürzen. Doch sterbend versöhnt er sich mit dem Vater, den die Göttin Artemis mittlerweile über Phädras Verleumdung aufgeklärt hat.

Ist es die ins Erotische verirrte (Stief-)Mutterliebe, die Malwida an diesem Mythos reizte? Doch was sie daraus macht, ist eine ganz andersartige Geschichte. Sie beginnt in Paris um 1870, einige Zeit vor Ausbruch des Deutsch-Französischen Krieges. Dort hatte sich Malwida bis kurz vor Kriegsausbruch aufgehalten. Ihr aristokratischer Held, Alfred (Theseus), leidet unter seinem schlechten Gewissen; denn er hat einen unehelichen Sohn Philipp (Hippolytos) mit der inzwischen verheirateten Frau eines Handwerkers, fühlt sich verpflichtet, für den Sohn etwas zu tun, und schickt ihn zur Ausbildung nach England. Er selbst ist mittlerweile mit Bianca (Phädra I) verheiratet. Philipp kehrt im Krieg aus England zurück, erlebt den Terror der Pariser Kommune, flieht davor aufs Land und findet Aufnahme auf einem adligen Gut. In einem Idyll am Meer trifft er Bianca; die beiden haben sich bis dahin nie kennengelernt. Da verbringen sie miteinander eine Liebesnacht. Darauf trifft Alfred ein und klärt das Paar auf; Bianca-Phädra stürzt sich von einer Klippe ins Meer.

Aber die Geschichte ist nicht zu Ende. Um seinen Schmerz über den Tod Biancas zu überwinden – er schreibt ein Gedicht mit dem Titel »Phädra« –, begibt sich Philipp für fünf Jahre nach Indien. Auf der Rückkehr begegnet er einer neuen Bianca, wie er ein uneheliches Kind; die beiden verlieben sich ineinander. Er zeigt ihr sein Gedicht, und da kommt heraus, dass sie es längst kennt und ihn als dessen Autor verehrt. Der antike Mythos wird beiden zur Warnung: Sie wollen nicht dem Schicksal von Hippolytos und Phädra verfallen. Nach einer Probezeit von zwölf Monaten – Philipp hat noch manche Versuchung zu bestehen – wollen sie einander heiraten. In der Zwischenzeit gründet er auf Korfu eine ideale Gemeinschaft: In größtem Kontrast zum antiken Mythos schließt Malwidas »Phädra« mit einem *happy end* in bezaubernder Natur unter griechischer Sonne und Wagner-Klängen, zumal Alfred rechtzeitig hinzukommt und dem Vater Biancas das Vorurteil gegen den illegitimen Sohn nimmt, ist der doch der Sohn eines edlen Vaters!

Und Philipp ist der Inbegriff des edlen Idealisten, der von tiefer Weisheit und Verbundenheit mit der Natur erfüllt ist. An einem schönen Morgen auf Korfu breitet er unwillkürlich »die Arme aus, wie die Jünger des Pythagoras es taten, um das segnende Licht zu neuem, edlen Leben in sich aufzunehmen«. Da ruft er aus, ganz im Geiste Malwidas:

> »Ja, groß fühlen und groß denken, wie du einst, Pythagoras, das ist's, was den Menschen unabhängig macht vom Schicksal. Wieder der Natur sich nähern und in heiligem Einklang mit der Harmonie des Weltalls leben, wie ihr frühen Weisen es tatet, das reinigt vom Schmutz der falschen Zivilisation, und in den Stunden erhabener Naturvorgänge da tönen uns die Orakel wieder und Götterstimmen werden um uns laut.«[2]

Über weite Strecken behält dieser Roman etwas Zeitloses und verfolgt keine markante Tendenz, auch keine sonderliche Gesellschaftskritik.[3] Zwar sind die unehelichen Kinder ein Leitmotiv, doch die beiden illegitimen Sprösslinge, Philipp und Bianca II, haben nicht allzu sehr unter Diskriminierung zu leiden. Dennoch enthält »Phädra« einen brandaktuellen Bezug mit schärfster Polemik: in der vom gesamten Gang der Handlung her unnötigen

Schilderung des Aufstands der Pariser Kommune im Frühjahr 1871. Da überschlägt sich Malwida förmlich in Abscheu. »Immer wilder wurde das Treiben in der Stadt, je mehr die Mitglieder der Kommune fühlten, dass ihre Sache unhaltbar sei und ihre letzte Stunde bald schlagen werde. … Ein jeder befahl in seinem Distrikt, ließ einkerkern, freigeben, verurteilen, erschießen nach Willkür, … auf die allertörichtsten und seichtesten Gründe hin.«[4]

Merkwürdig: Von ihrem Abscheu vor der vorausgegangenen Herrschaft Napoleons III. her hätte man bei Malwida eigentlich Verständnis für die Kommunarden erwarten können, umso mehr, als sie manche von ihnen vorher sogar persönlich gekannt hatte. Noch in Monods Vorwort zur posthumen Neuausgabe der »Phädra« von 1907 spürt man Verwunderung: Während des Winters 1869/70, den Malwida mit Olga in Paris verbrachte, habe sie einige der künftigen Kommunarden, und zwar »der edelsten und uneigennützigsten«, kennengelernt, hier habe sie aus eigenem Erleben schreiben können, mit ihm zusammen sei sie damals in Versammlungen gegangen, »wo wir die feurigen Reden von mehreren derjenigen Männer hörten, die sich während der Kommune hervortun sollten«.[5] Auch er ist allerdings in der Folge über all die von der Kommune begangenen Gewalttaten und Geiselerschießungen entsetzt; am 11. Juni 1871 hat er an Malwida geschrieben: »Für uns, die wir sozialistische Sympathien hegen, versetzt dieser Aufstand unseren Hoffnungen einen schweren Schlag; denn … die Internationale ist entehrt.«[6]

Doch mindestens so blutig und brutal ist die dann folgende Niederschlagung der Kommune auf Befehl des neuen Regierungschefs Adolphe Thiers. Wie der liberale Historiker Werner Richter schreibt: »Tatsächlich hat wohl in der Geschichte von Paris kein Monarch jemals die Ordnung mit solcher Schonungslosigkeit wiederhergestellt wie Thiers«, dessen Kriegsgerichte an die 4000 Todesurteile ausgesprochen hätten.[7] Am Ende hinterließ die Vernichtung der Kommune an die 30 000 Tote. Umso mehr kann man Malwidas Darstellung makaber finden, da sie diese Gräuel der Gegenseite, die in ihrer Darstellung gar nicht vorkommen,[8] indirekt rechtfertigt! Darüber zeigt sich selbst ihr Freund Heinrich von Stein irritiert,[9] der die erste nachweisbare Besprechung dieses Romans verfasst, dabei jedoch über das Kommune-Kapitel schweigt.[10] Darauf erwidert Malwida am 4. Juli 1885, es komme darauf an, dass ein neues Ideal »die humane Form annehme« und »nicht in einer furchtbaren, verheerenden Gestalt komme«. Offenbar waren viele

Kommunarden aus ihrer Sicht Idealisten, ursprünglich zumindest; doch gerade deshalb gerät sie durch deren Bluttaten außer sich. Sie fährt fort:

> »Ich habe mehr Sympathien mit den Grundideen der Commüne, als mit denen ihrer Gegner, das wissen Sie; ich habe werte Freunde unter denen gehabt, welche nachher Commünards wurden, aber die Form, in der die Sache zum Vorschein kam, die Hauptvertreter derselben, der rohe Materialismus, der sich alsbald anstatt der Idee hervordrängte, und die Bestialität der menschlichen Natur entfaltete, anstatt ihrer Idealität, war wieder ein Beweis, wie subtiler Natur das Ideal ist, das sich vor jeder Berührung mit dem Gemeinen wie eine Sensitive zurückzieht und in höhere Regionen entflieht.«[11]

Die Wut der Idealistin auf die Kommune ist die Wut der Enttäuschung! Doch da bleibt sie nicht stehen: Gegen Ende des Romans lässt sie Philipp einen idealen Kommunismus verwirklichen. Dieser Malwida-Kommunismus hat seinen Ursprung allerdings nicht im Kommunismus ihrer Zeit, sondern weit eher in Platons Politeia.[12] Und da gesteht Anni Piorreck diesem Roman, den sie kritisch analysiert, bei aller Kritik doch Originalität zu: »Phädra« sei ein am Ende utopischer Roman zu einer Zeit, als Derartiges in Deutschland ganz aus der Mode gekommen, ja nicht einmal 1848 wieder aufgelebt sei.[13]

Doch die Resonanz auf »Phädra« ist insgesamt enttäuschend; Erfolg hat Malwida eben nur dort, wo sie aus eigener Lebenserfahrung schöpft und keine Fantasien literarisch auslebt. Immerhin bekommt sie zu dem dort verkündeten Ideal einen beifälligen Brief von Glasenapp, dem Wagnerianer. Sie erwidert ihm, seine »schöne Anerkennung« sei »das Beste, was mir darüber gesagt worden ist« und zeuge davon, dass er zu ihrer »unsichtbaren Gemeinde« gehöre. Zugleich versichert sie trotzig: »Ob das was ich aus innerstem Bedürfnis schreibe, dem Publikum genehm ist oder nicht, ist mir völlig gleichgültig.«[14]

Umso überraschender die Resonanz, die sie ausgerechnet bei Bernhard von Bülow findet. Der künftige Reichskanzler schickt ihr, wie sie Olga berichtet, zu ihrem Roman, den er zusammen mit seiner Gattin Marie gelesen habe, eine nicht weniger als »acht Seiten lange, ausführliche Kritik«; es ist anscheinend der erste Brief, den sie von ihm bekommt. Sie fährt fort, diese Kritik enthalte »sehr viele Einwendungen, die mir sehr interessant und belehrend sind, und schließt aber mit den Worten: ›Ihr Werk wird mich bis ans Ende meines Lebens begleiten, um mir zu zeigen, wie man sein soll, und Ihr

Bild wird vor mir stehen, um mir zu sagen: ›so kann man sein‹.«[15] Wer Bülow nur von seiner späteren nicht gerade idealistischen Rolle als Reichskanzler her kennt, traut seinen Augen nicht!

»WARSBERG – VENUSBERG«: DIE »SCHÖNE ÜBERRASCHUNG«. Der wertvollste Gewinn aus der »Phädra« wird für Malwida jedoch die Freundschaft mit Alexander von Warsberg (1836–89), wenn diese durch seinen frühen Tod auch kurzlebig bleibt. Ihre Schilderungen des Zaubers der griechischen Natur auf Korfu waren nämlich von Warsbergs »Odysseeischen Landschaften« (1878) inspiriert;[16] das hat er wohl erkannt und den dicken Roman, wie er Malwida in seinem ersten Brief am 15. Mai 1885 schreibt, »wirklich in einem Zuge verschlungen«.[17] Sie verschlingt ihrerseits seine »Homerischen Landschaften« (1884), doch einmal muss sie »das Buch weglegen, denn das Herz schwoll mir so übermächtig von Sehnsucht nach dieser Zauberwelt, die ich nun doch nicht mehr schauen kann, dass mir die Tränen in die Augen kamen«. »Ich beneidete Sie grenzenlos in dem Augenblick, und es drängte sich mir der Gedanke fast wie eine Überzeugung auf, dass wir einst, in heiliger Vorzeit, schon einmal zusammen gelebt haben«, denn auch sie habe »diese Wonnestunden« gekannt, wo »die Seele frei im Äther der Schönheit schwebend, eins ist mit der Harmonie der nur eine Geistersprache redenden Natur«.[18] Gegenüber Olga schwärmt sie über Warsberg, auch hier im Glauben an die Wiedergeburt: »Er ist … meiner Natur so verwandt, dass mir ist, als hätten wir uns seit Ewigkeiten gekannt. Vielleicht waren wir auch in einem früheren Leben Bruder und Schwester oder Mutter und Sohn.«[19]

Diese Freundschaft behält unter ihren vielen freundschaftlichen Beziehungen etwas Einzigartiges. Singulär ist sie auch in ihren Spannungszonen: wenn er Malwida vorwirft, keine deutsche George Sand geworden zu sein, über ihre Memoiren mit einer delikaten Mischung von Begeisterung und Kritik urteilt – »Sie haben nicht gehalten, was die Memoiren anmeldeten«[20] – oder ihr halb scherzhaft mit »allen Giften der Borgias« droht, wenn sie in sein Innerstes eindringe. Von diesem Mann lässt sie sich derartige Kritik gefallen, ja, gibt ihm in manchem sogar Recht und gesteht, »oft mit tiefem Schmerz« empfunden zu haben, »wie viel in mir unentwickelt blieb«.[21] Im Grunde auch eine Selbstkritik an der Tendenz ihrer Memoiren, in ihr Leben am Ende eine Prädestination hineinzulegen, so vor allem im Titel des Schlusskapitels »Das Kind, der Künstler, der Philosoph«: Lebenserfüllung mit Olga, Wagner und Schopenhauer! Ob ihr Leben dadurch dauerhaft einen höheren Sinn gewonnen hat, ist ihr ja mittlerweile in Zweifel geraten.

Warsberg ist der einzige ihrer Bekannten, dem Malwida im »Lebensabend« ein eigenes Kapitel widmet; sie gibt ihm den Titel: »Eine schöne Überraschung«. »Überraschung« warum? Zum einen wohl deshalb, weil die Resonanz auf »Phädra« insgesamt enttäuschend war – doch hier unversehens dieser gleichgestimmte volltönende Widerhall! –, zum anderen, weil sie in ihrem Alter befürchten muss, dass nach der Entfremdung von Nietzsche und Rée die Zeit der Freundschaften vorbei ist und Einsamkeit beginnt. Und ausgerechnet jetzt dieser neue Höhepunkt! Die Quellenlage ist hier besser als bei früheren Beziehungen; in den von Berta Schleicher herausgegebenen »Briefen von und an Malwida von Meysenbug« (1920) ist die Korrespondenz mit Warsberg nächst der mit Augusta von Stein die umfangreichste und vor allem: die einzige, bei der die Briefe beider Seiten erhalten sind.[22]

Viele pikante Passagen sind in dieser Edition allerdings fortgelassen.[23] So bekommt man keine Vorstellung davon, dass die Originale von Schimpfereien Warsbergs auf seine Bediensteten wimmeln und nicht gerade von philosophischer Gelassenheit zeugen. Manche Originale sind auch nicht mehr erhalten, so ein Brief Warsbergs, in dem er offenbar Malwida als »tyrannisch« attackiert, denn sie erwidert in einem unveröffentlichten Brief, der erkennen lässt, dass sie dabei ist, in ihrer Kunst der Freundschaft noch hinzuzulernen: »Verwahren aber muß ich mich feierlich gegen das Etikett: ›tyrannisch‹. Was ich am meisten auf Erden hasse, ist die Tyrannei, selbst die der Liebe und Freundschaft und ich gebe Jedem das Recht mich für verloren zu erklären wenn ich, selbst zum Besten des andern, sie ausüben wollte.«[24] In der Edition ausgelassen ist zudem ein Ausfall Warsbergs gegen Wagner: »Die sogenannten Gebildeten aber heutzutage kommen mir gerade so vor, wie die Wagnersänger, denen der Wortschwall ihres Meisters die Stimme ruiniert hat.«[25] Eine besonders polemische Stelle in einem Warsberg-Brief ist in der Edition ein wenig entschärft; da steht nur, »dass ich alle Ihre angebeteten Freunde, besonders --- hasse«.[26] Im Original steht, dass er dabei besonders an Theodor Althaus und auch Herzen denkt: »echte Egoisten, wie alle sog. Liberalen«.[27] Ausgelassen ist auch eine Karte Warsbergs an sie vom 1. November 1888, wo er ihr erklärt, jetzt aber werde er »wild« vor Empörung über das Ausbleiben einer Nachricht von ihr.[28] Da ahnt man, dass dieser Freundschaft am Ende eine Krise droht.

Doch zurück zum Anfang. In den ersten Jahren, als Warsberg, aus uraltem Adel stammend, noch als österreichischer Konsul auf Korfu weilt, bleibt es eine Brieffreundschaft; erst 1888, im Jahr vor seinem Tod, als er zum Generalkonsul in Venedig ernannt worden ist, kommt es dort zu einem persönlichen Zusammensein, sogar viel länger, als von ihr erwartet, hatte ihr Warsberg aus Korfu doch bekannt, er sei »ein Wollüstling der Einsamkeit geworden«.[29] »Ich wollte 8 Tage bleiben und blieb 5 Wochen«, schreibt sie an Daniela.[30] Dabei hatte sie dieser Begegnung nicht nur mit Freude, sondern auch mit Besorgnis entgegengesehen, ob nicht die schönen Vorstellungen, die sie sich von ihm durch den Briefwechsel gemacht hatte, durch das leibhaftige Gegenüber enttäuscht würden; doch ganz im Gegenteil: Ein »hoher, schlanker, blonder Mann« tritt ihr entgegen, »dessen ganze Erscheinung das Gepräge wahrhaft adeligen Wesens und edler Kultur« trägt. »Nie habe ich so gefühlt, wie bei ihm, was die bloße Gegenwart eines geistvollen und gütigen Menschen für eine anregende, magnetisch geistzeugende Kraft hat.« (II 420 f.) Als sie Olga von dieser Begegnung vorschwärmte, hat diese offenbar in ihrem Antwortschreiben Warsberg als Malwidas Venusberg bezeichnet; Malwida schreibt zurück: »Venus – Warsberg … war ein sehr guter Witz von Dir«.[31]

Auch für Warsberg gewinnt diese Freundschaft durch die persönliche Begegnung sichtlich eine neue Qualität. Am 27. März schreibt er ihr, jetzt höre er bei der Lektüre ihres Briefes ihre »wohlklingende Stimme«: »Ein großer Teil Ihres Zaubers ist durch dieses Organ gegeben.«[32] Ähnliches hört sie später auch von Romain Rolland. Offenbar mischen sich jetzt in Warsbergs Umgang mit ihr auch sanftere Töne. Am 12. August 1888 erklärt er ihr, im schriftlichen Verkehr könne er polemisch werden, doch sie werde sehen, »dass ich glatt und behandschuht bin im mündlichen Verkehr«. Doch erwarte er von ihr, der »Sprachmeisterin«, dass sie seine Art zu schreiben versteht: »Sonst ist mir eine Korrespondenz eine Qual.«[33] Das erwartet er mit Grund, denn sie nimmt seine Ausfälle mit Humor – ihre Kunst der Freundschaft bereichert sie besonders in dieser Beziehung um eine humoristische Seite, spürt sie bei alldem doch eine tiefe Verbundenheit mit diesem Mann, ungeachtet dessen, dass dieser im Dienst des von ihr einst verabscheuten Habsburger-Reiches steht. Als seine Dienstpflichten für ihn immer strapaziöser werden, versichert sie ihm, »wie oft ich hätte mögen Ihr müdes Haupt, gleich einer liebevollen Mutter, auf meiner Schulter zur Ruhe legen und Ihnen, auch schweigend, ein Wiegenlied singen mit einer schönen paradiesischen Melodie«.[34]

Wie sie selbst ist auch dieser Aristokrat ein Idealist im Sinne der Begeisterung für alles Edle und Schöne, am allermeisten für den Zauber südlicher Natur und für das Mittelmeer, von dem er in Tagebuchaufzeichnungen als »meiner Glückseligkeit« spricht.[35] Wie er ihr schreibt, ist ihm eine Lieblingspassage ihrer Memoiren »die Bemerkung über die moralische Heilkraft des Meeres«; und gleich darauf: »Herrlich, was Sie … sagen, dass in jeder weiblichen Liebe ein Stück Mutterliebe mit enthalten sei.« (II 409) Wie wir sahen, enthalten auch Malwidas Gefühle für ihn etwas von Mutterliebe. Und dann wieder das Meer: »Wo Sie wiederum in der Meereseinsamkeit das Mysterium des Lebens fanden, habe ich auch so hundertmal zu meinem Glück und Wohlergehen erfahren.« (II 410)

Immer wieder begegnet »Natur« als Zauberwort, die für ihn »auch eine Seele« besitzt (II 431), und jene Natur, für die er schwärmt, verschmilzt mit den Schönheiten der Antike, ganz im Geiste Goethes: »Natur und Kunst nicht mehr zu trennen.« Malwida zitiert aus einem Brief Warsbergs eine Passage, die als Leitmotiv seines Lebens gelten kann: »Das ist der doppelte Vorteil der Reisen auf dem klassischen Boden, dass sie uns zugleich die Wahrheit der Kunstwerke erschließen; durch die Kunstwerke aber auch den ganzen schönen Inhalt der Landschaften zu erkennen und nachzufühlen geben.« (II 432) Und zu diesem »klassischen Boden« gehört für ihn nicht nur Griechenland, sondern auch das »Morgenland«. In jungen Jahren war er mit dem Wiener Botschafter in Konstantinopel, Anton Freiherr von Prokesch-Osten, eng befreundet, den er wiederholt auf Reisen begleitete und der mit ihm zusammen Trost bei Schopenhauer suchte, als er seinen Sohn verloren hatte. (II 419) Durch diese Reiseerlebnisse erwacht in ihm eine Begeisterung für den »Orient«, verbunden mit einem »geheimen Grimm gegen den Okzident« (II 417 f.). Auch Malwida, die nie im Orient, ja nicht einmal in Griechenland war, zeigt volles Verständnis für seinen Enthusiasmus für den »Orient, die heilige Wiege unseres Geschlechts« (II 419).

Und einig sind die beiden sich auch im Horror vor dem Norden. Als Malwida ihn im Juni 1888 in Venedig besucht hat, klagt sie ihm nachher aus München, jetzt sei sie in »das schaurige Nibelheim des Nordens« verschlagen worden.[36] Warsberg schreibt zurück: »Ich freue mich, dass Sie wie ich Nordens müde sind. Ich möchte nicht einmal mehr nach Ihnen rufen müssen.«[37] Aus der Rückschau erkennt Malwida das Verhängnis seines Lebens darin, dass ihm die Kaiserin Elisabeth (»Sissi«) 1888, als es ihm schon schlecht geht, die anstrengende Bauleitung für ihre Palastvilla (das »Achilleion«) auf »einem der schönsten Punkte« seines geliebten Korfu überträgt (II 429) und ihn dazu nach Wien bestellt, das für ihn wie für Malwida zum schaurigen Norden gehört. »Natürlich wurde er todkrank in Wien« – »natürlich«! –, und als er auf Weisung der Ärzte am Ende doch wieder nach Venedig zurückkehrt, ist er nicht mehr zu retten. (II 434 f.)

Vergeblich hat Malwida versucht, ihn von der Übernahme dieser strapaziösen Aufgabe abzuhalten: »Dafür entschädigt doch die Gesellschaft der Kaiserin nicht, wenn sie auch noch so liebenswürdig ist«; sie findet diese Zumutung Sissis »etwas egoistisch von der Kaiserin«; immer wieder sucht sie ihn in Venedig zu halten.[38] Dafür hat sie guten Grund, denn sie hat seine schwache Gesundheit erkannt. Noch stärker, als die veröffentlichte Fassung ihrer beider Korrespondenz erkennen lässt, gibt es bei ihnen eine Gemeinsamkeit nicht nur in lustvollen Fantasien, sondern auch im Leiden. Am 29. August 1887 klagt ihm Malwida aus Versailles, trotz zeitweiliger Hochstimmung werde »man doch von Zeit zu Zeit, wenn man es am wenigsten denkt, noch von der Misere und Hässlichkeit des Lebens so überfallen und erschüttert, dass man das Gleichgewicht verliert«.[39] Wie schon so oft glaubt sie, ihr Tod stehe nahe bevor.[40] Der seit Langem lungenleidende[41] Warsberg klagt ihr seinerseits am 14. April 1888 aus Wien, wieder einmal werde er von übler Atemnot gequält. »Mein ganzes Leben ist Hetze u. meine Nerven zittern, wie ein Telegraphendraht.«[42]

KRISENZEICHEN – UND AM ENDE TIEFE TRAUER. Bei alldem bleibt zwischen beiden in politischer Hinsicht eine Kluft, die Malwida wohl auf die Dauer bei aller Liebe zu diesem Mann schwerlich mit Humor überwunden hätte, zumal wenn seine Kritik ans Beleidigende grenzt. Das passiert zuweilen schon in der schönsten Zeit ihrer Freundschaft; so berichtet er ihr am 17. Mai 1887 aus Korfu, wie er, »unter Oliven gelagert, mit dem herrlichsten Blicke im Auge, auf Meer und Berge schauend«, ihre »Stimmungsbilder« gelesen habe:

> »Meine Natur ist eine vorwiegend künstlerische, und da habe ich an Ihnen auszustellen, dass Sie unsauberen Zwecken gar oft, beinahe immer irgendwo, besonders gegen den Schluss zu ein, mir die Haare sträubendes hässliches Opfer bringen. Wie *schön*

wäre es, wenn Sie Ihre unangenehmen sozialistischen und politischen Erfahrungen nicht gemacht hätten und dadurch Ihre Natur immer in der ihr ursprünglich eigentümlichen Reinheit und künstlerischen Fülle bewahrt hätten. Derjenige, der Ihnen dieses angetan, Sie egoistisch Ihrem besseren Selbst entzogen hat, den möchte ich steinigen.«[43]

Dabei hat sich Malwida eigentlich von ihrem 1848er Radikalismus längst entfernt – doch hier und da bricht in ihr dann doch die alte Kämpferin wieder durch, in den »Stimmungsbildern« besonders in der Abhandlung »Über den möglichen Einfluss der Frauen auf die Politik« (III 60–67); sie hat dieses ihr Bekenntnis bewusst als Provokation geschrieben, und man kann sich unschwer vorstellen, dass sich ein Warsberg darüber ärgert. Doch dann folgt in seinem langen Brief über die »Stimmungsbilder« viel Bewunderung; so seien die »Wirklichkeitsphilosophie des Todes« und »Unter Göttern wandeln« seine »Lieblinge geworden«.[44] »Unter Göttern wandeln«, die Schilderung ihrer Stimmung beim Gang an einem Frühlingsmorgen durch die Galerien des Vatikan, wo sie eine »Götterstille« überkommen habe, »dem Eros des Praxiteles ähnlich« (III 297 f.), schwelgt ganz in jener Seligkeit im Anblick klassischer Kunst, die sie auch weiterhin mit Warsberg verbindet.

Doch was mag Malwida empfunden haben bei dieser seiner letzten Konsequenz aus jenem Elitarismus, der ihn an und für sich mit ihr verbindet? Wo er sie am Ende provoziert: »… zur Pflicht muß man sich selbst zwingen oder gezwungen werden. Sich selbst aber zwingt man bekanntlich nur als das Resultat der höchsten geistigen ethischen Bildung. Da diese unter Hunderttausenden nur von wenigen erreicht wird, bleibt nur übrig die Mehrheit der Menschen zu zwingen. Es gab nur *ein* gesundes Verhältnis in der Welt (nun werden Sie Zeter u. Mordjoh schreien) das war die antike Sklaverei. Die gab dem gebildeten Menschen die ganze Freiheit u. nur in dieser können Kunstwerke der höchsten Vollendung entstehen.«[45] In ihrer Antwort klagt Malwida, dieser sein Brief mache ihr »das Herz so schwer«, dabei stimme sie ihm doch zu, dass »ein Freundschafts- und Liebesverhältnis mit Domestiken« unmöglich, vielmehr »nur zwischen geistig und seelisch Ebenbürtigen möglich« sei.[46]

Nun endlich zu der wohl schrillsten Stelle in Malwidas gesamter Korrespondenz: jenem Brief Warsbergs vom 13. November 1888, in Antwort auf ihren »*entsetzlichen* Brief«, wo er ihr droht, wenn sie ihn jemals »durch und durch« durchschauen würde, würden ihm »alle Gifte der Borgias« nicht genügen, um sie »aus der Welt zu schaffen«. Und dann setzt er noch darauf: »Ich will gefürchtet, nicht geliebt sein, und so über Euch schweben, wie ein antiker Tyrann. Frei steht Euch daneben, mich hinterrücks umzubringen.« Er unterschreibt den Brief: »Der neue Aretino.« Pietro Aretino, »der größte Lästerer der neuern Zeit« (Jacob Burckhardt),[47] ist bis heute vor allem dadurch berüchtigt, dass er Michelangelo schmähte, nachdem er sich diesem vergeblich anzubiedern gesucht hatte; daher könnte sich Malwida als Michelangelo fühlen, wenn Warsberg sie als Aretino attackiert! Humorvoll erwidert sie, sie protestiere »gegen den Namen Aretino; Odysseus ist viel besser.«[48]

Was ist in Warsbergs Brief Witz, was ist Ernst? Malwida schreibt zurück, sie habe »herzlich gelacht über den Grad der Entrüstung, welchen meine unschuldige Vermutung hervorgerufen«.[49] Er möchte sie ja zugleich bei sich haben; im selben Brief teilt er mit, er habe ihr in seinem venezianischen Palast mehrere Zimmer eingerichtet; auch eine Kammerzofe sei für sie da.[50] Des Rätsels Lösung für seinen gespielten Wutausbruch scheint der Satz zu sein: »Mir scheint, Ihre Phantasie verheiratet mich.« Aber was war das für ein »*entsetzlicher* Brief«? Vermutlich handelt es sich um Malwidas Brief vom 3. November 1888 aus Versailles. Da hat sie aus seiner Andeutung, es sei ihm auf Korfu ergangen wie Philipp, ihrem Helden der »Phädra«, voreilig den Schluss gezogen, er wolle sich verheiraten, »was mich unaussprechlich freuen würde, wenn es *das Rechte* wäre«. Zugleich hat sie sich darin bestärkt gesehen, dass es zwischen ihm und ihr »magnetische Verbindungen« gebe. Und sie erinnert sich, wie bei ihrem letzten Zusammensein seine Katze hinzugekommen sei, »und Sie riefen sie mehrere Mal mit ihrem Namen und streichelten sie. Der Ton mit dem Sie das Thier riefen, war mir eine große Offenbarung der tiefen Liebesfähigkeit Ihrer Natur u. ich dachte: wie schade dass er keine Kinder hat, wie würde er sie geliebt haben.«[51] Doch um Kinder zu haben, braucht er eine Frau. In ihrer Erwiderung auf seine gespielte Drohung mit dem Giftbecher erklärt sie, sie sei »ganz bereit, ihn zu trinken«; es sei »ohnehin bald Zeit« für sie zu sterben. »Nur hüten Sie sich, den Katzen zu rufen, wenn Sie unerkannt bleiben wollen.«[52] Da hat er ihr ja sein Bedürfnis nach Zärtlichkeit offenbart!

Noch am 26. Dezember 1888 schreibt sie aus Venedig, wo sie wieder bei ihm ist, an Daniela Thode, am liebsten sähe sie Warsberg mit Wagners Tochter Isolde verheiratet; »die beiden würden zusammen das Ideal eines menschlichen Bundes sein, aber – er ist zu krank; in der Blüthe des Mannesalters nach einer tödlichen Krankheit zu unheilbarem Leiden verurtheilt, sonst eine der bezauberndsten Persönlichkeiten, die mir je vorgekommen sind«.[53] Dabei hat ihr Warsberg am 18. November bereits vorgehalten, dass »wir Männer« uns mit Recht vor einer Ehe scheuten: »Man hat damit aufgehört, sich zu gehören, ist gleichsam seiner Persönlichkeit entkleidet, steht entblößt vor euch da.« Und »hundertfällig« zeige sich, »dass in diesem Augenblick auch unsere Freiheit, unsere Herrschaft aufhört. Sie geht an Euch über.«[54] Und noch am 8. Januar 1889, im Jahr seines Todes, bekräftigt er: »Ich bin erstaunt, bis zu welchem Grade Sie mich *nicht* kennen, u. auch keine Rechnung meiner Gesundheit … tragen. … Immer alle Weiber sind der Meinung, dass jeder nur ihretwegen da sei, der Mann nicht *vor allem* sein *Geschäft* hat. Dass ich nun aber mit 53 Jahren auf einmal verheiratet werden soll, welches mir das ekelhafteste ist, was ich in der Welt kenne, finde ich eine etwas starke Forderung.« Wie »elend« es ihm gehe, »um Athem ringend, vom Husten erschöpft, vom Arbeiten des Tages ganz aufgerieben …, das weiß offenbar nur ich«.[55]

Zugleich bekennt ihm Malwida mit bemerkenswerter Offenheit nach einer Zeit, wo sie bei ihm gewohnt hat und doch mit ihm meist nicht zusammen gewesen ist:

> »So lieblich mir die Erinnerung an unser Zusammensein im Frühling war, so wenig wohltuend war mir dasselbe jetzt. Es war fast etwas Feindliches zwischen uns, das ich mir nicht erklären konnte, das mich aber bitter kränkte. … Ich hatte so viel mit Ihnen zu sprechen, hätte Sie so viel um Rat fragen mögen, weiß auch, ich hätte Ihnen oft gut tun können, indem ich Ihre Gedanken abgelenkt hätte von Störendem in das Gebiet, wo es einem wohl wird – aber Tag um Tag verging, und nie kam Ihr Fuß über die Schwelle … Wie oft kam ich hinunter mit dem festen Vorsatz, Sie mir nun endlich mal zu erobern mit einem schönen, lieblichen Gespräch, aber dann schreckte mich die eisige, flüchtige Begrüßung, die sichtliche Preokkupation mit anderen Dingen ab.«[56]

Hat ihn Malwidas Wunsch, ihn zu verheiraten, bei seinem Horror vor der Ehe so »eisig« gemacht? Doch das bleibt nicht ihr letztes Wort. Kurz vor seinem Tod am 28. Mai 1889 endet diese Freundschaft in Zärtlichkeit und von ihrer Seite auch mit Bewunderung, so in ihrem Brief aus Rom vom 30. April 1889, wo sie ihn verklärt und zugleich wünscht, ihm beim Sterben beistehen zu können:

»Oh, lieber Freund, seien Sie hohen Mutes! Ja, Ihr Leben ist hart gewesen, aber es ist auch schön gewesen wie wenig Leben, denn Sie haben getrunken an dem Born der ewigen Schönheit, und wenn ich in Ihren Büchern lese von den Stunden, wie Sie, im Orient, einsam, in den heiligsten Entzückungen mit dem Weltgeist verkehrten, dann finde ich Sie beneidenswert. Die Stunden der irdischen Qual sind hart und ich gäbe alles darum, könnte ich Sie davon befreien, aber Sie haben sich schon die Ewigkeit erschlossen und die Spur von Ihren Erdentagen kann nicht mehr untergehen.«[57]

Und Warsberg erwidert ihr mit letzter Kraft: »Sie wissen, dass meine Existenz auch die Ihrige ist, wir haben die beiden Ströme in ein Bett geleitet.«[58] Darauf versichert sie erneut in ihrem Glauben an die Wiedergeburt: »Wir haben schon einmal zusammen gelebt, des bin ich sicher, und wenn unser jetziges Zusammensein nur kurz war, so gehört uns doch die Ewigkeit, denn ewig ist, wer sich erkannte.«[59]

Zugleich ist sie voller Wut auf die Kaiserin »Sissi«, die Warsberg trotz seines elenden Zustandes nicht in Ruhe lässt, sondern ihm beim Bau ihrer Palastvilla auf Korfu immer neu zu tun gibt: »Nur die Kaiserin – die ist schlimm!«[60] Darin bestärkt sie Warsbergs Konsulatssekretär Nostlitz de Rosa, der sie über Warsbergs Befinden auf dem Laufenden hält und dabei verehrt, sie nach dessen Tod sogar als seinen »einzigen Schutzengel« betrachtet[61] und ihr am 9. April 1889 klagt: »Der gute Mann leidet sehr. Die erste alleinige Ursache ist die Kaiserin. … Ich bemerke jetzt bei ihm eine solche nervöse Aufregung, welche mir, wenn nicht *allsogleich* Abhilfe geschaffen wird, das Schlimmste befürchten lässt.«[62] Und am 6. Mai: Immer wieder habe Warsberg sie, Malwida, als seinen »einzigen Trost« bezeichnet.[63] Wütend ist er auf den Arzt, der ihn auf dessen eigenen Wunsch ausschließlich homöopathisch behandelt; so schreibt er zehn Tage vor Warsbergs Tod an Malwida: »Ich bin ein großer Freund der Homöopathie, wenn dieselbe an Gesunden oder sehr leicht Kranken angewendet wird. … Aber in Fälle, wo es sich um Leben und Tod handelt, sollte man alle homöopathisch (globuli?) in die Lagune werfen.«[64]

Malwida verbringt die letzten Stunden an Warsbergs Sterbelager: Stunden, die sie »um nichts in der Welt« missen möchte.[65] Nach seinem Tod klagt sie Daniela, ein solcher Verlust hinterlasse »Wunden, die nicht mehr heilen«. Jetzt halte sie es nicht mehr im »grausamen« Venedig aus, dass ihr nun zwei teure Leben geraubt habe[66]; auch Richard Wagner ist ja dort gestorben. Und einen Monat darauf, wieder an Daniela: Mit Warsbergs Tod

»brechen auch alte Wunden wieder auf, so dass es mir oft recht schwer wird, weiter zu leben auf der für mich immer einsamer werdenden Erde und ich oft genug den Wunsch habe es möge nun genug sein«.[67] Ihrem Neffen Carl, der Warsberg offenbar gut kennt und an ihrer Trauer Anteil nimmt, schreibt sie, diese Freundschaft sei »ein so außerordentliches Geschenk des Schicksals« gewesen, »dass ihr Ende eine Öde zurücklässt, die nichts mehr ausfüllen kann«. Überdies sei sein Tod unnötig gewesen; nach Aussage des Arztes hätte er in Rom – bei ihr! – noch länger leben können.[68]

Doch das Schicksal hält für sie noch eine weitere schöne, ja noch schönere Überraschung bereit: die Freundschaft mit Romain Rolland! An ihn schreibt sie am 27. August 1890, kurz nach Beginn ihrer Bekanntschaft, in dem Helden (Philipp) der »Phädra«, die ihre Freundschaft mit Warsberg begründete, habe sie ihn, Rolland, »ein wenig vorausgeahnt« (un peu pressenti).[69] Und im Jahr darauf preist sie ihm gegenüber, der ihr immer vertrauter wird, »das unendliche Glück, das mir das Schicksal am Ende des Lebens bescherte, zwei Freundschaften wie die mit Warsberg und mit Ihnen zu bescheren«.[70]

10

HÖCHSTE ERFÜLLUNG IM ALTER: MALWIDA UND DER JUNGE ROMAIN ROLLAND – EINE ZÄRTLICHE, DOCH STREITBARE LIEBE

VON ZÖGERNDEM ANFANG ZUR ZÄRTLICHKEIT: ÜBER BEETHOVEN- UND WAGNER-KLÄNGE, ÜBER MITLEID UND MIT-LEIDEN – UND ÜBER LETZTE LERNERFOLGE IN MALWIDAS KUNST DER FREUNDSCHAFT. Im Blick auf die kommende große Leidenschaft wirkt der kühle Beginn umso merkwürdiger. Romain Rolland (1866–1944), der an der renommierten École normale supérieure Geschichte und Literatur studiert hat und dort zum Lieblingsschüler von Gabriel Monod geworden ist, geht nach erfolgreichem Abschlussexamen Anfang 1890 als Stipendiat an die École française de Rome, um dort Material für eine Arbeit über einen päpstlichen Nuntius am französischen Hof unter Franz I. zu sammeln,[1] wird jedoch zunehmend unsicher, ob seine Berufung in der Wissenschaft liegt oder nicht vielmehr in Literatur und Musik.[2] Malwida wird ihn bald, gegen den entschiedenen Einspruch seines Mentors Monod,[3] darin bestärken, wissenschaftliche Ambitionen aufzugeben und seine literarische Leidenschaft auszuleben.[4] Er verfasst ein Drama nach dem anderen, doch bis 1898 ohne jeden Erfolg; da geht er 1896 doch als Professor für Kunstgeschichte an die École normale supérieure. Erst 1910 nach einem schweren Autounfall gibt er die Professur auf, um sich ganz der Schriftstellerei zu widmen, in der er mittlerweile nach langer Durststrecke überaus erfolgreich geworden ist. Die Zeit seiner Freundschaft mit Malwida umfasst größtenteils die Jahre der Enttäuschung: Umso rettender werden für ihn die immer neuen Ermutigungen durch diese Freundin. Doch nicht nur darauf bezieht sich sein späterer Dank: »*Malwida hat mich erschaffen.*«

Auf Empfehlung Monods, bei dem er Malwida schon im Sommer 1889 in Versailles flüchtig kennengelernt hat, besucht er sie im Januar 1890 in Rom; doch zunächst spürt er nichts von jener Ausstrahlung, die er später so verklärt. Aus der Rückschau wundert er sich: Damals habe er sich nicht einmal genau an ihren Namen erinnert, habe sie »de Meysingen« oder »de Meysenberg« genannt,[5] dabei ist sie doch schon zu jener Zeit in literarischen Kreisen eine Berühmtheit. Noch peinlicher: Wenn seine Besuche bei ihr nun häufiger werden, so aus dem Grund – um erneut seine Erinnerungen zu zitieren –, »weil ich eines Tages, als ich von ihr herunterging, auf der düsteren Treppe einem jungen Gesicht begegnet war, das mein Herz verzaubert hielt«.[6] Es handelt sich um Sofia Guerrieri-Gonzaga (1873–1961): Aus der unglücklichen Liebe zu dieser Frau[7] wird eine lebenslange Freundschaft werden, die ihn in der Folge sogar mit Malwida verbindet,[8] wobei Sofia mal mit ihr, mal mit ihm zusammen ist: wohl eines der besten Beispiele dafür, wie Malwida in ihrer Kunst der Freundschaft dazulernt. Doch als sie in ihrer ersten Liebe zu Rolland von dieser anderen, erotischen Liebe erfährt, ist das für sie erst einmal ein tiefer Schmerz, ja geradezu ein Betrug, auf den sie spontan mit Empörung reagiert.[9]

Die Geschichte der frühen Enttäuschungen Malwidas mit Rolland geht noch weiter. Als er nach seinem ersten Rom-Aufenthalt wieder in Paris ist, lernt er am 11. April 1892 Clotilde Bréal (1870–1946) kennen, die Tochter eines Kollegen Monods am Collège de France, glaubt in deren Augen die von Sofia wiederzuerkennen, ist auf den ersten Blick verliebt, nennt sie gerne »ma petite Clo« und heiratet sie am 31. Oktober des Jahres.[10] Diese Ehe schmerzt Malwida ähnlich wie fast zwanzig Jahre zuvor die Hochzeit ihrer geliebten Olga; das gibt sie sogar Rolland zu erkennen,[11] dem sie am 18. November 1893 bekennt, die »Jungfräulichkeit« seiner Seele habe sie einst so angezogen.[12]

Auch Rollands Ehe mit Clotilde hat etwas von einer französisch-deutschen Verbindung; denn Clotilde hat zum Teil deutschjüdische Vorfahren. Ihr Onkel ist der liberale Politiker und Bismarck-Gegner Ludwig Bamberger, den auch Rolland über sie kennenlernt und anfangs bewundert,[13] ist er ihm doch durch die Gegnerschaft gegen Bismarck verbunden; doch bei näherer Bekanntschaft verliert er jegliche Sympathie für ihn,[14] wie er wiederholt Malwida berichtet. Überdies teilt er ihr am 5. November 1893 mit, dass Clotilde ihre Memoiren lese: »Sie ist durchdrungen von Bewunderung und auch von Trauer über all das, was Sie seit ihrer Jugend leiden mussten.«[15] Malwida teilt bereits am 26. November 1891 Daniela Thode mit, Rollands künftige Gattin sei eine »glühende Wagnerianerin« und »vortreffliche Musikerin«.[16] Eigentlich lauter Gründe für sie, mit dieser Verbindung ihres

Freundes sehr zufrieden zu sein – und doch scheint es sie noch mehr zu befriedigen, dass diese Ehe unglücklich wird.

Zu Jahresbeginn 1896 gesteht Rolland seiner Gattin, sie beide lebten in verschiedenen Welten: Er suche in der Welt des Ewigen zu leben, sie suche nur die Welt des Vergnügens.[17] Formal bleiben sie noch über fünf Jahre miteinander verheiratet; erst 1901 entschließt sich Rolland zur Scheidung. Am 26. Februar jenes Jahres begründet er das Malwida gegenüber mit seinem unbeugsamen Idealismus, wogegen sich Clotilde von den Pariser Lustbarkeiten habe anstecken lassen; in dem Zusammenhang spricht er auch von den »Semitoparisern«, die hier »die obersten Träger der intellektuellen und moralischen Korruption« seien[18] und mit denen er sich damals auch, wie wir noch sehen werden, über der Dreyfus-Affäre angelegt hat, wobei Clotilde auf der Gegenseite steht. »Ihre Freunde sind meine Feinde.«[19] Darauf Malwida: »Seit acht Jahren habe ich wohl gewusst, dass das nicht die Vereinigung ist, die Sie brauchen.«[20] In ihren alten Tagen wird es sie mit tiefer Befriedigung erfüllt haben, hier zu erleben, wie die Seelenliebe tiefer und dauerhafter ist als die erotische Liebe.

Doch zunächst ist Malwida von diesem fünfzig Jahre jüngeren Mann gar nicht sonderlich beeindruckt, und ihm geht es ähnlich. Wie sich Rolland in seinem »Dankgesang« an sie erinnert: »Zwei Monate jedoch verflossen, ehe sie mich erkannte. Und auch ich … bemerkte noch nichts von der geheimnisvollen Kraft, die meine Seele der ihrigen entgegenneigte.«[21] Noch am 1. März 1890, als sie Rolland (»meinen jungen Franzosen«) längst kennt, klagt sie ihrer Schwester Louise: »Mit Warsberg's Tod starb mein letztes irdisches Glück.«[22] In den ersten Briefen an Olga, in denen sie Rolland erwähnt, nennt sie ihn nur »nett« – weiter nichts.[23] Erst im März 1890: »Er wird mir immer lieber, er ist ein seltener junger Mann.«[24]

Was mag mittlerweile geschehen sein? Die Antwort lautet offenbar: Die Erfahrung von Musik, Wagner-Musik – Rollands Klavierspiel. Im »Lebensabend« erinnert sich Malwida: »An einem Morgen spielte Rolland bei Frau Minghetti auf deren Bitte aus Parsifal. Mir verschwand dabei die mich umgebende Gesellschaft vollständig, ich lebte nur in den Tönen und fühlte es mehr denn je, dass die Weltseele Musik ist.« In jenen zwei Jahren, in denen Rolland bei ihr in Rom war, habe »die Musik wieder so ganz die Oberhand in meinem Seelenleben gewonnen« (II 469 f., 470). Und jetzt spielt er nicht nur bei Laura Minghetti. Am 14. Mai 1890 schwärmt Malwida gegenüber

Cosimas Tochter Daniela über ihn: »Er ist eine so weltabgewandte Seele dass es ihm bei mir alten Frau wohl war und er mit unermüdlicher Güte mir Abende lang, oft bis Mitternacht vorspielte, während ich im Dunkeln … sitzend eine wahre musikalische Auferstehung feierte.«[25] Doch vor allem spielt er ihr Beethoven vor, nicht Wagner.[26] Bereits in ihrer ersten Zeit, am 3. September 1890, weist er sie darauf hin: »Was Wagner angeht, ist es wahr, dass ich ihn viel spiele und vielleicht besser als Beethoven verstehe …, doch ich versichere Ihnen …, dass ich ihn nur gern spiele, wenn ich allein bin – und wenn ich ein gebieterisches Bedürfnis danach verspüre. Das gehört zu meiner Hygiene: die Leidenschaften und die innere Not durch ihre Erschöpfung zur Ruhe zu bringen.«[27]

Später erinnert er sich: »Das Jahr 1884 bezeichnet meine völlige Eroberung durch Beethoven und Wagner«,[28] das Jahr, in dem er achtzehn Jahre alt wurde. Zusammen mit seinem Schulfreund Paul Claudel habe er damals mit Getrampel »den *Walkürenritt* und die fromme Szene in *Parsifal* gegen das Gejohle und Gepfeife« der noch immer randalierenden Wagner-Gegner verteidigt. Doch es folgten Zeiten der Angst. In den Jahren darauf droht wiederholt ein neuer französisch-deutscher Krieg; selbst der besonnene Monod kündigt im Krisenjahr 1887 an, dass dieser Krieg unmittelbar bevorstehe. Aus der Stimmung jener Zeit heraus entstand das bahnbrechende Werk der kommenden Friedensbewegung: »Die Waffen nieder« (1889) von Bertha von Suttner.[29] Am 15. Januar 1888 notiert Rolland: »Als im voraus geopferte Soldaten liegen wir im Feldquartier … Unmöglich, Zukunftspläne zu schmieden.«[30] Am 20. Oktober 1891 betont Malwida, wichtiger als alles sei in dieser Zeit, dass er vor dem Militärdienst bewahrt bleibe.[31]

Auch dieser spannungsgeladene politische Hintergrund ist bei der Liebe zwischen Rolland und Malwida nicht zu vergessen, um das Besondere dieser französisch-deutschen Beziehung zu würdigen. Zugleich kann man sich denken, dass Malwida durch ihre einstige Freundschaft mit Wagner für Rolland eine eigene Aura gewinnt. Im Februar 1892 sieht er »das Nichts in Europa seit dem Tode Wagners« und zugleich die ständige Kriegsgefahr.[32] Am 10. Dezember 1895 klagt er ihr, mehr und mehr empfinde er als »bitteren Schmerz«, nicht wie sie Wagner gekannt zu haben.[33] Im Juli 1891 ist er mit ihr in Bayreuth; da kommen ihm beim dritten Akt des »Parsifal« die Tränen; er schreibt an seine Mutter: »Das ist wahrhaftig mehr als Theater; das ist keine Kunst mehr. Das ist Religion, und das ist wie Gott selbst.«[34] Später weist

Stefan Zweig aus intimer Kenntnis darauf hin, den »ersten Keim« zu dem gewaltigen Roman »Jean-Christophe«, durch den er berühmt wird, habe »seltsamerweise Bayreuth in ihn gesenkt, Wagners ›Parsifal‹, die Gestalt des reinen Toren inmitten einer wissenden Welt«.[35]

Malwida, die in Rom die Musik oft bitter entbehrt hat, gewinnt durch Rolland wieder das Glück, ganz in der Musik zu leben. Das versetzt sie in selige Stimmungen, denn »Musik ist wirklich die Versöhnerin zwischen der mangelhaften realen Welt und der Ahnung einer vollkommeneren, die der Seele in ihren besten Augenblicken vorschwebt« (II 469). Musik ist auch für Rolland oftmals die liebste Kommunikation; am 2. August 1898 schreibt er ihr aus einem Hotel in Thun: »Wie immer in den Schweizer Hotels ist das Klavier die Art, wie ich mir Beziehungen schaffe. Das erspart mir langweilige Unterhaltungen. Ich spreche nicht, ich spiele.«[36] Bei der überaus wortreichen Korrespondenz zwischen beiden darf dies nicht vergessen werden, mag es den Biografen auch in Verlegenheit setzen: dass Wesentliches zwischen beiden durch *Schweigen* vermittelt wird.

Als Rolland Malwida kennenlernt, empfindet er sich als Nervenbündel, klagt immer wieder über seine Nerven.[37] Man kann sich vorstellen, wie Malwida ihm schon durch die von ihr ausgestrahlte Besonnenheit wohltut, mag man auch an ihrer medizinischen Kompetenz zweifeln, wenn sie ihn drängt, seine Nerven mit Arsenik zu beruhigen.[38] Nicht zuletzt aus ihrer stillen Ausstrahlung wird sich erklären, dass Rolland später bekennt: »Malwida hat mich erschaffen«, also wohl dazu beigetragen, dass er bei seinem heftigen, oft streitbaren Naturell schließlich als ein Geist des Friedens in die Geschichte eingeht und auch die innere Ruhe gewinnt, um seine Werke zu vollenden. Noch am 12. August 1895 klagt er ihr: »Ich habe nicht die Geduld, mein Werk bis zur Vollendung zu bringen. Ein Fieber überkommt mich.«[39] Da hat Malwida wohl ohne viele Worte seine schöpferische Kraft gestärkt.

Umso mehr fällt auf, dass ausgerechnet ihre Memoiren für Rollands Verhältnis zu ihr keinerlei Bedeutung besitzen, zumindest keine positive. Am 15. Dezember 1891 äußert sie zu ihm ihr Bedauern, dass er ihre Memoiren nicht auf Deutsch lesen könne, und ermuntert ihn, seine Deutschkenntnisse zu verbessern[40] – sie schreibt ihm stets auf Französisch; in französischer Fassung lag damals nur der erste Teil vor. Den hat er gelesen, doch am 1. Dezember 1890 seiner Mutter geklagt, er finde diese Memoiren »trop froids«, »zu kühl«.[41] Noch in seiner »Reise nach innen« von 1942 gesteht er – eine ungewöhnliche Kritik an diesem Werk! – das »liebevolle Bedauern, das mein französischer Geist mitunter beim Lesen ihrer *Memoiren* empfindet«. Und zwar seien ihm diese zu egozentrisch: »All diese Stimmen großer Freunde, Dichter, Musiker, Propheten, Helden … dringen nur noch gedämpft zu ihr. Ihr eigener Sang hinderte sie, den Sang der anderen zu hören. … Zu oft vermerken Malwidas veröffentlichte Gespräche das, was sie gesagt hat, genauer als das, was sie gehört hat.« Und: »Sie wollte sich bei denen, die sie liebte, nur an das erinnern, was sie an ihnen liebte.« Daher habe sie »gewisse störende Akkorde nicht zugelassen«. Ebendeshalb finde er in den Memoiren »nur einen Teil von Malwidas Seele wieder. Ihre Augen waren ein in ganz anderer Weise vollständigeres Buch.«[42] Wieder: Gerade durch ihr Schweigen wirkt sie auf Rolland; man muss mitunter dieses bedeutsame Schweigen zwischen den Zeilen herausspüren.

Noch im ersten Jahr ihrer Freundschaft, am 25. September 1890, klagt sie ihm, sie glaube, dass sie ihre »wahre Berufung verfehlt« habe, mit Verweis auf den Vorwurf Warsbergs, aus ihr hätte eine deutsche George Sand werden können.[43] Zudem fürchtete sie ja bei Warsbergs Sterben, dass ihr fortan für den Rest ihres Lebens ungeachtet der Fülle ihrer Kontakte eine innere Einsamkeit bevorstehe. All das ändert sich unversehens durch die liebevolle Beziehung zu diesem genialen jungen Mann, von dem sie, je länger ihre Freundschaft dauert, zuversichtlich erwarten kann, dass er ihre Ideale fortwirken lässt und mit neuem, jungen Leben erfüllt. Normalerweise greift man im Alter am liebsten auf alte Bekanntschaften zurück; dass Malwida noch in ihren siebziger Jahren imstande ist, eine enge und neuartige Beziehung zu einem fünfzig Jahre jüngeren Mann einzugehen, von dem sie bis dahin nichts wusste, zeugt von einer erstaunlichen Fähigkeit, noch im Alter einen Neuanfang zu machen. Am 26. Februar 1892 schwärmt Rolland die über 75-Jährige an, jubelnd, wie er sich jetzt jung fühle: »Es gibt nur uns beide an jungen Menschen auf der Welt: Sie und mich.«[44] Wie muss sich Malwida durch dieses ungewöhnliche Kompliment beglückt fühlen!

Der junge Rolland findet in der Freundschaft mit ihr einen Rückhalt, den er zu jener Zeit dringend braucht. Es ist für ihn oft eine Zeit tiefer Verzweiflung, die auch nach Phasen der Zuversicht immer wiederkehrt und deren volles Ausmaß erst die neuerliche ungekürzte Veröffentlichung des gesamten Briefwechsels erkennen lässt. Da wirken körperliches Leiden und immer neue literarische Enttäuschungen zusammen; später erinnert er sich:

»Von 1890 bis 1900 bin ich eingemauert gewesen … Zehn unveröffentlichte Dramen. Kein Verleger.«[45] Und zugleich das körperliche Elend, verbunden mit ewiger Schlaflosigkeit und nervösen Störungen.[46] Noch 1926 klagt er: »Gott weiß, wie ich täglich gegen diesen elenden Leib und gegen die mitunter an Verzweiflung grenzende Mutlosigkeit habe ankämpfen müssen, die er mir verursacht hat! Man stelle sich ein langes Leben vor *ohne einen Tag, einen einzigen Tag* körperlichen Wohlbefindens!«[47]

Seine Briefe an Malwida wimmeln denn auch von Klagen; und wie sie damit umgeht – voller Mitgefühl und möglichst doch, ohne ihn im Leiden gar zu sehr zu bestärken –, ist ein Thema für sich. In einem Brief an Olga vom 28. Juli 1891 rühmt Malwida »seine *außerordentliche* Begabung und hohe künstlerische Auffassung« und befürchtet zugleich seinen frühen Tod.[48] Sein Brief vom 20. Oktober 1891 aus Paris an sie beginnt: »Mein Gott, wie ich mich schwach fühle! Ah! Der elende Körper! … Und diese innere Trauer, die stets die Oberhand gewinnt über alle Bemühungen meiner Seele! Ich kann nicht glücklich sein, ich kann nicht glücklich sein!«[49] Malwida, damals bei den Monods in Versailles, erwidert voller Mitgefühl, wobei sie jedoch diesem Leiden mythologische Größe verleiht: »Oh lieber Freund, Sie haben wahrhaft Grund, vom Leben angeekelt zu sein … Das ist unser trauriges Schicksal; das Schicksal des Prometheus, angekettet an den Felsen, weil er das göttliche Feuer gestohlen hat.«[50] Rolland im Juni 1892: Falls er ihr Kummer bereite, verdiene er nichts Besseres, als mit einem Stein am Hals in die Seine geworfen zu werden. Und dann: »Die Wahrheit ist, dass ich mich ständig quäle; ich zerstöre mich selbst.«[51] Wie will er es da vermeiden, ihr Kummer zu machen? Und doch glaubt sie, dass er ihr das wahre Ausmaß seines Leidens vorenthalte; das sei nicht »die wahre Freundschaft«.[52] So ermutigt sie ihn, noch mehr zu klagen!

Oftmals reagiert er auf sein Elend mit einer Mischung von Menschenverachtung und Selbstverachtung, was jedoch Egozentrik keineswegs ausschließt. So bekennt er Malwida am 30. Mai 1891, als er sich noch bei ihr in Rom aufhält und ihr dennoch Briefe schreibt: »Sie werfen mir vor, dass ich keinen größeren Feind habe als mich selbst. Es ist wahr; ich verachte mich, beinahe ebenso, wie ich die anderen verachte.«[53] Schon Anfang April 1890, in einem seiner ersten Briefe an Malwida: Er würde am liebsten der »erhabenen Verachtung (Dédain – groß geschrieben! – transcendental)« einen Tempel errichten.[54] Und doch, so am 1. Dezember 1891 aus Paris: »Ich glaube an keine Wahrheit als an die (Wahrheiten), die ich in mir selbst finde, und die nur Wahrheiten für mich sind. … Die Wahrheit, das ist meine Wahrheit.«[55] Und im Februar 1892: »Das gegenwärtige Europa ist verfault wie die alte römische Welt. Und keine Barbaren am Horizont! Wenn es wenigstens Barbaren gäbe!«[56]

Vermutlich ist Malwida aus eigener Erfahrung mitunter besorgt, Verzweiflung und Todessehnsucht könnten ihn zu Selbstmordanwandlungen verleiten. Schon im ersten Jahr ihrer Freundschaft, am 4. November 1890, verweist sie darauf, »viel Freude« habe ihr ein Artikel bereitet, der »die absurde Interpretation« des Schopenhauer'schen »Axioms des Verzichts auf den Lebenswillen« als »Verpflichtung (engagement) zum Selbstmord« zurückweise.[57] Rolland hat ja als Erstes ein Drama »Empédocle« verfasst, und wie wir schon sahen, sind er und Malwida fasziniert, wie sich dieser Philosoph am Ende in den Ätna, in die wilden Naturgewalten gestürzt hat. Immer wieder begegnet das Empedokles-Motiv in dem Briefwechsel der beiden: es übt auf Rolland eine »magische Anziehungskraft« aus (Hans Leo Götzfried),[58] aber es ist bei einem depressiven jungen Mann ein gefährliches Thema.

Doch im Zuge der Empedokles-Kommunikation mit Malwida wandelt es seine Bedeutung; so erinnert Rolland sie am 14. Januar 1902 daran, dass »unser Freund Empedokles« die Kranken einzig durch Musik heile.[59] Auf diese Weise wird er durch sein Klavierspiel im Geist des Empedokles zum Therapeuten Malwidas. In Rollands Abhandlung »Empedokles von Agrigent und das Zeitalter des Hasses«, die er 1918, in der Endphase des Weltkriegs, herausbringt,[60] ist dieser Philosoph zu einem erlösenden Geist geworden, der den Sieg der Liebe über den Hass verheißt. Am 23. Dezember 1895 erklärt er: »Oh! Ich wäre untröstlich, würde ich sterben, bevor ich mich ganz vollständig entwickelt habe, bevor ich alle Keime des Lebens, die ich in mir spüre, habe sprießen lassen.«[61]

Immer wieder fordert sie ihn auf, von seinen Gefühlen zu schreiben, mag sie ihn dadurch auch in der Egozentrik bestärken. Denn immer von Neuem gibt er ihr Grund zur Sorge, nicht zuletzt durch äußere Lebensumstände, auch wenn er zugleich seine tiefe Verbundenheit mit ihr bekundet. Noch am 15. Mai 1900 schließt er einen Brief an sie: »Für Menschen wie uns ist die Heimat nicht von dieser Welt.«[62] Später schreibt er gerade über die Jahre von 1896 bis 1901, seine letzten Jahre mit Malwida: In jenen Jahren »stürzte das zerbrechliche Gebäude meines Heims zusammen; mein Glück ist zerstört …, und selbst die Wurzeln meiner Gesundheit sind betroffen; mein Leben sinkt von neuem unter bis auf den Grund«.[63] Zum Jahresende 1901 klagt er ihr: »Das war für mich ein Jahr ohne Frühling und ohne Sommer, alles Winter – mit einigen melancholischen und friedlichen Herbsttagen.« Und dann: »Ich danke Ihnen aus ganzem Herzen für Ihre Freundschaft; sie war mir dieses Jahr besonders wohltätig; sie war meine stärkste Stütze in diesen bösen Tagen.«[64]

Das Leiden ist ein Leitmotiv im Briefwechsel der beiden, auch von seiten Malwidas. Diese verleiht ihrem eigenen Leiden eine höhere spirituelle Aura und verklärt sich gleichsam zu einem neuen Christus, wenn sie Rolland am 27. August 1890 aus Versailles nach einem Besuch im Louvre schreibt, am liebsten würde sie dem Christus Rembrandts verkünden: »Ja, ich verstehe dich, ich leide wie du unter dieser Abwesenheit des Ideals in der Welt, ich kenne wie du das Geheimnis der Erlösung, ich habe wie du mein Golgatha gehabt und möchte wie du mein Leben hingeben für alles, was leidet.«[65] Rolland drängt sie seinerseits dazu, ihm nichts von ihrem Leiden vorzuenthalten; so wirft er ihr nach eigener Klage vor, ihn nicht über ihr Rheuma auf dem Laufenden zu halten, foppt sie daher als »méchante amie«, »böse Freundin«![66] Für beide gehört zur intimen Kommunikation auch die wechselseitige Klage über Leiden, manchmal mit lustigen Einlagen.

All solche Klagen werden jedoch überstrahlt von immer neuen Bekundungen tiefer Verbundenheit, ja zärtlicher Liebe, und dies von beiden Seiten; auch darin besitzt dieser Briefwechsel in der Fülle der Korrespondenzen Malwidas etwas Einzigartiges. Und zugleich sucht sie ihn immer neu zu ermutigen und zugleich den Unterschied ihrer Nationalitäten als belanglos hinzustellen. Am 16. November 1891 versichert sie ihm, wieder mit spiritueller Überhöhung: »Sie sind weder Franzose, noch Deutscher, noch melancholischer Narr, sondern Sie sind ein Mensch, der Gott in sich spürt und daher die Welt flieht, die Gott verneint. Und auch ich, ich spüre Gott in mir, und das ist der Grund, weshalb wir uns lieben und ich Ihnen ewig nahe bin, auch wenn meine Erscheinung von der Erde geschieden sein wird.«[67] Und Rolland erwidert: »Ich kann Ihnen nicht genug für Ihren letzten Brief danken, der mich tief berührt hat, und der meinem eigenen Denken entspricht.«[68]

»Ich liebe Sie zärtlich«, »ich liebe Sie von ganzem Herzen«, »ich habe Sie unendlich lieb« – solch überschwängliche Liebeserklärungen sind stehende Wendungen, mit denen beide ihre Briefe abzuschließen pflegen, ohne jedoch zu stereotypen Formeln zu erstarren. Als Rolland 1893 endgültig von Rom scheidet, glaubt Malwida in tiefem Schmerz, jetzt sei auch diese glückliche Epoche ihres Lebens für immer vorbei,[69] doch davon ist keine Rede: Als intensive Brieffreundschaft bleibt diese liebevolle Beziehung bis zum Ende ihres Lebens über Krisen hinweg unversehrt bestehen. Sie geht zu Anfang mindestens so sehr von Rolland wie von Malwida aus: Auf einen ersten kurzen Brief von ihr, in dem sie ihn vor allem davor warnt, mehr als eine Schmerztablette pro Tag zu nehmen, schickt er ihr prompt eine liebevolle Antwort.[70] Bereits am 30. Mai 1890 hat sie ihm versichert: »Nun ist alles klar zwischen uns, und nichts vermag uns mehr zu trennen und zu beunruhigen.« Sie hat die Sicherheit gewonnen, in diesem jungen Mann einen Geistesverwandten und geistigen Erben gefunden zu haben, und das beglückt sie, »denn die Welt bedarf der Apostel des Ideals, und wer weiß, ob da nicht der leuchtende Pfad ist, der eines Tages die Menschheit mit Existenzen vereinen wird, die Gott noch näher sind«.[71] Und am 16. Juni, als sie von ihm ein Gedicht erhalten hat, dichtet sie zurück, und zwar auf Deutsch, wobei sie ihn duzt:

»Ärmer wurde die Welt und immer ärmer und ärmer,
Öde und Einsamkeit wurde es rings um mich her. …
Da erklangen ganz plötzlich Harmonien wie Grüße von Oben
Führten die Seele mir in ihre Heimath zurück …
Deine Hand war's, o Freund, die jene Klänge entlockte
Und zu liebendem Dank innig mein Herz Dir verband;
Scheid' ich, schwebt nun Dein Bild im Verein mit jenen Grossen,
Von Harmonien umtönt, in die Ferne mir nach.«[72]

Doch die Brieffreundschaft ist bei all ihrem Wortreichtum kein voller Ersatz für das oft schweigende persönliche Zusammensein. Immer wieder überkommt sie tiefe Trauer über die Trennung, »denn es gab etwas Metaphysisches in meiner Bestimmung (affectation) für Sie«. Sein Klavierspiel habe »Widerhall in der inneren Musik« ihrer Seele gefunden.[73] Das sind keine bloßen Projektionen, die ihrem Hang zur Idealisierung entspringen. Noch viel später bekennt Rolland: »Was verdanke ich ihr nicht! Sie war mein wichtigster, fast mein einziger Halt während dieser zehn Jahre, dieser härtesten Jahre, meiner Anfänge in Paris.«[74] Es waren Jahre der Einsamkeit und literarischen Erfolglosigkeit. Noch am 28. Dezember 1918, nach dem Ende des Weltkrieges, erinnert sich Rolland in einem Brief an Stefan Zweig an seine Zeit in Rom und an seine dortige Faszination durch die Renaissance: »Aber der stärkste Eindruck dort ist das Licht und die Heiterkeit. Und weil ich einen Widerschein davon in Malwidas Seele und ihren Augen gefunden habe, ist sie mir so teuer gewesen. Diese Harmonie der Dinge … ist jene Zauberin gewesen, die mein Leben verändert – die entscheidende Krise meiner Kunst und meines Denkens ausgelöst (sic!) hat.«[75]

In einem Vortrag über Rolland in Berlin am 29. Januar 1926 schildert Zweig die Bedeutung Malwidas für ihn – er nennt sie »eine der letzten Goethedeutschen«: »Diese ganz alte Frau war die letzte Siegelbewahrerin und Vertraute der großen Ideen der letzten beiden Menschen, die über Deutschland hinaus weltwirkende Geister gewesen waren, der großen Ideen Wagners und Friedrich Nietzsches. Mit dieser alten Frau verbindet den zweiundzwanzigjährigen Rolland eine Freundschaft, wie sie sonst eigentlich nur in Büchern vorkommt, eine rührende, zarte, vertrauende Freundschaft.«[76] In seiner Biografie Rollands stellt Zweig Malwida in ihrer Bedeutung für den Dichter in eine Reihe mit Beethoven und Tolstoi: »Wunderbar« sei diese Freundschaft; »bald weiß keiner mehr von ihnen, wer dem anderen zu tieferem Dank verpflichtet ist: er, weil sie ihm in großer Gerechtigkeit die großen Gestalten erweckt, sie, weil sie in diesem jungen leidenschaftlichen Künstler neue Möglichkeiten der Größe sieht. Ein und der gleiche Idealismus, der geprüfte und geläuterte der Greisin, der ungestüme und fanatische des Jünglings, klingen rein ineinander.«[77]

Später in seinen Memoiren erklärt Rolland, Malwida, »diese liebe Freundin«, sei ihm »eine zweite Mutter gewesen«, wobei er hinzusetzt, diese Freundin habe »niemals die Gefühlskatastrophen bezweifelt, die sich an ihrer Seite abspielten und die sie oft selber herausgefordert hatte«.[78] Doch insgesamt gewinnt man den Eindruck, dass sie für ihn nicht so sehr eine Mutterrolle spielt, es sich vielmehr trotz des großen Altersunterschiedes im Kern um eine Beziehung auf gleicher Ebene – auf geistiger Ebene – handelt. Rolland ist keine Olga. Er hat auch bereits eine enge, liebevolle Mutterbeziehung,[79] braucht keine zweite Mutter;[80] doch, wie er Malwida über diese Mutter schreibt: »Sie hat zuviel Liebe für mich; doch sie hat nur die Liebe«, und sie fände es »tausendmal besser«, wenn er sein Glück in einem ruhigen, »einförmigen« (uniforme) und christlichen Leben suchen würde.[81] Die Mutter scheint auf Malwida eifersüchtig zu sein.[82] In seinen vielen Briefen nennt er Malwida stets eine Freundin, nie eine Mutter. Und sie vermeidet im Allgemeinen einen erzieherischen Ton – den hätte sich Rolland auf die Dauer schwerlich gefallen lassen! –, geht es ihr doch ganz darum, dass dieser hochbegabte Freund zu sich selbst findet, nicht so sehr hinzulernt, sondern in all seiner Trübsal und Verzweiflung im Glauben an sein Genie und seine große Zukunft bestärkt wird.

GOETHE UND »GÖTHE« – KONTROVERSEN UND GEKÄBBEL. Doch in einer für sie hochwichtigen Hinsicht sucht sie ihn doch zu erziehen, bereits im ersten Jahr ihrer Freundschaft: Ihren Brief vom 7. September 1890, als sie bei ihm eine »Antipathie« gegen Goethe bemerkt zu haben glaubt, schließt sie mit der Versicherung: »Ich werde auch noch bewirken, dass Sie Göthe lieben.«[83] »*Göthe*«, nicht »Goethe«: Über die gesamte Korrespondenz hinweg bewahrt sie hartnäckig diese altdeutsche Schreibweise,[84] wogegen Rolland – das Französische kennt ja kein »ö« – stets »Goethe« schreibt: eine Schreibweise, die auch der Dichter selbst bevorzugte.[85] Rolland hat ihr gerade angekündigt, sie werde Mühe haben, ihn Goethe lieben zu lehren: Da ihm selbst stets der »Schiffbruch« durch seine Leidenschaften drohe, seien ihm die, die ihren Leidenschaften erlegen seien, »fast lieber als die Goethes«.[86] Der wohl nicht ganz ernste Streit um Goethe alias Göthe wird zwischen beiden zu einem Dauergekäbbel. Was Malwida bei ihrem Göthe als heitere Ruhe schätzt, empfindet Rolland als Kälte, doch dann schließt er seinen Brief: »Goethe ist wohl eine Art idealer Mensch. Ist man dennoch sicher, dass er ein Mensch ist? … Im Grunde rede ich soviel schlecht von Goethe, weil er einer jener Wesen ist, die stets auf mich die mächtigste *Faszination* ausgeübt haben – gegen diese Beeinflussung (suggestion) bäume ich mich auf.«[87] Malwida kommt von diesem Thema nicht los, ist es doch ein Leitmotiv ihres Lebens: Goethe im Unterschied zu Schiller als Vorbild für einen solchen Idealismus, der sich mit Realität stärkt.

Die Goethe-Verehrung ist an für sich zu jener Zeit alles andere als originell – daher soll sie hier kein großes Thema sein; so bringt der Simplicissimus 1910 eine Karikatur von Th. Th. Heine mit dem Titel: »Es gibt zwei Arten Deutsche … Die einen reden immer von Bismarck … Die anderen immer von Goethe.« Und bei diesen »anderen« eine Gruppe um einen Tisch, die nicht Bier wie die Bismarckdeutschen, sondern Tee trinkt, darunter eine Frau mit Zigarette, also eine »Emanze«.[88] Doch Malwida pflegt zu »Göthe« eine besondere Beziehung. Bereits am 24. Juli 1865, noch vor ihrer römischen Zeit, als sie noch fast 38 Jahre zu leben hat, schrieb sie an Alexander Herzen, sie möchte in Rom bei der Cestius-Pyramide bestattet werden,[89] der Grabstätte von Goethes Sohn August: Am liebsten würde sie als geistige Tochter Goethes in Erinnerung bleiben! Ihre »Betrachtungen über Goethes Leben«, die sie im Jahre 1900 für das Goethe-Jahrbuch verfasst, zeugen von tiefer Ergriffenheit. Wenn sie Goethes Freundin Charlotte von Stein schildert, mag man einen Neid auf diese Frau spüren: Was hätte sie, Malwida, darum gegeben, wie diese Frau »die Vertraute seines ganzen geistigen Seins« zu werden! (IV 422) Doch sei es der große Fehler dieser Goethe-Freundin gewesen, dass sie dessen Italienreise missbilligt habe – da verrät sie ihre eigene Überzeugung: Goethe hätte eine Malwida gebraucht! Doch immerhin hat sie jetzt Romain Rolland, bei dem sie mit Grund erkennt, dass aus ihm ein großer Dichter werden wird.

Der überlieferte Briefwechsel zwischen beiden, der insgesamt beinahe 2000 Druckseiten umfasst, ist eine Fundgrube für eine Fülle von Themen in Malwidas innerer Entwicklung; wir haben ihn schon früher oft zitiert. Über weite Strecken schreiben die beiden einander so gleichgestimmt, dass man bei der Lektüre fast vergessen kann, ob der Brief von ihr oder von ihm stammt. Selbst wenn sie beide in Rom sind und einander oft sehen, schreiben sie sich immerzu. Es gibt Zeiten, da schreiben sie sich alle Tage; am 1. Juli 1890 entschuldigt sich Malwida – damals in München – sogar dafür, dass sie nicht dazu gekommen ist, ihm jeden Tag zu schreiben.[90] Das ist auf die Dauer nicht durchzuhalten; im Lauf der Zeit wird ein Brief pro Woche die Regel, doch darauf besteht Malwida nicht ohne Penetranz; am 27. August 1897 beginnt sie einen Brief: »Lieber Freund – Sie haben mir einen Brief gestohlen, Ihr letzter vom Sonntag war auf der Grenze von zwei Wochen geschrieben, als Sie bereits zwei Briefe von mir hatten.«[91] Und als auch dann nicht prompt ein Brief von ihm kommt: »Aber lieber Freund, ist das eine Kriegserklärung?«[92] Doch auch Rolland wird manchmal ungeduldig; so klagt er ihr am 8. November 1899 aus Paris – als bereits ein Brief aus Rom von ihr an ihn unterwegs ist: »Es ist schrecklich lange, dass ich nichts Neues von Ihnen habe.«[93]

Vieles in diesen Briefen ist stimmungsabhängig, bei Rolland wie bei Malwida, die ihre Stimmungsgebundenheit ja ausdrücklich bejaht und Rolland gewiss nicht zu einem von Stimmungen unabhängigen Denken zu erziehen sucht. Wenn er behauptet, er verachte sich selbst beinahe ebenso, wie er die anderen verachte, ist das – wie könnte es anders sein? – nicht als eine ein für alle Mal getroffene Erklärung und feste Überzeugung zu nehmen, hat er ihr doch kurz zuvor versichert, er sei stolz auf seinen Stolz: »Meine Mutter glaubt, dass Sie meinen Stolz anspornen. Ich schwöre Ihnen, dass das nicht nötig ist; doch wenn ich ihn nicht hätte, glaube ich, dass ich seit einem Jahr nicht mehr leben würde; das ist er, der mich aufrecht hält.«[94] Gerade gegenüber Malwida lebt er das Auf und Ab und Hin und Her seiner Stimmungen hemmungslos aus, in der Gewissheit, bei ihr kann er sich das leisten. Mal glaubt er »mit Vergnügen an den Triumph des Sozialismus«, doch gleich darauf versetzen ihn anarchistische Attentäter – »diese abscheulichen Meister (champions) des Individualismus« – in noch größeren Übermut.[95]

Es ist aussichtslos, den jungen Rolland auf eine bestimmte politische Position oder Weltanschauung festlegen zu wollen. Eben noch hat er die Natur als grausam geschildert, da schwärmt er von der schönen Natur, in der er sich gerade befindet; und dann im Geist des von ihm verehrten Tolstoi: »Ich bete die Erde an, diese gute, unschuldige und fruchtbare Erde.«[96] »Ich erhebe mich sehr schnell, und ebenso falle ich zurück«, schreibt er ihr noch am 19. Juni 1902.[97] Je nach Stimmung genießt er sogar seine Trübsal: »Ah! Welche Süße ist es für mich, daran zu denken, dass ich mich bald in die geliebte Traurigkeit flüchten kann, den sehr geliebten Schmerz!«[98] Bereits im ersten Jahr ihrer Freundschaft, als sie in Rom beisammen sind, schildert er sich als Naturereignis: »Ich gleiche einer Wolke, durch die Leidenschaft gesättigt mit Elektrizität, die sich durch Blitze entlädt.« Und er schließt den Brief mit der Aufforderung: »Leben wir zusammen in der Kunst und lassen wir solche Unterhaltungen beiseite, die nichts nützen.«[99] Offenbar hat ihn die besorgte Malwida in seinen elektrischen Entladungen zu bremsen gesucht.

Längst nicht alles in diesem Briefwechsel ist tiefernst; zwischendurch foppen die beiden einander: Die Lektüre ist nicht selten amüsant, wie diese Korrespondenz auch für die beiden unterhaltsam gewesen sein wird. Ein Dauergekäbbel, das an Malwidas Schriftwechsel mit Nietzsche erinnert, dreht sich um Nord und Süd. Immer wieder schwärmt Malwida von der Gesundheit und geistigen Wonne des Südens im Kontrast zur schauerlichen Kälte des Nordens, um Rolland erneut nach Rom zu locken, wogegen er sie herausfordert – wenn auch nicht immer ganz ernst –, indem er sich zum nordischen Menschen stilisiert, der das nordische Klima braucht. Als er ihr am 23. August 1890 erklärt, er könne zwei Christusbilder von Rembrandt immerzu ansehen – Malwida hat ihm gestanden, sie könne diese Bilder nicht lange betrachten –, begeistert er sich für »die Poesie des Nordens«[100], wogegen sie Raffael noch über Rembrandt stellt. Malwida schlägt prompt zurück: »Aber dieser Norden, dieser schreckliche Norden!«[101]

Bereits ganz zu Anfang ihrer Bekanntschaft, am 5. April 1890, als er gerade in Florenz weilt, fragt sie ihn, ob er nicht schon durch seinen Namen Romain dazu prädestiniert sei, Rom zu lieben.[102] Und am 28. Mai: Immer neu bilde sie sich ein, sie könne in ihm die Liebe zu Rom wecken, um ihm zu helfen, »hier Gesundheit und Freude zu finden«.[103] Stattdessen provoziert er sie von Rom aus: »Nein, ich werde bei meiner Rückkehr in den Norden keine bittere Enttäuschung erleben. Denn der Norden hat mich nie verlassen; ich trage ihn im Herzen. Geliebter Norden, ihm danke ich alle Qualen, alle geistigen (morales) Leiden, die ich seit meiner Kindheit gehabt habe; und Sie wollen, dass ich ihn nicht über alles liebe! Ist uns das Leid nicht tausendmal teurer als die Freude?«[104] Und noch stärker provoziert er sie eine Woche darauf: »Ich hoffe auf zwei volle Monate Regen, Kälte und Wind im Norden, um meine Spannkraft, ja sogar ein wenig Herbheit wiederzuerlangen. (Machen Sie sich nur lustig über meinen bizarren Wunsch. So *ganz ernst* ist es mir nicht damit, aber dennoch denke ich es ein ganz wenig – aus Vergnügen.)«[105]

Doch 1902, als sich Rolland bei trübem Wetter in einem Schweizer Hotel befindet, flucht er selbst: »Zum Teufel mit diesen Ländern des Nordens!«[106] Und eine Woche darauf: »Mit Sicherheit bin ich nicht für die Länder des Nordens geschaffen; und jedes Jahr sehe ich mit größerem Schrecken den verhassten Winter kommen.«[107] Immer wieder ein Hin und Her in Sachen Klima! Noch viel später ist seine Erinnerung an Rom extrem widersprüchlich; so schwärmt er: »Rom, dein Name umrahmt mich, wie die roten Bögen deiner verfallenden Aquädukte in der Campagna. Mit deinem Siegel sei alles gezeichnet, was ich geschaffen habe – meine Werke und mein Leben! Ich bin nicht von deinem Blut, aber ich wurde dein Geliebter.«[108] Doch kurz darauf: »Rom hat mir nicht eine meiner Visionen, nicht einen meiner Gedanken gegeben.« Als er einst nach Rom gekommen sei, habe er es für tot gehalten: »Ich sah es leer und schwarz wie den Rückenpanzer eines ungeheuerlichen Insekts … Ich hätte den verfaulten divus Julius für eine lebende Ratte hingegeben.«[109] Und doch hat er 1912 aus Rom an Ernst Robert Curtius geschrieben: »Diese Stadt hat auf mich eine entscheidende Wirkung gehabt. Ich habe Jahre in ihr verlebt, ich habe in ihr mein seelisches Gleichgewicht und das Bewusstsein von meiner Kunst gefunden. Ich habe hier Persönlichkeiten wie Malvida (sic) von Meysenbug gekannt, die wie eine letzte Spiegelung des alten idealistischen Deutschlands von 48 war.«[110] Malwida unter den Wirkungen Roms an erster Stelle!

Neben dem ewigen Nord-Süd-Heckmeck kann man die Auseinandersetzung der beiden über Gabriele D'Annunzio (1863–1938) besonders amüsant finden, die sich von 1895, als Rolland diesen italienischen Schriftsteller erstmals liest, bis zu Malwidas letzter Lebenszeit hinzieht – immer wieder kommt Rolland hartnäckig auf seine Hochschätzung dieses Mannes zurück, obwohl (oder weil?) er Malwida damit ärgert, die in dem Italiener, der durch seine Liebesbeziehung zu der berühmten Schauspielerin Eleonora Duse den Reiz der Pikanterie gewinnt, beharrlich einen amoralischen Lüstling sieht; der ist an diesem seinem Image nicht unschuldig. Anfangs ist auch Rolland von der Lektüre eher unangenehm berührt, worauf Malwida bestärkt: »Gabriele d'Annunzio ist schrecklich … Seine eigene Geschichte ist auch schmutzig.«[111] Doch er kommt von der Lektüre nicht los; am 16. Juli 1895 schreibt er ihr, das sei »kein liebenswerter Mensch; doch das ist ein Dichter von einer sinnlichen und zugleich musikalischen Trunkenheit, ein wahrer Italiener«.[112] Und einen Monat darauf: »Dieser Mann ist antipathisch, geckenhaft (fat), unmoralisch … doch bei alledem ist er der größte Dichter Europas, der einzige Dichter von heute.«[113] Sie widerspricht heftig und nennt D'Annunzio mehrmals »abominable«, »abscheulich«.[114]

Rollands Begeisterung – und zwar nicht mehr nur für den Dichter, sondern auch für den Menschen – erreicht ihren Höhepunkt im September 1899, als er D'Annunzio zusammen mit der Duse persönlich kennenlernt und mit ihnen fünf Tage in Zürich verbringt; da entsteht zwischen ihnen eine dauerhafte Freundschaft.[115] Am 3. August 1902, als er wieder einmal mit diesem Dichter und der Duse zusammen gewesen ist, sucht er bei Malwida dessen Playboy-Image zu widerlegen; in Wahrheit sei er ein Asket der Arbeit. So habe er ihm gesagt: »Ich gehe um 10 Uhr ins Bett, ich stehe um 6 auf, ich trinke niemals Wein, ich rauche nie, ich mache mir kein Vergnügen, ich arbeite wie ein Benediktiner.«[116] Im September war Rolland schon wieder mit ihm zusammen, diesmal in seiner Villa in Florenz; der lädt ihn ein, bei ihm doch länger zu bleiben und Seite an Seite mit ihm zu arbeiten. »Ich machte Musik, d'Annunzio las Verse vor, und wir haben sehr intim geplaudert – ich würde sagen, ein wenig zu ‹intim›.«[117] Malwida hüllt sich darauf nur noch in Schweigen.

EINE ZERBRECHLICHE DREIEINIGKEIT: MALWIDA, ROLLAND UND SUARÈS. Rolland sucht bei ihr wiederholt Sympathie für D'Annunzio zu erwecken, indem er ihr versichert, dieser habe große Ähnlichkeit mit ihrer beider Freund André Suarès (1868–1948). Kein anderer, weder Beethoven noch Rollands Ehefrau Clotilde, kommt in der Korrespondenz auch nur annähernd so häufig vor wie dieser Schriftsteller »mit seinen langen schwarzen Haaren, seinem blassen Gesicht und brennenden Augen« (Stefan Zweig),[118] der mit seinem umfangreichen Opus für geraume Zeit ähnliche Prominenz erlangt wie Rolland und in dem Werk von Ernst Robert Curtius »Französischer Geist im zwanzigsten Jahrhundert«, das aus einer Vorlesung von 1914 hervorging, in einer Reihe mit Gide, Rolland und Claudel steht. Da spürt man freilich, dass er dem Autor irgendwo unsympathisch, ja unheimlich ist, wenn dieser schreibt: »Suarès zu lesen ist ein fortwährender Kampf. Man wird gereizt durch Schroffheiten, Anmaßungen, Ablehnungen. Man wird gequält durch das Ringen des Schriftstellers mit sich selbst, durch unfruchtbare Anstrengungen, unzulängliche Ansätze, tobende Ausbrüche.«[119]

Mit Blick auf diese Charakteristik lässt sich vieles, was Rolland und Malwida über ihn äußern, besser verstehen. Immerzu begegnet er dort als »le pauvre Suarès«, »der arme Suarès«. Die sich über viele Jahre erstreckende Dreierbeziehung zwischen ihnen beiden und Suarès ist ein Thema eigener Art: Über längere Zeit erscheint sie als eine Dreieinigkeit, aus der Rückschau nicht ohne Pikanterie. Auch mit ihm führt Malwida über Jahre eine Korrespondenz; am 25. November 1891 schwärmt sie gegenüber Cosimas Tochter Daniela über ihn, der noch weit mehr als Rolland begeisterter Wagnerianer ist: »Die Briefe, die er mir schreibt, sind das Außerordentlichste von Poesie, Gefühl und Herz, was mir seit langem vorgekommen ist.«[120] Als Suarès ihren ersten Brief an ihn im Herbst 1890 mit einer achtseitigen Antwort erwidert, »voll von liebevollen und charmanten Worten«, jubelt sie gegenüber

Rolland: »Voilà, so sind wir also eine Trinität von Idealisten, … und wenn es uns gelingt, ihn für das aktive Leben zu retten, für das allein sich das Leiden des Lebens lohnt, so wäre das süß.«[121] Sie sieht sich also gegenüber diesem Mann, der sich damals immerzu unglücklich fühlt, als künftige Retterin; das gibt dieser Beziehung für sie gewiss besonderen Reiz und ihr zugleich eine gemeinsame Aufgabe mit Rolland, die beide verbindet. Rolland freilich bemerkt zu ihr am 8. Dezember 1891, für eine Liebe kenne sie Suarès noch zu wenig; er selbst habe begonnen, »ihn zugleich zu lieben und zu hassen«.[122] Dabei hat ihm Suarès gerade von seiner ersten Begegnung mit Malwida in Marseille berichtet und geschwärmt, er liebe sie »unendlich« und sie sei eine vollkommene Frau, wie er sie noch nie gekannt habe, auch wenn er sich nicht sicher sei, ob sie ihn ebenfalls liebe.[123]

Ist er für eine Frau wie Malwida vielleicht doch zu retten? Am 11. Mai 1895 teilt sie ihrer Schwester Louise mit, seit ein paar Tagen habe sie einen »neuen Schützling«: André Suarès, der sie in Rom besucht und wie einst Rolland Beethoven vorgespielt hat.[124] »Schützling«, nicht »Freund«! Am 4. Juli berichtet sie Rolland von einem Spaziergang mit ihm am Monte Mario: »Suarès geriet in Ekstase.«[125] Doch beginnt er sich gerade bei diesem Zusammensein innerlich von ihr abzukehren und klagt Rolland: »Malwida hat nicht das natürliche Herz. Sie klagt meinen ungeheuren Stolz an. Sie liebt mich, als ob sie mich nicht liebte.«[126]

Aber auch Rolland wird von diesem Freund zunehmend befremdet.[127] Seine Verbundenheit mit Suarès hat ihre Dramatik, wenn er ihn in mancher Stimmung zugleich liebt und hasst. Am 31. Januar 1892 klagt er Malwida, er leide unter einem »grausamen Übel«: Er sei vollkommen unfähig, jemanden zu lieben, außer sie und Suarès, die fern von ihm seien.[128] Malwida wird das nicht unbedingt als Übel empfunden haben. Am 2. März 1892 charakterisiert er Suarès ihr gegenüber: »Er hat feminine Qualitäten, eine feine und tiefe Zärtlichkeit.«[129] Auch das muss Malwidas Sympathie erwecken. Am 1. August 1892 beteuert er ihr, seit genau sechs Jahren liebe er Suarès »unendlich«. »Der Christ hat auf mich nie die Hälfte des Einflusses ausgeübt wie der Jude Spinoza. Heißt das, dass ich die Juden liebe? Ich hasse die Juden, ich hasse die Katholiken, ich hasse die Protestanten, ich hasse die Freidenker. Ich liebe nur die Ausnahmen.«[130]

Zwischen Malwida und Suarès gibt es eine Gemeinsamkeit, die der damalige Rolland – der spätere Freund von Rabindranath Tagore – nicht teilt, ja eher ironisch nimmt: Suarès ist Anhänger des Buddhismus. Noch Anfang 1900, als sich Malwida von Suarès längst abgekehrt hat, in der Zeit ihrer Bekanntschaft mit Chatterjee (»mein Inder«), zeigt sie sich Rolland gegenüber »frappiert« von der Ähnlichkeit dieses großen Inders mit Suarès.[131] Mittlerweile scheint sie diesen alten Freund doch wieder in guter Erinnerung zu haben.

Rolland dagegen glaubt damals, dass der Buddhismus Suarès nicht gut bekommt, ja in seinen Verzweiflungen bestärkt; Buddhismus scheint für ihn damals vor allem Glaube an das Nirwana zu bedeuten, und da teilt er noch die bis heute gängige Vorstellung, das Nirwana sei das Nichts. Am 26. Oktober 1890 berichtet er Malwida aus Genua, gerade habe er mit Suarès »drei glückliche Tage« an einem reizvollen Ort bei Hyères verbracht, und der habe ihm »tausend liebevolle Sachen« für sie bestellt; und dann: »Suarès plant eine Reise nach Italien, und das wird ohne Zweifel seinem Buddhismus den Gnadenstoß geben … Ich hoffe, dass mein eigenes Beispiel dazu beiträgt, ihn aus seiner Sehnsucht nach Vernichtung (désir d'anéantissement) zu erwecken.«[132] Doch am 5. November, gerade wieder in Rom eingetroffen, mit beißender Ironie: Suarès sei »wieder zurückgefallen – und natürlich begrüßt er seinen Sturz auf dem Grund seines göttlichen Nichts«.[133] Malwida ist darüber entsetzt.[134]

Am 16. April 1894 dagegen, als es Suarès wieder gut geht, freut sich Rolland, dass »seine drei Jahre von buddhistischer Askese an seinem Geist und seinem Körper abgeglitten sind wie das Wasser an den Federn einer Ente«.[135] Malwida meidet wohlweislich das Thema »Nirwana« und versucht nicht, Rollands abfällige Sicht des Buddhismus zu korrigieren; sie hält das wohl für sinnlos und möchte zwischen ihnen kein neues Reizthema aufwerfen. Obendrein beginnt sie schon seit einiger Zeit, gegenüber Suarès – der auf ihre enge Freundschaft zu Rolland eifersüchtig ist – auf Distanz zu gehen; bereits am 16. Januar 1892 schreibt sie Rolland: »Ich kann ihm nicht anbieten, in das Innerste (l'intimité) meines Lebens einzutreten, wie ich es Ihnen ohne Furcht anbot.« Andererseits »quält« sie die Eifersucht dieses anderen Freundes.[136] Der ist mit Grund eifersüchtig; so schreibt Malwida am 23. Mai 1895 an Rolland, zwar habe Suarès gewiss ebensolche Qualitäten und Verdienste wie er – »doch ich liebe Sie hundertmal mehr«.[137] Da nimmt ihn Rolland ihr gegenüber in Schutz, bei all seinen »Exzentrizitäten«, stellt ihn sogar auf eine Ebene mit Beethoven und Rousseau, gegenüber deren bizarren Seiten man auch Nachsicht übe[138]; Malwida – kein Wunder! – findet einen derartigen Vergleich unangemessen.[139]

Mit ihren inneren Vorbehalten gegen Suarès hat sie wohl einen richtigen Instinkt: Dessen Liebe zu ihr war stimmungsgebunden und ohne Tiefe. Im Weltkrieg tritt er als wilder Deutschenfeind hervor und veröffentlicht 1915 in Paris eine Schriftenreihe: »Nous et eux. Commentaire sur la guerre des boches«, wo er die Deutschen als Barbaren, Mörder und Lügner verteufelt. Ein größerer Kontrast als der zu Rolland, der zur gleichen Zeit zum Anwalt des Friedens und der Völkerverständigung wird, ist nicht vorstellbar. Die Trinität von Malwida, Rolland und Suarès war eine Dreieinigkeit ohne Tiefgang.

ROLLAND, VON MALWIDA ERMUTIGT, DOCH MIT GEHEIMNISTUEREI: VOM BLUTIGEN DRAMA ZUM MUSIKALISCHEN ROMAN – VON IMMER NEUER ENTTÄUSCHUNG ZUM WELTERFOLG. Noch viel später zitiert Rolland bemerkenswert offenherzig seine Aufzeichnung vom Mai 1888 über »die Aufgabe der Geschichte«, so wie er sie damals »in der schwärmerischen Übertreibung der Jugend« begriffen habe: »Der Historiker muss über jene höchste Sympathie verfügen, die an der Stelle seiner eigenen Liebe zu sich … die Egoismen derer treten lässt, die er beschreiben soll und deren Seelen er besitzen muss. Wenn er Borgia verstehen will, soll er damit beginnen, Borgia zu lieben!«[140] Und vermutlich »liebt« er damals auch Orsino, den Helden seines ersten Dramas, das er vom September bis Dezember 1890, in der Zeit seiner ersten Freundschaft mit Malwida verfasst, das jedoch nie auf die Bühne gelangt, ja nicht einmal einen Verleger findet. Malwida übersetzt es 1892 ins Deutsche; erst 1932 wird diese Übersetzung veröffentlicht.[141]

Orsino ist ein der Fantasie Rollands entsprungener Condottiere von Florenz. Von ihm wird berichtet, »dass er ein furchtbarer Mensch ist … Er hat Armeen, Städte, ganze Länder vernichtet.«[142] »Es ist der leibhaftige Teufel«, sagt selbst einer seiner Soldaten.[143] Zur Vernichtung eines feindlichen Heeres lässt er sogar einen Wald in Brand setzen.[144] In ihn verliebt sich Catharina, die schöne Schwester des Herzogs von Florenz, die am liebsten »Allem, was alt und hässlich ist, verböte sich am Licht der Sonne zu zeigen«, und glaubt, »es ist nicht möglich, gut zu sein, wenn man nicht schön ist«.[145] Orsino erwidert ihre Liebe. Doch dann kommt ihr zu Ohren, er sei ihr untreu geworden; da gibt sie ihm ein tödliches Gift zu trinken, das sie zuvor selber getrunken hat – da kommt heraus, dass er sie noch immer liebt! Leidenschaftlich umarmen sie einander, um danach gemeinsam zu sterben. »Niemals habe ich das Leben so sehr geliebt!«, ruft Orsino noch im Sterben.[146]

Man staune: Über Jahre begeistert sich Malwida wieder und wieder für dieses schauerliche Stück! Bereits als ihr im Februar 1892 ihre Vorleserin – sie selbst kann abends mit Rücksicht auf ihre Augen nicht mehr lesen – dieses Stück vorträgt, verfällt sie »unwillkürlich«, wie sie Rolland berichtet, in die Sprache Orsinos und feuert die Soldaten zum Kampf an, wogegen die Vorleserin in »Ekstase« fällt ausgerechnet über Orsinos Befehl, den Wald anzuzünden: »Oh wie mir das gefällt! Wie es schön ist!« Am Ende lachen sie beide über ihre Hochstimmung.[147] Malwidas Begeisterung ausgerechnet für »Orsino« gehört zu den großen Rätseln ihres Lebens, zumal Rolland selbst dieses Stück bald leid ist. Schon am 5. September 1890 schreibt sie ihm: »All meine Hoffnung ist jetzt *Orsino*.«[148] Rolland erwidert resigniert, wenn ihn nur Orsino retten könne, dann gebe es für ihn keine Rettung.[149] Malwida dagegen am 23 April 1892, unbeirrt in ihrer Begeisterung: »Ich wurde von neuem und noch stärker berührt von dieser Schöpfung des Charakters von Orsino. Ich versichere Ihnen, das ist eine Gestalt, die eines Shakespeare würdig ist … Sein Tod lässt mir jedes Mal die Tränen in die Augen treten, und die Wirkung vermindert sich nicht, sondern verstärkt sich.«[150] Dieser Liebestod durch das Gift der Geliebten – welch ein Unterschied zum Tristan! Wieder berichtet sie ihm am 20. Mai, wie sie durch diesen Tod zu Tränen gerührt sei, und fügt hinzu, Orsino sei »absolut« er selbst: er, Rolland, »übertragen in ein Milieu und eine Zeit, wo Sie vollkommen Sie selbst sein konnten«.[151] Rolland als blutrünstiger Condottiere zu sich selbst gekommen! Dazu scheint er zu schweigen.

Diese ihre Begeisterung, die man grotesk finden kann, hält davon ab, den Einfluss der »Idealistin« auf Rolland gar zu sehr zu idealisieren. Der hat ihr gegenüber 1896 »Orsino« geradezu als »kindisch« (enfantin) abgetan, schämt sich jetzt seiner einstigen Begeisterung für die Renaissance[152] – damals schreibt er längst am »Jean-Christophe«, ist in die Gegenwart zurückgekehrt. Malwida protestiert dagegen und findet »Orsino« nicht kindisch, sondern »jugendlich« (juvénile): »Vor allem ist es das Werk der am meisten spontanen Inspiration, das Sie geschaffen haben.«[153] Darauf Rolland: »Wenn ich jetzt *Orsino* publizieren würde, würde man sagen, dass er von Nietzsche inspiriert sei.«[154] Anfang 1899 empfindet er beim »Orsino« nur noch Abscheu: »Es ist mir unmöglich geworden, ihn zu lesen.«[155]

Über Jahre hinweg besitzt dieser Briefwechsel seine besondere Dramatik durch Rollands immer neue Ausbrüche tiefer Verzweiflung – anfangs von Zweifel an seiner Arbeitsfähigkeit, dann daran, dass er je Erfolg haben wird – und den darauf folgenden Versicherungen Malwidas, er sei ein großer Künstler und werde am Ende siegen. In einem Brief aus Paris vom 22. September 1891 klagt er ihr über den »brennenden Schmerz«, von ihr getrennt zu sein, seiner »einzigen wahren Freundin«, und »allein zu bleiben in dieser Kälte der Seele und des Körpers«, um dann fortzufahren: »Ich werde niemals Erfolg haben; ich bin nicht dazu geschaffen, Erfolg zu haben. … Denn zum Erfolg braucht man enge Beziehungen mit der Welt.« Und alle Abende verfolge ihn die gleiche Frage: »Na (Eh bien), was hast du getan? Hast du irgendetwas getan? Hast du irgendjemanden gesehen?« Und am Schluss schämt er sich auch noch, dass er ihr solche Briefe schreibt.[156] Sie erwidert aus Versailles, er solle ihr nur weiter so schreiben und ihr sein Herz ausschütten, das sei das Gebot der Freundschaft; und es komme gar nicht darauf an, »die Welt« zu lieben, vielmehr »*unsere* Welt«, und dazu könne er bei ihr in Rom sein »oder in einer Einsiedelei in Sizilien und viel Sternen«.[157]

Bereits am 16. April 1891, als sie beide noch in Rom sind, beginnt sie einen Brief mit der Erklärung: »Lieber Freund, obwohl Sie nun auch anfangen, mir meinen Idealismus vorzuwerfen, kann ich Ihnen doch versichern, dass ich an fast nichts anderes denke als an die Lösung des praktischen Problems für Sie. … Doch ein Anfang muss gemacht werden.« Da empfiehlt sie ihm, über Mozart zu schreiben: Das sei ein »angenehmes Beruhigungsmittel«.[158] Schon da die Idee einer musikalischen Dichtung! Am 4. August 1891 schließt er einen Brief an sie, die sich gerade in Bayreuth befindet, mit den Worten: »Jetzt hat sich meine Phantasie Bayreuth und sein Theater aus allen Stücken wieder aufgebaut; und ich leide darunter, nicht dort zu sein; ich beneide Sie von Herzen, dass Sie dieses – für mich entschwundene – Leben noch genießen.«[159] Sie schreibt zurück, diese seine letzten Worte machten sie glücklich und stolz auf ihn: »Ja, so denkt eine heroische Seele, die den schöpferischen Genius in sich trägt und die ›die Welt und sich selbst neu zu erschaffen vermag‹.«[160]

Obwohl sie Rolland anfangs am liebsten für einen neuen Shakespeare, für einen großen Dramatiker hält,[161] hat sie bei all ihrer Begeisterung für

»Orsino« manchmal ganz richtig gespürt, dass sich für ihn der Weg zum Ruhm durch einen Roman auftun wird: am besten durch einen solchen, der von Musik inspiriert ist, wurde sie für ihn doch anfangs durch sein Klavierspiel begeistert. Am 7. Juni 1892 übermittelt sie ihm den Rat des Archäologen Geffroy, der Rolland als Direktor der französischen Schule für Geschichte und Archäologie in Rom wohlbekannt ist,[162] er möge nicht mit Dramen, sondern mit einem Roman beginnen, und zwar mit einem zur Musik, war er doch nach Rom gekommen, um zur Frühgeschichte der Oper zu recherchieren.[163]

In der Musikgeschichte fasziniert ihn besonders Beethoven; schon seit seiner Kindheit – so Stefan Zweig – war dieser Komponist »Romain Rollands Meister gewesen, Mahner und Tröster zugleich«.[164] Beethoven lässt ihn nicht los; er wird ähnlich wie Wagner, doch mit noch größerer Emphase zu einem Dauerthema in seiner Korrespondenz mit Malwida. 1902 schreibt er seine Beethoven-Biografie, die dann in Malwidas Todesjahr erscheint und sein erster großer publizistischer Erfolg wird; im Vorwort zur Neuausgabe von 1927, dem hundertsten Todesjahr Beethovens, erinnert er sich: »In wenigen Tagen ging die kleine Schrift, die … von einem Unbekannten geschrieben war, von Hand zu Hand.«[165] Von Anfang bis Ende dieses Buches spürt man das Mit-Leiden des Autors: wie er sich mit seinen Verzweiflungen in dieser Lebensgeschichte selbst wieder findet und Trost gewinnt aus dem Miterleben, wie sich Beethoven am Ende »zu seinem Glaubensbekenntnis, zum großen Hymnus an die Freude durchgerungen« hat.[166] »Die Kampfesfreude geht über in allem Irdischen entrückte Ekstase … Die ganze vom Jammer befreite Menschheit reckt in unermesslichem Jubel ihre Arme zum Himmel, der Freude entgegen.«[167] Auf Beethoven verfasst er einen »Dankgesang«[168] – wie dereinst auf Malwida!

Bereits 1890 kündigt er ihr geheimnisvoll sein Vorhaben eines »musikalischen Romans« an, das im »Jean-Christophe« seinen gewaltigsten Ausdruck finden wird, und er erläutert, was er darunter versteht: »Der Stoff des musikalischen Romans muss das Gefühl (Sentiment, groß geschrieben) sein … Alle Teile des musikalischen Romans müssen demselben umfassenden (général) und mächtigen Gefühl entspringen. … Wie eine Symphonie aufgebaut ist auf einigen Tönen, die ein Gefühl zum Ausdruck bringen, das im Verlauf des Stückes sich nach allen Seiten hin entwickelt, wächst, siegt oder unterliegt, – so muss ein musikalischer Roman das freie Aufblühen eines Gefühls sein, das Seele und Wesen dieses Romans ist.«[169] Wovon der »musikalische Roman« konkret handeln soll, verrät er nicht. Malwida ist von dieser Idee gleichwohl spontan beeindruckt, zumal sie zu der »ewigen psychologischen Analyse« kontrastiert, die ihr literarische Moden jener Zeit verleidet.[170]

Doch noch nach Jahren behält Beethoven für ihn bei aller Faszination etwas Unheimliches. »Aber wenn ich vor mir Beethovens schreckliche Maske sehe, zugleich furchtbar und grandios, und wenn ich darauf seine traurige, untröstliche, einsame Musik höre – dann bin ich im Innern sicher, dass ihn keine Frau geliebt hat, ihn zu lieben fähig gewesen wäre.«[171] Aber im April 1901, als er schon viele Bücher über Beethoven gelesen hat und seine eigene Biografie dieses Komponisten vorbereitet, berichtet er, wie er nach einem Beethoven-Konzert erneut Wagners »Götterdämmerung« gehört habe: Nun erscheine sie ihm neben Beethoven weniger großartig.[172] Malwida ihrerseits freut sich, dass er »in der besten und teuersten aller Gemeinschaften, der von Beethoven« sei, der auch für sie über allen anderen stehe.[173] Noch kurz vor ihrem Tod liest sie mit großer Freude seinen soeben erschienenen »Beethoven«: »Ich glaube wahrhaftig, es gibt wenige Menschen (gewiss besonders wenige aus einer anderen Nation), die diese gigantische Natur so tief durchdrungen haben.«[174]

Einst hat sie ihm, wenn er wieder verzweifelt war, nicht nur Beethoven, sondern auch Wagner als großes Vorbild vorgehalten: wie dieser nach »langem Todeskampf«[175] am Ende siegreich triumphiert habe. Doch schon früh beginnt seine Wagner-Beziehung zu wanken. Am 14. Dezember 1891 bereitet er sie darauf vor, am Ende werde er Wagner »verabscheuen«: »Er hat den Geist aus dem Gleichgewicht gebracht, er hat das Ohr verdorben; er hat das Publikum an Klangfülle (sonorités) und rasende Gefühle gewöhnt.« Doch das habe bereits »sein Meister Beethoven« getan.[176] Malwida schweigt dazu. Am 4. November 1902 erklärt er ihr seine definitive Abkehr von Wagner: »Ich glaube entschieden, dass Wagners Genie auf die Kunst einen unangenehmen Einfluss (impulsion) ausgeübt hat.«[177] In Bayreuth notiert er: »Ein sizilianischer Räuber steht mir näher als ein deutscher Wagnerianer.«[178]

Und doch erkennt Stefan Zweig im »Jean-Christophe« nicht nur Beethoven, sondern auch Wagner: »Seine Jugend ist die Beethovens oder Mozarts, seine Flucht aus Deutschland, sein Kampf in Paris eine verwandelte Geschichte Richard Wagners.«[179] Als der junge Johann Christoph, fortwährend von Leidenschaften hin- und hergerissen, in Wagners Werken liest, knirscht er mit den Zähnen über den »falschen Idealismus«, den er dort erkennt; doch immer wenn er Wagner-Musik hört, ist er davon »gefangen genommen« – »von der Sturzflut, dem diabolischen Willen des Mannes«, den er da spürt.[180] Aber in dem Wagner-Verein, dem Johann beitritt, hält er es schon bald nicht mehr aus: »Ich habe einen entsetzlichen Widerwillen gegen diese Menschen, es ist mir fast unmöglich, auch nur einem von ihnen ins Gesicht zu schauen.«[181] Wer Wagner liebt, muss nicht die Wagnerianer mögen.

Nicht zuletzt über das Thema Wagner gelangen wir zu der für Rollands Schaffen wohl wichtigsten, doch zugleich geheimnisvollsten Auswirkung seiner Freundschaft mit Malwida: dem Einfluss dieser Beziehung auf »Jean-Christophe«, jenen gewaltigen Roman, der ab 1904 in zehn Folgen erscheint, nach Rollands zuvor oftmals stockenden Anfängen von einer wahren Explosion der Kreativität zeugt und ihn weltberühmt machen wird; 1915, mitten im Weltkrieg, erhält er für diesen Roman, der von edler deutsch-französischer Gemeinsamkeit handelt, den Nobelpreis.

Johann Christof Krafft ist ein deutscher Musiker, der nach Paris emigriert, dort nicht zuletzt durch die spannungsvolle Freundschaft mit dem Franzosen Olivier heimisch wird und in seinem Schaffen eine ideale Verbindung von deutscher Energie und französischem Geist verkörpert. Bei alldem muss er durch viele Kämpfe und Leidenserfahrungen hindurch. Im Leitmotiv dieses Romans, so wie es Ernst Robert Curtius schildert, erkennt man eine Ähnlichkeit mit »Beethoven« ebenso wie eine lebenslange Sehnsucht Malwidas: »Leben heißt kämpfen! Das hatte sich schon dem Knaben Christof in schweren Stunden offenbart. … Aber wer kämpft, wer die Hüllen seiner Seele immer wieder zerbricht, wer sich nie Grenzen setzt, in den strömt die schöpferische Kraft des Weltlebens ein, der erlebt immer neu in ekstatischem Glück seine Einheit mit der Welt, mit Menschen, Bäumen, Wolken und Winden.«[182] Für jene Zeit ungewöhnlich: Keine erotische Liebe ist ein Leitmotiv dieses Romans,[183] sondern Seelenliebe – jene Liebe, die ihn mit Malwida verbindet.

Bereits am 10. August 1890 hat Rolland ihr erstmals von seinem Zukunftsplan eines »musikalischen Romans« geschrieben und erläutert – wobei er auf ihren Beifall rechnen kann –, dieser dürfe nicht zur »psychologischen Analyse« werden:

»Der Stoff des musikalischen Romans soll das Gefühl (›le Sentiment‹, groß geschrieben) sein … Alle Teile des musikalischen Romans müssen diesem umfassenden und starken Gefühl entspringen. Wie eine Symphonie aufgebaut ist auf einigen Tönen, die ein Gefühl zum Ausdruck bringen, das im Verlauf des Stückes sich nach allen Seiten hin entwickelt, wächst, siegt oder unterliegt – so muss ein musikalischer Roman das freie Aufblühen eines Gefühls sein, das Seele und Wesen dieses Romans bestimmt.«[184]

Immer wieder kündigt er dieses sein Vorhaben an, wozu Malwida vorerst nicht viel zu sagen weiß, da er über den Inhalt beharrlich schweigt. 1896 beginnt er mit dem Schreiben und setzt es in den darauffolgenden Jahren fort – Malwidas letzten Lebensjahren. Später erinnert er sich: »Fast alle meine Manuskripte (mit Ausnahme des *Johann Christof*, den ich geheimhielt) nahmen, kaum dass sie vollendet waren, ihren Weg in die Via della Polveriera. Sie waren sicher, dort das wärmste Verständnis zu finden, das die Freude vermittelt, den beschwerlichen Aufstieg ohne Führer fortzusetzen.«[185] Die Motive für diese Geheimnistuerei ausgerechnet gegenüber der besten Freundin – wogegen er über »Jean-Christophe« sogar mit seiner Mutter lange Gespräche führt[186] – verrät er nicht.

Das reizt zu Fragen: Hat er Sorge, Malwida könnte ungeduldig werden und ihn fortwährend mit Ermahnungen bedrängen, wenn er mit diesem gewaltigen Vorhaben nicht vorankommt, hat sie ihn doch schon zu Anfang zur Weiterarbeit gemahnt, als er ihr geklagt hat, dass er nichts zu Ende führe[187] – nicht einmal seine Dramen, die im Umfang nur einen kleinen Bruchteil des »Jean-Christophe« umfassen? Noch am ehesten lässt sich vermuten, dass er sich vor allem deshalb so beharrlich in Schweigen hüllt, weil in diesen Roman wie in keines der Dramen tiefe Erfahrungen ihrer beider Freundschaft eingehen. Da mag ihm dieses große Vorhaben ihr gegenüber über Jahre als zu intim erscheinen, um mit ihr darüber zu reden. Wieder: Wesentliches vollzieht sich zwischen beiden im Schweigen. Später schreibt er von den »im Schweigen sprechenden Augen Malwidas«: »Was sie mir offenbart haben, ist die enge Verwandtschaft des verborgenen wahren Frankreich und des wahren Deutschland: sie wird überleben.«[188] Und ebendieser Offenbarung entspringt »Jean-Christophe«.

Einst, am 5. November 1891, hat er ihr geklagt, er lebe in tausend irrealen Welten. »Ich habe nicht in der meinigen gelebt. Ich kenne nicht genug die Männer und die Frauen, die mich umgeben.«[189] Nun, Malwida lernt er bis in die Tiefen ihrer Seele hinein kennen wie wohl noch nie einen anderen lebenden Menschen; über sie gelangt er offenbar dahin, in der Gegenwart zu leben, über Gegenwärtiges zu schreiben und diese Realität zugleich zu transzendieren, und dies mit einer Schöpferkraft wie noch nie. Kurz nach Malwidas Tod schreibt er an Sofia Guerrieri über sie: »Mit ihr hat man das Gefühl, schon außerhalb des Lebens, außerhalb der Zeit zu leben. … Das ist zugleich das höchste Glück des vollen Lebens.« Sein Held, Johann Christof, werde das sein, was Malwida für ihn bleibe: »dieser Lichtpunkt inmitten der Nacht, eine reinere Welt von der aus man die Welt beherrscht«.[190] Berühmt wird seine Schilderung jener allerersten Intuition, die ihn zu diesem Roman führte, in Rom genau im ersten Monat seiner Bekanntschaft mit Malwida auf jenem Hügel, auf dem auch sie gerne spazieren ging:

> »Das war im März 1890 auf dem Janiculum … Rom glühte im Sonnenuntergang. … Das Auge des Himmels trank mir die Seele aus. Ich verlor den Boden unter den Füßen, stand außerhalb der Zeit. Und plötzlich gingen mir die Augen auf. Ich sah aus der Ferne mein Land, meine Vorurteile und mich selbst. Zum ersten Mal wurde ich mir meines Seins bewusst, meines freien und nackten Seins. Das war ein Blitz. … Die ›Offenbarung auf dem Janiculum‹, wie ich ihn genannt habe, hat mir die Schöpfung aus dem Boden hervorkeimen lassen.«[191]

Am 1. Oktober 1893 berichtet er Malwida davon, wie er jetzt mehr und mehr die Gegenwart durchdringe und dadurch die Fähigkeit erlange, seinen künftigen großen Roman zu schreiben: »Jeden Tag wird mir die moderne Welt klarer; ich sehe sie kaum in der Brust meiner Helden; – meine Helden sind mehr wert als sie, aber einmal werde ich den Anblick (spectacle) der Göttlichen Macht der Dinge geben, die in der vielfältigen Realität ausgebreitet ist, die uns umgibt.« Und dann unterstrichen: *»In zehn Jahren, hoffe ich, wird sie ihren Ausdruck gefunden haben in dem Roman, dem einzigartigen (unique) Roman über den ich nachdenke, und wo wie in einem Epos die Völker der Menschen von ihrer Kindheit bis zu ihrem Tod vorbeiziehen müssen.«*[192] Sehr viel klarer kann es Malwida noch immer nicht geworden sein, was er da vorhat; immerhin gewinnt sie aus diesem bislang bei ihm nie da gewesenen Langzeitplan den zuversichtlichen Eindruck: »Ihre Periode des Zweifels und der Verzweiflung ist kurz gewesen.«[193]

Erst am 19. September 1902, als nicht nur »Jean-Christophe«, sondern auch das Leben Malwidas kurz vor dem Abschluss steht und sie ihm gerade geklagt hat, sie wisse »absolut nichts« über den Roman,[194] schildert er ihr endlich ausführlicher, wovon dieser handelt: Der Inhalt sei »die Geschichte eines Lebens, von der Geburt bis zum Tod. Mein Held ist ein großer deutscher Musiker, den die Umstände zwingen …, außerhalb Deutschlands in Paris, in Italien und, in der Schweiz usw. zu leben. Die Umwelt (milieu) ist das Europa von heute. Das Temperament meines Helden ist nicht das meinige; ich leihe ihm nur meinen Geist (intelligence); meine eigene Individualität findet sich verstreut unter anderen Nebengestalten. Doch, um alles zu sagen, (unterstrichen) *der Held ist Beethoven in der Welt von heute.* (Es handelt sich nicht um eine Analogie zwischen seinen und Beethovens äußeren Lebensumständen oder um eine physische Ähnlichkeit, sondern um eine moralische Ähnlichkeit. Im Mittelpunkt steht die Welt, aus dem Herzen eines Helden gesehen.)« Es würden fünf oder sechs Bände werden. Doch erneut schärft er ihr unterstrichen ein: *»Ich bitte Sie, über all das zu niemandem zu reden.* … Es würde mir sehr schwer, wenn nicht unmöglich, ein Werk fortzusetzen, wenn ich wüsste, dass andere es im voraus kennen und wissen, dass ich daran arbeite. Bewahren Sie mir das absolute Geheimnis: das ist für Sie allein.« Er hoffe, sie werde den Roman noch lesen können. »Ich glaube, Sie werden ihn lieben.«[195] Malwida verspricht ihm, sich demnächst dazu zu äußern,[196] doch dazu war sie nicht mehr in der Lage. Werner Broer schreibt über Rolland mit Blick auf »Jean Christophe«: »Diesen Geist der Versöhnung hat er zweifelsohne in den Gesprächen und dem Briefwechsel mit Malwida entwickelt; ihr Bild blieb lebenslang in der Nähe seines Arbeitstisches.«[197]

ZWISCHEN NATIONALGEFÜHL UND KOSMOPOLITISMUS; WILHELM II.: VOM HEILIGEN ZUM SCHEUSAL – STIMMUNGSSCHWANKUNGEN UND STREITIGKEITEN ZU FRAGEN DER POLITIK. Themen der Politik, schon gar der jeweils aktuellen begegnen in der Korrespondenz zwischen Malwida und Rolland über Jahre – bis zur Affäre Dreyfus – im Allgemeinen eher am Rande; man gewinnt nicht gerade den Eindruck, dass die beiden eifrige Zeitungsleser sind. Manches wirkt dabei aus heutiger Sicht seltsam, so ein Hin und Her im März 1892. Da findet Malwida die Neuigkeiten aus Berlin – welche? – »sehr beunruhigend«: »Es ist möglich, dass uns die Revolution von dort kommt, und sie wird schrecklich sein.«[198] Nüchtern besehen gibt es im Berlin jener Zeit nicht gerade Anzeichen für eine kommende blutige Revolution, doch

Rolland erwidert zustimmend: »Ja, die Revolution grollt (gronde) von allen Seiten.«[199] Darauf Malwida: Ein junger Deutscher, begeisterter Leser ihrer Memoiren, habe ihr aus Berlin berichtet, »die Erregung der Geister in Deutschland sei derart, selbst unter den Frauen und in allen Klassen, dass man nicht wisse, wie das enden werde. Man spricht offen darüber, dass man den Kaiser für verrückt erklären und eine Regentschaft nominieren müsse. Das ist traurig; er wird enden wie Ludwig II., scheiternd wie all die Idealisten mit seinem großmütigen und menschenfreundlichen Elan.«[200] Aus heutiger Sicht ein seltsames Urteil! Nun, das ist nicht ihr letztes Wort über Wilhelm II.; der wird ein Thema, über das sich beide verständigen können.

Ein Streitthema ist und bleibt jedoch Bismarck. Von ihrer einstigen Exilfreundschaft her mit Lothar Bucher, dem späteren Intimus Bismarcks, dazu ihrer freundschaftlichen Beziehung zu dem Bismarck-Porträtisten Lenbach, der zu Silvester 1889 mit Bismarck auf ihr Wohl getrunken hat, behält Malwida eine Schwäche für den »Eisernen Kanzler«, zur Irritation von Rolland, der diesem die Annexion von Elsass und Lothringen nie verzeiht. Einst, am 17. August 1866, im Monat nach der Schlacht von Königgrätz, war Malwida gegenüber Augusta von Stein das aus pazifistischer Sicht skandalöse Bekenntnis herausgerutscht: »Ja, der Krieg ist ein Scheusal, und doch kann ihn die Welt noch nicht entbehren, und der brutalen Emotionen bedarf die Menge, um nicht zum Sumpf zu werden. Dennoch ist und bleibt etwas Großartiges in diesem Krieg von sieben Tagen.«[201] Aber im Jahr darauf an ihre Schwester Laura: »Ich hasse den Krieg, er ist so unmenschlich und er bringt nie edle Früchte.«[202]

Rolland ist von Anfang an über Malwidas Schwäche für Bismarck irritiert. Schon am 2. Juli 1890, kurz nach dessen Entlassung, hält er ihr vor, dass Tolstoi Bismarck von ganzem Herzen verachte.[203] Malwida dagegen ist Anfang 1894 beglückt über die Versöhnung zwischen Bismarck und dem jungen Kaiser, der ihn entlassen hat: das sei »das große politische Ereignis«.[204] Doch Rolland bricht am 27. März 1895 in Wut aus auf den von ihm bis dahin geschätzten Wilhelm II., als dieser Bismarck als Geste der Versöhnung einen Säbel überreicht hat.[205] Und am 12. Juni 1895: Auch wenn er für das Elsass keine besondere Sympathie empfinde, würde er sein eigenes Volk verachten, wenn es das Elsass vergäße. Sosehr er den künftigen Krieg hasse: Eine »politische Freundschaft« zwischen Frankreich und Deutschland sei unmöglich.[206] Für Malwida dagegen ist es im Juni 1895 ein »grandioses Schauspiel«, als Wilhelm II. sich bei einer Kieler Flottenparade versöhnlich mit dem französischen Botschafter und Admiral trifft.[207]

Rolland hält ihr am 20. Oktober 1895 vor: »Ich habe mich stets gewundert, dass eine alte Revolutionärin wie Sie voller Respekt für die Person und das Werk eines Bismarck war.« Ein solcher Mann möge im Mittelalter groß gewesen sein; in heutiger Zeit sei er »entsetzlich« (monstrueux).[208] Und dann, am 2. August 1898, drei Tage nach Bismarcks Tod: »Ich bedaure das nicht. Alles Übel, unter dem diese Zeit leidet, ist zum Teil sein Werk, – durch den Hass, den er zwischen den Nationen angestachelt hat.«[209] Kurz darauf, als England dabei ist, Ägypten zu erobern: »Das Verbrechen von 1870–71 berührt mich mehr als das von heute.«[210] Hätte sich nicht in den Napoleonischen Kriegen weit mehr solcher Verbrechen finden lassen? Doch hier spricht Rolland als Franzose!

Nun von Bismarck zu Wilhelm II., den jungen Kaiser, in den man zunächst so manche Hoffnung projizieren kann; wie wir sahen, glaubt Malwida in ihm anfangs einen »Idealisten« zu erkennen. Am 15. Februar 1895 fragt sie Rolland: »Haben Sie im ›Figaro‹ (den) Artikel über ein Gespräch eines der Mitarbeiter mit dem Kaiser Wilhelm gelesen? Wo dieser gesagt hat, sein höchstes Verlangen und Ziel sei das Bündnis (union) von Deutschland und Frankreich. Wenn er das erreichen könnte, wäre er groß (grand) und Europa wäre vielleicht gerettet.«[211] Rolland ist um den neuen Kaiser anfangs sogar besorgt. Am 14. August 1891, unter dem frischen Eindruck des gegen Deutschland gerichteten französisch-russischen Bündnisses, das bei ihm helle Wut hervorruft – »wir sind endgültig Kosaken geworden«![212] –, fürchtet er um die Gesundheit Wilhelms II.: »Ich hoffe, dass *Ihr* Kaiser weniger krank ist, als man sagt, und dass er keine Kenntnis der gehässigen Artikel hat, die hier seit fünfzehn Tagen veröffentlicht wurden. – Es wäre unerfreulich, wenn er sterben würde; und natürlicherweise würde Deutschland als erstes darunter leiden; doch auch der Rest der Welt. – Ich habe immer Vertrauen in ihn … ich glaube auch an die Stärke seines moralischen Empfindens … Ah! Was würde ich Übles anrichten, wenn ich Kaiser wäre!«[213] Er gerät außer sich vor Abscheu, als er in seinem Land immer wieder hört, wie die russische Nationalhymne an die Marseillaise angehängt wird.[214] Am 31. August 1891 erwartet er, dass im kommenden Frühjahr ein französisch-russischer Angriff auf Deutschland losbrechen und er selbst fallen wird.[215]

All das bestärkt seine Verbundenheit mit Wilhelm II. Es kommt noch verblüffender: 1894 plant er ein Drama »St. Louis«, über Ludwig den Heiligen (er wird es nie vollenden), wobei er, wie er ihr gesteht, sich wenig um die historische Wahrheit schert – dieser König hat zwei verlustreiche Kreuzzüge angeführt –, sich vielmehr von dessen »Seelenmusik«, so wie er sie vernimmt, inspirieren lässt.[216] Malwida reagiert darauf nicht gerade begeistert.[217] »Und wissen Sie, wem ich meine Schilderung (image) des heroischen Königtums widmen werde?«[218] Malwida weiß es; sie schreibt zurück: »ich finde Ihre Idee bezaubernd (charmante), Ihren *St. Louis* Wilhelm II. zu widmen. Ich bin sicher, er wird das zu schätzen wissen.«[219] Offenbar schreibt Rolland ihr darauf einen Brief, der nicht erhalten ist (hat er ihn später vernichtet?), voller Bewunderung für den deutschen Kaiser; Malwida gibt Bülow eine Abschrift davon mit der Bitte, diese an den Kaiser weiterzureichen, und der erwidert, das werde er tun und das werde diesem mit Sicherheit eine große Freude sein.[220] Darauf Malwida an Rolland: Er möge noch einen weiteren Brief schreiben mit allem, was ihm für Wilhelm auf dem Herzen liege; und da träumt sie davon, zwischen ihm und Wilhelm II. werde eine ähnliche Gemeinschaft entstehen wie zwischen Wagner und Ludwig II.[221] – jene Verbindung, die einst Wagner aus seiner Existenznot erlöste! Im Frühjahr 1895 erregt der Kaiser in Frankreich »ungeheure Aufregung« (Erich Eyck), als er in Tanger landet und den marokkanischen Sultan als unabhängigen Herrscher begrüßt[222] und auf diese Weise Frankreichs koloniale Ambitionen auf Marokko demonstrativ durchkreuzt; doch Rolland, kein Anhänger des Kolonialismus, nimmt dem Kaiser diesen Auftritt nicht übel.[223]

Doch direkt darauf sein Wutausbruch gegen den Kaiser, als dieser Bismarck den Säbel der Versöhnung überreicht! Da wird ihm Wilhelm II. auf einmal »verhasst«.[224] Vergeblich nimmt Malwida den Kaiser in Schutz und bekräftigt erneut, dieser habe ein ehrliches Interesse an deutsch-französischer Annäherung und dauerhaftem Frieden.[225] In noch größere Wut auf Wilhelm II. gerät Rolland im Februar 1897, als dieser, dem am Erhalt des Osmanischen Reiches gelegen ist, die europäischen Großmächte gegen Griechenland mobilisieren will, als dieses Kreta zu erobern sucht, wo es einen Aufstand der Griechen gegen die türkische Herrschaft gegeben hat.[226] Da kommt bei Rolland zum Hass die Verachtung,[227] zumal er immer neu in Empörung über die türkischen Massaker an den Armeniern ausbricht, bis hin zu dem Wunsch, das Osmanische Reich möge »so schnell wie möglich« unter den europäischen Mächten aufgeteilt werden.[228] Auch Malwida, einst bei russisch-türkischen Konflikten türkenfreundlich, spricht über dieses Vorgehen des Kaisers ihre Verachtung aus.[229]

Rollands Abscheu erreicht ihren Gipfel nach der berüchtigten »Hunnenrede« des Kaisers vom 27. Juli 1900, als der das nach China gegen den Boxeraufstand entsandte deutsche Expeditionskorps dazu aufruft, dort wie in Europa einst die Hunnen zu wüten: »Pardon wird nicht gegeben. Gefangene werden nicht gemacht.«[230] Am 3. Dezember 1900 schreibt Rolland an Malwida: »Sie erinnern sich, meine Freundin, mit welchem Vertrauen wir einst über Kaiser Wilhelm gesprochen, welche Hoffnungen wir in ihn gesetzt haben, welche bewundernswerte Rolle er spielen könnte? Gegenwärtig ist er für mich eines der abscheulichsten Geschöpfe geworden, die die Erde getragen hat, ein unseliges (néfaste) Wesen, verantwortlich für die Verbrechen Europas«, wo er auch noch »dieses Monstrum von Konstantinopel« – den osmanischen Sultan – umarmt habe.[231] Darauf Malwida: Er erinnere sich wohl, dass sie für Wilhelm II. nie so enthusiastisch gewesen sei wie er; jetzt billige auch sie nicht dessen Verhalten gegenüber den Osmanen, glaube jedoch, dass Rolland den Einfluss des Kaisers auf Europa übertreibe. Zudem sei England mit seinem Kolonialimperialismus übler als alle anderen Mächte.[232] Es ist die Zeit des britischen Burenkrieges – und Malwida begeistert sich, wie wir sehen werden, mit Leidenschaft für das »kleine Heldenvolk« der Buren.

Schon wiederholt spielte die beiderseitige Beziehung zur Nation in diesen Briefwechsel hinein. Da erscheint es zunächst bemerkenswert, dass beide meist nicht als Angehörige ihrer jeweiligen Nation miteinander korrespondieren. Eher gibt sich Malwida, die Liebhaberin des Südens, als Römerin, wogegen Rolland je nach Stimmung als »nordischer« Mensch schreibt: Wie wir schon sahen, ein beliebtes Gekäbbel zwischen den beiden. Fühlen sie sich als Europäer, wo doch Malwida später gerne zur Europäerin erhoben wird? Doch zu jener Zeit, auf dem Höhepunkt des europäischen Kolonialimperialismus, besitzt »Europa« gerade für solche Zeitgenossen, die wie Malwida die Kultur des von den Briten eroberten Indien schätzen, ganz und gar nicht den hellen Klang wie für heutige Anhänger der europäischen Einigung; »Europa« taucht in dem Briefwechsel nur selten auf.

Von den äußeren Daten ihres Lebens her wirkt Malwida in der Tat als Europäerin, wo sie in jungen Jahren Deutschland verlässt und in England, Frankreich und Italien lebt, jedoch nie für längere Zeit in ihr Heimatland zurückkehrt, auch dann nicht, als ihr das längst ohne Risiko möglich gewesen wäre und obendrein Bayreuth lockt. Doch ihre äußeren Lebensdaten besagen nicht alles. Im »Epilog« zu ihrem Sammelband »Individualitäten«, den sie 1901 gegenüber Olgas Tochter Germaine ihr »politisch-sociales Testament« nennt, »wo die alte Revolutionnairin noch einmal durchguckt«,[233] bekennt sie sich an erster Stelle zum Ideal des Friedens verbunden mit »allgemeiner Entwaffnung«; doch weiter: »Dann, und vor allem, die unanrührbare, heiligzuhaltende Unabhängigkeit der Völker, seien sie groß oder klein. So wie das Individuum in seiner persönlichen Unabhängigkeit geschützt und gesichert sein muß, so auch ein jedes Volk, das doch auch nichts anderes ist, als ein Völkerindividuum.« (III 508) Und wie wir sahen, ist das Individuum für Malwida ein höchster Wert.

Das hält von einer vorschnellen Rückprojektion des heutigen Europa-Ideals ab. Rolland verehrt sie im »Dankgesang« nicht als Europäerin, sondern als Verkörperung des guten alten Deutschland: Was ihre Augen ihm offenbart hätten, sei »die innerste Verwandtschaft des wahren Frankreich in seiner Verborgenheit und des wahren Deutschland … das bessere Deutschland: es wird weiterleben«.[234] Doch am 12. Juni 1895 schließt er einen Brief an sie mit den Worten: »Ich liebe Sie von ganzem Herzen, Sie, die Sie weder Französin noch Deutsche sind und es vermocht haben, jenseits von diesem Verhängnis des Hasses zu leben …, dem ich entrinnen möchte.«[235] Sie erwidert, ihr Vaterland bestehe für sie nur »in einer ganz idealen Sphäre, die von edlen Geistern wie Göthe, Beethoven, Schiller, Wagner und ihresgleichen bevölkert ist. Dort bin ich noch Deutsche und fühle mich in meinem Vaterland.«[236]

Marie-Claire Hoock-Demarle glaubt in ihrem Werk »L'Europe des lettres« in Europa gegen Ende des 19. Jahrhunderts eine »Rückkehr zum Kosmopolitismus« zu erkennen,[237] und der beste Beweis dafür ist ihr der Briefwechsel zwischen Malwida und Rolland; ihr langes Schlusskapitel trägt den Titel: »Le réseau européen de Donna Malwida cosmopolita«.[238] Dabei handelt es sich jedoch nicht so sehr um einen expliziten, sondern eher um einen impliziten, ohne ausdrückliche Erklärung *gelebten* Kosmopolitismus. Ähnliches gilt auch für Rolland. In der ersten Zeit, am 12. August 1891 findet sich bei ihm ein seltsam zwiespältiger Ausbruch: »Ich bin untröstlich über die Leute, die gefunden haben, ich sei deutsch geworden. Aber im tiefsten Grund bin ich weder Deutscher, noch Russe, ich bin Franzose … doch vor allem, ich bin kein

Kosmopolit. Oh nein! … Ich bin ein Fanatiker, und ich will das Recht haben, alle Völker zu verachten und die Individuen aller Rassen zu lieben.«[239] Doch am 27. März 1892 Malwida aus Rom an ihn, der jetzt wieder in Paris lebt: »Lieber Freund, Sie werden ganz und gar Pariser: oh! Oh! Bleiben Sie lieber Kosmopolit.« Doch gleich nimmt sie das wieder halb zurück.[240] Was ist bei alldem ernst gemeint? Am 17. April 1902, ein Jahr vor ihrem Tod, geht Rolland wie selbstverständlich davon aus, dass sie beide Kosmopoliten seien; und jetzt nennt er sich einen »Bürger von Europa«. Er schreibe seine Werke für Frankreich, für Italien, für Deutschland; leider habe er bislang noch nichts geschrieben, was allen dreien gefällt.[241] Am Ende wird Europa zum Ideal der Zukunft.

Malwidas Verhältnis zu Frankreich schwankt wiederholt zwischen den Extremen. Anfang September 1873, wenige Jahre nach dem deutschen Sieg über Frankreich, der selbst sie mitgerissen hat, berichtet sie aus Bayreuth an Olga über einen Abend bei Wagner zusammen mit dem französischen Wagnerianer Édouard Schuré, wo – durch diesen »provoziert« – »gleich die bedenkliche Frage des deutsch-französischen Gegensatzes« »losgebrochen« sei:

> »Wagner sprach sich feurig, energisch, aber unendlich schön und gerecht darüber aus; er sagte, ›es komme jetzt darauf an, zu sehen, ob das eigentlich deutsche Wesen noch einen andern Kern und Zug habe und für die Zukunft ein heiliges Neues produzieren könne, als die bloße Kriegstüchtigkeit durch Manneszucht, Gehorsam, Treue und Pflichterfüllung; die sei jetzt bewiesen. Dazu sei es nötig, dass die Deutschen sich absolut von jedem Einfluss von Frankreich her frei machten, dem sie bisher so schmachvoll unterlegen hätten. … Was man aber mit aller Macht zu verhindern habe, das sei die blödsinnige und schmachvolle Nachahmung französischen Wesens, französischer Moden und Kunst usw. auf deutschem Boden, wodurch wir unser eigenstes Wesen schmählich entstellt und eine Zwitterkultur hervorgebracht hätten, die weder französisch noch deutsch sei. …‹ Das war doch schön, nicht wahr? Nein, es war mehr als schön, es war großartig und erhebend.«[242]

Als Olga wenige Monate nach der Hochzeit schwanger ist, klagt Malwida der Augusta von Stein, es sei für sie »eine neue erschütternde Aufgabe«, »auch das zu überwinden, dass ich das nicht mit ihr erleben, sie dabei nicht pflegen kann, dass ihr Kind Franzose sein wird«.[243] Doch Anfang der achtziger Jahre erlebt sie Paris fasziniert als eine »Weltstadt«, »in der das Leben, wie mit bunten Schmetterlingsflügeln, nach allen Richtungen hinflattert«, und empfindet »wahre Befriedigung« über den nunmehrigen Charakter der Franzosen – damit könne diese Nation »vor ihren verarmten Siegern stolz das Haupt erheben«. Jetzt idealisiert sie dieses Land und Volk auf einmal in einer Weise, die Rolland im Allgemeinen fernliegt. Doch Anfang 1900, als eine französische Übersetzung ihrer Memoiren bevorsteht – deren erster Teil ja ohnehin zuerst auf Französisch erschienen war –, schreibt sie an ihren Verleger Ludwig Löffler: »Ich glaube aber es wird ein fiasco sein, die Franzosen sind keine Idealisten.«[244] »Sind etwa *die* Deutschen durchweg Idealisten?«, könnte man da gegenfragen! Malwida hätte das wohl gerne aus dem Erfolg ihrer Memoiren gefolgert.

Rolland bekennt ihr demgegenüber Anfang 1899, da er ja nun einmal in Frankreich sei, versuche er »mehr und mehr in die französische Seele einzudringen«, die er liebe, je mehr er sie kennenlerne, und in der er »das unsterbliche Wesen frei zu machen trachte«.[245] Als er bei Malwida eine gewisse Irritation über dieses sein Bekenntnis zu spüren glaubt, meint sie doch, ihn daran erinnern zu müssen, dass es »etwas oberhalb des Vaterlandes und der Rasse« gebe, nämlich »die *menschliche* Seele«,[246] wirft er ihr vor: »Wie konnten Sie glauben, dass mein Patriotismus mich daran hindert, das große menschliche Vaterland zu lieben?« Und er differenziert: »Es gibt wahrlich nur ein Universelles, das aus einer Vielzahl von Erfahrungen und präzisen Gedanken, besonderen und individuellen, zusammengesetzt ist. Alles andere Universelle ist eine Art von farblosem und leerem Geist.«[247]

Das erinnert an das Wort des Gründervaters der deutschen Geschichtswissenschaft Leopold von Ranke in seinem Erstlingswerk »Geschichten der romanischen und germanischen Völker« (1824), über all den romanisch-germanischen Verschmelzungsprozessen im Verlauf der Geschichte sei es »das Leben und das Glück der germanisch-romanischen Völker, dass sie nie zur Einheit gelangen«.[248] Nach zwei Weltkriegen mag mancher einen solchen Satz nur mit Kopfschütteln lesen, doch besitzt er mit Blick auf Malwida und Rolland seinen guten Sinn: Der besondere Reiz dieser Kommunikation besteht nicht zuletzt in den unterschiedlichen nationalen Kulturen, die hier einander begegnen und nie uniform werden.

ZWISCHEN HELDENKULT UND HASS AUF KRIEG UND KOLONIALISMUS – MALWIDAS BEGEISTERUNG FÜR DAS »KLEINE HELDENVOLK« DER BUREN UND IHRE WUT AUF DIE »VERFLUCHTE SEELE« FRANCESCO CRISPI. Bei kaum einem anderen Thema wie dem des kriegerischen Heldentums findet man Malwida und ebenfalls den jungen Rolland innerlich so tief gespalten; da lernt man umso mehr Malwidas jüngere Zeitgenossin Bertha von Suttner (1843–1914) schätzen, die zwar auch für die Faszination durch Heroismus nicht unempfänglich gewesen war,[249] doch dann mächtig dazu beitrug, dem Pazifismus eine feste Position und Organisation zu verleihen. Am 10. Februar 1891 möchte Malwida Rolland aus seiner Trübsal zur »Heiterkeit (sérénité)« verhelfen, ausgerechnet mit dem legendären Selbstmord des Empedokles durch Sturz in den Ätna als Vorbild: »Werfen Sie das Vergangene in den Krater des Ätna, wie Empedokles seine flüchtige Form der Erscheinung in den Krater des Ätna warf, um unter den Unsterblichen wieder aufzuerstehen. … Die Zukunft behält Ihnen ohne Zweifel eine höhere Offenbarung vor, die dem Ideal entsprechen wird, das Ihnen vorschwebt.« Und dann: »Fassen Sie nur Mut in jeder Art und zu allem; nur den edlen Kämpfern wird die Palme (des Sieges) zuteil, und besser ist es, siegend auf dem Schlachtfeld zu sterben, als sich mit einer bürgerlichen Ruhe in materiellem Wohlstand zu begnügen.«[250] Am 8. Februar 1892 erklärt sie ihm ganz offen, mit seinem unablässigen Hin und Her zwischen Zorn, Zärtlichkeit, Schmerz, Enthusiasmus sei er weder imstande, den Frieden zu verkörpern, noch, ihn zu stiften.[251] Gewiss möchte sie ihm dabei helfen, zu einem Geist des Friedens zu werden; zugleich zeigt sie jedoch viel Verständnis für seine Unruhe, ist doch auch ihr eigenes Leben, wie wir immer wieder sahen, von starken Stimmungsschwankungen geprägt.

Am 21. Januar 1895 bekennt ihr Rolland: »Ich glaube nicht mehr ans Volk; ich glaube nur an die Helden.«[252] An was für Helden mag er denken? Mitunter kennt er Stimmungen, wo er sich sogar für anarchistische Bombenattentäter begeistert. Im April 1892 geht er bis zu dem Bekenntnis, am liebsten hätte er, wenn die »dynamitards« die moderne Kultur zerstören: »Die Welt braucht Barbaren.«[253] Ähnliches hat er ihr gegenüber schon einmal geäußert; da hat sie erwidert, gewiss seien sowohl die Deutschen wie auch die Franzosen »dekadente Rassen«, und doch: »Wünschen Sie nicht die Barbaren aus dem Osten herbei! Nein, nein, da ist nicht die Regeneration!«[254] Doch nicht alles ist da bei Rolland die vergängliche Stimmung einer unreifen Jugend; noch 1922, nach dem Weltkrieg, geht er davon aus, das »Heldentum« sei »der eigentliche Sinn des Lebens«.[255] Und 1925: »Das Leben ist Kampf.« Doch da fügt er in Klammern hinzu: »Meine Feinde, wartet, frohlocket nicht! – Wenn ich den Krieg verachte, so deshalb, weil er von allen Kämpfen der törichtste ist und der einzige, der in unseren Tagen Verderben bringend geworden ist.«[256]

Malwidas Schwäche für Helden gipfelt in ihren letzten Lebensjahren in heller Begeisterung für die Buren, das »kleine Heldenvolk«, das die Engländer 1899–1902 unterwerfen und ihrem kolonialen Imperium einverleiben. Dabei sind zu Anfang die Buren die Herausforderer und Angreifer![257] Später geraten sie mit ihrer Politik der Apartheid bei vielen in üblen Ruf, doch diese betreiben sie schon damals, ja, haben sogar die Sklaverei beibehalten, so dass die Farbigen im Burenkrieg auf britischer Seite stehen. Bei kritischem Blick wäre schon zu jener Zeit zu erkennen gewesen, dass es sich bei den Buren nicht gerade um Idealisten im Sinne Malwidas handelt. Auch ihr ist zu Ohren gekommen, dass die Buren »noch sehr grausam waren gegen die Kaffern, die wilden Eingeborenen dort«, und doch schreibt sie am 13. Februar 1900 an Olga: »Hassen könnte ich die Engländer jetzt mit ihrem riesigen Egoismus, und das kleine Bauern-Heldenvolk betraure ich aus tiefstem Herzen.«[258] Sie, die 1893 gegenüber Cosimas Tochter Blandine das Landleben das »wahre Leben« nennt,[259] obwohl sie selbst nie länger auf dem Lande gelebt hat, stellt sich die Buren wohl als ein bodennahes Bauernvolk vor, zugleich »heroisch und intelligent«,[260] das zum Opfer britischer Macht- und Geldgier wird, da das Burenland wertvolle Bodenschätze birgt.

Damit steht sie im damaligen Deutschland überhaupt nicht allein: Da ist die Begeisterung für die Buren allenthalben verbreitet und verbindet sich fatal mit wachsender Feindseligkeit gegen die Briten. Diese Begeisterung kennt ausgerechnet bei Malwida keine Grenzen. Noch in ihrem letzten »Lebewohl« wenige Monate vor ihrem Tod rühmt sie die Buren superlativisch als »ein kleines Heldenvolk, wie seit den Perserkriegen nichts ähnliches dagewesen war« (II 529). Wie sie Ende 1900 an Cosima schreibt, ist sie wütend über Bülows weise Zurückhaltung gegenüber dem Burenpräsidenten Paul Krüger: »Das sogenannte Wohl des eigenen Landes über Humanität und Gerechtigkeit zu setzen, das ist die abscheuliche Tendenz der modernen Politik.«[261] Bülow geht es darum, die deutsch-britischen Beziehungen nicht unnötig zu belasten; noch in seinen »Denkwürdigkeiten« übt er ausführliche und nur allzu begründete Kritik an der damaligen deutschen »Burenschwärmerei«.[262]

Wäre er damals noch in Rom gewesen, hätte es darüber zwischen ihm und Malwida wohl eine scharfe Auseinandersetzung gegeben. Denn diese lässt das Schicksal der Buren nicht los. Noch am 19. Februar 1902 bekennt sie Rolland mit Blick darauf: »Mein Hass auf die Engländer wächst von Tag zu Tag«, gerade weil diese als Einzige in Europa das Volk der Freiheit gewesen und nun aus »gemeinen Interessen« heraus »diesem schändlichen Imperialismus« verfallen seien.[263] Und am 12. März: »Mein Enthusiasmus für dieses kleine heroische Volk wächst von Tag zu Tag. Dieser Krieg ist das schönste Ereignis der beiden Jahrhunderte, des vergangenen und des gegenwärtigen.«[264] Die Pazifistin preist einen Krieg als »schönstes Ereignis« – der Leser reibt sich die Augen! Schon in ihrem Brief an Cosima Ende 1900, wo sie ihrer Enttäuschung über Bülow Luft macht, stellt sie die Buren neben die großen Helden der Antike: »Bei jeder Zeitung zittere ich förmlich einen entscheidenden Sieg der Engländer zu sehen und bin selig wenn es das Gegenteil ist. Man könnte fast anfangen den Krieg zu lieben anstatt ihn zu hassen, wenn er solchen wirklich erhabenen Heroismus hervorbringt. So müssen Leonidas, Miltiades, Epaminondas gekämpft haben.«[265]

Sie verbindet die Buren-Begeisterung sogar mit ihrem Glauben, bei stärkerer Macht der Frauen würde die Welt besser werden: »Könnte z. B. jetzt ein Schiedsgericht zusammen berufen werden, in dem auch Frauen wären, um über den abscheulichen Krieg in Afrika zu entscheiden, in dem das heiligste Recht der Völker mit Füßen getreten wird, das Recht der Unabhängigkeit, und zwar aus den elendesten Motiven der Habsucht und Gewalt – könnte, sage ich, ein solches Schiedsgericht anders als zugunsten der Buren entscheiden? Bin ich doch edlen englischen Frauen begegnet, die mit tiefem Schmerz den Schandfleck beklagten, den ihre sonst so edel freie Nation auf die Geschichte drückt.« (III 279 f.) Am 24. November 1900 versichert sie Rolland, »dieser entsetzliche Krieg« zeuge von »Englands absoluter Dekadenz«.[266] Der gibt ihr im Grundsatz recht, kann gleichwohl bei ihrer Wut nicht recht mithalten; wie er ihr erwidert, bestehe sein Problem darin, dass er die Buren nicht kenne.[267] 1901/02 verfasst er ein Buren-Drama, zunächst unter dem Titel »Le Transvaal«, das er im Folgejahr unter dem Titel »Le Temps viendra« veröffentlicht, doch im Briefwechsel mit Malwida begegnet es nur sporadisch, ohne sonderliche Buren-Begeisterung.[268]

Am 31. Mai 1902 kommt es zwischen Briten und Buren zum Friedensschluss, wobei die britischen Sieger den Besiegten großzügige Zugeständnisse machen, fern davon, die Buren als Kolonialvolk zu behandeln. Wie Rolland am 14. Juli 1902 berichtet, hat er von Holländern erfahren, dass sich die Buren – die zu einem für die Briten verlustreichen Guerillakrieg übergegangen waren – den Frieden mit Gold hätten abkaufen lassen. »Die Geldgier ist unglücklicherweise der große Fehler der heroischen Buren.«[269] Diese haben keine höhere Moral als die Briten. Malwida teilt seine Enttäuschung,[270] nach all ihrer Idealisierung des vermeintlichen »kleinen Heldenvolkes«.

Noch heftiger als ihre Wut auf die britischen Eroberer ist ihr Hass auf den italienischen Ministerpräsidenten Francesco Crispi (1818–1902), als dieser Anfang 1896 Abessinien, das legendäre Reich der Königin von Saba, zu erobern sucht, was mit der schweren Niederlage bei Adua am 1. März des Jahres endet. Kaum je in ihrem von Leidenschaft erfüllten Leben ist eine ursprüngliche Hochschätzung derart in tödlichen Hass umgeschlagen wie hier, und das ausgerechnet gegen den Regierungschef des von ihr so geliebten Italien! Das erklärt sich nicht zuletzt aus tiefer Enttäuschung. Denn Crispi war Mitstreiter und enger Freund des von Malwida so geliebten Mazzini gewesen; er hatte dazu beigetragen, den von Garibaldi geführten Aufstand in Sizilien vorzubereiten, und dabei keine Lebensgefahr gescheut. Noch als Ministerpräsident rühmt er Mazzini als größten Italiener seiner Zeit.[271]

Noch am 11. Januar 1894 anerkennt Malwida gegenüber Rolland, »bei all seinen Fehlern« sei Crispi doch ein »warmherziger (chaleureux) Patriot«, der »heiße Tränen« geweint habe, als er Maßnahmen gegen »sein geliebtes Sizilien« habe ergreifen müssen,[272] wo er Anfang 1894 einen Aufstand der Fasci siciliani mit militärischer Gewalt niederschlug. Auch als er Abessinien angreift, erkennt Malwida bei ihm eine große Idee, freilich nicht gerade idealistischer Art, da zur gleichen Zeit in Italien viele vor Hunger stürben: »Oh dieser Crispi! Er stürzt das arme Land in den Abgrund. Mit seinem Ehrgeiz und seiner maßlosen Eitelkeit möchte er als ein Scipio Africanus in die Geschichte eingehen, der Italien mit einem großen Reich in Afrika verbunden hat.«[273] Dieser, in den Geschichtsbüchern Scipio der Jüngere, hatte Karthago erobert und zerstört; seine grausame Art des Vorgehens war nach dem Urteil des Althistorikers Alfred Heuß »eine der größten Ruchlosigkeiten, welche sich die römische Politik jemals geleistet hat«,[274] was gleichwohl nicht verhindert zu haben scheint, dass er im Geschichtsbild vieler Italiener als großer Mann fortlebte.

Rolland stimmt Malwida zu, wobei er gleichwohl daran erinnert, dass ein Crispi mit seinen kolonialen Ambitionen in Europa alles andere als allein steht: »Ich teile all Ihre Traurigkeit im Blick auf die Ereignisse in Afrika. Ich hasse die koloniale Torheit der Franzosen, nicht um die der Italiener zu lieben. Ein Taumel (vertige) scheint alle Völker Europas befallen zu haben.«[275] Damals ist er voller Wut auf die Eroberung von Madagaskar durch Frankreich, und wieder erkennt er darin einen Ausdruck gegenwärtiger Verderbtheit Europas. Er ekelt sich über den »grässlichen (monstrueux) Appetit«, der seit zehn Jahren »alle europäischen Nationen« befallen habe, indem sie sich der ganzen Welt bemächtigen wollten, ohne mit dieser etwas anzufangen zu wissen.[276] Da stimmt ihm Malwida aus ganzem Herzen zu.[277]

Crispis Angriff auf Abessinien steht von Anfang an unter keinem guten Stern; bereits vor dem Fiasko von Adua werden italienische Einheiten geschlagen. Wie Malwida am 28. Februar 1896 Rolland berichtet, grassiert in Italien schon jetzt die Angst.[278] Am 15. März 1896, zwei Wochen nach Adua, klagt sie gegenüber Daniela, wobei für sie Crispi jetzt ein Diktator ist, der bei ihr einen allgemeinen Zukunftspessimismus auslöst: »Mein armes Italien, das durch abscheuliche Menschen wie Crispi & Co. ruiniert wird, verursacht mir vielen Schmerz. Es scheint unglaublich, dass am Ende des 19. Jahrhunderts eine Diktatur möglich ist, die an die schlimmsten Zeiten des römischen Kaiserreichs … erinnert. Nein, der Schluss dieses Jahrhunderts ist nicht schön und man möchte verzweifeln, wenn nicht die Gefilde hoher Ahnen wären.«[279] Umso mehr triumphiert sie nach Adua über Crispi, »diese verdammte Seele, die alle Qualen verdiente, die Dante jemals für sein Inferno erfunden hat«.[280] In der Folge steigert sie sich noch: »Dass Crispi sich nicht tötet, ist erstaunlich, aber bringt seine Erbärmlichkeit auf die Spitze.«[281] Nur der Selbstmord hätte einen Rest seiner Ehre retten können! Zugleich bekundet sie gegenüber Cosima tiefes Mitgefühl mit seinen Soldaten, über deren Schicksal schreckliche Gerüchte kursieren: »Du kannst nicht denken welch ergreifende Züge von Opfermuth, Großmuth und wahrer Caritas, unter den armen Schlachtopfern des abscheulichsten aller Menschen, Crispi, vorgekommen sind.«[282]

Als Malwida vor Wut auf Crispis Kolonialkrieg außer sich gerät, hat sie soeben ihr »Indisches Märchen« abgeschlossen[283] und diskutiert sie zugleich mit Rolland über »Sakuntala«: jenes altindische Liebesdrama, zu dessen Lektüre sie bereits Nietzsche angeregt hatte. Für sie – noch nicht in gleichem Maße für Rolland – verbindet sich der Hass auf den Kolonialismus mit der Hochschätzung östlicher, vor allem indischer Weisheit und Kultur. Rolland hat gerade in Paris dieses Drama auf der Bühne gesehen; er gesteht ihr, dass es ihm nicht gefallen habe. Er wisse, wie Goethe es geschätzt habe, »doch ich liebe nicht alle Urteile Goethes, und ich teile überhaupt nicht seine Bewunderung für dies Hindu-Stück«.[284]

Wie wir sahen, gehört auch der wiederholte Dissens über Goethe alias »Göthe« zu den Leitmotiven der Diskussionen zwischen ihm und der Freundin. Die bekennt sich prompt zu ihrer Begeisterung für jenes Liebesdrama: »Es ist die ganze Poesie der indischen ›Lebensanschauung‹« (sie gebraucht das deutsche Wort), »diese Einheit des Menschen mit der Natur«, diese »süße und sanfte Liebe« in der indischen Landschaft; »es ist liebenswert und tief wie die Philosophie dieses wunderbaren Volkes, des einzigen, das seine Philosophie und seinen Glauben wahrhaft *gelebt* hat.«[285] Als Rolland einwendet, dieses Stück sei »das Werk einer sehr raffinierten Kultur«,[286] also nicht einfach eine Ausgeburt indischer Natur, widerspricht ihm Malwida: »Es gibt da ein solches Rauschen am Ufer des Ganges, von feiner Moral, Reinheit der Seele …, weiblicher Scham«, dass sie sich mit wahrem Wohlgefühl in diese von der westlichen so verschiedene Welt begebe.[287]

Man sieht, wie die »Idealistin« den Hinduismus idealisiert. Bereits am 8. Februar 1891, als Rolland noch in Rom ist, hat sie erklärt: »Der Hindu hat *tausend Mal* Recht gegenüber dem Europäer mit seiner sanften und humanen Philosophie.«[288] Es war die Zeit, als Rolland sich noch abfällig über den Buddhismus des »armen Suarès« ausließ und sogar hoffte, eine Reise nach Italien werde »seinem Buddhismus den Gnadenstoß geben«.[289] Für ihn war zu jener Zeit östliche Weisheit in Lao-Tse, nicht in Buddha verkörpert. Am 10. Februar 1892 berichtet er Malwida, was er über Lao-Tse lese, treffe sich fast immer mit seinem eigenen Denken. Noch lange verweilt er bei diesem Thema, hebt unter anderem hervor, dass Lao-Tse im Gegensatz zu Konfuzius die sinnliche Liebe (l'amour) verdamme, dagegen die Sanftmut predige.[290] Malwida versichert ihm darauf, dass sie das »enorm interessiere wie alles, was aus dem alten Orient kommt«.[291]

Malwida ist mitunter nicht wählerisch mit ihrer Begeisterung für östliche Kultur, die vom westlichen Kolonialismus bedroht wird, sondern schwärmt selbst für den *Mahdi*, den wohl markantesten Vorläufer des heutigen militanten Islamismus, als dieser der Eroberung des Sudan durch die Briten zeitweise erfolgreichen Widerstand leistet. Am 11. Februar 1886 schreibt sie an Heinrich von Stein: »Unsere Zeit fängt an, in der so verfaulten Politik einmal wieder ein großartiges Moment aufzuweisen: die Begebenheiten im Sudan. Meine heißesten Sympathien sind mit dem Mahdi und den Mohammedanern, so wenig mir diese sonst gerade sympathisch sind. Aber ich wollte, die orientalische Welt erhöbe sich im Namen ihres Glaubens und ihrer Unabhängigkeit gegen diese infame europäische Politik der Habsucht und Heuchelei, immer unter dem Vorwand, die Zivilisation zu bringen. Welche Zivil(isation)!!« Zugleich die Hoffnung, »dass Indien von dem Joche der Blutsauger sich frei mache.«[292]

Zu Silvester 1897 berichtet sie Rolland von einem Besuch der Augusta von Stein-Rebecchini, die ihr von Neuem aus ihrer Lektüre des altindischen Mahabharata-Epos erzählt habe, das Malwida nicht zuletzt mit seiner spirituellen Botschaft bezaubert, wie die Helden, die ihr Reich durch Würfelspiel verloren, durch die Gemeinschaft mit dem göttlichen Vishnu Sieg und ewige Freiheit erlangen.[293] »Das ist wunderbar«, schwärmt Malwida, »diese hohe Konzeption des Lebens; das Christentum hat nichts Höheres … Und dieses verdorbene Christentum will sich China aufzwingen, wo die hohe Weisheit und Moral eines Konfuzius und Lao-Tse seit undenklichen Zeiten friedliche und glückliche Völker beherrschen.«

Jetzt idealisiert sie jetzt nicht nur Indien, sondern auch China, wo sie eher bei dem Freund auf Resonanz rechnen kann. Und darauf der Wutausbruch: »Ich wollte, dass sie (die Chinesen) ihre Horden aus Innerasien herbeiriefen, um wie eine Lawine über diese europäischen Invasionen herzufallen und diesen eine schreckliche Lektion zu erteilen.«[294] Man versteht, dass Rolland zu diesem Ausbruch lieber schweigt. Ende Juli 1895 hat er ihr eine sehr andersartige Sorge gestanden: »Ah! Wir Armen, es scheint, dass in sechzig Jahren die Chinesen, die jetzt 400 Millionen sind, 800 Millionen sein werden. Zu alldem scheint es, dass sich eine Neger-Bevölkerung alle vierzig Jahre verdoppelt. Auf diese Weise wird in ein oder zwei Jahrhunderten Europa gelb sein, in Erwartung dessen, dass es schwarz wird.« Doch dann: »Bah! Ich vertraue auf Gott; was kommen wird, wird gut werden.«[295]

Bei Malwida ist zu erkennen, dass sie in jenen Jahren in ihrem Pazifismus und ihrem Abscheu vor dem Militär konsequenter wird und das Hin und

Her der Stimmungen überwindet, vollends im Zuge der Affäre Dreyfus, wo die militärische Führung als Urheber des Unrechts entlarvt wird. Anfang 1894 betont sie, es gebe nur ein einziges Mittel, um in Europa humanere Zustände herbeizuführen: »die Abrüstung, eine allgemeine Übereinkunft, auf Feindseligkeiten zu verzichten und sich mit den inneren Angelegenheiten zu beschäftigen«.[296] Mit Grund erkennt sie, dass Aggressionen nach außen nicht zuletzt dazu dienen, von inneren Problemen abzulenken. Im Oktober 1896 – es ist die Zeit der beginnenden Dreyfus-Affäre – berichtet ihr Rolland begeistert von großen Festen, auf denen der Zar gefeiert wird, der gerade Frankreich besucht: Er habe sich oft unter die Menge gemischt, wenn der Zar vorbeizog, und könne ihr nur versichern, das sei »ein enthusiastisches Volk, ohne irgendetwas Serviles«. »Man darf nicht leugnen: Diese Feste sind Feste des Krieges.«[297] Und das scheint ihm sogar zu gefallen! Malwida widerspricht ihm erschrocken: Kriegerische Absichten lägen Russland fern, vor allem dem jungen Zaren.[298] Der lädt in der Tat zwei Jahre darauf, und zwar zur Entrüstung Wilhelms II.,[299] zur Ersten Haager Friedenskonferenz ein, die sich vor allem der internationalen Abrüstung widmen soll.

Unbeeindruckt erwidert Rolland auf ihren Schrecken vor dem Krieg: »Ich glaube gleichwohl nicht, dass der Krieg das größte der Übel ist. Ein genusssüchtiger (jouisseuse) und materialistischer Friede ist der Menschheit viel unheilvoller (funeste) als ein Krieg, der aus edlen Gründen notwendig geworden ist.« Eine Berufung auf den Idealismus – aus der Rückschau seine größte Verblendung! Am Schluss setzt er noch drauf, man dürfe das menschliche Leben nicht als das höchste der Güter betrachten.[300] Am 1. März 1897 erwidert er ihre Klagen über die Niedertracht der damaligen Politik mit der Frage: »Geschieht es nicht in solchen Augenblicken, dass man begreift, dass ein edler Krieg einen höheren Wert besitzt als dieser erniedrigende Friede, wo Europa sich auflöst?« Sei es nicht besser, aus dem Leben zu scheiden, »um zu diesen ewigen Gedanken, diesen schöpferischen Ekstasen zu gelangen?«[301] Mit Blick auf die Griechen, die damals Kreta von den Türken befreien wollen, gesteht ihm Malwida sogar zu: »Sterben ist besser, als die niederträchtige Verhandlung der Mächte zu akzeptieren.«[302]

Doch zur gleichen Zeit empört sie sich gegenüber Marie von Bülow, nunmehr Gattin des Staatssekretärs des Äußeren: »Es scheint dass sich in Europa eine neue Infallibilität neben der des Papstes gefunden hat, die der Generalstabe aller Länder, denn die Offiziere hier und auch deutsche, erklären man dürfe nichts gegen den Generalstab sagen auch wenn ein Unschuldiger darüber zu Grunde geht. Wehe unserer Cultur wenn das wahr ist!«[303] Am 13. Januar 1899 erklärt sie Rolland, sie verstehe wohl seine Liebe zu Frankreich. »Ich liebe ebenso warm das Deutschland von Göthe und Schiller, von Beethoven und Wagner, doch das hindert mich nicht, den Geist des Militarismus und Chauvinismus zu verabscheuen, der sich Deutschlands bemächtigt hat.«[304] Zwischen den Zeilen die Aufforderung, er möge bei aller Liebe zu edlen Seiten seiner Nation nunmehr Front gegen den dortigen Militarismus beziehen. Damit gelangen wir zur Affäre Dreyfus: der weitaus größten Krise in dieser oft so liebevollen Freundschaft.

DREYFUS: VERRÄTER ODER »ERHABENER ALS CHRISTUS«? DER HEFTIGE DAUERKONFLIKT ÜBER DIE DREYFUS-AFFÄRE – ZUGLEICH DER TIEFE ZWIESPALT BEI BEIDEN GEGENÜBER DEN JUDEN. Die Affäre Dreyfus wühlt ab 1895 ganz Frankreich auf und spaltet es in zwei Lager; die Streitfrage ist die, ob der Hauptmann Dreyfus tatsächlich militärische Geheimnisse an Deutschland verraten hat oder am 22. Dezember 1894 zu Unrecht zu lebenslänglicher Verbannung auf der Teufelsinsel verurteilt ist und sich der wahre Schuldige in ebenjener Heeresführung befindet, die dessen Verurteilung betreibt. Da Dreyfus jüdischer Herkunft ist, verbindet sich die Verteufelung dieses Hauptmannes mit der im damaligen Frankreich mächtig um sich greifenden antisemitischen Bewegung. Ernst Noltes großes Werk »Der Faschismus in seiner Epoche« beginnt mit der Affäre Dreyfus, aus der 1898 die präfaschistische Action française hervorgeht[305] und zu deren ersten Gegnern Gabriel Monod gehört, einer der Wortführer der Dreyfusards, die die Verurteilung des Hauptmanns anklagen und von den neuen Rechtsradikalen als »l'État-Monod« attackiert werden.[306]

Dass Rolland es über Jahre hartnäckig, ja trotzig ablehnt, sich den Dreyfusards[307] anzuschließen, obwohl sein gesamtes Umfeld von der Unschuld dieses Mannes überzeugt ist und es über dieser Streitfrage fast zum Bruch mit Malwida kommt, ist auf den ersten Blick das wohl größte Rätsel in seiner Lebensgeschichte, und noch für spätere Biografen ist diese seine »Verblendung« (Bernard Duchatelet)[308] die wohl peinlichste Episode im Leben dieses großen Mannes. Wie Jacques Le Rider hervorhebt: »Die Familie Bréal, Gabriel Monod, Malwida von Meysenbug: Rollands gesamte Umgebung gehört zu den Dreyfus-Anhängern (dreyfusard) … Er, Rolland, hält sich da als

Einziger heraus.«[309] Mehr noch: Zeitweise bezieht er geradezu gegen Dreyfus Stellung.

Diese Wende fällt in die Zeit seiner Entfremdung von seiner Ehefrau Clotilde, die von Anfang an von Dreyfus' Unschuld überzeugt ist; es liegt nahe, da einen Zusammenhang zu wittern. Wolfgang Kalinowsky, der Herausgeber des Briefwechsels zwischen Rolland und Malwida, der wohl wichtigsten Quelle für dieses Verhalten Rollands, erkennt folgende Lösung des Rätsels: »Romain Rolland hat in ein jüdisches Milieu geheiratet, mit dem er nicht so richtig warm wurde. In seiner Ehe kriselt es. Zudem macht er die jüdischen Verleger von Zeitungen und Buchverlagen dafür verantwortlich, dass seine Theaterstücke nicht zur Aufführung kommen. Außerdem besteht die Gefahr, dass es erneut zu einem Krieg mit Deutschland kommt; die Armee wäre in diesem Fall der Garant für Ordnung und Sicherheit.«[310] Mehr noch: Da die Annexion von Elsass-Lothringen für ihn ein Verbrechen ist, brauche man zur Rückgewinnung dieser verlorenen Gebiete die Armee.[311] Malwida dagegen bekundet in dieser Situation Respekt vor der deutschen Heeresleitung und schmäht dafür umso mehr die französische: »Ein Generalstab wie der gegenwärtige in Frankreich, der aus einer Bande von Fälschern, von Kriminellen der schlimmsten Art besteht, wäre in Deutschland unmöglich.«[312]

Zu Anfang verhält sich Rolland gegenüber Malwida noch schwankend, da auch ihm die Dreyfus-Feinde zuwider sind und er erkennt, dass er da in eine üble Gesellschaft geraten würde; so schreibt er ihr am 21. Januar 1895: »Obwohl ich keine Sympathie für Dreyfus habe – seine Gestalt ist zu schmutzig (später korrigiert er: »unangenehm«) … – habe ich *mindestens* so viel Verachtung für seine Henker wie für ihn selbst. Noch nie hat sich die brutale Wildheit der Masse hassenswerter gezeigt.«[313] Da stimmt ihm Malwida zu, auch in seinem Zweifel an Dreyfus' Unschuld: »Ja, diese Verurteilung (exécution) lässt auch mich vor Entsetzen beben, obwohl er wahrscheinlich schuldig ist … und dass er sich nicht getötet hat, als sein General ihm den Revolver gegeben hat, bevor er sich dieser Erniedrigung unterwirft, das verdammt ihn in meinen Augen mehr als alles andere.«[314] Das erinnert an ihren Ausbruch über Crispi nach Adua: Nur durch Selbstmord vermag man in ihren Augen die verlorene Ehre wiederzugewinnen! Sie fügt hinzu, bei den Bülows, mit denen sie über Dreyfus gesprochen habe, habe man gesagt, »man brauche nur seine Gestalt zu sehen, um ihn zu verurteilen« – dabei mussten diese am besten wissen, dass in Wahrheit nicht Dreyfus, sondern ein anderer der deutschen Spionage zugearbeitet hatte!

Auch in der Folge zeigt sich Rolland manchmal unschlüssig: »Die Beweise für oder gegen D. sind noch zu wenig klar«, doch dann: »ich könnte im israelitischen Lager einen Fanatismus erkennen«, einen Fanatismus für Dreyfus, egal ob dessen Unschuld bewiesen sei oder nicht. Und er schließt seinen Brief mit den Worten: »Nun, in der niederen Anarchie, die um uns herrscht, ist die Armee noch ein Element der Ordnung«, mehr noch: »ein Ideal«.[315] Das Militär als Ideal: welch eine Provokation gegenüber der Idealistin! Die erwidert, die Affäre Dreyfus nehme einen Großteil ihrer Zeit in Beschlag, sie lese darüber immerzu in der Presse, und sie empfinde »ein leidenschaftliches Verlangen, dass er als unschuldig befunden wird«[316] – ganz sicher scheint auch sie sich dessen noch nicht zu sein. Auf der anderen Seite ist auch Rolland von dessen Schuld nicht überzeugt; entscheidend ist es für ihn das Ziel, »die abscheuliche und universelle Herrschaft der Hochfinanz und auch dieser mörderischen Presse zu brechen«; und diese erkennt er auf der Seite der Dreyfusards.[317] Das ist zu jener Zeit nicht nur seine persönliche Verblendung: Selbst Jean Jaurès, der Sprecher der Sozialisten und künftige Wortführer der Dreyfusards, übt anfangs sogar Kritik daran, dass Dreyfus nicht zum Tode verurteilt und erschossen worden sei, und führt das darauf zurück, dass hinter der Regierung »eine kosmopolitische Bande« stehe![318]

In Rollands Briefen an Malwida zur Dreyfus-Affäre vermisst man eine intensive Erörterung der Schuldfrage; überhaupt lenkt er mit Vorliebe von diesem Thema ab, was Malwida gegen ihn aufbringt und auf das sie hartnäckig wieder und wieder zurückkommt. Entscheidend für sein jahrelanges Widerstreben, sich den Dreyfusards anzuschließen, ist seine Aversion gegen deren Gruppen-Konformismus und den von ihm empfundenen Gruppendruck – sein Widerwille dagegen, Partei zu ergreifen und parteiisch zu denken. »Da sind zwei Fanatismen, die wachsen und viel Schmerzen verursachen«, schreibt er am 17. Dezember 1897.[319] Immer wieder beklagt er, dass Frankreich durch diese Affäre in zwei feindliche Lager zerspalten werde; ihm sei es zuwider, dabei mitzustreiten. Das bekommt er in Paris weitaus unangenehmer zu spüren als Malwida in Rom. Später erinnert der Soziologe Alain Touraine daran, dass der Begriff »Intellektuelle« als gesellschaftliche Szene in Frankreich für die Dreyfusards aufgekommen ist.[320] Doch für Rolland, der später für viele selbst ein Intellektueller ist, besitzt »intellektuell« damals einen unguten Klang; »intellektuell und korrumpiert« schreibt er über Zeitgenossen, die er nicht mag.[321]

Noch am 9. Juni 1899 – dem Tag, an dem Dreyfus die Teufelsinsel verlässt – ärgert er sich über den Automatismus der Einstellungen, je nach der Szene, zu der einer gehört: Wenn es Juden sind, stehen sie auf der Seite der Dreyfusards, Katholiken auf der Gegenseite.[322] Malwida hat gerade den »schändlichen Antisemitismus« angeprangert.[323] Auch für sie ist das damalige Frankreich tief gespalten, doch aus ihrer Sicht – das schreibt sie nicht an Rolland, sondern an Cosima Wagner – »zwischen der moralischen Verworfenheit der einen Hälfte und dem erwachten sittlichen Bewusstsein der anderen«.[324] Noch viel später, als Rolland längst die Vorkämpfer für Dreyfus' Befreiung hochschätzt und den seit jener Zeit grassierenden Antisemitismus verabscheut,[325] rechtfertigt er sein damaliges Widerstreben aus seiner Aversion gegen Gruppenzwang: »Die Dreyfus-Affäre nahm den Unabhängigen vollends die Luft zum Atmen. Es war nicht mehr gestattet, außerhalb der Parteien zu bleiben. Ich blieb außerhalb. Keiner verzieh mir.«[326] Und: »In einem Augenblick stürzten wir alle in den Glutofen der Dreyfus-Affäre. Und alles rings um uns schien einzustürzen.«[327]

Wie wir sahen, entsetzt die Anti-Dreyfus-Kampagne Malwida von Anfang an, obwohl sie zunächst vermutet, dass Dreyfus schuldig ist – hätte andernfalls nicht Bülow sie aufklären müssen? Zur leidenschaftlichen Anhängerin der Dreyfusards wird sie dann unter dem Einfluss von Gabriel Monod – umso merkwürdiger, dass dieser seinen einstigen Schüler und Freund Rolland so lange nicht überzeugt! Monod hat am 5. November 1897 – noch vor Zolas berühmtem Brief, der unter der Überschrift »J'accuse« am 13. Januar 1898 veröffentlicht wird – einen offenen Brief an führende Zeitungen versandt, in dem er ausführt, weshalb Dreyfus nicht der wahre Schuldige sein könne.[328] Am 12. November 1897 weist Malwida ihren Freund darauf hin: »Monod hat mit seinem schönen Brief über die Affäre Dreyfus eine große Bewegung hervorgerufen, nicht allein in Frankreich, sondern auch in Italien, in Deutschland.« Gerade die darauf folgenden Attacken auf Monod bestärkten sie mehr als alles andere im Glauben an Dreyfus' Unschuld.[329]

Von nun an wird diese Affäre zu einem Hauptthema der Briefe an den Freund. Wie es scheint, hat Malwida noch nie auch nur annähernd so intensiv die Tagespolitik verfolgt wie jetzt mit ihrer emsigen Suche nach Informationen über den Fortgang der Affäre. Wie sie am 3. Dezember 1897 Rolland mitteilt, nehme dies viel von ihrer Zeit in Anspruch: Sie könne nicht ihrem Drang widerstehen, alles zu lesen, was über die Affäre Dreyfus in den Zeitungen stehe, und empfinde »ein leidenschaftliches Verlangen, dass er für unschuldig befunden wird«.[330] Dabei ist sie sich nicht ganz sicher, ob die Dreyfusards Idealisten sind; eine Woche darauf meint sie über diesen Kampf, der sie erschreckt: »Das ist nicht mehr eine große Idee wie 48 für die man gerne das Glück und das Leben gibt. Es ist der vulgäre Kampf niedriger Leidenschaften.«[331] Auf der anderen Seite räumt auch Rolland ein, zwar sei er weniger als Monod, der nunmehr im Licht der Öffentlichkeit stehe, von Dreyfus' Unschuld überzeugt, »doch, unschuldig oder nicht, die Art, wie er verurteilt wurde, ist monströs«.[332]

Am 13. Januar 1898 – jenem Tag, an dem Zolas »J'accuse« in »L'Aurore«, der Zeitung Clemenceaus, erscheint – weist sie Rolland darauf hin, dass eine von Monod mitverfasste Petition für Dreyfus zur Unterschrift stehe: »Ich hoffe, auch Sie werden sie unterzeichnen. Ich möchte in diesem Augenblick Französin sein, um sie hundertmal zu unterzeichnen.«[333] Doch Rolland beharrt auf seiner Skepsis, obwohl es ihn schmerzt, dass sie beide »in einer so herzzerreißenden (poignante) Frage« miteinander im Streit liegen, ja, gibt sogar zu erkennen, dass er innerlich den Dreyfus-Gegnern zuneigt, denn er bezeugt seine Hochachtung vor der »inneren Größe« der »katholischen Seele«,[334] und die entschiedenen Katholiken gelten als Dreyfus-Gegner – Malwida attackiert die Verurteilung von Dreyfus als »Exzess von Katholizismus und Antisemitismus«![335] Dennoch schließt er auch diesen Brief mit »ich umarme Sie zärtlich«. Wiederholt hält er ihr vor – womit er nicht unrecht hat –, dass das Massaker an den Armeniern ein weit größerer Skandal sei als die Affäre Dreyfus.[336]

Gewiss bewegt Malwida bei ihrem Engagement für Dreyfus zu Anfang vor allem ihr Mitgefühl mit Gabriel Monod, von dessen Nervenerschütterung ihr Olga berichtet.[337] Ende 1898 besucht er sie für ein paar Tage in Rom, um sich – wie sie Daniela mitteilt – von all den »Aufregungen und schmerzlichen Eindrücken«, »die ihn ganz krank gemacht haben«, ein wenig zu erholen.[338] Am 5. Dezember 1897 klagt sie gegenüber Marie Herzfeld,[339] der sie wiederholt von der Affäre berichtet, Monod sei wegen der Angriffe auf ihn krank vor Aufregung, und verfällt darüber förmlich in Weltschmerz: »Oh diese Abgründe im öffentlichen Leben! Nirgends mehr der Muth der Wahrheit.«[340] Und am 15. Februar 1898 wieder an diese Freundin: Diese

Affäre nehme sie derart in Anspruch, dass sie sich mit nichts anderem mehr beschäftigen könne; dieses »Bündnis von Clericalismus und Antisemitismus« sei eine »Epidemie«.[341] Am 9. November 1898 klagt sie ihrem Neffen Hermann Gustav Karl, die Affäre Dreyfus quäle sie besonders wegen Monod, der »einer der ersten u(nd) muthigsten Vertheidiger der Unschuld von Dreyfus war« und viele Drohbriefe erhalten habe. »Es ist ein furchtbares Schauspiel was Frankr(eich) giebt, in der modernen Geschichte ist nichts Ähnliches dagewesen.«[342] Zwischen Monod und Dreyfus entsteht eine persönliche Freundschaft; 1907 wird Dreyfus Trauzeuge bei der Hochzeit von Monods Tochter Jeanne.[343]

Von Monod wird Malwida in ihrer Leidenschaft für Dreyfus bestärkt und über die Affäre auf dem Laufenden gehalten. Selten in ihrem Leben hat sie sich derart in wilde Wut gesteigert wie jetzt in ihren Ausbrüchen gegen die Dreyfus-Gegner und die Schuldigen an der Verurteilung; zugleich steigert sie sich in eine alles übertreffende Idealisierung dieses leidenden Mannes hinein. Am heftigsten explodiert sie nicht so sehr gegenüber Rolland, der sich von ihren Hassausbrüchen selber getroffen fühlen könnte – ohnehin ist es erstaunlich, dass die Freundschaft der beiden darüber nicht zerbricht! –, sondern gegenüber anderen, bei denen sie Seelenverwandtschaft spürt. So verteufelt sie geradezu die Übeltäter am 19. April 1899 gegenüber Tata, Olgas Schwester: »Ich möchte es noch erleben dass man die ganze Bande der Missethäter zusammen packte und auf die Teufelsinsel brächte, dann verdiente sie ihren Namen. Ich würde keinen Augenblick Mitleid mit ihnen fühlen.«[344]

Am 7. April 1898, als das Gerücht umging, Dreyfus sei auf der Teufelsinsel zu Tode gekommen, erklärt sie Rolland: »Kein Shakespeare würde genügen, um auszudrücken, was dieser Märtyrer gelitten haben muss, und wenn er im Sterben seinen Mördern verziehen hat, ist er erhabener als Christus.«[345] Auch in der Öffentlichkeit tritt sie als emphatische Dreyfus-Anhängerin hervor. Die »Wiener Allgemeine Zeitung« veröffentlicht von ihr am 23. November 1899 – am 19. September ist Dreyfus begnadigt, aber noch nicht rehabilitiert worden – einen Artikel mit dem schlichten Titel »Alfred Dreyfus«, wo sie ihn in seinem Leiden erneut über Christus stellt und sich die Teufelsinsel teuflisch vorstellt: »Der Dulder von einst hatte nur eine kurze herbe Todesstunde durchzumachen, aber der Dulder von heute hatte ein tausendfaches Golgatha erlebt.« Auf der Gegenseite erkennt sie »einen Abgrund von Verderbtheit, Bosheit und Lügenhaftigkeit«, eine »Meute der Hyänen in Uniform«.[346]

Ein weit ausführlicheres Manuskript von ihr zum Thema Dreyfus wohl von 1898[347] ist erhalten mit dem Titel »L'idéal est toujours vivant«, obwohl es deutschsprachig ist; den Anstoß dazu gab die Veröffentlichung von Briefen des Verurteilten, die Malwida im Mitgefühl mit ihm und in seiner Idealisierung bestärken, wobei sie sich auf Selbstzeugnisse von ihm berufen kann. Da nennt sie ihn »den größten Märtyrer dieses Jahrhunderts und einen der größten aller Zeiten«. Er gehe der »entsetzlichen Marter, die schlimmer ist als der Tod, entgegen, den Kopf hoch und ohne zu erröthen«. Die Schuld daran gibt sie nicht nur der diabolischen Bosheit seiner Ankläger und Richter, sondern erkennt zutreffend allgemeinere Ursachen jener Zeit, die Hoffnungen auf eine idealere Welt bitter enttäuschen: »Es handelt sich hier nicht mehr bloß um ein persönliches Schicksal ...; es handelt sich um drei schwere Krankheitsstoffe ... im europäischen Völkerleben«, die »sich nun drohend dem Weiterschreiten einer edeln, wünschenswerten Cultur entgegenstellen; es sind dies Militarismus, Clericalismus und Antisemitismus«. All dies gebe es nicht nur in Frankreich, habe sich jedoch dort besonders erschreckend offenbart.[348]

Durch die Affäre Dreyfus entfaltet Malwida eine politische Aktivität wie selten in ihrem Leben, und diese Aktivität wird von führenden Dreyfusards wahrgenommen und begrüßt, ist sie durch Monod und durch ihre Memoiren doch auch in Frankreich bekannt; sie sucht sogar zu Zola persönlichen Kontakt. Von dessen berühmtem Anklagebrief »J'accuse«, den Clemenceau am 13. Januar 1898 veröffentlicht, hat sie erstaunlicherweise noch am gleichen Tag in Rom erfahren; begeistert schreibt sie an Rolland: »Ehre sei ihm! Ich verzeihe ihm alle seine Romane; denn der moralische Mut, den er zeigt, löscht alle seine literarischen Sünden.«[349] Dabei macht sie noch im »Lebensabend« keinen Hehl daraus, dass sie in »Zola und seiner ganzen Schule«, diesem krassen literarischen Realismus, ein »schlimmes« Zeitzeichen erblickt (II 335), doch an jenem 13. Januar wird ihr offenbar schlagartig bewusst, dass dieser Realist, wenn es drauf ankommt, zugleich ein Idealist ist. Am 7. Februar 1898 richtet sie an ihn einen Brief, der mit der Versicherung beginnt: »Die Sympathien des gesamten gebildeten und ehrenhaften Europa sind mit Ihnen in diesen feierlichen Stunden.« Und sie hat unter dieser Erklärung bereits Unterschriften prominenter Bekannter gesammelt.[350] Gewiss hätte sie am liebsten gehabt, wenn auch Rolland diesen Brief unterzeichnet hätte; doch der weigert sich.[351] Dreyfus, der von ihrem Engagement für ihn erfährt, sucht sogar selber Kontakt zu ihr und schickt ihr sein Buch »Lettres d'un innocent« (Paris 1898); sie berichtet Cosima, dass sie »das erschütternde Buch von Dreyfus, das er mir selbst geschickt hat …, noch mehr ergreift als Äschylos und Shakespeare, weil es ein erlebtes Drama voll furchtbarer Tragik ist.«[352]

Persönlichen Kontakt sucht sie sogar zu dem Major Georges Picquart, der als Chef des militärischen Nachrichtenbüros als Erster enthüllt, dass das ominöse Schriftstück in Wahrheit nicht von Dreyfus, sondern von dem Major Esterházy stammt, durch dessen Intrigen jedoch am 13. Juli 1898 in Haft gerät, aus der er erst an jenem 9. Juni 1899, als Dreyfus die Teufelsinsel verlässt, wieder freigelassen wird. In der Zeit der Haft, als Malwida zudem erfährt, er sei gefährlich erkrankt, bekundet sie immer wieder tiefes Mitleid mit ihm: »natürlich haben sie ihn vergiftet«.[353] Gegenüber Rolland empört sie sich, die Haft Picquarts sei »eine fast noch größere Infamie« als die Affäre Dreyfus.[354] Und mit Hinweis auf ihr Engagement für Picquart erklärt sie Rolland, obwohl sie weiß, dass sie den Freund damit nur reizt: »Sie sehen, dass die alte Kämpferin in mir noch nicht tot ist, trotz meines Alters.«[355] Sie sendet sogar Picquart ins Gefängnis ihre Memoiren und dazu Schokolade, und er bedankt sich bei ihr dafür, auch für ihre ihm so oft bezeugte herzliche Sympathie, erklärt dazu, es wäre für ihn eine große Freude, sie persönlich kennenzulernen.[356]

Noch zu einem weiteren Wortführer der Dreyfusards findet sie persönlichen Kontakt: zu dem einflussreichen Publizisten Joseph Reinach, der am 7. November 1898 den bereits unter Verdacht stehenden Oberst Henry öffentlich als Komplizen von Esterházy entlarvt und eine sechsbändige Geschichte der Affäre zu verfassen beginnt. Der trifft sich mit ihr, sendet ihr dann den ersten Band seines großen Werkes zu und möchte durch sie Kontakt zu den Bülows gewinnen, gewiss in der Hoffnung, der nunmehrige deutsche Staatssekretär des Äußeren könne am besten Dreyfus' Unschuld bezeugen; er versichert Malwida, von ihr Bülow vorgestellt zu werden sei für ihn die beste Empfehlung, am liebsten hätte er mit Bülow ein vertrauliches Gespräch.[357]

In ihrer gutgläubigen Naivität bedrängt sie den nunmehrigen Staatssekretär tatsächlich, er möge, um Dreyfus zu retten, den wahren deutschen Spion preisgeben, andernfalls werde sie an ihm irre werden. Das berichtet Bülow sogar selbst in seinen »Denkwürdigkeiten«,[358] gewiss nicht ohne untergründige Ironie über diese Zumutung seiner – wie er schreibt – »edlen Freundin«; wie nicht zu verwundern, begnügt er sich damit, »auf das allerbestimmteste zu erklären, dass zwischen Dreyfus und irgendwelchen deutschen Organen niemals Verbindungen oder Beziehungen irgendwelcher Art bestanden hätten«.[359] Schwerlich bedauert er, dass Deutschlands alter Feind Frankreich durch diese Affäre geschwächt wird. In ihrer Gutgläubigkeit beschwört Malwida sogar, wie sie Rolland mitteilt, wiederholt den Oberst Maximilian von Schwartzkoppen, den Militärattaché der deutschen Botschaft in Paris, an den der ominöse Brief gerichtet war, er solle nicht nur Dreyfus' Unschuld beteuern, sondern auch den wahren Schuldigen benennen, und der antwortet ihr sogar, erwidert natürlich, das könne er unmöglich tun.[360]

Am heikelsten ist aus der Rückschau in der Korrespondenz zur Affäre Dreyfus das Thema *Juden*. Besonders peinlich sind in den Briefen Rollands die wiederholten antijüdischen Seitenhiebe. Das ist umso merkwürdiger, als er anfangs, am 15. Mai 1892, Malwida bekennt, er sei »von den Juden häufig angezogen«, »denn im Grunde steht mein pantheistischer Idealismus vielfach ihrem instinktiven Glauben nahe«.[361] Auch die Juden auf ihre Weise Idealisten! Noch über Jahre ist das Thema Juden zwischen beiden kein Streitpunkt. Zu Anfang ihrer Korrespondenz mit Rolland zeigt sich Malwida in Briefen aus Versailles wiederholt darüber förmlich »erbittert«, dass sie über die Monods ständig mit »dem bourgeois-jüdischen Element« in Verbindung stehen müsse, das auch er »verabscheue«.[362]

Seine besondere Note bekommt das Thema Juden in ihrer Korrespondenz durch den Umstand, dass Suarès – für Ernst Robert Curtius der Inbegriff des »nordischen Menschen«![363] – jüdischer Herkunft ist. Mit Blick auf die über lange Zeit innige Freundschaft mit diesem Mann erscheinen Rollands antijüdische Spitzen umso seltsamer. Da ist es zunächst Malwida, die die jüdische Herkunft dieses Freundes bezeichnend findet, zumal in der Zeit, als ihre innere Beziehung zu ihm abkühlt. In einem langen Brief an Siegfried Wagner (»Geliebtester Fidibus«) am 22. Mai 1895 – ausgerechnet zu der Zeit, als Suarès bei ihr in Rom ist! – spricht sie von ihm als einer »Schmulseele«, fügt gleichwohl hinzu, er könne ja nichts dafür, dass er »in einer semitischen Schale geboren« sei; »es kommt nur darauf an den edlen

Kern aus dieser Schale zu erlösen, wenn ein edler Kern da ist«.[364] Bereits am 12. August 1893, als Rolland sich ihr gegenüber über einen verletzenden Brief dieses Freundes bitter beklagt, erwidert sie, was er von Suarès sage, erstaune sie nicht: »Er hat, neben hervorragenden Qualitäten, auch den Fehler seiner Rasse, eine kolossale Eitelkeit.«

Malwida wie Rolland sprechen immer wieder ganz unbefangen von »*Rassen*«; dieser Begriff wird zu jener Zeit erst allmählich durch den aufkommenden Rassismus belastet. Am 12. Mai 1899 berichtet Malwida von Gesprächen in Bayreuth mit Gobineau, dem Wagnerianer und Vordenker des Rassismus, über die »Frage des Unterschiedes der menschlichen Rassen« und fragt Rolland, ob auch er an einen »fundamentalen Unterschied zwischen den verschiedenen menschlichen Rassen« glaube, über jene Unterschiede hinaus, die sich durch Einflüsse des Klimas, des Milieus und anderes herausbildeten.[365] Rolland erwidert, an einen *fundamentalen* Unterschied glaube er nicht: »Ich glaube an nichts Fundamentales außer an Gott.« Und doch sei es offensichtlich, dass sich die Rassen gegenwärtig »tief (profondément)« voneinander unterschieden. Das gelte besonders für die Juden: »Ich bin sicher, dass ein Jude nicht Europa und die europäische Zivilisation liebe, wie wir, Franzosen oder Deutsche, sie lieben; er begreift sie nicht einmal.«[366]

Gewiss wäre es ahistorisch, jegliche Antipathie gegen die Juden zu jener Zeit vom Standpunkt heutiger *political correctness* aus zu bewerten. Stattdessen gilt es zu bedenken, dass ein Auschwitz zumindest bis Ende des 19. Jahrhunderts weitab jeglicher Vorstellung lag, wogegen eine Herrschaft der Finanzjuden, mit den Rothschilds an der Spitze, sehr wohl als Trend der Zeit gesehen werden konnte. Heftige antijüdische Ausbrüche findet man gerade auch bei Juden, an der Spitze ausgerechnet Karl Marx; wie sein Psychobiograf Arnold Künzli feststellt, »blieb sein Verhältnis zum Judentum fast ausschließlich durch einen lebenslangen Hass bestimmt«.[367] Auch im zionistischen Schrifttum stößt man auf nicht wenige abfällige Äußerungen über das Judentum der damaligen Zeit, entsprang doch der Zionismus der Überzeugung, dass die Juden zur inneren Gesundung eigenen Grund und Boden bräuchten und durch die jahrtausendelange Wurzellosigkeit verdorben seien.[368]

Umso besser kann man würdigen, dass Malwida bei all ihrem Ärger über Finanz- und Pressejuden und trotz ihrer zeitweise engen Beziehung zu namhaften Antisemiten – nicht nur zu Richard Wagner, sondern auch zu Gobineau, Bernhard Förster – dem Gatten der Nietzsche-Schwester – und Houston Steward Chamberlain – dem Gatten von Wagners Tochter Eva –, im Zuge der Dreyfus-Affäre begreift, dass dieser neue Antisemitismus nichts mehr mit Idealismus zu tun hat, vielmehr im Begriff ist, zu einer vulgären und bösartigen Bewegung anzuschwellen. Am schärfsten äußert sie das damals nicht gegenüber Rolland, der das wohl als Beleidigung empfunden hätte. Doch ihrer Freundin Marie Herzfeld schreibt sie aus Rom am 15. Februar 1898 über die feindliche Front gegen Dreyfus, dass dieses »Bündnis von Clericalismus und Antisemitismus eine von Aussen eingebrachte Epidemie ist, namentlich von Ihrem Österreich her, denn früher gab es wirklich keinen Antis(emitismus) in Frankreich«. Und sie schließt in tiefem Pessimismus: »Nun wenigstens diese fin de siècle will auch ihre Revolution haben, sie wird hoffentlich weniger blutig sein als die andere, aber moralisch viel vulgärer und widerwärtiger.«[369]

KEIN STREITTHEMA: »DAS IDEALISTISCHE GIFT« (ROLLAND) – GEFAHREN DES NEUIDEALISMUS. Der Idealismus ist das höchste Leitmotiv dieses gewaltigen Briefwechsels; »idéal« und davon abgeleitete Begriffe begegnen darin über hundertmal.[370] Der Gedankenaustausch mit diesem jungen Poeten bietet Malwida in ihrer letzten Lebensphase überreichlich Gelegenheit, ihren Idealismus stets von Neuem zu klären und gegen Fehldeutungen zu verwahren, so dass Rolland später in seinem »Dankgesang« auf sie »die Kristallklarheit ihres Denkens« rühmt.[371] Es lohnt sich, diese Würdigung bei all den wechselnden Stimmungen und Widersprüchen Malwidas im Blick zu behalten. Eine solche Klärung ist in den 1890er Jahren notwendiger als zu jener Zeit, da sie ihre »Memoiren einer Idealistin« herausbrachte: In der damaligen Herrschaft des Realismus besaß dieser Titel per se etwas Markantes. Doch gegen Ende des Jahrhunderts gibt es in der Literatur einerseits einen schärfer herausfordernden Realismus, andererseits um die Jahrhundertwende neue idealistische Moden, die eine Klärung und Abgrenzung an der Zeit erscheinen lassen.

Bei Rolland glaubt Malwida wohl von Anfang an zu spüren, dass er ihr im tiefsten Innern seelenverwandt ist, mag er auch jahrelang – mitunter geradezu wild und widerborstig – in seinen Stimmungen und Meinungen wechseln und mit ihr streiten. Ganz zu Anfang klagt sie ihm, nach Warsbergs frühem Tod sei sie in tiefe Resignation verfallen in dem Gefühl, dass ihr

»Idealismus nicht mehr von dieser Welt und der der gegenwärtigen Generationen« sei;[372] und doch lässt ihr langer Brief erkennen, dass sie durch ihn neue Hoffnung gewinnt, obwohl die beiden sich gerade gekäbbelt haben. Noch am Tag davor er hat es ihr gegenüber für gegeben gehalten, dass sie beide Idealisten seien, möge auch sein Idealismus sie »überraschen« (surprendre), sei er doch Idealist »in *erschreckender (effrayante)* Weise«.[373] Kurz darauf, am 5. September 1890, bekennt sie ihm, sie werde sich »freuen, im Sterben daran zu denken, dass es einen Idealisten reinen Blutes gibt, der der Welt verkündet, dass das Leben einen anderen Sinn hat als den, den die Materialisten von heute ihm zuschreiben«.[374] Man spürt ihre Zuversicht, in ihm einen solchen Idealisten gefunden zu haben.

Dabei ist Rolland in puncto Idealismus noch über Jahre tief gespalten, zeigt sich immer neu hin- und hergerissen und äußert auch wiederholt Kritik am Idealismus Malwidas. In seiner Dissertation, die er 1895 an der Sorbonne einreicht, vertritt er die These, dass der Intellekt in der Kunst, wenn er die Berührung mit der Natur verliere, eine gefährliche Art von Idealismus erzeuge, die zur Realitätsferne, zum Festhalten an Modellen der Vergangenheit, ja zu moralischer Schwächung verführe.[375] Da klingt schon das Motiv seines Essays von 1900 »Le poison idéaliste« an. Nun, da kann ihm Malwida mit ganzem Herzen zustimmen, ist doch die Liebe zur Natur, wie wir immer wieder sahen, eine Kraftquelle ihres Idealismus. Bedenklicher wird es, wenn er die »Kämpfe« seines Idealismus mit Menschenverachtung verbindet,[376] doch derartige Anwandlungen sind auch ihr nicht fremd, und zugleich gibt Rolland zu erkennen, dass er eine solche Art von Idealismus überwinden will.

Am 17. Mai 1892 klagt er ihr: »Die Welt der Ideen ist schön, aber kalt«, und er liebe »die große Sonne«;[377] doch die warme Sonne ist ja auch eine große Liebe Malwidas: Deshalb zieht es sie immer wieder nach Italien und glaubt sie es im Norden nicht auszuhalten. Oder sein Brief aus Paris vom 25. September 1894 mit der Klage über die Theaterdirektoren, die seine Dramen nicht auf die Bühne bringen – »ohne Zweifel sind sie alle infiziert durch den verdorbenen Realismus, der in Mode ist«. Da kann ihm Malwida nur wütend beipflichten. Doch auf der anderen Seite sein Bericht vom März 1892 über den Besuch eines »idealistischen Salons« in Paris, wo sich um die sechzig Künstler versammelt hätten, deren Grafiken, Gemälde und Skulpturen er allesamt kümmerlich gefunden habe: Das habe ihn derart gelangweilt, dass er am liebsten »eine Kampagne gegen den Idealismus in der Kunst« gestartet hätte. »Ich weiß wohl, das ist eine natürliche Reaktion auf den Materialismus ringsum; doch ich finde das nicht gesünder und nicht weniger gefährlich.« Und dann legt er los: »Ich will ein Mann sein« (»Homme« groß geschrieben), »ich will Idealist, Materialist, Spiritualist, Sensualist, Pantheist, Skeptiker, Christ, Heide sein; und ich will in alldem ich selbst sein«.[378] Doch gewinnt er in solch wirrem Durcheinander etwa Identität?

Sein ehedem tief gespaltenes Verhältnis zum Idealismus schildert er als Durchgangsphase noch bei seinem »Jean-Christophe«. Der knirscht mit den Zähnen über den »falschen Idealismus« in Wagners »Lohengrin«.[379] Einen ebensolchen erkennt er noch in der »Götterdämmerung«, wenn Siegfried und Brünhilde »vor dem Publikum ihre geschwätzig-pomphafte eheliche Leidenschaft« ausbreiteten.[380] Und dann: »Idealisieren! Das wollte heißen: Furcht haben, dem Leben ins Antlitz zu schauen; unfähig sein, die Dinge so, wie sie sind, zu sehen.«[381] Da denkt der erotisch noch nicht sehr erfahrene junge Mann vor allem an ideale Schilderungen der Liebe in der deutschen Poesie. »Vor allem diese widerwärtige Empfindsamkeit, die von der deutschen Seele wie von einem feuchten, nach Schimmel riechenden Keller niedertropfte.«[382] Nun, das ist nicht sein letztes Wort über die deutsche Seele. Bereits an dieser Stelle fährt Rolland fort: »Christof war dahin gelangt, den Idealismus zu hassen. Er zog dieser Lüge die offene Brutalität vor. Im Grunde war er idealistischer als die anderen und hatte – durfte keine ärgeren Feinde haben als die brutalen Realisten, denen er den Vorzug zu geben glaubte. Seine Leidenschaft machte ihn blind.«[383]

Nicht ohne Grund erkennt Malwida über Jahre bei ihrem jungen Freund die Hauptgefahr darin, dass er sich durch seinen Idealismus dazu verführen lässt, sich in Illusionswelten zu verlieren. Umso mehr sucht sie ihn darin zu bestärken, seinen Idealismus mit Realität zu kräftigen, worum sie sich ja auch bei sich selbst immer neu bemüht hat. Stefan Zweig, der aus einer intensiven Korrespondenz mit Rolland schöpfen konnte, hebt hervor: »Unendliches hat er gelernt in dieser Begegnung: Weite des Wissens um die Wirklichkeit ist ihm nun gegeben.«[384] In einem Brief aus Paris im März 1892 erinnert Rolland die Freundin daran, bei Gesprächen mit ihr in Rom habe er versichert, dass er Materialist geworden sei. »Doch Sie nahmen das von der guten Seite, und Sie erwiderten lachend, dass Sie das gerade wollten, dass Sie das aus ganzem Herzen wünschten.«[385]

Kein Wunder: Herausfordernd erklärt er ihr am 3. April 1892, sie mit ihrer Art von Idealismus wisse nicht, was ein Idealist wie er sei: »Ich lebe in meinen Ideen; meine Ideen sind die Wirklichkeit; die Wirklichkeit existiert nicht.«[386] Sie erwidert: »Wenn Ihre Ideen nicht Wirklichkeit würden, wären Sie kein Schöpfer.«[387] Später muss er ihr in seinem Streben nach Realismus mitunter zu weit gegangen sein. Am 16. Juni 1897 bekennt er ihr, nachdem er den Realisten Ibsen gegen ihren Idealismus verteidigt hat: »So idealistisch ich bin, habe ich eine Vorliebe für die großen Realisten; sie alleine lehren mich etwas; das ist eine Nahrung, die mich bereichert.«[388] Ohne einen neu erwachten Sinn für die gegenwärtige Realität hätte er schwerlich »Jean-Christophe« schreiben können, dessen Lebensgeschichte man sich wohl in der Gegenwart oder jüngsten Vergangenheit vorzustellen hat. Alles in allem ist und bleibt der Idealismus in dieser Korrespondenz ein unerschöpfliches Thema.

Zu alledem Rollands Essay »Le poison idéaliste«, den er im Juli 1900 im ersten Heft der »Revue d'Art Dramatique« veröffentlicht, die unter seiner Mitarbeit von seinem neuen Freund Charles Péguy herausgebracht wird, dem er diesen Artikel widmet. Später weist er darauf hin, man werde auf diesen Seiten »mehr als eine Anspielung auf die Affäre Dreyfus« finden.[389] In der erhaltenen Korrespondenz Rollands mit Malwida sucht man »Das idealistische Gift« vergebens – befürchtete er, die wiedergewonnene Harmonie mit dieser Freundin zu stören? –, findet jedoch den vermutlichen Anstoß dazu: Am 2. Juli 1900 fragt ihn Malwida, was er von den Dramen von Schuré halte,[390] dem französischen Oberwagnerianer, Malwida aus Bayreuth wohlbekannt. Darauf macht Rolland seiner tiefen Aversion gegen diesen Theaterdichter Luft: Dessen »Mischung von Spiritismus und Idealismus« sei ihm »verhasst« – dieses »neomystische Komödiantentum«, dem jegliche »wahre Aufrichtigkeit« fehle, dieser Idealismus lasse ihn schaudern, obwohl er doch ohne Idealismus nicht leben könne. »Ich will ebenso wenig mit Positivisten und mit Materialisten zu tun haben wie mit falschen Idealisten – weil ich Idealist bin. … Ich kann nur Idealisten-Realisten ertragen …, Idealisten, die die Realität betrachten.«[391]

Seiner Attacke auf den »falschen Idealismus« stimmt Malwida zu – wie könnte es anders sein? –, und zu einem mit Realität bereicherten Idealismus hat sie ihn ja selber hinführen wollen; doch mit Nachdruck nimmt sie Schuré in Schutz.[392] Rolland verschweigt denn auch dessen Namen in seiner Polemik gegen das »idealistische Gift« und gibt zu Anfang des Essays zu erkennen, dass auch er selbst wie so viele seiner Generation eine derartige Phase von falschem Idealismus durchgemacht habe, »diese Neurasthenie, Geißel der Epoche«[393] – wie zahllose Zeitgenossen, und zwar besonders in Deutschland, erkennt auch er in dieser »reizbaren Schwäche«, dieser Mischung von Stress und unbefriedigter Begierde die große Krankheit der Zeit.[394]

In seinem Essay sieht er in dieser Misere die Wirkung der »Invasion des französischen Geistes von den Armeen mächtiger und fremder Einflüsse des Nordens – am furchtbarsten von allen: der wagnerianische Einfluss – zweifellos fruchtbar, reich an Leben und Gedanken, doch gefährlich, wenn er in andere Rassen übertragen wird«.[395] Dieser neomystische Pseudo-Idealismus verführe dazu, sich in Träumereien zu verlieren. »Es ist nicht gut, zu träumen. Die Träumerei ist nicht ungefährlich in einer Welt, in der es darauf ankommt, ständig zu handeln und wachsam zu handeln.«[396] »Es gibt keinen tödlicheren Feind des Idealismus als den falschen Idealismus … Der wahre und männliche Idealismus glaubt überhaupt nicht, es sei unter seiner Würde, wenn er genauestens (scrupuleusement) die Natur studiert.«[397] Die Natur: Das ist ja ganz im Geiste Malwidas. Doch verletzend wäre für sie gewiss die Unterstellung, dass sie und Rolland unterschiedlichen Rassen angehören und es gefährlich sei, sich dem Einfluss durch eine andere Rasse auszusetzen! Insofern wohl kein Wunder, dass er ihr den Wortlaut dieser Polemik offenbar nicht mitteilte. Später erklärt er, er habe diesen Essay geschrieben, »um den wahren Idealismus zu rächen«, und das habe sie sehr wohl verstanden.[398] Am 30. Januar 1901 hat er ihr versichert: Möge er auch in manchen Momenten den Anschein erweckt haben, dass er sich von ihr entferne, werde sie beim Wiedersehen erkennen, dass solche Phasen der Vergangenheit angehören: »Sie werden mich näher an Ihrem Idealismus finden, als ich jemals gewesen bin.«[399]

»AMORE – PACE«: TODESEKSTASE UND FORTLEBEN MALWIDAS. In dieser Zuversicht, die sie beseligt haben wird, geht Malwida dem Tode entgegen – einem schmerzhaften Tod, wohl an Darmkrebs, wovon sie jedoch nicht erfährt.[400] Ihre Freundin Marie Herzfeld schreibt über ein letztes »Abschiedswort an die Welt«, das Malwida noch auf dem Sterbebett aufzuzeichnen begann: »Es sind ein paar Seiten wie in einer Ekstase geschrieben, im Bett, unter unendlichem Leiden. … Ein Vorgefühl wie von Seligkeit ließ sie alles überwinden.«[401] Gabriel Monod, der an ihrem Sterbebett saß, erinnert sich später, wie sie ihn getröstet habe: »Sie könne niemandem ein schöneres Ende wünschen als das ihrige. Und doch unterbrachen sie fast in jedem Augenblick schmerzliche Krämpfe, aber sie sagte bloß: ›Erschreckt nicht, es ist ja nichts, nur Krämpfe sind's und nicht *ich* leide, sondern nur mein armer Körper. Die Materie ist nichts, der Geist allein besteht!‹ Und dieses Wort *der Geist* kam immer wieder auf ihre Lippen, mit den anderen Worten *Amore* und *Pace*, die sie fortwährend wiederholte.« (II 547) Geist, Liebe, Frieden – ihre drei höchsten Ideale! Selbst Bernhard von Bülow zitiert in seinen »Denkwürdigkeiten« sichtlich bewegt aus ihrem letzten Brief an ihn: »In einer Nacht, ganz besonders klar und bewusst, fühlte ich mich wirklich wie allem Zeitlichen entrückt, im Urgrund des Seins höchster Seligkeit genießend … Und ich schwamm wie getragen auf Wellen unsäglicher Wonne.«[402] Im Sommer 1902 verfasst sie im schönen Nettuno das Gedicht »Ekstase« (V 430 f.):

»Schöne Rosen möchten noch erblühen
Hier wie jugendfrisch in meinem Herz;
Tönen hör' ich sel'ge Harmonien,
Sanft versöhnend jeden Erdenschmerz.

Wie zum Tempel, höchsten Göttern teuer,
Weitet sich die Brust zum heil'gen Raum,
Auf dem Altar flammt das ew'ge Feuer
Und verklärt den langen Lebenstraum.

Rosa Wölkchen flattern dort oben,
Bilden sich zum Flügelpaare aus;
Ja – ich komme bald! Von Licht umwoben
Tragt mich freundlich in das Vaterhaus!«

Bereits am 6. Juni 1898 hat sie Eva Wagner anvertraut: »Es ist sehr merkwürdig dies ständige Abschiedsgefühl von der Welt die man doch sehr geliebt hat; aber auch diesen letzten Akt des Daseins mit vollem Bewusstsein durchzuleben, war von frühester Jugend auf mein Wunsch.«[403] Am 1. Januar 1918, als Rolland von dem Gefühl überkommen wird, dass mit dem Grauen des

Krieges auch sein eigener Körper verfällt und er sich nach der Verklärung des Alters sehnt, schreibt er an Stefan Zweig: »Ich habe erlebt, wie dieses stille Licht der Verklärung sich auf eines der mir liebsten Gesichter legte – auf das meiner besten Freundin: Malwida von Meysenbug.«[404] Bereits am 18. November 1893 hatte sie ihm berichtet, worüber sie einzig zu ihm reden wolle, wie sie sich in einer schlaflosen Nacht, in der sie sich an sein Klavierspiel erinnerte, eine »merkwürdige Erregung von übernatürlichem Glück« überkommen habe, wobei sie gespürt habe: »So müsste der Tod sein.«[405] Am 28. Mai 1894 erklärt er ihr, von allen Vorgängen des Lebens interessiere ihn am meisten der Tod, wie denn die Handlung seiner Dramen in einer Aufeinanderfolge tödlicher Aktionen bestehe.[406]

Im Vorwort zu seinem »Leben des Michelangelo« (1906) bekennt Rolland: »Ich hasse den feigen Idealismus, der die Augen von dem Elend des Lebens und den Schwächen der Seele abwendet. Man muss das einem Volk, das zu empfänglich ist für den täuschenden Trug tönender Worte, sagen: die heldische Lüge ist eine Feigheit. Es gibt nur ein Heldentum auf der Welt: die Welt zu sehen wie sie ist – und zu lieben.«[407] Der Idealismus, der Malwida und Rolland miteinander vereint, ist konträr zu jenem Neuidealismus, der bei vielen in den fatalen »Geist von 1914« hineinführt. Feige sind die Kriegstreiber, die sich als Helden aufspielen; die wahren Helden sind die, die sich ihnen widersetzen.

Ulrich Sieg hat jüngst daran erinnert, dass »Idealismus« ein Kernbegriff im »Geist von 1914« ist, allerdings mehr in der »Heimatfront« als bei den mit den Schrecken konfrontierten Soldaten.[408] Er stellt dar, wie ausgerechnet Rudolf Eucken, innerhalb der Philosophie der führende Kopf des Neuidealismus – der jedoch unsere »Idealistin« ignoriert –, »zum Inbegriff deutscher Weltkriegsphilosophie wurde«.[409] Selbst ein Alfred Weber lässt sich mehr noch als sein Bruder Max von dieser Stimmung mitreißen und frohlockt 1914: »Künftig gehören wir alle zusammen in eine Partei des deutschen Idealismus, der zu einer politischen Kraft gemacht werden muss«, und dies, egal ob die Deutschen siegen oder unterliegen.[410] Diese unheilvolle Wende des Neuidealismus bereitet sich damals schon seit Jahren vor; berüchtigt geworden ist die Passage vom 29. Juli 1911 in den Tagebüchern von Kurt Riezler, dem Intimus des Reichskanzlers Bethmann Hollweg, auch dieser teile »die echt deutsche idealistische und richtige Überzeugung, dass das Volk einen Krieg nötig hat«.[411]

Grab Malwida von Meysenbugs in Rom

Mit Grund witterten Malwida und Rolland, dass der Neuidealismus ein gefährliches Potential enthielt, auch wenn das Ausmaß der Furchtbarkeit des künftigen Krieges um die Jahrhundertwende noch kaum vorstellbar war.[412] Das führte selbst bei Bethmann Hollweg schon bald nach Kriegsausbruch zur Rückbesinnung darauf, dass Idealismus auch etwas ganz anderes als Kriegsfreudigkeit bedeuten kann; am 17. Februar 1915 notiert Riezler irritiert, der Reichskanzler sage jetzt »Sachen wie: die einzigen die Idealismus haben sind die Sozialdemokraten etc.«.[413] Für Malwida war der menschenfreundliche Sinn des Idealismus stets eine Selbstverständlichkeit; daher wirft ihre Lebensgeschichte ein Licht auf mögliche *Alternativen* der Geschichte. Wie schon in der Einführung gesagt, dürfte nicht zuletzt in deren Aufhellung eine verheißungsvolle Aufgabe der Geschichtsschreibung bestehen.

In der Kriegszeit wird die liebevolle Freundschaft zwischen Rolland und Stefan Zweig über die Fronten hinweg gleichsam zur Fortsetzung der Freundschaft Rollands mit Malwida, für die sich Zweig begeistert:

»Wunderbar diese Freundschaft zwischen der siebzigjährigen deutschen Frau und dem dreiundzwanzigjährigen Franzosen: bald weiß keiner mehr von ihnen, wer dem andern zu tieferem Dank verpflichtet ist … Ein und der gleiche Idealismus, der geprüfte und geläuterte der Greisin, der ungestüme und fanatische des Jünglings, klingen rein ineinander … Sie aber schreibt in ihrem ›Lebensabend‹, ein Vierteljahrhundert, ehe Rollands Name in irgendeinem Lande auch nur genannt wird, schon ein gläubiges Bekenntnis seines zukünftigen Ruhmes.«[414]

Im Oktober 1932, kurz vor der nationalsozialistischen Machtergreifung, veröffentlicht Berta Schleicher in Kontakt mit Rolland die Auswahl aus dem Briefwechsel zwischen beiden, dem Rolland seinen »Dankgesang« an Malwida voranstellt, der schon wiederholt zitiert wurde und in dem er verkündet, in ihr seien »die Geheimnisse eines halben Jahrhunderts« verborgen gewesen:[415] »Die innerste Verwandtschaft des wahren Frankreich in seiner Verborgenheit und des wahren Deutschland, dessen Stimme nie laut wird, – das bessere Deutschland: – es wird weiterleben.«[416] Bereits im November folgt die zweite Auflage. Diese Veröffentlichung findet prompt zahlreiche begeisterte Resonanzen, bei denen man spürt, wie die Verfasser hier ein helles Licht gegenüber der braunen Bedrohung erkennen. Am 12. Dezember verkündet der Kunsthistoriker Otto Grauthoff jubelnd in der »Deutsch-französischen Rundschau«: »Kein Mitglied unserer Gesellschaft … sollte versäumen, diese seelische Rettung eines jungen Franzosen durch eine herrliche deutsche Frau in sich aufzunehmen.«[417]

Selbst die nüchterne »Berliner Börsen-Zeitung« schließt eine Besprechung am 21. Dezember 1932 geradezu feierlich mit den Worten: »In dem vorliegenden Buche werden wir aus der Enge unseres Ichs gelöst, wir treten ein in das Reich hohen, adligen Menschentums.«[418] Nicht weniger fasziniert schreibt der Dramaturg Franz Horch, künftiger Emigrant, im »Berliner Tageblatt« vom 17. Dezember: »Romanhaft, unwirklich mutet diese Freundschaft zuerst an …, aber von Brief zu Brief knüpft sich daran immer fester ein geistiges Band aus höchst eigenartigem Stoff, das Gewebe wird dichter und dichter, blutvoller und wirklichkeitsnäher … wie sich in den beiden so entgegengesetzten Naturen … eine Freundschaft bildet, die aus den verschiedenen Geisteskulturen immer neue Anregungen, Reibungen und Nährstoffe bezieht, das ist … ein erregendes und fesselndes Erlebnis.«[419]

Deutlicher noch bringt die »Berliner Neue Generation« den Kontrast zum NS-Führerkult heraus: »Dies ist mehr als ein Buch. … Je trüber die Welt ist, je verirrter sich die sogenannten Führer erweisen, desto notwendiger ist der Jugend ein Wegweiser«, und ein solcher sei dieses Buch.[420] Am 13. Februar 1933, schon in der beginnenden Machtergreifung, verkündet die Deutsche Welle: »Dieser Briefwechsel, im besten und tiefsten Sinne ein Liebesroman, ist ein menschliches Dokument von unerschöpflichem Reichtum. Er lässt uns an einer Freundschaft teilhaben, die in unserer heutigen Zeit geradezu unwirklich erscheint.«[421] Das ist vielleicht der schönste Schluss, der besonders deutlich vor Augen führt, wie sehr die Lebensgeschichte Malwidas, die in der Freundschaft mit Rolland ihre höchste Erfüllung findet, auch wenn sie durchaus keine Heiligengeschichte ist, eine lebensvolle Alternative zu der grauenvollen Wende der deutschen Geschichte leuchtend erhellt.

SCHLUSS

ZUR AKTUALITÄT DES MALWIDA-IDEALISMUS, UND: MEIN WEG ZU MALWIDA

Um mit meiner ersten persönlichen Konfrontation mit dem Thema »Idealismus« zu beginnen: 1965 hielt ich – damals Lehramtsstudent – an einem Hamburger Mädchengymnasium im Rahmen einer Unterrichtsübung die erste Schulstunde meines Lebens, und zwar zum Thema Kreuzzüge. Wie selbstverständlich ging ich mit diesen ebenso blutigen wie aus heutiger Sicht sinnlosen Kriegszügen sehr kritisch um. Umso mehr war ich perplex, als der Fachleiter an meiner Stunde nachher scharfe Kritik übte: Ich hätte den Schülerinnen den »Idealismus« der Kreuzfahrer überhaupt nicht vermittelt! Dieser Idealismus war für ihn bei jenen Kriegern offenbar ein evidentes, hochwichtiges historisches Faktum und ein vordringliches Lernziel für den Unterricht. Allmählich dämmerte mir, warum: Dieser Mann war ehemaliger Nationalsozialist, und zwar einer, der auf diese seine Vergangenheit auch noch stolz war: »Ich könnte jeden ohrfeigen, der schlecht über Hitler redet« – ein Spruch von einer Art, wie man ihn sich heute nicht mehr vorstellen kann.

Ich blätterte in meinem ererbten Exemplar von Hitlers »Mein Kampf«: Tatsächlich, im Register kommt »Idealismus« vor, allerdings in extremem Kontrast zum Stichwort »Judentum« nur mit wenigen Seitenverweisen – viel öfter präsentiert sich Hitler als harten Realisten. Er beginnt mit einer kurzen Definition seines Idealismus: Darunter verstehe er »nur die Aufopferungsfähigkeit des einzelnen für die Gesamtheit, für seine Mitmenschen«.[1] Das erstrebte Ideal ist kein Thema; wie Hitlers gesamte Politik zeigt, war sein Ziel ja keineswegs die Aufopferungsbereitschaft für die Menschheit, sondern lediglich für den NS-Staat. Er fährt fort: Dem Idealismus verdanke »der Arier seine Stellung auf dieser Welt«,[2] den Juden dagegen fehle »vollständig die allerwesentlichste Voraussetzung für ein Kulturvolk, die idealistische Gesinnung«.[3] An viel späterer Stelle greift er das Thema Idee / Ideal noch einmal auf, dort in gesperrtem Druck; da wird überdeutlich, dass für ihn der Wert des Idealismus in der durch ihn angespornten Kampfkraft, Kriegsbereitschaft besteht.[4] Ebendies war offenbar auch der Idealismusbegriff meines Fachleiters.

In der Folge stieß ich, Jahrgang 1943, besonders unter Angehörigen meiner Generation wiederholt darauf, dass ihnen »Idealismus« anrüchig war: als Standardausrede einstiger Nazis, die in Entnazifizierungsverfahren geradezu »gebetsmühlenartig« (Martin Rüther)[5] wiederholt wurde, um ihre einstige Begeisterung für Hitler zu rechtfertigen. Selbst Adolf Eichmann suchte sich mit seinem »Idealismus« herauszureden, als er in Jerusalem vor Gericht stand![6] Als ich im Internet »Hitler Idealist« suchte, wurden nicht weniger als ca. 1 660 000 Ergebnisse angezeigt! Ein Essay des Hitler-Biografen Rainer Zitelmann in der »Neuen Zürcher Zeitung« vom 8. Januar 2020 mit dem Titel »Warum Materialisten den hehren menschlichen Idealen oftmals besser dienen als Idealisten« enthält den Zwischentitel: »Hitler, der Idealist«. Das Allensbach-Institut übermittelte in einer Umfrage von 1985, dass nicht weniger als 68 Prozent der vor 1932 Geborenen anders als das Gros der Jüngeren der Meinung zustimmten, »dass die Menschen damals vor 1945 viel idealistischer waren, mehr Ideale hatten, als dann später nach 1945«.[7] Idealismus bei jener Generation, die ihre Kindheit und Jugend in der NS-Zeit verbracht hatte, als ein Grund, jene Jahre trotz allem irgendwo als gute Zeit in Erinnerung zu halten! Anni Piorreck, die 1932 über Malwida promovierte, erlebte lange nach 1945 bei einer Schülerin, als sie ihr die »Memoiren einer Idealistin« zur Lektüre empfahl, wie diese dieses Angebot »temperamentvoll« zurückwies: »Ich solle ihr nicht mit solchem Edelgetue kommen … Mit den sogenannten Idealisten habe sie nichts im Sinn! Ihr Großonkel habe sich nämlich immer so bezeichnet, wenn man ihn nach seinem Verhalten während der Nazizeit gefragt habe.«[8]

Zurück ins Jahr 1965: Schon bald wurde mir klar, dass jener Idealismusbegriff, den sich die Nationalsozialisten aneignen konnten, viel zu einseitig war. Im Jahr darauf, 1966, las ich in einem Aufsatz von 1929 des früh verstorbenen, damals von Hans-Ulrich Wehler wiederentdeckten Eckart Kehr, des Pioniers einer kritischen Sozialgeschichte, der »liberale Idealismus« sei »die Weltanschauung der preußischen Ministerialbürokratie« gewesen, »die im Kampf lag mit dem Adel um die Beherrschung der staatlichen Maschine«, zumindest bis zu der »Feudalisierung der Bürokratie« in den 1880er Jahren.[9]

Doch war das nicht auch wiederum viel zu eng? Im gleichen Jahr stieß ich auf einen Aufsatz von 1952 des 1934 in die USA emigrierten Historikers Hajo Holborn (1903–1969), »Der deutsche Idealismus in sozialgeschichtlicher Beleuchtung«,[10] mit diversen Gedanken, die in mir eine erste Ahnung weckten, dass es dieses Thema in sich hat, und zwar noch weit mehr, als aus Holborns Pointen hervorgeht. Besonders stolperte ich über seine These, der deutsche Idealismus habe »das gesamte Naturrecht verworfen« und auf diese Weise einen fatalen deutschen Sonderweg mit Abkehr von Westeuropa begründet.[11] War das wirklich so? War nicht Goethe zugleich Idealist und großer Freund der Natur? Das notierte ich schon damals.

Jetzt auf einmal erschien mir das Thema »Idealismus« nicht nur bedeutungsvoll, sondern auch prickelnd und verheißungsvoll für weitere Forschung. An den Rand schrieb ich damals: »dolles Thema!!! Aber der Aufsatz enttäuscht!« Doch wie war da weiterzukommen? Erst 38 Jahre darauf stieß ich auf die »Memoiren einer Idealistin«, war von diesen sofort gefesselt und erkannte bei aller Hochschätzung Kehrs und Holborns, dass deren Deutung des Idealismus viel zu eng und zu beschränkt sozialgeschichtlich war. Treffender erscheint mir demgegenüber die These des mit Max Weber gut bekannten Religionswissenschaftlers Ernst Troeltsch, der »Spiritualismus« – der Glaube an die Macht des Geistes, der Idee – sei »die heimliche Religion der Gebildeten«.[12] Das entspricht ganz dem Idealismus Malwidas; sie dagegen bekennt sich in voller Offenheit dazu.

Doch erst fünfzig Jahre, nachdem ich 1966 beim Thema »Idealismus« erstmals Feuer gefangen hatte, begann ich mich ganz der Malwida-Forschung zu widmen, nunmehr inspiriert durch eine ganze Reihe meiner Forschungsprojekte der Zwischenzeit, angefangen mit meiner Dissertation über die deutsche USA-Emigration nach 1933 (1971) über die Biografie Max Webers (2005) bis hin zur »Ära der Ökologie« (2011) – und noch über manches andere, ob zum Thema Atom oder zur Geschichte der Nervosität, worauf Anmerkungen dieses Buches verweisen. Wie ich damals herausfand, kreiste Max Webers Denken mehr, als bis dahin beachtet worden war, um die Beziehung zwischen Idealismus und Materialismus, zwischen Ideal und Natur; da entdeckte ich jetzt eine unerwartete Analogie zwischen ihm und Malwida, die mich darin bestärkte, dass die Lebensgeschichte dieser »Idealistin« ein großes Thema ist. Dabei durchaus nicht ohne Pikanterie: Wiederholt stieß ich auf Warnungen, dass eine Biografie dieser Frau bei aller Bewunderung nicht zur Hagiografie geraten darf, wenn sie sich etwa am 16. Mai 1892 gegenüber Romain Rolland von einer Meldung fasziniert zeigt, russische Nihilisten hätten geplant, ein Zarenschloss bei Anwesenheit der Zarenfamilie in die Luft zu sprengen, und kommentiert: »Die da sind wenigstens von einer diabolischen Konsequenz, das ist wahr, doch darin liegt eine Größe, weil das ohne persönliche Ambition ist; es ist der Fanatismus einer Idee, und kein Opfer schreckt sie ab.«[13]

Noch eine Rückblende: Vor über fünfzig Jahren, als ich an meiner Dissertation arbeitete, stand ich in intensivem Briefkontakt mit George W. F. Hallgarten (1901–1975), einem Emigranten von 1933, der damals an seinen Memoiren »Als die Schatten fielen« (1969) schrieb und durch den ich darauf kam, der »Neigung der Emigranten zur Autobiografie« in meiner Dissertation »Die deutsche Emigration in den USA« (Düsseldorf 1971) ein eigenes Kapitel zu widmen; anschließend verfassten wir gemeinsam das Buch »Deutsche Industrie und Politik« (1975), in dem auf Druck der Deutschen Bank Passagen eingeschwärzt wurden. An das Leben Hallgartens musste ich oft denken, als ich die Emigranten-Memoiren Malwidas studierte. Auch er fand im Exil nie eine feste Stellung, war äußer- wie innerlich stets auf der Suche, erlebte unter Mitemigranten nur wenig Solidarität. Er klagte mir, bereits eine »einjährige Beobachtung des Emigrantenwesens« habe ihn desillusioniert: »Emigranten tun recht selten etwas füreinander, schneiden sich dagegen ganz oft gegenseitig die Gurgel durch.«[14] Das hielt mich frühzeitig von einer Idealisierung der Emigration nach 1933 ab – und später auch von einer Idealisierung der Emigration nach 1848; es ließ mich umso mehr das Ungewöhnliche der vielen Exilkontakte Malwidas erkennen. In mehrfacher Hinsicht bedeutet dies Buch eine Rückkehr zu meinen Anfängen als Geschichtsforscher.

Beim Malwida-Studium erkannte ich rasch, dass die Holborn-These als generelle Aussage über Idealismus nicht nur viel zu eng, mehr noch: barer Unsinn ist: mit Blick auf die Seligkeit der »Idealistin« und Goethe-Verehrerin in der Natur und auf ihre gewaltige übernationale Kommunikation. Da und nicht nur dort gewinnt ihr Idealismus Konturen! Um ein Leitmotiv wieder aufzunehmen: Ihre Lebensgeschichte öffnet den Blick auf historische Alternativen: Nicht jeder Idealismus, nicht jede Heldenverehrung führte in den Krieg, nicht jede Begeisterung für die Musik Richard Wagners führte in deutschen Chauvinismus und Rassismus, nicht jede Verbundenheit mit nationaler Kultur, Literatur, Musik führt in aggressiven und bornierten Nationalismus – man sollte die Wertschätzung der Nation nicht den Rechtsradikalen überlassen!

Zugleich wurde mir bewusst, dass ihr Idealismus mittlerweile eine neue Aktualität erlangt: Rainer Zitelmann erwähnt in seinem NZZ-Artikel von 2020 nebenbei, dass Greta Thunberg heute allgemein als Idealistin gilt, die 2018 als Fünfzehnjährige die Klimaschutzbewegung *Fridays for Future* begründet hat: Selbst solche Menschen, die ihr kritisch gegenüberstünden, »loben ihren Idealismus«. Kein Geringerer als der Ex-Präsident Barack Obama verkündete im September 2019: »Es gibt überall Gretas. Ich sehe Mut, und ich sehe Innovation, und ich sehe Idealismus.«[15] Da gewinnt »Idealismus« wieder einen hellen Klang, mehr noch: Man ist versucht, in Greta wie in vielen anderen, die sich für den Schutz der Umwelt engagieren, Menschen zu sehen, die den Idealismus Malwidas zur Vollendung bringen und die die Naturliebe, wenn es drauf ankommt, mit kämpferischem Aktivismus verbinden.

Das ist Malwida unter den Bedingungen ihrer Zeit nicht gelungen. Und doch kann sich die Umweltbewegung von ihr bereichern lassen: von ihrem lebenslangen Bestreben, das von ihr erstrebte Ideal in der Natur des Menschen verwurzelt zu finden. Zu sehr wird seit Langem unter »Natur« nur die äußere Natur verstanden. Da kann man von Wolfgang Riedel und seinem »Homo Natura« (2011) lernen, wo – wie dargestellt – die Memoiren als »Urtext der Lebensmystik« begegnen: Malwida als Schlüsselgestalt bei der Vermittlung der Naturmystik der Goethezeit und davor über die Zeiten des Realismus und Positivismus hinweg zu der neuen Naturbegeisterung, die um die Jahrhundertwende beginnt. Die Mütterbewegung nach der Reaktorkatastrophe von Tschernobyl 1986, die besonders die Kleinkinder bedrohte, hat auch die neue Frauenbewegung daran erinnert, dass es eine Natur der Frau gibt, die Wertschätzung verdient und ein politisches Potential enthält.[16]

Es ist nicht ohne Reiz, darüber zu sinnieren, inwieweit Malwida auch durch das Internet-Zeitalter eine neue Aktualität erlangt. Denn sie wurde ja – modern gesprochen – mehr und mehr zu einer großen Netzwerkerin. Einfluss übte sie nicht über eine Organisation, sondern durch Kommunikation aus, durch vielfältige mit einer Fülle von Briefen dokumentierte Beziehungen. Das mag zum Nachdenken darüber anregen, ob auch heute Netzwerke – nunmehr digital – oftmals noch wichtiger sind als »Bewegungen«

in einem organisierten Sinne. Andererseits bekommt man zu hören, dass auch *Fridays for Future*, die machtvolle neue Jugendbewegung zum Klimaschutz, ihre Kraft nicht zuletzt aus unmittelbaren persönlichen Kontakten schöpft. Offenbar ersetzt das digitale Netz doch nicht ganz Face-to-face-Kontakte. Nach diesen kann man gerade durch die Corona-Pandemie, die zur Distanz zwingt, eine neue Sehnsucht empfinden. Und auch da mag Malwida mit ihrer Kunst der Freundschaft, bei der sie im Laufe ihres Lebens hinzulernte, eine neue Aktualität gewinnen: sie, die Nietzsche in seiner guten Zeit »die beste Freundin der Welt« rühmte! In einer Zeit, in der durch die »sozialen Netzwerke« der Freundesbegriff zu inflationieren droht, lohnt sich die Wiederentdeckung der alten Freundschaft und in einer Zeit der unablässigen und oftmals achtlosen Mailerei die Wiederentdeckung der alten Briefkultur.

In die Corona-Zeit geriet meine Niederschrift dieser Lebensgeschichte hinein. Wie es scheint, gewinnt auch da ihr Idealismus eine alt-neue Art von Aktualität: als Lebenshilfe, um Angst und Leiden zu überwinden, als Anstoß zur Besinnung auf jene Werte, die wirklich wichtig sind, nicht zuletzt auf den Wert der Freundschaft, auf die Hilfe für Einsame und Notleidende, verbunden mit der Zuversicht, dass in unserer Natur bei so manchem Unerfreulichen doch ein guter Kern angelegt ist, der Hoffnung weckt. Um ein letztes Mal Malwida zu zitieren, aus einer Auseinandersetzung mit einem »Positivisten«, von der sie im »Lebensabend« berichtet: »Aus nichts kann nichts entstehen. Die Möglichkeit zu geistiger und moralischer Entwicklung ist mit dem Organismus Mensch gegeben.« (II 441) So gesehen ist »Ideal« ein besserer Begriff für das Erstrebenswerte als etwa »Vision«[17] oder gar »Utopie«,[18] wo das Ziel in der Ferne liegt und nicht auch in uns selbst. Ein Leitmotiv dieser Lebensgeschichte besteht in dem immer neuen Bestreben Malwidas, ihren Idealismus mit Realität zu kräftigen.

Als ich Malwidas Beziehung zu Nietzsche studierte, kam mir ein Hinweis des Theologen Helmut Gollwitzer in den Sinn, an dessen Nietzsche-Seminar an der FU Berlin 1966 ich teilgenommen hatte, eben zu jener Zeit, als ich beim Thema »Idealismus« erstmals Feuer fing. Da erklärte Gollwitzer, bei dessen späterer Verfluchung des Mitleids – die ja, wie wir sahen, Malwida zutiefst befremdete – habe Nietzsche sich selbst verleugnet; dieser leidende Mann habe mehr als viele andere Menschen selbst des Mitleids bedurft. Auch das bestärkte mich jetzt darin, dass Malwida, so stimmungsgebunden ihr Denken auch oft war, in dieser Hinsicht einen klareren Blick besaß als der große Philosoph. Ihr lebensphilosophischer Idealismus enthält nicht zuletzt eine Bereitschaft zum Mitleid im Sinne von Mit-Leiden. Gerade deshalb mag Nietzsche sie zeitweise so sehr als Freundin geschätzt haben. Und darin, scheint mir, besteht gerade heute eine Aktualität ihres Idealismus.

Last but not least: Auch in Malwidas liebevoller Verbundenheit mit Bülow, dem künftigen Reichskanzler, muss man keine Verblendung, keine idealisierende Illusion der Idealistin erkennen. Bülows vierbändige »Denkwürdigkeiten«, wo auch er sich gegen Ende zu der »gegenseitigen Liebe« zwischen ihm und Malwida bekennt und sich zugleich über deren Idealisierung der Attentäter belustigt, standen beim Gros der Historikerschaft lange im Verruf, doch sehr anders in der Fischer-Schule, in die ich zur Zeit der großen Kontroverse um Fritz Fischers »Griff nach der Weltmacht« hineingelangte: Da erschien Bülow, der die Kanzlerschaft seines Nachfolgers Bethmann Hollweg als unheilvoll schildert, geradezu als Vorläufer Fritz Fischers und trugen seine »Denkwürdigkeiten« ihren Titel zu Recht! Noch heute meint Fischers damaliger Assistent Peter-Christian Witt zu mir, ein Bülow hätte im August 1914 den »Halbirren in Wien« beigebracht, deren Einmarsch in Serbien sei kein Bündnisfall; insofern könnte man auch diesen Malwida-Freund in eine Geschichte historischer Alternativen aufnehmen.

Daher habe ich mir im April 1971, als ich erstmals ein anständiges Gehalt bekam, als erstes großes Opus antiquarisch die »Denkwürdigkeiten« (wohlgemerkt: dazu die »Front wider Bülow«!) gekauft und blicke noch heute von meinem Schreibtisch direkt darauf: So reizvoll-pikant und hintergründig habe ich diese gewaltigen Memoiren stets empfunden – bereits für mein »Zeitalter der Nervosität« wurden sie zu einer wahren Fundgrube. Wie ich jetzt sehe, beginnt »mein Weg zu Malwida« nicht zuletzt auch im Bannkreis Fritz Fischers, in den frühen Ursprüngen meiner Lust an der Geschichte!

DANK

Die Entstehung dieser Biografie war über Jahre von einer Fülle von Korrespondenzen begleitet; das passt zu Malwida, der großen Briefeschreiberin. Mein Dank gilt an erster Stelle meinem ungeheuer belesenen Freund Thomas Gorsboth, Dozent an der Akademie der IG Metall in Bad Boll, dem ich seit seiner Studentenzeit vor weit über vierzig Jahren unendlich viele Anregungen verdanke und der mir unermüdlich ausführliche, nicht selten kritische Kommentare zu meinen Malwida-Ideen und der dann folgenden Schreiberei übermittelte. Und dann dem früheren Richter Hans Prüfer, der in RAF-Prozessen mit revolutionärer Militanz konfrontiert worden war und von dem Malwida-Thema derart gepackt wurde, dass er sich dazu eine ganze Bibliothek zulegte, jedes meiner Kapitel gleich sorgfältig las und mit mir darüber lange Telefonate führte: nicht nur über Malwidas revolutionären Fanatismus, sondern mehr noch über ihre spirituelle Sehnsucht; gerade Ende Dezember 2020, als ich zum Abschluss kam, ist er im Alter von 91 Jahren verstorben. Dazu meine Ehefrau Orlinde, die seit Jahrzehnten mit dem Buddhismus vertraut ist und mit der ich immer neue Gespräche über Malwidas Spiritualität führte; da erkannte ich buddhistische Einflüsse auf die »Idealistin« auch dort, wo sie sich nicht ausdrücklich auf Buddha bezieht.

Immer neu beschäftigte mich die Frage, welche Bewandtnis es mit Malwidas Idealismus hat und was es bedeuten mag, dass sie sich bereits im Titel ihrer Memoiren als Idealistin vorstellt. Darüber führte ich lange Korrespondenzen mit den Philosophen Manfred Frank, dem Verfasser der »Auswege aus dem Deutschen Idealismus« (2007), mit dem Kant- und Hegel-Kenner Michael Wolff, mit Hermann Lübbe und mit Finn Harder. Lübbe hatte über Rudolf Eucken geschrieben, den führenden Kopf des Neuidealismus der Jahrhundertwende, bekannte mir jedoch, er sei von diesem Philosophen »angewidert« und habe dessen Lektüre als »Qual« empfunden – das bestärkte mich darin, dass Malwida mit ihrem Idealismus ein anderes Kaliber war. Harder bestätigte meinen Eindruck, dass der so schwer auf den Begriff zu bringende Idealismus der philosophischen Klassiker im Kern erkenntnistheoretischer, der Malwidas dagegen lebensphilosophischer Art war.

Immer wieder wunderte ich mich auch darüber, dass die Frauenrechtlerin Malwida bei der Lektüre des vielfach als Frauenfeind verschrienen Schopenhauer »selig« wurde. Dazu schrieb mir der Schopenhauer-Experte Harder: »Schopis Ansichten über Frauen sind hanebüchen, tieftief unter seinem sonstigen Niveau und selbst innerhalb seines Systems unlogisch.« So gesehen zeugt es weder von Ignoranz noch von Naivität, wenn Malwida dessen Seitenhiebe gegen die Frauen nicht wichtig nahm. Finn Harders Ehefrau Christiane, Lehrerin an einer Waldorfschule, versicherte mir emphatisch, dass »Idealismus« in der heutigen Öko-Bewegung erneut einen hellen Klang gewonnen habe: Für mich, der ich wiederholt erlebte, dass dieser Begriff besonders für Angehörige meiner Generation anrüchig geworden war, eine beglückende Ermutigung!

Immer neue Anregungen zu dem Nietzsche-Drama erhielt ich von Elmar Schenkel, dem Vorstandsmitglied der Nietzsche-Gedenkstätte in Röcken, der eine erste Fassung meines Nietzsche-Kapitels mit kritischem Blick gegenlas. Er bestärkte mich darin, dass diese Beziehungsgeschichte Aufschlüsse nicht nur über Malwida, sondern auch über Nietzsche enthält, so über »das subtile Umfeld seiner Gedankenwelt«, wie er mir schrieb. Für das von ihm herausgebrachte Buch »101 Briefe an Friedrich Nietzsche« (2019) verfasste Finn Harder einen fiktiven Brief an den Philosophen, wo er diesen belehrt, zu Unrecht unterstelle er Schopenhauer »christlich asketische Moral-Perspektiven«. Überdies bestärkte mich Schenkel in der Bedeutsamkeit des Themas »Atome / Elektrizität / Mars« bei Malwida.

Wertvolle Hinweise verdanke ich den Malwida-ExpertInnen Sabine Hering, Karl-Heinz Nickel, Wolfgang Kalinowsky – dem Herausgeber der gewaltigen Gesamtausgabe der Korrespondenz Malwidas mit Romain Rolland – und den Malwida-Biografen Martin Reuter und Jacques Le Rider. Die Detmolder Archivarin Bärbel Sunderbrink gab mir Aufschlüsse über Detmolder Hintergründe Malwidas; von ihr erfuhr ich, dass sich ihr Vorgänger Erich Kittel vergeblich für ein Malwida-Denkmal in dieser Stadt eingesetzt hatte. Der mir seit Langem befreundete Literaturhistoriker Wolfgang Braungart, der eine Vorlesung »Hölderlin und der Idealismus« hielt, gerade als ich mit dem Schreiben begann, hatte mich schon früh zur Malwida-Forschung ermuntert: Diese Frau sei »wahnsinnig interessant«. Ulrich Sieg, Verfasser einer Biografie von Elisabeth Förster-Nietzsche (»Die Macht des Willens«, 2019), dazu Kenner Rudolf Euckens (»Geist und Gewalt«, 2013) und wie ich – wovon er begeistert berichtete – von dem Verlagslektor Tobias Heyl betreut, gab mir wertvolle Einblicke in das Umfeld Malwidas, angefangen mit ihrer delikaten Beziehung zur Nietzsche-Schwester.

Die Reihe derer, denen ich Anregungen verdanke, nimmt kein Ende. Meine in feministischer Wissenschaft erfahrene Soziologie-Kollegin Veronika Bennholdt-Thomsen bestärkte mich darin, dass man/frau Malwidas Überzeugung, es gebe eine Natur der Frau, im Gegensatz zu manchen heutigen Feministinnen keineswegs als reaktionär abtun müsse, auch wenn dieses Thema heutzutage ein »Wespennest« sei. Meine Osteuropa-Kollegin Kirsten Bönker gab mir Einblicke in russische Hintergründe Alexander Herzens. Von Renate Hupfeld, der Biografin von Theodor Althaus, erfuhr ich manches über Malwidas unglückliche Liebe zu diesem theologischen Querdenker. Die frühere ZDF-Redakteurin Sabine Lehmann, die lange in Rom lebte, gab mir Hinweise auf die Malwida-Rezeption in Italien, wo die »Idealistin« ja einen Großteil ihres Lebens verbrachte und eine Fülle von Beziehungen knüpfte. Mit Petra-Hildegard Wilberg, der Vorsitzenden der Bielefelder Richard-Wagner-Gesellschaft und Verfasserin von »Richard Wagners mythische Welt« (1996), führte ich immer neue von Malwida inspirierte Wagner-Gespräche; sie versicherte mir, Malwida habe recht mit ihrer Überzeugung, alle Werke Wagners handelten von der »Erlösung durch die Liebe«. Mit meiner Kollegin Gisela Diewald-Kerkmann, die sich über die Prozesse gegen RAF-Frauen habilitierte – »Frauen, Terrorismus und Justiz« (2009) –, erörterte ich Analogien zwischen Alt-Achtundvierzigern und Alt-Achtundsechzigern, mit Susanne Thurn, früher Leiterin der Laborschule, die Bedeutung von Frauen in der Revolution von 1848, über die sie geforscht hatte. Dem medizinhistorisch bewanderten Stadtarchivar Bernd Wagner verdanke ich aufschlussreiche Hinweise zur Geschichte der Elektrotherapie, für die sich Malwida in späteren Jahren begeisterte. Christian Möller, der bei mir über Umweltbewegung und Umweltpolitik in der DDR promoviert hat (»Umwelt und Herrschaft in der DDR«, 2020), gab mir eine Vielfalt von Anregungen, so auch zu der Beziehung zwischen der lebenslangen Naturliebe Malwidas und der modernen Umweltbewegung. Das Gleiche gilt für Anna Wöbse, jetzt Vizepräsidentin von EuroNatur, die bei mir über Umweltdiplomatie im Völkerbund und in der Frühzeit der UNO promovierte (»Weltnaturschutz«, 2012). Rosemary Ashton (»Little Germany«), Expertin für deutsche Emigranten im viktorianischen England, gab mir aufschlussreiche

Hinweise darüber, was an Malwidas Empfindungen und Erfahrungen individuell und was typisch war; das bekräftigte mein Freund Frank Uekötter aus seinen Erfahrungen als Dozent in Birmingham.

Schließlich verdanke ich immer neue Anregungen und Ermutigungen meinem Verlagslektor Tobias Heyl und der jahrelangen lebhaften Korrespondenz mit ihm. Schon wenn ich ihn mir innerlich als Gegenüber vorstellte, kamen mir Ideen. Einen idealeren Lektor als ihn hätte ich mir nicht wünschen können!

Bielefeld, zu Jahresbeginn 2022
Joachim Radkau

ANMERKUNGEN

EINFÜHRUNG ZWISCHEN KAMPFESLUST UND NIRWANA-SEHNSUCHT – EIN FRAUENLEBEN VOLLER SPANNUNG

1 Ein Beispiel: Das Handbuch »Religion in Geschichte und Gegenwart«, das in seiner Ausgabe von 1929 Malwida von Meysenbug einen langen, streckenweise begeisterten Artikel widmet, stellt wie eine anerkannte Tatsache fest, ihre »Memoiren einer Idealistin« gehörten »zu den reichsten und schönsten Memoiren aller Zeiten«. Noch der im Oktober 1932 von Berta Schleicher herausgebrachte Briefwechsel zwischen Malwida von Meysenbug und Romain Rolland, der schon im Monat darauf eine Neuauflage erlebte, fand als Dokument deutsch-französischer Verständigung – wie aus den Resonanzen im Detmolder Landesarchiv zu ersehen – breite Beachtung. Die für lange Zeit letzte Biografie dieser Frau erschien als schmale Broschüre in Lübeck 1933, verfasst von der Studiendirektorin Mia Schwarz; dort bemerkt sie auf S. 33 über Malwida von Meysenbugs Memoiren: Obwohl deren Lektüre ein »Genuß« sei, dünke uns »in unseren Tagen völkischer Hochspannung … manches fast volksverderblich in seiner wachsenden nationalen Gleichgültigkeit«. Eine erste neue Biografie, verfasst von Gertrud Meyer-Hepner, kam 1948 in der entstehenden DDR im Verlag Volk und Wissen (Berlin/Leipzig) heraus; die Vorbemerkung verweist wie auf eine bekannte Tatsache darauf, dass »in heutiger Zeit … die Ideale Malwida von Meysenbugs wieder Allgemeingut werden«. Für die frühe Bundesrepublik galt das offenbar nicht.

2 So im Internet unter »Die Umbenennung der Malwida von Meysenbug-Schule 1940«. Dazu Wolfgang Matthäus: Malwida von Meysenbug aus nationalsozialistischer Sicht. Unbekannte Dokumente zur Rezeptionsgeschichte, in: Malwida von Meysenbug Gesellschaft (Hg.): Jahrbuch 1988 (fortan: MvM-Jb.), S. 40–66; das erwähnte Zitat befindet sich auf S. 62. Auch das zuständige Ministerium hatte zunächst gezögert (ebd., S. 43); war man sich im Blick auf die Freundschaft dieser Frau mit Nietzsche und Richard Wagner nicht sicher gewesen, ob die Umbenennung ein Erfordernis der Zeit sei?

3 Dazu Sabine Arndt: »Gehen Sie nun Ihren eigenen Weg …«. Malwida von Meysenbugs Briefe an Elisabeth Förster-Nietzsche, in: Lippische Mitteilungen aus Geschichte und Landeskunde Bd. 68/1999, S. 175.

4 An Carl von Gersdorff, 21.12.1877.

5 An Malwida von Meysenbug, 1[illegible].5.1876.

6 Dass., 14.4.1876, nach Lektüre ihrer »Memoiren einer Idealistin«: »Ich bin jetzt gesünder und freier …«.

7 Romain Rolland: Die Reise nach innen – Traum eines Lebens, Berlin (DDR) o. J. (1959), S. 202.

8 Rolland an Malwida von Meysenbug, 27.8.1893.

9 Rolland, Die Reise nach innen, S. 177.

10 Ebd., S. 168.

11 Sogar auf einer Visitenkarte Malwidas: GSA 116/216,4 (MvM an Stein-Rebecchini,

o. D.). In der Pensionszusicherung des hessischen Kurfürsten wird sie sogar »Malvita« geschrieben (Hans-Peter Wehlt [Hg.]: Briefe als Zeugnisse eines Frauenlebens. Malwida von Meysenbug und ihre Korrespondenzpartner, Detmold 2003: künftig zit. als: Briefe als Zeugnisse, S. 394), was an ein »schlechtes Leben« erinnert!

12 Gaby Vinant: Malwida von Meysenbug (1816–1903) – Un esprit cosmopolite au XIXe siècle. Sa vie et ses amis, Paris 1932, S. 20.

13 Ruth Stummann-Bowert: Malwida von Meysenbug – Paul Rée. Briefe an einen Freund, Würzburg 1998, S. 7.

14 Dazu Friedrich Thimme (Hg.): Front wider Bülow. Staatsmänner, Diplomaten und Forscher zu seinen Denkwürdigkeiten, München 1931.

15 Bernhard Fürst von Bülow: Denkwürdigkeiten, Bd. 1, Berlin 1930, S. 550 f.

16 Ebd., Bd. 4, S. 670.

17 R II 1387. In den Briefregesten, die oft ausführliche Inhaltsangaben enthalten, fehlt der Hinweis auf diese Passage.

18 R II 1586.

19 Dagmar von Gersdorff: Bettina und Achim von Arnim, Reinbek 2002, S. 90 (… so dass Goethes Gattin Christiane ihr vor Wut »die Brille von der Nase stieß«!).

20 Stefan Zweig: Romain Rolland (urspr. 1921), Frankfurt 2. Aufl. 2006, S. 61.

21 Ebd., S. 28.

22 Stefan Zweig: Bildnis Malwida von Meysenbugs in Briefen, in: Neue Freie Presse (Wien), 20.10.1932. Ich danke Jacques Le Rider für die Übermittlung dieses Textes.

23 Rolland: Die Reise nach innen, S. 168 f.

24 Berta Schleicher (Hg.): Briefe von und an Malwida von Meysenbug (fortan zit. als: Briefe von und an MvM), Berlin 1920, S. 198 (22. 2. 1883).

25 R III 2167 (Lissabon, 10.2.1903).

26 Jacques Le Rider: Malwida von Meysenbug – Une Européenne du XIXe Siècle, Paris 2005.

27 Jacques Le Rider an Verf., 17.10.2016. Seine Biografie besteht gleichwohl zu einem erheblichen Teil aus langen wörtlichen Zitaten aus Malwidas Memoiren und »Lebensabend einer Idealistin«. Und auf S. 398 ff. gelangt er, der Nietzsche-Kenner, zu der überraschenden Feststellung, dass Malwidas Einfluss auf Nietzsche weitaus tiefer gehend war, als gemeinhin angenommen wird und auch ihr selbst bewusst wurde. Ein schlagender Beweis, dass sie keineswegs ein bloßes Echo großer Geister war!

28 Malwida an ihre Mutter aus Richmond um 1855, Typoskript in der Lippischen Landesbibliothek Detmold, Signatur 12/961, S. 164 (künftig zit. als: Briefe an die Mutter). Original im Goethe-Schiller-Archiv in Weimar.

29 Berta Schleicher: Malwida von Meysenbug. Ein Lebensbild zum hundertsten Geburtstag der Idealistin, Berlin 1916 (künftig zit.: Schleicher), S. 55.

30 Rolland: Reise nach innen, S. 171.

31 Ruth Stummann-Bowert: Malwida von Meysenbug und Friedrich Nietzsche: Zwischen Inspiration und Idealisierung, in: MvM-Jb. 9/2010, S. 71.

32 Stadtsparkasse Kassel (Hg.): Malwida von Meysenbug – Ideal einer Frauengestalt des 19. Jahrhunderts, Kassel 1983 (künftig zit. als: MvM – Ideal), S. 109; der Aufsatz trägt den Untertitel: »Rede der ungehaltenen Christine Brückner an die Kollegin Meysenbug«.

33 Vgl. dazu meine Preisrede in der Broschüre: Einhardpreis 2015 Joachim Radkau, S. 17 f.

34 Daran erinnert Karl-Heinz Nickel: Malwida von Meysenbug zwischen Religion und Emanzipation: die *Obernkirchner*

Sache, in: MvM-Jb. 2000, S. 131 f. Oder man lese das Zitat bei Martin Reuter: 1848, Malwida von Meysenbug und die europäische Demokratiegeschichte – Die Politik einer aristokratischen Demokratin im 19. Jahrhundert, Kassel 1998 (künftig zit. als: Reuter), S. 305 Fn.: »Dies macht eben den griechischen Charakter zur *schönen Individualität*, welche durch den Geist hervorgebracht ist, indem er das Natürliche zu seinem Ausdruck umbildet.« Doch dieses Zitat, das ganz nach Malwida-Stil klingt, stammt von Hegel. Oder das Zitat ebd., S. 308 Fn.: »Worauf es jedoch hauptsächlich ankommt, das ist doch *ein reines hohes Wollen und das unablässige Bemühen, es zur Tat werden zu lassen*, nicht wahr?« Das ebenfalls nach Malwida klingende Zitat stammt von Goethe!

35 Aus Detmold, am 19.12.1849, in: Stefania Rossi (Hg.): Malwida von Meysenbug – Briefe an Johanna und Gottfried Kinkel 1849–1885, Bonn 1982 (künftig zit. als: Briefe an Kinkel), S. 24.

36 Briefe von und an MvM, 1.10.1877.

37 Annegret Tegtmeier-Breit: Hinter Vorhängen in der Paulskirche. Malwida von Meysenbug und die lippischen Frauen zur Zeit der Revolution, in: Dies./Harald Pilzer (Hg.): Lippe 1848. Von der demokratischen Manier, eine Bittschrift zu überreichen, Detmold 1998, S. 275.

38 Jules Michelet: Die Frau, deutsche Ausgabe Leipzig 1860, S. 32.

39 Ashton: Little Germany, S. 26: »That the German colony in England was more bitterly divided than other national groups, which also had their rival factions, is undisputed.« Vgl. dazu über deutsche Emigranten nach 1933 Joachim Radkau: Das Elend deutscher Exilpolitik 1933–1945 als Spiegel von Defiziten der politischen Kultur, in: Horst Schallenberger/Helmut Schrey (Hg.): Im Gegenstrom. Für Helmut Hirsch zum Siebzigsten, Wuppertal 1977, S. 105–146.

40 Romain Rolland: Die Reise nach innen, Berlin 1962, S. 175.

41 Wolfgang Kalinowsky (Hg.): Une amitié européenne. Romain Rolland et Malwida von Meysenbug (künftig zit. als: RR-MvM), Correspondence 1890–1903, Tome 1: 1890–1892, S. 724 (7. 6. 1892).

42 Vgl. dazu Herbert Becker: Der buddhistische Weg zur Erlösung (Nirwana) und Schopenhauer. Vortrag am 25.3.1984 im Buddhistischen Haus in Berlin-Frohnau (Internet).

43 Nach MvM an Olga Monod-Herzen, 9.12.1876, in: Fritz Böttger (Hg.): Zu neuen Ufern. Frauenbriefe von der Mitte des 19. Jahrhunderts bis zur Novemberrevolution 1918, Berlin 1981 (künftig zit. als: Frauenbriefe), S. 62.

44 Dieses Zitat habe ich meinem Buch »Das Zeitalter der Nervosität« (zuerst München 1998, mehrere Neudrucke) als Motto vorangestellt.

45 Das betont Karl-Heinz Nickel: Die »Tagebücher meiner Seele«. Der Brief im Werk Malwida von Meysenbugs. Epistolographie als Poetik, in: Briefe als Zeugnisse, S. 116. Schon Berta Schleicher (MvM, S. 245) hebt dies hervor, und das ist nicht als Hagiografie abzutun: »Ein besonders charakteristischer Zug, der durch Malwidas ganzes Leben hindurchgeht, ist ihr unablässiges Lernen gewesen; jede Gelegenheit, den Gesichtskreis zu erweitern und Wissenswertes in sich aufzunehmen, wird von ihr benützt.«

46 MvM, S. 246.

47 An Johanna Kinkel, 23.3. und 11.7.1851; Briefe an Kinkel, S. 70 und 80.

48 29.3.1897; R III 1880.

49 22.12.1897; R III 1914.

50 9.1.1875, in: MvM an Olga, S. 66.

51 In einer langen Anmerkung seiner »Kritik der reinen Vernunft« schreibt Kant mit Schärfe: »Der Idealism (sic!) mag in Ansehung der wesentlichen Zwecke der Metaphysik für noch so unschuldig gehalten werden (das er in der Tat nicht ist), so bleibt es immer ein Skandal der Philosophie und allgemeinen Menschenvernunft, das Dasein der Dinge außer uns (von denen wir doch den ganzen Stoff zu Erkenntnissen selbst für unsern innern Sinn her haben) bloß *auf Glauben* annehmen zu müssen ...« Rüdiger Bubner (Hg.): Deutscher Idealismus (= Geschichte der Philosophie in Text und Darstellung. Bd. 6), Stuttgart 1978, S. 60. Wie es scheint, glaubt er, man könne diesen »Skandal« auch ihm selbst vorwerfen!

52 Friedrich Albert Lange: Geschichte des Materialismus und Kritik seiner Bedeutung für die Gegenwart, Bd. 2, 2. Aufl. Leipzig 1905 (urspr. 1873), S. 27. Zu seiner Bedeutung für den jungen Max Weber vgl. das Kapitel »Kantianischer und Kater-Murr-Idealismus« in: Joachim Radkau: Max Weber – Die Leidenschaft des Denkens, München 2005, S. 152 ff.

53 Frederick C. Beiser: German Idealism. The Struggle against Subjectivism, Cambridge, Mass. 2002, S. 27. Über Kants Kritik an Berkeley ebd., S. 37 f. Bei Beiser begegnet Berkeley als Begründer eines – von Kant kritisierten – »dogmatischen« britischen Idealismus (ebd., S. 75 ff.); doch bei W. J. Mander: British Idealism – A History, Oxford 2011, kommt Berkeley nur am Rande vor, und es erscheinen an erster Stelle Kant und Hegel als Gründerväter des Idealismus: Das ist auch in England in Sachen Idealismus eine verwirrende Situation!

54 Zu Kants ausdrücklicher Widerlegung des Idealismus und seinem »kritischem Idealismus« vgl. Hans Jörg Sandkühler (Hg.): Handbuch Deutscher Idealismus, Weimar 2005, S. 3 ff. und 28 ff.

55 G. W. F. Hegel: Phänomenologie des Geistes, Hamburg 1952, S. 385, zu Anfang des Kapitels »Der Kampf der Aufklärung gegen den Aberglauben«.

56 Veit Valentin: Geschichte der Deutschen Revolution 1848–1849, Bd. 1, S. 567, und Bd. 2, S. 59.

57 Briefe an Kinkel, S. 28 f. (19. 12. 1849).

58 Ebd., S. 69 (23. 3. 1851).

59 Ebd., S. 85 (19. 9. 1851).

60 Eckart Kehr: Der Primat der Innenpolitik. Gesammelte Aufsätze zur preußisch-deutschen Sozialgeschichte im 19. und 20. Jahrhundert, hg. von Hans-Ulrich Wehler, Berlin 1965, S. 67 f.

61 Hajo Holborn: Der deutsche Idealismus in sozialgeschichtlicher Beleuchtung (urspr. 1952), in: Hans-Ulrich Wehler (Hg.): Moderne deutsche Sozialgeschichte, Köln/Berlin 1966, S. 85 f., 102.

62 Ebd., S. 87.

63 Darüber Meike Sophia Baader u. a. (Hg.): Ellen Keys reformpädagogische Vision. »Das Jahrhundert des Kindes« und seine Wirkung, Weinheim/Basel 2000.

64 Regina Timm: Malwida von Meysenbug – Wegbereiterin der Emanzipation im 19. Jahrhundert. Leben, Schaffen und Wirken, Norderstedt 2019, S. 12 f.

65 Johannes Küstenich: Malwida von Meysenbug als Erzieherin in Europa, in: Briefe als Zeugnisse, S. 177 Fn.

66 Debbie Pinfold: Malwida von Meysenbug: Die ewige Antigone, in: MvM-Jb. 2003, S. 142, Fn. 2.

1 KONFIRMATION, REVOLUTION, LIEBE – UND FRÜHE ENTTÄUSCHUNGEN: SPIRITUELL, POLITISCH, EROTISCH

1 MvM an Gabriel Monod, 24.10.1899; R III 2035.

2 Joachim Radkau: Max Weber, München 2005, S. 29 f.: Weber »kokettierte« bisweilen, schon »um sich von völkischer Engstirnigkeit zu distanzieren, mit seinen französischen Vorfahren, deren hugenottisches Erbe in seiner *Protestantischen Ethik* einen neuen Sinn bekam«. Ähnlich S. 709.

3 Joachim Radkau: Technik in Deutschland. Vom 18. Jahrhundert bis heute, Neuausgabe Frankfurt 2008, S. 104.

4 Im Vorspann zu MvM an Olga, S. 7; hier in der eleganteren Übersetzung in Rolland: Die Reise nach innen, S. 168.

5 Le Rider: MvM, S. 347 f.

6 R III 2035. Dazu Karl-Heinz Nickel: Die religiöse Entwicklung Malwida von Meysenbugs in Kassel und Detmold 1816 bis 1850, in: Ders. (Hg.): Malwida von Meysenbug – Durch lauter Zaubergärten der Armida. Ergebnisse neuer Forschungen, Kassel 2005 (künftig zit. als: Zaubergärten), S. 111 f.

7 Friedrich Althaus: Theodor Althaus. Ein Lebensbild, Bonn 1888, S. 130.

8 Martin Scharfe: Die Religion des Volkes. Kleine Kultur- und Sozialgeschichte des Pietismus, Gütersloh 1980, S. 155, das Kapitel: »Pietisten als Konterrevolutionäre: 1848«.

9 Carl Volckhausen: Erinnerungen eines Demokraten, in Harald Pilzer/Annegret Tegtmeier-Breit (Hg.): Lippe 1848. Von der demokratischen Manier, eine Bittschrift zu überreichen, Detmold 1998, S. 252.

10 Annegret Tegtmeier-Breit: Das Amt wird jedem Excesse mit Energie entgegentreten … Zu den Protesten der ländlichen Bevölkerung, in: Ebd., S. 139.

11 Ann Taylor Allen: Geistige Mütterlichkeit und Revolution. Die Anfänge der organisierten Frauenbewegung zwischen 1848 und 1852, in: Zaubergärten, S. 66.

12 Von Berta Schleicher ohne nähere Angabe zitiert im Vorwort zu MvM – Olga, S. X.

13 Joachim Radkau: Geschichte der Zukunft. Prognosen, Visionen, Irrungen in Deutschland von 1945 bis heute, München 2017, S. 268.

14 R I 655 (16. 3. 1869).

15 Sabine Hering/Karl-Heinz Nickel (Hg.): Malwida von Meysenbug – Ausgewählte Schriften, Königstein 2000, S. 7.

16 An Friedrich Ulrich von Meysenbug, 16.10.1840; R I 12. Am 13.9.1840 spricht sie gegenüber ihrem Bruder Carl von ihrer Familie sogar als dem »geistigen Verein der Guten«!

17 Wegner: Malwidas Vater, in: Zeugnisse, S. 68.

18 GSA 116/204, hier zitiert nach der in der Lippischen Landesbibliothek Detmold befindlichen Diss. Stefania Rossi: Malwida von Meysenbug: Da Kassel all'Esilio Londinese (1816–1859), Firenze 1977–78 (künftig zit. als: Rossi), S. 164.

19 Ähnlich am 19.7.1876 an ihren Neffen Carl (R II 887): Es sei ein »wohlthuendes Gefühl, mich am Abend des Lebens wieder in Übereinstimmung mit den Meinigen, für welche die Liebe nie in meinem Herzen erloschen war, zu fühlen«.

20 Karl-Hermann Wegner: Malwidas Vater, Carl Rivalier von Meysenbug und der Kurhessische Staat, in: MvM-Jb. 2003, S. 59.

21 Über Malwidas »wahrhaft traurigen Zustand« und darüber, dass sie »nun so lange ihre Leiden mit Geduld hat ertragen müssen«, Ernestine v. M. an ihren ältesten

Sohn Fritz, 7.4.1838, LAV, L 114 Nr. 1. Da geht es vor allem um ihre Augen.

22 LAV, L 114 Nr. 2, 5.8.1828.

23 Karl-Heinz Nickel: Georg Lobe (1793–1857) als Hauslehrer Malwida von Meysenbugs, in: MvM-Jb. 1998, S. 141, 134. In ihren Memoiren schweigt Malwida über Lobe.

24 Werner Broer: Malwida von Meysenbug – Eine »aristokratische« Demokratin, in: Zeugnisse, S. 48.

25 Hannelore Teuchert: Ernestine Rivalier von Meysenbug als Briefeschreiberin, in: MvM-Jb. 1998, S. 131 f. Die Behauptung (ebd.) geht jedoch zu weit, dass die Mutter »für republikanisch demokratische Bestrebungen weder Verständnis noch Sympathie« besessen habe.

26 MvM an die Mutter, S. 19, 22. 6. (1850).

27 Ebd., S. 26, o. D.

28 R I 133, 4.5.1853.

29 Egon Friedell: Kulturgeschichte der Neuzeit (urspr. 1927–1931), Neuausgabe München o. J., S. 591.

30 Treitschke, Bd. IV, S. 127; Bd. III, S. 530.

31 Vgl. Gaby Vinant: MvM, S.23.

32 Wegner, Malwidas Vater, in: MvM-Jb. 2003, S. 63 ff.

33 Ebd., S. 64.

34 Am 19.12.1849 klagt sie Johanna Kinkel, das »Nomadenleben« ihrer Familie habe ihre eigene geistige Entwicklung fehlgeleitet: »meine lebhafte Phantasie wurde übermächtig …«; Briefe an Kinkel, S. 26.

35 R III 1789, an Hermann Gustav Karl v. Meysenbug, 6.11.1895.

36 Briefe an Kinkel, S. 25 (Detmold, 19.12.1849).

37 Briefe an ihren Neffen Hermann Gustav Karl, 24. 7. und 25.9.1890 und 16.9.1891, der an einer Gegendarstellung zu Treitschke arbeitet. R II 1602, 1604 und 1616.

38 Wiederum an diesen Neffen, 19.9.1900; R III 2077.

39 Im selben Brief an ihren Neffen, zit. bei Wegner: Malwidas Vater, in: Zeugnisse, S. 67 f.

40 An Auguste Lorentz, 17.6.1834; R I 7.

41 13.9.1840; R I 11.

42 18.3.1841; R I 14.

43 Ruth Stummann-Bowert: Familie, Gesellschaft und Staat. Persönlicher und politischer Kampf um die Gleichstellung der Frau, in: MvM-Jb. 2003, S. 125.

44 An ihren ältesten Bruder Friedrich Ulrich v. M., am 16.10.1840 aus Detmold; R I 12. Viel später klagt sie dagegen über die »geisttötenden Eisenbahnfahrten« (14.12.1887 an Alexander von Warsberg, in: Briefe von und an MvM, S. 240.).

45 16. 10. (1840); R I 12.

46 An ihren ältesten Sohn Friedrich, 17.11.1855; LAV, L 114 Nr. 1.

47 Briefe an die Mutter, S. 162 (23. 3. 1856).

48 Im Sonntagsblatt der Bremer Weser-Zeitung, 13.7.1845, hier zit. n. Theodor Althaus: Zeitbilder, hg. von Renate Hupfeld, Bielefeld 2010, S. 26. Dabei besteht seine Pointe, die in Lippe Anstoß erregte, in der Folge darin, dass der damalige lippische Fürst Leopold II. mit dieser Mutter nicht mithalten könne. Theodors Bruder Friedrich nennt »die geniale Fürstin Pauline« superlativisch »eine der ausgezeichnetsten Frauen ihrer Zeit«. Friedrich Althaus: Theodor Althaus. Ein Lebensbild, Bonn 1888, S. 11. Pauline, die bis 1820 lebte und regierte, beabsichtigte sogar unter dem Beifall lippischer Bauern, »eine Verfassung zu erlassen, in der die bisherige Vormachtstellung des Adels und der städtischen Magistrate durch ein allgemeines Wahlrecht aller Einwohner des Landes ersetzt werden sollte«. Doch hier legte der Bundestag ein Veto ein! Annegret Tegtmeier-Breit: Erste Verfassung für Lippe. Zur außen- und innenpolitischen Situation des Fürstentums vor 1848, in: Lippe

1848, S. 37, 42. Ebd., S. 40: Pauline zeigte sich von bäuerlichen Forderungen nach Mitsprache »tief beeindruckt«. Wenn man all das liest, kann man sich fast wundern, dass Malwida dieser noch heute bemerkenswerten Fürstin, die damals das Ideal von Frauenherrschaft verkörperte, nicht noch größere Aufmerksamkeit widmete!

49 Davon berichtete mir wiederholt Ingrid Schäfer, die in Detmold einen Frauengeschichtsladen begründete; und das wurde von der Detmolder Archivarin Bärbel Sunderbrink bestätigt.

50 Annegret Tegtmeier-Breit: Unser aller Wünsche sind erfüllt. Die Märzereignisse in der Residenzstadt, in: Lippe 1848, S. 123 f.

51 Theodor Heuss: 1848. Die gescheiterte Revolution, Neuausgabe Stuttgart 1998, S. 161.

52 Annegret Tegtmeier-Breit meint in ihrer Einführung zu den Detmolder MvM-Regesten (I S. 20) unter Hinweis auf die New Yorker Diss. über MvM von Karin Benthin (1983), bei Malwidas Schilderung des Auf und Ab vor und nach der Konfirmation handele es sich um eine »nachträgliche *Dramatisierung*«, »mit der Malwida ihre eigene puristische Haltung unterstreichen und damit den roten Faden ihrer geistigen Entwicklung schon in der frühen Jugendzeit anknüpfen will«. Dagegen ist Martin Reuter anderer Meinung; vgl. ders.: 1848, MvM und die europäische Demokratiegeschichte, Kassel 1998, S. 58 ff. Auch ich halte ihre spätere Darstellung für mehr oder weniger authentisch. Meine Großmutter Victoria Radkau, geb. 1882 als Brunswig, berichtete mir, nach ihrer Konfirmation habe sie einen Schulaufsatz über die davon erwartete tiefe Bewegung und neue Weltsicht schreiben sollen, wobei sie – da sie ähnlich wie Malwida von einer solchen Erleuchtung nichts verspürt habe – hätte schwindeln müssen. Ich selbst erinnere mich daran, dass eine Gemeindehelferin mich und meine Mitkonfirmanden vor der Konfirmation (1957) warnte, wer das Glaubensbekenntnis ohne wirklichen Glauben ablege, verfalle der Verdammnis. Obwohl ich diese Warnung wohl nicht ganz ernst nahm, war ich doch davon offenbar so betroffen, dass sie mir im Unterschied zu dem gesamten Konfirmandenunterricht bis heute im Gedächtnis blieb! Meine von Haus aus katholische Ehefrau Orlinde hält es für normal, dass man selbst dann, wenn man ungläubig sei, durch die Androhung einer göttlichen Strafe in Angst versetzt werde. Vgl. im Übrigen Malwidas Selbstzeugnis aus jener Zeit: R I 8.

53 An Sophie Quentel, Ende Juni 1834, R I 8; in voller Länge zitiert bei Vinant: MvM, S. 37 f.

54 19.12.1849; Briefe an Kinkel, S. 26.

55 Diese Passage aus den Memoiren ist ausführlich zitiert bei Vera Leuschner: Malwida von Meysenbug – »Die Malerei war immer meine liebste Kunst«, Bielefeld 2002, S. 36. Das Buch bringt zu diesem Thema so reichliches Material, dass sich eine ausführliche Darstellung der Beziehung Malwidas zur Malerei hier erübrigt. Das Zitat im Titel lässt im Übrigen vergessen, dass später seit ihrer Freundschaft mit Richard Wagner die Musik jene Kunst ist, die sie am meisten berauscht! Das vollständige Zitat lautet (I 69): »Die Malerei war immer *zur Ausübung* meine liebste Kunst gewesen, weil ich entschiedenes Talent dazu hatte.« Das konnte die Malerei mithin nicht mehr sein, als Malwida glaubte, sie nicht mehr auszuüben zu dürfen!

56 Leuschner, S. 115–168.

57 An Eva Wagner, 10.12.1894; R III 1726.

58 Bereits Theodor Althaus trug dazu bei,

dass die Angst um die Augen »wie ein dunkler Faden sich durch mein Leben zieht und als Drohung schon meine Jugend trübte«, klagt sie am 1.7.1859 Gottfried Kinkel. Briefe an Kinkel, S. 182.

59 Vgl. etwa ihren Brief an Marie Loeper-Housselle aus Rom, 3.11.1881, R II 1237. Doch selbst dieser Frau, der sie damals mehrfach geschrieben hat, klagt sie, die Augen hätten ihr »Höllenqualen bereitet«, »sind sehr schwach, meist etwas entzündet und schmerzen fast immer«. R I 747.

60 Schleicher: MvM, S. 217.

61 20.10.1890, in: Une amitié européenne. Romain Rolland et Malwida von Meysenbug, Correspondence 1890–1903 (künftig zitiert als: RR-MvM), Tome I, S. 166.

62 An Johanna Kinkel, 19.12.1949, in: Briefe an Kinkel, S. 27.

63 An Paul Rée, 22.6.1877, in: Ernst Pfeiffer (Hg.): Friedrich Nietzsche – Paul Rée – Lou von Salomé. Die Dokumente ihrer Begegnung, Frankfurt 1970, S. 33, 32.

64 Wegele: Theodor Althaus und M. v. M., S. 23. Wie mir die Detmolder Stadtarchivarin Bärbel Sunderbrink mitteilte, ist dieser Verein nicht aktenkundig geworden.

65 Renate Hupfeld: Theodor Althaus 1822–1852. Revolutionär in Deutschland, Hamm 2011, S. 24. Vorausgegangen war ein Theologiestudium in Bonn und Jena.

66 Wenn man im Register unter »Meysenbug« sucht, findet man stattdessen kurioserweise – ebenfalls mit Me beginnend – »Mémoires d'une Idealiste, die Verfasserin der«! Eine Diskretion aus dem Grund, weil Malwida damals noch lebte?

67 Friedrich Althaus: Theodor Althaus. Ein Lebensbild, Bonn 1888, S. 73 f.

68 Werner Broer: MvM, in: MvM-Jb. 2003, S. 88.

69 Ebd., S. 219.

70 Hupfeld: Theodor Althaus, S. 53.

71 Dies. (Hg.): Theodor Althaus – Zeitbilder 1840–1850, Bielefeld 2010, S. 131.

72 Dora Wegele: Theodor Althaus und Malwida von Meysenbug. Zwei Gestalten des Vormärz, Marburg 1927, S. 103.

73 Werner Besch: Duzen, Siezen, Titulieren. Zur Anrede im Deutschen heute und gestern, Göttingen 1996, S. 93 f., wo er Georg Christoph Lichtenberg zitiert: »Es ist ein rechter Favorit-Spott der Ausländer, zumal der Engländer und Franzosen, über unsere Sprache, dass sie sagen es sei törigt von uns gehandelt zu *Einer* Person bald *Du*, bald *Er*, bald *Ihr*, bald *Sie* zu sagen.« Er verteidigt diese »Mannigfaltigkeit« der Anreden, mit der die Deutschen feiner ihre Beziehung zum Gegenüber bekunden könnten. Malwida erinnert sich an den Briefwechsel mit Theodor (I 111): »Jeder Zweifel, jeder Schmerz wie jede Freude, jeder neue Gedanke, jeder poetische Erguss wurde dem geliebten Du anvertraut.« Es folgt ein Brief, in dem Theodor sie duzt; doch zwei Seiten davor zitiert sie seine Kritik an ihrem Sträuben gegen die Vergänglichkeit, wo er sie siezt!

74 Wegele, S. 26 f.

75 GSA 116/222, Wilhelm Hager: Malwida von Meysenbug, in: Die freireligiöse Frau, Beilage zu »Freie Religion«, Nov. 1926, S. 173.

76 Althaus: Zeitbilder, S. 148.

77 Ebd., S. 111.

78 »Die Menschheit, das Vaterland« nennt Malwida am 19.12.1849 gegenüber Johanna Kinkel in einem Atemzug. Briefe an Kinkel, S. 25.

79 Darauf verweist Gaby Vinant, M. v. M., S. 66.

80 Das hebt Anni Piorrek als Unterschied zum Hegelschen »Geist« hervor: Dies.: Malwida von Meysenbug und die geistigen Strömungen des 19. Jahrhunderts, Diss. Wien 1931/32, S. 28.

81 Wegele, S. 109.
82 Althaus: Zeitbilder, S. 38 ff.
83 An Malwida, wohl 1847: »Es gibt nur *ein* Wunder, das ist: *der Geist in* der Natur, im All.«
84 Aufzeichnung über Theodor Althaus o. D., LAV, D 72 Nr. 54.
85 Althaus: Althaus, S. 149.
86 Ebd., S. 151.
87 Ebd., S. 140.
88 Ebd., S. 162; Theodor selbst allerdings schreibt (Zeitbilder, S. 65): »Ich kann nicht sagen, dass der Bau mich besonders angesprochen hätte, denn mein Auge konnte sich nicht recht in den wunderlichen Mischstyl finden, worin dieser Tempel ausgeführt ist.«
89 Ebd., S. 163.
90 Ebd., S. 161.
91 Althaus: Zeitbilder, S. 69.
92 Schleicher: MvM, S. 27 f.
93 Ebd., S. 27–38. Diese Briefe müssen ihr im Original vorgelegen haben, da sie S. 28 Fn. die gekürzte und etwas veränderte Wiedergabe des ersten Briefes in Malwidas Memoiren korrigiert. Bei diesem handelt es sich um die Antwort auf einen Brief Malwidas zu Theodors Geburtstag am 26. 10., zwei Tage vor Malwidas eigenem Geburtstag, wohl 1846.
94 Ebd., S. 32.
95 Ebd., S. 28.
96 Ebd., S. 29 f. = R I 22.
97 Ebd., S. 35 = R I 37.
98 Ebd., S. 36.
99 R I 22.
100 R I 17 = Rossi, S. 259 f.
101 Vinant: MvM, S. 61 f. auf der Basis eines unveröffentlichten Briefes.
102 R I 27 = Rossi, S. 265.
103 R I 29 = Rossi, S. 266.
104 Ebd., S. 269.
105 R I 24, Ende 1846.
106 R I 54 = Rossi, S. 297.
107 Ebd., S. 297–301.
108 Ebd., S. 53.
109 11.7.1851; Briefe an Kinkel, S. 81.
110 So auch Veit Valentin: Geschichte der deutschen Revolution, Bd. 2, S. 583: »Die Volksbewegung kannte ihre Gegner ganz genau, sie musste sie kennen, aber es geschah fast nichts, sie zu lähmen.«
111 Ein Frankfurter Arzt begründet damit 1849 in gereiztem Ton die schwindende Zahl seiner Patientinnen: »Hysterische Frauen, die früher schon ein Nichts in Krämpfe versetzte, drängten sich mit leidenschaftlicher Hast zu den Sitzungen der Paulskirche, und die stürmischsten waren ihnen die liebsten. … Auch außer der (Pauls)Kirche waren es besonders Frauen, welche die Fragen des Tages mit Leidenschaftlichkeit erörterten.« Gerlinde Hummel-Haasis (Hg.): Schwestern, zerreißt eure Ketten. Zeugnisse zur Geschichte der Frauen in der Revolution von 1848/49, München 1982, S. 39. In Anbetracht dessen ist die Literaturlage zu diesem Thema auffallend dürftig: Es waren 1848 eben durchweg Männer, die »Geschichte machten« und über die sich Geschichte schreiben ließ!
112 Annegret Tegtmeier-Breit: Hinter Vorhängen der Paulskirche. Malwida von Meysenbug und die lippischen Frauen zur Zeit der Revolution, in: Harald Pilzer/Annegret Tegtmeier-Breit (Hg.): Lippe 1848. Von der demokratischen Manier eine Bittschrift zu überreichen, Detmold 1998, S. 279.
113 Althaus: Althaus, S. 279.
114 Joachim Radkau: Theodor Heuss, München 2013, S. 299.
115 Hg. von Harald Pilzer und Annegret Tegtmeier-Breit, Detmold 1998.
116 Althaus: Zeitbilder, S. 24 ff.
117 Althaus: Althaus, S. 204.
118 Hupfeld: Theodor Althaus, S. 71.

119 Ebd., S. 67 f.
120 Anfang Mai 1848, R I 53.
121 Althaus: Althaus, S. 309; Hupfeld: Theodor Althaus, S. 82 f.
122 Ebd., S. 89 f.
123 Ebd., S. 90 f.
124 Ebd., S. 93 f.
125 Althaus: Althaus, S. 335.
126 Ebd., S. 333.
127 Althaus: Althaus, S. 339; Wegele: Althaus und MvM, S. 35; Valentin: Geschichte der deutschen Revolution, Bd. 2, S. 476: Theodor Althaus, »der weiche, grüblerische Mann«, »empfiehlt als einziger am 7. Mai öffentlich in seinem Blatte die Einsetzung eines revolutionären Landesausschusses«, zu einer Zeit, als allenthalben die Gegenrevolution auf dem Vormarsch war.
128 Althaus: Althaus, S. 340 f.; Hupfeld: Althaus, S. 121 f.
129 Hupfeld: Althaus, S. 128.
130 Ebd., S. 343.
131 Ebd., S. 346.
132 Ebd., S. 343.
133 Ebd., S. 349.
134 Ebd., S. 344.
135 Hupfeld: Althaus, S. 125.
136 Diesen Hinweis verdanke ich dem justizhistorisch beschlagenen Richter i. R. Hans Prüfer.
137 R I 18 = Rossi, S. 262 f.
138 Valentin: Geschichte der deutschen Revolution, S. 549.
139 Vgl. Carl Volckhausen Erinnerungen eines Demokraten, in: Lippe 1848, S. 247–255.
140 Alfred Bergmann: Fünfzehn Briefe Carl Volkhausens an Malvida (sic!) von Meysenbug aus den Jahren 1949–1852, in: Mitt. aus der lipp. Geschichte und Landeskunde Bd. 23/1954, S. 170.
141 Ebd., S. 171.
142 10.3.1851; Briefe an Kinkel, S. 67.
143 22.10.1897; RR-MvM, Bd. 2, S. 1471.
144 An Adolph Stahr, zit. n. Wegele, S. 182.
145 Althaus: Zeitbilder, S. 7.
146 Ebd., S. 35 f.
147 Althaus: Althaus, S. 314.
148 Ebd., S. 344.
149 Althaus: Zeitbilder, S. 130.
150 Ebd., S. 134.
151 Ebd., S. 133.
152 Valentin, Bd. 2, S. 593.
153 Malwida von Meysenbug: Eine Reise nach Ostende (1849) (1850 verfasst), Berlin/Leipzig 1905, S. 11.
154 Ebd., S. 21.
155 Heuss: 1848, S. 168.
156 Radkau: Max Weber, S. 226 (am Beispiel von Friedrich Naumann).
157 Valentin: Geschichte der Deutschen Revolution, Bd. 2, S. 582. Ähnlich nicht ohne Sarkasmus Blos: Die Deutsche Revolution, S. 214: »Jungfrauen, Kinder, Näherinnen und Tagelöhner steuerten für die Flotte, welche die großen Rheder (sic!) in Hamburg und Bremen so nothwendig brauchten.«
158 Annegret Tegtmeier-Breit: Hinter Vorhängen in der Paulskirche. Malwida von Meysenbug und die lippischen Frauen zur Zeit der Revolution, in: Lippe 1848, S. 278, 284.
159 Le Rider, MvM, S. 8 f.
160 Valentin: Geschichte der Deutschen Revolution, Bd. 1, S. 567.
161 Ebd., Bd. 2, S. 548.
162 Ebd., S. 579.
163 Althaus: Zeitbilder, S. 143.
164 Ebd., S. 106.
165 Auch die große Biografie von Friedrich Althaus berichtet nichts davon – aus Diskretion? Auf S. 429 zitiert er Gedichte Theodors, in dem ein Vers beginnt: »Ich weiß nur, dass ich leide; / Ob ich doch liebe, weiß ich nicht.« Er erläutert: »Die liebenswürdige und anmuthige Frau, an welche diese Gedichte gerichtet waren, fand

nicht lange nachher eine zweite Heimat in Amerika; aber sie vergaß Theodor nicht.«

166 Vgl. etwa seinen Ekel vor der »gemeinen Zotenwirtschaft« im »freien« Milieu des Vormärz! Wegele: Althaus und MvM, S. 5.

167 Althaus: Althaus, S. 219.

168 Althaus: Zeitbilder, S. 108.

169 R I 54 = Rossi, S. 297.

170 Ohne Jahr, Briefe an die Mutter, S. 99; Wegele, S. 39 f.

171 Eine Reise nach Ostende, S. 85.

172 Jürgen Scheffler: Revolution und lokale Politik: Lemgo 1848/49 in: Lippe 1848, S. 242.

2 DIE NATUR DER FRAU ALS NEUE CHANCE NACH DEM SCHEITERN DER REVOLUTION – FÜR MALWIDA UND FÜR DIE MENSCHHEIT

1 Vgl. Martin Henkel/Rolf Taubert: Das Weib im Conflict mit den socialen Verhältnissen. (= Titel einer Schrift von Mathilde Franziska Anneke) – mathilde franziska anneke und die erste deutsche Frauenzeitung, Bochum 1976.

2 Ute Gerhard u. a. (Hg.): »Dem Reich der Freiheit werb' ich Bürgerinnen – Die Frauen-Zeitung von Louise Otto, Frankfurt 1979 (in der Folge zit. als: Frauen-Zeitung).

3 Valentin: Geschichte der Deutschen Revolution, Bd. 2, S. 580.

4 24.2.1851; Briefe an Kinkel, S. 62

5 11.7.1851, ebd., S. 75.

6 19.12.1849, ebd., S. 28 f.

7 Ruth Stummann-Bowert: Vorbemerkung zu Meysenbugs »Frauenschwur«, in: MvM-Jb. 1996, S. 163.

8 Faksimile in Annegret Tegtmeier-Breit: Hinter Vorhängen in der Paulskirche, in: Lippe 1848, S. 282.; MvM-Jb. 1998, S. 197 f.

9 Wie mag sie schon damals auf die indische Religiosität gekommen sein? Das lässt sich als klassisches Erbe deuten; vgl. dazu Verena Kade-Luthra: Sehnsucht nach Indien. Literarische Annäherungen von Goethe bis Günter Grass, 3. Aufl. München 2006.

10 Ebd., S. 205 f. = Eine Kunst-Triologie, in: Deutsche Monatsschrift für Politik, Wissenschaft, Kunst und Leben, Bd. 1, Stuttgart 1850.

11 8.7.1850; Briefe an Kinkel, S. 44.

12 Beth Muellner: Abweichen in Anstand: Malwida von Meysenbug fährt Eisenbahn, in: MvM-Jb. 2000, S. 141.

13 Malwida von Meysenbug: Eine Reise nach Ostende (1849), mit Vorwort von Gabriel Monod, Berlin/Leipzig 1905 (im Folgenden zit. als: Ostende).

14 Vgl. dazu Joachim Radkau: Das Zeitalter der Nervosität, München 1998, S. 88. Noch in späterer Zeit glaubt sie zu erkennen (IV 151): »Neigt nicht auch die Medizin immer mehr zu den Naturheilmethoden hin und erkennt an, dass ein vernünftig und naturgemäß geregeltes Leben dem Organismus zuträglicher sei als viele Arzneien, die nur zu oft neue Krankheiten erzeugen?«

15 Richard Wagner: Mein Leben, neu hg. von Martin Gregor-Dellin, München 1963, S. 488, 486, 503.

16 Anni Piorreck: Malwida von Meysenbug und die geistigen Strömungen des 19. Jahrhunderts, Diss. (maschinenschriftl.) Wien 1831/32, S. 50.

17 Ludwig Feuerbach: Das Wesen des Christentums, nach der 3. Aufl. von 1849, Köln 2014, S. 15 f.

18 Ostende, S. 57 f.

19 Ebd., S. 49.

20 Walter Gödden: Exkurs: Gebohren bin ich in bedrängter Zeit … Anmerkungen zur Lesekultur in Westfalen, in: Lippe 1848, S. 79.

21 Brief vom 27.5.1852, in: MvM-Jb. 1996, S. 70.
22 Ostende, S. 83.
23 Ebd., S. 86.
24 Ebd., S. 86 f.
25 Ebd., S. 90 f.
26 Ebd., S. 95.
27 Ebd., S. 97–99.
28 Ebd., S. 70.
29 Ebd., S. 148.
30 Ebd., S. 149.
31 Ebd., S. 61.
32 12.6.1850; Briefe an die Mutter, S. 16.
33 Ostende, S. 75–77, 80.
34 Ebd., S. 79, 78.
35 Ebd., S. 73 f.
36 Vgl. R I 149: Malwida an Laura von Meysenbug, 20.1.1869.
37 Ostende, S. 153, 155.
38 Ebd., S. 158, 160.
39 Ebd., S. 165.
40 Ebd., S. 146.
41 23.3.1851; Briefe an Kinkel S. 69.
42 Karl-Heinz Nickel: Malwida von Meysenbug zwischen Religion und Emanzipation: die *Obernkirchner Sache*, in: MvM-Jb. 2000, S. 135 f.
43 Ebd., S. 17, 12.6.1850.
44 Sylvia Paletschek: Frauen und Dissens. Frauen im Deutschkatholizismus und in den freien Gemeinden 1841–1852, Göttingen 1990, S. 19.
45 Ebd., S. 20.
46 Ruth Stummann-Bowert: Malwida von Meysenbug und die Hamburger »Hochschule für das weibliche Geschlecht«, in: MvM-Jb. 1996, S. 11.
47 Mai 1851; Briefe an Kinkel, S. 72.
48 Inge Grolle: Die freisinnigen Frauen. Charlotte Paulsen, Johanna Goldschmidt, Emilie Wüstenfeld (= Hamburgische Lebensbilder Bd. 16), Bremen 2000, S. 108, 106: Auch Emilie Wüstenfeld, ohne deren »eisernen Willen« die Hochschule nicht zustande gekommen wäre, »nahm keinen Anstoß daran, dass weibliche Bildung einseitig auf die Veredelung von Herz und Gemüt hinauslaufen sollte, vielmehr sah sie in diesem Entwurf ihre eigenen Emanzipationshoffnungen bestätigt«.
49 Briefe an ihre Mutter, S. 27.
50 Da »ein Mädchen in dieser Anstalt mindestens jährlich 500 Thlr. kosten würde – *können nur reicher Leute Kinder an dieser humanen Bildung* der weiblichen Hochschule in Hamburg teilnehmen«. Man erkennt zugleich eine Rivalität: »wie kommt dieser Hamburger Verein dazu, sich zu einem ›allgemeinen Bildungsverein deutscher Frauen‹ zu einem ›Zentralverein‹ aufzuwerfen, dem andere deutsche Frauen-Vereine sich *tributär* machen sollen?« Ute Gerhard u. a. (Hg.): »Dem Reich der Freiheit werb' ich Bürgerinnen«. Die Frauen-Zeitung von Louise Otto, Frankfurt 1979, S. 251 (4. 5. 1850). Ob das ein Grund ist, weshalb Malwida in ihren Memoiren über Louise Otto schweigt? Denn die Kritik ist offenbar ungerecht; ein Brief (ebd., S. 354) weist darauf hin, dass durch Spenden »die Aufnahme von Freischülerinnen … möglich gemacht« werde. Ebenso Gaby Vinant: MvM, S. 96: »Les riches, selon un principe cher à Emilie Wüstenfeld, paient pour le pauvres.«
51 Vgl. den Bericht von Johanna Fröbel, der ebenfalls zur Leitung gehörigen Gattin Karl Fröbels, Jan. 1851: LAV, D 72 Nr. 180 (aus dem Hamburger Staatsarchiv).
52 So schreibt sie am 26.7.1851 an ihren ältesten Bruder Friedrich Ulrich (R I 135): »Mich selbst wenigstens hat erst die … freie Selbstbestimmung zur Erlernung von vielen häuslichen Beschäftigungen geführt, die ich früher in meiner ungestillten verzehrenden Sehnsucht nach geistigem Leben für so langweilig und quälend

ansah, die ich nun, da ich die Ansicht vertrete, dass das Leben der Frau geistige wie materielle Fähigkeiten auszubilden hat, mit Freuden vollziehe.« Dieses Bekenntnis wird verständlich, wenn man bedenkt, dass Hausarbeit in ihrem Stande daheim Sache von dienstbarem Personal war.

53 Briefe an die Mutter, S. 72, 24.3.1852.

54 Ebd., S. 68, 11.1.1852.

55 Florenz, 26.1.1873; R I 747.

56 16.1.1883; R II 1290.

57 An Marie Loeper-Housselle, Florenz, 6.12.1872; R I 744. Am 18.1.1872 schreibt sie an ihre Schwester Laura (R I 715): »Die katholischen Priester schreien zwar dagegen aber ich hoffe es wird ihnen nicht gelingen uns am Werke zu hindern, denn Fröbels Hauptgedanke ist gerade das echt religiöse Gefühl in den Kindern lebendig zu machen, anstatt sie … Gebete, die sie nicht verstehen, herplappern zu lassen.«

58 Dazu Maria Luciana Buseghin: Alice Hallgarten Franchetti, un modello di donna e di impredditrice nell' Italia tra '800 e '900, Selci-Lama 2013.

59 Ebd., S. 16, 12.6.1850.

60 Wie Anm. 48.

61 LAV, D 72 Nr. 180 (28. 1. 1851).

62 Ruth Stummann-Bowert: Malwida von Meysenbug und die Hamburger »Hochschule für das weibliche Geschlecht«, in: MvM-Jb. 1996, S. 23.

63 8.3.1851; R I 109.

64 12.6.1850; Briefe an die Mutter, S. 15.

65 Vgl. R I 91.

66 An Julie Adeline Voigt, 7.1.1853, in: Mitt. aus der lipp. Gesellschaft und Landeskunde Bd. 23/1954, S. 167, 166.

67 An Marie Loeper-Housselle, 6.12.1872; R I 744.

68 Vgl. dazu die Fröbel-Texte in: Fröbels Kindergarten. Ein Zukunftsmodell aus der Vergangenheit, hg. vom Friedrich-Fröbel-Museum, Bad Blankenburg 2015, S. 141 ff. (»Die Gärten der Kinder im Kindergarten«).

69 Ebd., S. 132.

70 Regina Kirsch: MvM und die Hochschule für das weibliche Geschlecht, MvM-Jb. 2019, S. 98.

71 Ann Taylor Allen in: Zaubergärten, S. 59 ff. (»Die Revolution und die Kindergartenbewegung«).

72 Regina Kirsch in: MvM-Jb. 2019, S. 93.

73 Vgl. dazu Ann Taylor Allen in: Zaubergärten, S. 61 f.

74 Ann Taylor Allen: Feminismus und Mütterlichkeit, S. 65.

75 Elisabeth Badinter: Die Mutterliebe. Geschichte eines Gefühls vom 17. Jahrhundert bis heute (aus dem Französ.), München 1981, S. 64, 111, 113, 159 ff. (»Die neue Mutter«). Ihr zufolge war – man kann es heute kaum glauben! – eine Zeit der »Gleichgültigkeit der Mütter« vorausgegangen (S. 61 ff.), die sich darin äußerte, dass jene Mütter, die es sich leisten konnten, die Erziehung ihrer Kinder an Gouvernanten abgaben.

76 Ann Taylor Allen: Feminismus und Mütterlichkeit in Deutschland 1800–1914 (aus dem Amerikan.), Weinheim 2000, S. 124 f.

77 Dazu Joachim Radkau: Natur und Macht. Eine Weltgeschichte der Umwelt, Neuausgabe München 2002, S. 16 und 303; in meiner »Ära der Ökologie – Eine Weltgeschichte«, München 2011, vor allem S. 63 f. und 67 ff. u. a.; in der englischen Ausgabe (The Age of Ecology – A Global History, Cambridge 2014, S. 24ff., habe ich in der Überschrift hinzugesetzt: »Nature in Need of Protection and Nature as a Healing Power«. Der Kampf gegen Luft- und Wasserverschmutzung nicht zuletzt im Dienst der menschlichen Gesundheit durchzieht den Umweltschutz seit seinen Ursprüngen im 19. Jahrhundert, in den USA ebenso wie in Europa.

78 Wolfgang Riedel: Homo Natura. Literarische Anthropologie um 1900, Berlin 1996, S. 53. Dazu Joachim Radkau: Die Ära der Ökologie – Eine Weltgeschichte, München 2011, S. 39.

79 Riedel: Homo Natura, S. 80.

80 Vgl. die lange Liste behaupteter konträrer Eigenschaften von Mann und Frau bei Gertrude Lübbe-Wolff: Demokratie als Weiberkram, in: Christine Hohmann-Dennhardt u. a. (Hg.): Grundrechte und Solidarität. Durchsetzung und Verfahren. Festschrift für Renate Jaeger, Kehl 2011, S. 225 f.

81 Über den zunehmenden Einfluss von Rousseaus abschätziger Sicht der Frauen auf die Französische Revolution vgl. Stephan Meder: Familienrecht. Von der Antike bis zur Gegenwart, Köln u. a. 2013, S. 122. Kein Wunder, dass Malwida bei all ihrer Naturliebe über Rousseau schweigt! Treffend sind die Ausführungen von Marianne Weber: Ehefrau und Mutter in der Rechtsentwicklung, Tübingen 1907, über Rousseaus »eigentümliche Kombination pathetischer Gleichheits- und Freiheitsideale mit einem, in naiver Unverhohlenheit zum Ausdruck gebrachten, Geschlechtsegoismus, welcher die Frau bewusst und ausdrücklich auf den Boden der Überlieferung zurückweist.«

82 Lily Braun: Die Frauenfrage. Ihre geschichtliche Entwicklung und ihre wirtschaftliche Seite (urspr. 1901), Berlin/Bonn 1979, S. 70.

83 Zur Vorgeschichte dieser Neubewertung der Frau gegenüber dem im Grunde abfälligen Bild eines Rousseau von der weiblichen Natur vgl. Elke Heinzelmann: Kontroverser Diskurs im 18. Jahrhundert über die Natur der Frau, weibliche Bestimmung, Mädchenerziehung und weibliche Bildung, Berlin 2007, besonders S. 61 ff. zu Theodor Gottlieb von Hippels Proklamation »Über die bürgerliche Verbesserung der Weiber« (zuerst 1792 anonym publiziert).

84 Renate Möhrmann im Vorwort zu: Frauenemanzipation im deutschen Vormärz. Texte und Dokumente, Stuttgart 1978, S. 9 f. Lily Braun: Die Frauenfrage, S. 92 f. über das für die englische Frauenbewegung programmatische Werk von Mary Wollstonekraft: Vindication of the rights of women (zuerst 1792): »Den größten Nachdruck legt sie auf die Erziehung, in deren Vernachlässigung sie die Ursache der Fehler und Schwächen des weiblichen Geschlechts sieht.«

85 Darauf verweist Ulrich Sieg: Die Macht des Willens. Elisabeth Förster-Nietzsche und ihre Welt, München 2019, S. 16.

86 Ruth Stummann-Bowert: Malwida von Meysenbug über die Erziehung und Bildung der Frauen, in: MvM-Jb. 2010, S. 59.

87 Wikipedia-Artikel »Mädchenschule«.

88 Joachim Radkau: Geschichte der Zukunft, S. 330 f. und S. 507. Anm. 48 ff.

89 In: »Die Zeit« (Wien), 8.3.1902, S. 153; LAV D 72, Nr. 190.

90 Benno Haberland: Die Bestimmung des Weibes in unserer Zeit, »Frauen-Zeitung« vom 1.12.1849, in: »Dem Reich der Freiheit werb' ich Bürgerinnen«, S. 177.

91 16.10.1849; Briefe an Kinkel, S. 19.

92 Malwida von Meysenbug: Stimmungsbilder, 4. Aufl. Berlin/Leipzig 1905, S. 242 f. Dieser Text fehlt in Bd. 4 der Gesamtausgabe (»Kulturbilder«), der den größten Teil der »Stimmungsbilder« enthält.

93 Ostende, S. 135, 138.

94 Erst 1900 gewährte Baden als erstes deutsches Land den Frauen vollen Zugang zum Universitätsstudium, nicht lediglich als Gasthörerinnen.

95 Fritz Böttger in der Einführung zu: Ders. (Hg.): Zu neuen Ufern. Frauenbriefe von der Mitte des 19. Jahrhunderts bis zur

Novemberrevolution 1918, Berlin (DDR) 1981, S. 10: Deutschland sei »der letzte Staat Europas« gewesen, »der das Frauenstudium zugestand, und zwar nicht nur wegen der Gegnerschaft der reaktionären Regierungen, sondern auch wegen des Widerstandes der Professoren«. Mit Blick darauf, S. 14: »Die Gleichberechtigungsansprüche einer Malwida von Meysenbug nehmen sich noch recht bescheiden aus.«

96 Berta Schleicher: Meta von Salis-Marschlins. Das Leben einer Kämpferin, Erlenbach-Zürich 1932, S. 59.

97 Briefe von und an MvM, S. 172 und 174 (25.10.1881 und 30.1.1883).

98 Marianne Weber: Ehefrau und Mutter in der Rechtsentwicklung. Eine Einführung, Tübingen 1907, S. 338 f.

99 Stephan Meder: Familienrecht. Von der Antike bis zur Gegenwart, Köln u. a. 2013, S. 176 ff.

100 11.4. (wohl 1857), Briefe an die Mutter S. 213.

101 23.5.1857; Briefe an Kinkel, S. 121.

102 27.5.1857, ebd., S. 123.

103 Ebd., S. 122.

104 Malwida von Meysenbug: Florence. Roman aus dem viktorianischen England, hg. von Ruth Stummann-Bowert, Würzburg 2007, S. 30.

105 Dies.: Hinter Vorhängen in der Paulskirche, in: Lippe 1848, S. 286.

106 Louise Otto-Peters: Frauenleben im deutschen Reich. Erinnerungen aus der Vergangenheit mit Hinweis auf Gegenwart und Zukunft (urspr. 1876), Berlin 2015, S. 121. Historisch erklärt sie das damit, dass die Klöster vielen Frauen eine Zukunft boten.

107 6.1.1899, RR-MvM III, S. 1610.

108 Briefe an Olga, S. 275 (12. 2. 1896).

109 Martin Reuter: 1848, Malwida von Meysenbug und die europäische Demokratiegeschichte. Die Politik einer aristokratischen Demokratin im 19. Jahrhundert, Kassel 1998, S. 133. Er ist gleichwohl der Auffassung, dass sie zur Emigration noch mehr Grund gehabt habe, als sie in ihren Memoiren – in denen sie sich von ihrem einstigen revolutionären Fanatismus längst abgewendet hat – zu erkennen gebe: Ihre dortigen »Unschuldsbehauptungen« seien »fadenscheinig«. »Für den Staat gehörte sie zur roten Rotte, und sie selbst war sich ihrer Rolle durchaus bewusst.« (Ebd., S. 134)

110 Corinna J. Heipcke: Politische Aktivitäten und Verfolgungen von Frauen im Vormärz – zum Beispiel Louise Aston, in: MvM-Jb. 1998, S. 50 ff., 54.

111 Da schreibt sie (I 240), dass er ihr zwar »schwer zürnte« seit ihrem Anschluss an die freireligiöse Bewegung in Hamburg, dass jedoch »seine Liebe über seine Vorurteile gesiegt« habe.

112 17.5.1833 und aus dem gleichen Jahr o. D., GSA 116/146.

113 So der Wikipedia-Artikel über ihn; vgl. auch Valentin: Die deutsche Revolution, Bd. 2, S. 535.

114 MvM-Jb. 1996, S. 70.

115 Briefe an die Mutter, S. 79.

116 An Augusta v. Stein-Rebecchini, 22.2.1866, in: Briefe von und an MvM, S. 24.

117 Vera Leuschner: Malwida von Meysenbug. »Die Malerei war immer meine liebste Kunst«, Bielefeld 2002, S. 25.

118 London, 29.5.1852, Briefe an die Mutter S. 80.

119 Johanna Ludwig: »… eine höchst gefährliche Dame«. Polizeiakten über Malwida von Meysenbug auch im Sächsischen Hauptstaatsarchiv Dresden, in: MvM-Jb. 2000, S. 163.

120 MvM-Jb. 2000, S. 172.

121 25.2.1851, Briefe an Kinkel, S. 65.

122 11.1.1850, R I 68.

123 Julius Fröbel – Lebensschicksale eines

Achtundvierzigers in der Alten und Neuen Welt (= Auswahl aus seinem zweibändigen »Lebenslauf« von 1890/91), bearbeitet von Wilhard Grünewald, Heidenheim 1971, S. 28 f.

124 Darauf verweist Rosemary Ashton: Little Germany. Exile and Asylum in Victorian England, Oxford 1986, S. 203.

125 Darüber mit sichtlichem Vergnügen das klassische Opus des Kulturhistorikers Georg Steinhausen: Geschichte des deutschen Briefes. Zur Kulturgeschichte des deutschen Volkes, Berlin 1889, S. 6 ff., 405 ff. und passim.

126 Fröbel: Lebensschicksale, S. 72.

127 Althaus: Zeitbilder, S. 142.

128 Briefe an die Mutter, S. 19 f. In ihren Memoiren (I 219 f.) zitiert Malwida einen ähnlichen Brief Julius Fröbels, ohne seinen Namen zu nennen; er lebte ja noch zur Zeit der Ernstveröffentlichung ihrer Memoiren. Das von Berta Schleicher erstellte Register verweist unter seinem Namen auch auf die Stellen, wo er anonym erwähnt wird.

129 Ebd., S. 38.

130 Vgl. ebd., S. 25 f.

131 Ebd., S. 78.

132 Fröbel: Lebensschicksale, S. 91, 115.

3 EXIL-JAHRE UND EXIL-NETZWERKE: VON JOHANNA KINKEL BIS ZU ALEXANDER HERZEN – UND ZU ZWEI ATTENTÄTERN

1 Johanna Kinkel an Fanny Lewald, 25.11.1851, über die »erdrückende Arbeitslast« besonders durch die »hundertfachen Ansprüche unserer unglücklichen exilierten Bekannten«. »Kennten Sie das Schicksal derer, die als Emigrantenmütter angesehen und behandelt werden!« Und dann: »An einem Sturm- und Regenmorgen waffnete ich mich mit tödtlicher Gleichgültigkeit gegen jedes fremde Elend.« Fanny Lewald: Zwölf Bilder nach dem Leben, Berlin 1888, S. 12 f. Daraus lässt sich schließen, dass Malwida in London darauf achtgeben musste, Johanna Kinkel nicht zu sehr in Anspruch zu nehmen, wenn sie diese Freundschaft erhalten wollte!

2 Rosemary Ashton: Little Germany. Exile and Asylum in Victorian England, Oxford 1986, S. 188.

3 Briefe an die Mutter, S. 95.

4 Ebd., S. 120.

5 Ebd., S. 130.

6 Ebd., S. 138 (24. 3. 1854).

7 Ebd., S. 86 (20. 6. 1853).

8 Briefe an die Mutter, S. 172 (24. 8. 1855).

9 Ebd., S. 194 (undatiert).

10 Ebd., S. 206.

11 Ebd., S. 208.

12 Malwida von Meysenbug: Florence. Roman aus dem viktorianischen England, hg. von Ruth Stummann-Bowert, Würzburg 2007, S. 66.

13 Ebd., S. 14.

14 Ebd., S. 77.

15 Friedrich Althaus: Theodor Althaus, S. 28, 43 f., 48.

16 So in Marx/Engels: Die großen Männer des Exils, in: Marx Engels Werke (MEW) Bd. 8, Berlin 1978, S. 255, über Kinkels sentimentale Sympathie für die Handwerkermeister: »Mit ihnen weinte er über den Verfall des Handwerks, über die grausamen Wirkungen der freien Konkurrenz.« Und am Schluss seiner Verspottung dieser Seite Kinkels (S. 258): »So hat Gottfried den Handwerker glücklich zum Komödianten gemacht und ist damit wieder bei sich selber angekommen.«

17 Gottfried Kinkel schrieb damals an Johan-

na: »Ohne Dich wäre ich ein jämmerlicher Paulskirchner geworden, wie das andere Pack aus Bonn vielleicht.« Klaus Schmidt: Gerechtigkeit – das Brot des Volkes. Johanna und Gottfried Kinkel. Eine Biographie, S. 86.

18 Hermann Rösch: Gottfried Kinkel – Dichter und Demokrat, Königswinter 2006, S. 117; dazu Ruth Stummann-Bowert: Zum nationalen Pathos von Heldentum und Opfermut. Sprachliche Kontinuitäten zwischen den Befreiungskriegen und dem demokratischen Aufbruch 1848, in: MvM-Jb. 2003, S. 108.

19 Ebd., S. 121.

20 Rösch: Gottfried Kinkel, S. 118/119.

21 Schurz: Lebenserinnerungen, Bd. 1, S. 258.

22 Hoya, 3.9.1850, in: Mitt. aus der lipp. Geschichte und Landeskunde 23/1954, S. 197 f.

23 4.11.1849; Briefe an Kinkel, S. 22.

24 Valentin: Geschichte der Deutschen Revolution, Bd. 2, S. 539.

25 Heuss: 1848, S. 187.

26 Gustav Mayer: Friedrich Engels. Eine Biographie, Bd. 2, Köln o. J. (urspr. Den Haag 1934), S. 5.

27 Darauf verweist Le Rider: MvM, S. 126.

28 Ashton: Little Germany, S. 160 f.

29 Briefe an die Mutter, S. 116.

30 Rösch: Gottfried Kinkel, S. 84 f.

31 Schmidt: Gerechtigkeit – das Brot des Volkes, S. 60.

32 Briefe an Kinkel, S. 62.

33 Rösch: Gottfried Kinkel, S. 129 f., 132.

34 Ebd., S. 120.

35 Ebd., S. 106 f.

36 Gareth Stedman Jones: Karl Marx. Die Biographie, deutsche Ausgabe Frankfurt 2017, S. 441.

37 Le Rider: MvM, S. 226.

38 Mai 1859; Briefe an Kinkel, S. 173.

39 Rösch: Gottfried Kinkel, S. 137.

40 Ebd., S. 101.

41 Klaus Schmidt: Gerechtigkeit – das Brot des Volkes, S. 206 ff.

42 9.9.1857; Briefe an Kinkel, S. 138.

43 25.6.1858, ebd., S. 146.

44 Vgl. ebd., S. 153 (an Gottfried Kinkel, 22.11.1858).

45 Ebd., S. 147 (an Gottfried Kinkel, 25.6.1858).

46 Ebd., S. 241.

47 Ebd., S. 259 (16. 2. 1869).

48 Ernst Pfeiffer (Hg.): Friedrich Nietzsche – Paul Rée – Lou von Salomé. Die Dokumente ihrer Begegnung, Frankfurt 1970, S. 91.

49 Valentin: Geschichte der deutschen Revolution, Bd. 2, S. 539

50 Susanne Mittag: Johanna Kinkel 1810–1858 oder Die Kunst ohne Stimme zu singen, 2. Aufl. Wildflecken 2009, S. 2.

51 Marx/Engels: Die großen Männer des Exils, S. 247.

52 Fanny Lewald: Zwölf Bilder nach dem Leben, Berlin 1888, S. 19.

53 Carl Schurz: Lebenserinnerungen, 2. Band, Berlin 1907, S. 47.

54 Fanny Lewald: »die ganze Würde der Flüchtlinge, das ganze Martyrium ihres Mannes ins Lächerliche herabgezogen«. Ruth Stummann-Bowert (s. folgende Anm.), S. 184.

55 Ruth Stummann-Bowert: Meta Braun oder Malwida von Meysenbug, in: MvM-Jb. 2000, S. 181: »Ein wenig blass und in ihrer Art wenig attraktiv ist Malwida von Meysenbug als Gouvernante Meta Braun porträtiert.« Auch Rosemary Ashton: Little Germany, S. 193, hält es für evident, dass Malwida das Vorbild für diese Gouvernante war.

56 8.12.1860; Briefe an Kinkel, S. 209.

57 Johanna Kinkel: Hans Ibeles in London. Ein Familienbild aus Flüchtlingskreisen, Neuausgabe Berlin 2019, S. 259 f.

58 Vgl. Rosemary Ashton: Little Germany, S. 188.
59 Susanne Mittag: Johanna Kinkel, S. 13.
60 Carl Schurz: Lebenserinnerungen, Bd. 1, S. 104.
61 Fanny Lewald: Zwölf Bilder nach dem Leben, S. 6.
62 Rosemary Ashton: Little Germany, S. 199.
63 J. F. Schulte: Johanna Kinkel, S. 133 f.
64 Arnold Künzli: Karl Marx. Eine Psychographie, Wien 1966, S. 367.
65 Ebd., S. 367 f.
66 Auch Malwida spricht in den 1850er Jahren manchmal von ihrer »Partei«; doch offenbar meint sie damit nur Gesinnungsgenossen, mit denen sie in Verbindung steht, keine Partei im modernen organisatorischen Sinne.
67 Marx/Engels: Die großen Männer des Exils, in: Marx Engels Werke (MEW), Bd. 8, Berlin 1978, S. 267.
68 Ebd., S. 265.
69 Ebd., S. 262.
70 Ebd., S. 265.
71 Ebd.; auch S. 261.
72 Ebd., S. 263.
73 Ebd.
74 Klaus Schmidt: Gerechtigkeit – das Brot des Volkes, S. 136.
75 Jones: Karl Marx, S. 368 f.
76 11.7.1851; Briefe an Kinkel, S. 82.
77 25.6.1858, ebd., S. 147.
78 An Gottfried Kinkel, 1.7.1859; Briefe an Kinkel, S. 183 f.
79 An Gottfried Kinkel, Mai 1859, ebd., S. 176 f.
80 MEW 8, S. 264.
81 Schurz: Lebenserinnerungen, Bd. 1, S. 143.
82 Heuss: 1848, S. 223.
83 Briefe an die Mutter, S. 168 (o. D.).
84 15.8.1873; Le Rider: MvM, S. 331.
85 Rom, 5.5.1890; R II 1597.
86 Schurz: Lebenserinnerungen, Bd. 2, S. 44.
87 Malwida nimmt Herzen in einem Brief an Gottfried Kinkel (Briefe an Kinkel, S. 181, Juni 1859) in Schutz: Jener »Panslavismus«, über den sich Kinkel empöre, und Herzens Liebe zu seinem Volk seien »doch zwei verschiedene Dinge«. Damit hat sie recht, denn in der Folge gerät Herzen durch seine Parteinahme für die aufständischen Polen in Konflikt mit jenen Panslawisten, die russische Imperialisten sind.
88 20.2.1856, Briefe an die Mutter, S. 182 f.
89 1.8.1873, Malwida an Olga, S. 5 f.
90 Zu der deutschen Emigration nach 1933 vgl. Joachim Radkau: Das Elend deutscher Exilpolitik 1933–1945 als Spiegel von Defiziten der politischen Kultur, in: Horst Schallenberger/Helmut Schrey (Hg.): Im Gegenstrom. Für Helmut Hirsch zum Siebzigsten, Wuppertal 1977, S. 105–146, insbesondere das 2. Kapitel: »Froschmäusekrieg der Apparatsreste« oder »ganz ohne politische Hundemarke«: Der Durchbruch antipolitischer Affekte im Exil (ebd., S. 115–131).
91 Rosemary Ashton: Little Germany, S. X.
92 Darauf verweist Ruth Stummann-Bowert: Emigranten in London und Malwida von Meysenbug – Alexander Herzen, Giuseppe Mazzini, Stanislaw Worcell und andere, in: MvM-Jb. 2003, S. 151.
93 Hannelore Teuchert: Neues zur Emigrantenszene in England 1851–1861, in: MvM-Jb. 1996, S. 62.
94 Ruth Stummann-Bowert: Die politischen und sozialen Erfahrungen Malwida von Meysenbugs in England (1852–1862), in: MvM-Jb. 1996, S. 39.
95 Schurz: Lebenserinnerungen, Bd. 1, S. 410.
96 6.1.1857; Briefe an Kinkel, S. 111.
97 Briefe an die Mutter, S. 214 (11. 4. 1857 oder 1858).
98 11.8.1857; Briefe an Kinkel, S. 129.
99 17.8.1857; Briefe an Kinkel, S. 130.
100 Bei Marie von Brüning hält Schurz

(Erinnerungen, Bd. 1, S. 399) ein politisches Motiv für möglich (s. u.).

101 Vgl. den Wikipedia-Artikel über Maria von Bruiningh.

102 Rosemary Ashton: Little Germany, S. 198.

103 Schurz: Erinnerungen, Bd. 1, S. 403 f.

104 Le Rider: MvM, S. 413.

105 Malwida an ihre Mutter, S. 217 (o. D.).

106 Gaby Vinant: MvM, S. 111.

107 Briefe an die Mutter, S. 125, 28.8.1853.

108 Gaby Vinant: MvM, S. 113.

109 Dass., S. 97 f.

110 An Gottfried Kinkel, 25.10.1859, S. 192; Rosemary Ashton: Little Germany, S. 207.

111 Vgl. die Briefe Richard Wagners an Malwida vom 20. 5. und 22.6.1860; R I 386 und 390.

112 27.10.1857 (?); Briefe an die Mutter, S. 201.

113 Ebd., S. 222.

114 Briefe an Kinkel, S. 140.

115 Ebd., S. 195.

116 An Augusta von Stein-Rebecchini, 11.12.1875, S. 49; auch GSA 116/216,1, 5.7.(1873) an dies.

117 An Marie Loeper-Housselle, 25.6.1873; R I 762.

118 Sie beginnt ihre »Erinnerungen« mit dem Rückblick, Mazzinis Tod liege »schon neunundzwanzig Jahre« zurück. (III 479) Er starb 1872.

119 18.10.1900, RR-MvM III, S. 1751.

120 Isaiah Berlin: Russische Denker, Frankfurt 1995, S. 258, 272 f. Herzen (Erinnerungen, Bd. 1, S. 330) findet es bezeichnend, »dass das Gefühl für die eigene Nation mit all seinen Übertreibungen so voller Poesie ist in Italien und Polen und zugleich so hohl und banal – in Deutschland.«

121 Malwida (III 419 f.) spricht von einem »selbstgewählten Namen«; dagegen seine englische Biografin Aileen M. Kelly (The Discovery of Chance: The Life and Thought of Alexander Herzen, London 2016, S. 24) schreibt, der Vater Ivan Alekseevich Yakovlev habe dem Sohn diesen Namen gegeben, wohl »as a sign of affection« zu der Mutter Henriette Haag; diese blieb seine Lebensgefährtin – eine legitime Gattin hatte er nicht. Erst im Lauf seiner Kindheit erfuhr Alexander Herzen von seiner illegitimen Geburt: wie Malwida berichtet (III 390), für ihn zunächst ein schwerer Schock, der sein Selbstbewusstsein geprägt habe.

122 Alexander Herzen: Vom anderen Ufer, eingel. von Isaiah Berlin, München 1969, S. 41.

123 Ebd., S. 47.

124 Ebd., S. 49.

125 Ebd., S. 92.

126 Ebd., S. 215.

127 Ebd., S. 217.

128 Ebd., S. 218.

129 Ebd., S. 109 f.

130 Dies gibt Anlass zu einem Seitenblick auf die Malwida-Biografie von Gaby Vinant (Paris 1932). Ein spezielles Verdienst dieser Biografie besteht darin, dass sie der Beziehung Malwidas zu Herzen besondere Aufmerksamkeit widmet und im Unterschied zu allen anderen bisherigen Biografien Lemkes russische Ausgabe der Herzen-Briefe (Moskau 1929) intensiv benutzt hat, wobei ihr ihrem Vorwort zufolge ein ehemaliger Präsident der Duma dabei half, Herzens sehr russisches Denken besser zu durchdringen. Wie ein Rezensent (Fernand Desornay, in: Revue belge de philologie et d'histoire, tome 14, fasc. 3, 1935, S. 977) als Essenz hervorhebt, habe Herzen für Malwida besondere Bedeutung gewonnen, indem er ihr den Idealismus verführerisch gemacht habe. (»L'idéalisme de Herzen avait de quoi séduire. La réalité n'apporte que meutrissures, désenchantements.«) Da würde ich den Akzent anders setzen: Eher ist sie durch ihn vermutlich darin bestärkt wor-

den, ihren Idealismus realistisch-naturalistisch zu unterfüttern.

131 Otto Buek in der Einführung zu Alexander Herzen: Erinnerungen, Berlin 1907, S. X.

132 Ebd., S. XVII.

133 Isaiah Berlin in der Einleitung zu Herzen: Vom anderen Ufer, S. 17.

134 Herzen: Erinnerungen, Bd. 2, S. 158 ff.; Malwida schreibt ihrer Mutter am 18.2.1855, die Rothschilds hätten es »durch *Drohungen*« – offenbar gegenüber der russischen Regierung! – dahin gebracht, »dass ihnen alles ausgezahlt wurde, das Gut aber das ihm sein Vater geschenkt sowie ein reich meublirtes Haus in Moskau wurden confiscirt. Doch ist sein Vermögen noch gross genug.« Ein Schlaglicht auf die damalige Macht der Rothschilds!

135 Herzen: Vom anderen Ufer, S. 66.

136 Briefe an die Mutter, S. 188 (25. 6. 1856). In ihren Memoiren (I 383) begründet sie die Hinwendung zu Herzen sogar u. a. damit, »dass meine Gesundheit voraussichtlich einen zweiten Winter so angestrengten Stundengebens nicht würde ertragen können«.

137 Herzen: Erinnerungen, Bd. 2, S. 136 f.

138 Herzen: Vom anderen Ufer, S. 161 f.; ebenso in Herzen: Briefe aus dem Westen, Neuausgabe Nördlingen 1989, S. 274 (»Zürich, den 21. Dezember 1849«).

139 Michael Krausnick: Die eiserne Lerche. Die Lebensgeschichte des Georg Herwegh, Weinheim/Basel 1993, S. 169.

140 Enthalten in der Ausgabe von Herzen: Briefe aus dem Westen, Nördlingen 1989, S. 239–273.

141 Krausnick: Die eiserne Lerche, S. 170.

142 In der Einleitung zu Herzen: Vom anderen Ufer, S. 21.

143 Herzen: Erlebtes und Gedachtes, Leipzig 1981, S. 177 f., 180 ff., 197 ff., 204 ff., 208 ff., 225 ff.; in der Ausgabe der Erinnerungen von 1907 sind diese Ausbrüche gegen den gefeierten Dichter gestrichen!

144 Auf den »regen Briefwechsel von Tür zu Tür« verweist Gertrud Meyer-Hepner: MvM, Berlin/Leipzig 1948, S. 39. Die Detmolder MvM-Regesten verzeichnen nicht weniger als 123 Briefe Herzens an Malwida. Es kommt vor, dass er ihr auf Deutsch schreibt und sie ihm französisch antwortet; mitunter schreibt er – betont transnational wie Malwida – auch in einer Vermischung beider Sprachen!

145 R I 141.

146 Isaiah Berlin in der Einleitung zu Herzen: Vom anderen Ufer, S. 22.

147 R I 132.

148 Herzen: Erlebtes und Gedachtes, S. 179.

149 Das nimmt auch Martin Reuter an; vgl. ders.: 1848, MvM, S. 173 mit der langen Fußnote.

150 R I 138.

151 Das glaubt ungeachtet des Titels ihrer Malwida-Biografie Barbara Leisner: »Unabhängig zu sein ist mein heißester Wunsch«. MvM, München/Düsseldorf 1998, S. 162: »Sie gestand es sich nicht ein, dass da ganz tief unten im Grunde ihrer Seele noch ein anderer Wunsch verborgen lag. Sie hätte eigentlich nichts dagegen gehabt, wenn aus der geistigen Nähe zu Herzen auch ein Weg in seine Arme geführt hätte.«

152 Briefe an die Mutter, S. 114.

153 Ebd., S. 130, 132, 131.

154 Ebd., S. 132.

155 24.3.1854, ebd., S. 138.

156 Ebd., S. 115 (21. 4. 1853).

157 Insofern erscheint mir die These des Malwida-Experten Gunther Tietz nicht plausibel, dass es für diese Frau nur solche engeren Beziehungen gegeben habe, bei denen sie entweder verehrte oder – so erst in späterer Zeit – verehrt wurde: »Gleichberechtigte Beziehungen scheint es für

sie nicht zu geben … Das gibt Malwida etwas Unheimliches, Künstliches.« Ders.: »Das Paradies der Jugend«. Malwidas Jahre in Kassel und Detmold, in: Ders. (Hg.): MvM – Ideal einer Frauengestalt des 19. Jahrhunderts, Kassel 1983, S. 16.

158 Sergej Pawlowitsch Gizdeu: MvM, in: Karl-Heinz Nickel (Hg.): Durch lauter Zaubergärten der Armida, Kassel 2005, S. 163. Dieser aus dem Russischen übersetzte Artikel ist von besonderem Interesse, als er ausgiebig auf die russische Ausgabe von Herzens Werken zurückgreift, die nicht wenige in westlichen Sprachen nicht publizierte Briefe enthält.

159 Ebd., S. 167 f.

160 Vgl. u. a. Berta Schleicher: MvM, S. 130: Als Malwida 1862 zum ersten Mal Rom gesehen hatte, schrieb sie an Gottfried Kinkel, Herzen habe ihm »gewiss allerlei von meiner Romschwärmerei vorgefabelt, denn er neckt mich fortwährend damit«. Nicht ohne Grund: Malwida sehnt sich seit jener Zeit in der Tat nach Rom, und dort wäre sie mitsamt den Kindern von Herzen besonders weit entfernt gewesen!

161 Ebd., S. 131.

162 Gizdeu: MvM, in: Nickel (Hg.): Durch lauter Zaubergärten der Armida, S. 168.

163 Briefe an die Mutter, S. 142.

164 Ebd., S. 152 f.

165 Ebd., S. 175.

166 20.2.1856, ebd., S. 182 f.

167 Ebd., S. 170.

168 In ihrem Abschiedsbrief vom 27.5.1856 an Herzen gesteht sie (Rossi, S. 305): »Als ich in Ihr Haus kam, interessierte mich Tata viel mehr als Olga, die ja damals noch nichts (sic!) war und kaum mit mir in Berührung kam.« Doch dann sieht sie ein, »dass solch ein Kind eine strenge Läuterungsschule durchmachen müsse, um sie zu dem zu retten, was ich sie zu werden sehen wünschte.« Olga dagegen kann sie von Anfang an prägen! Ganz offen bekennt sie (S. 306), »Olgas Natur« interessiere sie längst mehr als Tatas.

169 Gizdeu: MvM, in Nickel (Hg.): Durch Zaubergärten der Armida, S. 168.

170 16.3.1893; Berta Schleicher (Hg.): Im Anfang war die Liebe, München 1925, S. 256.

171 Briefe an die Mutter, S. 211 (wohl 1857 oder 1858): »Ich freue mich doch wirklich dass ich die schwere russische Sprache noch in meinen alten Tagen so nebenbei gelernt habe, ich übersetze jetzt mit Leichtigkeit daraus.« Später berichtet sie stolz: »Ich habe nicht weniger als zwölf Bände teils ins Englische teils ins Deutsche übersetzt.« An Alexander von Warsberg, 16.5.1886, in: Fritz Böttger (Hg.): Zu neuen Ufern. Frauenbriefe von der Mitte des 19. Jahrhunderts bis zur Novemberrevolution 1918, Berlin (DDR) 1981, S. 70.

172 R I 254.

173 An Augusta von Stein-Rebecchini, 23.10.1870, GSA 116/216,2.

174 Le Rider: MvM, S. 164 Anm.

175 Klaus Dornacher im Nachwort zu Alexander Herzen: Erlebtes und Gedachtes. Auswahl, Leipzig 1981, S. 291 f., 302.

176 Briefe an die Mutter, S. 177.

177 27.8.1872; Friedrich Nietzsche: Sämtliche Briefe. Kritische Studienausgabe Bd. 4, München 1986, S. 49.

178 »Herzen schrieb Romane, aber sie sind weitgehend vergessen … Als Memoirenschreiber hat er nicht seinesgleichen.« Isaiah Berlin: Russische Denker, Frankfurt 1995, S. 269 und 271. Und auf S. 251: »Es gibt keine guten Biographien über ihn, vielleicht weil seine Autobiographie ein großes literarisches Meisterwerk ist.« Auch für den Malwida-Biografen besteht die größte Herausforderung darin, mit ihren Memoiren mithalten zu können!

179 Vgl. Isaiah Berlin in der Einführung zu Herzen: Vom anderen Ufer, S. 10.

180 Anni Piorreck: MvM und die geistigen Strömungen des 19. Jahrhunderts, Diss. Wien 1931/32, S. 140.

181 Berta Schleicher: MvM, S. 159.

182 Anni Piorreck: MvM, S. 142. Ähnlich Eberhard Reissner: Alexander Herzen in Deutschland, Berlin 1963, S. 101 Fn.: »Verschiedene Äußerungen in deutschen Zeitschriften um die Jahrhundertwende und später zeigen, dass die Memoiren M. v. Meysenbugs die einzige Quelle waren, aus der man seine Kenntnisse über die Person Herzens schöpfte.«

183 Aileen M. Kelly: The Discovery of Chance. The Life and Thought of Alexander Herzen, Cambridge/Mass./London 2016, S. 366. Diese fast 600 Seiten starke Biografie – die erste ihrer Art – behandelt dieses Geschehen merkwürdigerweise nur ganz kurz und ohne Dramatik; auch sonst bestätigt sie Isaiah Berlins Betrachtung darüber, wie schwer es für Herzen-Biografen sei, mit dessen Memoiren mitzuhalten!

184 Vgl. Gizdeu: MvM, in Nickel (Hg.): Durch lauter Zaubergärten der Armida, S. 172 u. a. (der 1917 geborene russische Autor, der noch im 19. Jahrhundert aufgewachsene Landsleute gekannt haben wird, scheint sich darüber gar nicht sonderlich zu wundern!). Noch in einem Brief am 9.1.1867 an Malwida nennt Herzen Ogareff als den Mann, der ihm am nächsten stehe, und schreibt voller Wärme über dessen Güte und Liebe (R I 537).

185 Teilabdruck des Testaments in Vera Leuschner: MvM. »Die Malerei war immer meine liebste Kunst«, Bielefeld 2002, S. 237; dazu Werner Broer: MvM (1816–1903). Eine »aristokratische« Demokratin, MvM-Jb. 2003, S. 94 f.

186 Rossi, S. 308 f.(= R I 168).

187 27.5.1856; R I 168 = Rossi, S. 304 ff.

188 5.6.1856; R I 171.

189 26.12.1864 aus Montpellier; R I 461. Vgl. R I 465, Alexander Herzen an Malwida, 24.1.1865: Offenbar hat Malwida seiner Geliebten eine freundliche Antwort geschrieben (die anscheinend nicht mehr erhalten ist); deren »entsetzlicher Zustand« beginne sich zu bessern.

190 Ende Juli 1859; Briefe an Kinkel, S. 184.

191 Colli/Montinari (Hg.): Nietzsches Werke und Briefe, Bd. II 6/1, S. 267; »Fruchtbarkeit«, das dort steht, kann nur »Furchtbarkeit« heißen.

192 Wolfgang Kalinowsky (Hg.): Une amitié européenne. Romain Rolland et Malwida von Meysenbug, Correspondence 1890–1903, Bd. 3: 1897–1903, Mainz 2016, S. 1799.

193 Briefe an Kinkel, S. 184.

194 Malwida an Laura von Meysenbug, 11.11.1866; R I 528. Laura hatte Olga nicht so erlebt; dazu Malwida: »Sie war damals noch in der faulen Periode, in der alle Herzens Kinder bis zu einem gewissen Alter bleiben … (Doch:) Jetzt erwacht der Geist der Arbeit in ihr und sie schreitet tüchtig vorwärts in jeder Beziehung. … Tata dagegen hat eine schöne Stimme …, ein gutes Gehör, aber ist kalt.«

195 Wieder an Laura, 8.12.1866; R I 533.

196 Vinant: MvM, S. 242.

197 Gizdeu: MvM, in Nickel (Hg.): Durch lauter Zaubergärten der Armida, S. 172.

198 Vinant: MvM, S. 203.

199 Ebd., S. 195, 25.8.1863 = R I 434.

200 Ebd., S. 196, 18.4.1864.

201 Gizdeu: MvM, in Nickel (Hg.): Durch lauter Zaubergärten der Armida, S. 171.

202 30.7.1862; R I 414.

203 12.3.1863; R I 421.

204 15.12.1866; R I 534.

205 R I 448.

206 Gizdeu: MvM, in Nickel (Hg.): Durch lauter Gärten der Armida, S. 171.

207 Ebd., S. 172.
208 Im Originaltext des Briefes (R I 474 = GSA 116/202), von Schleicher nicht zitiert: »Sie hatten mir in Bern unter 4 Augen erklärt, Olga's Erziehung sei ein Fiasko.« Doch es sei sicher, »dass die *Lappalien* von correct Schreiben und Lesen das Werk weniger Monate sein werden.« Man kann verstehen, dass Herzen darin keineswegs bloße »Lappalien« sieht und beunruhigt ist, dass Olga offenbar noch als Fünfzehnjährige diese Fähigkeiten nicht beherrscht!
209 Schleicher: MvM, S. 86 ff.
210 An Herzen, 4.8.1965; R I 475.
211 R I 473.
212 GSA 116/202.
213 GSA 116/202.
214 16.1.1903; R III 2165.
215 R I 511.
216 R I 529.
217 Gizdeu: MvM, in Nickel (Hg.): Durch lauter Zaubergärten der Armida, S. 172.
218 R I 530.
219 Gaby Vinant: MvM, S. 227.
220 R I 532.
221 R I 537.
222 Gizdeu: MvM, in Nickel (Hg.): Durch lauter Zaubergärten der Armida, S. 176.
223 R I 558 = Gaby Vinant: MvM, S. 227.
224 R I 597.
225 Vinant, S. 229.
226 Gabriel Monod im Vorwort zu MvM: Stimmungsbilder, 4. vermehrte Auflage Berlin/Leipzig 1905.
227 Vinant, S. 231.
228 15.12.1868; R I 645.
229 Vinant: MvM, S. 237.
230 Gizdeu: MvM, in Nickel (Hg.): Durch lauter Zaubergärten der Armida, S. 175. Gizdeu zu all diesen Ausbrüchen: »Herzen war scharfsichtig und gerecht Meysenbug gegenüber«!
231 R I 247.
232 Vinant: MvM, S. 238.
233 R I 654.
234 R I 631.
235 R I 664.
236 Kelly: The Discovery of Chance, S. 513.
237 Werner Broer: MvM (1816–1903). Eine »aristokratische« Demokratin, in: MvM-Jb. 2003, S. 94.
238 R I 679 (Paris, 14.3.1870).
239 MvM: Zu spät, Neudruck (ohne Ortsangabe, in Polen) 2015, S. 51 = V 259.
240 Berta Schleicher (Hg.): Malwida von Meysenbug: Im Anfang war die Liebe. Briefe an ihre Pflegetochter (künftig zit.: Briefe an Olga), München 1924, mehrere Auflagen, S. III.
241 Ebd., S. 29.
242 Ebd., S. 48.
243 Ebd., S. 71.
244 Ebd., S. 88.
245 Das lässt sich aus den Biografien von Berta Schleicher und Gabi Vinant schließen, die zu Olga in persönlichem Kontakt standen.
246 Briefe an die Mutter, S. 138 (24. 3. 1854).
247 Herzen: Erinnerungen, Bd. 2, Berlin 1907, S. 125.
248 R I 137.
249 Noch in ihren späteren »Erinnerungen an Herzen« berichtet sie (III 443), Herzen habe ihr geschrieben, lange habe er nicht »einen so tiefen Schmerz gefühlt wie den«, den in ihm jene Schrift Proudhons hervorgerufen habe, wo er für das »Opfer des Menschen an die Familie« eintrete.
250 Herzen: Erinnerungen, Bd. 2, S. 68.
251 Herzen: Mein Leben, Berlin (DDR) 1962, S. 190.
252 Vgl. die Masse der Verweise auf Hegel im Register von Aileen Kelly's Herzen-Biografie (S. 587)!
253 Herzen: Briefe aus dem Westen, Nördlingen 1989, S. 328. Auf S. 330 mit Fn. bezieht er sich auf Hegel.

254 Isaiah Berlin: Russische Denker, Frankfurt 1985, S. 135.

255 Herzen: Erinnerungen, Bd. II, S. 141 f. Solche Äußerungen lassen erkennen, dass der Obertitel der großen Herzen-Biografie von Aileen Kelly »The Discovery of Chance« in Herzens Denken zu viel Optimismus hineinlegt: »Chance« bedeutet im Englischen »Zufall«, doch auch »Chance«!

256 Herzen: Erinnerungen, Bd. 1, S. I.

257 Ebd., S. XX.

258 Vgl. Vera Piroschkow: Alexander Herzen. Der Zusammenbruch einer Utopie, München 1961, S. 49 ff.; S. 51: »Herzen mit seinem entwickelten Sinn für ästhetische Werte musssten diese graue, farblose Welt abscheulich finden.«

259 Piroschkow: Herzen, S. 118; S. 115: Die »letzte Konsequenz« aus seiner »materialistischen Überzeugung« habe Herzen »nie gezogen, wie er überhaupt allzu oft den letzten Konsequenzen seiner Grundansichten auswich«. Da zeigt sie gleichwohl für ihn warme Sympathie, wie er sich etwa mit der eisernen Konsequenz eines Jurii Samarin auseinandersetzt: »Nach der Härte des Urteils von Samarin erholt man sich an der milden und verstehenden Humanität Herzens.«

260 Herzen: Letters on the Study of Nature, Neuausgabe Honolulu 2004, S. 1.

261 Ebd., S. 9 und 7.

262 Ebd., S. 11.

263 Ebd., S. 25 f.

264 Vinant: MvM, S. 133.

265 Vgl. Briefe an Kinkel, S. 184 (Ende Juli 1859).

266 R I 367; langes Zitat bei Vinant: MvM, S. 171.

267 R I 380.

268 Denis Mack Smith: Mazzini, New Haven/London 1994, S. 96.

269 Adolf Friedrich von Schack: Josef Mazzini und die italienische Einheit, Stuttgart 1891, S. 39. Diese ungemein fesselnde Biografie stammt aus der Feder eines Dichters, der Mazzini gut kannte. Als er ihm zum ersten Mal begegnete – so berichtet er (S. 56) –, war ihm, »als stände einer der ersten Apostel vor mir und ich wurde von der ehrfurchtgebietenden Größe des Mannes wie niedergedrückt«. Noch nie habe ein Mensch gleich bei der ersten Begegnung einen derartigen Eindruck auf ihn gemacht.

270 Michaela Tomaschewsky: MvM and the Cult of Humanism, Diss. Chicago 1993, hat Hannelore Teuchert u. a. herausgearbeitet, dass die politischen Ideen Mazzinis auf Malwida einen größeren Einfluss ausübten, als allgemein bekannt ist. In: MvM. Ein Wegweiser zu ihrem Leben und Werk, Kassel o. J., S. 60.

271 Denis Mack Smith: Mazzini, S. 193.

272 Eva Wegensteiner-Prull: Giuseppe Mazzini. Ein Leben für die Freiheit, Wien 2017, S. 31 f.

273 Ebd., S. 28 f., 43.

274 Denis Mack Smith: Mazzini, S. 154.

275 Ebd., S. 82 ff.

276 Ebd., S. 89.

277 Schurz: Lebenserinnerungen, Bd. 1, S. 391 f.

278 LAV, D 72 Nr. 105.

279 LAV, D 72 Nr. 65.

280 R I 370. 1866 schreibt er, ein Krieg sei »die oberste und einzige Bedingung für die Sicherheit und Ehre Italiens«. Schack: Mazzini, S. 109.

281 Ebd., S. 104.

282 Denis Mack Smith: Mazzini, S. 115.

283 Ebd., S. 116, 146.

284 Zum Vergleich: Auch Herzen, der Mazzini finanziell großzügig unterstützt, nennt ihn einen »Fanatiker« und ist ebenfalls von ihm fasziniert, hat bei ihm jedoch im Unterschied zu Malwida das Gefühl, »dass er gewohnt war zu herrschen – besonders

im Streit; es wurde ihm sehr schwer, seinen Ärger zu verbeißen, wenn jemand ihm widersprach«. Herzen: Erinnerungen, Bd. 2, S. 77.

285 Vor allem später mit Blick auf Mazzinis politische Erfolglosigkeit; vgl. ihr Schreiben an Gabriel Monod vom 28.6.1866 (R I 500): Mazzini, der sich an das »idéal abstrait« geklammert habe, habe keinen Einfluss mehr.

286 Denis Mack Smith: Mazzini, S. 2, 45, 153 u. a.

287 10.10.1885 an Ludwig Sigismund Rohl, in: Berta Schleicher (Hg.): Märchenfrau und Malerdichter, München 1929, S. 205.

288 LAV, D 72 Nr. 105.

289 Denis Mack Smith: Mazzini, S. 86.

290 LAV, D 72 Nr. 105 (1858).

291 31.1.1859; Briefe an Kinkel, S. 163.

292 Denis Mack Schmith: Mazzini, S. 31.

293 Schack: Mazzini, S. 49.

294 R I 255–279, 299 f., 304, 306, 308–310, 318, 322.

295 R I 260, 306.

296 R I 262.

297 So für den prominenten Literaturkritiker Sainte-Beuve, der ihn zeitweise verehrt hatte; s. Roland Barthes: Michelet, Frankfurt 1980 (frz. Original 1954), S. 235.

298 Gabriel Monod: Jules Michelet, Paris 1875, S. 19, 28.

299 Ebd., S. 7.

300 Ebd., S. 36.

301 Roland Barthes: Michelet, S. 254.

302 Monod: Michelet, S. 97, 101.

303 Gizdeu: MvM, in Nickel (Hg.): Durch lauter Zaubergärten der Armida, S. 171.

304 MvM-Gesellschaft (Hg.): MvM – Ein Wegweiser zu ihrem Leben und Werk, S. 50, 40: »Äußerlicher Anlass war eine von der Witwe herausgegebene Biographie, doch MvM ging es vor allem darum, für ständigen deutsch-französischen Ausgleich zu werben.«

305 George Peabody Gooch: Geschichte und Geschichtsschreiber im 19. Jahrhundert (engl. Ausgabe zuerst 1913), Frankfurt 1964, S. 194, der über Michelet vielfach nicht ohne Faszination schreibt, verfällt bei dessen Schulbuch »Précis d'histoire moderne« unversehens in Sarkasmus: »Hier schrieb Michelet zum ersten und zugleich zum letzten Male einfach und sachlich.«

306 Gabriel Monod: Jules Michelet, Paris 1875, S. 94 f.

307 Barthes: Michelet, S. 245.

308 Herzen: Briefe aus dem Westen, Nördlingen 1989, S. 317.

309 Le Rider: MvM, S. 237 Fn.: besonders bedauert er seine abfälligen Bemerkungen über die russische Literatur, offenbar nicht so sehr die über den Bauern.

310 Genf, 26.5.1866; R I 489.

311 Kelly: The Discovery of Chance, S. 523.

312 Barthes: Michelet, S. 169: »Für Michelet – und zahllose indiskrete Bekenntnisse bezeugen es – ist … die Weiblichkeit nur im Augenblick der Regel vollständig.« Barthes streicht allerdings derartige Pikanterien bei Michelet viel zu einseitig heraus.

313 MvM an Laura von Meysenbug, 6.1.1870; R I 674; auch R I 663 (an Gottfried Kinkel, 30.7.1869).

314 Erich Eyck: Bismarck. Leben und Werk, Bd. 2, Zürich 1943, S. 456.

315 In seinen »Gedanken und Erinnerungen« (TB-Ausgabe, München o. J., S. 345) bekennt Bismarck ganz offen, er habe die im Originaltext überhaupt nicht herausfordernde Mail so redigiert, dass sie »den Eindruck des roten Tuches auf den gallischen Stier« mache.

316 R I 682.

317 An Laura von Meysenbug, 21.10.1870; R I 692. Malwida später in ihren »Erinnerungen« (IV 345): »Die schwache Gesundheit Michelets, heftig durch die Kriegsereignisse erschüttert, erlaubte ihm nicht, daran zu denken, die Entbehrungen während der Belagerung von Paris auszuhalten. Seine um ihn zitternde Gattin führte ihn nach Florenz, wo auch ich damals lebte.«

318 Le Rider: MvM, S. 292.

319 R I 693.

320 R I 703.

321 Gaby Vinant: MvM, S. 251.

322 19.10.1873; Briefe an Olga, S. 30.

323 Le Rider: MvM, S. 11.

324 Allerdings, soweit sie im Landesarchiv Detmold vorliegen, nur als Schreibmaschinenkopien, »die offensichtlich bearbeitet worden sind«, vermutlich von Monod: Hannelore Teuchert: Der Briefwechsel zwischen Malwida von Meysenbug und Gabriel Monod aus den Jahren 1866 bis 1868, in: MvM-Jb. 2000, S 60.

325 Florenz, 14.6.1866; R I 491.

326 Le Havre, 17.6.1866; R I 493.

327 Florenz, 19.6.1866; R I 494.

328 Le Havre, 21.6.1866; R I 495.

329 Le Havre, 24.6.1866; R I 497.

330 Le Havre, 26.6.1866; R I 499.

331 Le Havre, 14.7.1866; R I 506.

332 San Terenzo, 17.7.1866; R I 507.

333 Gizdeu: MvM, in: Nickel (Hg.): Durch lauter Zaubergärten der Armida, S. 178.

334 San Terenzo, 28.7.1866; R I 509.

335 San Terenzo, 15.8.1866; R I 515; Hannelore Teuchert: Der Briefwechsel zwischen Malwida von Meysenbug und Gabriel Monod aus den Jahren 1866 bis 1868, in: MvM-Jb. 2000, S. 63 f.

336 R I 621; französischer Originaltext in Gaby Vinant: MvM, S. 235 f. Zu diesem Brief Hannelore Teuchert (s. vorige Anm.), S. 70 f.

337 Vgl. II 456, 458 f.: Nach alldem, was sie dort ohne Namensnennung über den »jungen Franzosen« schreibt, kann es sich nur um Rolland handeln.

338 Romain Rolland: Die Reise nach innen, Berlin (DDR) 1962, S. 184 f.

339 8.7.1898; RR-MvM, Bd. III, S. 1564.

340 Theodor Heuss: Bismarcks »rechte Hand«, in ders.: Profile. Nachzeichnungen aus der Geschichte, Tübingen 1964, S. 155.

341 Lothar Bucher: Kleine Schriften politischen Inhalts, Stuttgart 1893, S. 63, 62.

342 R I 311.

343 R I 370.

344 Malwida an Kinkel, S. 155 f.

345 August 1858; R I 303.

346 22.11.1858; Briefe an Kinkel, S. 152.

347 4.11.1858; Briefe an die Mutter, S. 202.

348 2.1.1859; Briefe an die Mutter, S. 218; dazu Hannelore Teuchert: Neues zur Emigrantenszene in England 1851–1861, in: MvM-Jb. 1996, S. 65.

349 Theodor Heuss: Bismarcks »rechte Hand« (1942), in: Ders.jjj: Profile. Nachzeichnungen aus der Geschichte, Tübingen 1964, S. 155 ff.

350 Ebd., S. 155: Ein Zeitgenosse habe den aus dem pommerschen Stolp stammenden Mann sogar um »seiner radikalen Logik willen« sogar den »St. Just von Stolp« genannt, also in eine Reihe mit einem führenden Kopf der Zeit des »Terreur« der Französischen Revolution gestellt!

351 Volker Ullrich: Bismarcks Eckermann, in: »Die Zeit« 11/1993, 12.3.1993, Rez. von Christoph Studt: Lothar Bucher, München 1992.

352 Carl Schurz: Lebenserinnerungen, Bd. 1, S. 382. Ebd., S. 390: Schurz selbst hoffte damals noch auf eine Revolution!

353 Ebd., S. 156.

354 Eyck: Bismarck, Bd. 2, S. 24.

355 Ebd., S. 27.

356 Heuss: Bismarcks »rechte Hand«, S. 157.

357 Eyck: Bismarck, Bd. 3, S. 628.

358 Ernst Engelberg: Bismarck, Bd. 1, Berlin 1985, S. 648.

359 R I 311.

360 R I 316.

361 17.10.1858; GSA 116/85 Nr. 9.

362 21.10.1858; R I 320.

363 R I 346.

364 LAV, D 72 M, Nr. 55.

365 R I 321.

366 1898 nach Bismarcks Tod bedauert Malwida in einem Brief an Olga (R III 1947), dass er keinen Sinn für die Wagner-Musik besessen habe: »Hätte er Wagner verstanden, die Beiden zusammen hätten aus Deutschland das erste Culturland der Welt gemacht.«

367 20.7.1877; Briefe an Paul Rée, S. 135.

368 1.7.1859; Briefe an Kinkel, S. 183.

369 16.4.1863; ebd., S. 222.

370 RR-MvM III, S. 1743 f.

371 1.1.1898, an Marie Herzfeld; R III 1917.

372 Malwida zufolge (I 398) hatte sie von ihm zunächst wegen dieses Duells gehört; offenbar hatte ihn dies am meisten bekannt gemacht!

373 Dieser Brief ist erhalten: R I 159.

374 24.1.1855; Briefe an Kinkel, S. 103.

375 Le Rider: MvM, S. 404.

376 Herzen: Mein Leben, S. 98–102; Zitate auf S. 98 und 100.

377 Schurz: Lebenserinnerungen, Bd. 1, S. 404.

378 Ebd., S. 403, 406 ff.

379 Ebd., S. 407.

380 Vgl. den Wikipedia-Artikel über Felice Orsini (2020).

381 Heinrich Berl: Napoleon III. Demokratie und Diktatur, München (1946), S. 428. Berl, dem seit 1939 in NS-Deutschland jegliche publizistische Tätigkeit untersagt gewesen war, schreibt in seiner Vorbemerkung (S. 8), Napoleon III. und Hitler hätten miteinander gemein gehabt, dass beide »eine schlecht geratene Kopie Napoleons I.« gewesen seien.

382 Eva Wegensteiner-Prull: Giuseppe Mazzini, Wien 2017, S. 91.

383 Merkwürdigerweise dachte Orsini pragmatischer als Mazzini und plädierte dafür, die Chance für ein Bündnis mit Sardinien-Piemont – von dem in der Folge die Einigung Italiens ausging – offen zu halten: »Er zweifelte sehr daran, dass Italien schon so reif und bereit für die Einheit und die Republik sei, wie Mazzini annahm«, so Herzen: Erinnerungen, Bd. 2, S. 85.

384 Bei Gertrud Meyer-Hepner: MvM, Berlin/Leipzig 1948, S. 59, findet sich – leider ohne Quellenangabe – der merkwürdige Hinweis, dass Malwida die Tochter Orsinis anvertraut werden sollte; doch dieser Plan habe sich zerschlagen.

385 Berl: Napoleon III., S. 427.

386 Herzen: Erinnerungen, Bd. 2, S. 86.

387 Ebd., S. 88.

388 Briefe an Kinkel, S. 148.

389 Cannes, 7.4.1881; R II 1210.

390 Rom, 16.5.1892; RR-MvM I S. 697.

391 Ebd., S. 698.

392 Georg Steinhausen: Geschichte des deutschen Briefes. Zur Kulturgeschichte des deutschen Volkes, Berlin 1889, S. 410: Jetzt könne man eine solche Geschichte am ehesten versuchen, »denn seine eigentliche Geschichte liegt hinter uns«. Eine Klage von 1903 des großen Briefeschreibers Thomas Mann darüber, dass »die Zeit der langen Briefe von drei bis sechs Seiten« vergangen sei, hat Marie-Claire Hooeck-Demarle ihrem Opus »L'Europe des lettres« (Paris 2008) als Motto vorangestellt.

393 Steinhausen, S. 406 f. Ebenso Katrin Bibiella: Briefe – Zeugnisse deutscher Sprachkultur. Von den Anfängen bis zur Gegenwart, Mainz/Norderstedt 2013, S. 66: »Den Brief als literarische Form erschlossen vorzüglich die Frauen.« Frauen hatten »von Anfang an einen bedeutenden Anteil an der Entwicklung des deutschsprachigen Briefes«.

394 Darauf verweist Rainer Bassner in dem

von ihm hg. Buch »Die Briefkultur im 19. Jahrhundert, Tübingen 1999, S. 25: »Die Erzählperspektive nimmt immer vom Schreibenden ihren Ausgang, äußerst selten geht er auf die Mitteilungen des Briefpartners konkret ein … Dialogische Elemente sind rar; es entsteht der Eindruck von Selbstdarstellungen.« Dazu bemerkt Annegret Tegtmeier-Breit (Zeugnisse eines Frauenlebens im 19. Jahrhundert. Die überlieferten Briefe von und an Malwida von Meysenbug, in: Hans-Peter Wehlt [Hg.]: Briefe als Zeugnisse eines Frauenlebens: Malwida von Meysenbug und ihre Korrespondenzpartner, Detmold 2003, S. 90 Fn.): »Diese Feststellung dürfte auch für einen großen Teil der Briefe Malwida von Meysenbugs zutreffen.« Doch wie die vorliegende Darstellung zeigt und noch zeigen wird, gibt es bemerkenswerte Ausnahmen!

395 Februar 1859; Briefe an Kinkel, S. 164.

396 11.5.1877; in der Nietzsche-Gesamtausgabe, hg. Colli/Montinari, Bd. 6/1, S. 551.

397 17.9.1860; Briefe an Kinkel, S. 204.

398 Paris, 25.5.1861; ebd., S. 214.

399 18.6.1897; RR-MvM III, S. 1428.

400 Rom, 6.1.1889; Berta Schleicher (Hg.): Briefe von und an Malwida von Meysenbug, Berlin 1920 (künftig zit. als: Briefe von und an MvM), S. 265 f.

401 15. 9. (1892); Briefe an die Mutter, S. 90. Diese schreibt am 26.3.1854 über Malwida – diesem Glück offenbar nicht ganz trauend – an deren Bruder Fritz: »Sie ist fortwährend äußerst glücklich und zufrieden in ihren Verhältnissen … wenn alles wirklich so ist wie sie schildert.« LAV, L 114 Nr. 1.

402 San Remo, 26.3.1874; Briefe an Olga, S. 48.

403 Rom, 26.12.1892; ebd., S. 254.

404 Sorrent, 3.6.1877; Briefe von und an MvM, S. 59.

405 Rom, 5.5.1890; R II 1597.

406 20.11.1871; Annegret Tegtmeier-Breit: Zeugnisse eines Frauenlebens im 19. Jahrhundert. Die überlieferten Briefe von und an Malwida von Meysenbug, in: Briefe als Zeugnisse eines Frauenlebens, S. 75.

407 12.3.1883 an Daniela von Bülow, Cosimas Tochter aus erster Ehe; R II 1309.

408 Rom, 15.4.1883; R II 1315.

409 Le Rider: MvM, S. 464, 466 f.

410 RR-MvM I, S. 10 = Berta Schleicher (Hg.): Romain Rolland – Malwida von Meysenbug. Ein Briefwechsel, 1890–1891, S. 48.

411 RR-MvM I, S. 73; etwas anders übersetzt bei Berta Schleicher, S. 100.

412 RR-MvM I, S. 123 f. = Berta Schleicher (Hg.), S. 145.

413 RR-MvM I, S. 318; dieser Brief ist in Berta Schleichers Auswahl nicht enthalten.

414 Paris, 22./23. 5. 1892; ebd. I, S. 706.

415 Ebd., III, S. 1399.

416 Tamara Motyljowa: Romain Rolland. Eine Biographie (aus dem Russ.), Berlin/Weimar 1981, S. 7.

4 VON TODESSEHNSUCHT ZU DREIFACHER LEBENSERFÜLLUNG: MUSIKALISCH, PHILOSOPHISCH, SPIRITUELL

1 Malwida an ihre Mutter, 9.2.1858 (?); Briefe an die Mutter, S. 210.

2 Rom, 23.2.1896; Briefe an Olga, S. 276.

3 MvM: Stimmungsbilder, 4. und vermehrte Auflage, Berlin/Leipzig 1905, S. 5. Dieses Vorwort ist in Bd. III (Kulturbilder) der Gesammelten Werke, die mit den Wagner-Briefen beginnen, nicht enthalten.

4 Vgl. Richard Wagner: Mein Leben, hg. von Martin Gregor-Dellin, Neuausgabe München 1983, S. 620.

5 Martin Gregor-Dellin: Richard Wagner. Sein Leben. Sein Werk. Sein Jahrhundert, München Neuauflage 1983, S. 373.

6 So schreibt sie am 25.12.1880 an Paul Rée, Wagners Genius äußere sich nur in seinen musikalischen Schöpfungen, »nicht aber seinen Anschauungen«; es sei »etwas Unklares in seinem Metaphysischen«. Ruth Stummann-Bowert (Hg.): Malwida von Meysenbug – Paul Rée. Briefe an einen Freund, Würzburg 1998, S. 201.

7 II 173: Bei ihrem Wiedersehen in Paris habe Wagner ihr »freundlich« gesagt: »Ach ja, bei Ihnen habe ich auch etwas gut zu machen; ich war damals sehr schlechter Laune; daran waren aber bloß die englischen Nebel schuld.« Er verschweigt, dass er ihren damaligen Idealismus für überspannt hielt!

8 Ebd., S. 620–622.

9 Gregor-Dellin: Richard Wagner, S. 462, 545.

10 R I 386; vgl. III 13 ff.

11 R I 410.

12 Richmond o. Z., Briefe an die Mutter, S. 165 f.

13 26. 3. (wohl 1860); ebd., S. 227.

14 Gregor-Dellin: Richard Wagner, S. 382. So wie Malwida 1870 Cosima von Minna Planer berichtet, glaubte Cosima »in einen völligen Abgrund von Gemeinheit« zu blicken – so abfällig muss Malwida Wagners erste Frau geschildert haben! Cosima Wagner: Die Tagebücher, hg. von Martin Gregor-Dellin u. a., Bd. 1 f. Aufl. München 1982, S. 271 (15. 8. 1870).

15 Richard Wagner: Briefe, hg. Hajo Kesting, München/Zürich 1983, S. 427.

16 Schleicher: MvM, S. 106, ohne Angabe des Adressaten/der Adressatin.

17 Cosima Wagner: Die Tagebücher, Bd. 2, S. 716.

18 Malwida an Olga, S. 27.

19 Paul Deussen: Erinnerungen an Friedrich Nietzsche, Leipzig 1901 (Reprint), S. 4. Allgemein dazu Werner Besch: Duzen, Siezen, Titulieren. Zur Anrede im Deutschen heute und gestern, Göttingen 1996; S. 97: »In Deutschland hat … der Freundschaftskult in den letzten Jahrzehnten des 18. Jahrhunderts dieses herzliche *Du* neu kultiviert und gesellschaftsfähig gemacht.« Am 4.1.1867 berichtet Malwida ihrer Schwester Laura aus Florenz (R I 536), zu Neujahr hätten sie und »Frau Schiff« (die Ehefrau eines dortigen Professors für Medizin) bei Asti spumante, offenbar auf Aufforderung dieser Frau, »Bruder- oder vielmehr Schwesterschaft« getrunken, »was mir jetzt noch selten im Leben passirt, da mir die ruhigen Beziehungen zu Menschen, mit dem ruhigen Sie, genügen«.

20 Cosima Wagner: Die Tagebücher, Bd. 2, S. 721 (2. 9. 1873).

21 Ebd., S. 756.

22 Ebd., S. 757.

23 Ebd., S. 775 f. (4. 1. 1874).

24 Ebd., Bd. 3, S. 167 (1. 9. 1878).

25 Cosima Wagner an Malwida, 30.7.1878; R II 1034.

26 Cosima Wagner: Die Tagebücher, Bd. 3, S. 180 (21. 9. 1878).

27 Vgl. Robert Gutman: Richard Wagner. Der Mensch, sein Werk, seine Zeit (aus dem Amerikan.), München 1970, S. 452 f., noch für Wagners spätere Jahre, als der weltberühmt gewordene Komponist eine Fülle von Bewunderern um sich hat: »Am meisten« habe er die Anwesenheit Malwidas genossen. Nach dem üblen Zitat über sie in dem Brief an Mathilde Wesendonck sei sie »eine der wenigen Menschen« geworden, »für die er keine unfreundlichen Worte fand, und das trotz ihrer Freundschaft mit Nietzsche«, noch als sich dieser zum Gegner Wagners gewandelt hat.

28 Vgl. besonders Wagner: Mein Leben, S. 445 f.

29 Gregor-Dellin: Wagner, S. 789. Ebenso ders.: »Hören Sie zu, Malwida!« Begegnungen mit Richard Wagner, in: Gunter Tietz (Hg.): MvM – Ideal einer Frauengestalt des 19. Jahrhunderts, Kassel 1983, S. 56. Das Gleiche meinte zu mir die Wagner-Expertin Petra Wilberg und fügte hinzu, Wagner habe sogar wiederholt hysterische Anfälle bekommen, wenn sich Malwida wieder einmal von ihm verabschiedete!

30 Venedig, 4.2.1883; R II 1295.

31 An Olga, 9.12.1876; Briefe von und an MvM, S. 115.

32 MvM: Stimmungsbilder, S. 464.

33 Briefe an Olga, S. 12 f.

34 22.12.1897; R III 1914.

35 Vgl. Martin Gregor-Dellin in der von ihm hg. Ausgabe von Wagner: Mein Leben, S. 780 f.

36 Gardone, 7.10.1894; RR-MvM II, S. 1042.

37 Olaf Richter: Wie Weltanschauungen entfremden können. Malwida von Meysenbug zwischen Wagner und Nietzsche, in: Briefe als Zeugnisse eines Frauenlebens, S. 405.

38 Cosima Wagner: Die Tagebücher, Bd. 2, S. 724 (9. 9. 1873). Die seltsame Passage deutet darauf hin, dass Wagner in Malwidas Memoiren nur flüchtig hineingeschaut und sie dann weggelegt hat, denn so wie ihn Cosima wiedergibt, hat er gesagt, was ihm »solche Bücher unerquicklich« mache »wie z. B. die ›Mémoires d'une Idéaliste‹«, sei, »dass er die Männer für grenzenlos roh, seicht, geckenhaft halte, unwert, das Herz einer Frau zu beschäftigen«.

39 Ebd., Bd. 3, S. 338 f.

40 Turin, 20.10.1888; Nietzsche: Briefe, Bd. 8, S. 459.

41 Vgl. den »Spiegel online«-Artikel von James Kennaway vom 22.5.2013 zu Wagners 200-jährigem Geburtstag »Gesundheitsrisiko Richard Wagner – Vom Opernsaal in die Notaufnahme«: »Die krankhafte Wirkung der Wagnerschen Musik wurde oft mit Sexualität verknüpft.« Als besonders gefährlich habe sie für Frauen gegolten; es sei von spontanen Orgasmen berichtet worden!

42 MvM: Briefe an Blandine Gravina, geborene von Bülow. Transkribiert und kommentiert von Karl-Heinz Nickel, in: Ders. (Hg.): Malwida von Meysenbug. Durch lauter Zaubergärten der Armida. Ergebnisse neuer Forschungen, Kassel 2005, S. 18.

43 Bayreuth, 18.12.1872; Briefe an Olga, S. 42.

44 Rom, 18.1.1874; ebd., S. 63.

45 Laut Gregor-Dellin: Richard Wagner, S. 467, handelte es sich tatsächlich um »eine politische Demonstration, geplant und kommandiert«, nicht etwa – wie verschiedentlich zu lesen, so auch in Malwidas Memoiren (II 195) – um einen Ausbruch von Ärger darüber, dass das Ballett nicht erst wie bei Opern sonst üblich im zweiten Akt, sondern bereits am Anfang kommt, so dass es diese Spätkommer verpasst hätten.

46 Hans Mayer: Zur »Tannhäuser«-Musik, in: Aalto-Musiktheater Essen: Richard Wagner. Tannhäuser und der Sängerkrieg auf der Wartburg, Essen 2010, S. 42.

47 Harenberg Opernführer, 3. Aufl. Dortmund 2002, S. 1005.

48 27.3.1861; Hering/Nickel, S. 44.

49 München, 31.5.1868; R I 614.

50 4.6.1869; R I 660.

51 Anna-Christine Brade: Kundry und Stella. Offenbach contra Wagner, Bielefeld 1997, S. 26. »Zukunftsmusik« war ein Standardmotiv des Spottes auf Wagner; darüber Wilhelm Tappert (Hg.): Wörterbuch der

Unhöflichkeit. Richard Wagner im Spiegel der zeitgenössischen Kritik (urspr. 1903), München 1967, S. 128–133. Bereits 1856 stichelte Grillparzer gegen Wagner: »Habe die Hegelsche Philosophie überlebt, werd' auch die Zukunftsmusik überleben.« Georg Büchmann: Geflügelte Worte. Der Zitatenschatz des deutschen Volkes, 32. Aufl. Berlin 1972, S. 342. Ebd.: Wagner macht sich in der Folge den Spottnamen selbst zu eigen – auch ein Zeichen für seinen Humor? – und gibt ab 1861 in Leipzig eine Zeitschrift »Zukunftsmusik« heraus.

52 Wagner: Mein Leben, S. 696.

53 Vgl. Siegfried Kracauer: Jacques Offenbach und das Paris seiner Zeit (urspr. Amsterdam 1937), München 1962, S. 307 über neue Trends der 1870er Jahre, nach dem Ende der Ära Napoleon III.: »Alle diese Strömungen bewirkten, dass Offenbach aus der Mitte des gesellschaftlichen Lebens an seinen Rand rückte.«

54 Briefe an Olga, S. 66.

55 Kracauer, S. 345.

56 Berta Schleicher (Hg.): Märchenfrau und Malerdichter. Malwida von Meysenbug und Ludwig Sigismund Ruhl. Ein Briefwechsel, München 1929, S. 100 f.

57 Kracauer, S. 339.

58 Anna-Christine Brade: Kundry und Stella, S. 49.

59 Castel Gandolfo, 20.8.1897; RR-MvM III, S. 1451.

60 Rom, 20.2.1892; ebd. I, S. 556.

61 Paris, 22./23. 2. 1892; ebd. I, S. 560.

62 Hannelore Teuchert: Goethe, Wagner und Malwida von Meysenbug – ein Versuch, in: MvM-Jb. 2000, S. 27 und 29. Wenn sie dort hinzusetzt: »Aber für Ironie hatte Malwida kein Organ«, ist das bei ihrer bleibenden Verbundenheit mit Wagner schwer zu glauben!

63 Florenz, 20.10.1874; R II 817.

64 Bayreuth, 18.12.1873 (»72« muss ein Druckfehler sein); Briefe an Olga, S. 42.

65 Neapel, Ende Oktober 1876; Briefe an Olga, S. 90.

66 Bayreuth, 30.8.1878; ebd., S. 115 f.

67 Cosima Wagner: Tagebücher, Bd. 4, S. 778.

68 Ebd., S. 983 (23. 7. 1882)

69 R II 911.

70 Sorrent, 2.4.1877; Briefe an Olga, S. 101 f.

71 Cosima Wagner: Tagebücher, Bd. 1, S. 284.

72 Bayreuth, Anfang September 1873; Briefe an Olga, S. 15.

73 Zit. n. Ruth Stummann-Bowert (Hg.): Malwida von Meysenbug – Paul Rée Briefe an einen Freund, Würzburg 1998, S. 291.

74 Cosima Wagner: Tagebücher, Bd. 2, S. 761 f. Sie berichtet nichts davon, wie Malwida auf diese Vorwürfe reagierte.

75 Bayreuth, 15.11.1873; Briefe an Olga, S. 37.

76 Urs App: Richard Wagner und der Buddhismus, Rorschach/Kyoto 2011, S. 38.

77 Cosima Wagner: Tagebücher, Bd. 4, S. 1007 und 1012.

78 Briefe an Olga, S. 45 (ohne Datum).

79 Bayreuth, 30.8.1878; ebd., S. 115.

80 Cosima Wagner: Tagebücher, Bd. 3, S. 337.

81 R I 656.

82 Tibor Kneif (Hg.): Richard Wagner: Die Kunst und die Revolution. Das Judentum in der Musik. Was ist deutsch? München 1975, S. 114.

83 Ebd., S. 59.

84 Ebd., S. 68.

85 Ebd., S. 77.

86 R I 676.

87 R I 684.

88 Cosima Wagner: Tagebücher, Bd. 4, S. 923.

89 Ebd., S. 1105.

90 R II 1365.

91 R II 1367.

92 R II 1372.

93 R II 1388.

94 R III 1780.

95 3.6.1898; Eva Rieger/Dagny Beidler:

Malwida von Meysenbug und die Wagnerfamilie, in: MvM-Jb. 2019, S. 57.

96 Cosima Wagner: Tagebücher, Bd. 1, S. 276 (24. 8. 1870). Anlass ist offenbar sein Ärger »über die Artigkeiten der deutschen Frauen gegen (gefangene französische) Offiziere, um ihr bißchen Französisch anzubringen«. Das ist auch gegenüber Cosima nicht ohne Delikatesse, der Tochter der Comtesse d'Agoult! Sie verulkt ihn darauf ihrerseits: »Ich schlage vor ein Autodafé von Chignons, Crinolines etc. auf dem Odeonsplatz in München.«

97 Ruth Stummann-Bowert: Malwida von Meysenbug – Paul Rée. Briefe an einen Freund, Würzburg 1998, S. 180 (1.10.1878).

98 Cosima Wagner: Tagebücher, Bd. 3, S. 184 (27. 9. 1878).

99 Ebd., Bd. 4, S. 933.

100 Ebd., S. 982.

101 Gregor-Dellin: Richard Wagner, S. 841. Das Fragment erschien 1885 in den »Bayreuther Blättern«; Malwida kann es also gekannt haben!

102 Rom, 8.1.1883; R II 1289.

103 So schreibt sie (o. D.) aus Rom an Caroline von Sayn-Wittgenstein, die Freundin Franz Liszts; R II 1296 und 1298. An Wolzogen, den Herausgeber der »Bayreuther Blätter«, schreibt sie am 15.2.1883: »Im ersten Augenblick war ich so vernichtet, dass mir Alles verloren schien.«

104 R II 1317. Zugleich berichtet sie, aus Anlass von Wagners Tod sollten in Rom, wo sie jetzt lebt, die »Nibelungen« aufgeführt werden; das habe in ihr »eine Art von Angst und doch eine unaussprechliche Sehnsucht, dabei zu sein«, ausgelöst. Marie von Dönhoff (die spätere Gattin von Bernhard von Bülow) habe ihr »eine ganz dunkle Ecke« in ihrer Loge angeboten, »und da will ich versuchen ob ich es aushalte«.

105 Rom, 18.2.1883; R II 1302.

106 Rom, 15.2.1894; RR-MvM II S. 938.

107 Aus Le Havre; R II 1265.

108 Hannelore Teuchert: Malwida von Meysenbug und das Werk Richard Wagners – einige Streiflichter, in: MvM-Jb. 2003, S. 166 f.

109 Erinnerungen an Richard Wagner, in: Die Neue Zeit, 1. Jg. 1883, S. 307, zit. n. Sabine Hering/Karl-Heinz Nickel (Hg.): Malwida von Meysenbug. Ausgewählte Schriften, Königstein 2000, S. 197.

110 Ebd., S. 203 f.

111 Gregor-Dellin: Richard Wagner, S. 842.

112 So heißt es in dem Wikipedia-Artikel (5.12.2017) über sie: »Cosima war ein wesentliches Bindeglied zwischen dem Antisemitismus ihres Ehemanns Richard Wagner und dem Anfang der 1920er Jahre rund um die Villa Wahnfried entstehenden Kreis um Houston Steward Chamberlain und Adolf Hitler.«

113 Françoise Giroud (einst prominente französische Feministin, unter Giscard d'Estaing 1974–76 Staatssekretärin »für den Status der Frau« im Kultusministerium!): Cosima Wagner. Mit Macht und mit Liebe. Eine Biographie (frz. Erstausgabe 1896), München 1998, S. 51.

114 Hannelore Teuchert: Malwida von Meysenbug und Cosima Wagner, eine ungewöhnliche Freundschaft, in: MvM-Jb. 1994, S. 34.

115 Rom, 25.12.1880; R II 1191.

116 R III 2005; das erste Zitat auch im MvM-Jb. 2019, S. 60.

117 Rom, 15.4.1883; R II 1315.

118 Bayreuth, Anfang September 1873; Briefe an Olga, S. 14 f.

119 RR-MvM II, S. 1048.

120 Rom, 23.12.1899; R III 2041.

121 Bei Berta Schleicher Chattergy, im Wikipedia-Artikel über ihn Chatterjee; über Malwidas Beziehung zu ihm ausführlicher weiter unten.

122 Schleicher: MvM, S. 204 f.; dieser Text stammt aus dem eben zitierten Brief an Cosima.

123 Cosima Wagner: Tagebücher, Bd. 2, S. 748.

124 Briefe an Olga, S. 17.

125 R III 1879; s. auch Eva Rieger/Dagny Beidler: Malwida von Meysenbug und die Wagnerfamilie, MvM-Jb. 2019, S. 61.

126 R I 726; Rieger/Beidler, S. 61.

127 Siena, 26.9.1880; R II 1181.

128 R II 1295.

129 Bayreuth, 1.3.1899; R III 2004.

130 Rom, 12.3.1899; R III 2010.

131 Hans-Peter Wehlt (Hg.): Briefe als Zeugnisse eines Frauenlebens, Detmold 2003, S. 439 = Cosima Wagner: Das zweite Leben. Briefe und Aufzeichnungen 1883–1930, hg. von Dietrich Mack, München/Zürich 1980, S. 470.

132 R III 2005; zitiert bei Hannelore Teuchert: Malwida von Meysenbug und Cosima Wagner, eine ungewöhnliche Freundschaft, in: MvM-Jb. 1994, S. 42.

133 Ute Ritter: Malwida von Meysenbug und das Bedürfnis einer Philosophie, in: MvM-Jb. 2000, S. 113.

134 Rom, 13.5.1888, an Karl Ludwig Schemann; R II 1500.

135 Versailles, 22.10.1889; R II 1577.

136 Ebd., S. 205, 216, 215.

137 Arthur Schopenhauer: Über die Weiber. Psychologische Bemerkungen, Neuausgabe München 1924, S. 12, 48, 25.

138 Ruth Stummann-Bowert: Ludwig Sigismund Ruhl und Malwida von Meysenbug. Ein Briefwechsel, in: MvM-Jb. 1994, S. 58: Ruhl, dem Malwidas Memoiren nicht sehr gefallen hatten (ebd., S. 59), »reagiert deshalb zunächst auch bemüht reserviert auf Malwidas briefliche Annäherung, doch stellt er bald zu seiner Überraschung und Befriedigung fest, dass auch sie in der Philosophie Arthur Schopenhauers Trost und Gewissheit gefunden hat und sich dadurch auch überraschend vergleichbare Bewertungen des gegenwärtigen Zivilisationszustandes ergeben«. Im Anschluss daran nicht ohne Ironie über Malwidas Kunst der Kommunikation (ebd., S. 63): »Sie gibt ihrem Gegenüber das Gefühl unersetzlicher Bedeutung und zugleich sich selbst.« Und dies »mit dem festen Klammergriff, der das einmal auf ihr Werben eingegangene Gegenüber nur gezwungen loslässt. Zugleich aber inszeniert sie jede Begeisterung, sei es für Malerei, für Musik, für Sonnenuntergänge und mit und durch Menschen, die sie eingefangen hat.« Dafür biete ihr Briefwechsel mit Ruhl das beste Beispiel: Dieser habe die Korrespondenz schon bald wieder abbrechen wollen, doch Malwida habe sich darauf verstanden, ihn festzuhalten (ebd., S. 62). Ob sie jedoch auch einen Nietzsche oder Romain Rolland auf solche Weise hätte festhalten können, lässt sich bezweifeln!

139 Rom, 9.2.1880; Berta Schleicher (Hg.): Märchenfrau und Malerdichter. Malwida von Meysenbug und Ludwig Sigismund Ruhl – ein Briefwechsel, München 1929, S. 51.

140 Anni Piorreck (Malwida von Meysenbug und die geistigen Strömungen des 19. Jahrhunderts, Diss. Wien 1931/32, S. 87) verweist zur Erklärung von Malwidas »Hinneigung zu Schopenhauer« darauf: »Malwida hatte trotz ihrer großen Interessen für die Philosophie eben nicht eine philosophische Bildung, die sie befähigt hätte, schwierige philosophische Werke zu lesen und zu begreifen.«

141 Hans-Joachim Neubauer (Hg.): Mit Schopenhauer gelassen durchs Jahr, Neuausgabe Freiburg 2017, S. 12.

142 Friedrich Nietzsche: Unzeitgemäße Betrachtungen, Stuttgart 1964, S. 210.

143 Ebd., S. 213.

144 Diss. Piorreck (s. o.), S. 84 f.

145 Ebd., S. 86. Schopenhauer hebt selbst in einem Brief an Julius Frauenstädt vom 12.10.1852 – so Jürgen Brunner – den »Einfluss physiologischer und naturwissenschaftlicher Theorien auf seine Philosophie« hervor; um ihn selbst zu zitieren: »Ueberhaupt zeugen meine Werke von gründlichem Naturstudio, wären auch sonst unmöglich.« Daniel Schubbe/Matthias Koßler (Hg.): Schopenhauer Handbuch. Leben – Werk – Wirkung, 2. Aufl. Stuttgart 2018, S. 248.

146 Ebd.

147 Schopenhauer: Die Welt als Wille und Vorstellung, Bd. 1, S. 422.

148 Ebd., S. 443.

149 Ebd., S. 447.

150 Diss. Piorreck (so o.), S. 80.

151 Gregor-Dellin: Richard Wagner, S. 390.

152 Schopenhauer: Die Welt als Wille und Vorstellung, Bd. 1, S. 331.

153 Ebd., Bd. 2, S. 531.

154 Versailles, 4.11.1890; RR-MvM I, S. 178.

155 Rom, 9.5.1893; R II 1648.

156 29.8.1875 an Nietzsche; Martin Reuter: Das Interessanteste an dem Briefwechsel zwischen von Meysenbug und Nietzsche, in: MvM-Jb. 1996, S. 83.

157 Vgl. Werner Ross: Der ängstliche Adler. Friedrich Nietzsches Leben, München 1984, S. 407 zu »Schopenhauer als Erzieher«: »Das Thema war denkbar unglücklich: Nietzsche hatte Schopenhauers Philosophie längst hinter sich gelassen.«

158 Fabio Ciraci in: Schubbe/Koßler (Hg.): Schopenhauer Handbuch, S. 414 f.

159 Zit. n. Verena Kade-Luthra: Sehnsucht nach Indien. Literarische Annäherungen von Goethe bis Günter Grass, 3. Aufl. München 2006, S. 112.

160 Cosima Wagner: Die Tagebücher, Bd. 1, S. 323.

161 Ebd., Bd. 4, S. 1009.

162 Die in der Legende von Buddha selbst erzählte »Geschichte vom weisen Hasen« bei Hermann Oldenberg: Buddha. Sein Leben, seine Lehre, seine Gemeinde, hg. von Helmuth von Glasenapp, Stuttgart o. J. (urspr. 1881), S. 318 f.

163 27.9.1882; Cosima Wagner: Tagebücher, Bd. 4, S. 1007.

164 Volker Zotz: Auf den glückseligen Inseln. Buddhismus in der deutschen Kultur, Berlin 2000, S. 83.

165 Gregor-Dellin: Richard Wagner, S. 403; dazu Urs App: Richard Wagner und der Buddhismus, Rorschach/Kyoto 2011, S. 28 ff.

166 Schopenhauer Handbuch, S. 186.

167 Ebd., S. 190.

168 Schopenhauer: Parerga und Paralipomena, § 184.

169 Ders.: Die Welt als Wille und Vorstellung, Bd. 1, S. 419, 421.

170 Arthur Schopenhauers Gespräche, S. 79, 90.

171 Diss. Piorreck, S. 91.

172 Ebd., S. 88 f.

173 Ebd., S. 93.

174 Vgl. dazu Heinrich Zimmer: Indische Mythen und Symbole, Neuausgabe Düsseldorf/Köln 1972, S. 61.

175 Vgl. dazu den Artikel über die Essener im Handbuch »Religion in Geschichte und Gegenwart« (Ausgabe Tübingen 1928, Bd. 2, Sp. 374 ff.) und in neuerer Zeit Siegfried Obermeier: Starb Jesus in Kaschmir? Das Geheimnis seines Lebens und Wirkens in Indien, Düsseldorf/Wien 1983, 1987 bereits in 5. Auflage.

176 Neue Zürcher Zeitung, 11.11.2004.

177 Le Rider: MvM, S. 398 f.

178 Colli/Montinari Bd. II/4, S. 57.

179 Am 30.12.1879 berichtet sie Augusta von Stein: »Mit der Fürstin ist es immer das alte zärtliche Verhältnis, auch bin ich ihr stets gleich und gut ergeben, nur wünschte ich, sie ließe ab von ihrem Bekehrungs-

eifer. Ich würde so viel mehr ihren Geist und ihre Güte genießen und es ist ja nun doch einmal vergeblich.«

180 Diss. Piorreck, S. 91.

181 Vgl. z. B. Heinrich Zimmer: Indische Mythen und Symbole, S. 113, 163, 222.

182 16.3.1876; R II 872.

183 So auch am 9.2.1880 an den »Malerdichter« Ruhl (Märchenfrau und Malerdichter, S. 52) über das »so viel geschmähte Nirwana, welches *mir* übrigens niemals als die Vernichtung, sondern nur als das ›Nichtwahnland‹ erschienen ist, wo jener himmlische Gesang … zur Wahrheit geworden ist.«

184 Zwischen Januar und April 1878; R II 984.

185 Frauenbriefe, S. 49, 51.

186 Basel, 4.4.1874 (Sonnabend vor Ostern); Nietzsche: Sämtliche Briefe. Kritische Studienausgabe, hg. Colli/Montinari, München 1986, Bd. 4, S. 216.

187 Darauf verweist mich meine Gattin Orlinde, die seit über dreißig Jahren dem Buddhismus verbunden ist, mit der zusammen ich einst Indien bereiste und der dieses Kapitel viel verdankt!

188 Zotz: Auf den glückseligen Inseln, S. 74 f.

189 R I 665.

190 11.8.1872; Colli/Montinari, Bd. II/4, S. 64.

191 Werner Ross: Das konnte nicht gut gehen! Impromptu über Malwidas Freundschaft mit dem jungen Nietzsche, in: Stadtsparkasse Kassel (Hg.): MvM – Ideal einer Frauengestalt des 19. Jahrhunderts, Kassel 1983, S. 60 f.

192 Das versichert mir aus ihrer Kenntnis des Buddhismus Orlinde; zur Buddha-Legende Oldenberg: Buddha, S. 118 f.

193 Rom, 11.12.1875; Briefe an Olga, S. 81.

194 Ebd., S. 50.

195 R II 1191.

196 Darauf verweist Orlinde.

197 Eine Kopie der Regesten dieses im GSA Weimar befindlichen Briefwechsels, der dort von 1870 bis 1902 reicht, verdanke ich Sabine Arndt.

198 Sabine Arndt: »So wär es ein Götterleben u. eine wahre Colonie.‹ Malwida von Meysenbugs Versuche, in Italien einen Kreis Gleichgesinnter zu versammeln; in: Lippische Mitteilungen zur Geschichte und Landeskunde, Bd. 65/1996, S. 283.

199 Engsten Alp, 24.7.1865; Schleicher: MvM, S. 87.

200 Sabine Arndt (s. o.), S. 284; vgl. Malwidas Brief an Augusta von Stein vom 25.8.1876, Briefe von und an MvM, S. 52: »Mir scheint es jetzt eine schöne Nötigung des Schicksals, dass Sie beide nun doch den Bund schließen, auch äußerlich, der Ihre Lebenswege auf immer vereint. Ich bitte ernstlich darum. Warum wollen Sie die Qual des Getrenntseins in Ihr Leben bringen, während Sie sich gegenseitig das höchste Glück bringen können durch gänzliche Vereinigung?« Zwischen den Zeilen spürt man ihren Schmerz über das Alleinleben!

201 Ebd.

202 Briefe von und an MvM, S. 45.

203 Vgl. ebd. S. 36 (24.4.1872).

204 Schleicher: MvM, S. 134.

205 Rom, 7.4.1893; Briefe an Olga, S. 259.

206 GSA 116/213,3.

207 GSA 116/216, Nr. 50.

208 Aus Sorrent; GSA 116/216,2.

209 R III 2036.

210 26.4.1892; RR – MvM Bd. 1, S. 662.

211 14.5.1892; ebd., S. 694.

212 4.12.1896; ebd., Bd. 2, S. 1368.

213 8.2.1891; ebd., Bd. 1, S. 218.

214 20.8.1894; ebd., Bd. 2, S. 1022.

215 21.12.1894; ebd., S. 1071.

216 Gaby Vinant: MvM, S. 334.

217 Dazu weist meine Ehefrau Orlinde darauf hin, im Buddhismus selbst sei die Beziehung zur Wiedergeburt ambivalent und in seinen verschiedenen Richtungen

konträr: Im Hinayana-Buddhismus sei die Wiedergeburt eine Qual, aus der man heraus zum Verlöschen im Nirwana strebe, im tibetischen Mahayana-Buddhismus hingegen eine Chance, anderen zu helfen. Wie im Folgenden zu erkennen, verquickt Malwida beide Richtungen des Buddhismus!

218 Rom, 14.1.1878; Briefe an Rée, S. 154.

219 Ischia, 13.6.1874; Briefe an Olga, S. 56.

220 Rom, 16.5.1886; Briefe von und an MvM, S. 223.

221 Rom, 7.12.1899; R III 2039.

222 Rom, 9.2.1880; Märchenfrau und Malerdichter, S. 51.

223 13.8.1894; RR – MvM, Bd. 2, S. 1018 f.

224 In der zuerst 1898 als eigenes Buch erschienenen Erstfassung, 4. Aufl. Berlin/Leipzig 1903, S. 433–449; in der späteren Gesamtausgabe ihrer Werke am Schluss ihrer Memoiren.

225 Briefe von und an MvM, S. 62 f.

226 Vgl. den Wikipedia-Artikel über ihn (21.8.2017), unter »Gerson«.

227 10.1.1879; Briefe an Paul Rée, S. 187.

228 7.2.1879; ebd., S. 188.

229 Rom, 29.12.1878; Briefe an Olga, S. 124 f.

230 23.6.1883; R II 1328.

231 26.6.1880, GSA 116/102.

232 RR – MvM, Bd. 3, S. 1698 (2. 1. 1900); S. 1709 (12. 2. 1900).

233 Vgl. die Anmerkung von Berta Schleicher in den Briefen an Olga, S. 295.

234 Die Vermutung im Register der Regesten (Bd. 3, S. 236), es habe sich um den Schriftsteller Bankimchandra Chatterjee gehandelt, kann nicht zutreffen, denn dieser starb Jahre bevor Malwida »ihren« Chatterjee kennenlernte. Vgl. über diesen den einschlägigen Wikipedia-Artikel und Sylvia Cranston: HPB. Leben und Werk der Helena Blavatsky, Begründerin der Modernen Theosophie (aus dem Amerikan.), Satteldorf 1995, S. 545.

235 Rom, 23.12.1899; R III 2041.

236 Ebd., S. 1698 f.

237 9.1.1900; RR – MvM, Bd 3, S. 1700.

238 Ebd.

239 Rom, 2.1.1900; Briefe an Olga, S. 295 f.

240 Patrick Geddes: Leben und Werk von Sir Jagadis C. Bose (aus dem Engl.), Erlenbach-Zürich/Leipzog 1930, S. 235 f.

241 Ebd., S. 238.

242 Ebd., S. 237.

243 Ebd., S. 256.

5 ÜBER DAS ATOM ZUR ALL-EINHEIT: IDEALISMUS UND MATERIALISMUS, NATURWISSENSCHAFT UND NATURLIEBE

1 An Johanna Kinkel, Hamburg, 3.12.1850; Briefe an Kinkel, S. 54.

2 12.8.1850; ebd., S. 48.

3 15.11.1850; ebd., S. 53.

4 Alfred Bergmann (Hg.): Fünfzehn Briefe Carl Volckhausen an Malvida (sic) von Meysenbug aus den Jahren 1849–1852, in: Mitt. aus der lipp. Geschichte und Landeskunde Bd. 23/1954, S. 186.

5 Ebd.

6 Briefe an Kinkel, S. 85.

7 Anni Piorreck: Malwida von Meysenbug und die geistigen Strömungen des 19. Jahrhunderts, Diss., Wien 1931/32, S. 59 f.

8 Briefe an Kinkel, S. 136.

9 Stimmungsbilder, 4. Aufl. Berlin/Leipzig 1903, S. 426.

10 Montmorency bei Paris, 20.7.1878; Briefe an Rée, S. 175. Dazu meint meine Ehefrau Orlinde aus buddhistischer Sicht, »Intellekt« sei in diesem Zusammenhang kein glückliches Wort; treffender sei »Geist«. Da bestehe keine scharfe Trennung zwischen Gedanken und Gefühlen. Vermut-

lich ist bei dieser Briefpassage der rationalistische Adressat zu bedenken!

11 24.6.1893; GSA 116/216,2.

12 Vgl. den Wikipedia-Artikel »Deutscher Idealismus« (16. 6. 2017) unter Hinweis auf Marx/Engels: Die heilige Familie oder Kritik der kritischen Kritik, 1845.

13 Bei nicht wenigen offenbar noch viel später. Schlägt man im Register der über tausend Seiten starken Neuausgabe des klassischen Kompendiums Georg Büchmanns »Geflügelte Worte. Der Zitatenschatz des deutschen Volkes« (Berlin 1972) unter »Ideal« nach, findet man einzig und allein ein Zitat aus dem 1885 uraufgeführten »Zigeunerbaron« von Johann Strauß: »Mein idealer Lebenszweck / Ist Borstenvieh, ist Schweinespeck«!

14 Stimmungsbilder, S. 331.

15 Joachim Radkau: Max Weber. Die Leidenschaft des Denkens, München 2005, S. 157; ebd. S. 157–162 u. a. Langes Einfluss auf Max Weber.

16 Friedrich August Lange: Geschichte des Materialismus und Kritik seiner Bedeutung in der Gegenwart, Bd. 2, Leipzig 1875, S. 672.

17 Ebd., Bd. 1, S. 526.

18 Jacob Moleschott: Der Kreislauf des Lebens. Physiologische Antworten auf Liebig's Chemische Briefe, Mainz 1852, S. 84.

19 Ebd., S. 435.

20 Vgl. dazu den Wikipedia-Artikel »Materialismusstreit« (28. 11. 2019).

21 Radkau: Max Weber, S. 886, Anm. 321.

22 Ebd., S. 317.

23 Diss. Piorreck, S. 64.

24 Zit. n. Hannelore Teuchert: Der Briefwechsel zwischen Malwida von Meysenbug und Gabriel Monod aus den Jahren 1866 bis 1868, in: MvM-Jb. 2000, S. 68 f.

25 Radkau: Max Weber, S. 886, Anm. 310.

26 Stimmungsbilder, S. 497.

27 Versailles, 9.9.1890; RR – MvM I, S. 115.

28 Hans Gerhard Gräf/Albert Leitzmann (Hg.): Der Briefwechsel zwischen Schiller und Goethe, Frankfurt 1964, S. 418 f.

29 Vgl. ihren Epilog zu »Individualitäten«, Berlin/Leipzig 1901, S. 574 f.

30 Berlin/Leipzig 1901; im Folgenden wird aus dem Faksimile-Neudruck, Wrocław 2006, zitiert.

31 Florenz, 4.6.1867; R I 549.

32 Rom, 3.11.1881; R II 1237.

33 Rom, 27.1.1900; RR – MvM III, S. 1705.

34 Rom, 13.3.1901; RR – MvM III, S. 1774 f.

35 Individualitäten, S. 574.

36 Ebd., S. 579.

37 Amalfi, 8.10.1901; R III 2108.

38 Individualitäten, S. 573.

39 Stimmungsbilder, 4. Aufl. Berlin/Leipzig 1905, S. 481.

40 Ebd., S. 480.

41 Ebd., S. 490.

42 Marianne Weber: Ehefrau und Mutter in der Rechtsentwicklung, Tübingen 1907, S. 415.

43 Hannah Arendt: Vita active oder Vom tätigen Leben (amerikan. Originalausgabe 1958), München 2002, S. 219.

44 Neue Veröffentlichung: Karl-Maria Guth (Hg.): Malwida Freiin von Meysenbug: Der heilige Michael. Der Pfad der Äbtissin. Zwei Novellen, Berlin 2015, S. 44 f. Vgl. dazu Franziska Fritz: Wir Unglaubensgenossen. Die Genese der säkularen Option von Jean Paul bis Malwida von Meysenbug, Heidelberg 2014, S. 292 f.

45 Versailles, 22.9.1888; R II 5017.

46 Rom, 9.5.1897; R III 1884.

47 R II 1365; sie fährt fort: »Sei überzeugt Daniela, er (Wagner) ist selig und genießt nun in endlosen Wonnen was sein Ahnen ihm verhieß und was er uns geoffenbart.« Die Individualität eines Richard Wagner bleibt noch nach seinem Tod erhalten!

48 Rom, 2.12.1895; R III 1792.

49 Rom, 11.12.1875; Briefe an Olga, S. 81. Wenn sie dann allerdings Olga als »Du meine Buddha-Schülerin« anspricht, weist meine Ehefrau Orlinde darauf hin, dass ihr Ideal »Individualität« dem Buddhismus widerspricht: Dort sei die Individualität etwas Schmerzhaftes!

50 Vgl. das Kapitel »Ethik der Individualität« bei Hermann Fischer: Friedrich Schleiermacher, München 2001, S. 58 ff.

51 Vgl. Ute Ritter: Malwida von Meysenbug und das Bedürfnis einer Philosophie, in: MvM-Jb. 2000, S. 119.

52 Joachim Radkau: Die Ära der Ökologie. Eine Weltgeschichte, München 2011, S. 259.

53 Vgl. dazu den Wikipedia-Artikel »Kausalität« (4. 6. 2000).

54 Ebendies ist, wie Orlinde erläutert, auch eine Überzeugung des Buddhismus.

55 R II 904; der heute in der Lippischen Landesbibliothek Detmold unter den »Autographen« vorhandene Brief ist in der von Ruth Stummann-Bowert herausgegebenen Edition der Briefe Malwidas an Rée nicht enthalten, vermutlich, weil dort kein Empfänger angegeben ist; diesen haben offenbar erst die Mitarbeiter der Detmolder Regesten der Malwida-Korrespondenzen ermittelt.

56 Das ist ein Leitmotiv meiner »Geschichte der Zukunft« (Untertitel: »Prognosen, Visionen, Irrungen in Deutschland von 1945 bis heute«, München 2017).

57 Diss. Piorreck, S. 107.

58 RR – MvM III, S. 1803.

59 Rom, 8.1.1897; RR – MvM III, S. 1383.

60 Im Original »intellectual«; mir erscheint in diesem Kontext die Übersetzung »geistig« treffend: Im Französischen fehlt ja ein Wort, das genau dem deutschen »Geist« entspricht.

61 RR – MvM II, S. 932. Ähnlich in einem Brief vom 8.1.1897 an Rolland, wo sie schildert, wie sie sich am Blick in den nächtlichen Himmel berauscht: »Oh nein, es wäre zu eitel zu denken, dass wir, unvollkommen und vergänglich, die einzige Emanation eines geistigen (intellectuelle) und aufgeklärten Lebens seien.« Ebd. III, S. 1383.

62 RR – MvM III, S. 647.

63 In: Berta Schleicher (Hg.): Romain Rolland – Malwida von Meysenbug. Ein Briefwechsel 1890–1891, Stuttgart 1932, S. 42.

64 Friedrich Albert Lange: Geschichte des Materialismus und Kritik seiner Bedeutung in der Gegenwart, Bd. 2, Leipzig 1875, S. 235.

65 Ebd., S. 266; ebd. S. 271: Das Atom werde »um so dunkler«, »je helleres Licht auf die Moleküle falle«.

66 Wilhelm Ostwald: Lebenslinien. Eine Selbstbiographie. Ungekürzte Volksausgabe Berlin 1933, Bd. 2, S. 178.

67 Bavink: Grundriß der neueren Atomistik, S. 23 f. Selbst Max Weber verlegte sich um 1909 auf Attacken gegen Ostwald und schrieb damals einem Kollegen, ihm »graue« vor Ostwalds »energetischer Soziologie«! Radkau: Max Weber, S. 440.

68 Ebd., S. 33.

69 Wolfgang Riedel: Homo Natura, Würzburg 2011, S. 65.

70 Ebd., S. 67.

71 Ebd., S. 98.

72 Regine Zott: Über Wilhelm Ostwalds wissenschaftshistorische Beiträge zum Problem des wissenschaftlichen Schöpfertums, in: Dies. (Hg.): Zur Geschichte der Wissenschaft. Vier Manuskripte aus dem Nachlass von Wilhelm Ostwald, Leipzig 1985, S. 23.

73 Dagegen Carl Volckhaus, Theodors Freund, scheint sie in solcher Begeisterung nur begrenzt bestärkt zu haben; so schreibt er am 17.9.1852 an seine Verlobte

mit leichter Ironie über Malwidas Atomismus: »Wo sie ein Atom der Freiheit sieht, da ist sie nur zu geneigt, dieß Atom für die ganze Freiheit, oder wenn das nicht, doch für das Mittel der Erlösung zu halten. Zum Glück für sie giebt es viel solcher Atome, und sie wird hoffentlich nicht den Tag erleben, wo sie bei dem letzten ankommt und auch dieß als Atom erkennt.« In: Mitt. aus der lipp. Geschichte und Landeskunde, Bd. 23/1954, S. 166.

74 Diss. Piorreck, S. 57.

75 Als eine solche »Phase« wird Malwidas Glaube an den »moleschottschen« »Kreislauf des Kohlenstoff-Atoms« auch bei Riedel: Homo Natura, S. 81, dargestellt.

76 Aigle, 8.9.1879; Märchenfrau und Malerdichter, S. 42.

77 Briefe an Rée, S. 233.

78 Sorrent, 19./21. 5. 1877; Briefe an Rée, S. 122 f.

79 Friedrich Nietzsche: Unzeitgemäße Betrachtungen, Stuttgart 1964, S. 233.

80 Diss. Piorreck, S. 92.

81 Märchenfrau und Malerdichter, S. 167.

82 R III 1921.

83 Der im Bielefelder Stadtarchiv tätige Bernd Wagner, der sich auf Krankenhausgeschichte spezialisiert hat, weist mich darauf hin, dass – obwohl Elektrotherapie damals im Trend lag – diese Therapie per Selbstbedienung mit einer eigenen Maschine damals ungewöhnlich gewesen sei; gewöhnlich sei diese durch aufwendige Apparaturen erfolgt, die sich nur Krankenhäuser leisten konnten und die dazu beitrugen, dass die Krankenhäuser von Armenhäusern zu Orten der wissenschaftlichen Medizin aufstiegen, in die sich auch Wohlhabende begaben.

84 RR – MvM III, S. 1682.

85 Franz August und Nino von Alimonda: Die Elektricität des menschlichen Körpers, Sagrado bei Görz 1896.

86 Natur und Heilen 3/2006 (Internet).

87 Riedel: Homo Natura, S. 117.

88 »Wir brauchen ein neues Fluidum / Heil Dir, elektrisches Säkulum«, reimten die »Lustigen Blätter« zu Neujahr 1900.

89 Dazu Joachim Radkau: Technik in Deutschland. Vom 18. Jahrhundert bis heute, Neufassung Frankfurt/New York 2008, S. 135 ff., 162 f., 268 ff. Ebd., S. 277: Der prominente Technologe Alois Riedler sprach damals von einem förmlichen »furor electricus«! Zu jener Zeit des rasanten Aufstiegs der Starkstromtechnik wurde die Elektrizität generell nicht mehr nur mit natürlicher Heilkraft assoziiert; ab 1890 begannen in den USA die Hinrichtungen auf dem elektrischen Stuhl!

90 Ähnlich am 2.11.1899 aus Rom an Cosima Wagner, der sie diese Therapie ebenfalls empfiehlt; »es bedarf wieder einer Weile Elektricität um mich wieder in Stand zu setzen«. R III 2036.

91 RR – MvM III, S. 1658. In dem Zusammenhang erwähnt sie, dass sie auf die Elektrotherapie durch einen Bruder ihres 1889 verstorbenen Freundes Alexander v. Warsberg – vermutlich Gustav v. Warsberg – gebracht worden sei.

92 Rom, 30.12.1898; RR – MvM III, S. 1608.

93 Rom, 27.11.1901; R III 2118.

94 An Ada Ditzen; Nettuno, 20.8.1902; R III 2151.

95 Briefe an Olga, S. 317.

96 D 72 M, Nr. 23.

97 29.10.1896; Briefe an Olga, S. 278 f.

98 22.8.1863; Briefe an Kinkel, S. 227 f.

99 25.8.1863; R I 254.

100 Bryanstone House, 27.6.1864; Briefe an Kinkel, S. 231.

101 Vgl. auch ihren Brief an Nietzsche vom 15.11.1874 (Colli/Montinari II 4, S. 611): »Eine ganze Weltanschauung und welch erhabene, liegt in der Darstellung der Stufenleiter der Natur, die *heut zu Tage* ihren

Anfang im Affen und ihre Spitze im Gelehrten hat.«
102 Versailles, 12.10.1889; R II 1576.
103 F. A. Lange: Geschichte des Materialismus, Bd. 2, S. 501.
104 Ebd., Bd. 1, S. 529.
105 Ebd. S. 80 (Kapitelüberschrift).
106 RR – MvM I, S. 218.
107 London, 1.7.1859; Briefe an Kinkel, S. 183.
108 Glynn Garth, 15.8.1852; ebd., S. 89.
109 Datum und Adressaten des Briefes gibt Berta Schleicher nicht an.
110 Radkau: Max Weber, S. 316.
111 Anzio, 12.5.1899; RR – MvM III, S. 1647.
112 Versailles, 2.8.1890; ebd., I, S. 76.
113 Paris, 26.8.1890; ebd., S. 96.
114 Ebd., S. 249 f.
115 Ebd., S. 250.
116 R II 836.
117 Unterhaltungs-Beilage zum Neuen Tageblatt Nr. 108/1907; GSA 116/222.
118 Ebd., S. 39.
119 Malwida von Meysenbug: Himmlische und irdische Liebe, 2. Aufl. Berlin/Leipzig 1905, S. 13.
120 LAV, D 72, Nr. 190: R. Chalmel in: Debats, 8.8.1908: »Cet ›idéalisme‹ … n'est pas la tension d'une volonté inquiète vers une fin toujours désirée, toujours inaccessible; c'est plutôt la forte et tranquille conviction qu'au delà des réalités blessantes et des laideurs de chaque jour … travaille une puissance souveraine.«

6 VON BAYREUTH NACH ROM: ITALIEN ALS REALES IDEAL

1 11.12.1865; Briefe von und an MvM, S. 21.
2 11.12.1865; Briefe von und an MvM, S. 20.
3 Villa Angri Posilippo, Napoli, 26.5.1880; Märchenfrau und Malerdichter, S. 65.
4 Rom, 15.2.1882; R II 1248.
5 Sabine Arndt: Unter der Sonne des Südens. Italien als »wahre Heimat« Malwida von Meysenbugs, in: Briefe als Zeugnisse eines Frauenlebens, S. 143, 147 f.
6 Settefonti, Juli 1881; Briefe an Olga, S. 146.
7 22.2.1876; zit. n. Sabine Arndt: Unter der Sonne des Südens. Italien als »wahre Heimat« Malwida von Meysenbugs, in: Briefe als Zeugnisse eines Frauenlebens, S. 152 f.
8 Bad Ems, 4. oder 11.8.1891; R II 1611.
9 10.7.1888; GSA 116/217.
10 RR – MvM I, S. 711.
11 Sabine Arndt: Unter der Sonne des Südens, S. 148.
12 Florenz, 4.1.1867; R I 536.
13 Ebd., 2.2.1867; R I 538.
14 Nizza, Anfang November 1867; R I 582.
15 Florenz, 8.12.1866; R I 644.
16 Vgl. ihre ebenso merkwürdigen wie intimen Mitteilungen an ihn über die Herzen-Familie nach Herzens Tod, die zugleich Malwidas tiefen Zwiespalt in ihrer Beziehung zu Herzen erkennen lässt (Paris, 16.2.1870; R I 678): Natalie Herzen sei durch den Tod ihres Vaters wie von ihrem Leiden erlöst. Der beste Beweis für die Heilung sei ihre Reaktion auf den scheußlichen Brief, in dem sie beschuldigt werde, am Tod ihres Vaters schuld zu sein. Vgl. auch ihren Brief vom 6.10.1873 aus Bayreuth an Villari (R I 765).
17 Vgl. ihren Brief vom 1.1.1866 an Gottfried Kinkel (Briefe an Kinkel, S. 248): »Wirklich ein bedeutendes Buch …, voll geistreicher origineller Auffassung und neuer Gesichtspunkte über diesen merkwürdigen Mann, und die, für Florenz so verhängnisvolle Zeit.« Vgl. auch bei Le Rider: MvM, S. 310f., die lange Fußnote über Villari.
18 Nizza, 5.12.1869; R I 671.
19 Le Rider: MvM, S. 414.
20 R I 761.

21 Vgl. R III 2067 ff.

22 Florenz, 4.–9. 5. 1871; R I 705.

23 R I 533.

24 R I 536.

25 An Laura v. M., 2.2.1867; R I 538.

26 St. John's Wood; Briefe an die Mutter, S. 188.

27 Ebd., S. 189 (o. D.).

28 2.3.1863; zit. nach dem Vorwort von Gabriel Monod zu MvM: Himmlische und irdische Liebe, 2. Aufl. Berlin/Leipzig 1905, S. 11, auch bei Gertrud Meyer-Hepner: MvM, S. 61 (ohne Quellenangabe; »1862« muss ein Irrtum sein). In der Edition der Briefe Malwidas an Johanna und Gottfried Kinkel von Stefania Rossi (1982) ist dieser Brief nicht enthalten.

29 Zit. n. Vera Leuschner: MvM: Einige Tage in Frascati und Albano, in: MvM-Jb. 2019, S. 22 f.

30 Johannes Hönig: Ferdinand Gregorovius. Eine Biographie (urspr. 1921), Neuausgabe Stuttgart 1943, S. 308. Hieraus auch alle weiteren Informationen zu Gregorovius, wenn keine andere Quelle angegeben ist.

31 GSA 116/107; Gaby Vinant: Malwida de Meysenbug, S. 176 f.; Ferdinand Gregorovius: Römische Tagebücher 1852–1889, hg. von Hanno-Walter Kruft und Markus Völkel, München 1991, S. 178 (5. 6. 1864).

32 An Gottfried Kinkel, 16.4.1863; Briefe an Kinkel, S. 223.

33 Le Rider: MvM, S. 261; dort auch ausführlich über Gregorovius.

34 Genazzano, 24.8.1856; R I 179.

35 Vinant: MvM, S. 176.

36 Am 21.8.1853 schrieb er an einen Freund über Italien: »Diese Welt ist schön, klar, gesund; ich atme recht in ihr auf. Ich liebe dieses Volk … Wenn das Papsttum und das Haus Habsburg von ihnen genommen ist, so werden sie uns Wunder vormachen.« Zit. n. Hönig: Gregorovius, S. 208.

37 Vinant: MvM, S. 170.

38 Ebd., S. 176.

39 An Gottfried Kinkel, Rom, 16.4.1863; Briefe an Kinkel, S. 223. Sie nennt ihn »eine interessante Bekanntschaft«; es ist die einzige Bekanntschaft in Rom, die sie damals namentlich erwähnt.

40 GSA 116/107; teilweise zit. bei Berta Schleicher: Ferdinand Gregorovius und Malwida von Meysenbug, in: Der Türmer, Jan. 1923, H. 4, S. 236 f.

41 Ebd., S. 316.

42 Hönig: Gregorovius, S. 3.

43 Ebd., S. 57.

44 Am 8.6.1856 an ihre Mutter; Briefe an die Mutter, S. 187.

45 GSA 116/216, 1.

46 Briefe von und an MvM, S. 20. Die zuvor zitierte Passage fehlt in dieser Briefauswahl.

47 Ebd., S. 21.

48 Ebd., S. 20.

49 Vgl. Hönig: Gregorovius, S. 280–286.

50 2.1.1865; Briefe an Kinkel, S. 244.

51 Rom, 30.4.1885; Briefe von und an MvM, S. 80.

52 Rom, März 1890; Briefe an Olga, S. 219 f.

53 Adolf Stahr/Fanny Lewald: Ein Winter in Rom, Berlin 1869, S. 369 f; zit. n. Hönig: Gregorovius, S. 376.

54 26.1.1873; R I 747.

55 Briefe an Kinkel, S. 121.

56 30.5.1872; R I 721.

57 Briefe an Olga, S. 31.

58 Bayreuth, 25.8.1873; ebd., S. 10 f.

59 Ebd., S. 18 f.

60 Ebd., S. 26.

61 Ebd., S. 27.

62 28.11.1873; ebd., S. 38 f.

63 26.9.1878; Briefe an Olga, S. 121.

64 15.10.1878; ebd.

65 Cosima Wagner: Die Tagebücher, Bd. 3, S. 549.

66 Rom, 14.11.1898; RR – MvM Bd. 3, S. 1591.

67 »Polveriera« bedeutet »Pulvermagazin«;

dort hatte es früher ein Pulverlager gegeben.

68 Hannelore Teuchert: Wanderjahre einer Politikerin, in: MvM-Jb. 1994, S. 14.

69 Rom, 4.11.1878; Briefe an Rée, S. 183.

70 Rom, 10.10.1897; R III 1902.

71 Florenz, 27.10.1897; R III 1907.

72 Philipp Hiltebrandt: Rom. Geschichte und Geschichten, Stuttgart 1944, S. 95. Der dortigen Malaria widmet er ein ganzes Kapitel: S. 102–105.

73 Ebd., S. 108.

74 Mitt. von Petra Wilberg.

75 Briefe an Rée, S. 178.

76 30.9./1.10.1878; ebd, S. 180.

77 Vicenza, 26.9.1881; R II 234.

78 Zit. n. Zu neuen Ufern, S. 48 ff.

79 Joachim Radkau: Natur und Macht. Eine Weltgeschichte der Umwelt, erweiterte Fassung, München 2002, S. 16; Frederick Sargent II: Hippocratic heritage. A history of ideas about weather and human health, New York/Oxford 1982.

80 Ernst Pfeiffer (Hg.): Friedrich Nietzsche – Paul Rée – Lou von Salomé. Die Dokumente ihrer Begegnung, Frankfurt 1970, S. 299 (»erhalten am 11. Februar 1883«).

81 Ebd., S. 317.

82 Nietzsche: Sämtliche Briefe, Bd. 8, S. 70.

83 Colli/Montinari (Hg.): Nietzsche: Sämtliche Werke. Kritische Studienausgabe Bd. 6, S. 282.

84 Fritz Böttger (Hg.): Zu neuen Ufern. Frauenbriefe von der Mitte des 19. Jahrhunderts bis zur Novemberrevolution 1918, Berlin 1981, S. 422.

85 Radkau: Max Weber (Erstausgabe von 2005), S. 356 ff.

86 Rom, 16.2.1879; R II 1078.

87 29.8.1875; Colli/Montinari Bd. II, 6/1, S. 199 f. Vgl. auch ihr Schimpfen auf »die Dummheit dieser Ärzte« (an Paul Rée; Rom, 4.11.1878; Briefe an Rée, S. 182): Hatten diese Rée von Rom abgeraten, da sie den seelischen-nervlichen Grund seines Leidens (den wohl Malwida annimmt) nicht erkannten?

88 Märchenfrau und Malerdichter, S. 146.

89 Rom, 6.4.1892; RR – MvM I, S. 632.

90 Versailles, 8.8.1893; ebd. II, S. 858.

91 Ebd. II, S. 796 (o. D.).

92 Rom, 9.10.1877; Briefe an Rée, S. 143.

93 Rom, 5.10.1877; Briefe an Olga, S. 105.

94 An Paul Rée, 29.3.1878; Briefe an Rée, S. 166.

95 Ebd.; der Name Darauné (ohne Vornamen) ist in R II 981, 1016 u. a. vermerkt.

96 Frühjahr 1878; Briefe an Olga, S. 110.

97 In ihrem zu jener Zeit, am 28.12.1877 verfassten Brief an Paul Rée wirkt »mein Erzbischof« nicht ganz so freigeistig: Da reagiert er zuerst »betroffen«, als sie ihm »sehr offen erklärte dass ich weder katholisch sei noch es je werden könne, überhaupt keinem dogmatischen Bekenntnis mehr angehöre, weil ich dazu viel zu viel gedacht habe«.

98 In gleicher Stimmung ihr damaliger Brief an Olga: Briefe an Olga, S. 109 ff. Die Todesfeier habe sie »unglaublich bewegt«.

99 Briefe an Olga, S. 110.

100 B. Schleicher: MvM, S. 131 f.; vgl. auch die drei Fotos ebd. nach S. 144. Merkwürdigerweise behauptet Berta Schleicher, die offenbar selber in dieser Gegend spazieren gegangen ist und dort mit Leuten geredet hat (ebd., S. 138 f.): »Die Gegend war in den 1870er und 1880er Jahren noch so verrufen, dass deutsche Damen am lichten Tag nicht gern allein über das Forum herunter zu ihr kamen.« Das passt überhaupt nicht zu der Art, wie Malwida gerade in ihrer ersten dortigen Zeit von dieser Umgebung schwärmt, und zu den vielen Besuchern und Besucherinnen, die zu ihr kommen.

101 Rom, 30.12.1878; GSA 116/215.

102 An Rée, 9.10.1877; Briefe an Rée, S. 143.

103 Rom, 1.3.1983; R II 1640; ähnlich II 443.
104 Rom, 5.11.1874; Briefe an Olga, S. 62.
105 2.7.1875; Colli/Montinari 2. Abt. 6/1, S. 143 f.
106 Zit. n. Sabine Arndt: »… so wär' es ein Götterleben u. eine wahre Colonie.« Malwida von Meysenbugs Versuche, in Italien einen Kreis Gleichgesinnter zu versammeln, in: Lipp. Mitteilungen aus Geschichte und Landeskunde Bd. 65/1996, S. 281 (= Colli/Montinari 2. Abt. Bd. 6, S. 34 ff.).
107 Richmond, April 1855; Briefe an Kinkel, S. 105.
108 Rom, 10 11. 1877, an Marie Loeper-Housselle; R II 973.
109 In seinem »Dankgesang« an Malwida, den Berta Schleicher der von ihr herausgegebenen Auswahl seines Briefwechsels mit Malwida 1890–91 (Stuttgart 1932, S. 9 f.) vorangestellt hat.
110 Rom, 16.3.1878; Briefe an Rée, S. 164 f.
111 11.9.1880; Märchenfrau und Malerdichter, S. 95 f.
112 Rom, 30.4.1885; Briefe von und an MvM, S. 80.
113 An Augusta v. Stein-Rebecchini, o. D.; GSA 116/216,4, Nr. 52.
114 An Alexander v. Warsberg, 1888; GSA 116/217.
115 MvM: Eine Reise nach Ostende (1849), Berlin/Leipzig 1905, S. 46.
116 Ebd., S. 89.
117 Ebd., S. 90 f.
118 Ebd., S. 127–151.
119 Florenz, 8. 10.1870; Frauenbriefe, S. 43.
120 Wagner an Malwida, Biebrich, 15.6.1862; R I 413.
121 Briefe an Kinkel, S. 222. Trotz dieses Bekenntnisses zum humanen Kosmopolitismus lässt sie im gleichen Brief erkennen, dass sie von der damaligen Menschheit überhaupt keine erbauliche Vorstellung hegt, denn sie schreibt zu dem berühmten Fresko Michelangelos: »Dieser zürnende Christus, der die unwürdige Menschheit von sich stößt und sagt: ›ich kenne Euch nicht!‹ – den verstehe ich nur zu wol.«
122 Bournemouth, 23.8.1864; ebd., S. 236.
123 Florenz, 8.12.1866; R I 533.
124 Florenz, 20.11.1867; R I 585.
125 Florenz, 2.10.1867; R I 578.
126 Florenz, 15.2.1871; R I 700.
127 Briefe von und an MvM, S. 45.
128 RR – MvM II, S. 832.
129 Hannelore Teuchert: Malwida von Meysenbug und die katholische Kirche in Rom. Zwischen Risorgimento und dem Ende des Kirchenstaates MvM-Jb. 2003, S. 206 (mehrere Belege aus den Tagebüchern Cosimas).
130 Nietzsche: Sämtliche Briefe, Bd. 7, S. 257.
131 Hönig: Gregorovius, S. 250.
132 Ebd., S. 339.
133 Philipp Hiltebrandt: Rom, Stuttgart 1944, S. 331 f.
134 An Daniela Thode, 20.10.189[illegible]; R II 1618.
135 An Marie Herzfeld, 25.11.1901; R III 196.
136 Im Folgenden wird aus dem Reprint der Originalausgabe von 1901 in der Elibron Classic Series, Wroclaw 2006, zitiert, nicht wie sonst aus dem Band III »Gestalten« der 1922 von Berta Schleicher herausgebrachten Gesamtausgabe der Schriften Malidas, der ebenfalls die Abhandlungen der »Individualitäten« enthält.
137 Ebd., S. 45.
138 Ebd., S. 45 f.
139 Den Titel nennt sie nicht; ich konnte ihn nicht ermitteln.
140 Ebd., S. 46.
141 Ebd., S. 57.
142 Ebd., S. 58.
143 Ebd., S. 64.
144 Ebd., S. 419.
145 Frauen, S. 65.
146 Theodora von der Mühll im Vorwort zu den von ihr herausgegebenen und über-

setzten Briefen der Madame de Sévigné 1966.

147 Frauen, S. 124.

148 Ebd., S. 137.

149 Ebd., S. 126 f.

150 Frauen, S. 193 f. Ähnlich auch Sabine Appel: Madame de Stael. Kaiserin des Geistes. Eine Biographie, München 2011, S. 178 ff.

151 Hans Gerhard Gräf/Albert Leitzmann (Hg.): Der Briefwechsel zwischen Schiller und Goethe, Frankfurt u. a. 1964, S. 821.

152 Ebd., S. 202.

153 Ebd., S. 186.

154 Ebd., S. 236.

155 Rom, 15.2.1889; Briefe an Olga, S. 211.

156 Frauen, S. 365 f.

157 Ebd., S. 366.

158 Louise Otto-Peters: Frauenleben im deutschen Reich. Erinnerungen aus der Vergangenheit mit Hinweis auf Gegenwart und Zukunft (urspr. 1876), Berlin 2015, S. 178.

159 An Karl Heckel, 9.3.1887; R II 1457.

160 Peter Köhler: Heilige. 50 Klassiker. Von der heiligen Anna bis zum heiligen Valentin, Hildesheim 2006, S. 150.

161 Ebd., S. 153.

162 Rom, 15.6.1886; R II 314.

163 24.8.1865; Berta Schleicher: Ferdinand Gregorovius und MvM, in: Der Türmer, Febr. 1923, S. 312.

164 8.4.1867; R I 543.

165 Fano, 21.6.1876; R II 884.

166 Rom, 8.12.1874; Briefe von und an MvM, S. 45.

167 Ebd., S. 66.

168 Das hebt besonders Sabine Arndt hervor; dies.: »... so wär es ein Götterleben u. eine wahre Colonie.« Malwida von Meysenbugs Versuche, in Italien einen Kreis Gleichgesinnter zu versammeln, in: Lipp. Mitt. zur Geschichte und Landeskunde Bd. 65/1996, S. 282.

169 LAV, D 72, Nr. 190 (o. D.).

170 Gaby Vinant: Malwida de Meysenbug, S. 347.

171 Rom, 12.1.1892; RR – MvM I, S. 484.

172 13./14.1.1892; ebd., S. 485.

173 Briefe an Olga, S. 118 Fn.

174 Rom, 9.5.1893; R II 1648.

175 Rom, 16.5.1892; RR – MvM I, S. 696.

176 Rom, 14.2.1893; R II 1639.

177 Briefe von und an MvM, S. 146 f.

178 Rom, 27.3.1896; RR – MvM II, S. 1266.

179 Rom, 20.5.1895; R III 1769.

180 Rom, 3.1.1896; ebd. II, S. 1226.

181 27.8.1897; ebd. III, S. 1454.

182 Rom, 19.5.1898; RR – MvM III, S. 1543.

183 Rom, 9.6.1898; Briefe an Olga, S. 283.

184 Rom, 25.12.1899; RR – MvM III, S. 1694.

185 Rom, 13.1.1899; ebd., S. 1612.

186 Rom, 11.6.1899; ebd., S. 1655.

187 Rom, 6.5.1900; R III 2058.

188 Rom, 25.4.1902; RR – MvM III, S. 1867.

189 LAV, D 72, Nr. 190 (A. v. Ende).

190 Vera Leuschner: Malwida von Meysenbug und Franz von Lenbach, in: MvM-Jb. 1998, S. 100 f.

191 Briefe an Rée, S. 193.

192 Ebd., S. 202.

193 Briefe von und an MvM, S. 69.

194 Romain Rolland: Vor des Jahrhunderts Schwelle. Erinnerungen und Tagebuchaufzeichnungen, Berlin 1965, S. 114; laut Vorbemerkung begann Rolland diese Memoiren im Jahre 1939.

195 Ebd., S. 113 f.

196 Bernhard Fürst von Bülow: Denkwürdigkeiten, Bd. 4, Berlin 1931, S. 667–669.

197 Vgl. Briefe von und an MvM, S. 65.

198 GSA 116/216, 3.

199 Rimini, 28.7.1894; R III 1694.

200 Da Bülow sie in seinen »Denkwürdigkeiten« »Marie« nennt – ebenso auch Malwida –, soll sie auch hier so genannt werden, auch wenn sie in der Literatur

teilweise als »Maria« begegnet, entsprechend ihrer italienischen Geburt.

201 Friedrich Thimme im Vorwort zu ders. (Hg.): Front wider Bülow. Staatsmänner, Diplomaten und Forscher zu seinen Denkwürdigkeiten, München 1931. Der einflussreiche Historiker Friedrich Thimme (1868–1938) war Mitherausgeber der 40-bändigen Dokumentensammlung »Die Große Politik der Europäischen Kabinette 1871–1914«. Wie Gerd Fesser (Reichskanzler Fürst von Bülow, Berlin 1991, S. 153) schreibt, setzte nach der Veröffentlichung der »Denkwürdigkeiten« sehr schnell eine wahre Sturzflut von Anti-Bülow-Pamphleten ein. Auch er verweist jedoch auf Bülows liebenswerte Seiten, die erkennen lassen, dass Malwidas Bülow-Bild nicht nur auf puren Illusionen und Projektionen beruhte: »Bülow besaß Humor und Schlagfertigkeit und jenes optimistische, ja sonnige Naturell, das den Menschen in seiner Umgebung beliebt macht.« (Ebd., S. 16)

202 Bülow: Denkwürdigkeiten, Bd. 4, S. 399.

203 Ebd., S. 529.

204 Nettuno, 12.9.1902; Briefe von und an MvM, S. 314.

205 R II 1022.

206 R II 1351.

207 R II 1399.

208 Rom, Mai 1885; Briefe an Olga, S. 179. Als Lenbach wieder in München wohnte, hätte er Malwida in seiner prunkvollen Villa – einem »Zauberschloss« (Malwida an Olga, Ende Juni 1890, ebd., S. 221) – am liebsten eine Wohnung eingerichtet, doch für sie war kein Gedanke daran, aus Rom wieder in den »Norden« zurückzukehren.

209 Brigitte Gedon: Franz von Lenbach. Die Suche nach dem Spiegel, München 1999, S. 127 f., 131 f., 199 f., 210–213 u. a. Ebd., S. 203: Am 16.12.1883 erschoss sich Lenbachs Freundin Henriette Fleischl von Marxow und hinterließ die Zeilen: »Ich lasse Dich Deiner Gräfin.« Damit war offenbar Marie gemeint, damals noch Gräfin Dönhoff, die sich auf diese Nachricht hin »von Lenbach erschreckt zurückzog«.

210 R II 1399.

211 R II 1423.

212 Karl-Heinz Nickel (Hg.): Durch lauter Zaubergärten der Armida, S. 21.

213 R II 1509.

214 RR – MvM Bd. 2, S. 1306.

215 Ebd., Bd. 3, S. 1397.

216 22.11.1897; Briefe von und an MvM, S. 304.

217 Ebd., S. 303.

218 LAV, D 72, Nr. 63; Briefe von und an MvM, S. 317.

219 GSA 116/87; 19. 2. (1898); Briefe von und an MvM, S. 317 f.

220 Ebd.

221 LAV, D 72, Nr. 16, 28.4.1903.

222 Rom, 30.1.1886; R II 1426.

223 Bülow: Denkwürdigkeiten, Bd. 4, S. 594.

224 R III 1687.

225 RR – MvM Bd. 2, S. 979.

226 Briefe an Olga, S. 267.

227 R III 1824.

228 RR – MvM Bd. 2, S. 1308.

229 Bülow: Denkwürdigkeiten, Bd. 4, S. 672.

230 17.11.1897; Briefe von und an MvM, S. 304.

231 RR – MvM Bd. 3, S. 1656.

232 Garmisch-Partenkirchen, 27.9.1902; R III 2154.

233 23.12.1900; R III 2086.

7 IM ZENTRUM EINER LESERGEMEINDE: DIE UNERWARTETE RESONANZ AUF DIE »MEMOIREN EINER IDEALISTIN« – EINE NEUE LEBENSPHASE BEGINNT

1 Briefe von und an MvM, S. 92.

2 Julia Freifrau Hiller von Gaertringen: Malwida von Meysenbug und ihre Verleger. Campe, Rümpler, Georg, Auerbach, Unflat, Reißner, Schabelitz, Gnadenfeld, Hoffmann, Literarische Gesellschaft Wien, Schuster & Löffler (Internet, im Portal der Lipp. Landesbibliothek Detmold, 2000–2001), S. 1, 26 ff.; auch in dem vom Staatsarchiv Detmold hg. Sammelband »Briefe als Zeugnisse eines Frauenlebens«, S. 327 ff.

3 Ebd., S. 18 f.

4 Gabriel Monod im Vorwort zur 2. Auflage von »Himmlische und irdische Liebe«, Leipzig 1905, S. 5.

5 15.8.1894; Briefe von und an MvM, S. 94.

6 Hiller von Gaertringen: MvM und ihre Verleger, S. 26.

7 Ein Gesamtverzeichnis ihrer Publikationen in chronologischer Reihenfolge findet sich bei Le Rider: MvM, S. 544–567.

8 GSA 116/217; mit diesem Zitat, das in Berta Schleichers Edition der »Briefe von und an MvM« nicht enthalten ist, beginnt Julia Freifrau Hiller von Gaertringen ihre ins Internet gestellte Abhandlung »Malwida von Meysenbug und ihre Verleger«.

9 An Augusta v. Stein; Rom, 26.12.1883; Briefe von und an MvM, S. 78.

10 Es handelt sich um einen Nachdruck, der 1885 in Leipzig im Verlag von Albert Unflad erschien. Julia Freifrau Hiller von Gaertringen dazu (S. 15; auch in: Briefe als Zeugnisse eines Frauenlebens, S. 344): »Der unglückliche Verlauf der Verlagsbeziehung zu August Auerbach war sicherlich in der Person Auerbachs begründet, der sich als nicht gerade zuverlässig erwies. Malwida überforderte ihn aber auch.«

11 GSA 116/216,2; das Zitat ist nicht in »Briefe von und an MvM« enthalten.

12 R II 1542.

13 RR – MvM, Bd. 3, S. 1884.

14 Doch ihr erster Biograf Emil Reicke (s. u.), der in Kontakt zu Olga und Gabriel Monod stand, wundert sich, wie sie ihr Leben »ohne die Hilfe gleichzeitiger Aufzeichnungen so genau« beschreiben konnte. (Reicke: MvM, S. 86 f.) Vgl. dagegen den Hinweis von Karl-Heinz Nickel in der folgenden Anmerkung, der sich auf den »Lebensabend« stützt. Womöglich hat sie erst bei diesem Sammelwerk aus Tagebüchern geschöpft.

15 Karl-Heinz Nickel: Die »Tagebücher meiner Seele«. Der Brief im Werk Malwida von Meysenbugs. Epistolographie als Poetik, in: Briefe als Zeugnisse eines Frauenlebens, S. 124 f.

16 Briefe an Kinkel, S. 187.

17 14.-17. 10. 1859; ebd., S. 190.

18 Briefe von und an MvM, S. 27 f.

19 Paris, 19.12.1860; Briefe an Kinkel, S. 211.

20 Paris, 30.12.1860; ebd., S. 212 f.

21 Rom, 2.1.1865; ebd., S. 243.

22 Ebd., S. 254, 253.

23 Hiller von Gaertringen: MvM und ihre Verleger, S. 10; dies. in: Briefe als Zeugnisse eines Frauenlebens, S. 339.

24 Briefe an Kinkel, S. 259.

25 Wieweit man die französische Ausgabe für erfolgreich hält, hängt offenbar davon ab, was man unter »Erfolg« versteht; das sehen ihre beiden französischen Biografen unterschiedlich. Gaby Vinant: MvM, S. 240: »Malwida connait à ce moment l'extrème joie de voir son livre accueilli avec enthousiasme par ses amis, et la presse même renferme des articles élogieux.« Jacques Le Rider dagegen

stellt fest, dass Malwidas Bekanntheit noch 1890 nicht bis nach Frankreich gedrungen sei. Ders.: Romain Rolland et Malwida von Meysenbug, in: MvM-Jb. 2010, S. 102. Andererseits bemerkt er in einem Interview über Malwida (»Das einzig Wirkliche sind die einzelnen Individuen«, in: Der Europäer, Jg. 16/Nr. 12, Okt. 2012, S. 5; Internet): »In Frankreich war die Rezeption unerwartet gut. Dank einer schönen Rezension durch Marc Fumaroli in *Le Monde* bekam das Buch eine gute Visibilität.« Diese Rezension ist dem Interview vorangestellt.

26 An Gottfried Kinkel, 30.7.1869; Briefe an Kinkel, S. 262.

27 An Paul Rée, 4.8.1877; Briefe an Rée, S. 136.

28 Gaby Vinant: MvM, S. 240, nach einem »unveröffentlichten Brief«.

29 So der Titel seiner von dem Stuttgarter Archivar Paul Sauer verfassten Biografie, Stuttgart 1999.

30 Hiller von Gaertringen: MvM und ihre Verleger, S. 10; dies. in: Briefe als Zeugnisse eines Frauenlebens, S. 339.

31 So in ihrem Brief aus Rom am 20.2.1878 an Hemsen, R II 1008.

32 Vgl. ihren Brief an Hemsen vom 29.6.1875 aus Münster am Stein, R II 842.

33 R I 746.

34 Rom, 16.5.1886; Briefe von und an MvM, S. 220 f., 221.

35 An Wilhelm Hemsen; Thun, 11. 7 1877; R II 944.

36 Vgl. ihren Brief vom 24.10.1885 aus Versailles an den Wagnerianer Glasenapp (R II 1414): »Ob das was ich aus innerstem Bedürfniss schreibe, dem Publikum genehm ist oder nicht, ist mir völlig gleichgültig; wenn aber die, welche der unsichtbaren Gemeinde angehören, die unser einziges Glaubensbekenntnis ist, uns mit so tiefem herrlichem Verständniss antworten, dann vollendet sich uns wenigstens für Augenblicke die Wirklichkeit einer Existenz ausserhalb aller Zeit und vergänglichen Erscheinung und wir fühlen ahnungsvoll die ewige Freude, die im Grunde des Seins herrschen muß.«

37 Rom, 14.2.1878; Briefe an Rée, S. 160.

38 Briefe an Rée, S. 190.

39 Briefe an Olga, S. 76.

40 Ebd., S. 77 (Münster am Stein, 9.7.1875).

41 Rom, 12.11.1875; Briefe an Olga, S. 79.

42 Briefe von und an MvM, S. 127 (o. D.).

43 Ebd.

44 Werner Ross: Das konnte nicht gut gehen! Impromptu über Malwidas Freundschaft mit dem jungen Nietzsche, in Gunther Tietz (Hg.): MvM – Ideal einer Frauengestalt des 19. Jahrhunderts, Kassel 1983, S. 59.

45 Jacques Le Rider im Interview über Malwida (s. o.), S. 5.

46 Paris, Anfang April 1868; R I 605.

47 Vgl. Malwida an ihre Schwester Laura; Paris, 17.–18. 12. 1869: Durch Monod habe sie bereits »die schönsten Einladungen bekommen von mehreren bedeutenden Frauen, die nach den Memoiren meine Bekanntschaft wünschen«, wie auch die seines Mentors Michelet.

48 Göttingen, 3.7.1868; R I 621; auch MvM-Jb. 2000, S. 70 f. (Hannelore Teuchert); Gaby Vinant: MvM, S. 235.

49 Gaby Vinant: MvM, S. 278.

50 Berta Schleicher: MvM, S. 162.

51 Seine et Oise, 18.7.1875; R II 845.

52 16.12.1875; R II 854.

53 Heidi Thormann Tewarson: Rahel Varnhagen, Reinbek 1988, S. 9.

54 Renate Möhrmann (Hg.): Frauenemanzipation im deutschen Vormärz. Texte und Dokumente, Stuttgart 1978, S. 11. Das gilt schon gar für adlige Frauen. Levin Schücking, der Mentor von Annette von Droste-Hülshoff, schreibt dazu: »Bei uns hält man es für unanständig für eine Dame

vom Stande, wenn sie schriftstellert und mein gutes Dröstchen hat viele Kämpfe darum auszustehen gehabt.« Daher hat auch sie zunächst anonym publiziert. Walter Gödden/Jochen Grywatsch: Annette von Droste-Hülshoff unterwegs. Auf den Spuren der Dichterin durch Westfalen, 5. Aufl. Münster 2004, S. 63.

55 GSA 116/18a; abgedruckt bei Leuschner: MvM, S. 11 f., und im Anhang von Briefe an Olga, S. 321 f.

56 MvM-Jb. 2000, S. 175.

57 Ebd.

58 Ebd., S. 176 f.

59 Ebd., S. 179 f.

60 Dem Wikipedia-Artikel (12. 8. 2020) über Julian Schmidt zufolge bekam er zu seinem 60. Geburtstag 1878 von Kaiser Wilhelm I. ein Ehrengehalt von 1500 Mark, wogegen ihn der Sozialdemokrat Franz Mehring einen »König des Sudelgeschlechtes« titulierte!

61 Mulhouse, 27.6.1868; R I 620.

62 R II 912.

63 Das gilt zumindest für die französische Ausgabe; liegt das in Wahrheit daran, dass er dort noch nicht vorkommt? Einer merkwürdigen Tagebuchaufzeichnung Cosimas vom 9. September 1873 zufolge (Tagebücher Bd. 2, S. 724) aus völlig anderem Grund: Da habe er sie daran erinnert – offenbar ist es nicht nur eine momentane Stimmung –, »was ihm solche Bücher unerquicklich macht, wie z. B. die ›Mémoires d'une Idéaliste‹, nämlich dass er die Männer für grenzenlos roh, seicht, geckenhaft halte, unwert, das Herz einer Frau zu beschäftigen«. Für ihn gibt es ideale Männer anscheinend nur in den Mythen, die er auf die Bühne bringt, nicht in der Realität.

64 R II 1591.

65 So Berta Schleicher in ihrer Einleitung zu Bd. 1 (S. V) der von ihr herausgegebenen Gesamtausgabe der Schriften Malwidas.

66 Ruth Whittle: Die Identitätssuche der Deutschen im Spiegel der Malwida-von-Meysenbug-Rezeption, in: MvM-Jb. 2002, S. 33.

67 Briefe an Rée, S. 278, Anm. 204.

68 RR – MvM, Bd. 1, S. 372

69 Fritz Martini: Deutsche Literaturgeschichte, 11. Aufl. Stuttgart 1961, S. 434.

70 Leuschner: MvM, S. 12.

71 27.2.1899; R III 2003.

72 15.4.1899; R III 2017.

73 Leuschner: MvM, S. 83, Anm. 6.

74 Eine österreichische Schriftstellerin, die vor allem als Übersetzerin skandinavischer Autoren hervortrat; über deren Beziehung zu Malwida Karin Hollmann: Marie Herzfeld – eine neuentdeckte Briefpartnerin von Malwida, in: MvM-Jb. 1994, S. 132–134.

75 Frankfurter Zeitung und Handelsblatt, 16.5.1903, zit. n. MvM-Jb. 1996, S. 168.

76 Ebd., S. 171 f.

77 Nietzsche: Sämtliche Briefe, Bd. 5, S. 148 f.

78 Ebd., S. 150.

79 Gudrun Maierhof: Randbemerkungen zu einer langjährigen Freundschaft. Malwida von Meysenbug und Friedrich Nietzsche, in: MvM-Jb. 1988, S. 21.

80 Nietzsche: Sämtliche Briefe, Bd. 8, S. 379.

81 Basel, 19.11.1877; Nietzsche: Sämtliche Briefe, Bd. 5, S. 291.

82 Werner Ross: Der ängstliche Adler. Friedrich Nietzsches Leben, München 1984, S. 525.

83 R II 1004.

84 Ebd.; auch in: Briefe an Rée, S. 219 ff.

85 Le Rider: MvM, S. 393 f.

86 An Malwida, Wien, 8.8.1878; Briefe an Rée, S. 222.

87 12.2.1878; R II 1004.

88 Vgl. R III 2162, an Germaine Rist, 22.12.1902.

89 GSA 116/18a.

90 Ein Dr. Neuhaus war ihr Arzt in Rom, von dem sie behauptete, er habe Olga geheilt, nachdem es ihr acht Jahre lang sehr schlecht gegangen sei (an ihren Neffen Hermann, 5.7.1887; R II 1467); auch Lenbach kannte ihn. Da er ihn gegenüber Malwida als bekannt voraussetzt, könnte dieser Neuhaus gemeint sein, der einzige dieses Namens in ihren Korrespondenzen.

91 R II 1586.

92 Rom, 12.1.1890; Briefe an Olga, S. 216 f.

93 Er hat ihr schon vorher geschrieben, und sie, die gerade am Golf von Neapel weilt, hat ihm darauf geantwortet, mit Hinweis auf die starke Nachfrage nach ihren Memoiren und auf ihre »Stimmungsbilder« (1.8.1898; R III 1946).

94 Zähringen, 8.8.1898; R III 1948.

95 Ebd., 15.8.1898; R III 1950.

96 Ebd.

97 Zähringen, 8.8.1898; R III 1948.

98 Volker Schupp: Emil Gött. Dokumente und Darstellungen zu Leben, Dichtung und früher Lebensreform, S. 19.

99 Ebd., S. 156 ff.

100 Schupp: Emil Gött, S. 170, 169.

101 19.12.1896; Emil Gött: Tagebücher und Briefe, hg. von Roman Woerner, Bd. 1, München 1914, S. 48.

102 Schupp: Emil Gött, S. 21.

103 Ebd., S. 14.

104 Zähringen, 10.10.1898; R III 1968.

105 Ebd., R III 2012

106 Ebd., 8.8.1898; R III 1948; Schupp: Emil Gött, S. 140.

107 Ebd., 19.2.1899; R III 2001.

108 Gött: Tagebücher, S. 63,

109 Ebd., S. 151.

110 Zähringen, 10.10.1898; R III 1968.

111 Ebd.

112 Ebd., 15.8.1898; R III 1950.

113 Ebd., 15.10.1898; R III 1969.

114 RR – MvM, Bd. 1, S. 743.

115 R III 1690.

116 Gaby Vinant: MvM, S. 339.

117 RR – MvM, Bd. 2, S. 1247.

118 Ebd., S. 1352.

119 Rom, 29.10.1896; ebd., S. 354 f.

120 Ebd., Bd. 3, S. 1403.

121 Briefe an Olga, S. 286.

122 In: Briefe als Zeugnisse eines Frauenlebens, S. 362.

123 Ebd., S. 364.

124 Er erklärt damit die Bedeutung der Nietzsche-Biografie der Nietzsche-Schwester für den aufkommenden Nietzsche-Kult jener Zeit; ders.: Die Macht des Willens. Elisabeth Förster-Nietzsche und ihre Welt, München 2019, S. 206.

125 R III 1924.

126 RR – MvM, Bd. 3, S. 1452.

127 Jürgen Manthey: Hans Fallada, Reinbek 1963, S. 40; sie war die Tante von Hans Fallada (s. o.).

128 So in einem langen Brief (an Gaby Vinant?) vom 6.3.1929 in: Gaby Vinant: MvM, S. 345 f.

129 Julia Freifrau Hiller von Gaertringen, in: Briefe als Zeugnisse eines Frauenlebens, S. 362.

130 RR – MvM, Bd. 3, S. 1794.

131 Ebd., S. 1835.

132 LAV, D 72, Nr. 190.

133 R III 2092.

134 RR – MvM, Bd. 3, S. 1867.

135 München, 26.8.1900; R III 2075.

136 GSA 116/222.

137 Malwida an Marie Loeper-Housselle, 17.5.1882; damals versuchte sie auch Härtel & Breitkopf dafür zu gewinnen, doch dieser Verlag habe das Manuskript abgelehnt mit der Begründung, die preußische Verfassung sei ihm lieber als die Menschenrechte; zudem habe er immer treu zur Kirche gestanden.

138 RR – MvM, Bd. 3, S. 1507 Fn.: Auf dem Brief steht zuerst 1899; das ist durchge-

strichen und durch »1898« ersetzt. Es kann jedoch erst 1899 sein, da das Buch um Weihnachten 1898 erschien.

139 Ebd.

140 R III 2010.

141 R III 2013.

142 Marie von Ebner-Eschenbach an Malwida, 5.3.1899; GSA 116/93.

143 1.10.1900; ebd.

144 Frankfurter Zeitung, 16.5.1903; zit. n. MvM-Jb. 1996, S. 171 f.

145 Marianne Weber: Die Frauen und die Liebe, Königstein/Leipzig 1935, S. 247 f.

146 Ebd., S. 249.

8 VON DER »BESTEN FREUNDIN DER WELT« ZUR MITLEIDLOS LACHENDEN »KUNDRY«: DAS NIETZSCHE-DRAMA

1 Nietzsche: Also sprach Zarathustra, Erster Teil, am Schluss des Kapitels »Von alten und jungen Weiblein«.

2 Ulrich Sieg: Die Macht des Willens. Elisabeth Förster-Nietzsche und ihre Welt, München 2019, S. 209: »Die Frauenbewegung brachte Nietzsches Philosophie erhebliche Sympathien entgegen. So fragwürdig viele seiner Ansichten auch sein mochten, schienen sie doch eine grundsätzliche Bejahung menschlicher Freiheit und Selbsterfahrung zu bejahen.« Schon zu Anfang (S. 17) weist er darauf hin, »wie leidenschaftlich Nietzsche von Frauen gelesen wurde«. Auch Steven E. Aschheim (Nietzsche und die Deutschen – Karriere eines Kults, Stuttgart/Weimar 2000) belegt mit einer Fülle von Material, »dass sich gerade Feministinnen auf Nietzsche beriefen« (S. 86), und dies vor allem »seit der Radikalisierung der Frauenbewegung Mitte der neunziger Jahre« (S. 89).

3 An Nietzsche am 28.8.1875, zit. bei Martin Reuter: Das Interessanteste aus dem Briefwechsel zwischen von Meysenbug und Nietzsche, in: MvM-Jb. 1996, S. 83.

4 Werner Ross: Das konnte nicht gut gehen! Impromptu über Malwidas Freundschaft mit dem jungen Nietzsche, in: Gunther Tietz (Hg.): MvM – Ideal einer Frauengestalt des 19. Jahrhunderts, Kassel 1983, S. 63.

5 Gertrud Meyer-Hepner: MvM, Berlin/Leipzig 1968, S. 62.

6 Viele der hier wiedergegebenen Selbstzeugnisse Nietzsches sprechen gegen die These von Martin Reuter (Das Interessanteste aus dem Briefwechsel zwischen von Meysenbug und Nietzsche, in: MvM-Jb. 1996, S. 86): »Nach strengen Kriterien findet ein geistiger Austausch zwischen den Schreibern nicht statt.« Wenn das zuträfe, wäre diese Beziehung im Gegensatz zu Reuters Überschrift im Grunde uninteressant! Demgegenüber zitiert Ruth Stummann-Bowert (Malwida von Meysenbug und Friedrich Nietzsche: Zwischen Inspiration und Idealisierung, in: MvM-Jb. 2010, S. 77) aus der großen Nietzsche-Biografie von Curt Paul Janz (Bd. I, München 1981, S. 675 f.) über die 1870er Jahre: »Die wertvollste neue Freundschaft dieser Jahre war die mit Malwida v. Meysenbug, weil Nietzsche hier in den Genuß einer menschlichen Güte, ja Größe kam, die letztlich über alle seine Launen und Verstimmungen, aber auch über die immer weiter auseinanderklaffenden philosophischen Überzeugungen triumphierte. Und selbst als er noch kurz vor seinem geistigen Zusammenbruch, im Herbst 1888, versuchte, die Freundschaft Malwidas wie mit Keulenschlägen zu zertrümmern, da blieb sie dem Menschen

Nietzsche verbunden ... So war und blieb sie stets die menschlich Überlegene, ohne indes je diese Überlegenheit Nietzsche spüren zu lassen.« Wäre es nur eine mütterliche, sondern nicht auch eine geistige Beziehung gewesen, hätte es nicht zu diesem Bruch kommen können!

7 Völkershausen, 24.9.1884; Heinrich von Stein: Idee und Welt. Das Werk des Philosophen und Dichters, ausgewählt und mit Dokumenten seines Lebens hg. von Günter Ralfs, Stuttgart 1940, S. 165.

8 Diese wurde aus Nietzsches Sicht durch den sokratischen Rationalismus zerstört – woraus sich folgern ließe – welch eine Provokation! –, dass Sokrates zu Recht zum Tode verurteilt wurde.

9 R I 747.

10 In seinem »Versuch einer Selbstkritik«, den er 1886 der »Geburt der Tragödie« voranstellt.

11 Die Geburt der Tragödie, Kapitel 1.

12 Ebd., Kapitel 21.

13 Ebd., Kapitel 16.

14 Ebd., Kapitel 16.

15 Gaby Vinant: MvM, S. 264, als persönliche Mitteilung Olgas.

16 Basel, 7.11.1872; Nietzsche: Briefe, Bd. 4, S. 82. Tatsächlich kommt sie auch in der Folgezeit in seinen Briefen häufig vor.

17 Nietzsche: Briefe, Bd. 5, S. 6, 8.

18 Lugano, 13.5.1877; ebd., 5, S. 235.

19 17.5.1877; Colli/Montinari II, 6/1, S. 557.

20 Briefe an Rée, S. 158.

21 Paris, 4.11.1879; ebd., S. 196.

22 Paris, 3.11.1879; R II 1125.

23 Nietzsche: Briefe, Bd. 6, S. 4 f.

24 Und auch beide mit Paul Rée. Noch am 31.7.1877, als sie sich bereits voneinander getrennt hatten, schreibt Malwida an Nietzsche, Rée sei »leider der dritte in unserem Bunde geworden, d. h. augenleidend«, CM II, 6/1, S. 649.

25 Paul Deussen: Erinnerungen an Friedrich Nietzsche, Leipzig 1901, S. 10.

26 An Malwida; Basel, 4.4.1874; Nietzsche: Briefe, Bd. 4, S. 216.

27 Steinabad, 11.8.1875; Nietzsche: Briefe, Bd. 5, S. 104.

28 Briefe an Rée, S. 147.

29 Lange-Eichbaum (s. o.), S. 16 ff.

30 Martin Gregor-Dellin (Richard Wagner, S. 752) geht davon aus, dass Malwida von Nietzsches Syphilis-Erkrankung gewusst und diese womöglich sogar Wagner mitgeteilt habe. Ich finde dafür keinen Beleg.

31 26.7.1872; Colli/Montinari II/4, 55.

32 Zit. bei Mario Leis: Malwida von Meysenbug und Friedrich Nietzsche. Eine Freundschaft, in: Briefe als Zeugnisse eines Frauenlebens, S. 245. Auch wenn man in diesem Ausbruch den nahenden Wahnsinn spürt, ist dieser Horror vor der eigenen Mutter Leis zufolge »ernst zu nehmen«; vor allem seine enge Beziehung zu Malwida zeugt Leis zufolge von einem unbefriedigten Bedürfnis nach Mutterliebe.

33 Nietzsche: Briefe, Bd. 5, S. 149.

34 Nietzsche: Briefe, Bd. 5, S. 163. Als Gersdorff 1877 wütend auf Malwida ist, weil ihm diese – die sich zu jener Zeit ohne Glück als Ehestifterin versucht – eine für ihn unglücklich endende Frauenbeziehung (zu Nerina Finocchietti) vermittelt hat, »verbietet« Nietzsche ihm mit Schärfe, sich über Malwida, »der reinsten Seele unter den deutschen Frauen«, abfällig zu äußern. Ebd., S. 297; 21.12.1877.

35 Paul Deussen: Erinnerungen an Friedrich Nietzsche, S. 8 f.

36 Colli/Montinari Bd. 8, S. 533, 522; zit. n. Manfred Eger: »Wenn ich Wagnern den Krieg mache«. Der Fall Nietzsche und das Menschliche, Allzumenschliche, Wien 1991, S. 94.

37 CM Bd. 1, S. 449; zit. nach ebd.

38 Cosima Wagner: Tagebücher Bd. 2, S. 1002.
39 Nietzsche: Briefe, Bd. 5, S. 135 f.
40 Basel, 14.4.1876; ebd., S. 148 f.
41 30.4.1876; CM II 6/1, S. 317 ff.
42 6.5.1900; Hering/Nickel, S. 9.
43 Nietzsche: Briefe, Bd. 4, S. 268. Paul Julius Möbius (Ueber das Pathologische bei Nietzsche, Wiesbaden 1902, S. 51), der dieses Zitat bringt, kommentiert: »Dazu kam es nie, denn je älter er wurde, um so größer wurde das Negative und Empörte.« Dennoch sei aus psychiatrischer Sicht – auch das entspricht der Wahrnehmung Malwidas – in seinen frühen Schriften noch nichts von »Geisteskrankheit im gewöhnlichen Sinne«.
44 Rapallo, 1.1.1883; ebd., S. 315 f.
45 An Nietzsche, 29.8.1875; zit. bei Martin Reuter: Das Interessanteste aus dem Briefwechsel zwischen von Meysenbug und Nietzsche, in: MvM-Jb. 1996, S. 83.
46 Nietzsche: Unzeitgemäße Betrachtungen, Stuttgart 1964, S. 250 f.
47 Ebd., S. 248 f.
48 Ebd., S. 233.
49 Ebd., S. 224.
50 Basel, 11.5.1876; Nietzsche: Briefe, Bd. 5, S. 155.
51 An Augusta v. Stein-Rebecchini, 25.8.1876; Briefe von und an MvM, S. 54; auch II 235.
52 CM II 6/1, S. 330.
53 Basel, 26.5.1876; Nietzsche: Briefe, Bd. 5, S. 163.
54 11.5.1876; ebd., S. 155.
55 R II 851.
56 Briefe von und an MvM, S. 50f.
57 CM II 6/1, S. 267 f., 270.
58 Ebd., S. 271 ff.
59 R II 891.
60 R II 874.
61 CM II, 6/1, S. 319.
62 Darauf verweist Paolo D'Iorio: Friedrich Nietzsche in Sorrent, Berlin 2020, S. 9.
63 R II 892.
64 Ruth Stummann-Bowert: Malwida von Meysenbug und Friedrich Nietzsche: Zwischen Inspiration und Idealisierung; in: MvM-Jb. 2010, S. 70, 79, Anm. 16.
65 Cosima Wagner: Tagebücher, Bd. 2, S. 1011 (27. 10. 1876). Nochmals am 2. 11. (S. 1012): »den Abend verbringen wir mit unseren Freunden Malwida und Pr(ofessor) Nietzsche«. Wieder: Weiter nichts.
66 Ebd., S. 1012.
67 Briefe an Olga, S. 101 f. (2. 4. 1877).
68 R II 911.
69 Nietzsche: Briefe, Bd. 3, S. 165 f.
70 R II 906.
71 Burckhardts »Griechische Kulturgeschichte« erschien als Buch erst posthum, 1898–1902.
72 Ebd., S. 112 f.
73 23.3.1877, an Olga; ebd., S. 133.
74 Gaby Vinant: MvM, S. 289, bringt aus jener Zeit ein Zitat aus einem Brief Malwidas an Olga, den ich jedoch an der angegebenen Stelle nicht finde (hat sie es durch ihren persönlichen Kontakt zu Olga?), als sie beide krank gewesen sind: »Wir geben ein gutes Paar von Invaliden ab und sprechen auch oft von Selbstmord, den wir beide als normalerweise berechtigt empfehlen. Doch dann lachen wir erneut über das Elend des Lebens.«
75 An Olga, 9.12.1876; ebd., S. 114.
76 Sorrent, undatiert; Briefe von und an MvM, S. 137.
77 Sorrent, 18.1.1877; Briefe an Olga. S. 101.
78 R II 909.
79 In dem Epos »Das befreite Jerusalem« von Torquato Tasso (1575) hält die Zauberin Armida den Kreuzritter Rinaldo durch magische Kräfte in ihrem Garten gefangen.
80 Zit. n. Fritz Böttger (Hg.): Zu neuen Ufern. Frauenbriefe von der Mitte des 19. Jahrhunderts bis zur Novemberrevolution 1918, Berlin (DDR) 1981, S. 66 f.

81 R II 912.
82 Briefe an Rée, S. 156.
83 So in ihrem Brief vom 30.12.1878 an den Diplomaten und Schriftsteller Reinhard v. Seydlitz, den Präsidenten des Münchner Richard-Wagner-Vereins: GSA 116/215. Rée stirbt am 28.10.1901 bei einer Bergwanderung durch einen Sturz in die Tiefe; dem Wikipedia-Artikel über ihn zufolge ist ungeklärt, ob es Unfall oder Suizid war.
84 Briefe an Rée, S. 184 f.
85 Ebd., S. 185.
86 Ebd., S. 186.
87 19.11.1879; ebd., S. 196 f.
88 25.12.1880; ebd., S. 201.
89 Nietzsche – Rée – Salomé, S. 56.
90 Basel, kurz nach dem 16.6.1878; Nietzsche: Briefe, Bd. 5, S. 333.
91 Rüdiger Safranski: Nietzsche. Biographie seines Denkens, München/Wien 2000, S. 159.
92 Noch im Juni 1878 scheint sie zu glauben, dieser Einfluss sei nur vorübergehend und ohne nachhaltige Wirkung. Damals prophezeit sie Nietzsche, er werde in seiner Philosophie »manche Phase durchmachen« – womit sie ja auch aus späterer Sicht nicht unrecht hat.
93 C/M II 6/2, S. 899 f.
94 Ebd., zweiter Teil: »Von den Dichtern«. Steven E. Aschheim (Nietzsche und die Deutschen – Karriere eines Kults, Stuttgart/Weimar 2000, S. 19) urteilt generell über die Wirkung der Schriften Nietzsches: »Sie verdankten ihren Zauber nicht zuletzt der poetischen Schönheit und prägenden Macht ihrer Sprache.«
95 Wohl im Mai 1878; GSA 116/222 (= Wilhelm Hager in: Die freireligiöse Frau, Nov. 1926, S. 175); auch in Ruth Stummann-Bowert: Malwida von Meysenbug und Friedrich Nietzsche: Zwischen Inspiration und Idealisierung, in: MvM-Jb. Bd. 9/2010, S. 71.
96 Nietzsche: Briefe, Bd. 5, S. 230 f.
97 Elisabeth Förster-Nietzsche: Wagner und Nietzsche zur Zeit ihrer Freundschaft, München 1915, S. 270. Zwanzig Jahre darauf zu Beginn ihrer Ausführungen über Malwida in ihrem Buch »Friedrich Nietzsche und die Frauen seiner Zeit« (München 1935, S. 76) zeigt sie allerdings tiefe Reue darüber, dass sie in früheren Veröffentlichungen – was ihr dann vorgeworfen worden sei – sich über Malwida »so kühl ausgedrückt und nicht genugsam hervorgehoben habe, wie herzlich das Verhältnis zwischen meinem Bruder und Malwida gewesen ist«.
98 Briefe an Olga, S. 97 f.
99 6.11.1876; in: Nietzsche – Rée – Salomé, S. 17; und ebd., S. 19 (11. 11., Rée an Elisabeth Nietzsche).
100 CM II, 6/1, S. 577.
101 Briefe an Rée, S. 139.
102 Nietzsche: Briefe, Bd. 5, S. 234.
103 Ebd., Bd. 8, S. 70.
104 Elisabeth Förster-Nietzsche: Friedrich Nietzsche und die Frauen seiner Zeit, S. 130, zitiert aus einem Brief des Bruders an sie: »Rée habe auch ich in dieser Sache viel zu gut behandelt; und ungefähr zehn Briefe an ihn nicht abgeschickt (vielmehr an Stelle eines jeden einen neuen geschrieben – ich fürchtete immer, er könnte sich das Leben nehmen. Zuletzt hat er über seinen verrückten Freund wohl nur gelacht!).«
105 Nietzsche: Briefe, Bd. 6, S. 398; dazu Ross Der ängstliche Adler, S. 654 f.
106 Den Doppelnamen, unter dem sie heute bekannt ist, trug sie erst seit der Heirat mit Friedrich Carl Andreas 1887.
107 Da stilisiert er sich zu einer männlichen Andromeda, bei der Malwida den Perseus spielen soll, der die auf Weisung Poseidons an einen Felsen geschmiedete Frau befreit!
108 Le Rider: MvM, S. 12.

109 Le Rider: MvM, S. 511.
110 R II 1252.
111 Nietzsche – Rée – Lou, S. 104.
112 Ebd., S. 111 f.
113 Ebd., S. 114.
114 Ebd., S. 326, wieder S. 329.
115 Ebd., S. 107.
116 Werner Ross: Der ängstliche Adler, S. 608.
117 An Hendrik Gillot, 26/13. 3. 1882; Nietzsche – Rée – Lou, S. 102; auch in Lou Andreas-Salomé: Lebensrückblick. Eine Autobiographie, aus dem Nachlass hg. von Ernst Pfeiffer (1951), Neuausgabe Berlin 2016, S. 53.
118 Riedel: Homo Natura, S. 84.
119 Michaela Wiesner-Bangard/Ursula Welsch: Lou Andreas-Salomé. »... wie ich Dich liebe, Rätselleben«. Eine Biographie, Leipzig 2002, S. 81.
120 Briefe an Rée, S. 203.
121 Nietzsche – Rée – Salomé, S. 158.
122 Märchenfrau und Malerdichter, S. 129.
123 Rom, 8.1.1883, an Ludwig Hüter, den Intendanten des Berliner Hoftheaters; in: Nietzsche – Rée – Salomé, S. 286.
124 Ebd., S. 374.
125 Ebd., S. 169.
126 So zu Malwida am 25.10.1874; Nietzsche: Briefe, Bd. 4, S. 269: »Nun wünsche ich mir, vertraulich gesprochen, noch recht bald ein gutes Weib, und dann denke ich meine Lebenswünsche für erfüllt anzusehen.« Derartige Äußerungen ignoriert Joachim Köhler vollkommen, wenn er von »Malwida, der Kupplerin« spricht; ders.: Zarathustras Geheimnis. Friedrich Nietzsche und seine verschlüsselte Botschaft, Nördlingen 1989, S. 575; schon S. 572 abfällig über Malwida, »die sicher wieder Hintergedanken damit verbindet«, als sie Nietzsche mit der jungen Resa von Schirnhofer bekannt macht. Bei ihm ist Nietzsches Geheimnis seine Homosexualität.
127 Nietzsche: Briefe, Bd. 5, S. 250. Damals, als ihn Malwida drängt, die Basler Professur um seiner Gesundheit willen aufzugeben, glaubt er sogar noch, die Wissenschaft tue ihm gut. »So lange ich wirklich *Gelehrter* war, war ich auch gesund; aber da kam die nervenzerrüttende Musik«: Wagner!
128 Tautenburg, vermutlich 13.7.1882; Nietzsche: Briefe, Bd. 6, S. 223 f.
129 Lou Andreas-Salomé: Lebensrückblick, S. 51.
130 Ebd., S. 54.
131 Elisabeth Förster-Nietzsche: Friedrich Nietzsche und die Frauen seiner Zeit, S. 110. Sie fügt hinzu: »Der Brief ist liegen geblieben.« (S. 111) Hat sie ihn etwa selbst erfunden, um den Eindruck zu vermeiden, ihr Bruder sei in eine Liebesbeziehung zwischen Rée und Lou hineingeplatzt?
132 Lou Andreas-Salomé: Lebensrückblick, S. 54. Elisabeth Förster-Nietzsche (Friedrich Nietzsche und die Frauen seiner Zeit, S. 113) behauptet dagegen, von Malwida sei der Vorschlag gekommen, »einer der beiden Herren müsste Lou heiraten, aber ergötzlicherweise begehrten die beiden Herren aufrichtig und herzlich die Freundschaft des Frl. Salomé, – aber eine Heirat lehnten sie ab«. Mir erscheint Lous Darstellung aus eigenem Erleben glaubwürdiger.
133 Nietzsche: Briefe, Bd. 6, S. 224.
134 Le Rider: MvM, S. 388 f.
135 Nietzsche: Briefe, Bd. 8, S. 34.
136 6.6.1882; Nietzsche – Rée – Salomé, S. 133.
137 Ebd., S. 221 f.
138 Briefe an Rée, S. 63.
139 Nietzsche – Rée – Salomé, S. 246.
140 Nietzsche: Briefe, Bd. 6, S. 312.
141 Vgl. Safranski: Nietzsche, S. 167: Nietzsche habe »unter seiner Begabung zum Mitleid gelitten«.
142 Nietzsche: Briefe, Bd. 6, S. 404.

143 Nietzsche – Rée – Lou, S. 259 (Briefentwurf).
144 Ebd., S. 271.
145 22.1.1883; CM III/2, S. 328 f.
146 Rapallo, 1.2.1883; Nietzsche: Briefe, Bd. 6, S. 323.
147 Ebd., S. 337.
148 Ob der Brief nicht abgeschickt wurde? Andernfalls hätte er Lou über Rée bekannt werden müssen; und dann wäre schwer vorstellbar, wie sie sich gleichwohl auch später von Nietzsche tief beeindruckt zeigt, so in ihrem Buch »Friedrich Nietzsche in seinen Werken« (1894). Oder deutet *»in seinen Werken«* darauf hin, dass sie ihn nur in seinem Denken, nicht als Mensch für erinnerungswürdig hält?
149 Ebd., S. 402. Carol Diethe vertritt die These, Nietzsches Gefühlsleben habe sich durch den Bruch mit Lou »tiefgreifend verändert. Insbesondere sind seine misogynen Tendenzen dadurch entscheidend verstärkt worden.« Dies.: Verrgiss die Peitsche. Nietzsche und die Frauen, Hamburg/Wien 2000, S. 72.
150 Sils-Maria; ebd., S. 403 f.
151 Gaby Vinant: MvM, S. 306.
152 Nietzsche: Briefe, Bd. 7, S. 25. Anfang November 1883 (ebd., Bd. 6, S. 453) klagt Nietzsche der Schwester, »*wie* einsam und ›verborgen‹ ich mir immer unter all der liebeswürdigen Tartüfferie jener Menschen vorkomme, die Du ›Gute‹ nennst«; und unter diesen Heuchlern nennt er an erster Stelle »Malvida«! Den Vorwurf, ihren Bruder über Lou in verhängnisvoller Weise getäuscht zu haben, übernimmt Elisabeth noch in ihre spätere Abhandlung über Malwida, wo sie ihre einstige Unfreundlichkeit ihr gegenüber bereut: Elisabeth Förster-Nietzsche: Friedrich Nietzsche und die Frauen seiner Zeit, S. 111 ff.
153 Anscheinend hatte die Schwester Lou auch als Jüdin verunglimpft; bei dieser wurde manchmal jüdische Herkunft angenommen, wohl wegen ihres Familiennamens.
154 Nietzsche: Briefe, Bd. 6, S. 500 ff.
155 Nietzsche: Briefe, Bd. 6, S. 315 f.
156 Ebd., S. 403 f.
157 Ebd., S. 184.
158 CM III/2, Nr. 115, S. 246 ff.
159 Rapallo, 1.2.1883; Nietzsche: Briefe, Bd. 6, S. 322 f.
160 20.5.1883; ebd., S. 379.
161 Mentone, 13./14. 11. 1884; ebd., S. 555.
162 Nizza, Ende März 1884; ebd., S. 489.
163 CM III/2, Nr. 186, S. 362 f.
164 Zit. n. Frauenbriefe, S. 5[illegible].
165 CM III/2, Nr. 193, S. 375.
166 »Der Türmer«, 28. Jg., H. 5, Februar 1926, S. 402.
167 R II 1383.
168 Rapallo, 19.2.1883; Nietzsche: Briefe, Bd. 6, S. 333 f.
169 21.2.1883; ebd., S. 334.
170 CM II, 6/1, S. 36.
171 Briefe an Rée, S. 201.
172 R II 1337.
173 Um den 3./4. 4. 1883; Nietzsche: Briefe, Bd. 6, S. 357.
174 6.4.1883; CM III/2, Nr. 186.
175 Elisabeth Nietzsche an Peter Gast, Rom, 8.4.1883; Nietzsche – Rée – Salomé, S. 312.
176 Alois Riehl: Friedrich Nietzsche, 4. Aufl. Stuttgart 1901, S. 139: In seinen Lebenserinnerungen schildere Nietzsche »in Worten, die selbst von der äußersten Ekstase sind, den verzückten Zustand, den Rausch und Schauer während seines Schaffens«.
177 Venezia, Anfang Mai 1884; Nietzsche: Briefe, Bd. 6, S. 499.
178 Ebd., 2. Teil: »Von den Dichtern«.
179 Nietzsche: Briefe, Bd. 6, S. 324.
180 Ebd., 1. Teil: »Vom Krieg und Kriegsvolke«.
181 Nietzsche: Briefe, Bd. 7, S. 162. Anschei-

nend ist der Brief Malwidas, auf den sich Nietzsche bezieht – oder handelt es sich um eine mündliche Äußerung? – nicht erhalten; auch Martin Reuter erwähnt bei diesem Nietzsche-Zitat keinen solchen Brief; vgl. ders.: Das Interessanteste aus dem Briefwechsel zwischen von Meysenbug und Nietzsche, in: MvM-Jb. 1996, S. 96.

182 Le Rider: MvM, S. 404, 403.

183 Nietzsche: Briefe, Bd. 6, S. 522.

184 Ebd., S. 504.

185 Ebd., S. 257 f.

186 Ebd., Bd. 8, S. 53.

187 Ebd., S. 377.

188 12.8.1888; CM III/6, S. 263 f.

189 Colli/Montinari (Hg.): Friedrich Nietzsche: Der Fall Wagner u. a., Neuausgabe 1999, S. 258.

190 Ebd., S. 283.

191 Ebd., S. 25.

192 Ebd., S. 22.

193 Joachim Radkau: Das Zeitalter der Nervosität. Deutschland zwischen Bismarck und Hitler, München 1998, S. 144–169 (»Das Bett ist der eigentliche Kampfplatz des Neurasthenikers«: Neurasthenie und männliche Sexualängste – Venus, Bacchus und Malthus).

194 Der Fall Wagner, S. 45.

195 Nietzsche: Briefe, Bd. 8, S. 447.

196 Turin, 18.10.1888; ebd., S. 452.

197 CM III/6, S. 330 (ca. Mitte Oktober 1888).

198 Nietzsche: Briefe, Bd. 8, S. 457–459.

199 Ebd., S. 471.

200 R II 1546.

201 Nietzsche: Briefe, Bd. 8, S. 463.

202 Ebd., S. 605.

203 Ebd., S. 575.

204 Die Wagner-Kennerin Petra-Hildegard Wilberg weist mich darauf hin, dass *diese* Kundry eine Kreation Wagners ist, nicht identisch mit der Kundry im »Parzival« des Wolfram von Eschenbach.

205 Nietzsche: Briefe, Bd. 8, S. 489.

206 Anna-Christine Brade: Kundry und Stella. Offenbach contra Wagner, Bielefeld 1997, S. 50 (zu Cosima) und 52 (an Mathilde Wesendonck).

207 Steven E. Aschheim: Nietzsche und die Deutschen – Karriere eines Kults (amerikan. Originalausgabe: The Nietzsche Legacy in Germany 1890–1990, Univ. of California 1992), Stuttgart/Weimar 2000, S. 18.

208 Zit. n. ebd. (Motto des Kapitels).

209 Ebd., S. 168 ff.

210 Ebd., S. 105 ff.

211 Zit. n. ebd., S. 37.

212 Aschheim, S. 60; Joachim Radkau: Die Ära der Ökologie – Eine Weltgeschichte, München 2011, S. 78.

213 Gunther Tietz in: Ders. (Hg.): MvM – Ein Porträt, S. 155, sieht in dem Titel eine »bewusste Anlehnung« an den der Memoiren Malwidas. Am 9.2.1901 berichtet Rolland von einem Zusammensein mit Lily Braun, die Malwida gerne kennenlernen würde; denn »sie liebt alles, was sie von Ihnen weiß. Man hat ihr gesagt, dass Sie denen, die Sie sähen, so gut täten« (RR – MvM, Bd. 3, S. 1767).

214 Lily Braun: Memoiren einer Sozialistin. Kampfjahre, München 1911, S. 585.

215 Aschheim, S. 179 f.

216 R II 1656.

217 An Daniela Thode, 21.6.1893; R II 1653.

218 R II 1653.

219 RR – MvM, Bd. 2, S. 850.

220 Bayreuth, 8.10.1900; R III 2080.

221 Sorrent, 19.9.1901; R III 2106.

222 Aufschlussreich sind in dieser Hinsicht Passagen aus ihrem Brief vom 5.11.1897 an Rolland (RR – MvM, Bd. 3, S. 1476): Sie habe jenen Artikel »in der ersten Zeitung Wiens« geschrieben, »um den Enthusiasmus junger Wiener zurechtzurücken, die von Nietzsches Theorien verrückt waren,

indem sie sie willkürlich ihren Begierden anpassten«. »Auch wenn ich sicherlich nicht die späteren Theorien Nietzsches teile …, ist er ungeachtet dessen nicht so übel wie seine Verehrer … Der Grund seines Denkens ist der höhere Triumph der Individualität und deren Herrschaft über die Erde.« Und dann: Sie wünsche ihm keine Heilung; denn dann müsse ihn das Grauen über sich selbst überkommen!

223 Neue Freie Presse, 28.9.1900, zit. n. Ruth Stummann-Bowert: Malwida von Meysenbug und Friedrich Nietzsche: Zwischen Inspiration und Idealisierung, in: MvM-Jb. 2010, S. 76.

224 So am 5.11.1897 an Romain Rolland; RR – MvM, Bd. 3, S. 1476.

225 Vgl. den Wikipedia-Artikel über sie (2020).

226 Briefe von und an MvM, S. 148 f.

227 Ebd., S. 153.

228 Rom, ebd., S. 156 f.

229 Zit. n. Klaas Meilier: Hochsaison in Sils-Maria, S. 101 f.

230 Briefe von und an MvM, S. 159.

231 Meta von Salis-Marschlins: Philosoph und Edelmensch – ein Beitrag zur Charakteristik Friedrich Nietzsches, Leipzig 1897, S. 6 f.

232 Ebd., S. 10.

233 Ebd., S. 12; Nietzsche: Briefe, Bd. 6, S. 513 (Airolo, 12.7.1884).

234 Philosoph und Edelmensch, S. 13, 15.

235 Philosoph und Edelmensch, S. 36 f.

236 Ebd., S. 56.

237 Ebd., S. 80.

238 Sils-Maria, 14.9.1887; Nietzsche: Briefe, Bd. 8, S. 150 f.

239 Ebd., S. 372.

240 Ebd., S. 510.

241 Rom, 24.1.1887; Briefe von und an MvM, S. 178 f.

242 26.9.1888; zit. n. Ruth Stummann-Bowert: Meta Baronin von Salis-Marschlins – Ihre Verbindungen zu Malwida von Meysenbug und Friedrich Nietzsche, in: MvM-Jb. 1996, S. 183.

243 23.6.1895; ebd., S. 312.

244 Ebd., S. 355.

245 Carol Diethe: Vergiss die Peitsche. Nietzsche und die Frauen (aus dem Engl.), Hamburg/Wien 2000, S. 106.

246 Meta von Salis-Marschlins: Philosoph und Edelmensch, S. 3.

247 Rom, 3.5.1893; R II 1647.

248 RR – MvM, Bd. 3, S. 1476; wörtlich: Die Schwester sei »trop partielle«; und dann in Klammern: »Ist das französisch? Ich habe mein Französisch durch das Italienische vergessen.« »Partiell« bedeutet »partiell«; das ergibt so recht keinen Sinn; dagegen italienisch »parziale« bedeutet »parteilich«.

9 EIN TEMPERAMENTVOLLES INTERMEZZO ALS »SCHÖNE ÜBERRASCHUNG«: ÜBER »PHÄDRA« ZUR FREUNDSCHAFT MIT ALEXANDER VON WARSBERG

1 Elisabeth Frenzel: Stoffe der Weltliteratur, 2. Aufl. Stuttgart 1963, S. 514–517.

2 Malwida von Meysenbug: Phädra, 2. Aufl. Berlin/Leipzig 1907, S. 494.

3 Dem widerspricht Birgit Linda Emberger: Die Romantriologie Phädra von Malwida von Meysenbug. Antikerezeption gegen Ende des 19. Jahrhunderts, in: MvM-Jb. 2010, S. 17; sie findet sogar: »Die Handlung ist überraschend modern und vorwiegend nach realistischen Grundsätzen konzipiert.« Vgl. dagegen das im Folgenden zitierte Urteil von Anni Pierreck, das auf gründlicher Textanalyse beruht!

4 Ebd., S. 215.

5 Ebd., S. IX f.

6 Gaby Vinant: MvM, S. 257.

7 Werner Richter: Frankreich von Gambetta bis Clemenceau, Erlenbach-Zürich 1946, S. 82.

8 Darauf verweist Karl-Heinz Nickel: Die Pariser Kommune in der *Phädra*, S. 102.

9 An Malwida, 19.3.1885; R II 1398.

10 Karl-Heinz Nickel: Die Pariser Kommune in der *Phädra*, in: Durch lauter Zaubergärten der Armida, S. 100.

11 R II 1398.

12 Darauf verweist Piorreck, S. 195, 209.

13 Ebd., S. 205 f.

14 Versailles, 24.10.1885; R II 1414.

15 Rom, Mai 1885; Briefe an Olga, S. 179.

16 Briefe von und an MvM, S. 205.

17 Ebd., S. 209.

18 Rom, 14.12.1887; ebd., S. 240 f.

19 Venedig, 1888; ebd., S. 272.

20 5.5.1886; ebd., S. 217.

21 16.5.1886; ebd., S. 219.

22 Dass dies ein »Glücksfall« ist, hebt einleitend Hannelore Teuchert hervor in ihrem Beitrag über den Briefwechsel zwischen Malwida und Warsberg (in: Briefe als Zeugnisse eines Frauenlebens, S. 265).

23 Dazu kritisch Hannelore Teuchert (ebd.), auch über andere Auslassungen Berta Schleichers: »Wie mir scheint, sind es gerade diese, welche die Persönlichkeiten der Schreibenden stärker hervortreten, sie lebendiger erscheinen lassen und von dem Klischee des ›Edelmenschen‹ befreien. Das gilt besonders für Alexander von Warsberg.«

24 13.5.1888; GSA 116/217.

25 Korfu, 16.2.1886; R II 1427 (fehlt in Briefe von und an MvM, S. 213).

26 Korfu, 22.6.1886; Briefe von und an MvM, S. 224.

27 R II 1436.

28 R II 1525.

29 16.2.1886; Briefe von und an MvM, S. 213.

30 Bad Ems, 16.7.1888; R II 1509.

31 München, Juni 1888; Briefe von und an MvM, S. 276.

32 Ebd., S. 243.

33 Ebd., S. 254.

34 Bad Ems, 10.7.1888; ebd., S. 249. Als Postskript fügt sie hinzu – davon ausgehend, dass man Briefe üblicherweise auch herumzeigt und anderen vorliest: »Bitte auch meine Briefe nicht mehr Gemeingut, *nur* für Sie.« Und nur hier unterschreibt sie schlicht mit »Malwida«, sonst mit »M. Meysenbug«.

35 Alexander Warsberg: Dalmatien: Tagebuchblätter aus dem Nachlasse, Wien 1904, S. 117.

36 4.7.1888; Briefe von und an MvM, S. 246 f.

37 27.7.1888; R II 1510.

38 An Warsberg, 4.9.1888 und 29.9.1888; GSA 116/217.

39 Briefe von und an MvM, S. 238.

40 Ebd., S. 240.

41 H. Teuchert: Der Briefwechsel zwischen MvM und Alexander von Warsberg, S. 268.

42 R II 1496.

43 Briefe von und an MvM, S. 232.

44 Ebd., S. 234.

45 3.8.1888; R II 1511.

46 Bad Ems, 5.8.1888, mit Bezug zu ihrem Brief vom 31.7.1888; Briefe von und an MvM, S. 251, 249.

47 Jacob Burckhardt: Die Kultur der Renaissance in Italien, Neuausgabe Stuttgart 1966, S. 153; in dem gesamten Opus gilt Aretino Burckhardts größter Abscheu!

48 Versailles, 16.11.1888; Briefe von und an MvM, S. 262.

49 Ebd., S. 261.

50 Ebd., S. 260 f.

51 Hannelore Teuchert: Der Briefwechsel zwischen Malwida von Meysenbug und Alexander von Warsberg, in: Briefe als Zeugnisse eines Frauenlebens, S. 276.

52 Versailles, 16.11.1888; Briefe von und an MvM, S. 261.
53 R II 1536.
54 R II 1527.
55 R II 1537.
56 Rom, 6.1.1889; Briefe von und an MvM, S. 265 f.
57 Ebd., S. 270.
58 Venedig, 18.5.1889; ebd.
59 Rom, Ende Mai 1889; ebd., S. 271.
60 Ostermontag 1889; GSA 116/217.
61 De Rosa an MvM, 20.6.1889; GSA 116/91: »Ich habe für Sie eine solche Verehrung, eine solche Vergötterung, dass ich sie in Worten nicht auszudrücken vermag.«
62 R II 1556.
63 GSA 116/91.
64 An MvM, 18.5.1889; ebd.
65 An Carl v. Meysenbug; 6.7.1889; R II 1571.
66 An Daniela Thode, Versailles, 14.6.1889; R II 1569.
67 20.7.1889; R II 1573.
68 6.7.1889; R II 1571.
69 RR – MvM, Bd. 1, S. 98. Rolland geht nicht darauf ein; möchte er nicht gern für sie dieser Philipp sein? Es fällt auf, dass »Phädra« in der Folge nie ein Thema zwischen ihm und Malwida ist.
70 Ebd., S. 360 (26. 10. 1891). Hannelore Teuchert schließt ihren Beitrag über den Briefwechsel zwischen Malwida und Warsberg mit dem Ausblick: »Merkwürdigerweise empfand sie den jungen Romain Rolland als sein (Warsbergs) Vermächtnis.«

10 HÖCHSTE ERFÜLLUNG IM ALTER: MALWIDA UND DER JUNGE ROMAIN ROLLAND – EINE ZÄRTLICHE, DOCH STREITBARE LIEBE

1 Bernard Duchatelet: Romain Rolland tel qu'en lui-même, Paris 2002, S. 46.
2 Eindrucksvolle Schilderung dieser neuen Leidenschaft, bei der man spürt, wie der Autor innerlich mitgerissen ist, in der Biografie seines späteren Freundes Stefan Zweig (Romain Rolland, urspr. 1921, Frankfurt 1987, S. 60: »hinreißendes Verlangen, gleich Shakespeare Geschichte in Gedicht zu verwandeln«).
3 RR – MvM, Bd. 1, S. 211 f. (ohne Datum, offenbar Januar 1891), den Monod gemahnt habe: »Höre nicht zu sehr auf den Rat deiner Freundin, die vielleicht zu enthusiastisch und zu ideal ist.«
4 Dazu ausführlich Jacques Le Rider: Romain Rolland et Malwida von Meysenbug, in: MvM-Jb. 2010, S. 108 f., auch über die dadurch zeitweise entstehende Spannung zwischen ihr und Monod, den Rollands Familie bittet, dem Einfluss Malwidas entgegenzuwirken.
5 Le Rider: Malwida von Meysenbug, S. 455 f.
6 Rolland: Die Reise nach innen (urspr. 1942), Berlin o. J. (1959), S. 172.
7 Dazu Wolfgang Kalinowsky: Der Gedankenaustausch über Johann Wolfgang von Goethe im Briefwechsel zwischen Malwida von Meysenbug und Romain Rolland, in: MvM-Jb. 2000, S. 32.
8 Im Register der von Wolfgang Kalinowsky herausgebrachten großen Edition der Korrespondenz zwischen Malwida und Rolland finden sich zu »Guerrieri« über achtzig Seitenverweise.
9 Darauf bezieht sich allem Anschein nach ihre wütende Klage in ihrem Brief vom 31.5.1891 an Rolland; RR – MvM, Bd. 1, S. 258 f.
10 Duchatelet: Romain Rolland, S. 66
11 Vgl. ihren Brief an ihn vom 4.5.1893; RR – MvM, Bd. 2, S. 824.
12 Ebd., S. 891 f.

13 Vgl. seinen Brief vom 23.8.1894; ebd., Bd. 2, S. 1023.
14 28.8.1896; ebd., S. 1334.
15 RR – MvM, Bd. 2, S. 888.
16 R III 1621.
17 Duchatelet: Romain Rolland, S. 74.
18 RR – MvM, Bd. 3, S. 1769.
19 Ebd., S. 1776 (21. 3. 1901).
20 1.3.1891; ebd., S. 1771.
21 In: Berta Schleicher (Hg.): Romain Rolland – Malwida von Meysenbug. Ein Briefwechsel, Stuttgart 1932, S. 11.
22 R II 1590.
23 13.12. und 31.12.1889; Briefe an Olga, S. 215 und 216.
24 Ebd., S. 219.
25 R II 1599.
26 Darauf verweist er selber am 6.7.1892; RR – MvM, Bd. 1, S. 738 f.
27 Ebd., S. 105.
28 Romain Rolland: Vor des Jahrhunderts Schwelle. Erinnerungen und Tagebuchaufzeichnungen, Berlin 1965 (frz. Erstausgabe 1956), S. 26.
29 Brigitte Hamann: Bertha von Suttner. Ein Leben für den Frieden, München/Zürich 2005 (urspr. 1986), S. 122 ff. Ebd., S. 118: Merkwürdigerweise erwiderte die Autorin auf die ihr oft gestellte Frage, wie sie auf dieses Buch gekommen sei, das könne sie nicht sagen!
30 Rolland: Vor des Jahrhunderts Schwelle, S. 68 f.
31 Versailles, 20.10.1891; RR – MvM, Bd. 1, S. 351.
32 Ebd., S. 564 f.
33 Ebd., Bd. 2, S. 1216.
34 Duchatelet: Romain Rolland, S. 56.
35 Zweig: Romain Rolland, S. 30 f.
36 RR – MvM, Bd. 3, S. 1596.
37 Vgl. seine Briefe an Malwida vom 26.8.1890 (RR – MvM, Bad 1, S. 96 f.) und vom 3. oder 4.1.1891 (ebd., S. 207) über seine Nerven: »In meinem Inneren tue ich nichts als zittern.«
38 28.4.1892; ebd., S. 666. Das hat ihr ein Arzt geraten, auf den sie offenbar große Stücke hält.
39 RR – MvM, Bd. 2, S. 1176.
40 Ebd., Bd. 1, S. 435.
41 Le Rider: MvM, S. 505.
42 Rolland: Die Reise nach innen, S. 178 f.
43 RR – MvM, Bd. 1, S. 139.
44 Ebd., S. 566.
45 Rolland: Die Reise nach innen, S. 401.
46 Vgl. seinen Brief vom 20./21. 3. 1892; RR – MvM, Bd. 1, S. 606.
47 Rolland: Die Reise nach innen, S. 406.
48 Briefe an Olga, S. 247.
49 RR – MvM, Bd. 1, S. 350.
50 Ebd., S. 351.
51 Ebd., S. 731.
52 Versailles, 8.7.1892; ebd., S. 740.
53 Ebd., S. 257.
54 Ebd., S. 19.
55 Ebd., S. 413 f.
56 Ebd., S. 541.
57 Ebd., Bd. 1, S. 178.
58 Im Nachwort zu Rolland: Empedokles von Agrigent und das Zeitalter des Hasses, Leipzig 1948, S. 61 f.
59 RR – MvM, Bd. 3, S. 1843.
60 Von dem »Empédocle«-Drama von 1890, das nie veröffentlicht wurde, sind anscheinend nur noch Fragmente erhalten; offenbar hat es Rolland aus seiner späteren Empedokles-Sicht heraus nicht mehr geschätzt.
61 RR – MvM, Bd. 2, S. 1222.
62 Ebd., Bd. 3, S. 1725.
63 4.7.1924; Rolland: Die Reise nach innen, S. 382.
64 Paris, 30.12.1901; RR – MvM, Bd. 3, S. 1838.
65 Ebd., Bd. 1, S. 97.
66 Paris, 24./25.2.1892; ebd., S. 563.
67 Ebd., S. 391.
68 Paris, 17.11.1891; ebd., S. 392.

69 An Augusta von Stein, ohne Datum; Briefe von und an MvM, S. 93.
70 Rom, 13. und 14.3.1890; RR – MvM, Bd. 1, S. 9 f.
71 Ebd., S. 33 f.
72 Ebd., S. 37.
73 Versailles, 8.8.1893; ebd., S. 858.
74 Rolland: Die Reise nach innen, S. 193.
75 Romain Rolland – Stefan Zweig: Von Welt zu Welt. Briefe einer Freundschaft 1914–1918 (aus dem Französ.), Berlin 2014, S. 430.
76 Stefan Zweig: Romain Rolland (urspr. 1921/26), Frankfurt 1987, S. 372f.
77 Ebd., S. 62.
78 Jacques Le Rider: Romain Rolland et Malwida von Meysenbug, in: MvM-Jb. 2010, S. 102.
79 Vgl. Duchatelet: Romain Rolland, S. 44.
80 Dazu bemerkt allerdings Wolfgang Kalinowsky, der Herausgeber des Briefwechsels zwischen Malwida und Rolland (an Verf., 15.6.2020): »Malwida ist der totale Gegenentwurf zu seiner streng katholischen Mutter, die von ihrem Sohn auf Grund der Opfer, die sie für ihn gebracht hat, eine Gegenleistung erwartet: nach dem erfolgreichen Abschluss des Studiums soll er als Lehrer möglichst bald Geld verdienen und auf eigenen Füßen stehen. Zudem erwartet sie, dass er jeden Tag aus Italien an sie schreibt. … Dass Malwida sein literarisches Talent als erste erkannt hat und fördert, wo sie es nur kann, auch gegen die Widerstände seiner Familie, wird RR nie vergessen.«
81 Paris, 15.12.1891; RR – MvM, Bd. 1, S. 437.
82 Vgl. Le Rider: Malwida von Meysenbug, S. 457, 459 f.
83 RR – MvM, Bd. 1, S. 111.
84 Auch Johanna Schopenhauer, die zu Goethe regen Kontakt hielt, ebenso wie ihr Sohn Arthur, der von Malwida verehrt wurde, schrieben »Göthe«; daher mag sie an dieser Schreibweise festgehalten haben. Der Verdacht liegt nahe, dass Malwida mit dieser Schreibweise gegenüber Rolland das sehr Deutsche dieses Dichters – im Französischen gibt es ja kein ö – und ihre enge Vertrautheit mit ihm betont.
85 Vgl. Michael Crass: »Schreibt man Goethe, Göthe oder Göhte?« (Internet).
86 5.9.1890; RR – MvM, Bd. 1, S. 108.
87 11.9.1890; RR – MvM, Bd. 1, S. 117 f.
88 Simplicissimus Jg. 14/1910, H. 46, S. 805; dieses Karikaturenpaar steht am Anfang des mit einem Essay von Theodor Heuss schließenden Bandes »Der Deutsche in seiner Karikatur – Hundert Jahre Selbstkritik«, Stuttgart o. J.
89 Berta Schleicher: Malwida von Meysenbug, S. 87.
90 RR – MvM, Bd. 1, S. 49.
91 Ebd., Bd. 3, S. 1454.
92 3.9.1897; ebd., S. 1455.
93 Ebd., S. 1681.
94 Rom, 12.–13. 4. 1891; RR – MvM, Bd. 1, S. 249.
95 Paris, 1./2. 4. 1892; ebd., S. 623.
96 Villars, 14.9.1893; ebd., Bd. 2, S. 874.
97 Ebd., Bd. 3, S. 1874.
98 Paris, 18.12.1893; ebd., Bd. 2, S. 908.
99 23.12.1890; ebd., Bd. 1, S. 201.
100 RR – MvM, Bd. 1, S. 92 f.
101 Versailles, 27.8.1890; ebd., S. 98.
102 Ebd., S. 17.
103 Ebd., S. 29.
104 29.6.1890; ebd., S. 48.
105 Rom, 4.6.1890; ebd., S. 54.
106 Brunnen, Waldstätterhof, 13.6.1902; ebd., Bd. 3, S. 1871.
107 19.6.1902; ebd., S. 1874.
108 Rolland: Die Reise nach innen, S. 149.
109 Ebd., S. 151.
110 Ernst Robert Curtius: Französischer Geist im zwanzigsten Jahrhundert (urspr. 1952), 2. Aufl. Bern/München 1960, S. 76.

111 29.1. und 1.2.1895; ebd., Bd. 2, S. 1092 und 1093.
112 Ebd., S. 1167.
113 Anfang August 1895; ebd., S. 1173.
114 8.8.1895; ebd., S. 1174 und 1175.
115 Lugano, 15.9.1899; ebd., Bd. 3, S. 1672 f.
116 Ebd., S. 1885.
117 23.9.1902; ebd., S. 1894 f.
118 Stefan Zweig: Romain Rolland (urspr. 1921/26), Frankfurt 1987, S. 52.
119 Curtius: Französischer Geist im zwanzigsten Jahrhundert, S. 185.
120 R II 1620.
121 Versailles, 14.9.1890; RR – MvM, Bd. 1, S. 122.
122 Ebd, S. 420.
123 Le Rider: MvM, S. 484.
124 R III 1766.
125 RR – MvM, Bd. 2, S. 1163.
126 Le Rider: MvM, S. 488; ebd. S. 483: Bereits am 15.6.1891 hat er Rolland geklagt, Malwida falle ihm auf die Nerven, anscheinend besonders durch ihre Begeisterung für Rolland!
127 Ebd., S. 488.
128 RR – MvM, Bd. 1, S. 514.
129 Ebd., S. 574.
130 Ebd., S. 756.
131 Rom, 2.1.1900; ebd., Bd. 3, S. 1698 f.
132 Ebd., Bd. 1, S. 172.
133 Ebd., S. 180.
134 Versailles, 8.11.1890; ebd., S. 182.
135 Ebd., Bd. 2, S. 966.
136 RR – MvM, Bd. 1, S. 492.
137 Ebd., Bd. 2, S. 1142.
138 Paris, 4.6.1895; ebd., S. 1149.
139 Rom, 6.6.1895; ebd., S. 1150.
140 Rolland: Die Reise nach innen, S. 293 f.
141 Wolfgang Kalinowsky im Vorwort zu der von ihm 2018 im Privatdruck neu herausgebrachten Übersetzung des »Orsino« durch Malwida.
142 Ebd., S. 34 f.
143 Ebd., S. 63.
144 Ebd., S. 67.
145 Ebd., S. 16 f.
146 Ebd., S. 138.
147 12.2.1892; RR – MvM, Bd. 1, S. 538.
148 Ebd., S. 311.
149 7./8. 1891; ebd., S. 312.
150 Ebd., S. 658.
151 Ebd., S. 702.
152 4.2.1896; ebd., Bd. 2, S. 1239.
153 7.2.1896; ebd., S. 1242.
154 5.3.1896; ebd., S. 1254.
155 3.1.1899; ebd., Bd. 3, S. 1609.
156 RR – MvM, Bd. 1, S. 319 f.
157 24.9.1891; ebd., S. 322.
158 Ebd., S. 249.
159 Ebd., S. 277.
160 5.8.1891; ebd.
161 So am 26.11.1891 an Daniela Thode: »In Rolland ersteht (dem französischen Theater) eine neue, *reine*, wahrhaft geniale, schöpferische Kraft, die bei dem tiefsten Durchdrungensein von Shakespeare's und Wagner's Größe doch dem nationalen Geiste in veredelnder Weise Rechnung tragen will und wird.«
162 Motyljowa: Romain Rolland, S. 33 f.
163 RR – MvM, Bd. 1, S. 724 f.
164 Zweig: Romain Rolland, S. 158.
165 Romain Rolland: Ludwig van Beethoven, Neuausgabe Leipzig 1927, S. 6.
166 Ebd., S. 77.
167 Ebd., S. 73.
168 Ebd., S. 4.
169 Paris, 10.8.1890; RR – MvM, Bd. 1, S. 81.
170 Versailles, 11.8.1890; ebd., S. 84.
171 Paris, 9.1.1895; ebd., S. 1080.
172 Mainz, 18.4.1901; ebd., Bd. 3, S. 1782, auch 1784 (25.4.1901).
173 Rom, 21.4.1901; ebd., S. 1783 f.
174 Rom, 6.2.1903; ebd., S. 1920.
175 Versailles, 30.6.1892; ebd., Bd. 1, S. 735.
176 Ebd., S. 431.
177 Ebd., Bd. 3, S. 1902.

178 Rolland: Vor des Jahrhunderts Schwelle, S. 142.
179 Zweig: Romain Rolland, S. 15.
180 Romain Rolland: Johann Christof, Bd. 1 (aus dem Frz. übersetzt von Erna Grautoff), Berlin 1966, S. 481 f.
181 Ebd., S. 551. Dazu bemerkt die Wagner-Kennerin Petra Wilberg (6.12.2020 an Verf.): »Auch Wagner selbst mochte die Wagnerianer nicht.«
182 Curtius: Französischer Geist im zwanzigsten Jahrhundert, S. 94.
183 Darauf verweist Zweig: Romain Rolland, S. 182 f.
184 RR – MvM, Bd. 1, S. 81.
185 Rolland: Die Reise nach innen (urspr. 1942), Berlin 1962, S. 194 f.
186 Ebd., S. 115.
187 RR – MvM, Bd. 1, S. 159 (13.10.1890) und 160 (13.10.1890).
188 Rolland: Die Reise nach innen, S. 177.
189 RR – MvM, Bd. 1, S. 374.
190 Duchatelet: Romain Rolland, S. 123.
191 Rolland: Vor des Jahrhunderts Schwelle, S. 117.
192 RR – MvM, Bd. 2, S. 878.
193 Versailles, 3.10.1893; ebd., S. 879.
194 4.9.1902; ebd., S. 1890.
195 Ebd., S. 1891 f.
196 19.9.1902; ebd., S. 1893.
197 Werner Broer: Malwida von Meysenbug – eine »aristokratische Demokratin«, in: Briefe als Zeugnisse eines Frauenlebens, S. 64.
198 Rom, 25.3.1892; RR – MvM, Bd. 1, S. 611 f.
199 Paris, 27.3.1892; ebd., S. 617.
200 29.3.1892; ebd., S. 618.
201 Briefe von und an MvM, S. 27.
202 Florenz, 20.11.1867; R I 585.
203 RR – MvM, Bd. 1, S. 50.
204 Rom, 25.1.1894; ebd., Bd. 2, S. 928.
205 Ebd., S. 1118.
206 Ebd., S. 1153.
207 Rom, 21.6.1895; ebd., S. 1157.
208 Ebd., S. 1198.
209 Ebd., Bd. 3, S. 1569.
210 9.9.1898; ebd., S. 1578.
211 Ebd., Bd. 2, S. 1100.
212 Clamecy, 9.8.1891; RR – MvM, Bd. 1, S. 284. Dazu Malwida am 11. 8. aus Bayreuth (ebd., S. 286) beruhigend: Wenn das wirklich ein dauerhaftes Bündnis würde, was sie sich bei dem Kontrast zwischen Frankreich und Russland nicht vorstellen könne, dann würden sie beide eben »in einem Winkel von Sizilien oder Korfu ihre Zuflucht nehmen und die Welt vergessen«.
213 Ebd., S. 291.
214 27./28. 8. 1891; ebd., S. 303.
215 Ebd., S. 306.
216 Paris, 31.10.1895; ebd., Bd. 2, S. 1201.
217 Vgl. ihren Brief vom 7.11.1895; ebd., S. 1204 f.
218 22.7.1894; ebd., S. 1007 f.
219 13.8.1894; ebd., S. 1017.
220 Rom, 6.7.1894; ebd., S. 1001.
221 Mezzarate 15.7.1894; ebd., S. 1004.
222 Erich Eyck: Das persönliche Regiment Wilhelms II. Politische Geschichte des Deutschen Kaiserreiches von 1890 bis 1914, Erlenbach-Zürich 1948, S. 393 f.
223 Duchatelet: Romain Rolland, S. 129.
224 S. o.; Paris, 27.3.1895; RR – MvM, Bd. 2, S. 1118.
225 5.4.1895; ebd., S. 1122.
226 Dazu Eyck: Das persönliche Regiment Wilhelms II., S. 169 f.
227 24.2.1897; RR – MvM, Bd. 3, S. 1402.
228 5.2.1897; ebd., S. 1395; 24.2.1897; ebd., S. 1402.
229 26.2.1897; ebd., S. 1403.
230 Eyck, S. 272.
231 RR – MvM, Bd. 3, S. 1757 f., 1759.
232 14.12.1900; ebd., S. 1760 f.
233 Amalfi, 8.10.1901; R III 2108.
234 Vgl. Berta Schleicher (Hg.): RR – MvM. Ein Briefwechsel, Stuttgart 1932, S. 17.

235 RR – MvM, Bd. 2, S. 1153.
236 Rom, 21.6.1895; ebd., S. 1157.
237 Marie-Claire Hoock-Demarle: L'Europe des lettres. Réseaux épistolaires et construction de l'espace européen, Paris 2008, Kapitelüberschrift auf S. 407.
238 Ebd., S. 419.
239 RR – MvM, Bd. 1, S. 288.
240 Ebd., S. 614.
241 Ebd., Bd. 3, S. 1864.
242 Briefe an Olga, S. 15 f.
243 5.7.1873; Briefe von und an MvM, S. 40.
244 4.1.1900; LLB, Autogr. 505.
245 Paris, 11.1.1899; RR – MvM, Bd. 3, S. 1611.
246 Rom, 13.1.1899; ebd., S. 1613.
247 Paris, 19.1.1899; ebd., S. 1613f.
248 Ranke: Sämtliche Werke, Bd. 33/34, Leipzig 1874, S. 51.
249 Vgl. Brigitte Hamann: Bertha von Suttner, S. 63 u. a., darüber, wie diese in jungen Jahren den Russisch-Türkischen Krieg im Kaukasus erlebt.
250 RR – MvM, Bd. 1, S. 219 f.
251 Ebd., S. 531.
252 Ebd., Bd. 2, S. 1087; ähnlich am 5.3.1895, ebd., S. 1109.
253 9./10. 4. 1892; ebd., Bd. 1, S. 637.
254 20.2.1892; ebd., S. 555 f.
255 Rolland: Die Reise nach innen, S. 378.
256 Ebd., S. 190.
257 Erich Eyck: Das persönliche Regiment Wilhelms II., S. 253.
258 Briefe an Olga, S. 299.
259 Versailles, 18.9.1893; R II 1660.
260 An Rolland, 4.2.1900; RR – MvM, Bd. 3, S. 1707.
261 Rom, 23.12.1900; R III 2086.
262 Bülow: Denkwürdigkeiten, Bd. 1, S. 472 f.
263 RR – MvM, Bd. 3, S. 1851.
264 Ebd., S. 1856.
265 Rom, 23.12.1900; R III 2086.
266 RR – MvM, Bd. 3, S. 1757.
267 Morschach, 12.9.1901; ebd., S. 1816.
268 Paris, 9.12.1901; ebd., S. 1834; 12.2.1902; ebd., S. 1849.
269 Ebd., S. 1880.
270 13.8.1902; ebd., S. 1886.
271 Denis Mack Smith: Mazzini, New Haven/London 1994, S. 2, 80, 112, 118, 136, 151.
272 RR – MvM, Bd. 2, S. 921.
273 Rom, 13.12.1895; ebd., S. 1217 f.
274 Alfred Heuß: Römische Geschichte, Braunschweig 1960, S. 116.
275 Paris, 18.12.1895; RR – MvM, Bd. 2, S. 1219.
276 27.8.1895; ebd., S. 1182.
277 Stresa, 28.8.1895; ebd., S. 1185.
278 Ebd., S. 1253.
279 R III 1798.
280 Rom, 3.4.1896; RR – MvM, Bd. 2, S. 1269.
281 Rom, 20.11.1896; ebd., S. 1363.
282 Rom, 2.4.1896; R III 1808.
283 Rom, 6.12.1895; ebd., S. 1216.
284 Paris, 10.12.1895; ebd., S. 1217.
285 Rom, 13.12.1895; ebd., S. 1218.
286 Ebd., S. 1219 f.
287 20.12.1895; ebd., S. 1220.
288 Ebd., Bd. 1, S. 218.
289 Genua, 26.10.1890; ebd., S. 172.
290 Ebd., S. 535, 537.
291 Rom, 14.2.1892; ebd., S. 542.
292 R II 1396.
293 Vgl. Heinrich Zimmer: Indische Mythen und Symbole (aus dem Engl.), urspr. 1951, Neuausgabe Düsseldorf/Köln 1972, S. 70 f.
294 RR – MvM, Bd. 3, S. 1496.
295 Ebd., Bd. 2, S. 1170.
296 Ebd., S. 921.
297 Paris, 13.10.1896; ebd., S. 1348.
298 Rom, 16.10.1896; ebd., S. 1349.
299 Eyck: Das persönliche Regiment Wilhelms II., S. 250.
300 Paris, 20.10.1896; RR – MvM, Bd. 2, S. 1351.
301 Ebd., Bd. 3, S. 1414 f.
302 Rom, 19.3.1897; ebd., S. 1411.
303 Rom, 5.-6. 3. 1898; R III 1921.
304 RR – MvM, Bd. 3, S. 1613.
305 Ernst Nolte: Der Faschismus in seiner

Epoche. Action francaise – Italienischer Faschismus – Nationalsozialismus, München 1963, S. 90 ff.

306 Le Rider: L'Affaire Dreyfus dans la correspondence de Romain Rolland et Malwida von Meysenbug, in: Études Romain Rolland, Cahiers de Brèves No. 38. Dezember 2016, S. 46; auch ders.: Malwida von Meysenbug, S. 346 ff.

307 Er pflegt diese als »dreyfusistes« zu bezeichnen, wogegen sich in der Folgezeit in Frankreich allgemein die Bezeichnung »dreyfusard« durchsetzte; daher wird diese auch hier gebraucht. »Dreyfusistes« als solches hatte jedoch nicht, wie man bei Rolland argwöhnen könnte, einen abfälligen Unterton; diesen hat vielmehr in typischen Fällen das Suffix -ard, so Jacques Le Rider an Verf., 19.12.2020.

308 Duchatelet: Romain Rolland, S. 89; er hält Rollands damalige Aversion gegen die Juden, nicht nur aus seiner Sicht im damaligen Frankreich eine in sich geschlossene Macht, für entscheidend.

309 Le Rider: L'Affaire Dreyfus dans la correspondance de Romain Rolland et Malwida von Meysenbug, in: Études Romain Rolland, Cahiers de Brèves No. 38, Dezember 2016, S. 46.

310 Kalinowsky an Verf., 20.11.2020.

311 Ders. an Verf., 14.6.2020.

312 Rom, 11.6.1899; RR – MvM, Bd. 3, S. 1656. Selbst Hans-Ulrich Wehler, Autor einer durchweg kritischen Geschichte des deutschen Kaiserreiches, meinte im Gespräch mit mir, eine derartige kriminelle Energie wie in der französischen Heeresleitung im Zuge der Dreyfus-Affäre sei in der damaligen deutschen nicht vorstellbar gewesen.

313 Ebd., Bd. 2, S. 1087.

314 24.1.1895; ebd., S. 1088.

315 Paris, 28.11.1897; ebd., Bd. 3, S. 1483f.

316 Rom, 3.12.1897; ebd., S. 1485.

317 Paris, 17.12.1897; ebd., S. 1490.

318 Werner Richter: Frankreich von Gambetta zu Clemenceau, Erlenbach-Zürich 1946, S. 239 f., 241.

319 RR – MvM, Bd. 3, S. 1491.

320 Vincent Duclerc: Die Dreyfus-Affäre. Militärwahn, Republikfeindschaft, Judenhaß (aus dem Frz.), Berlin 1994, S. 97 f. und das Kapitel »Geburt der Intellektuellen«, S. 114 f.

321 Paris, 15.1.1894; RR – MvM, Bd. 2, S. 922.

322 Ebd., Bd. 3, S. 1654 f.

323 Rom, 5.6.1899; ebd.

324 Rom, 23.12.1899; R III 2041

325 Rolland: Vor des Jahrhunderts Schwelle, S. 322.

326 Ders.: Die Reise nach innen, S. 194.

327 Ders.: Vor des Jahrhunderts Schwelle, S. 363.

328 Le Rider: L'Affaire Dreyfus dans la correspondence de Romain Rolland et Malwida von Meysenbug, S. 46.

329 RR – MvM, Bd. 3, S. 1478 f.

330 Ebd., S. 1485.

331 Rom, 10.12.1897; ebd., S. 1489.

332 Paris, 3.11.1897; ebd., S. 1475.

333 Ebd., S. 1501.

334 Paris, 21.1.1898; ebd., S. 1503.

335 Rom, 27.1.1898; ebd., S. 1505.

336 So am 21.1.1898; ebd., S. 1504.

337 An Monod, 13.7.1898; R III 1943.

338 Rom, 25.12.1898; R III 1937.

339 Zu ihr vgl. Karin Hollmann: Marie Herzfeld – eine neuentdeckte Briefpartnerin von Malwida, in: MvM-Jb. 1994, S. 132 ff.

340 R III 1912.

341 R III 1919.

342 R III 1979.

343 Jacques Viard: Malwida von Meysenbug, Gabriel Monod, Romain Rolland und Charles Péguy, in: MvM-Jb. 1998, S. 76.

344 R III 2018.

345 RR – MvM, Bd. 3, S. 1525.

346 Zit. n. Sabine Hering/Karl-Heinz Nickel (Hg.): Malwida von Meysenbug. Ausgewählte Schriften, Königstein/Taunus 2000, S. 438, 437, 439.

347 Wie dort vermerkt ist, bekam Malwida einen Impuls zu dieser Schrift durch das 1898 erschienene Buch von H. Villemar: Dreyfus intime.

348 LAV, D 72, Nr. 18.

349 RR – MvM, Bd. 3, S. 1501. Ähnlich am 27.1.1898 an Siegfried Wagner (R III 1918): »Zola's Vorgehen ist großartig und ich verzeihe ihm alle seine literarischen Sünden. Er wird nicht siegen, fürchte ich, aber er hat ein großes Beispiel gegeben.«

350 Gaby Vinant: Malwida de Meysenbug, S. 328 f. Le Rider (MvM, S. 495) datiert diesen Brief bereits auf den 18.1.1898; doch von einem Tag auf den anderen hätte sie nicht diese Unterschriften sammeln können.

351 Le Rider: MvM, S. 496.

352 Rom, 14.5.1901; R III 2099.

353 An Olga, 3.10.1898; R III 1967.

354 3.2.1898; RR – MvM, Bd. 3, S. 1508.

355 15.7.1898; ebd., S. 1565.

356 21.2.1899; R III 2002; 30.5.1900; R III 2062.

357 Reinach an Malwida; Paris, 11.5.1900; R III 2059.

358 Bernhard von Bülow: Denkwürdigkeiten, Bd. 1, Berlin 1930, S. 240.

359 Ebd.

360 An Rolland, 3.2.1898; RR – MvM, Bd. 3, S. 1508; 6.5.1898, ebd., S. 1536.

361 RR – MvM, Bd. 1, S. 695.

362 2.8.1890; RR – MvM, Bd. 1, S. 76; 8.8.1890, ebd., S. 80; 18.9.1890, ebd. S. 130. Alle drei Passagen hat Berta Schleicher fortgelassen!

363 Curtius: Französischer Geist im zwanzigsten Jahrhundert, S. 158.

364 R III 1770.

365 Ebd., Bd. 3, S. 1647.

366 Paris, Mai 1899; ebd., S. 1648 f.

367 Arnold Künzli: Karl Marx. Eine Psychographie, Wien 1966, S. 195 f.

368 Darauf wies mich Moshe Zimmermann hin, ein Querdenker unter den israelischen Historikern.

369 R III 1919.

370 Die Druckfassung der Edition enthält nur ein Personenregister; doch Wolfgang Kalinowsky hat eine CD zusammengestellt, in die man jegliches Suchwort eingeben kann. Da findet man 103-mal »idéal« mitsamt Wortverbindungen, wobei die dazugehörigen Texte manchmal über mehrere Seiten reichen.

371 In der Einleitung zu Berta Schleichers Edition des Briefwechsels, S. 10 f.

372 Versailles, 2.8.1890; RR – MvM, Bd. 1, S. 75 f.

373 Paris, 1.8.1890; ebd., S. 73.

374 5.9.1890; ebd., S. 106.

375 Vera Leuschner: Romain Rolland und Malwida von Meysenbug. Ausschnitte aus ihrem Dialog über Kunst, in: Briefe als Zeugnisse eines Frauenlebens, S. 213.

376 Paris, 11.9.1890; RR – MvM, Bd. 1, S. 116.

377 Ebd., S. 698.

378 Ebd., S. 595.

379 Rolland: Johann Christof, Bd. 1, Berlin 1966, S. 481.

380 Ebd., S. 482.

381 Ebd., S. 485.

382 Ebd., S. 484.

383 Ebd., S. 485.

384 Ebd., S. 65.

385 RR – MvM, Bd. 1, S. 603.

386 Ebd., Bd. 1, S. 626.

387 Rom, 6.4.1892; ebd., S. 632.

388 Ebd., Bd. 3, S. 1427.

389 Romain Rolland: Compagnons de Route (Essays Littéraires), Paris 1936, S. 225 Anm. (a). Ich zitiere diesen Essay aus dieser Ausgabe.

390 RR – MvM, Bd. 3, S. 1734.

391 Paris, 4.7.1900; ebd., S. 1735.

392 Rom, 13.7.1900; ebd., S. 1736.

393 Rolland: Le poison idéaliste, S. 17.

394 Dazu Joachim Radkau: Das Zeitalter der Nervosität, München 1998, Neuausgaben.
395 Rolland: Le poison idéaliste, S. 17 f.
396 Ebd., S. 19.
397 Ebd., S. 21.
398 In: Berta Schleicher (Hg.): RR – MvM. Ein Briefwechsel, S. 36.
399 RR – MvM. Bd. 3, S. 1765.
400 Berta Schleicher: Malwida von Meysenbug, S. 257.
401 Marie Herzfeld: Persönliche Erinnerungen an Malwida von Meysenbug. Ein Nachruf anlässlich ihres Todes in Rom am 26. April 1903, in: MvM-Jb. 1996, S. 170.
402 Bülow: Denkwürdigkeiten, Bd. 1, S. 551.
403 R III 1931.
404 Romain Rolland – Stefan Zweig: Von Welt zu Welt. Briefe einer Freundschaft 1914–1918, mit einem Begleitwort von Peter Handke, Berlin 2014, S. 291 f.
405 RR – MvM, Bd. 2, S. 893.
406 Ebd., S. 983.
407 Romain Rolland: Das Leben Michelangelos, Berlin 1969, S. 10.
408 Ulrich Sieg: Die Macht des Willens. Elisabeth Förster-Nietzsche und ihre Welt, München 2019, S. 249, 252, 256 u. a.
409 Ders.: Geist und Gewalt. Deutsche Philosophen zwischen Kaiserreich und Nationalsozialismus, München 2013, S. 120.
410 Joachim Radkau: Max Weber, S. 153.
411 Karl Dietrich Erdmann (Hg.): Kurt Riezler. Tagebücher, Aufsätze, Dokumente, Göttingen 1972, S. 180.
412 Über »das Überraschungsmoment von 1914« mit Kritik daran, dass viele Historiker zu einseitig nach Ursachen des Geschehens suchen mit der Tendenz, Geschichte zu determinieren, vgl. Joachim Radkau: Geschichte der Zukunft, München 2017, S. 19 f.
413 Ebd., S. 248.
414 Stefan Zweig: Romain Rolland, S. 62.
415 Berta Schleicher (Hg.): Romain Rolland – Malwida von Meysenbug, S. 20.
416 Ebd., S. 17.
417 LAV, D 72 Nr. 234.
418 Ebd.
419 Ebd.
420 Nov./Dez. 1932; ebd.
421 Ebd.

SCHLUSS ZUR AKTUALITÄT DES MALWIDA-IDEALISMUS, UND: MEIN WEG ZU MALWIDA

1 Adolf Hitler: Mein Kampf, 264. Auflage, München 1937, S. 327.
2 Ebd.
3 Ebd., S. 330.
4 Ebd., S. 596 f.
5 Martin Rüther: Der Fall Wolfgang Engelhardt, in: Hans-Werner Frohn (Hg.): Zum Umgang mit der NS-Vergangenheit im Naturschutz: Entnazifizierungsverfahren führender deutscher Naturschützer und der Fall Wolfgang Engelhardt, München 2019, S. 184.
6 Hannah Arendt: Eichmann in Jerusalem. Ein Bericht von der Banalität des Bösen (urspr. 1964), München 1986, S. 117; Irmtrud Wojak: Eichmanns Memoiren. Ein kritischer Essay, Frankfurt 2004, S. 195.
7 Thomas Petersen an Verf., 8.1.2019.
8 Anni Piorreck: Malwida von Meysenbug – zwei Jahre lang bestimmte sie mein Leben. In: Stadtsparkasse Kassel (Hg.): Malwida von Meysenbug. Ideal einer Frauengestalt des 19. Jahrhunderts, Kassel 1983, S. 105.
9 Eckart Kehr: Der Primat der Innenpolitik. Gesammelte Aufsätze zur preußisch-deutschen Sozialgeschichte im 19. und 20. Jahrhundert, hg. von Hans-Ulrich

Wehler, Berlin 1965, S. 67 f. (»Das soziale System der Reaktion in Preußen unter dem Ministerium Puttkamer«).

10 Neu veröffentlicht in Hans-Ulrich Wehler (Hg.): Moderne deutsche Sozialgeschichte, Köln/Berlin 1966, S. 85–109.

11 Ebd., S. 102.

12 Walther Köhler: Ernst Troeltsch, Tübingen 1941, S. 287 f.

13 RR – MvM, Bd. 1, S. 697.

14 Joachim Radkau: Der Historiker, die Erinnerung und das Exil. Hallgartens Odyssee und Kuczynskis Prädestination, in: Exilforschung. Ein internationales Jahrbuch, Bd. 2/1984: Erinnerungen ans Exil – kritische Lektüre der Autobiographien nach 1933 und andere Themen, S. 96.

15 »Neue Westfälische«, 30.9.2019 (Britta Schultejans/Cordula Dieckmann: »Obama feiert die Generation Greta«.

16 Dazu Joachim Radkau: Die Ära der Ökologie. Eine Weltgeschichte, München 2011, S. 363.

17 Die Theologin Dorothee Sölle brachte 1986 ein Buch mit dem Obertitel heraus: »Ein Volk ohne Vision geht zugrunde«. Wäre dem so, wäre die Bundesrepublik schon längst zugrunde gegangen, denn – wie ich in meiner »Geschichte der Zukunft« wiederholt gezeigt habe – war sie über lange Zeit im Unterschied zu früheren Epochen eher durch tiefe Ernüchterung gekennzeichnet!

18 Vgl. dazu meinen Aufsatz, der aus einem Vortrag in Berlin vor der Heinrich-Böll-Stiftung am 19.2.2018 hervorging: Utopie. Die Zukünfte des Vergangenen, in: Heinrich-Böll-Stiftung (Hg.): Stichworte zur Zeit. Ein Glossar, Bielefeld 2020, S. 267–278.

ABKÜRZUNGEN

I - V: Berta Schleicher (Hg.): Malwida von Meysenbug. Gesammelte Werke, 5 Bde., Stuttgart/Berlin/Leipzig 1922.
BRIEFE AN KINKEL: Stefania Rossi/Yoko Kikuchi (Hg.): Malwida von Meysenbug. Briefe an Johanna und Gottfried Kinkel 1849–1885, Bonn 1982.
BRIEFE AN DIE MUTTER: Malwida von Meysenbugs Briefe an die Mutter. Typoskript von Alfred Bergmann, Lippische Landesbibliothek Detmold (Originalbriefe in Weimar, Goethe- und Schiller-Archiv).
BRIEFE VON UND AN MvM: Berta Schleicher (Hg.): Briefe von und an Malwida von Meysenbug, Berlin 1920.
BRIEFE ALS ZEUGNISSE: Hans-Peter Wehlt (Redaktion): Briefe als Zeugnisse eines Frauenlebens. Malwida von Meysenbug und ihre Korrespondenzpartner, Selbstverlag des Nordrhein-Westfälischen Staatsarchivs Detmold, 2003.
COLLI/MONTINARI: Giorgio Colli/Mazzino Montinari (Hg.): Friedrich Nietzsche. Sämtliche Werke. Kritische Studienausgabe, München/New York 1980.
FRAUENZEITUNG: Martin Henkel/Rolf Taubert (Hg.): Das Weib im Conflict mit den socialen Verhältnissen. Mathilde Franziska Anneke und die erste deutsche Frauenzeitung, Bochum 1976.
HERING/NICKEL: Sabine Hering/Karl-Heinz Nickel (Hg.): Malwida von Meysenbug. Ausgewählte Schriften, Königstein/Taunus 2000.
LAV: Landesarchiv NRW Abt. Ostwestfalen-Lippe, früher StAD = Staatsarchiv Detmold.
LLB: Lippische Landesbibliothek Detmold.
MÄRCHENFRAU UND MALERDICHTER: Berta Schleicher (Hg.): Märchenfrau und Malerdichter. Malwida von Meysenbug und Ludwig Sigismund Ruhl. Ein Briefwechsel, München 1929.
MvM: Malwida von Meysenbug.
MvM - IDEAL: Stadtsparkasse Kassel (Hg.): Malwida von Meysenbug – Ideal einer Frauen-Gestalt des 19. Jahrhunderts, Kassel 1983.
MvM -JB.: Malwida von Meysenbug Gesellschaft (Hg.): Jahrbuch, Kassel, ab 1986, unregelmäßig.
MvM - OLGA: Berta Schleicher (Hg.): Malwida von Meysenbug. Im Anfang war die Liebe. Briefe an ihre Pflegetochter, München 1925.
NIETZSCHE - BRIEFE: Giorgio Colli/Mazzino Montinari (Hg.): Friedrich Nietzsche. Sämtliche Briefe. Kritische Studienausgabe in 8 Bänden, München 1986.
R (= REGESTEN): Annegret Tegtmeier-Breit (Redaktion): Die Korrespondenzen der Malwida von Meysenbug. Briefregesten 1827–1903. 3 Bde., Staatsarchiv Detmold 2001.
RR - MvM I - III: Wolfgang Kalinowsky (Hg.): Une amitié européenne. Romain Rolland et Malwida von Meysenbug. Correspondence 1890–1903, 3 Bde., Mainz (Selbstverlag) 2016.
SCHLEICHER: Berta Schleicher: Malwida von Meysenbug. Ein Lebensbild zum hundertsten Geburtstag der Idealistin, Berlin 1916.
ZAUBERGÄRTEN: Karl-Heinz Nickel (Hg.): Malwida von Meysenbug. Durch lauter Zaubergärten der Armida. Ergebnisse neuerer Forschungen, Kassel 2005.

LEBENSDATEN UND SCHLAGLICHTER

28. OKTOBER 1816 Malwida wird als neuntes von zwölf Kindern des kurhessischen Ministers Philipp Rivalier, hugenottischer Abkunft, und seiner Frau Ernestine in Kassel geboren. Unter Leitung ihrer Mutter erhält sie eine musisch-künstlerische Bildung; kein Schulbesuch.

12. OKTOBER 1822 Der hessische Kurfürst verleiht der kaum sechsjährigen Malwida die Anwartschaft auf eine Stiftsstelle im Stift Obernkirchen: Damit wäre ihre Versorgung auch bei Ehelosigkeit gesichert gewesen.

1825 Der Vater wird in den Adelsstand erhoben, unter dem Namen »von Meysenbug«. 1834 verleiht ihm Kaiser Franz I. von Österreich den erblichen Titel »Baron«.

1830 Die revolutionären Unruhen in Kassel, bei denen Malwidas Elternhaus mit Steinen beworfen wird, rufen bei der Vierzehnjährigen erst einmal Entsetzen und Empörung hervor – und doch wohl irgendwo eine Faszination, die ihren Höhepunkt 1848 erreicht! Am 6.11.1895 schreibt sie an einen Neffen über 1830: »Damals empfing ich meine geistige Taufe; unauslöschlich sind diese Erinnerungen der Jugend.«

1831 Nach der Abdankung des Kurfürsten als Reaktion auf die revolutionären Unruhen von 1830 begleitet Malwidas Vater den Kurfürsten nach Hanau.

OKTOBER 1831 Übersiedlung der Mutter mit den beiden jüngsten Töchtern Malwida und Laura nach Detmold, der Residenz der Fürsten zur Lippe. Dort bleibt Malwida mit Unterbrechungen bis April 1850.

1833/34 Konfirmandenunterricht bei dem Detmolder Pfarrer Georg Friedrich Althaus; Konfirmation am 29. Juni 1834, mit über 17 Jahren. Tiefe Enttäuschung, als die von der Konfirmation verheißene Erleuchtung ausbleibt; von da an sucht ihre spirituelle Sehnsucht eine Erfüllung außerhalb der Kirche, zunächst in der Kunst. Offenbar nicht bloß eine nachträgliche Dramatisierung in ihren Memoiren; schon im Juni 1834 schildert sie einer Freundin ihren inneren Kampf zwischen Glauben und Zweifeln: »Schon oft hab ich mir den Tod deshalb gewünscht, aber nein!« Todessehnsucht und ihre Überwindung: auch das ein Seelendrama ihres Lebens schon seit ihrer Jugend.

HERBST 1842 BIS APRIL 1843 Winteraufenthalt in Frankfurt beim Vater; Malstudien bei Carl Morgenstern. Um 1845 gibt Malwida das Malen wieder auf, auf Weisung eines Arztes, das sei notwendig, um ihre Augen zu retten. Die Angst um ihre Augen wird ihr ganzes Leben begleiten (»Die Augen sind meine Tyrannen«). Und doch wird sie unendlich viel lesen und schreiben!

SEIT APRIL 1843 Freundschaft mit dem sechs Jahre jüngeren Theologiestudenten und Pfarrerssohn Theodor Althaus. In der Folge verliebt sie sich in ihn und gerät durch Aneignung seiner liberal-revolutionären Ideen in Spannung zu ihrer Familie.

OKTOBER 1844 BIS MAI 1845 Reise mit ihrer Schwägerin Caroline in die Provence: Erstes Erlebnis des Südens; doch im Bagno (Kerker) von Toulon schockierende Konfrontation mit dem Elend von Gefangenen. Seit jener Zeit beginnt Malwida damit, Italienisch zu lernen, obwohl sie erst viel später nach Italien gelangt. Italien und Ideal verbinden sich für sie; in ihren »Memoiren einer Idealistin« schreibt sie (I S. 80): »Es war mir, als ob das Ideal, nach dem mein Leben eine ständige Wallfahrt war, mich dort erwarte.« Und II S. 325: »Kein Land der modernen Geschichte hat eine solche Menge wahrhaft epischer Gestalten in einer verhältnismäßig kurzen Epoche hervorgebracht, wie Italien in der ersten Hälfte dieses Jahrhunderts.«

31. MAI 1846 (PFINGSTSONNTAG) Zur Begeisterung der anwesenden Malwida hält Theodor Althaus spontan eine Bergpredigt unter freiem Himmel am Sockel des späteren Hermannsdenkmals.

30. DEZEMBER 1847 Tod des Vaters. Malwidas revolutionäre Militanz wird nicht mehr durch ihren geliebten Vater gehemmt. Doch noch viel später lässt sie auf ihn nichts kommen; am 13. September 1891 dankt sie einem Neffen für die Ehrenrettung ihres Vaters gegenüber dem Historiker Treitschke, der ihn als Günstling des Kurfürsten und seiner im Volk verhassten Mätresse darstellt (Treitschke IV S. 137 f.).

HERBST 1847 BIS APRIL 1848 In Frankfurt am Main, wo sie den Ausbruch der Revolution erlebt. Vom 31. März bis zum 4. April 1848 als Beobachterin beim Vorparlament in der Paulskirche, obwohl Frauen nicht zugelassen sind. Dessen Beschluss, dass am 1. Mai ein aus allgemeinem Stimmrecht hervorgegangenes Parlament in Frankfurt zusammentreten solle, erfüllt Malwida mit einem »Schwindel des Glücks« (I S. 148). Als sie kurz darauf Frankfurt verlassen muss, um zu ihrer Mutter nach Detmold heimzukehren, empfindet sie einen »grenzenlosen, vernichtenden Schmerz« (I S. 149).

1848 Zugleich mit der Begeisterung für die Revolution ein tiefer Schock: Malwida erfährt, dass sich Theodor Althaus in eine andere Frau verliebt hat. Von jetzt ab steht für sie nicht mehr die erotische Liebe, sondern die Freundschaft, die geistige und seelische Verbundenheit am höchsten.

APRIL 1848 Rückkehr nach Detmold. Dort organisiert sie im September, wie viele über die preußische Nachgiebigkeit gegenüber Dänemark im Waffenstillstand von Malmö (26. August) empört, zusammen mit Theodors Schwester Elisabeth ein Flottenkonzert, um Spenden für den Bau einer deutschen Flotte zu sammeln, die an die Frankfurter Nationalversammlung geschickt werden.

OKTOBER/NOVEMBER 1848 In Berlin als Beobachterin bei Beratungen der preußischen Nationalversammlung. Abfassung des »Frauenschwurs«.

JULI 1849 Theodor Althaus wird als Schriftleiter der demokratischen »Bremer Zeitung« wegen Aufforderung zum Hochverrat zu einem Jahr Gefängnis verurteilt; am 15. Mai 1850 wieder entlassen.

JULI/AUGUST 1849 Badekur in Ostende. 1850 verfasst Malwida »Eine Reise nach Ostende«, die von revolutionärem Geist erfüllt ist, doch erst posthum (1905) veröffentlicht wird. Am Schluss der »Reise« der sehnsüchtige Ruf: »Nach Westen!« Am besten gleich in die USA. Ihre Emigration erfüllt eine bereits bestehende Sehnsucht. Ihr Drang nach dem Süden ist noch nicht so beherrschend wie später.

1849–52 Enger Kontakt zu Carl Volckhausen, einem Freund Theodors und Wortführer der radikalen Demokraten in Lippe, der Malwida auch einen gewissen Trost in der Trübsal nach der Trennung von Theodor bietet. In ihren Memoiren kommt der damals noch lebende Volckhausen ohne Namensnennung als »der Demokrat« vor.

AB 1849 Kontakt zu Johanna Kinkel (1810–58), als ihr Ehemann Gottfried Kinkel (1815–82) wegen seiner Beteiligung am badischen Aufstand zu lebenslänglicher Haft verurteilt wurde; mit Hilfe von Carl Schurz gelingt ihm die Flucht. In der Folge entwickelt sich zwischen Malwida und den Kinkels eine enge Freundschaft. Eine freundschaftliche Beziehung entsteht auch zu dem späteren Mitemigranten Carl Schurz, dem künftigen US-Innenminister. Noch im Sommer 1873 trifft sie ihn wieder und hat mit ihm eine »unendlich interessante Unterhaltung«. »Er ist ein ganz anderer Mensch wie Wagner, doch ich stelle ihn ebenso hoch … Beide zusammen sind alles, was die Natur in ihren höchsten Leistungen von Individualitäten schafft.« Als er noch in Geldnot war, hatte sie ihm Geld geliehen. (An Olga, 1. August 1873)

1850 Malwida veröffentlicht ihr Manifest »Ein Frauenschwur«, in dem sie prophezeit, nach dem Fehlschlag der Revolution der Männer werde jetzt die revolutionäre Initiative auf die Frauen übergehen, die ihren Söhnen »den unversöhnlichen, den heiligen Hass in das Herz pflanzen« würden »gegen Euer hassenswürdiges Prinzip«. Am 24. Februar 1851 schreibt sie an Gottfried Kinkel über »unsre Revolution«: »Ach ja blutig wird es werden, der Terrorismus wird herrschen und herrschen müssen.« Noch in ihren Memoiren, als sie sich längst vom revolutionären Ideal abgewandt hat, bekennt sie sich zu ihrem damaligen »hehren, flammenden Verlangen«, mit dem sie eine zeitweilige Todessehnsucht überwunden habe: »zu leben, um der gemordeten Freiheit in den Frauen Rächer zu erziehn«.

FRÜHJAHR 1850 Julius Fröbel (1805–93), ein Freund Theodors, der wegen Teilnahme an den revolutionären Unruhen in Wien zum Entsetzen Malwidas – die mit ihm im Briefkontakt stand – zum Tode verurteilt, dann begnadigt wurde und 1849 in die USA emigrierte, schreibt von dort an Malwida, sie möge zu ihm kommen, seine Frau werden und mit ihm eine freiheitliche Ehe führen. Malwida hat zunächst große Lust, ihm zu folgen; vor allem der heftige Einspruch ihrer Mutter hält sie nach eigener Angabe zurück.

MAI 1850 BIS APRIL 1852 Studium an der Hamburger »Hochschule für das weibliche Geschlecht«; sie wird an deren Leitung beteiligt. Die Frauenrechtlerin Louise Otto übt allerdings scharfe Kritik daran, dass die Schule wegen des Schulgeldes nur Frauen der höheren Schichten offen stünde. Die Schule wurde am 1. Januar 1850 auf Initiative von Emilie Wüstenfeld und freikirchlichen Deutschkatholiken gegründet; ihr Direktor wurde Karl Fröbel, der Neffe Friedrich Fröbels, der dessen Kindergartenpädagogik vertrat (die Hochschule dient teilweise der Ausbildung von Kindergärtnerinnen), sich mit seinem Onkel jedoch wegen dessen doktrinärer Art zerstritt. Im Frühjahr 1852 muss die Schule aus politischen und finanziellen Gründen schließen (1851 Verbot der Kindergärten in Preußen!). Malwida bleibt lebenslang Anhängerin der Fröbel-Pädagogik und engagiert sich noch viel später in Italien für Kindergärten, die von diesem Geist getragen sind. In England Kontakt zu Julie Salis-Schwabe, die 1871 in Neapel das *Istituto Froebeliano* gründet, wobei Malwida sie unterstützt.

19. SEPTEMBER 1851 Gegenüber Johanna Kinkel seufzt sie, »täglich mehr seh ich es ein, wie ich noch immer zu sehr Idealistin bin, wie ich noch immer nicht genug den Pful (sic) des Elends und der Verworfenheit begreife in dem das faule Leben der Gesellschaft steckt«. Sie erkennt die Gefahr, dass der Idealismus zum Illusionismus wird und die Wirklichkeit irreführend idealisiert. Eine neue Art von Idealismus kündigt sich an, den sie mit Realismus zu untermauern versucht. Damals spricht sie noch eher vom »Prinzip« als vom »Ideal«.

2. APRIL 1852 Tod von Theodor Althaus, der Malwida an die Hamburger Hochschule gefolgt war, jedoch dort kein Aufenthaltsrecht erlangte.

MAI 1852 Malwida wird in Berlin, wohin sie nach Schließung der Hamburger Hochschule gegangen war, von der Polizei verhört, nachdem diese an Briefe von ihr, die von revolutionärem Geist zeugten, herangekommen war, und anschließend ausgewiesen. Wie sie in ihren Memoiren schreibt (I S. 254), warnte sie eine Freundin, ihr drohe zumindest Untersuchungshaft; das veranlasst sie zur Emigration. Auch in Detmold mag sie nicht sicher gewesen sein, da die lippische Polizei eng mit der preußischen verbunden war – und zurück ins kleine Detmold scheint sie ohnehin nichts gezogen zu haben!

28. MAI 1852 Ankunft in London. Dort bleibt sie überwiegend bis 1862. Viele Kontakte zu deutschen, russischen, polnischen, ungarischen und italienischen Emigranten. Dort wird sie geradezu Netzwerkerin, wogegen sonst die Solidarität unter den Emigranten oft erstaunlich gering ist.

DEZEMBER 1853 Übersiedlung in das Haus des russischen Emigranten Alexander Herzen, dessen Frau Natalie im Vorjahr gestorben war: ein Tief seines Lebens. 1854/55 lernt Malwida Russisch und übersetzt 1854–56 verschiedene Schriften Herzens, zuerst »Russlands soziale Zustände«, dann auch seine noch heute faszinierenden Lebenserinnerungen. Der reiche Herzen unterstützt Malwida finanziell großzügig auch in Zeiten der Trennung und des Konfliktes. Malwida übernimmt die Erziehung seiner Töchter Natalie (»Tata«), geb. 1844, und Olga, geb. 1850.

SOMMER 1854 Heftige Auseinandersetzung mit Herzen über die Erziehung seiner Töchter. Herzen: Olga liebe sie leidenschaftlich, gehorche ihr aber nicht, weil Malwida nicht über die Kunst des Befehlens verfüge. Malwida: Um freie Menschen zu erziehen, müsse man den Kindern Freiheit lassen. Sie verlange unbegrenztes Vertrauen, sonst sei ihr ein völliger Bruch lieber. Zugleich: Die Ansprüche, die das Leben an sie stelle, hätten sie zweimal vom Selbstmord abgehalten. Die Erziehung der Herzen-Töchter ist damals ihr oberster »Anspruch«! Um 1855 schreibt sie an ihre Mutter, Olga sei ihre »größte Lebensfreude«.

MÄRZ/APRIL 1855 In London erlebt Malwida erstmals ein Konzert Richard Wagners, von ihm selbst dirigiert. Ein darauf folgendes erstes Treffen mit ihm verläuft allerdings unbefriedigend.

14. MÄRZ 1856 An Julius Fröbel, der längst ähnlich denkt: Man müsse anerkennen, »dass die Geschichte einen ganz anderen Weg geht als die Schwärmer von 48 es meinten«.

MAI 1856 Trennung von Herzen, nachdem dessen neue Geliebte Natalie Ogareff im Haus dominiert und zwischen ihr und Malwida eine Spannung entstanden ist. Auf der Suche nach einem neuen Lebensinhalt Entschluss, ihre Memoiren zu schreiben; journalistische Aktivität. Von jetzt ab taucht am Horizont ihr neuer *Idealismus* auf: nicht so sehr als Erkenntnistheorie im Sinne von Kant und Hegel, sondern als Lebenshilfe und Lebenssinn – und als geistiges Band, das aus der Einsamkeit erlöst und eine Gemeinschaft mit Gleichgesinnten erzeugt. Das ist jener populäre Idealismus, der nicht nur in Deutschland zu einer neuen Lebensphilosophie wird.

24. AUGUST 1856 Der Rom-Historiker Ferdinand Gregorovius (1821–91), zu dem Malwida schon lange vor ihrer Übersiedlung nach Rom Kontakt gewinnt und ihre Sehnsucht nach Italien bekennt, warnt sie vor Rom: Es gebe kaum einen Ort in der Welt, wo der Fremde so isoliert bleibe. Im Falle Malwidas erwies sich diese Warnung als denkbar unbegründet! Sie mag immerhin vorerst dazu beigetragen haben, sie davon abzuhalten, ihrer Sehnsucht nach dem Süden zu folgen.

1857–67 Herzen gibt zusammen mit Nikolai Ogareff – dem Gatten seiner Geliebten Natalie! –

die Zeitschrift »Kolokol« (»Die Glocke«) heraus, die zeitweise in Russland einflussreich wird. Auch Malwida arbeitet an dieser Zeitschrift mit.

AB 1857 Enge Freundschaft mit dem italienischen Emigranten Giuseppe Mazzini, einem führenden Vorkämpfer des Risorgimento; zeitweise Beteiligung an Mazzinis »Internationaler Arbeitervereinigung«. Kaum einen anderen Exilpolitiker schildert sie als derart idealen Menschen wie ihn.

13. MÄRZ 1858 Felice Graf Orsini, von Malwida hochgeschätzt, wird wegen seines Attentates auf Napoleon III. hingerichtet, zu Malwidas flammender Empörung. Am 25. Juni 1858 schreibt sie an Kinkel: »Ich gestehe es seit der Orsinischen Sache ist mir ein neues Leben aufgegangen oder vielmehr, ich habe den alten Ruf wieder vernommen, der mich schon früher dem persönlichen Leiden entrückt hat«. Vorher habe sie »täglich mit dem Gedanken« gekämpft, »solcher unnützen Existenz ein Ziel zu setzen«. Ein Attentat zur Überwindung der Todessehnsucht! Nicht nur hier zeigt sie Sympathie für politische Attentäter.

1858/59 Enger Kontakt zu dem Mitemigranten Lothar Bucher (1817–92), dem späteren Intimus Bismarcks, der Malwida privat nationalökonomische Vorträge hält, obwohl ihn – wie sie schreibt (II S. 118) – ihr »obstinater Sozialismus« ärgert.

15. NOVEMBER 1858 Tod Johanna Kinkels durch einen Sturz aus dem Fenster. Für Karl Marx ein klarer Fall: Selbstmord wegen Untreue des Gatten. Malwida nimmt Gottfried Kinkel gegen diesen Verdacht in Schutz.

1859 Mitarbeit an Kinkels Wochenschrift »Hermann«.

1859/60 Winteraufenthalt in Paris, zusammen mit Herzens Töchtern Olga und »Tata«, Julie Salis-Schwabe und dem liberalen Nationalökonomen Richard Cobden. In Paris begegnet sie erneut dem Mitemigranten Richard Wagner: Das wird diesmal der Beginn einer engen Freundschaft. Durch Wagner Begeisterung für Schopenhauer. Und dieser Philosoph weckt bei Malwida eine wachsende Sehnsucht nach altindischer Weisheit! »Wenn ich nicht mit Olga beschäftigt war, so las ich in Schopenhauer und war selig. Es fiel wie in Fesseln von mir ab.« (II S. 192)

AB SOMMER 1860 Wiederaufnahme der Erziehung von Olga (1850–1953) und Natalie (1844–1936) Herzen, die ihr der Vater jetzt vollständig überlässt; seither enge mütterliche Beziehung vor allem zu Olga, die sie 1861 förmlich adoptiert.

1860-61 Zweiter Winter in Paris.

12. JANUAR 1861 Bei seinem Regierungsantritt verkündet der preußische König Wilhelm I., der künftige Kaiser, eine Amnestie für die Revolutionäre von 1848. Ab jetzt hätte Malwida ohne Bedenken nach Deutschland heimkehren können – wenn sie das gewollt hätte.

14. MÄRZ 1861 Malwida ist bei jener Pariser Tannhäuser-Aufführung zugegen, die zu ihrer Empörung durch gezielte Aktionen des aristokratischen Jockey-Clubs gestört wird. Die Freundschaft mit Wagner wird auch eine Kampfgemeinschaft. Wagners größter Feind, schon gar nach dem Paris-Trauma, ist Jacques Offenbach. Auch für Malwida wird er zum Todfeind. Noch am 9. Januar 1875 schnaubt sie gegenüber Olga, damit das Theater »die edelste Erziehungsanstalt der Menschheit« werde – ihr neues Ideal! –, »müsste man aber freilich erst Offenbach und Konsorten an den Galgen hängen«. 1880 triumphiert sie gegenüber Sigismund Ruhl, dem »Malerdichter«, über Offenbachs Tod: Sie sei »außerordentlich froh, dass ein gräulich demoralisierendes menschliches Ungetüm in diesen Tagen aus der Welt geschieden« sei!

1861 Tod der Mutter, mit der Malwida noch von London aus eine lebhafte Korrespondenz geführt hatte. Durch deren Tod erlangt Malwida eine kurfürstlich-hessische Pension. Nach der hessischen Niederlage von 1866 setzt der preußische Staat als Rechtsnachfolger die Pension fort, womit Malwida von einer finanziellen Sorge befreit wird.

AB DEZEMBER 1862 Mit Olga und Natalie Herzen nach Italien; 1863–73 vor allem während der Wintermonate vorwiegend in Florenz.

FRÜHJAHR 1863 Zum ersten Mal in Rom, mit Olga und »Tata«. Auch in den drei folgenden Wintern mehrere Monate in Rom, ihrer künftigen Heimat.

1865 Mehrere Monate Aufenthalt in Bern zusammen mit Olga. Herzen, damals in Genf, verlangt, Olga solle eine Schule besuchen, und meldet sie in einem Berner Internat an; doch Malwida widersetzt sich und geht mit Olga und Natalie wieder nach Florenz. Noch am 16. März 1893 schreibt sie an Olga: »Säßen doch die Schulen, wo der Pfeffer wächst. … Diese ganze jetzige Erziehung in den Schulen ist auf falschem Wege.« 1865 auch Bekanntschaft mit Gabriel Monod, Olgas künftigem Ehemann.

21.3.1865 Kinkel gegenüber bezeichnet Malwida den Amerikanischen Bürgerkrieg als »große Metzelei«, obwohl Carl Schurz General der Nordstaaten ist.

14. JUNI 1866 Preußisch-österreichischer Krieg: In einem Brief an den französischen Historiker Gabriel Monod, ihren neuen Freund, nennt Malwida Bismarck den Vorkämpfer der Freiheit und fügt am 18. Juni hinzu, sie wünsche Österreich und dem Despotismus den Tod. Obwohl Monod darüber tief irritiert ist, bleibt ihre Freundschaft erhalten und übersteht sogar den Deutsch-Französischen Krieg von 1870/71.

1866 Gottfried Kinkel folgt einem Ruf an das Polytechnikum in Zürich als Professor für Kunstgeschichte und Archäologie.

1867 Reise nach Venedig und Florenz.

14. APRIL 1867 In Florenz trifft Malwida Garibaldi, der sich daran erinnert, mit ihr schon früher in England auf seinem Schiff gefrühstückt zu haben. Von seinem tragischen Geschick ist sie tief berührt.

1868 Nachdem sie wiederholt erklärt hatte, nie wieder deutschen Boden betreten zu wollen, mit Olga zur Aufführung der »Meistersinger« in Nürnberg: zum ersten Mal seit 1852 in Deutschland. Von jetzt an enge Freundschaft mit Wagner, in der Folge auch mit seiner Geliebten, künftigen Ehegattin Cosima, die durch Wagner sogar – unter Malwidas Freundschaften höchst ungewöhnlich – 1872 zur Duzfreundschaft wird.

AB 1868 Regelmäßige Kuraufenthalte in Deutschland.

1869 Wagner sendet Malwida seine antisemitische Schrift »Das Judentum in der Musik«; zu seiner Irritation schweigt sie dazu.

1869 In Genf erscheint der erste Band ihrer »Memoiren einer Idealistin«, vorerst auf Französisch.

FRÜHJAHR 1869 Malwida lernt Franz Liszt kennen; auch er gehört von nun an zu ihrem Bekanntenkreis. Ab 1874 auch Freundschaft mit seiner Freundin Caroline von Sayn-Wittgenstein.

4. OKTOBER 1869 Malwida tauft die neunzehnjährige Olga am Gardasee altindisch »auf das Mysterium der Atma«.

AB 1869 Kontakt, zeitweise vertraulich, zu Pasquale Villari, zuerst über die Gründung von Kindergärten nach Fröbel'schem Muster in Italien. Ein italienisches Beziehungsnetz

Malwidas beginnt sich zu entwickeln, schon vor ihrer dauerhaften Übersiedlung nach Italien. Villari ist Historiker und Politiker, Ex-48er Revolutionär und u. a. Biograf von Savonarola.

1869-70 Erneuter Winteraufenthalt in Paris. Nähere Bekanntschaft mit Jules Michelet, dem bekanntesten französischen Historiker seiner Zeit, dessen Schüler Gabriel Monod ist.

21. JANUAR 1870 Tod Alexander Herzens.

25. AUGUST 1870 Malwida als Trauzeugin bei der Eheschließung von Richard Wagner und Cosima von Bülow.

13. SEPTEMBER 1870 Cosima notiert, Wagner sei entrüstet, dass Malwida »das Bombardement von Paris bedauert«.

DEZEMBER 1870 Malwida erfährt, dass der König von Württemberg von der französischen Ausgabe ihrer Memoiren angetan ist. Sie gewinnt Kontakt zu seinem Hofbibliothekar Wilhelm Hemsen, der die Beziehung zu dem Verleger Auerbach – der die deutsche Fassung ihrer Memoiren herausbringen wird – herstellt, und sieht sich ermutigt, noch den zweiten Band zu schreiben, dessen glückliches Ende die Liebe zu Olga, die Freundschaft mit Wagner und die Seligkeit über Schopenhauer ist.

1872 Beginn der Freundschaft mit Marie Loeper-Housselle (1837–1916), einer Wortführerin der entstehenden Frauenbewegung, die die Zeitschrift »Die Lehrerin in Schule und Haus« herausgibt und wie Malwida die pädagogische Mission der Frau betont.

MAI 1872 Zur Grundsteinlegung des Festspielhauses in Bayreuth. Dort lernt sie am 22. Mai Friedrich Nietzsche kennen, mit dem sie sich in der Folge in Basel trifft, wo er damals noch eine Professur bekleidet.

JUNI 1872 Zur Aufführung von Wagners »Tristan« in München.

7. MÄRZ 1873 Heirat Olgas mit dem französischen Historiker Gabriel Monod (1844–1912), zu dem auch Malwida eine freundliche Beziehung erlangt hat. Und doch empfindet sie diese Hochzeit als tiefen schmerzhaften Bruch in ihrem Leben, der bedeutet, dass sie wieder nach neuer Gemeinschaft, neuem Lebenssinn suchen muss. Zunächst auch schwere finanzielle Sorgen; 17. Februar 1873 an ihre Schwester Laura: »Ich habe es noch nie so schmerzlich empfunden, nicht reich zu sein.« Doch Olga lässt ihr von nun an fortlaufend Unterstützungszahlungen zukommen (in: Schreib, Malwida! S. 22). In einem Brief vom 29. März 1900 an ihren Neffen Carl von Meysenbug gibt sie einen Überblick über ihre finanzielle Situation und erklärt, ohne die Zuwendungen Olgas hätte sie das »Leben einer Armen« führen müssen. Durch ihre vielen Beziehungen fand sie jedoch immer wieder Gönner.

17. AUGUST 1873 Übersiedlung nach Bayreuth. Doch im Januar 1974 wieder zurück nach Italien, da sie mittlerweile glaubt, das Klima des Nordens würde ihrer Gesundheit zum Verderben. Daher Entschluss, endgültig in Italien zu bleiben, obwohl Wagner ihr zürnt, dass sie ihn verlässt. Doch auch er selbst ist besorgt, dass ihm Bayreuths herbes Klima nicht bekommt!

4. FEBRUAR 1874 Malwida schreibt an Nietzsche, trotz der schmerzlichen Trennung von Bayreuth wolle sie »nicht zusammenbrechen, sondern im vollen Sinn des Wortes Buddha werden und die letzte Stufe der Weisheit zu erreichen suchen«.

NOVEMBER 1874 Übersiedlung nach Rom. Dort bleibt sie – mit Unterbrechungen – bis zu ihrem Lebensende.

2. JULI 1875 In einem Brief an Nietzsche begeistert sich Malwida für Bismarcks Kulturkampf.

1876 Erste vollständige deutsche Ausgabe der »Memoiren einer Idealistin«, noch immer anonym. Der Dichter Berthold Auerbach, der Vater des Verlegers, schreibt an seinen Sohn, er glaube, seit Rousseaus »Confessions« sei »nichts Ähnliches« da gewesen wie dieses Opus. (Leuschner, S. 11) Noch am 9. Juli 1875 (an Olga) hatte Malwida eine »Höllenangst« gehabt, ob sie einen Verleger finden würde! Doch die erste Auflage von tausend Stück ist schon im Folgejahr vergriffen. Damit beginnt für Malwida ein neues Leben. Am 17. März 1893 schreibt sie an Marie Herzfeld, dass sie sich durch die Resonanz auf ihre Memoiren »inmitten einer unsichtbaren Gemeinde von gleichgesinnten Seelen fühle«. Doch ausgerechnet Wagner, der bereits in der französischen Ausgabe ihrer Memoiren gelesen hatte, findet sie »unerquicklich«. (Cosima-Tgb. II S. 724)

26. MAI 1876 In einem Brief an seinen Freund Carl von Gersdorff spricht Nietzsche von Malwida als der »besten Freundin der Welt«; ihr selbst hatte er am 11. Mai geschrieben: »Wahrlich, mit Niemandem möchte ich jetzt so gern ein Jahr als mit Ihnen zubringen.« Die von ihr vermittelte Beziehung zwischen Gersdorff und der Gräfin Nerina Finocchietti wird für diesen allerdings ein Unglück. – Im April hatte Nietzsche ihre Memoiren gelesen. Am 21. Dezember 1877 spricht er – wieder gegenüber Gersdorff – von Malwida als der »reinsten Seele unter den deutschen Frauen«.

ENDE 1876 Fürst Rudolph von Liechtenstein, Wagnerianer, schreibt an Cosima Wagner über Malwida: »Ihr Umgang würde mich beständig in einer weichen, sanften, edlen Stimmung erhalten, sie würde die Todessehnsucht, die ich in mir trage, zu träumerischer Wonne ausbilden.« (Briefe von und an Malwida, S. 115)

AUGUST 1876 Zu den ersten Bayreuther Festspielen. Dort lernt sie u. a. Laura Minghetti kennen, über die sie in Rom ein neues Beziehungsnetz erlangt.

AB 27. OKTOBER 1876 Mit Nietzsche, seinem Freund Paul Rée (1849–1901) und seinem Schüler Albert Brenner (1856–1878) bis Juni 1877 in Sorrent. Anfang 1877 schreibt Malwida an Wilhelm Hemsen (Regesten II, S. 12), sie wollten »eine Gemeinschaft gleichgesinnter Menschen stiften, welche sich zu Zwecken der Erziehung verbünden, theilweise durch gegenseitige Förderung der Bildung, theils durch Ausbildung jüngerer Menschen beiderlei Geschlechts zu Erziehern«. Doch Nietzsche, dessen Gesundheit sich dort nicht bessert, spricht in der Folge mit Abscheu von Italien und Sorrent, während für Malwida das dortige Zusammensein zum Modell einer idealen Gemeinschaft hatte werden sollen!

JANUAR 1877 Wagner schreibt an Malwida (in untergründiger Eifersucht auf deren Sorrenter Gemeinschaft?), er habe geträumt, »Nietzsche, Rée und Brenner sollten gehängt werden, weil sie Dich umgebracht hätten«. Dazu Malwida an Olga am 2. Februar 1877, sie habe darüber »erst wie eine Unsinnige« gelacht!

1877–80 Freundschaftlicher Briefwechsel mit Paul Rée, der ihr »eine förmliche Liebeserklärung« macht! (Regesten Nr. 912) Am Ende drängt sie ihn vergeblich, »zur Verbesserung seiner Gesundheit« zu ihr nach Rom zu kommen. Dabei ist Rée in seiner Weltanschauung Materialist; für ihn sind die Naturwissenschaften der Schlüssel zur Erkenntnis. Doch Malwida bedauert selber ihren Mangel an naturwissenschaftlicher Bildung. Am 26. Juli 1878 schreibt sie an Rée: »… das ist ja die große Sünde meines Lebens gewesen dass ich viel zu viel den Gefühlen geopfert habe, anstatt in der reinen, heiteren Region des Intellekts zu leben.« Mit Blick auf seine immer wieder aufkommende Todessehnsucht sucht sie ihn selbst damit zu locken, dass es in Rom nicht an Mitteln zum Selbstmord fehle und sie sogar selber »im Stande wär dem theuersten Menschen selbst das Mittel dazu zu reichen«, wenn der Tod für ihn eine Erlösung sei! (12. Dezember 1878) Rée stirbt 1901 durch Sturz von einem Alpenfelsen.

1877 In Rom endgültige Niederlassung an der Via Polveriera, in einem Haus, das den Maroniten des benachbarten Klosters gehört. Zu Maroné, dem General-Prokurator der Maroniten (Malwida: »feuriger Orientale«), dieser im Orient beheimateten christlichen Glaubensgemeinschaft, gewinnt sie eine enge Beziehung; sein früher Tod ergreift sie »mit einer namenlosen Wehmut« (Stimmungsbilder S. 253).

JUNI 1877 Malwida besteigt den Vesuv, und das wird »einer der größten Eindrücke meines Lebens« (an Rée, S. 125 f.), der ihr eine ganz neuartige Qualität von Naturerfahrung vermittelt: schauerlich (»diese schwarzen erstarrten Todesströme«), doch faszinierend! Da sie den »Einklang von Natur und Geist« sucht (Arndt in: Briefe als Zeugnisse, S. 155), ist eine derartige Erfahrung bedeutsam für ihr Denken. Noch am 6. Oktober 1898 schreibt sie an Olga über eine neue Fahrt auf den Vesuv voller Faszination über den Anblick der Lavaströme: »Es war einer der größten Eindrücke meines langen Lebens«; »nie bin ich religiöser als bei so großen Schauspielen der Natur, da fühle ich mich dem Weltgeist näher«.

JUNI 1878 Die österreichische Dichterin Marie von Ebner-Eschenbach ist von Malwidas Memoiren »ganz hingerissen«, auch wenn sie findet, dass Malwida das Wort »bedeutend« überstrapaziert (Leuschner, S. 13), und besucht sie häufig in Rom.

1878 In Rom Bekanntschaft mit der Familie Minghetti. Zu Laura Minghetti (1829–1915) und ihrer Tochter Marie (1848–1929), seit 1884 verheiratet mit Bernhard von Bülow – ab 1894 deutscher Botschafter in Rom, ab 1900 Reichskanzler –, entwickelt sich eine enge Freundschaft, die auch andere römische Beziehungen vermittelt. Im Sommer 1879 verbringt Malwida zum ersten Mal eine erholsame Zeit auf deren Landsitz in Mezzarate bei Bologna (am 3. Juli an Rée: »wahrer Götteraufenthalt«). Auch Bernhard von Bülow, der in Rom als Botschaftsattaché beginnt, wird ab 1885 in diese Freundschaft einbezogen. Manchmal singen sie zusammen!

MAI 1878 Nietzsche, »Menschliches, Allzumenschliches« erscheint und ruft bei Malwida eine erste Irritation hervor, zumal sich damals seine Abkehr von Wagner abzuzeichnen beginnt.

AUGUST – OKTOBER 1878 In Bayreuth. Wie Cosima am 30. Juli an Malwida schreibt, plant Wagner zu ihrer Ankunft ein Feuerwerk, womit er sie »bengalisch beleuchten« wolle. Wagner: »Ich wünsche mir *nur* Malwida hier her.« (Regesten Nr. 1034)

DEZEMBER 1878 Malwida lernt den 34-jährigen und doch bereits berühmten indischen Gelehrten José Gerson da Cunha (»Arzt, Philosoph«) kennen und ist von ihm hellauf begeistert: »Seit langem hat mich nichts so interessiert als diese Begegnung. Man reißt sich hier förmlich um ihn.« (Am 11. Januar 1879 an Augusta von Stein-Rebecchini, auch eine enge Freundin Malwidas seit Florenz) (An Rée, S. 283 f.) Er sei »das Beste« unter ihren vielen römischen Bekannten. Er sei »im tiefsten Herzen Brahmane«, verkörpere eine Verbindung moderner Naturwissenschaft und altindischer Weisheit. Er lädt Malwida ein, mit ihm nach Indien zu gehen!

WINTER 1878/79 Die schweizerische Frauenrechtlerin Meta von Salis (1855–1929) wohnt sechs Monate bei Malwida. Daraus entsteht eine dauerhafte Beziehung.

1879 In Leipzig erscheinen Malwidas »Stimmungsbilder«, zunächst wie schon ihre Memoiren anonym; sie erleben bis 1904 vier Auflagen.

17. APRIL 1879 Malwida schreibt an Paul Rée (ebd., S. 192): »Ich werde täglich Italiänischer.«

Insbesondere bei den Gesellschaften von Laura Minghetti schöpfe sie »an einem ewig sprudelnden Quell von Grazie, Originalität und hoher künstlerischer Empfindung«.

1879–86 Ebenso liebe- wie spannungsvolle Korrespondenz mit dem »Malerdichter« Ludwig Sigismund Ruhl (1794–1887), den sie aus ihrer Kasseler Kindheit kennt und der sie wegen ihrer Freude an Märchen als »Märchenfrau« neckt.

1880 Mit Laura Minghetti in Sorrent; in Neapel Treffen mit Wagner. Im Sommer mit Olga in La Celle Saint-Cloud, wo sie sich mit dem russischen Schriftsteller Turgenjew trifft. »Schon seit Beginn der 80er Jahre gehörte ein Besuch in ihrem bescheidenen Salon zum Reiseprogramm vieler Rom-Besucher, die … Malwida als ›Sehenswürdigkeit‹ besuchten.« (Sabine Arndt in: Briefe als Zeugnisse, S. 140)

1881 Wieder bei Neapel Zusammensein mit den Wagners, die eine Villa mit Blick auf den Ätna gemietet haben.

FEBRUAR 1882 Malwida lernt Lou Andreas-Salomé kennen, die wegen »Bluthusten« nach Rom geschickt worden ist. Lou ist in der Folgezeit häufig bei ihr. Dem Nietzsche-Biografen Ross zufolge wird Malwida für Lou zeitweise »das Idol schlechthin«, und diese interessiert auch Malwida anfangs »unbeschreiblich«. In der Folge kehrt sie sich jedoch von Lou ab, die nunmehr mit Rée zusammenlebt.

18. APRIL 1882 Cosima notiert eine missmutige Äußerung Wagners über Malwida: »Die Freundin folge uns nicht ausschließlich, wie sie es sollte, habe noch andere Neigungen, sei nicht von unseren Gedanken durchdrungen! Er vergleicht sie etwas mit Bakunin.«

23. APRIL 1882 Nietzsche lernt in Rom bei Malwida Lou Andreas-Salomé kennen.

MAI 1882 Nietzsche, Lou und Rée sind zusammen in Orta und Luzern. In der Folge sucht Nietzsche Lou vergeblich zum Zusammenleben zu bewegen.

JUNI/JULI 1882 Erneut in Bayreuth; dort bei der Erstaufführung von Wagners ›Parsifal‹.

JULI 1882 In einem Brief an Olga zeigt Malwida sich voller Wut über die britische Zerstörung Alexandrias bei der Eroberung Ägyptens. Da spricht sie von der »gesamten infamen europäischen Politik.« »Ich wollte wirklich, der Orient stände auf und schüttele das europäische Joch ab.« Ob Inder oder Ägypter, solche Völker hätten einst »eine so tiefe Kultur« besessen, »wie Europa sie kaum je gehabt hat«.

AB 1882/83 Malwida steht in Rom in Kontakt zu dem Maler Franz von Lenbach, dem Freund und häufigen Porträtisten Bismarcks, der 1885 auch das bekannte Pastellporträt Malwidas schafft, von dem Romain Rolland am 10. August 1890 an Malwida schreibt, dieses Bild habe ihn »tagelang verfolgt. Ich hätte Angst, mich von diesem Maler malen Zu lassen; ein Blick, der so tief auf den Grund der Seele taucht, flößt mir Schrecken ein.«

1. JANUAR 1883 Nietzsche an Malwida, die mittlerweile zu Lou kritisch steht: Er gibt ihr recht; noch nie habe er einen solchen »*thierhaften* Egoism« gefunden wie bei dieser Frau; die Enttäuschung über Lou bringe ihn »der Verzweiflung *ziemlich* nahe«.

13. FEBRUAR 1883 Richard Wagner stirbt in Venedig an einem Herzkrampf, als er den Satz geschrieben hat: »Gleichwohl geht der Prozess der Emanzipation des Weibes nur unter ekstatischen Zuckungen vor sich. Liebe – Tragik.«

3./4. APRIL 1883 Nietzsche schreibt an Malwida: »Wollen Sie einen neuen Namen für mich? Die Kirchensprache hat einen: ich bin ----------- der Antichrist.« Malwida dagegen in einem Brief vom 24. April an ihn, er verdiene die »Apostrophierung an Buddha in jedem Sinn«.

MAI 1883 Nietzsche bei Malwida in Rom.

1. SEPTEMBER 1884 Nietzsche schreibt an Malwida: »Es ist ein Jammer, wenn wir Beide, zwei Menschen, welche sich lieb haben, *nicht zusammenleben* … Ich für meinen Theil wünsche mir gerade *Ihre* Nähe, wie ich mir reinen Himmel wünsche.«

1884 Zweite erweiterte Auflage der »Stimmungsbilder«.

1885 In Leipzig erscheint Malwidas Roman »Phädra«, an dem sie seit 1880 gearbeitet hat, der jedoch kein Erfolg wird. In Zürich erscheinen ihre »Gesammelten Erzählungen« (später Band 5 der Gesamtausgabe ihrer Werke).

1886 Malwida hat das Drama »Der Segen der heiligen Katharina« verfasst, zu dem sie ihrem Neffen schreibt: »Was nun meine Verteidigung der Frauenrechte betrifft, so meine ich, denen nicht untreu geworden zu sein, indem ich Angela nach dem Dolch greifen lasse.« (Regesten Nr. 1434)

10. FEBRUAR 1886 Malwida an den befreundeten Heinrich von Stein (den sie den Wagners als Erzieher Siegfrieds vermittelt hat) voller Wut über den britischen Kampf gegen den Mahdi-Aufstand im Sudan; »heißeste Sympathie« für den Mahdi, den Islamistenführer, obwohl ihr die Moslems sonst nicht sehr sympathisch seien. Sie hoffe, »die orientalische Welt erhöbe sich im Namen ihres Glaubens und ihrer Unabhängigkeit gegen diese infame europäische Politik der Habsucht und Heuchelei«, immer unter dem Vorwand, die »Zivilisation zu bringen«, und dass »Indien von dem Joche seiner Blutsauger sich frei mache«. (Regesten Nr. 1396) Anfang Juni 1877 hatte sie an Rée geschrieben, die Engländer seien in vielem »die klügsten Menschen«! Doch ihre Abscheu vor dem Kolonialismus ist noch stärker als selbst ihre Abscheu vor islamischem Fanatismus.

1887 Dritte Auflage der »Memoiren einer Idealistin«, erstmals nicht anonym, sondern unter ihrem Namen. Dass Malwida die Autorin ist, muss sich damals längst herumgesprochen haben.

1887 Tod ihrer zwei Jahre jüngeren Schwester Laura, einer Zeichnerin und Pianistin, zu der Malwida auch nach der Trennung von ihrer Familie viel Kontakt hatte. Von da an sucht Malwida verstärkt den Kontakt zu ihrer sechs Jahre älteren Schwester Louise, verheiratet von Medem, zu der sie bis zu deren Tod (1895) jährlich nach Bad Ems reist. Lange Zeit hegt Malwida die gängige Gesundheitsphilosophie der Badekuren, bis ihr die Elektrotherapie zum Allheilmittel, ja zum Bestandteil ihrer Weltanschauung wird. Am 15. Juli 1887 schreibt sie ihrem Neffen, die regelmäßigen Reisen nach Bad Ems seien für sie ein Opfer gewesen, und klagt über die »entsetzliche Öde des Badelebens«.

AB ANFANG 1888 Bekanntschaft und rege Korrespondenz mit Alexander von Warsberg, seit 1887 österreichischer Generalkonsul in Venedig, der durch »Phädra« auf Malwida aufmerksam wurde, jedoch schon am 28. Mai 1889 stirbt. Malwida besucht ihn in seiner letzten Zeit in Venedig. Wohl kein anderer Freund hat ihr derart provokante, wenn auch gewiss nur halbernste Briefe geschrieben wie Warsberg, der am 13. November 1888 über einen »entsetzlichen Brief« von ihr schnaubt. Wenn sie sich einbilde, sie zu durchschauen, »dann genügen mir alle Gifte der Borgia nicht, Sie aus der Welt zu schaffen«. Auch Malwida zeigt sich streitbar; am 29. April 1888 schreibt sie ihm: »Was ich am meisten auf Erden hasse, ist die Tyrannei, selbst die der Liebe und Freundschaft.« Doch am 26. Oktober 1891 bekennt sie Romain Rolland, diese Beziehung habe ihr »unendliches Glück« beschert.

MITTE OKTOBER 1888 Malwida an Nietzsche: Dass er Wagner einen »Hanswurst« genannt habe, findet sie »ganz abscheulich«.

20. OKTOBER 1888 Wutschäumender Brief Nietzsches an Malwida: »Sie haben sich, in Ihrem ganzen Leben, fast über jedermann getäuscht: nicht wenig Unheil, auch in meinem Leben, geht darauf zurück, dass man Ihnen Vertrauen schenkt … Sie haben nie ein Wort von mir verstanden.«

UM DEN 4. JANUAR 1889 Nietzsche, dem Wahnsinn nahe, schreibt an Malwida: »Obwohl Malvida (sic) bekanntlich Kundry ist, welche gelacht hat in einem Augenblick, wo die Welt wackelte, so ist ihr doch Viel verziehn, weil sie mich viel geliebt hat.« Die Kundry aus Wagners »Parsifal« hatte im Anblick des gekreuzigten Christus gelacht. Nietzsche unterschreibt den Brief: »Der Gekreuzigte«. Schon am 25. November 1888 hatte er an Heinrich Köselitz geschrieben, er wolle »Malvida an einer entscheidenden Stelle von ›Ecce homo‹ als *Kundry* vorführen, welche lacht.«

HERBST 1889 In Versailles lernt Malwida über Gabriel Monod dessen Schüler, den 50 Jahre jüngeren Romain Rolland, kennen. Daraus entwickelt sich die längste und intensivste Freundschaft ihres Lebens, die erst mit ihrem Tod endet: anfangs vor allem über die Musik. Rolland spielt ihr auf dem Klavier Wagner, aber auch Bach vor, später am liebsten Beethoven.

SILVESTER 1889 Lenbach schreibt an Malwida, um Mitternacht werde er »mit meinem Freund Otto« (Bismarck) auf ihr Wohl trinken.

1889–91 Rolland in Rom, um dort Material für seine Dissertation zur Geschichte der Oper zu suchen; derweil fast jeden Abend Besuch bei Malwida. Auch wenn sie in Versailles die Monods besucht und Rolland sich gleichzeitig in Paris aufhält, manchmal Treffen zwischen den beiden – allerdings nicht so oft, wie es Malwida gerne hätte. Doch trotz mancher Krisen bleibt die enge, ja zärtliche Freundschaft bis zu Malwidas Tod bestehen.

1891 Zum letzten Mal bei den Bayreuther Festspielen, diesmal mit Romain Rolland, der später Wagners »Parsifal« als eine Inspiration zu seinem »Jean-Christophe« bezeichnet.

6. DEZEMBER 1891 Rollands bester Freund, der Schriftsteller André Suarès (der in der Korrespondenz Rollands mit Malwida immerzu als »le pauvre Suarès« vorkommt, wegen seiner ewigen Probleme), schreibt an ihn, er habe Malwida gesehen, »et je l'aime infiniment«, und dann immer weiter voller Begeisterung! (Le Rider S. 484)

1892 Rolland heiratet Clotilde Bréal. Später behauptet Malwida, sie habe von Anfang an gewusst, diese Ehe werde nicht glücklich werden (1. März 1901).

1892/93 Zum letzten Mal bei den Monods in Versailles.

9. MAI 1893 Malwida klagt aus Rom an Cosima Wagner über »die Menge der durchreisenden Bekannten, die sich wie Lawinen über einen herstürzen«.

HERBST 1893 Malwidas Veröffentlichungen in der Wiener »Neuen Freien Presse« beginnen. Besondere Beachtung findet ihr dort in vier Folgen publizierter Artikel »Der erste Nietzsche« im September 1900, kurz nach Nietzsches Tod am 25. August des Jahres (s. u.).

SEIT 1894 Beschränkung der Reisen auf Italien und die südlichen Alpen; ihr Horror vor dem Klima des Nordens übertrifft selbst ihre Sehnsucht nach Bayreuth, auch wenn sie in Rom starke musikalische Erlebnisse schmerzlich vermisst.

1894/95 Italiens Versuch, Äthiopien zu erobern, versetzt Malwida in wilde Wut, besonders auf den einst hochgeschätzten Ministerpräsidenten Francesco Crispi. Am 2. April 1896 nennt sie ihn in einem Brief an Cosima Wagner den »abscheulichsten« der Menschen! (Regesten Nr. 1808) Am 20. November 1896, nach der vernichtenden italienischen Niederlage bei

Adua, an Rolland: »Dass Crispi sich nicht umbringt, ist erstaunlich, doch der Gipfel seiner Erbärmlichkeit (bassesse).«

AB 1896 Neuauflagen der Memoiren Malwidas folgen rasch aufeinander.

OKTOBER 1896 Als Malwidas Wohnung durch ein Erdbeben beschädigt wird, wohnt sie zeitweise in Bülows Botschaftspalast. Doch 1897 geht Bülow nach Berlin, wo er Staatssekretär des Äußeren wird.

1896 - 1899 Affäre Dreyfus in Frankreich, die auch Rolland und Malwida beschäftigt und über Jahre eine Spannung in ihre Beziehung bringt: Malwida als entschiedene Anhängerin der Dreyfusards ebenso wie Rollands Gattin Clotilde, wogegen Rolland selber lange einen Widerwillen gegen eine derartige Parteinahme empfindet. Malwida verfasst ein Pro-Dreyfus-Manifest, sammelt dazu Unterschriften von vielen Freunden und sendet es an Zola, der ihr antwortet, solche Beweise der Sympathie stärkten ihn. Sie, die sich früher mitunter geringschätzig über »die Juden« äußerte, wird durch die Dreyfus-Affäre von Abscheu gegen den Antisemitismus erfüllt. (Regesten Nr. 1919) Rolland dagegen bittet sie am 14. Juni 1899 »sehr respektvoll, zu mir nicht mehr über diese Affäre zu sprechen, welche uns trennt«. 1901 sendet Dreyfus ihr sein Buch »Cinqu années de ma vie«.

AB 1897 Romain Rolland wird Dozent für Kunstgeschichte an der Pariser École Normale.

31. DEZEMBER 1897 Malwida begeistert sich gegenüber Rolland für die altindische Spiritualität, auch für die »hohe Weisheit und Moral eines Konfuzius und Lao-Tse« und fällt darauf in Wut, dass Europa den Chinesen sein »verdorbenes Christentum« aufzwingen wolle. »Ich wollte, dass die Chinesen die Horden Innerasiens herbeiriefen, um über diese europäischen Invasionen wie eine Lawine herzufallen und ihnen eine schreckliche Lektion zu erteilen.« Direkt danach: »Ich habe einen großen Frieden in meiner Seele.«

9. JULI 1898 An Olga voller Abscheu über den amerikanischen Kubakrieg. »Die Spanier haben viel gesündigt, aber ich hasse die Amerikaner doch für *diesen* Krieg.« Ihre Wut auf Krieg ist noch höher als ihre einstige Hochschätzung der USA als Land der Freiheit.

1898/99 Angeregter Briefwechsel mit dem Dramatiker und zugleich Landwirt Emil Gött (1864–1908), obwohl dieser in seinem ersten Brief am 8. August 1898 bekennt: »Ich liebe das Wort Idealismus oder Idealist nicht, *hasse* es aber geradezu, wenn es Jemand *auf sich selbst* angewendet in den Mund nimmt!« Gött ist ein Begründer der Lebensreformbewegung.

1898 »Der Lebensabend einer Idealistin« erscheint bei dem Verlag Schuster & Loeffler in Berlin. Das Buch wird ein noch größerer Erfolg als die »Memoiren einer Idealistin« und erscheint 1910 als Volksausgabe bereits in 10. Auflage. Schuster & Loeffler wird der Verlag, der Malwida zu schätzen weiß und auch ihre anderen Werke neu herausbringt. Malwida am 9. Juli 1898 an Olga: In einer Woche sei sie von drei Verlegern um einen Neudruck der Memoiren angegangen worden. Am 6. April 1898 an einen Neffen: »Mein kleines stilles Heim ist ein förmlicher Wallfahrtsort geworden von solchen, die mich aus dem Buche kennen und hier aufsuchen.« (Regesten Nr. 1924) Am 6. Mai 1900 darüber ironisch an Cosima Wagner: »Ich habe jetzt eingesehen, dass man mich entschieden zu den Antiquitäten Roms rechnet.« (Regesten Nr. 2058)

1899 Im gleichen Verlag Neudruck ihrer Memoiren. Mit wachsender Resonanz ihrer Bücher wachsender Zustrom von Besuchern zu ihr in Rom, während ihre Kräfte schwinden und sie viele, die sie sehen möchten, abwimmeln muss. Am 25. Dezember 1899 an Rolland: »Die Besuche und die Briefe bringen mich um.«

AB 1899 Englands Angriff auf das »kleine Heldenvolk« der Buren erfüllt Malwida mit leidenschaftlichem Hass auf den britischen Imperialismus. Ende 1900 ist sie sogar wütend auf den bis dahin geliebten Bernhard von Bülow, der – nun deutscher Reichskanzler – aus Sorge um die deutsch-englischen Beziehungen, die Anfang 1896 durch das »Krüger-Telegramm« Wilhelms II. belastet worden waren, Krüger nicht empfangen wollte. Dagegen Rolland, der zeitweise über den Burenkrieg ein Drama (»Transvaal«) plant, weist Malwida am 14. Juli 1902 darauf hin, aus »Geldgier« hätten sich die Buren von den Briten kaufen lassen. Immer wieder kommt Malwida auf die Buren, ihr Heldenvolk!

ZU WEIHNACHTEN 1899 Sechzehnstrophiges Gedicht »Indische Legende« auf die befreundete Alice Hallgarten-Franchetti, die die Kinderpädagogik von Maria Montessori inspiriert und sich ihrerseits von Malwida inspirieren lässt. Die verklärt Alice als glückliche Vollendung einer langen Reihe von Wiedergeburten. Am 7. Dezember 1899 schreibt Malwida an die Wagner-Tochter Eva voller Freude über Alice Hallgartens Ackerbaukolonie für Knaben: Das sei »gerade das Richtige, was für Italiens Wiedergeburt geschehen muss: das Volk zurückzuführen zu der natürlichen, besten Arbeit des Menschens, dem Ackerbau« (Regesten Nr. 2039; ausführlich in Kulturbilder, S. 409 ff.). Ab 1901 gründet Alice Hallgarten Schulen für arme Kinder.

ENDE 1899 Bekanntschaft mit einem neuen indischen Brahmanen, dem Philosophen (Mohini?) Chatterjee. An Olga, 2. Januar 1900: »Nach zwei Minuten waren wir vergnügt zusammen und gute Freunde. … Er sagte, ich müsse schon eine Inkarnation in Indien gehabt haben, weil alles, was er von mir gehört und was ich ihm sage, mit indischer Philosophie übereinstimme.« Um 1900 kommt »Idealismus« neu in Mode, teilweise als Irrationalismus und auch in jener Form, mit der sich in der Folge die Kriegsbegeisterung, der »Geist von 1914«, als Idealismus gebärdet. Rolland publiziert 1900 einen Artikel über das »idealistische Gift« (»Le Poison idéaliste«); Malwida – fern davon, darüber verletzt zu sein – erklärt ebenfalls ihr Missfallen an dem »falschen Idealismus« (an Rolland, 13. Juli 1900), obwohl sich auch der wachsende Erfolg ihrer Memoiren vermutlich aus dem Neuidealismus der Jahrhundertwende erklärt.

1900 Dritte vermehrte Auflage der »Stimmungsbilder«; Malwida hat einen langen Artikel »Erinnerungen an Alexander Herzen« hinzugefügt.

18.–28. SEPTEMBER 1900 Die Wiener »Neue Freie Presse« veröffentlicht Malwidas Artikel »Der erste Nietzsche«. Da verteidigt sie den Idealisten als den wahren Nietzsche gegen den neuen Nietzsche-Kult, der am Ende Nietzsches Aneignung durch den Nationalsozialismus befördert.

1901 Die Aufsatzsammlung »Individualitäten« – darunter eine über 300 Seiten starke Abhandlung »Frauen« – erscheint in Berlin.

1901 Malwida lernt in Rom die schwedische Pädagogin und Schriftstellerin Ellen Key kennen, die durch ihr »Jahrhundert des Kindes« international berühmt wird und von Malwida begeistert ist.

1901 Gabriel Monod schlägt Malwida für den Nobelpreis vor, als einzige Frau unter 37 Anwärtern.

1901 Ehescheidung Rollands.

ANFANG JUNI 1902 Letzter Besuch Rollands bei Malwida in Rom.

JULI – OKTOBER 1902 Malwida, nicht mehr fähig zu lesen und zu schreiben, übersiedelt in eine Villa bei Nettuno mit Blick auf das Meer.

JANUAR 1903 Ihren »Abschied von der Welt« schließt Malwida mit dem »reinen Glück«, das sie empfunden habe, als sie von der Entdeckung des indischen Gelehrten Jagadish Chandra Bose gelesen habe, »daß auch die bisher tot geglaubten Metalle Empfindung haben …, dass mithin auch in ihnen die große allwaltende Macht, die alles Lebendige durchdringt, wirksam ist« (II S. 536). Eine neue Überwindung der Kluft zwischen Idealismus und Materialismus!

JANUAR 1903 Abschluss ihrer Novelle »Himmlische und irdische Liebe«.

26. APRIL 1903 Tod Malwidas. In ihren letzten Monaten sind Olga und Gabriel Monod bei ihr.

1. APRIL 1904 Beisetzung ihrer Aschenurne auf dem Friedhof von Monte Testaccio; auf der Urne die Inschrift »Pace, Amore« (»Frieden, Liebe«): Worte, die sie in ihrer letzten Lebenszeit, als sie nur noch mit Mühe reden konnte, immer wieder sagte.

19. JUNI 1903 Carl Schurz schreibt über Malwida (Schleicher, S. 265): »Ihr Tod hat eine wirkliche Leere hinterlassen, die durch nichts anderes gefüllt werden kann. Sie war der reinste und wahrste und zugleich der anziehendste Ausdruck des Idealismus des vorigen Jahrhunderts.«

1921 In seiner Biografie des ihm gut befreundeten Romain Rolland schreibt Stefan Zweig (S. 61), Malwida sei »ein Menschenmagnet« gewesen, der »unwiderstehlich große Naturen vertrauend an sich zog«.

OKTOBER 1932 Dem damals von der Malwida-Biografin Berta Schleicher veröffentlichten Briefwechsel von 1890/91 zwischen Malwida und Romain Rolland ist ein »Dankgesang« Rollands an Malwida vorangestellt, in dem er bekennt (S. 24): »Der Freund, der dich versteht, erschafft dich. In diesem Sinne bin ich erschaffen worden von Malwida.« S. 17 über die »Augen Malwidas, die im Schweigen sprachen«: »Was sie mir offenbart haben, ist die innerste Verwandtschaft des wahren Frankreich in seiner Verborgenheit und des wahren Deutschland, dessen Stimme nie laut wird, – das bessere Deutschland: – es wird weiterleben.« Da nennt er sie zusammen mit Beethoven!

ZUM 1. JANUAR 1940 Umbenennung der Kasseler Malwida-von-Meysenbug-Oberschule, die diesen Namen am 17. September 1930 erhalten hatte, in Heinrich-Schütz-Schule. Dazu der Oberpräsident der Provinz Hessen-Nassau: Bei all ihrem Anerkennungswerten seien doch »Weltanschauung und Leben Malwida von Meysenbugs das genaue Gegenteil von der Haltung, zu der unsere weibliche Jugend erzogen werden soll«.

BILDNACHWEIS

bpk: 172
bpk / Klassik Stiftung Weimar: 303
Hulton Archive / Getty Images: 177
Landesarchiv NRW – Abteilung Ostwestfalen-Lippe – D 72 Meysenbug Nr. 76: 126
Landesarchiv NRW – Abteilung Ostwestfalen-Lippe – D 72 Meysenbug Nr. 121: 133
Landesarchiv NRW – Abteilung Ostwestfalen-Lippe – D 72 Meysenbug Nr. 125: 36
Landesarchiv NRW – Abteilung Ostwestfalen-Lippe – D 72 Meysenbug Nr. 144: 119
Landesarchiv NRW – Abteilung Ostwestfalen-Lippe – D 72 Meysenbug Nr. 147: 287
Lippisches Landesarchiv Detmold, D 75 Nr. 7567, Covergestaltung: Tom Jay: 45
mauritius: 93, 110
mauritius images / Alamy / Alpha Stock: 100, 107
mauritius images / Alamy / The History Collection: 379
mauritius images / Alamy / The Picture Art Collection: 45
mauritius images / Bildarchiv Monheim GmbH / Alamy: 484
mauritius images / SuperStock / Fine Art Images: 112
mauritius images / World Book Inc.: 295
Richard-Wagner-Museum Luzern: 317
Tallandier / Bridgeman Images: 161
Universitäts- und Landesbibliothek Bonn, Abt. Hss. u. Rara, Nachlass Kinkel, Sign. S 2708: 249

QUELLEN:

Leuschner, Vera: Malwida von Meysenbug. »Die Malerei war immer meine liebste Kunst«, © 2002 Verlag für Regionalgeschichte, Bielefeld: 36, 41
Wegele, Dora: Theodor Althaus und Malwida von Meysenbug. Zwei Gestalten des Vormärz, Marburg/Lahn: N.G. Elwert'sche Verlagsbuchhandlung 1927: 31, 47

REGISTER

Abel 345
Agnes von Poitou 403
Aischylos 474
Alexander II., Zar 12, 139, 178
Alexander III., Zar 178
Alimonda, Nino von 268 f.
Allen, Ann Taylor 29, 75
Althaus, Anna 65, 84 f.
Althaus, Elisabeth 21, 43, 59, 61, 65
Althaus, Friedrich 28, 43, 45, 48 f., 54 f., 61, 65, 84, 290
Althaus, Georg Friedrich 38, 43
Althaus, Julie Auguste Christine 60
Althaus, Theodor 28 f., 37 f., 43–52, 54–62, 65, 74, 85, 89 f., 96, 101, 120, 142, 241, 243, 265, 271, 279, 290, 415
Altmaier, Peter 12
Andreas-Salomé, Lou 102, 367, 373, 378–390, 393, 395
Anneke, Mathilde Franziska 63
Arendt, Hannah 254
Aristogeiton 172
Arndt, Sabine 18
Arnim, Bettina von 13 f., 17, 102, 243
Aschheim, Steven E. 401
Ashton, Rosemary 105, 109, 113
Aston, Louise 86
Auerbach, August 330 f., 333, 335, 338
Auerbach, Berthold 338
August I. der Starke, Kurfürst von Sachsen 33

Bach, Johann Sebastian 323
Bakunin, Michail 205
Bamberger, Ludwig 425
Barthélemy, Emmanuel 12, 113, 172–176, 394
Bauer, Edgar 110
Bavink, Bernhard 264
Beethoven, Ludwig van 323, 427, 434, 440–442, 446–448, 451, 456, 467
Beiser, Frederick C. 23
Bell, Eugenie 81 f.
Bergmann, Alfred 57
Berl, Heinrich 176 f.
Berlin, Isaiah 122
Bethmann Hollweg, Theobald von 483, 485
Birkenruth, Fanny 317, 345
Bismarck, Otto von 12, 54, 101, 139, 149, 156, 158 f., 163–166, 168 f., 200, 211, 250, 337, 345, 347, 395, 425, 435 f., 452–454
Blum, Robert 55, 89, 98, 214
Borgia, Cesare 398, 403
Bourdieu, Pierre 15
Braun, Lily 77, 401
Bréal, Clotilde 425 f., 440, 467 f.
Brecht, Bertolt 245
Brenner, Albert 21, 199, 222 f., 285, 354, 367–370, 372, 376, 378
Broer, Werner 32, 451
Brückner, Christine 15
Brüning, Marie von 113–115, 117
Buber, Martin 386
Bucher, Lothar 162–168, 170, 452
Büchner, Ludwig 247
Buek, Otto 144
Bülow, Bernhard von 11, 14, 172, 198, 322–328, 351, 413, 454, 460 f., 470, 474 f., 482
Bülow, Daniela von 12, 203 f., 206, 255, 269, 324–326, 380, 399, 416, 422, 427, 440, 463, 471
Bülow, Marie von 268, 326, 466
Burckhardt, Jacob 102, 312, 371, 420
Burnouf, Eugène 220

Carlyle, Thomas 117
Cavour, Camillo Benso di 149, 175, 290

Cervantes, Miguel de 139, 364 f.
Chamberlain, Houston Steward 477
Chandra Bose, Jagadish 237–239., 243
Chateaubriand, Alphonse de 183
Chatterjee, Mohini 210, 234, 237, 442
Chopin, Frédéric 114
Claudel, Paul 427, 440
Clemenceau, Georges 471, 473
Cobden, Richard 116, 132, 138, 153
Colonna, Vittoria 312
Courot, Antoinette-Marie 428, 434, 437, 449
Crispi, Francesco 462 f., 468
Curtius, Ernst Robert 439 f., 448, 475

D'Annunzio, Gabriele 439 f.
da Cunha, José Gerson 233 f.
Dante Alighieri 463
Darauné 301 f.
Dauthendey, Max 264
Delbrück, Hans 248
Demokrit 264
de Rosa, Nostlitz 422
de Sévigné, Marie 312
de Staël, Germaine 313 f.
Deussen, Paul 227, 362 f.
Dickens, Charles 117
Ditzen, Ada 352
Dostojewski, Fjodor 128
Dreyfus, Alfred 182, 197, 203 f., 273, 328, 426, 451, 466–475, 477
Duchatelet, Bernard 467
Duse, Eleonora 439

Ebner-Eschenbach, Marie von 128, 341 f., 355, 403
Eckermann, Johann Peter 244
Eichmann, Adolf 488
Elisabeth, Kaiserin von Österreich 418, 422
Empedokles 264, 275, 431, 459
Engels, Friedrich 87, 98, 105–107, 244
Epaminondas 461
Eperjesy, Armgard von 14
Este, Isabella d' 311
Eucken, Rudolf 483
Eugénie, Kaiserin 177
Eyck, Erich 156, 165, 454

Feuerbach, Ludwig 66, 147
Flavius Josephus 221
Fontane, Theodor 27
Förster, Bernhard 477
Förster-Nietzsche, Elisabeth 19, 285, 299, 341, 362 f., 377, 384, 387 f., 392, 401, 407, 409, 477
Franz I., König von Frankreich 424
Franz von Assisi 315
Freud, Sigmund 382
Friedrich Wilhelm I., Kurfürst von Hessen-Kassel 34
Friedrich Wilhelm IV., König von Preußen 55
Fröbel, Friedrich 71 f., 74–76, 89, 113–115, 229, 288
Fröbel, Johanna 71–73
Fröbel, Julius 62, 89 f., 257
Fröbel, Karl 71–73, 89, 257

Garibaldi, Giuseppe 114, 127, 146–148, 290, 462
Geddes, Patrick 238
Geffroy, Auguste 446
Georg, Heinrich 333
Gersdorff, Carl von 9, 363 f., 367
Gide, André 410, 440
Giroud, Françoise 207
Glasenapp, Carl Friedrich von 40, 200, 413
Gleichen-Rußwurm, Alexander von 355
Gobineau, Arthur de 203–205, 476 f.
Goethe, August von 226, 436
Goethe, Johann Wolfgang von 10, 13, 16, 42, 78, 146, 150, 211, 222, 226, 244, 251, 256, 270, 273 f., 283, 289 f., 313, 319, 327, 331, 355, 417, 434–436, 456, 464, 467, 489–491
Gogol, Nikolai 128
Gollwitzer, Helmut 492
Gött, Emil 128, 345–348
Grauthoff, Otto 485
Gravina, Blandine 194, 324, 392, 460
Gregor-Dellin, Martin 191, 216, 220

Gregorovius, Ferdinand 114, 134, 180, 281, 289–292., 310, 316
Grimme, Adolf 356
Guerrieri-Gonzaga, Sofia 425, 450

Haag, Henriette 123
Habermas, Jürgen 30
Hallgarten, George W. F. 490
Hallgarten-Franchetti, Alice 72, 229
Harmodios 172
Harnack, Adolf von 248
Hegel, Georg Wilhelm Friedrich 22 f., 144, 214, 277
Heine, Heinrich 20
Heine, Thomas Theodor 435
Helmholtz, Hermann von 236
Hemsen, Wilhelm 333, 337, 370
Henry, Hubert 474
Herder, Johann Gottfried 222
Herwegh, Emma 123
Herwegh, Georg 122 f., 129
Herzen, Alexander 14 f., 18, 30, 60, 82, 95, 107–111, 113, 117–140, 142–146, 149 f., 153–155, 158–160, 162, 166, 169, 173 f., 176–179, 226, 242, 244 f., 248, 250, 271, 284, 286 f., 336, 340, 415, 436
Herzen, Elizaveta 131
Herzen jr., Alexander 136, 158, 286
Herzen, Natalia 121 f.
Herzen, Natalie (Tata) 117, 126, 131 f., 136 f., 142, 178, 234, 286, 289, 292, 300, 377, 383, 386, 472
Herzen, Olga 11, 18, 21 f., 27, 82 f., 109, 117, 124, 126 f., 131–142, 147, 157 f., 161 f., 180, 184, 189, 192, 195 f., 199–201, 209–213, 219, 223–225, 227, 229, 233–235, 253, 256, 270–272, 285 f., 289, 292–297, 300 f., 304, 312, 314, 318, 320, 326 f., 334 f., 343, 345, 351, 354, 356, 360, 363, 368, 372, 377, 381, 383, 412–416, 425 f., 430, 434, 456 f., 460, 471 f.
Herzfeld, Marie 256, 342, 355, 409, 471, 477, 481
Heuß, Alfred 462
Heuss, Theodor 37, 54, 98, 108, 164 f.
Hiller von Gaertringen, Julia 351
Hillmann, Pauline 291
Hiltebrandt, Philipp 297, 311
Hippokrates 299
Hitler, Adolf 176, 487 f.
Holborn, Hajo 25, 489 f.
Hölderlin, Friedrich 242
Hönig, Johannes 310
Hoock-Demarle, Marie-Claire 17, 456
Horch, Franz 486
Hornstein, Robert von 214
Hoyos, Rudolf 180
Hugo, Victor 146, 153, 173
Humboldt, Alexander von 32, 90, 327
Humboldt, Wilhelm von 32
Hupfeld, Renate 45

Ibsen, Henrik 273, 480

Janz, Curt Paul 394
Jaurès, Jean 469
Jérôme Bonaparte, König von Westfalen 32
Joukowsky, Paul 14

Kalidasa 222
Kalinowsky, Wolfgang 468
Kant, Immanuel 22 f., 25, 214
Karl der Große, Kaiser 10
Karl, König von Württemberg 333
Katharina von Siena 315 f.
Kehr, Eckart 25, 488 f.
Kestner, Charlotte 368
Key, Ellen 26, 78
Kinkel, Gottfried 10, 15, 62, 64, 73, 85, 92, 96–99, 101–109., 111, 113 f., 117, 131 f., 151, 163 f., 170 f., 174, 178–180, 242, 271 f., 276, 289, 292, 308, 331, 333, 380
Kinkel, Johanna 10, 15 f., 23 f., 29, 34, 39, 42, 52, 57, 64 f., 70 f., 79, 82, 85, 88, 92, 96–99, 101–106., 108 f., 111, 113 f., 117, 177, 240 f., 293, 305
Konfuzius 464 f.
Köselitz, Heinrich 390 f., 400, 405 f.
Kracauer, Siegfried 196 f.
Krausnick, Michail 122

Krüger, Paul 328, 460
Künzli, Arnold 105, 476

Lange, Friedrich Albert 22, 245, 264, 273
Lange, Helene 16
Lao-Tse 228, 464 f.
Lassalle, Ferdinand 165
Lenbach, Franz von 12, 204, 324, 345, 353, 452
Leonardo da Vinci 311
Leonidas 461
Leopold II., Fürst zur Lippe 37
Le Rider, Jacques 14, 16, 59, 222, 339, 379, 382, 394, 467
Lermontoff, Michail 128
Leuschner, Vera 40
Lewald, Fanny 17, 103–105, 292, 337
Lipiner, Siegfried 344
Liszt, Franz 199, 222, 310, 372
Lobe, Georg 32
Loeper-Housselle, Marie 72, 181, 198, 208 f., 225, 252, 280, 293, 316, 331, 333 f., 359
Löffler, Ludwig 458
Lotze, Rudolph Hermann 264
Ludwig II., König von Bayern 186, 188, 192, 298, 452, 454
Ludwig IX. der Heilige, König von Frankreich 454
Ludwig XIV., König von Frankreich 27
Luther, Martin 53
Luxemburg, Rosa 19, 299

Mack Smith, Denis 150, 152
Magellan, Ferdinand 18, 138
Malthus, Thomas Robert 170, 394
Mann, Thomas 353, 401
Marc Aurel 305
Maria Theresia, Kaiserin 19
Marx, Karl 10, 34, 63, 87, 96, 98, 102, 105–110, 113, 151, 165, 173, 244, 476
Maximilian II. Joseph, König von Bayern 289
Mayer, Gustav 98
May, Karl 10
Mazzini, Giuseppe 14, 102, 118, 146–153, 158, 163, 166–168, 176, 252, 283, 311, 321, 354, 462
Mehring, Franz 299
Meister Eckart 142
Mendelssohn Bartholdy, Felix 103
Meyer (Legationsrat) 345
Meysenbug, Carl von 32, 35, 67, 86, 273, 316, 319, 355, 423
Meysenbug, Carl Philipp von 30 f., 34 f., 37–39, 44
Meysenbug, Caroline von 41
Meysenbug, Ernestine von 29, 31–36, 44, 53 f., 62, 68, 70–73, 81, 87 f., 90 f., 94 f., 98, 108, 115 f., 123, 125, 127, 164, 180, 187, 195
Meysenbug, Friedrich Ulrich von 35 f.
Meysenbug, Hermann Gustav Karl von 472
Meysenbug, Laura von 139–141, 156, 286–288, 293, 309, 316, 452
Meysenbug, Louise von 285, 340, 373, 426, 441
Meysenbug, Otto von 351
Meysenbug, Wilhelm von 67, 86 f.
Michelangelo 171, 305 f., 308, 312, 420, 483
Michelet, Jules 17, 144, 146, 153–158, 161 f., 166, 333
Mill, John Stuart 333
Miltiades 461
Minghetti, Carlo 323
Minghetti, Laura 198, 321–323, 426
Minghetti, Marco 311, 321
Minghetti, Marie 321, 323–327, 413
Misdea 272
Möhrmann, Renate 337
Moleschott, Jakob 245–247, 261
Monod, Gabriel 11, 21, 26–29, 65, 108, 141, 153 f., 157–162, 184, 186, 250, 252, 263, 282, 301, 318, 326, 330, 336, 350, 354, 386, 412, 424 f., 427, 430, 467, 470–473, 475, 482
Monod, Germaine 456
Monod, Jeanne 472
Montessori, Maria 72, 229
Morgenstern, Carl 39
Mozart, Wolfgang Amadeus 157, 445, 447

Naess, Arne 256
Napoleon I. Bonaparte, Kaiser der Franzosen 32, 37, 67, 313, 453

Napoleon III., Kaiser der Franzosen 12, 106, 156, 159, 171, 174–177, 194, 275, 412
Neubauer, Hans-Joachim 214
Nietzsche, Franziska 362 f.
Nietzsche, Friedrich 9 f., 12, 15, 20 f., 72, 80, 83, 115, 118, 128, 131, 169, 174, 180, 193 f., 198 f., 202, 215, 218, 222–225, 252, 258 f., 267, 275, 280, 285, 298–300, 305, 310, 335, 340–345, 354–356, 358–372, 374–403, 405–409, 415, 434, 437, 444, 464, 477, 492 f.
Nikolaus II., Zar 466
Nolte, Ernst 467
Nordau, Max 401

Obama, Barack 491
Offenbach, Jacques 22, 196 f., 202
Ogareff, Natalie 124, 129–133, 135, 138, 140, 156
Ogareff, Nikolai 129, 135, 138
Oldenberg, Hermann 220
Orsini, Felice 12, 106, 172, 175–178
Ostwald, Wilhelm 264 f.
Otto-Peters, Louise 63, 71, 75, 83, 315, 337
Overbeck, Franz 299, 343, 386 f., 389, 393 f.
Overbeck, Ida 381

Palmerston, Henry Temple, Lord 19, 115 f.
Pauline, Fürstin zur Lippe 37
Péguy, Charles 480
Picquart, Georges 474
Pietro Aretino 420
Piorreck, Anni 128, 215 f., 221 f., 242, 261, 265, 267, 413, 488
Piroschkow, Vera 145
Planer, Minna 186, 188
Platon 23, 248, 388, 413
Prokesch-Osten, Anton von 417
Proudhon, Pierre-Joseph 143, 146
Pulszky, Franz 69
Pulszky, Therese 69
Puschkin, Alexander 128

Rabindranath Tagore 228, 230, 234, 441
Raffael 79, 438
Ranke, Leopold von 458
Rebecchini, Benedetto Antonio 226
Rée, Georg 387
Rée, Paul 21, 43, 169, 199, 205, 229, 233 f., 244, 258 f., 267, 297 f., 306, 321, 334 f., 344, 354, 361 f., 367, 369–371, 373–376, 378–381, 383–387, 389, 392 f., 395, 415
Reeve, Emily 94
Reichenbach, Emilie Ortlepp, Gräfin von 33–35
Reinach, Joseph 474
Rembrandt van Rijn 432, 438
Richter, Werner 412
Rickert, Heinrich 277
Riedel, Wolfgang 76 f., 216, 264, 274, 382, 491
Riezler, Kurt 483, 485
Rilke, Rainer Maria 382
Rist, Germaine 253
Robespierre, Maximilien de 69
Rochau, August Ludwig 249
Roeckl, Hugo 353
Rohde, Erwin 343, 370, 374 f.
Rolland, Romain 10, 13, 15, 17, 20 f., 25–28, 40, 42 f., 46, 57, 83 f., 107, 118, 132, 158, 161 f., 171, 178–180, 182 f., 189, 192, 197 f., 203, 206, 209, 217, 227 f., 230, 232, 234 f., 251, 253, 261–263, 268 f., 273, 275, 278 f., 286, 297, 301, 305, 307, 310, 316, 318–320, 322, 325–328., 331, 341, 349 f., 352, 354 f., 402, 409, 416, 423–459, 461–483, 485 f., 490
Ronge, Johannes 71
Ross, Werner 225, 335, 358, 381
Rothschild, James de 120
Rousseau, Jean-Jacques 77, 338, 442
Rubinstein, Joseph 203 f.
Rudolf von Liechtenstein 20, 191
Ruhl, Ludwig Sigismund 196, 214, 229, 265, 267, 284, 300, 306, 383
Rüther, Martin 488

Safranski, Rüdiger 375
Salis, Meta von 16, 80, 83, 318 f., 399, 403–408
Salis-Schwabe, Julie 72, 113–117, 132, 153, 185 f.
Sand, George 327, 336, 414, 429
Savonarola, Girolamo 152, 288

Sayn-Wittgenstein, Caroline von 222, 310, 372
Scheffler, Jürgen 62
Schiller, Friedrich 160, 197, 251, 313, 336, 355, 435, 456, 467
Schlegel, August Wilhelm 32
Schlegel, Friedrich 32
Schleicher, Berta 49, 128, 136 f., 141 f., 182, 226 f., 252, 277, 318, 322, 354, 415, 485
Schleiermacher, Friedrich 32, 256, 274
Schmidt, Julian 339
Schmidt, Klaus 99
Schmoller, Gustav 250
Schopenhauer, Arthur 18, 20, 77, 131, 142, 174, 185, 187, 192 f., 200 f., 212–222, 224 f., 230, 261, 272, 284, 339, 348, 358 f., 365 f., 368, 386, 391, 415, 417, 431
Schumann, Robert 202
Schuré, Édouard 200, 457, 480
Schurz, Carl 11, 25, 85, 88 f., 91, 97 f., 101, 103, 105, 107–109, 111, 113, 126, 148, 165, 175, 181, 250, 340
Schwartzkoppen, Maximilian von 475
Schwarzer, Alice 12
Scipio Africanus (Publius Cornelius) 462
Seneca (Lucius Annaeus) 410
Seydlitz, Reinhard von 302, 340
Shakespeare, William 121, 444 f., 472, 474
Sieg, Ulrich 351, 483
Sokrates 388
Spinoza, Baruch de 76, 273, 441
Spyri, Johanna 337
Stedman Jones, Gareth 10
Stein, Charlotte von 436
Stein, Heinrich von 206, 298, 358, 361, 390, 412, 465
Stein-Rebecchini, Augusta von 181, 206, 226–228, 232, 244, 284, 291 f., 307–309, 317, 321 f., 329–332, 368, 415, 452, 457, 465
Steinhausen, Georg 179
Stern, Alfred 318
Stummann-Bowert, Ruth 15, 339, 386
Suarès, André 440–443, 464, 475 f.
Suttner, Bertha von 427, 459
Teuchert, Hannelore 198, 250
Thackeray, William Makepeace 117
Thiers, Adolphe 412
Thode, Daniela 213, 318, 402, 420, 425
Thunberg, Greta 491
Tizian 311
Tolstoi, Lew 128, 277, 347, 434, 437, 452
Touraine, Alain 469
Treitschke, Heinrich von 33, 35, 318
Troeltsch, Ernst 489
Turgenjew, Iwan 128

Valentin, Veit 23, 59 f., 63, 98 102
van Dyck, Anton 68
Varnhagen, Rahel 13, 17, 32, 320, 337
Vasco da Gama 138
Verdi, Giuseppe 321
Victoria, Königin des Vereinigten Königreichs Großbritannien und Irland 37, 347
Viktor Emanuel II., König von Sardinien-Piemont 148
Villari, Pasquale 287
Vinant, Gaby 134
Volckhausen, Carl 28, 57, 62, 64, 66, 74, 88, 97, 241

Wader, Hannes 71
Wagner, Cosima 12, 19–21, 181, 184, 186, 188–194, 198–212, 218–220, 227, 234, 255, 269, 285, 293, 297, 304, 318, 320, 323 f., 328, 350, 355, 359, 363, 365, 369 f., 392, 403, 427, 440, 460 f., 463, 470, 474
Wagner, Eva 205, 229, 327, 477, 482
Wagner, Isolde 420
Wagner, Richard 12, 14, 18, 20–22, 25, 40, 64 f., 72, 91, 101, 103, 109, 116, 132 f., 139, 169, 181, 184, 185–214, 216, 219–221, 223, 226, 229, 255, 293 f., 296–298, 300, 308, 310, 315, 321, 323, 339 f., 344, 359, 363, 370, 387, 390–392, 395, 397–400, 405, 411, 415, 420, 422, 426–428, 434, 446–448, 454, 456 f., 467, 476 f., 479, 481, 490
Wagner, Siegfried 21 f., 199, 204, 206, 255, 284, 297 f., 475

Walsin-Esterházy, Ferdinand 474
Walther von der Vogelweide 20
Warsberg, Alexander von 40, 180, 229, 285, 331, 334, 354, 414–423, 426, 429, 477
Weber, Alfred 483
Weber, Ernst von 200
Weber, Marianne 81, 254, 356
Weber, Max 22, 27, 245, 248, 250, 277, 300, 356, 483, 489
Wehler, Hans-Ulrich 25, 249, 488
Wesendonck, Mathilde 188
Whitman, Walt 268
Widmann, Herta 353
Wiebel, Bernhard 72, 243, 270
Wilhelm I., Deutscher Kaiser 157, 345
Wilhelm II., Deutscher Kaiser 59, 452–455, 466
Wilhelm II., Kurfürst von Hessen-Kassel 33 f., 70
Winckelmann, Johann Joachim 319
Windischgrätz, Alfred zu 214
Wolzogen, Hans von 194, 392
Worcell, Stanisław 155

Zetkin, Clara 16
Zitelmann, Rainer 488, 491
Zitz, Kathinka 73
Zola, Émile 197, 273, 470 f., 473
Zott, Regine 265
Zotz, Volker 220
Zweig, Stefan 13, 428, 434, 440, 446 f., 479, 483, 485